지텔프 기출문제집 LEVEL 2

200% 활용법

KB136550

G-TELP 기출 음성, 교재 MP3 이용 방법

방법 1

해커스인강(HackersIngang.com) 접속 ▶
상단 메뉴의 [G-TELP → MP3/자료 → 문제풀이 MP3] 클릭 ▶
본 교재의 [문제풀이 MP3] 클릭하여 이용하기

방법 2

책의 **각 TEST 첫 번째 페이지**에 있는 QR코드를 찍어서 이용하기

* QR코드로 [교재 MP3] 바로가기 ▶

G-TELP 무료 콘텐츠 이용 방법

**지텔프 정답
실시간 확인**

**지텔프 단기고득점
비법강의**

**지텔프
무료 모의고사**

**지텔프
무료 학습자료**

방법

해커스영어(Hackers.co.kr) 접속 ▶ [공무원/지텔프] 메뉴 클릭하여 이용하기

* QR코드로 [해커스영어] 바로가기 ▶

G-TELP KOREA 공식 기출 6회분 제공

지텔프

LEVEL 2

기출문제집

해커스

G-TELP 기출 음성을 듣고 싶다면?

해커스인강(HackersIngang.com)에서
본 교재 MP3 다운받기

지텔프 코리아 제공 공식기출문제를 완벽 해석·해설한

『지텔프 기출문제집 Level 2』를 내면서

드디어 해커스에서 지텔프 코리아가 제공한 G-TELP Level 2 공식기출문제 6회분을 담은 『지텔프 기출문제집 Level 2』를 출간하게 되었습니다.

영어 교재 분야에서 항상 베스트셀러의 자리를 지키는 해커스의 독보적인 노하우와 더 좋은 책을 만들겠다는 정성을 담아, 그 어떤 교재보다 완벽하게 G-TELP Level 2 시험에 대비할 수 있도록 하였습니다.

공식기출문제를 수록한 유일한 실전서!

실전 유형의 모의고사만을 담은 시중의 G-TELP 교재와 다르게, 『지텔프 기출문제집 Level 2』는 출제 기관으로부터 기출문제와 음성 6회분을 제공받아 교재에 수록하였습니다. 또한, 실제 G-TELP와 동일한 구성의 문제지와 Answer Sheet을 함께 제공하여 실전 감각을 더욱 높일 수 있도록 하였습니다.

실전서 한 권으로 끝내는 G-TELP 고득점 전략 학습!

출제 경향을 통해 G-TELP만의 공식과 패턴을 완벽 분석하고, 영역별 고득점 전략을 제시하였습니다. G-TELP 입문자도 이 교재 한 권만으로 핵심 전략을 학습하고 문제 풀이를 연습하면 목표하는 점수를 달성할 수 있습니다.

정확한 해석과 상세하고 이해하기 쉬운 해설로 문제 풀이 실력 상승!

고득점 전략을 적용하는 방법을 익힐 수 있도록 모든 문제에 정확한 해석과 상세한 해설을 중요 어휘와 함께 수록하였습니다. 또한, 단순히 정답에 대한 해설만을 제공하는 것이 아니라 헷갈릴 수 있는 오답에 대한 상세한 분석을 함께 수록하여, 틀린 문제의 원인을 파악하고 문제 풀이 실력을 향상시킬 수 있도록 하였습니다.

『지텔프 기출문제집 Level 2』가 여러분의 G-TELP 목표 점수 달성에 확실한 해결책이 되고, 영어 실력의 향상은 물론 여러분의 꿈을 향한 길에 믿음직한 동반자가 되기를 소망합니다.

해커스 지텔프연구소

CONTENTS

교재 구성 및 특징

01 공식기출문제 6회분으로 실전 완벽 대비!

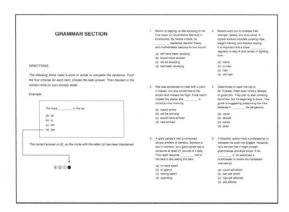

공식기출문제 6회분 수록

지텔프 코리아에서 제공한 공식기출문제 6회분을 수록하였습니다. 실제 시험과 동일한 구성의 문제지, 기출 음성, 그리고 문제집 뒤에 수록된 Answer Sheet으로 고사장에서 문제를 풀듯이 연습하며 G-TELP 실전 감각을 키울 수 있습니다.

필요한 부분만 골라 들을 수 있는 복습용 MP3 제공

G-TELP 수험생이 가장 어려워하는 청취 영역을 보다 편하게 학습할 수 있도록 각 테스트의 파트별 지문과 문제의 음성을 분할한 복습용 MP3를 제공하였습니다. 자신이 놓쳤던 부분을 확인하고 다시 듣는 연습을 통해 청취 실력을 향상시킬 수 있습니다.

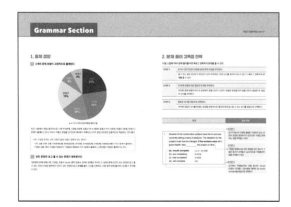

<출제 경향으로 보는 G-TELP 고득점 전략> 제시

G-TELP의 출제 경향을 심층 분석하여 각 영역의 고득점 전략을 제시하였습니다. 영역별 전략을 적용하여 문제를 푸는 연습을 통해, G-TELP를 완벽하게 대비하고 목표 점수를 취득할 수 있습니다.

02 해커스만의 노하우가 담긴 학습자료 200% 활용하기!

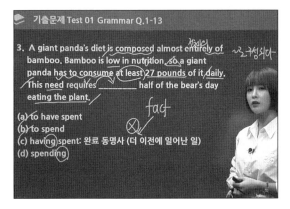

해커스 선생님의 해설 동영상강의 활용

동영상강의 포털 해커스인강(HackersIngang.com)에서 본 교재의 유료 해설 강의를 수강할 수 있습니다. 상세하고 명쾌한 해설을 들을 수 있을 뿐만 아니라, 공부하면서 궁금한 것을 사이트를 통해 직접 질문하고 답변을 받음으로써 학습 효과를 극대화할 수 있습니다.

온라인 커뮤니티의 무료 학습자료 활용

온라인 토론과 정보 공유의 장인 해커스영어(Hackers.co.kr)에서 다른 G-TELP 학습자들과 교재 내용에 관한 문의사항을 나누고 시험 후기 및 학습 내용 등을 토론할 수 있습니다. 또한, G-TELP 시험에 대한 유용한 정보 및 비법 강의와 무료 학습자료를 이용하여 단기간에 지텔프 고득점을 달성할 수 있습니다.

03 상세하고 이해하기 쉬운 해설로 문제 풀이 실력 UP!

LISTENING

PART 1 (27-33) 일상 대화　교환학생 프로그램 합격

M: Hi, Ellie! It's good to see you. How's my favorite cousin doing?

F: Martin! I'm doing great. In fact, I have the best kind of news. [27]I just passed the final stage of my student exchange program application to a Japanese university.

M: Really? Congratulations! How did that come about?

F: I was scanning the brochures at our department's office when I saw a list of possible student exchange programs. I looked for an exchange program to a Japanese university and fortunately found one! You know I've always wanted to visit Japan.

M: Yeah, you chose Japanese for your required foreign language classes and took an elective course about Japanese culture. But wait, how come I haven't heard anything about this plan of yours?

F: That's because I haven't told anyone yet, not even my parents. [28]I didn't want anyone to know about my application in case it didn't push through. I just received the confirmation e-mail yesterday.

M: That's fantastic! I'm sure Aunt Marie and Uncle James will be glad to hear about your good news. The application process must have been competitive.

F: Not really. [29]I learned that applicants prefer choosing student exchange programs for European countries over Asian countries, so there were many slots for the Japan program.

M: That's good. So, what were the other stages in the application process?

F: Well, there was a short exam, but it was mainly about personal stuff. The tricky part was the interview. It had to be done entirely in Japanese!

M: Really? How did you do?

F: I really thought I wouldn't get in. [30]I stumbled upon a few words because it had been a while since I last spoke Japanese. Luckily, they said that I didn't have to be fluent in Japanese, and that my skills in the language only needed to be conversational.

M: Well, knowing you, I think your knowledge is already enough. Who will take care of your accommodations there?

F: There'll be a host family assigned to each exchange student. [31]They will be taking us in throughout our stay there. The host families are all experienced in welcoming foreign students into their homes and showing them their culture.

M: That'd be great. How about your expenses, though?

F: The department will be paying for my airfare and the accommodations with the host family, but I will have to pay for my personal daily expenses.

M: But you have classes now. Wouldn't they be affected?

F: Yes, they would be. Since the application is pushing through, [32]I will have to ask all my professors if I could submit the course requirements earlier than my classmates. I'll be leaving two weeks before the term ends.

M: I see.

F: Oh, by the way, [33]would you mind doing the paperwork for my enrolment next term? I'll be coming home after course enlistment, so I won't be able to do that myself.

M: Sure, you can just give me an authorization letter so I can handle it for you.

F: Thank you so much. You're the best!

M: No problem. Congratulations again, Ellie!

F: Thanks, Martin!

어휘 cousin[kʌ́zn] 사촌 친척　exchange[ikstʃéindz] 교환　application[æ̀pləkéiʃən] 지원, 지원서　scan[skæn] 훑어보다　brochure[brouʃúr] 소책자, 안내 책자　fortunately[fɔ́ːrtʃənətli] 운이 좋게도　required[rikwáiərd] 필수의　elective course 선택 과목　push through 통과하다, 해내다　confirmation[kànfərméiʃn] 확인, 확정　competitive[kəmpétətiv] 경쟁이 심한, 경쟁적인　slot[slɑt] 자리, 기회　tricky[tríki] 어려운, 까다로운　entirely[intáiərli] 완전히, 전부　get in 입학 허가를 받다　stumble[stʌ́mbl] (말을) 실수하다, 더듬거리다　fluent[flúːənt] 유창한　conversational[kɑ̀nvərséiʃənl] 일상 대화에나 쓰이는, 회화체의　accommodation[əkɑ̀mədéiʃn] 숙식, 숙박　expense[ikspéns] 비용　airfare[éːfər] 항공료　requirement[rikwáiərmənt] 필수 요건　term[tərm] 학기　paperwork[péipərwɑ̀rk] 서류 작업　enrolment[inróulmənt] 등록　enlistment[inlístmənt] (모집의) 기간　authorization[ɔ̀ːθərizéiʃn] 위임, 허가

---

27 특정세부사항 What

What good news is Ellie telling Martin?

(a) that she got a scholarship to a Japanese university
(b) that she qualified to be an exchange student
(c) that she found a list of good exchange programs
(d) that she has enrolled in Japanese studies

정답 (b)

Ellie가 Martin에게 전하고 있는 좋은 소식은 무엇인가?

(a) 일본 대학에서 공부할 수 있는 장학금을 받은 것
(b) 교환학생 자격을 갖춘 것
(c) 좋은 교환 프로그램의 목록을 발견한 것
(d) 일본어 수강 신청을 한 것

해설 Ellie가 Martin에게 전하고 있는 좋은 소식이 무엇인지를 묻는 What 문제이므로, 질문의 키워드 good news가 the best kind of news로 paraphrasing되어 언급된 주변을 주의 깊게 듣는다. 여자가 I just passed – exchange program application to a Japanese

지문, 스크립트, 문제, 해석	모든 지문, 스크립트, 문제를 정확히 이해할 수 있도록 지문, 스크립트, 문제를 해석과 함께 수록하였습니다.
정답의 단서	문제 풀이 시, 정답의 단서를 쉽게 찾을 수 있도록 지문과 해석에 파란색으로 단서의 위치를 표시하였습니다.
문제 유형	문제 유형별 풀이 전략에 익숙해질 수 있도록 모든 문제에 세분화된 문제 유형을 제공하였습니다.
해설	유형별 전략을 적용하여 정답에 이르는 과정을 상세하고 이해하기 쉽게 해설하였습니다.
정답	문제 유형 옆에 정답을 표기하여, 문제 풀이 후 정답과 해설을 확인하는 학습 과정이 자연스럽게 이어지도록 하였습니다.
어휘	사전을 따로 찾는 불편함을 덜 수 있도록 지문과 문제에서 사용된 주요 단어와 어구의 뜻을 수록하였습니다.
흐름 요약	청취와 독해 및 어휘 영역의 긴 지문을 보다 쉽게 이해할 수 있도록 주요 흐름을 요약하였습니다.
오답의 단서	문제 풀이 시, 오답의 단서를 쉽게 찾을 수 있도록 지문과 해석에 회색으로 위치를 표시하였습니다.
오답분석	오답이 되는 이유를 상세히 분석하여 전략적으로 오답을 가려낼 수 있도록 하였습니다.
Paraphrasing	지문의 내용이 질문이나 정답 보기에서 Paraphrasing된 경우, [질문의 표현 → 지문의 표현] 혹은 [지문의 표현 → 정답 보기의 표현]으로 정리하여 한눈에 확인할 수 있도록 하였습니다.
고득점	G-TELP 특유의 공식과 패턴을 적용하기 어렵거나, 적용한 후에도 한 번 더 생각해야 하는 문제에는 '고득점' 표시를 하였습니다. 이를 통해 변별력 있는 문제를 푸는 방법을 익히고 고득점 달성이 가능하도록 하였습니다.

G-TELP 소개

G-TELP란?

G-TELP란 General Tests of English Language Proficiency의 약자로 국제테스트 연구원(ITSC, International Testing Services Center)에서 주관하는 국제적 공인영어시험이며, 한국에서는 1986년에 지텔프 코리아가 설립되어 지텔프 시험을 운영 및 주관하고 있습니다. 듣기(Listening), 읽기(Reading), 말하기(Speaking), 쓰기(Writing) 평가 중심의 글로벌 영어평가 교육시스템으로, 현재 공무원, 군무원 등 각종 국가고시 영어대체시험, 기업체의 신입사원 및 인사·승진 평가시험, 대학교·대학원 졸업자격 영어대체시험 등으로 널리 활용되고 있습니다.

G-TELP의 종류

G-TELP에는 크게 G-TELP Level Test(GLT), G-TELP Speaking & Writing, G-TELP Jr., G-TELP B2B가 있습니다. 그중에서 G-TELP Level Test(GLT)는 문법, 청취, 독해 및 어휘의 세 가지 영역의 종합 영어 능력을 평가하며, Level 1부터 5까지 다섯 가지 등급의 시험으로 구분됩니다. 한국에서는 G-TELP Level Test(GLT)의 다섯 가지 Level 중 Level 2 정기시험 점수가 활용되고 있습니다. 그 외 레벨은 현재 수시시험 접수만 가능하며, 공인 영어 성적으로 거의 활용되지 않습니다.

구분	출제 방식 및 시간	평가 기준	합격자의 영어 구사 능력	응시자격
Level 1	청취 30문항(약 30분) 독해 및 어휘 60문항(70분) **총 90문항(약 100분)**	Native Speaker에 준하는 영어 실력: 상담, 토론 가능	외국인과 의사소통, 통역이 가능한 수준	Level 2 영역별 75점 이상 획득 시
Level 2	문법 26문항(20분) 청취 26문항(약 30분) 독해 및 어휘 28문항(40분) **총 80문항(약 90분)**	다양한 상황에서 대화 가능: 업무 상담 및 해외 연수 등 가능	일상 생활 및 업무 상담, 세미나, 해외 연수 등이 가능한 수준	제한 없음
Level 3	문법 22문항(20분) 청취 24문항(약 20분) 독해 및 어휘 24문항(40분) **총 70문항(약 80분)**	간단한 의사소통과 친숙한 상태에서의 단순 대화 가능	간단한 의사소통과 해외 여행, 단순 업무 출장이 가능한 수준	제한 없음
Level 4	문법 20문항(20분) 청취 20문항(약 15분) 독해 및 어휘 20문항(25분) **총 60문항(약 60분)**	기본적인 문장을 통해 최소한의 의사소통 가능	기본적인 어휘의 짧은 문장을 통한 최소한의 의사소통이 가능한 수준	제한 없음
Level 5	문법 16문항(15분) 청취 16문항(약 15분) 독해 및 어휘 18문항(25분) **총 50문항(약 55분)**	극히 초보적인 수준의 의사소통 가능	영어 초보자로 일상의 인사, 소개 등만 가능한 수준	제한 없음

G-TELP Level 2 구성

영역	내용	문항 수	배점	시간
문법	시제, 가정법, 조동사, 준동사, 연결어, 관계사	26개	100점	
청취	PART 1 개인적인 이야기나 경험담 PART 2 특정 주제에 대한 정보를 제공하는 공식적인 담화 PART 3 어떤 결정에 이르고자 하는 비공식적인 협상 등의 대화 PART 4 일반적인 어떤 일의 진행이나 과정에 대한 설명	7개 6개 6 or 7개 7 or 6개	100점	영역별 시험 시간 제한규정 폐지됨
독해 및 어휘	PART 1 과거 역사 속의 인물이나 현시대 인물의 일대기 PART 2 최근의 사회적이고 기술적인 묘사에 초점을 맞춘 기사 PART 3 전문적인 것이 아닌 일반적인 내용의 백과사전 PART 4 어떤 것을 설명하거나 설득하는 상업 서신	7개 7개 7개 7개	100점	
		80문항	300점	약 90분

* 각 영역 100점 만점으로 총 300점이며, 세 개 영역의 평균값이 공인성적으로 활용되고 있습니다.

G-TELP 특장점

절대평가	빠른 성적 확인	3영역 객관식 4지선다형
상대평가가 아닌 절대평가이므로, 학습자가 공부한 만큼 목표 점수 달성 가능	응시일로부터 5일 이내의 빠른 성적 발표를 통해 단기간 영어 공인 점수 취득 가능	문법, 청취, 독해 및 어휘 3가지 영역의 4지선다형 객관식 문제로 보다 적은 학습 부담

G-TELP 시험 접수부터 성적 확인까지

1. 원서 접수

· **인터넷 접수 :** www.g-telp.co.kr에서 회원가입 후 접수할 수 있습니다.
· **방문 접수 :** 접수기간 내에 지텔프 코리아 본사로 방문하여 접수할 수 있습니다.

2. 응시

· **응시일 :** 매월 2~3회 일요일 오후 3시에 응시할 수 있습니다.
  * 정확한 날짜는 지텔프 홈페이지의 시험일정을 통해 확인할 수 있습니다.
· **입실 시간 :** 오후 2시 20분까지 입실해야 하며, 오후 2시 50분 이후에는 절대 입실이 불가합니다.
· **준비물 :**

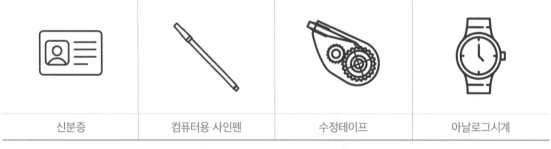

신분증	컴퓨터용 사인펜	수정테이프	아날로그시계

- 수험표는 별도로 준비하지 않아도 됩니다.
- 시험 당일 신분증이 없으면 시험에 응시할 수 없으므로, 반드시 신분증(주민등록증, 운전면허증, 공무원증 등)을 지참해야 합니다. 지텔프에서 인정하는 신분증 종류는 지텔프 홈페이지(www.g-telp.co.kr)에서 확인 가능합니다.
- 컴퓨터용 사인펜으로 마킹해야 하며 연필은 사용할 수 없습니다. 연필이나 볼펜으로 먼저 마킹한 후 사인펜으로 마킹하면 OMR 판독에 오류가 날 수 있으니 주의합니다.
- 마킹 수정 시, 수정테이프를 사용해야 하며 수정액은 사용할 수 없습니다. 다른 수험자의 수정테이프를 빌려 사용할 수 없으며, 본인의 것만 사용이 가능합니다.

응시 관련 Tip

① 고사장 가기 전
· 준비물을 잘 챙겼는지 확인합니다.
· 시험 장소를 미리 확인해두고, 규정된 입실 시간에 늦지 않도록 유의합니다.

② 고사장에서
· 1층 입구에 붙어 있는 고사실 배치표를 확인하여 자신이 배정된 고사실을 확인합니다.
· 고사실에는 각 응시자의 이름이 적힌 좌석표가 자리마다 놓여 있으므로, 자신에게 배정된 자리에 앉으면 됩니다.

③ 시험 보기 직전
· 시험 도중에는 화장실에 다녀올 수 없고, 만약 화장실에 가면 다시 입실할 수 없으므로 미리 다녀오는 것이 좋습니다.
· 시험 시작 전에 OMR 카드의 정보 기입란의 각 영역에 올바른 정보를 기입해둡니다.

④ 시험 시
· 답안을 따로 마킹할 시간이 없으므로 풀면서 바로 마킹하는 것이 좋습니다.
· 영역별 시험 시간 제한규정이 폐지되었으므로, 본인이 취약한 영역과 강한 영역에 적절히 시간을 배분하여 자유롭게 풀 수 있습니다. 단, 청취 시간에는 다른 응시자에게 방해가 되지 않도록 주의해야 합니다.
· 시험지에 낙서를 하거나 다른 응시자들이 알아볼 수 있도록 큰 표시를 하는 것은 부정행위로 간주되므로 주의해야 합니다. 수험자 본인만 인지할 수 있는 작은 표기만 인정됩니다.
· OMR 카드의 정답 마킹란이 90번까지 제공되지만, G-TELP Level 2의 문제는 80번까지만 있으므로 81~90번까지의 마킹란은 공란으로 비워두면 됩니다.

〈OMR 카드와 좌석표 미리보기〉

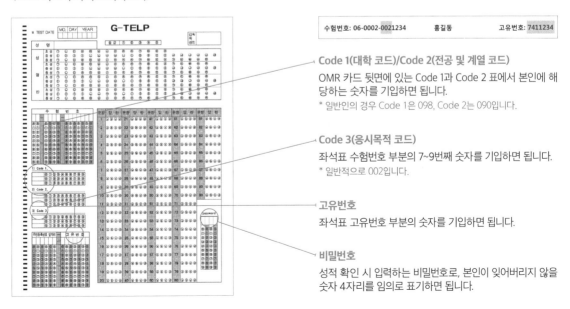

수험번호: 06-0002-0021234   홍길동   고유번호: 7411234

Code 1(대학 코드)/Code 2(전공 및 계열 코드)
OMR 카드 뒷면에 있는 Code 1과 Code 2 표에서 본인에 해당하는 숫자를 기입하면 됩니다.
* 일반인의 경우 Code 1은 098, Code 2는 090입니다.

Code 3(응시목적 코드)
좌석표 수험번호 부분의 7~9번째 숫자를 기입하면 됩니다.
* 일반적으로 002입니다.

고유번호
좌석표 고유번호 부분의 숫자를 기입하면 됩니다.

비밀번호
성적 확인 시 입력하는 비밀번호로, 본인이 잊어버리지 않을 숫자 4자리를 임의로 표기하면 됩니다.

3. 성적 확인

성적표는 온라인으로 출력(1회 무료)하거나 우편으로 수령할 수 있으며, 수령 방법은 접수 시 선택할 수 있습니다. (성적 발표일도 시험 접수 시 확인 가능)

〈성적표 미리보기〉

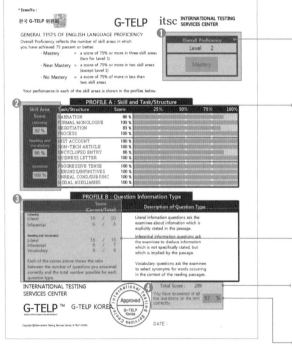

① **Mastery 등급의 합격·불합격 여부를 알려주는 항목**
  각 영역 모두 75퍼센트 이상 획득한 경우 Mastery 등급을 받을 수 있습니다.
  * 참고: 국가 자격 시험에서 활용되는 지텔프 성적은 Mastery 등급의 합격 여부와는 관계가 없고, 해당 시험에서 정한 기준만 획득하면 인정됩니다.

② **Profile A: Skill and Task/Structure (영역별 능숙도)**
  영역별로 맞은 문제에 대한 백분율이 표시됩니다.

③ **Profile B: Question Information Type**
  (영역 내 질문 유형별 능숙도)
  청취, 독해 및 어휘 두 영역에 관해서는 문제 유형별로 맞은 개수를 제공합니다. 문제 유형은 Literal(사실에 근거한 것), Inferential(추론 가능한 것), Vocabulary(유의어 파악)로 분류되어 있습니다.

④ **Total Score:**
  세 개 영역의 총점이 표시되며, 총점 아래 백분율로 표시된 것이 세 영역의 평균 점수입니다.

  세 영역의 평균 점수(백분율)를 나타내며, 이 부분이 공인성적으로 활용되고 있는 점수입니다.

G-TELP 학습 시 성적 계산법

학습 시, 자신의 점수는 아래의 공식으로 산출할 수 있습니다. 총점과 평균 점수의 경우, 소수점 이하 점수는 올림 처리합니다.

각 영역 점수 : 맞은 개수 × 3.75
평균 점수 : 각 영역 점수 합계 ÷ 3

예) 문법 12개, 청취 5개, 독해 및 어휘 10개 맞혔을 시,
  문법 12 × 3.75 = 45점 **청취** 5 × 3.75 = 18.75점 **독해 및 어휘** 10 × 3.75 = 37.5점
  → **평균 점수** (45 + 18.75 + 37.5) ÷ 3 = 34점

G-TELP Level 2 성적 활용하기

정부 및 국가 자격증	기준 점수
국가공무원 5급	65점
외교관후보자	88점
국가공무원 7급	65점
국가공무원 7급 외무영사직렬	77점
입법고시	65점
법원 행정고시	65점
경찰공무원(경사·경장·순경)	43점
경찰간부 후보생	50점
소방공무원(소방장·소방교·소방사)	43점
소방간부 후보생	50점
군무원 5급	65점
군무원 7급	47점
군무원 9급	32점
카투사	73점
기상직 7급	65점
국가정보원	공인어학성적 제출 필수
변리사	77점
세무사	65점
공인노무사	65점
관광통역안내사	74점
호텔경영사	79점
호텔관리사	66점
호텔서비스사	39점
감정평가사	65점
공인회계사	65점
보험계리사	65점
손해사정사	65점

* 그 외 공공기관 및 기업체에서도 지텔프 성적을 활용하고 있으며 지텔프 홈페이지에서 모든 활용처를 확인할 수 있습니다.

G-TELP 영역별 출제 유형

문법 GRAMMAR

· 2~3문장으로 구성된 지문의 빈칸에, 4개의 보기 중 알맞은 문법 사항을 골라 채우는 영역입니다.
· 시제, 가정법, 조동사, 준동사, 연결어, 관계사 문제가 출제됩니다.

문제 형태

1. Uber is developing vehicles with the capacity to operate without a human driver. Right now, the company _____ the legal and safety details. They plan to add these self-driving vehicles to their fleet in the near future.

   (a) still investigates
   (b) still investigated
   (c) is still investigating
   (d) will still investigate

현재진행시제와 함께 쓰이는 시간 표현 'Right now'가 사용되었고, 문맥상 현재 우버는 아직 법과 안전성 측면의 세부사항을 검토하고 있는 중이라는 의미가 되어야 자연스러우므로, 현재진행시제 (c) is still investigating이 정답이다.

청취 LISTENING

- 2명의 대화나 1명의 담화를 듣고, 이와 관련된 6~7개 문제의 알맞은 정답을 4개의 보기 중에 선택하는 영역입니다.
- 4개의 파트로 구성되며, PART 1/PART 3은 2명의 대화, PART 2/PART 4는 1명의 담화 지문입니다.
- 문제지에는 각 문제의 보기만 인쇄되어 있으며, 각 질문은 지문이 시작되기 전에 한 번, 끝나고 난 뒤에 한 번, 총 두 번 들려줍니다.

문제 형태

문제지	음성
27. (a) He researched South American products. (b) He trained overseas workers. (c) He interviewed potential staff. (d) He attended a business seminar. 28. (a) its low real estate costs (b) the growing market for their products there (c) its openness to foreign businesses (d) the abundant cheap workforce there (생략)	Part 1. You will hear a conversation between two people. First you will hear questions 27 through 33. Then you will hear the conversation. Choose the best answer to each question in the time provided. 27: What did Richard do in Brazil? 28: Why is Brazil a perfect place for his South American office? (생략) F: Hi, Richard! Did you have a good time in Brazil? M: Hi, Jessica! Yes, I had a successful business trip. I traveled there to train the staff at our South American office. F: Oh. I didn't know you had an office overseas. Why did your company decide to open a location in Brazil? M: The main reason is to take advantage of the opportunity to cut costs. The country is perfect for us because there is ample inexpensive labor. (생략)

27. 남자가 회사 남미 지부의 직원을 교육하기 위해 브라질에 갔다고 했으므로, (b)가 정답이다.
28. 남자가 임금이 싼 노동력 때문에 브라질이 남미 지부를 위한 최고의 장소라고 했으므로, (d)가 정답이다.

독해 및 어휘　READING & VOCABULARY

· 제시된 지문과 관련된 7개 문제의 알맞은 정답을 4개의 보기 중에 선택하는 영역입니다. 7개 문제 중 마지막 2개 문제는 어휘 문제가 고정적으로 출제됩니다.
· 4개의 파트로 구성되며, PART 1은 인물의 일대기, PART 2는 잡지/인터넷 기사, PART 3은 지식 백과, PART 4는 비즈니스 편지 형태의 지문입니다.
· 문제지의 왼편에는 디렉션과 지문이, 오른편에는 지문과 관련된 문제 7개가 제시됩니다.

문제 형태

PART 1. Read the following biography article and answer the questions. The underlined words in the article are for vocabulary questions.

JEFF KOONS

Jeff Koons is an American artist who is famous for his distinctive artistic style and subject matter. His professional art career has spanned five decades, and he is regarded as one of the most significant contemporary artists in America.

Jeff Koons was born on January 21, 1955 in York, Pennsylvania to furniture dealer Henry Koons and seamstress Gloria Koons. As a child, Koons was exposed to prominent paintings by his father. By the time he was a teenager, he had a fondness for art, particularly the surrealist work of Salvador Dali.

(생략)

독해 문제

53. What is Jeff Koons best known for?

   (a) being the most influential artist in America
   (b) creating works of art about American culture
   (c) the unique style and content of his art
   (d) the long duration of his artistic career

제프 쿤스가 독특한 예술 양식으로 유명하다고 했으므로 (c)가 정답이다.

어휘 문제

58. In the context of the passage, prominent means _____.

   (a) advertised
   (b) distinguished
   (c) effective
   (d) commissioned

prominent가 포함된 구절은 쿤스가 아버지에 의해 유명한 그림에 노출되었다는 뜻이므로, '유명한'이라는 같은 의미의 (b) distinguished가 정답이다.

수준별 맞춤 학습 플랜

TEST 1을 마친 후 결과에 맞는 학습 플랜을 선택하여 공부합니다.

☷ 1주 완성 학습 플랜 60점 이상

· 1주 동안 매일 테스트 1회분을 Answer Sheet을 활용하여 실전처럼 풀어봅니다.
· 각 TEST를 푼 직후, 틀렸던 문제와 헷갈렸던 문제를 다시 한번 풀어보며 완벽하게 이해합니다.

	Day 1	Day 2	Day 3	Day 4	Day 5	Day 6
WEEK 1	TEST 1 풀기 및 리뷰	TEST 2 풀기 및 리뷰	TEST 3 풀기 및 리뷰	TEST 4 풀기 및 리뷰	TEST 5 풀기 및 리뷰	TEST 6 풀기 및 리뷰

⊘ 1주 완성 추천 대상

· 기본적인 영어 실력이 뒷받침되어 단기간에 목표 점수를 취득하고자 한다면, 1주 완성 학습 플랜을 추천합니다.
· TEST 1의 점수가 60점 이상이 아니어도, 32점을 목표로 문법, 독해 및 어휘 영역에만 집중하여 단기간에 점수를 취득하고자 하는 학습자에게 추천합니다.

☷ 2주 완성 학습 플랜 40점 이상

· 2주 동안 이틀에 한 번 테스트 1회분을 Answer Sheet을 활용하여 실전처럼 풀어봅니다.
· 각 TEST를 푼 직후, 틀렸던 문제와 헷갈렸던 문제를 다시 한번 풀어보며 완벽하게 이해합니다.
· 다음 날, 각 TEST를 심화학습하여 약점을 보완합니다.

	Day 1	Day 2	Day 3	Day 4	Day 5	Day 6
WEEK 1	TEST 1 풀기 및 리뷰	TEST 1 심화학습	TEST 2 풀기 및 리뷰	TEST 2 심화학습	TEST 3 풀기 및 리뷰	TEST 3 심화학습
WEEK 2	TEST 4 풀기 및 리뷰	TEST 4 심화학습	TEST 5 풀기 및 리뷰	TEST 5 심화학습	TEST 6 풀기 및 리뷰	TEST 6 심화학습

2주 완성 심화학습 방법

· 취약한 문제 유형을 파악하여 각 유형에서 등장하는 단서 및 표현을 확인합니다.
· 어휘 리스트에서 모르는 단어를 정리하고 암기합니다.

⊘ 2주 완성 추천 대상

· 단기간에 목표 점수를 취득하고자 한다면, 2주 완성 학습 플랜을 추천합니다.
· 본인의 수준과 목표 점수에 따라 문법, 청취, 독해 및 어휘 영역 중 자신이 취약한 영역에 더 많은 시간을 분배하여 학습하고자 하는 학습자에게 추천합니다.

3주 완성 학습 플랜 40점 미만

· 3주 동안 3일에 한 번 테스트 1회분을 Answer Sheet을 활용하여 실전처럼 풀어봅니다.
· 각 TEST를 푼 직후, 틀렸던 문제와 헷갈렸던 문제를 다시 한번 풀어보며 완벽하게 이해합니다.
· 둘째 날 각 TEST의 문법과 청취 영역을 심화학습하여 약점을 보완합니다.
· 셋째 날 각 TEST의 독해 및 어휘 영역을 심화학습하여 약점을 보완합니다.

	Day 1	Day 2	Day 3	Day 4	Day 5	Day 6
WEEK 1	TEST 1 풀기 및 리뷰	TEST 1 문법과 청취 심화학습	TEST 1 독해 및 어휘 심화학습	TEST 2 풀기 및 리뷰	TEST 2 문법과 청취 심화학습	TEST 2 독해 및 어휘 심화학습
WEEK 2	TEST 3 풀기 및 리뷰	TEST 3 문법과 청취 심화학습	TEST 3 독해 및 어휘 심화학습	TEST 4 풀기 및 리뷰	TEST 4 문법과 청취 심화학습	TEST 4 독해 및 어휘 심화학습
WEEK 3	TEST 5 풀기 및 리뷰	TEST 5 문법과 청취 심화학습	TEST 5 독해 및 어휘 심화학습	TEST 6 풀기 및 리뷰	TEST 6 문법과 청취 심화학습	TEST 6 독해 및 어휘 심화학습

3주 완성 심화학습 방법

· 취약한 문제 유형을 파악하여 각 유형에서 등장하는 단서 및 표현을 확인합니다.
· 문법 영역은 각 문제 유형에서 등장하는 단서 표현을 정리하고 암기합니다.
· 청취 영역은 음성과 스크립트를 함께 확인하며 영어 듣기를 연습합니다.
· 청취와 독해 및 어휘 영역은 Paraphrasing된 표현들을 정리하고 암기합니다.
· 어휘 리스트에서 모르는 단어를 정리하고 암기합니다.

⊘ 3주 완성 추천 대상

· 본인의 수준보다 높은 점수를 취득하고자 한다면, 3주 완성 학습 플랜을 추천합니다.
· 각 영역에서 자신이 어려웠던 부분이 무엇인지 파악하여 집중적으로 학습하고자 하는 학습자에게 추천합니다.

G-TELP 기출 음성을 듣고 싶다면?

해커스인강(HackersIngang.com)에서
본 교재 MP3 다운받기

출제 경향으로 보는

G-TELP

고득점 전략

Grammar Section

1. 출제 경향

01 6개의 문제 유형이 고정적으로 출제된다

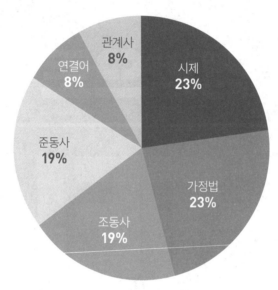

▲ G-TELP 문법 문제 유형별 출제 비율

최근 시험에서 1회당 평균적으로 시제 약 6문제, 가정법 약 6문제, 조동사 약 4~5문제, 준동사 약 5~6문제, 연결어 2문제, 관계사 2문제가 출제되고 있다. 따라서 지텔프 문법을 단기간에 대비하기 위해서는 6가지 문법 포인트만 집중적으로 학습하는 것이 좋다.

> 시제, 가정법 문제는 세부 유형의 출제 비율도 정해져 있는 편이다.
>
> · 시제: 보통 6개의 진행 시제(현재진행, 현재완료진행, 과거진행, 과거완료진행, 미래진행, 미래완료진행)가 각각 1문제씩 출제된다.
> · 가정법: 보통 2개의 가정법(가정법과거, 가정법과거완료)이 각각 3문제씩 출제되나, 간혹 혼합 가정법이 출제되기도 한다.

02 빈칸 문장만 보고 풀 수 있는 문제가 대부분이다

대부분의 문제 유형(시제, 가정법, 조동사 should 생략, 준동사, 관계사 문제)은 주어진 2~3문장 중에 빈칸이 있는 문장만 보고 풀 수 있다. 따라서 문법 영역에서 빈칸이 있는 문장만 읽고 문제를 풀어 시간을 단축하고, 다른 영역 문제 풀이에 시간을 더 투자할 수 있다.

2. 문제 풀이 고득점 전략

다음 스텝에 따라 문제 풀이를 하면 빠르고 정확하게 문제를 풀 수 있다.

STEP 1	보기나 빈칸 문장의 표현을 통해 문제 유형을 파악한다.
	묻고 있는 문법 포인트가 무엇인지 먼저 파악하면, 어떤 단서를 찾아야 하는지 알고 더 빠르고 정확하게 문제를 풀 수 있다.

STEP 2	각 문제 유형에 따른 정답의 단서를 파악한다.
	파악한 문제 유형에 따라 첫 문장부터 읽을 것인지, 빈칸이 포함된 문장을 먼저 읽을 것인지 결정한 후, 정답의 단서를 파악한다.

STEP 3	알맞은 보기를 정답으로 선택한다.
	파악한 정답의 단서를 토대로, 문장을 문법적으로 올바르게 완성시킬 수 있는 보기를 정답으로 선택한다.

예제	전략 적용

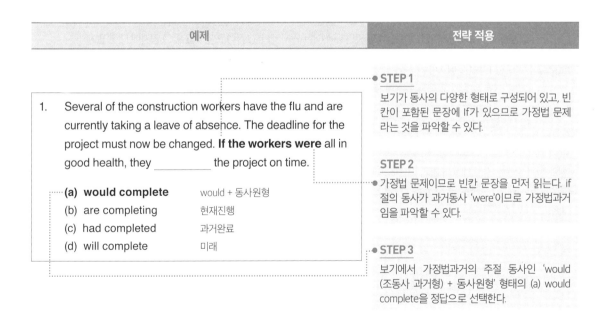

1. Several of the construction workers have the flu and are currently taking a leave of absence. The deadline for the project must now be changed. **If the workers were** all in good health, they _____ the project on time.

    (a) would complete   would + 동사원형
    (b) are completing   현재진행
    (c) had completed   과거완료
    (d) will complete   미래

STEP 1
보기가 동사의 다양한 형태로 구성되어 있고, 빈칸이 포함된 문장에 If가 있으므로 가정법 문제라는 것을 파악할 수 있다.

STEP 2
가정법 문제이므로 빈칸 문장을 먼저 읽는다. if절의 동사가 과거동사 'were'이므로 가정법과거임을 파악할 수 있다.

STEP 3
보기에서 가정법과거의 주절 동사인 'would (조동사 과거형) + 동사원형' 형태의 (a) would complete을 정답으로 선택한다.

Listening Section

1. 출제 경향

01 4개 파트의 흐름이 패턴화되어 있고, 지문 순서대로 문제가 출제된다

PART 1	· 2명의 대화 지문 · 경험담을 들려주고 상대방은 이와 관련된 질문을 하거나 반응을 보이는 흐름
	인사/안부 → 토픽 제시 → 몇 차례의 질문과 응답 → 마무리 인사
PART 2	· 1명의 독백 지문 · 신제품을 소개하거나, 특정 행사를 홍보하는 등 정보를 제공하는 흐름
	인사/소속·직책 및 자기 소개 → 토픽 제시 → 세부사항 5~6가지 제시 → 마무리 인사/질문 시간
PART 3	· 2명의 대화 지문 · 2가지 제품이나 상황 중 어떤 것을 선택할지 고민하며 각각의 장단점을 비교하는 흐름
	인사/토픽·용건 제시 → 몇 차례의 질문과 조언·제안 → 어떤 것을 선택할 것인지에 대한 암시/대화가 끝나고 무엇을 할 것인지에 대한 암시
PART 4	· 1명의 독백 지문 · 특정 절차나 과정, 유용한 조언을 소개하며 이를 순서대로 설명하는 흐름
	토픽에 대한 일반적인 관념 제시 → 토픽 소개 → 토픽에 대한 여러 단계를 순서대로 설명

지텔프 청취 지문은 길고 내용이 많기 때문에, 이에 대비하기 위해서는 각 파트별 흐름을 익혀두는 것이 좋다. 또한, 문제도 지문의 흐름별로 순서대로 출제된다는 것을 알아두면 문제 풀이에 도움이 된다.

02 특정세부사항 문제가 가장 많이 출제된다

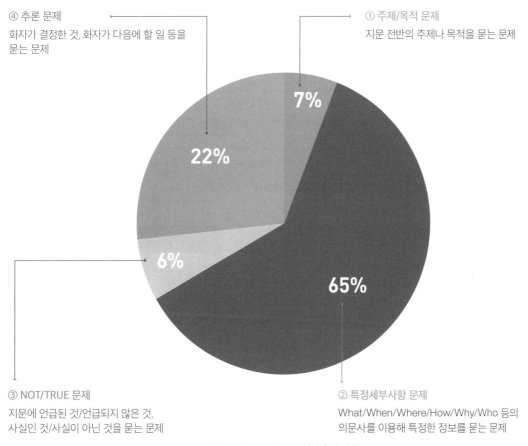

④ 추론 문제
화자가 결정한 것, 화자가 다음에 할 일 등을
묻는 문제

① 주제/목적 문제
지문 전반의 주제나 목적을 묻는 문제

③ NOT/TRUE 문제
지문에 언급된 것/언급되지 않은 것,
사실인 것/사실이 아닌 것을 묻는 문제

② 특정세부사항 문제
What/When/Where/How/Why/Who 등의
의문사를 이용해 특정한 정보를 묻는 문제

▲ G-TELP 청취 문제 유형별 출제 비율

각종 의문사로 특정한 정보를 묻는 특정세부사항 문제가 압도적으로 많이 출제된다. 따라서 문제지에 질문이 적혀 있지 않은 지텔프 청취 영역을 대비하기 위해서는 각 문제의 질문 음성을 잘 듣고, 질문의 의문사와 키워드를 정확하게 메모하는 연습을 하는 것이 중요하다.

2. 문제 풀이 고득점 전략

다음 스텝에 따라 문제 풀이를 하면 빠르고 정확하게 문제를 풀 수 있다.

STEP 1	문제의 보기를 스캔하여 지문 내용을 간략하게 예상한다.
	각 파트별 디렉션 음성이 재생될 때 문제의 보기를 미리 스캔하여 지문의 내용을 예상해두면 질문의 키워드를 더 쉽게 파악할 수 있다.

STEP 2	질문 음성을 들으며 의문사와 키워드를 메모한다.
	질문과 질문 사이 간격이 짧으므로 핵심 키워드만 2~3개를 메모한다. 한글이든, 영어든, 기호를 사용하든 본인이 알아볼 수 있도록 자신에게 가장 알맞은 방식으로 메모하는 것이 중요하다.

STEP 3	지문 음성을 들으며 키워드 주변 내용을 주의 깊게 듣고 알맞은 보기를 정답으로 선택한다.
	문제 순서대로 들으면서 키워드를 캐치하여 바로바로 정답을 선택한다.

예제	전략 적용

[음성] 파트 디렉션

Part 2. You will hear a woman talking about a product. First you will hear questions 34 through 39. Then you will hear the talk. Choose the best answer to each question in the time provided.

[문제지]

34.　(a)　to introduce a new vacation destination
　　　(b)　to inform people about luxury resorts
　　　(c)　to offer information about a company
　　　(d)　to discuss a company's accommodations

● STEP 1
34번 문제의 보기에 숙소가 언급되어 있는 것을 통해 지문이 숙소에 관한 내용일 것임을 예상할 수 있다.

35.　(a)　They don't have many services.
　　　(b)　They have hidden costs.
　　　(c)　They don't offer unlimited food and drinks.
　　　(d)　They are overpriced.

35번 문제의 보기에 적은 서비스, 숨겨진 비용 등의 단점들이 있으므로, 지문에 특정 숙소의 단점에 관한 내용이 언급될 것임을 예상할 수 있다.

(생략)

(생략)

[음성] 질문과 지문

34 : What is the purpose of the talk? ································

35 : According to the speaker, what is an issue with many luxury resorts?

(생략)

Good afternoon, everyone. I'm the head salesperson of Inspired Leisure, Inc., and **I'm pleased to tell you about our latest accommodation option**, Kingsbury Landing. If you are interested in a truly all-inclusive luxury experience, you won't be disappointed. **Many resorts claim to be all inclusive, but when you get there you discover that some services are only available for additional fees.** At Kingsbury Landing, you won't have to worry about being unpleasantly surprised because everything from massages to unlimited cocktails and food are included in the price.

(생략)

● STEP 2

● 34번 문제가 지문의 목적을 묻고 있으므로 '목적'을 메모한다.

35번 문제의 의문사 what과 키워드 issue with ~ resorts를 메모한다.

(생략)

[문제지]
목적
34. **(a) to introduce a new vacation destination** ···········
    (b) to inform people about luxury resorts
    (c) to offer information about a company
    (d) to discuss a company's accommodations

    What   issue w/ resorts
35. (a) They don't have many services.
    (b) They have hidden costs. ····················
    (c) They don't offer unlimited food and drinks.
    (d) They are overpriced.

(생략)

● STEP 3

34번 문제의 키워드인 '목적'과 관련된 단서 'I'm pleased to tell you about our latest accommodation option'을 듣고 알맞은 정답 (a)를 선택한다.

35번 문제의 키워드인 issue with ~ resorts와 관련된 단서 'Many resorts claim to be all inclusive, but when you get there you discover that some services are only available for additional fees.'를 듣고 알맞은 정답 (b)를 선택한다.

(생략)

Reading & Vocabulary Section

1. 출제 경향

01 4개 파트의 흐름이 패턴화되어 있고, 일반적으로 한 단락에 한 문제씩 출제된다

PART 1	· 인물의 일대기
	· 인물을 소개하고 시간의 흐름에 따라 일대기를 서술하는 흐름
	인물에 대한 대략적인 소개 → 유년기 → 초기 단계의 업적 → 주요 업적 → 말년, 죽음 또는 근황

PART 2	· 근래의 사회적·기술적 이슈
	· 새로운 연구 결과나 새로운 기술의 도입 등을 소개하고 자세히 서술하는 흐름
	연구 결과 및 신기술 소개 → 연구의 시작 및 초기 결과, 특징 → 추후 미칠 영향 → 시사점 및 비판

PART 3	· 백과사전식 지식
	· 학술적인 내용이나 실용적인 내용 등 한 가지 중심 소재에 관해 소개하고 자세히 서술하는 흐름
	중심 소재의 정의 → 기원과 초기 모습 → 특징 나열 또는 변화 과정 → 현황

PART 4	· 비즈니스 편지
	· 추천서, 거래 제안, 요청 등의 목적을 가지고 수신인을 설득하는 흐름
	안부 인사 및 편지의 목적 제시 → 목적에 관한 세부 내용 → 마지막 인사 및 사안 강조

지텔프 독해 지문은 길고 내용이 많기 때문에, 이에 대비하기 위해서는 각 파트별 흐름을 익혀두는 것이 좋다. 더불어, 보통 어휘 문제를 제외하고 각 단락에서 한 문제씩 출제된다는 것을 알아두면 정답의 단서를 쉽게 찾을 수 있다.

02 5가지 문제 유형 중 특정세부사항 문제가 가장 많이 출제된다

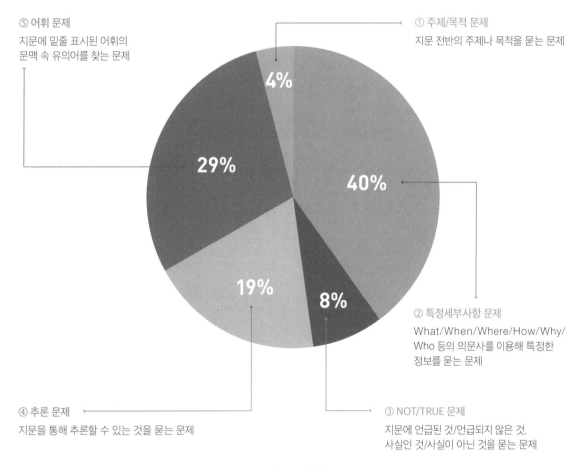

⑤ 어휘 문제
지문에 밑줄 표시된 어휘의
문맥 속 유의어를 찾는 문제

① 주제/목적 문제
지문 전반의 주제나 목적을 묻는 문제

② 특정세부사항 문제
What/When/Where/How/Why/
Who 등의 의문사를 이용해 특정한
정보를 묻는 문제

④ 추론 문제
지문을 통해 추론할 수 있는 것을 묻는 문제

③ NOT/TRUE 문제
지문에 언급된 것/언급되지 않은 것,
사실인 것/사실이 아닌 것을 묻는 문제

▲ G-TELP 독해 문제 유형별 출제 비율

명확한 정답의 단서가 존재하는 특정세부사항 문제가 가장 많이 출제되므로, 지문 전체를 다 읽고 해석할 필요 없이 질문이 묻는 내용을 담고 있는 부분만 찾아 면밀하게 읽고 이해하는 것이 중요하다. 질문의 키워드를 파악하여 지문에서 해당 키워드를 찾는 연습을 꾸준히 하면 지텔프 독해 영역의 긴 지문에 딸린 문제들을 빠르고 정확하게 풀 수 있다.

Reading & Vocabulary Section

2. 문제 풀이 고득점 전략

다음 스텝에 따라 문제 풀이를 하면 빠르고 정확하게 문제를 풀 수 있다.

STEP 1	각 문제를 먼저 읽고 의문사와 키워드를 파악한다.
	지문을 읽기 전에, 첫 번째 문제를 먼저 읽고 질문에서 묻는 것이 무엇인지 알 수 있는 의문사와 키워드를 파악한다.

STEP 2	지문을 스캐닝(Scanning)*하여 정답의 단서를 찾는다.
	지문에서 키워드와 관련된 단서를 찾아 그 주변 내용을 주의 깊게 읽는다. 일반적으로 키워드가 있는 문장 앞뒤에 정답의 단서가 있다.

*스캐닝(Scanning): 글에 포함되어 있는 세부사항을 찾아내기 위한 속독 방법으로, 찾고자 하는 내용과 관련된 키워드나 기호 등을 찾기 위해 지문을 빠르게 눈으로 훑는 것을 뜻한다.

STEP 3	알맞은 보기를 정답으로 선택한 뒤, 다음 문제로 넘어간다.
	지문에서 확인한 정답의 단서를 알맞게 표현한 보기를 정답으로 선택한 뒤, 다음 문제로 넘어가 STEP 1~3을 반복한다.

예제	전략 적용

STUDY DEMONSTRATES MEN HAVE HIGHER RATE OF SEVERE CHRONIC DISEASE THAN WOMEN

A study in Harvard Men's Health Watch, a newsletter published by Harvard Medical School, demonstrated that the rate of severe chronic disease was higher among men than women. Furthermore, the article pointed out that men were more likely to die from the ten most common causes of death.

Citing data from the National Center for Health Statistics, the authors showed that stroke and Alzheimer's were the only maladies that affected women more or equal to men. Because of this disparity, male patients cost significantly more in health care than females despite being examined by physicians less.

(생략)

---

60. What did the study find out?

(a) that men tend to die younger than women
(b) that health-care costs are roughly similar regardless of gender
(c) that men suffer from serious illness more than women
(d) that women have stronger immune systems than men

(생략)

● STEP 1
60번 문제의 의문사와 키워드를 파악한다. 연구가 알아낸 것을 묻고 있으므로 연구 결과를 언급하는 제목이나 1단락에서 단서를 찾는다.

● STEP 2
지문을 스캐닝하여 질문의 키워드 find out이 demonstrated로 paraphrasing된 것을 찾은 뒤 주변 내용을 주의 깊게 읽는다.

---

65. In the context of the passage, examined means _____.

(a) identified
(b) notified
(c) overlooked
(d) seen

(생략)

● STEP 3
지문의 단서 'the rate of severe chronic disease was higher among men than women'에서 남자가 여자보다 만성 질환을 앓을 확률이 높다고 했으므로, 이를 알맞게 표현한 (c)를 정답으로 선택한 뒤, 다음 문제로 넘어가 STEP을 반복한다.

G-TELP 기출 음성을 듣고 싶다면?

해커스인강(HackersIngang.com)에서
본 교재 MP3 다운받기

ANSWER
KEYS

TEST 1

GRAMMAR

1 (a) 2 (c) 3 (d) 4 (c) 5 (a) 6 (a)
7 (d) 8 (b) 9 (a) 10 (c) 11 (d) 12 (b)
13 (a) 14 (c) 15 (d) 16 (b) 17 (c) 18 (a)
19 (c) 20 (d) 21 (a) 22 (b) 23 (a) 24 (c)
25 (d) 26 (b)

LISTENING

Part 1 27 (b) 28 (d) 29 (a) 30 (c) 31 (b)
32 (a) 33 (d)
Part 2 34 (c) 35 (b) 36 (a) 37 (d) 38 (b)
39 (a)
Part 3 40 (a) 41 (c) 42 (b) 43 (c) 44 (d)
45 (a)
Part 4 46 (b) 47 (c) 48 (d) 49 (a) 50 (d)
51 (c) 52 (a)

READING & VOCABULARY

Part 1 53 (a) 54 (c) 55 (b) 56 (d) 57 (b)
58 (a) 59 (d)
Part 2 60 (a) 61 (d) 62 (b) 63 (c) 64 (a)
65 (b) 66 (d)
Part 3 67 (b) 68 (c) 69 (a) 70 (d) 71 (a)
72 (d) 73 (b)
Part 4 74 (a) 75 (d) 76 (b) 77 (c) 78 (d)
79 (b) 80 (a)

TEST 2

GRAMMAR

1 (c) 2 (a) 3 (b) 4 (d) 5 (a) 6 (c)
7 (a) 8 (b) 9 (d) 10 (c) 11 (a) 12 (d)
13 (b) 14 (d) 15 (c) 16 (a) 17 (b) 18 (c)
19 (b) 20 (c) 21 (d) 22 (c) 23 (b) 24 (a)
25 (b) 26 (c)

LISTENING

Part 1 27 (c) 28 (b) 29 (a) 30 (d) 31 (a)
32 (c) 33 (b)
Part 2 34 (a) 35 (c) 36 (d) 37 (b) 38 (d)
39 (a)
Part 3 40 (c) 41 (a) 42 (b) 43 (d) 44 (c)
45 (d)
Part 4 46 (d) 47 (b) 48 (a) 49 (c) 50 (b)
51 (d) 52 (a)

READING & VOCABULARY

Part 1 53 (a) 54 (c) 55 (b) 56 (d) 57 (d)
58 (a) 59 (b)
Part 2 60 (d) 61 (d) 62 (a) 63 (c) 64 (b)
65 (a) 66 (c)
Part 3 67 (b) 68 (d) 69 (c) 70 (a) 71 (b)
72 (a) 73 (b)
Part 4 74 (c) 75 (c) 76 (b) 77 (b) 78 (d)
79 (b) 80 (a)

TEST 3

GRAMMAR

1 (b) 2 (d) 3 (a) 4 (d) 5 (c) 6 (b)
7 (c) 8 (a) 9 (b) 10 (d) 11 (d) 12 (c)
13 (b) 14 (a) 15 (d) 16 (a) 17 (c) 18 (d)
19 (b) 20 (a) 21 (b) 22 (c) 23 (d) 24 (c)
25 (a) 26 (b)

LISTENING

Part 1 27 (c) 28 (b) 29 (c) 30 (a) 31 (d)
32 (d) 33 (b)
Part 2 34 (d) 35 (c) 36 (b) 37 (a) 38 (a)
39 (d)
Part 3 40 (a) 41 (c) 42 (c) 43 (b) 44 (d)
45 (a)
Part 4 46 (b) 47 (a) 48 (d) 49 (b) 50 (c)
51 (d) 52 (a)

READING & VOCABULARY

Part 1 53 (c) 54 (b) 55 (d) 56 (b) 57 (a)
58 (d) 59 (c)
Part 2 60 (a) 61 (c) 62 (d) 63 (d) 64 (b)
65 (c) 66 (a)
Part 3 67 (d) 68 (a) 69 (c) 70 (d) 71 (b)
72 (b) 73 (a)
Part 4 74 (b) 75 (a) 76 (b) 77 (c) 78 (c)
79 (d) 80 (a)

TEST 4

GRAMMAR

1 (d) 2 (b) 3 (a) 4 (b) 5 (d) 6 (c)

7 (a) 8 (d) 9 (c) 10 (a) 11 (b) 12 (d)

13 (b) 14 (c) 15 (a) 16 (b) 17 (c) 18 (d)

19 (c) 20 (a) 21 (d) 22 (c) 23 (b) 24 (a)

25 (d) 26 (b)

LISTENING

Part 1 27 (b) 28 (c) 29 (b) 30 (a) 31 (d)
32 (a) 33 (b)

Part 2 34 (d) 35 (b) 36 (c) 37 (a) 38 (d)
39 (c)

Part 3 40 (b) 41 (c) 42 (d) 43 (d) 44 (a)
45 (c)

Part 4 46 (b) 47 (d) 48 (a) 49 (d) 50 (c)
51 (a) 52 (c)

READING & VOCABULARY

Part 1 53 (a) 54 (d) 55 (a) 56 (c) 57 (c)
58 (b) 59 (d)

Part 2 60 (c) 61 (b) 62 (d) 63 (d) 64 (a)
65 (b) 66 (a)

Part 3 67 (c) 68 (b) 69 (a) 70 (d) 71 (b)
72 (a) 73 (d)

Part 4 74 (b) 75 (d) 76 (c) 77 (c) 78 (b)
79 (a) 80 (a)

TEST 5

GRAMMAR

1 (a) 2 (c) 3 (a) 4 (b) 5 (c) 6 (d)

7 (b) 8 (c) 9 (d) 10 (b) 11 (d) 12 (a)

13 (c) 14 (d) 15 (a) 16 (c) 17 (b) 18 (d)

19 (a) 20 (d) 21 (c) 22 (b) 23 (a) 24 (c)

25 (d) 26 (d)

LISTENING

Part 1 27 (b) 28 (d) 29 (a) 30 (c) 31 (b)
32 (a) 33 (d)

Part 2 34 (b) 35 (c) 36 (c) 37 (a) 38 (b)
39 (d)

Part 3 40 (c) 41 (a) 42 (b) 43 (d) 44 (c)
45 (a)

Part 4 46 (a) 47 (d) 48 (d) 49 (a) 50 (b)
51 (c) 52 (d)

READING & VOCABULARY

Part 1 53 (b) 54 (b) 55 (d) 56 (c) 57 (c)
58 (a) 59 (b)

Part 2 60 (c) 61 (b) 62 (d) 63 (d) 64 (a)
65 (c) 66 (c)

Part 3 67 (a) 68 (b) 69 (d) 70 (a) 71 (a)
72 (c) 73 (d)

Part 4 74 (b) 75 (a) 76 (b) 77 (c) 78 (d)
79 (d) 80 (c)

TEST 6

GRAMMAR

1 (a) 2 (b) 3 (c) 4 (c) 5 (d) 6 (b)

7 (d) 8 (a) 9 (c) 10 (d) 11 (a) 12 (b)

13 (d) 14 (d) 15 (a) 16 (c) 17 (b) 18 (a)

19 (b) 20 (c) 21 (a) 22 (b) 23 (c) 24 (d)

25 (c) 26 (d)

LISTENING

Part 1 27 (b) 28 (d) 29 (c) 30 (d) 31 (c)
32 (b) 33 (a)

Part 2 34 (b) 35 (b) 36 (d) 37 (d) 38 (a)
39 (c)

Part 3 40 (d) 41 (c) 42 (a) 43 (b) 44 (c)
45 (a)

Part 4 46 (d) 47 (a) 48 (b) 49 (c) 50 (d)
51 (c) 52 (b)

READING & VOCABULARY

Part 1 53 (b) 54 (a) 55 (d) 56 (d) 57 (c)
58 (a) 59 (c)

Part 2 60 (d) 61 (a) 62 (c) 63 (b) 64 (d)
65 (c) 66 (a)

Part 3 67 (d) 68 (a) 69 (c) 70 (b) 71 (b)
72 (d) 73 (a)

Part 4 74 (c) 75 (a) 76 (b) 77 (b) 78 (a)
79 (d) 80 (c)

공식기출
TEST 1
해석·해설

GRAMMAR

LISTENING

READING & VOCABULARY

점수 : _____점 (_____ / 80)

GRAMMAR : _____ / 26
LISTENING : _____ / 26
READING & VOCABULARY : _____ / 28

*점수 계산법은 교재 14페이지를 참고하세요.

GRAMMAR

01 시제　미래완료진행
정답 (a)

Marvin is staying up late studying for his final exam on Quantitative Methods in Economics. By twelve o'clock, he _____ statistical decision theory and multivariable calculus for four hours!

(a) will have been studying
(b) would have studied
(c) will be studying
(d) had been studying

Marvin은 경제학의 양적 연구에 대한 기말고사를 위해 공부하느라 늦게까지 깨어 있는 중이다. 12시 무렵이면, 그는 4시간 동안 통계적 결정 이론과 다변수 미적분학을 공부해오고 있는 중일 것이다!

해설　보기를 통해 시제 문제임을 알 수 있으므로, 시간 표현 관련 단서를 파악한다. 미래완료진행시제의 단서로 함께 쓰이는 2가지 시간 표현 'by + 미래 시점'(By twelve o'clock)과 'for + 기간 표현'(for four hours)이 사용되었고, 문맥상 Marvin은 12시 무렵이면 4시간 동안 계속해서 공부해오고 있는 중일 것이라는 의미가 되어야 자연스럽다. 따라서 미래완료진행시제 (a) will have been studying이 정답이다.

오답분석
(c) 미래진행시제는 특정 미래 시점에 진행 중일 일을 나타내므로, 과거 또는 현재 시점부터 미래 시점까지 지속될 기간을 나타내는 'for + 기간 표현'과 함께 쓰이지 않으므로 오답이다.

어휘　stay up phr. 깨어 있다　final exam phr. 기말고사　quantitative method phr. 양적 연구　economics n. 경제학 statistical adj. 통계적인　decision n. 결정　theory n. 이론　multivariable adj. 다변수의　calculus n. 미적분학

02 가정법　가정법과거완료
정답 (c)

Rita was scheduled to meet with a client in Hawaii, but she arrived late at the airport and missed her flight. If she hadn't missed the plane, she _____ in Honolulu this morning.

(a) would arrive
(b) will be arriving
(c) would have arrived
(d) had arrived

Rita는 하와이에서 고객과 만나기로 예정되어 있었지만, 그녀는 공항에 늦게 도착했고 그녀의 항공편을 놓쳤다. 만약 그녀가 비행기를 놓치지 않았었다면, 그녀는 오늘 아침에 호놀룰루에 도착했을 것이다.

해설　보기와 빈칸 문장의 If를 통해 가정법 문제임을 알 수 있으므로, 가정법 공식의 동사 부분을 파악한다. if절에 'had p.p.' 형태의 hadn't missed가 있으므로, 주절에는 이와 짝을 이루어 가정법과거완료를 만드는 'would(조동사 과거형) + have p.p.'가 와야 한다. 따라서 (c) would have arrived가 정답이다.

어휘　schedule v. 예정하다　client n. 고객　arrive v. 도착하다　airport n. 공항　miss v. 놓치다　flight n. 항공편

TEST 1
TEST 2
TEST 3
TEST 4
TEST 5
TEST 6

지텔프 기출문제집 Level 2

03 준동사　동명사를 목적어로 취하는 동사

정답 (d)

A giant panda's diet is composed almost entirely of bamboo. Bamboo is low in nutrition, so a giant panda has to consume at least 27 pounds of it daily. This need requires _____ half of the bear's day eating the plant.

(a) to have spent
(b) to spend
(c) having spent
(d) spending

대왕판다의 식사는 거의 전부 대나무로 구성된다. 대나무는 영양분이 적어서, 대왕판다는 하루에 적어도 27파운드의 대나무를 먹어야 한다. 이러한 필요성은 그 곰이 식물을 먹는 데 하루의 절반을 보내는 것을 요구한다.

해설 보기를 통해 준동사 문제임을 알 수 있으므로, 빈칸 주변에서 단서를 파악한다. 빈칸 앞 동사 require는 동명사를 목적어로 취하므로, 동명사 (d) spending이 정답이다.

오답분석
(c) having spent도 동명사이기는 하지만, 완료동명사(having spent)로 쓰일 경우 '요구한' 시점보다 '하루의 절반을 보낸' 시점이 앞선다는 것을 나타내므로 문맥에 적합하지 않아 오답이다. 참고로 지텔프 문법 영역에서는 대부분의 경우 완료동명사가 정답으로 출제되지 않는다.

어휘 be composed of phr. ~로 구성되다　entirely adv. 전부　bamboo n. 대나무　nutrition n. 영양분　consume v. 먹다, 소모하다
at least phr. 적어도　daily adv. 하루에　require v. 요구하다, 필요로 하다　half n. 절반　spend v. (시간을) 보내다, (돈을) 쓰다

04 조동사　조동사 should 생략

정답 (c)

Boxers work out to increase their strength, speed, and endurance. A typical workout includes jumping rope, weight training, and shadow boxing. It is important that a boxer _____ regularly to stay fit and remain in fighting form.

(a) trains
(b) to train
(c) train
(d) will train

권투 선수들은 그들의 힘, 속도, 그리고 지구력을 늘리기 위해 운동한다. 대표적인 운동은 줄넘기, 역기 훈련, 그리고 섀도 복싱을 포함한다. 권투 선수는 건강한 상태를 유지하고 계속 싸울 준비가 되어 있기 위해 규칙적으로 훈련해야 하는 것이 중요하다.

해설 보기와 빈칸 문장의 that절을 통해 조동사 should 생략 문제임을 알 수 있으므로, 빈칸 주변에서 단서를 파악한다. 주절에 당위성을 나타내는 형용사 important가 있으므로 that절에는 '(should +) 동사원형'이 와야 한다. 따라서 동사원형 (c) train이 정답이다.

어휘 boxer n. 권투 선수　work out phr. 운동하다　increase v. 늘리다　strength n. 힘　endurance n. 지구력　typical adj. 대표적인
workout n. 운동　include v. 포함하다　jumping rope phr. 줄넘기　weight n. 역기, 무게　regularly adv. 규칙적으로
stay v. (~한) 상태를 유지하다　fit adj. 건강한　remain v. 계속 ~이다

05 조동사　조동사 could

정답 (a)

Determined to reach the top of Mt. Everest, Peter even hired a *Sherpa* to guide him. They plan to start climbing tomorrow, but it's beginning to snow. The guide is

에베레스트산의 정상에 도달하기로 결심했기 때문에, Peter는 심지어 그를 안내할 셰르파까지 고용했다. 그들은 내일 등반을 시작하기로 계획하지만, 눈이 오기

suggesting postponing the hike because it _____ be dangerous.

(a) could
(b) should
(c) would
(d) shall

시작하고 있다. 산악 가이드는 도보 여행을 연기할 것을 제안하고 있는데 이는 그것이 위험할 수도 있기 때문이다.

해설 보기를 통해 조동사 문제임을 알 수 있으므로, 첫 문장부터 읽으며 문맥을 파악한다. 문맥상 도보 여행을 연기할 것을 제안하고 있는데 이는 그것이 위험할 수도 있기 때문이라는 의미가 되어야 자연스러우므로, '~할 수도 있다'를 뜻하면서 추측을 나타내는 조동사 (a) could가 정답이다.

오답분석

(b), (d) should는 의무/당위성, shall은 명령/지시를 나타내어 문맥에 적합하지 않으므로 오답이다.

(c) 빈칸에 소망/미래/예정/현재 사실의 반대 등을 나타내는 would가 들어가면 '도보 여행을 연기할 것을 제안하고 있는데 이는 그것이 위험할 것이기 때문이다'라는 의미가 될 수 있는데, 문맥상 도보 여행이 위험할 수도 있다는 것을 추측하는 내용이 되어야 더 자연스러우므로 문맥에 가장 적합하지는 않아 오답이다.

어휘 be determined to phr. ~하기로 결심하다 reach v. 도달하다 hire v. 고용하다 Sherpa n. 세르파(히말라야에 사는 부족) guide v. 안내하다; n. 산악 가이드 plan v. 계획하다 climb v. 등반하다 suggest v. 제안하다 postpone v. 연기하다 hike n. 도보 여행, 하이킹 dangerous adj. 위험한

---

06 가정법   가정법과거   정답 (a)

A Brazilian author hired a professional to translate his book into English. However, he's worried that it might contain grammatical and style errors. If he _____ it, he would pay a proofreader to review the translated manuscript.

(a) could still afford
(b) can still afford
(c) had still afforded
(d) still affords

브라질의 작가가 그의 책을 영어로 번역할 전문가를 고용했다. 그러나, 그는 그것에 문법적인 오류와 문체 오류가 포함되어 있을지도 모른다고 걱정한다. 만약 그가 아직 여유가 된다면, 그는 번역된 원고를 재검토하도록 교정자에게 돈을 지불할 것이다.

해설 보기와 빈칸 문장의 If를 통해 가정법 문제임을 알 수 있으므로, 가정법 공식의 동사 부분을 파악한다. 주절에 'would(조동사 과거형) + 동사원형' 형태의 would pay가 있으므로, if절에는 이와 짝을 이루어 가정법과거를 만드는 과거 동사가 와야 한다. 따라서 (a) could still afford가 정답이다.

어휘 professional n. 전문가 translate v. 번역하다 grammatical adj. 문법적인 proofreader n. 교정자 manuscript n. 원고 afford v. 여유가 되다

---

07 시제   과거진행   정답 (d)

My mother bought a Nerf Blaster as a gift for my little brother whose birthday is tomorrow. The surprise got ruined when my brother suddenly burst into the room while my mom _____ the gift.

(a) would wrap

나의 어머니께서는 내일이 생일인 남동생의 선물로 Nerf 장난감 총을 사셨다. 깜짝 선물의 계획은 어머니께서 선물을 포장하고 계시던 도중에 남동생이 갑자기 방에 불쑥 들어왔을 때 엉망이 되었다.

(b) wrapped

(c) wraps

(d) was wrapping

해설   보기를 통해 시제 문제임을 알 수 있으므로, 시간 표현 관련 단서를 파악한다. 과거진행시제의 단서로 함께 쓰이는 2가지 시간 표현 'when + 과거 동사'(when ~ burst)와 'while'(~하는 도중에)이 사용되었고, 문맥상 어머니께서 선물을 포장하고 계시던 도중에 남동생이 갑자기 방에 불쑥 들어왔다는 의미가 되어야 자연스럽다. 따라서 과거진행시제 (d) was wrapping이 정답이다.

오답분석

(b) 과거시제는 특정 과거 시점에 선물을 포장했다는 의미로, 과거에 한창 진행되고 있었던 일을 표현할 수 없으므로 오답이다.

어휘   surprise n. 깜짝 선물, 놀라움   ruin v. 엉망으로 만들다   suddenly adv. 갑자기   burst v. 불쑥 들어오다, 터지다   wrap v. 포장하다

---

08   준동사   to부정사의 부사 역할   정답 (b)

A massage spa just opened in our neighborhood. Since its opening day, many of my friends have been visiting the spa and raving about its Swedish massage. I'm now heading there _____ the massage myself.

(a) experiencing

(b) to experience

(c) to have experienced

(d) having experienced

마사지 휴양 시설이 우리 동네에 막 개업했다. 그곳의 개업일 이래로, 많은 내 친구들이 그 휴양 시설을 방문해왔고 그곳의 스웨덴식 안마에 대해 극찬해왔다. 나는 지금 그 안마를 직접 경험하기 위해 그곳으로 가는 중이다.

해설   보기를 통해 준동사 문제임을 알 수 있으므로, 빈칸 주변에서 단서를 파악한다. 빈칸 앞에 주어(I), 동사(am heading)가 갖춰진 완전한 절이 있으므로, 빈칸 이하는 문장의 필수 성분이 아닌 수식어구이다. 따라서 목적을 나타내며 수식어구를 이끌 수 있는 to부정사 (b) to experience가 정답이다.

오답분석

(c) to have experienced도 to부정사이기는 하지만, 완료부정사(to have experienced)로 쓰일 경우 '휴양 시설로 가는' 시점보다 '경험한' 시점이 앞선다는 것을 나타내므로 문맥에 적합하지 않아 오답이다. 참고로 지텔프 문법 영역에서는 대부분의 경우 완료부정사가 정답으로 출제되지 않는다.

어휘   spa n. 휴양 시설   neighborhood n. 동네, 이웃   visit v. 방문하다   rave v. 극찬하다   head v. 가다, 향하다   experience v. 경험하다

---

09   관계사   주격 관계대명사 which   정답 (a)

HCM's steady growth has made it necessary to move to a bigger office. The company's over 300 employees have been crowding into two floors of a small building in Brighton. The new place, _____, is in Soho West.

(a) which is a six-story building

(b) when it is a six-story building

(c) where is a six-story building

(d) that building has six stories

HCM의 꾸준한 성장은 그것이 더 큰 사무실로 옮기는 것이 필요하게 만들었다. 그 회사의 300명이 넘는 직원들은 브라이튼에 있는 작은 건물의 두 개 층으로 계속 몰려 들어가고 있는 중이다. 새로운 장소는, 6층짜리 건물인데, 소호 서쪽에 있다.

해설   보기를 통해 관계사 문제임을 알 수 있으므로, 선행사 관련 단서를 파악한다. 사물 선행사 place를 받으면서 콤마(,) 뒤에 올 수 있는 주격 관계대명사가 필요하므로, (a) which is a six-story building이 정답이다.

오답분석

(c) 관계부사 where 다음에는 주어와 목적어가 모두 갖춰진 완전한 절이 와야 하므로 오답이다.

어휘   steady adj. 꾸준한 growth n. 성장 necessary adj. 필요한, 필수적인 employee n. 직원 crowd into phr. ~로 몰려 들어가다 floor n. 층 story n. 층

---

10 준동사   동명사를 목적어로 취하는 동사   정답 (c)

Meridian Airlines bought four new planes for domestic flights in North America and Europe. Due to urgent demands, management is recommending _____ their best pilots on flying the new planes as soon as possible.

(a) to be training
(b) having trained
(c) training
(d) to train

Meridian 항공사는 북아메리카와 유럽의 국내선을 위한 새로운 네 대의 비행기를 매입했다. 긴급한 수요 때문에, 경영진은 가능한 한 빨리 새로운 비행기를 운항하는 것에 관해 최고의 조종사들을 교육하는 것을 권장하고 있다.

해설   보기를 통해 준동사 문제임을 알 수 있으므로, 빈칸 주변에서 단서를 파악한다. 빈칸 앞 동사 recommend는 동명사를 목적어로 취하므로, 동명사 (c) training이 정답이다.

오답분석

(b) having trained도 동명사이기는 하지만, 완료동명사(having trained)로 쓰일 경우 '권장한' 시점보다 '교육한' 시점이 앞선다는 것을 나타내므로 문맥에 적합하지 않아 오답이다. 참고로 지텔프 문법 영역에서는 대부분의 경우 완료동명사가 정답으로 출제되지 않는다.

어휘   airline n. 항공사 domestic flight phr. 국내선 due to phr. ~ 때문에 urgent adj. 긴급한 demand n. 수요 management n. 경영진 recommend v. 권장하다 pilot n. 조종사 as soon as possible phr. 가능한 한 빨리 train v. 교육하다

---

11 가정법   가정법과거완료   정답 (d)

In 1520, the Aztecs lost 25% of their population to smallpox. The disease killed their emperor and many leaders of their army. If the epidemic had been controlled, the empire _____ to Spanish rule a year later.

(a) did not fall
(b) will not be falling
(c) would not fall
(d) would not have fallen

1520년에, 아즈텍 족은 천연두로 그들 인구의 25퍼센트를 잃었다. 그 질병은 그들의 황제와 많은 군 지도자들의 목숨을 빼앗았다. 만약 그 전염병이 통제되었었다면, 제국은 일 년 뒤에 스페인의 통치에 함락되지 않았을 것이다.

해설   보기와 빈칸 문장의 If를 통해 가정법 문제임을 알 수 있으므로, 가정법 공식의 동사 부분을 파악한다. if절에 'had p.p.' 형태의 had been controlled가 있으므로, 주절에는 이와 짝을 이루어 가정법과거완료를 만드는 'would(조동사 과거형) + have p.p.'가 와야 한다. 따라서 (d) would not have fallen이 정답이다.

어휘 population n. 인구 smallpox n. 천연두 disease n. 질병 emperor n. 황제 leader n. 지도자 army n. 군대
epidemic n. 전염병, 유행병 control v. 통제하다 empire n. 제국 rule n. 통치, 지배 fall to phr. ~에 함락되다

---

12 연결어   등위접속사   정답 (b)

Tom is pleased with his new emergency radio. It has a hand crank to produce power, _____ he can charge it by just turning the crank. This way, he doesn't have to worry about power outages.

(a) although
(b) so
(c) because
(d) yet

Tom은 그의 새로운 비상 무전기에 만족한다. 그것에는 전기를 생산하기 위한 수동 크랭크가 있으므로, 그는 그저 크랭크를 돌림으로써 그것을 충전할 수 있다. 이러한 방법으로, 그는 방전에 대해 걱정할 필요가 없다.

해설 보기를 통해 연결어 문제임을 알 수 있으므로, 첫 문장부터 읽으며 문맥을 파악한다. 문맥상 '전기를 생산하기 위한 수동 크랭크가 있으므로, 그저 크랭크를 돌림으로써 무전기를 충전할 수 있다'라는 의미가 되어야 자연스럽다. 따라서 '그래서'라는 의미의 순접을 나타내는 등위접속사 (b) so가 정답이다.

오답분석
(a) although는 '~이긴 하지만', (c) because는 '~ 때문에', (d) yet은 '그렇지만'이라는 의미로, 문맥에 적합하지 않아 오답이다.

어휘 pleased adj. 만족하는 emergency n. 비상 radio n. 무전기 produce v. 생산하다 power n. 전기, 동력 charge v. 충전하다
worry v. 걱정하다 power outage phr. 방전, 정전

---

13 시제   미래진행   정답 (a)

Adrianna will be guiding her German friend around the Art Institute this afternoon. She says it will be easy for him to find her there. She _____ for him at Café Moderno near the contemporary art exhibit when he arrives.

(a) will be waiting
(b) waits
(c) is waiting
(d) will wait

Adrianna는 오늘 오후에 그녀의 독일인 친구에게 미술관 주변을 안내하는 중일 것이다. 그녀는 그가 그곳에서 자신을 찾기 쉬울 것이라고 말한다. 그녀는 그가 도착할 때 현대 미술 전시품 근처 Moderno 카페에서 그를 기다리고 있는 중일 것이다.

해설 보기를 통해 시제 문제임을 알 수 있으므로, 시간 표현 관련 단서를 파악한다. 현재 동사로 미래의 의미를 나타내는 시간의 부사절 'when + 현재 동사'(when ~ arrives)가 사용되었고, 문맥상 독일인 친구가 도착하는 미래 시점에 Adrianna가 그를 기다리고 있는 중일 것이라는 의미가 되어야 자연스럽다. 따라서 미래진행시제 (a) will be waiting이 정답이다.

오답분석
(d) 미래시제는 미래에 대한 단순한 약속, 제안, 예측을 나타내므로, 특정 미래 시점에 한창 진행되고 있을 일을 표현할 수 없어 오답이다.

어휘 Art Institute phr. 미술관 contemporary adj. 현대의 exhibit n. 전시품 arrive v. 도착하다

American singer, Neil Sedaka, was famous during the 1960s, and is still active in the music scene today. When asked about his staying power, Sedaka says that it is essential that he _____ live performances.

(a) does
(b) will do
(c) do
(d) did

미국 가수인 Neil Sedaka는 1960년대에 유명했고, 오늘날 여전히 음악계에서 활동하고 있다. 그의 저력에 대해 질문을 받을 때, Sedaka는 실황 공연을 해야 하는 것이 필수적이라고 말한다.

해설　보기와 빈칸 문장의 that절을 통해 조동사 should 생략 문제임을 알 수 있으므로, 빈칸 주변에서 단서를 파악한다. that절 앞에 당위성을 나타내는 형용사 essential이 있으므로 that절에는 '(should +) 동사원형'이 와야 한다. 따라서 동사원형 (c) do가 정답이다.

어휘　**famous** adj. 유명한　**active** adj. 활동하는　**music scene** phr. 음악계　**staying power** phr. 저력, 지구력　**essential** adj. 필수적인　**live performance** phr. 실황 공연

The highly anticipated merger between Cameo Textiles and the larger A&T International might not materialize after all. But if the two companies _____ their differences now, the merger would be the biggest in the manufacturing industry.

(a) are to settle
(b) will settle
(c) will be settling
(d) could settle

Cameo 섬유 회사와 더 큰 A&T 무역 회사 사이의 강하게 예상되는 합병은 결국 실현되지 않을지도 모른다. 하지만 만약 두 회사들이 지금 그들의 차이를 절충할 수 있다면, 합병은 제조 산업에서 가장 큰 규모가 될 것이다.

해설　보기와 빈칸 문장의 if를 통해 가정법 문제임을 알 수 있으므로, 가정법 공식의 동사 부분을 파악한다. 주절에 'would(조동사 과거형) + 동사원형' 형태의 would be가 있으므로, if절에는 이와 짝을 이루어 가정법과거를 만드는 과거 동사가 와야 한다. 따라서 (d) could settle이 정답이다.

어휘　**highly** adv. 강하게, 매우　**anticipate** v. 예상하다, 기대하다　**merger** n. 합병　**materialize** v. 실현되다　**after all** phr. 결국　**difference** n. 차이　**manufacturing** n. 제조　**industry** n. 산업　**settle** v. 절충하다, 해결하다

Wilma is quite annoyed with her husband for being so forgetful. Just the other day, he forgot _____ the vacuum cleaner back into the closet. He had also left all the dirt inside the vacuum bag.

(a) putting
(b) to put

Wilma는 그녀의 남편이 너무 잘 잊어버리는 것에 대해 꽤 짜증이 난다. 바로 지난번에, 그는 진공청소기를 벽장에 다시 넣어두는 것을 잊어버렸다. 그는 또한 모든 먼지를 진공 주머니 안에 그대로 두었었다.

(c) having put

(d) to have put

해설 　보기를 통해 준동사 문제임을 알 수 있으므로, 빈칸 주변에서 단서를 파악한다. 빈칸 앞 동사 forget은 동명사와 to부정사 모두를 목적어로 취하므로, 문맥을 파악하여 정답을 선택해야 한다. 문맥상 진공청소기를 벽장에 다시 넣어두는 것을 잊어버렸다는 의미가 되어야 자연스러우므로, 동사 forget과 함께 쓰일 때 '(아직 하지 않은 어떤 일을) 할 것을 잊다'라는 의미를 나타내는 to부정사 (b) to put이 정답이다.

　　　오답분석
(a) 동명사 putting은 동사 forget과 함께 쓰일 때 '(전에 어떤 일을) 했던 것을 잊다'라는 의미를 나타내어, 문맥상 진공청소기를 벽장에 다시 넣어뒀던 것을 잊어버렸다는 어색한 의미가 되므로 오답이다.

어휘 　quite adv. 꽤　annoyed adj. 짜증이 난　forgetful adj. 잘 잊어버리는　the other day phr. 지난번에　forget v. 잊어버리다
vacuum cleaner phr. 진공청소기　closet n. 벽장　leave v. 그대로 두다　dirt n. 먼지　vacuum bag phr. 진공 주머니

17　시제　현재완료진행　　　　　　　　　　　　　　　　정답 (c)

Mrs. Richards is upset with her son for not helping around the house and being a total "couch potato." He _____ television since this morning and hasn't left his room!

(a) is watching

(b) watched

(c) has been watching

(d) watches

Mrs. Richards는 그녀의 아들이 집안일을 돕지 않는 것과 완전한 "소파에 앉아 텔레비전만 보는 사람"인 것이 속상하다. 그는 오늘 아침 이래로 텔레비전을 봐 오고 있는 중이고 그의 방을 떠나지 않았다!

해설 　보기를 통해 시제 문제임을 알 수 있으므로, 시간 표현 관련 단서를 파악한다. 현재완료진행시제의 단서로 쓰이는 시간 표현 'since + 과거 시점'(since this morning)이 사용되었고, 문맥상 오늘 아침 이래로 지금까지 계속 텔레비전을 봐오고 있는 중이라는 의미가 되어야 자연스럽다. 따라서 현재완료진행시제 (c) has been watching이 정답이다.

　　　오답분석
(a) 현재진행시제는 특정 현재 시점에 진행 중인 일을 나타내므로, 과거 시점부터 현재 시점까지 지속되는 기간을 나타내는 'since + 과거 시점'과 함께 쓰이지 않으므로 오답이다.

어휘 　upset adj. 속상한　help around the house phr. 집안일을 돕다　total adj. 완전한
couch potato phr. 소파에 앉아 텔레비전만 보는 사람, 카우치 포테이토　leave v. 떠나다　watch v. 보다

18　조동사　조동사 should　　　　　　　　　　　　　　　정답 (a)

Andre Drummond of the Detroit Pistons is a great center, but is terrible at shooting free throws. Critics say that instead of hopelessly practicing his free throws, Drummond _____ focus on perfecting his mid-range and three-point jumpers.

(a) should

(b) will

(c) might

(d) can

Detroit Pistons 팀의 Andre Drummond는 훌륭한 센터이지만, 자유투를 던지는 것은 형편없다. 평론가들은 가망 없이 자유투를 연습하는 대신에, Drummond가 그의 중거리 슛과 3점 점프슛을 완벽하게 하는 것에 주력해야 한다고 말한다.

해설 보기를 통해 조동사 문제임을 알 수 있으므로, 첫 문장부터 읽으며 문맥을 파악한다. 문맥상 평론가들은 Drummond가 그의 중거리 슛과 3점 점프슛을 완벽하게 하는 것에 주력해야 한다고 말한다는 의미가 되어야 자연스러우므로, '~해야 한다'를 뜻하면서 당위성을 나타내는 조동사 (a) should가 정답이다.

오답분석
(b) will은 미래/예정, (c) might는 약한 추측, (d) can은 가능성/능력을 나타내어 문맥에 적합하지 않으므로 오답이다.

어휘 terrible adj. 형편없는 shoot v. 던지다, 슛을 하다 free throw phr. 자유투 critic n. 평론가 instead of phr. ~ 대신에 hopelessly adv. 가망 없이 practice v. 연습하다 focus on phr. ~에 주력하다 perfect v. 완벽하게 하다 mid-range adj. 중거리의, 중간 범위의 three-point jumper phr. 3점 점프슛

---

19 가정법　가정법과거　　정답 (c)

A travel firm will employ three additional programmers to add an online booking system to their website. If the company had a bigger budget, they _____ a fourth programmer to optimize the website's speed.

(a) are hiring
(b) hired
(c) would hire
(d) will hire

여행사는 그들의 웹사이트에 온라인 예약 시스템을 추가하기 위해 세 명의 추가 프로그래머들을 고용할 것이다. 만약 그 회사가 더 큰 예산을 가지고 있다면, 그들은 웹사이트의 속도를 최적화하기 위해 네 번째 프로그래머를 고용할 것이다.

해설 보기와 빈칸 문장의 If를 통해 가정법 문제임을 알 수 있으므로, 가정법 공식의 동사 부분을 파악한다. if절에 과거 동사(had)가 있으므로, 주절에는 이와 짝을 이루어 가정법과거를 만드는 'would(조동사 과거형) + 동사원형'이 와야 한다. 따라서 (c) would hire가 정답이다.

어휘 travel firm phr. 여행사 employ v. 고용하다 additional adj. 추가의 booking n. 예약 budget n. 예산 optimize v. 최적화하다 hire v. 고용하다

---

20 조동사　조동사 should 생략　　정답 (d)

Our sales director couldn't attend a networking event, so he asked me to fill in for him. He insisted that I _____ with brand executives during dinner later at the Trophy Room on West Ontario Street.

(a) will rub elbows
(b) rubbed elbows
(c) am rubbing elbows
(d) rub elbows

우리 영업 부장은 사교 행사에 참석할 수 없었기 때문에, 내게 그의 공석을 채워줄 것을 요청했다. 그는 내가 나중에 서쪽 온타리오 가에 있는 Trophy실에서 저녁 식사 중에 회사 간부들과 교제해야 한다고 주장했다.

해설 보기와 빈칸 문장의 that절을 통해 조동사 should 생략 문제임을 알 수 있으므로, 빈칸 주변에서 단서를 파악한다. 주절에 주장을 나타내는 동사 insist가 있으므로 that절에는 '(should +) 동사원형'이 와야 한다. 따라서 동사원형 (d) rub elbows가 정답이다.

어휘 attend v. 참석하다 ask v. 요청하다 fill in phr. ~의 공석을 채우다, ~를 대신하다 insist v. 주장하다 executive n. 간부, 이사 rub elbows with phr. ~와 교제하다, ~와 친밀하게 일하다

21 시제   과거완료진행   정답 (a)

The workers at a manufacturing factory were required to work overtime yesterday due to a flood of recent job orders. They _____ for 12 straight hours by the time they clocked out last night.

(a) had been working
(b) will have been working
(c) would have worked
(d) worked

제조 공장의 근로자들은 최근의 작업 지시 쇄도 때문에 어제 초과 근무를 하도록 요구받았다. 그들이 어젯밤 퇴근 시간을 기록했을 무렵에 그들은 12시간 동안 내리 일해오던 중이었다.

해설 보기를 통해 시제 문제임을 알 수 있으므로, 시간 표현 관련 단서를 파악한다. 과거완료진행시제의 단서로 함께 쓰이는 2가지 시간 표현 'by the time + 과거 동사/시점'(by the time ~ clocked ~ last night)과 'for + 기간 표현'(for 12 straight hours)이 사용되었고, 문맥상 근로자들이 퇴근 시간을 기록한 시점(과거)의 이전(대과거)에 12시간 동안 내리 일해오던 중이었다는 의미가 되어야 자연스럽다. 따라서 과거완료진행시제 (a) had been working이 정답이다.

어휘 manufacturing n. 제조 factory n. 공장 require v. 요구하다 overtime n. 초과 근무 flood n. 쇄도, 홍수 recent adj. 최근의 straight adv. 내리, 똑바로 clock out phr. 퇴근 시간을 기록하다

---

22 관계사   목적격 관계대명사 that   정답 (b)

Jack is new to Japan and is not yet familiar with the train schedules. Because of this, he missed his ride to Osaka. The bullet train _____ had already left when he arrived at the station.

(a) whom he was supposed to take
(b) that he was supposed to take
(c) when he was supposed to take it
(d) who he was supposed to take

Jack은 일본에 새로 왔고 열차 시간표에 아직 익숙하지 않다. 이것 때문에, 그는 오사카로 가는 차편을 놓쳤다. 그가 타기로 되어 있었던 탄환 열차는 그가 역에 도착했을 때 이미 떠나있었다.

해설 보기를 통해 관계사 문제임을 알 수 있으므로, 선행사 관련 단서를 파악한다. 사물 선행사 bullet train을 받으면서, 관계절 내에서 동사 take의 목적어가 될 수 있는 관계대명사가 필요하므로, 목적격 관계대명사절 (b) that he was supposed to take가 정답이다.

어휘 be familiar with phr. ~에 익숙하다 train schedule phr. 열차 시간표 miss v. 놓치다 ride n. 차편 bullet train phr. 탄환 열차(일본의 고속 열차) leave v. 떠나다 arrive v. 도착하다 station n. 역 be supposed to phr. ~하기로 되어 있다

---

23 준동사   동명사를 목적어로 취하는 동사   정답 (a)

A movie actress accused a radio show of spreading malicious rumors about her alleged dying career. She said that, on the contrary, she still receives plenty of movie offers. The radio commentator denied _____ the rumors.

한 여자 영화 배우가 한 라디오 프로그램을 그녀의 경력이 망해 간다고 하는 악의적인 소문들을 퍼뜨렸다는 이유로 고발했다. 그녀는, 오히려, 여전히 많은 영화 제의를 받는다고 말했다. 라디오 진행자는 소문을 퍼뜨린 것을 부인했다.

(a) spreading
(b) to spread
(c) to have spread
(d) to be spreading

해설 　보기를 통해 준동사 문제임을 알 수 있으므로, 빈칸 주변에서 단서를 파악한다. 빈칸 앞 동사 deny는 동명사를 목적어로 취하므로, 동명사 (a) spreading이 정답이다.

어휘 　**actress** n. (여자) 배우 **accuse A of B** phr. A를 B라는 이유로 고발하다 **spread** v. 퍼뜨리다 **malicious** adj. 악의적인 **rumor** n. 소문 **alleged** adj. ~라고 하는, (증거 없이) 주장된 **dying** adj. 망해 가는, 죽어 가는 **career** n. 경력 **on the contrary** phr. 오히려, 그와는 반대로 **receive** v. 받다 **plenty of** phr. 많은 **offer** n. 제의 **commentator** n. 진행자, 해설자 **deny** v. 부인하다

---

24 가정법 　가정법과거완료 　정답 (c)

RMS *Titanic* was claimed to be unsinkable, and many of the world's wealthiest people were aboard and died when it sank on its first and only voyage. If the ship had lived up to the claim, the tragedy _____.

(a) was being averted
(b) was averted
(c) would have been averted
(d) had been averted

RMS 타이타닉 호는 가라앉지 않는다고 주장되었고, 세계에서 가장 부유한 많은 사람들이 승선하여 그것이 처음이자 유일한 항해에서 가라앉았을 때 사망했다. 만약 그 배가 그 주장에 부응했었다면, 그 비극은 방지되었을 것이다.

해설 　보기와 빈칸 문장의 If를 통해 가정법 문제임을 알 수 있으므로, 가정법 공식의 동사 부분을 파악한다. if절에 'had p.p.' 형태의 had lived up to가 있으므로, 주절에는 이와 짝을 이루어 가정법과거완료를 만드는 'would(조동사 과거형) + have p.p.'가 와야 한다. 따라서 (c) would have been averted가 정답이다.

어휘 　**claim** v. 주장하다; n. 주장 **unsinkable** adj. 가라앉지 않는 **wealthy** adj. 부유한 **aboard** adv. 승선하여, 타서 **die** v. 사망하다 **sink** v. 가라앉다 **voyage** n. 항해 **live up to** phr. ~에 부응하다 **tragedy** n. 비극 **avert** v. 방지하다

---

25 시제 　현재진행 　정답 (d)

Carl won a 2017 Ford Mustang in a raffle contest, but a friend had to drive the car home because Carl's yet to learn how to drive. He _____ for a good driving school to enroll in.

(a) now looks
(b) will now look
(c) had now looked
(d) is now looking

Carl은 경품 응모 대회에서 2017년형 포드 머스탱을 차지했지만, Carl은 운전하는 방법을 아직 배우지 않았기 때문에 친구가 그 차를 집까지 운전해야 했다. 그는 지금 등록하기에 괜찮은 자동차 운전 학원을 찾고 있는 중이다.

해설 　보기를 통해 시제 문제임을 알 수 있으므로, 시간 표현 관련 단서를 파악한다. 보기에 현재 시간 표현 now가 사용되었고, 문맥상 지금 찾고 있는 중이라는 의미가 되어야 자연스럽다. 따라서 현재진행시제 (d) is now looking이 정답이다. 참고로 보기에 현재 시간 표현 now가 포함된 경우, 문제를 읽지 않고도 현재진행시제를 정답으로 고를 수 있다.

어휘 win v. 차지하다 raffle contest phr. 경품 응모 대회 learn v. 배우다 driving school phr. 자동차 운전 학원 enroll in phr. ~에 등록하다
look for phr. ~을 찾다

26 연결어   접속부사   정답 (b)

Studies show that drinking coffee offers some health benefits, including protecting the heart, preventing Parkinson's disease, and fighting depression. _____, the studies also revealed that drinking too much coffee can also be harmful.

(a) In fact
(b) Nevertheless
(c) Therefore
(d) At length

연구들은 커피를 마시는 것이 심장을 보호하는 것, 파킨슨병을 예방하는 것, 그리고 우울증과 맞서 싸우는 것을 포함하여 몇몇 건강상의 이점을 제공한다는 것을 보여준다. 그럼에도 불구하고, 연구들은 또한 너무 많은 커피를 마시는 것이 해로울 수 있다는 것도 드러냈다.

해설 보기와 빈칸 뒤의 콤마를 통해 접속부사 문제임을 알 수 있으므로, 첫 문장부터 읽으며 문맥을 파악한다. 문맥상 커피를 마시는 것이 건강상의 이점을 제공하고, 그럼에도 불구하고 너무 많은 커피를 마시는 것이 해로울 수 있다는 의미가 되어야 자연스럽다. 따라서 '그럼에도 불구하고'라는 의미의 양보를 나타내는 접속부사 (b) Nevertheless가 정답이다.

오답분석
(a) In fact는 '사실상', (c) Therefore는 '그러므로', (d) At length는 '상세히'라는 의미로, 문맥에 적합하지 않아 오답이다.

어휘 study n. 연구 offer v. 제공하다 health n. 건강 benefit n. 이점 protect v. 보호하다 prevent v. 예방하다 fight v. 맞서 싸우다
depression n. 우울증 reveal v. 드러내다 harmful adj. 해로운

LISTENING

PART 1 [27~33] 일상 대화 교환학생 프로그램 합격

<table>
<tr><td>안부
인사</td><td>

M: Hi, Ellie! It's good to see you. How's my favorite cousin doing?

F: Martin! I'm doing great. In fact, I have the best kind of news. [27]I just passed the final stage of my student exchange program application to a Japanese university!

</td></tr>
<tr><td>주제
제시:
교환
학생
합격</td><td>

M: Really? Congratulations! How did that come about?

F: I was scanning the brochures at our department's office when I saw a list of possible student exchange programs. I looked for an exchange program to a Japanese university and fortunately found one! You know I've always wanted to visit Japan.

M: Yeah, you chose Japanese for your required foreign language classes and took an elective course about Japanese culture. But wait, how come I haven't heard anything about this plan of yours?

</td></tr>
<tr><td>합격을
알리지
않았던
이유</td><td>

F: That's because I haven't told anyone yet, not even my parents. [28]I didn't want anyone to know about my application in case it didn't push through. I just received the confirmation e-mail yesterday.

M: That's fantastic! I'm sure Aunt Marie and Uncle James will be glad to hear about your good news. The application process must have been competitive.

</td></tr>
<tr><td>경쟁이
심하지
않았던
이유</td><td>

F: Not really. [29]I learned that applicants prefer choosing student exchange programs for European countries over Asian countries, so there were many slots for the Japan program.

M: That's good. So, what were the other stages in the application process?

</td></tr>
<tr><td>지원
단계
+
면접
경험</td><td>

F: Well, there was a short exam, but it was mainly about personal stuff. The tricky part was the interview. It had to be done entirely in Japanese!

M: Really? How did you do?

F: I really thought I wouldn't get in. [30]I stumbled upon a few words because it had been a while since I last spoke Japanese. Luckily, they said that I didn't have to be fluent in Japanese, and that my skills in the language only needed to be conversational.

M: Well, knowing you, I think your knowledge is already enough. Who will take care of your accommodations there?

</td></tr>
</table>

남: 안녕, Ellie! 만나서 반갑다. 내가 좋아하는 우리 사촌은 어떻게 지내고 있니?

여: Martin! 난 잘 지내고 있어. 사실, 나에게 최고의 소식이 있어. [27]난 방금 일본 대학으로 가는 교환학생 지원 과정의 마지막 단계를 통과했어!

남: 정말이야? 축하해! 어떻게 된 거니?

여: 학부 사무실에서 소책자들을 훑어보다가 가능한 교환학생 프로그램 목록을 봤어. 일본 대학으로 가는 교환 프로그램을 찾아봤고 운이 좋게도 하나를 발견했지! 내가 항상 일본에 방문하고 싶어했던 걸 알 거야.

남: 응, 너는 필수 외국어 강좌로 일본어를 선택했고 일본 문화에 관한 선택 과목을 수강했잖아. 그런데 잠깐, 어째서 너의 계획에 대해 내가 아무것도 들은 게 없었던 거지?

여: 그건 내가 아직 아무에게도, 심지어 부모님께도 말씀을 안 드렸기 때문이지. [28]난 통과하지 못하는 경우에 대비해서 누구도 나의 지원에 대해 알지 않기를 원했거든. 확인 메일을 어제 막 받았어.

남: 굉장하다! Marie 이모와 James 삼촌도 너의 좋은 소식을 듣고 기뻐하실 거라고 확신해. 지원 과정은 분명히 경쟁이 심했을 거야.

여: 별로 그렇지 않아. [29]지원자들이 아시아 국가들보다는 유럽 국가들의 교환학생 프로그램을 고르는 것을 선호한다는 것을 알게 됐고, 그래서 일본 프로그램에는 자리가 많았어.

남: 잘됐네. 그래서, 지원 과정의 다른 단계들은 무엇이었어?

여: 음, 짧은 시험이 있었지만, 그건 주로 개인적인 일에 관한 거였어. 어려운 부분은 면접이었어. 그건 완전히 일본어로 진행되어야 했거든!

남: 정말? 어떻게 했니?

여: 난 정말 입학 허가를 받지 못할 거라고 생각했어. 나는 마지막으로 일본어로 말한 지가 오래되었기 때문에 [30]몇 단어를 실수했거든. 운이 좋게도, 그들은 내가 일본어가 유창할 필요는 없고, 내 일본어 능력은 일상 대화에서 쓰이기만 하면 된다고 말했어.

남: 음, 너를 아니까, 나는 너의 지식이 이미 충분하다고 생각해. 그곳에서 너의 숙식은 누가 책임지니?

F: There'll be a host family assigned to each exchange student. [31]They will be taking us in throughout our stay there. The host families are all experienced in welcoming foreign students into their homes and showing them their culture.

M: That'd be great. How about your expenses, though?

F: The department will be paying for my airfare and the accommodations with the host family, but I will have to pay for my personal daily expenses.

M: But you have classes now. Wouldn't they be affected?

F: Yes, they would be. Since the application is pushing through, [32]I will have to ask all my professors if I could submit the course requirements earlier than my classmates. I'll be leaving two weeks before the term ends.

M: I see.

F: Oh, by the way, [33]would you mind doing the paperwork for my enrolment next term? I'll be coming home after course enlistment, so I won't be able to do that myself.

M: [33]Sure, you can just give me an authorization letter so I can handle it for you.

F: Thank you so much. You're the best!

M: No problem. Congratulations again, Ellie!

F: Thanks, Martin!

여: 각각의 교환학생에게 배정된 호스트 가족이 있을 거야. [31]그들이 거기에서의 체류 내내 우리를 데리고 있을 거야. 호스트 가족들은 그들의 집에 외국인 학생들을 맞이하고 그들에게 자신의 문화를 보여주는 것에 모두 경험이 있거든.

남: 그거 굉장하겠다. 그런데, 비용은 어때?

여: 학부에서 내 항공료와 호스트 가족과의 숙식료를 부담하겠지만, 내 개인적인 일상적 비용은 내가 부담해야 할 거야.

남: 그런데 너는 지금 수업이 있잖아. 그것들이 영향을 받지 않겠니?

여: 응, 그럴 거야. 지원서가 통과했기 때문에, [32]모든 교수님들에게 내 동기들보다 수업 필수 요건을 더 일찍 제출할 수 있을지 물어봐야 해. 나는 학기가 끝나기 2주 전에 떠날 거거든.

남: 그렇구나.

여: 오, 그나저나, [33]내 다음 학기의 등록을 위한 서류 작업을 해줄 수 있겠니? 나는 수강 신청 기간 이후에 집에 돌아올 예정이라, 그걸 내가 직접 할 수가 없을 거야.

남: [33]그럼, 내가 널 위해 그걸 처리할 수 있도록 위임장만 주면 돼.

여: 정말 고마워. 네가 최고야!

남: 문제없어. 다시 한 번 축하해, Ellie!

여: 고마워, Martin!

어휘 cousin[kʌ́zn] 사촌, 친척 exchange[ikstʃéindʒ] 교환 application[æ̀pləkéiʃn] 지원, 지원서 scan[skæn] 훑어보다
brochure[brouʃúr] 소책자, 안내 책자 fortunately[fɔ́ːrtʃənətli] 운이 좋게도 required[rikwáiərd] 필수의 elective course 선택 과목
push through 통과하다, 해내다 confirmation[kɑ̀ːnfərméiʃn] 확인, 확정 competitive[kəmpétətiv] 경쟁이 심한, 경쟁적인
slot[slɑːt] 자리 tricky[tríki] 어려운, 까다로운 entirely[intáiərli] 완전히 get in 입학 허가를 받다
stumble[stʌ́mbl] (말을) 실수하다, 더듬거리다 fluent[flúːənt] 유창한 conversational[kɑ̀ːnvərséiʃənl] 일상 대화에서 쓰이는, 회화체의
accommodation[əkɑ̀ːmədéiʃn] 숙식, 숙박 expense[ikspéns] 비용 airfare[érfer] 항공료 requirement[rikwáiərmənt] 필수 요건
term[təːrm] 학기 paperwork[péipərwəːrk] 서류 작업 enrolment[inróulmənt] 등록 enlistment[inlístmənt] (모집의) 기간
authorization[ɔ̀ːθərəzéiʃn] 위임, 허가

---

27 **특정세부사항**   What   정답 (b)

What good news is Ellie telling Martin?

(a) that she got a scholarship to a Japanese university
(b) that she qualified to be an exchange student
(c) that she found a list of good exchange programs
(d) that she has enrolled in Japanese studies

Ellie가 Martin에게 전하고 있는 좋은 소식은 무엇인가?

(a) 일본 대학에서 공부할 수 있는 장학금을 받은 것
(b) 교환학생 자격을 갖춘 것
(c) 좋은 교환 프로그램의 목록을 발견한 것
(d) 일본학 수강 신청을 한 것

해설 Ellie가 Martin에게 전하고 있는 좋은 소식은 무엇인지를 묻는 What 문제이므로, 질문의 키워드 good news가 the best kind of news 로 paraphrasing되어 언급된 주변을 주의 깊게 듣는다. 여자가 'I just passed ~ exchange program application to a Japanese university!'라며 일본 대학으로 가는 교환학생 지원 과정의 마지막 단계를 통과했다고 했다. 따라서 (b)가 정답이다.

Paraphrasing

passed the final stage of my student exchange program application 교환학생 지원 과정의 마지막 단계를 통과했다 → qualified to be an exchange student 교환학생 자격을 갖추다

어휘 scholarship[skάːlərʃip] 장학금　qualify[kwάːlifai] 자격을 갖추다　enroll in 수강 신청을 하다

28　특정세부사항　What　　　　　　　　　　　　　　　　　　　　정답 (d)

What is Ellie's reason for not telling anyone about the news? (a) Her parents do not allow it. (b) It was a condition in the confirmation e-mail. (c) The application had not started yet. (d) She wanted to make sure it was successful first.	누구에게도 소식을 전하지 않은 Ellie의 이유는 무엇인가? (a) 부모님이 그것을 허락하지 않는다. (b) 확인 메일에 적혀 있던 조건이었다. (c) 지원이 아직 시작되지 않았었다. (d) 먼저 확실히 성공하기를 원했다.

해설　누구에게도 소식을 전하지 않은 Ellie의 이유는 무엇인지를 묻는 What 문제이므로, 질문의 키워드 not telling anyone이 haven't told anyone으로 paraphrasing되어 언급된 주변을 주의 깊게 듣는다. 여자가 'I didn't want anyone to know ~ in case it didn't push through.'라며 통과하지 못하는 경우에 대비해서 누구도 자신의 지원에 대해 알지 않기를 원했다고 했다. 따라서 (d)가 정답이다.

Paraphrasing

push through 통과하다 → successful 성공한

어휘 condition[kəndíʃn] 조건　successful[səksésfl] 성공한, 성공적인

29　특정세부사항　Why　　　　　　　　　　　　　　　　　　　　정답 (a)

Why wasn't Ellie's application as competitive as Martin thought it would be? (a) because only a few applicants applied to the program (b) because she was the first to apply to the program (c) because she was familiar with Japanese culture (d) because she applied to a Europe-based program	왜 Ellie의 지원은 Martin이 생각한 것에 비해 경쟁이 심하지 않았는가? (a) 소수의 지원자만이 프로그램에 지원했기 때문에 (b) 그녀가 그 프로그램에 지원한 최초의 사람이었기 때문에 (c) 그녀가 일본 문화에 친숙했기 때문에 (d) 그녀는 유럽에 근거지를 둔 프로그램에 지원했기 때문에

해설　왜 Ellie의 지원이 Martin이 생각한 것에 비해 경쟁이 심하지 않았는지를 묻는 Why 문제이므로, 질문의 키워드 competitive가 그대로 언급된 주변을 주의 깊게 듣는다. 여자가 'I learned that applicants prefer ~ European countries ~ so there were many slots for the Japan program.'이라며 지원자들이 아시아 국가들보다는 유럽 국가들의 교환학생 프로그램을 고르는 것을 선호한다는 것을 알게 됐고 그래서 일본 프로그램에는 자리가 많았다고 했다. 따라서 (a)가 정답이다.

Paraphrasing

there were many slots for the Japan program 일본 프로그램에는 자리가 많았다 → only a few applicants applied to the program 소수의 지원자만이 프로그램에 지원했다

어휘 be familiar with ~에 친숙하다

30 특정세부사항 What

정답 (c)

What is the reason that Ellie thinks she did not do well during the interview?

(a) talking about personal things only
(b) lacking fluency in Japanese
(c) forgetting some Japanese words
(d) knowing conversational Japanese only

Ellie가 면접을 잘 보지 못했다고 생각하는 이유는 무엇인가?

(a) 개인적인 일만 말한 것
(b) 일본어의 유창성이 부족한 것
(c) 일부 일본어를 잊어버린 것
(d) 일상 대화에서 쓰이는 일본어만 아는 것

해설 Ellie가 면접을 잘 보지 못했다고 생각하는 이유는 무엇인지를 묻는 What 문제이므로, 질문의 키워드 not do well이 wouldn't get in으로 paraphrasing되어 언급된 주변을 주의 깊게 듣는다. 여자가 'I stumbled upon a few words'라며 몇 단어를 실수했다고 했다. 따라서 (c)가 정답이다.

Paraphrasing
stumbled upon a few words 몇 단어를 실수했다 → forgetting some Japanese words 일부 일본어를 잊어버린 것

31 특정세부사항 How

정답 (b)

According to Ellie, how does a host family help an exchange student?

(a) by assuming the student's tuition
(b) by providing the student with a place to stay
(c) by paying for the student's plane ticket
(d) by supplying the student's daily allowance

Ellie에 따르면, 호스트 가족이 어떻게 교환학생을 돕는가?

(a) 학생의 수업료를 책임짐으로써
(b) 학생에게 머물 곳을 제공함으로써
(c) 학생의 비행기 표를 부담함으로써
(d) 학생의 일일 용돈을 제공함으로써

해설 Ellie에 따르면 호스트 가족이 어떻게 교환학생을 돕는지를 묻는 How 문제이므로, 질문의 키워드 host family가 그대로 언급된 주변을 주의 깊게 듣는다. 여자가 'They will be taking us in throughout our stay there.'라며 호스트 가족이 거기에서의 체류 내내 교환학생들을 데리고 있을 것이라고 했다. 따라서 (b)가 정답이다.

어휘 assume [əsúːm] 책임지다, 맡다 tuition [tuíʃn] 수업료 allowance [əláuəns] 용돈

32 추론 특정사실

정답 (a)

What will Ellie most likely have to do for her application not to affect her studies?

(a) finish all her school projects two weeks early
(b) improve her Japanese speaking skills
(c) inform her parents about her plans
(d) enlist in courses for the following term

Ellie가 그녀의 지원이 공부에 영향을 미치지 않도록 하기 위해 해야 할 일은 무엇일 것 같은가?

(a) 모든 학교 과제를 2주 일찍 끝낸다
(b) 일본어 말하기 실력을 기른다
(c) 부모님에게 그녀의 계획에 대해 알린다
(d) 다음 학기를 위한 수강 신청을 한다

해설 Ellie가 그녀의 지원이 공부에 영향을 미치지 않도록 하기 위해 해야 할 일은 무엇일 것 같은지를 추론하는 문제이므로, 질문의 키워드 affect ~ studies가 classes ~ affected로 paraphrasing되어 언급된 주변을 주의 깊게 듣는다. 여자가 'I will have to ask ~ if I could submit the course requirements earlier than my classmates.'라며 모든 교수님들에게 자신의 동기들보다 수업 필수 요건을 더 일찍 제출할 수 있을지 물어봐야 한다고 한 뒤, 'I'll be leaving two weeks before the term ends.'라며 학기가 끝나기 2주 전에 떠날

것이라고 한 것을 통해, 그녀는 지원이 공부에 영향을 미치지 않도록 하기 위해 모든 학교 과제를 2주 일찍 끝내야 할 것임을 추론할 수 있다. 따라서 (a)가 정답이다.

---

33 특정세부사항　　What　　　　　　　　　　　　　　　　　　　　　　　　　정답 (d)

What will Martin be helping Ellie with?	Martin은 Ellie의 무엇을 도와줄 것인가?
(a) contacting all of her professors	(a) 그녀의 모든 교수님들에게 연락하는 것
(b) writing an authorization letter	(b) 위임장을 쓰는 것
(c) finalizing her application	(c) 그녀의 지원서를 완성하는 것
(d) finishing all her enrolment documents	(d) 그녀의 모든 등록 서류를 완성하는 것

해설　Martin이 Ellie의 무엇을 도와줄 것인지를 묻는 What 문제이므로, 질문의 키워드 helping과 관련된 내용을 주의 깊게 듣는다. 여자가 'would you mind doing ~ my enrolment next term?'이라며 자신의 다음 학기 등록을 위한 서류 작업을 해줄 수 있는지를 묻자, 남자가 'Sure'이라며 그러겠다고 했다. 따라서 (d)가 정답이다.

Paraphrasing
doing the paperwork for ~ enrolment 등록을 위한 서류 작업을 하는 것 → finishing ~ enrolment documents 등록 서류를 완성하는 것

어휘　contact[ká:ntækt] 연락하다　finalize[fáinəlaiz] 완성하다, 마무리하다

PART 2 [34~39]　발표　Woody Designs 홍보

주제 제시: 가게 소개	Good morning, everybody! I am the owner of a novelty store that opened just a week ago here in Madison. [34]The name of my shop is Woody Designs, and we specialize in selling small decorative items.	안녕하세요, 여러분! 저는 여기 매디슨에 막 일주일 전에 문을 연 장식품 가게의 주인입니다. [34]저희 가게의 이름은 Woody Designs이고, 저희는 작은 장식품을 파는 것을 전문으로 해요.
자기 소개 + 개업 계기	Let me tell you something about Woody Designs. As a licensed industrial engineer, I have worked for several design firms and consumer product companies. I have developed various commercial products that range from toys and furniture to smartphones. However, [35]I've always dreamed of designing and building unique and well-crafted goods made of wood. Since I couldn't do that in my regular job, [35]I decided to quit and pursue my dream.	Woody Designs에 대해 몇 가지를 말씀드리죠. 인가받은 산업 기사로서, 저는 여러 디자인 회사와 소비재 회사에서 일해왔어요. 저는 장난감과 가구에서부터 스마트폰에 이르는 다양한 상품을 개발해왔어요. 하지만, [35]저는 언제나 목재로 만들어진 독특하고 정교한 상품을 디자인하고 만드는 것을 꿈꿔왔습니다. 그것을 제 정규 직업에서는 할 수 없었기 때문에, [35]저는 회사를 그만두고 제 꿈을 좇기로 결정했죠.
가게 이름 유래 + 재료 소개	[36]I named my store Woody Designs because, apparently, all of my products are made almost entirely of wood. Among the different types of wood we use are white wood, cedar, ebony, and mango because these are ideal for decorative and gift items. I personally design each of my products from the conceptual and preliminary designs, up to the final design. After the design process, skilled craftspeople manufacture the products at my workshop.	[36]저는 모든 저의 제품들이, 확실히, 거의 완전히 목재로 만들어지기 때문에 제 가게의 이름을 Woody Designs라고 지었습니다. 저희가 사용하는 다양한 목재의 종류에는 흰 빛깔의 목재, 향나무 재목, 흑단, 그리고 망고나무가 있는데 이는 이것들이 장식용과 선물용 제품에 가장 적합하기 때문입니다. 저는 제품 각각을 콘셉트 및 초안 디자인부터, 최종 디자인까지 직접 설계합니다. 디자인 과정 이후, 숙련된 장인들이 저의 작업장에서 제품을 제작합니다.

작업
방식

All Woody Designs products are created by a combination of hand and machine processes. A laser machine is used to cut the pieces of wood accurately, followed by hand-sanding and surface preparation. Color is then transferred to individual pieces from ink-jet printed images. Finally, all the parts are assembled carefully, and then allowed to dry.

제품
컬렉션
소개

With more than a hundred different available products, there's always something for you and your loved ones at Woody Designs. Our products make wonderful gifts for any occasion. Our Anniversary Gift Collection includes sentimental souvenirs, wooden watches, jewelry boxes, picture frames, and many other products for relationships at any stage.

Our Housewarming Gift Collection will surely turn any new unfurnished house into a home. We sell wine racks, cheese boards, cedar doormats, wall clocks, and countless other decorations for the house. Your kids will also find something unique at Woody Designs. Our Kids' Collection includes dolls, dollhouses, keepsake boxes, baseball bats, and sports plaques all beautifully crafted in wood.

주문
제작
방법

[37]You can also customize an item to make it personal and more special. You can have your loved one's name inscribed, or your faces printed on the gift item. And if you're not sure what to get, our sales team will help you find the ideal gift for the occasion you are celebrating.

제품
가격
+
할인

Shopping at our store won't hurt your budget either. Our prices range from just a few dollars to a hundred dollars. In addition, we offer discounts to customers who wish to purchase products in bulk. We also offer gift cards that you can buy and then give to your family or friends as gifts. That way, [38]they can pick out the product they want for themselves.

끝인사
+
홍보

For our first month in business, we're giving customers a ten percent discount on all items. So, [39]tell your family and friends to drop by! Woody Designs is located on Regent Street, just across Toppers Pizza. It is open on Mondays through Fridays, from 9:00 a.m. to 5:00 p.m. Do visit our store and check out our products. You'll surely find something beautiful for every special person in your life. And while you're at it, why not buy yourself a gift too? Shop at Woody Designs now!

모든 Woody Designs 제품들은 수작업과 기계 작업의 조합으로 제작됩니다. 레이저 기계는 목재의 조각을 정확히 자르기 위해 사용되고, 이어서 손으로 하는 연마 작업과 표면 처리가 이루어집니다. 색은 그다음에 잉크젯 방식으로 인쇄된 사진에서 개별 조각으로 옮겨집니다. 마지막으로, 모든 조각들이 신중하게 조립되고 나서야, 건조되는 것이 허용되죠.

100개가 넘는 다양한 구매 가능한 제품들을 비롯해, Woody Designs에는 항상 당신과 당신의 사랑하는 사람들을 위한 무언가가 있습니다. 저희 제품은 어떤 행사에도 훌륭한 선물이 됩니다. 저희 기념일 선물 컬렉션은 감성적인 기념품, 목재로 된 시계, 보석 상자, 액자, 그리고 모든 시기의 관계를 위한 많은 다른 상품들을 포함하죠.

저희의 집들이 선물 컬렉션은 가구가 비치되지 않은 그 어떤 새로운 주택도 확실히 가정으로 바꿔놓을 거예요. 저희는 와인 선반, 치즈 판, 향나무 재목의 신발 바닥 닦개, 벽시계, 그리고 셀 수 없는 다른 가정용 장식품들을 팝니다. 여러분의 자녀들도 Woody Designs에서 무언가 독특한 것을 찾을 수 있을 겁니다. 저희의 아동 컬렉션은 인형, 인형의 집, 기념품 상자, 야구 배트, 그리고 스포츠 감사패를 포함하는데 모두 아름답게 목재로 세공되죠.

[37]여러분은 제품을 개인적으로 그리고 더욱 특별하게 만들기 위해서 주문 제작할 수도 있어요. 선물에 사랑하는 사람의 이름을 각인시키거나, 여러분의 얼굴이 인쇄되게 할 수도 있어요. 그리고 만약 무엇을 살지 확실하지 않다면, 저희 판매부가 여러분이 축하할 행사에 가장 알맞은 선물을 찾도록 도울 겁니다.

저희 가게에서 쇼핑을 하는 것은 여러분의 예산에도 손해를 끼치지 않을 거예요. 저희의 가격은 단지 몇 달러에서부터 백 달러까지 다양합니다. 게다가, 저희는 제품을 대량으로 구매하기를 희망하는 고객들에게 할인을 제공합니다. 저희는 여러분이 구매한 다음 가족이나 친구에게 선물로 줄 수 있는 상품권도 제공합니다. 그런 식으로, [38]그들은 원하는 제품을 직접 고를 수 있겠죠.

저희의 영업 첫 달에는, 모든 제품에 대한 10퍼센트 할인을 제공할 것입니다. 그러니, [39]가족과 친구들에게 들르라고 말해주세요! Woody Designs는 리젠트가, Toppers 피자집 바로 건너편에 위치해 있습니다. 월요일부터 금요일에, 오전 9시부터 오후 5시까지 문을 엽니다. 저희 가게에 방문하셔서 제품을 구경해보세요. 여러분은 분명히 인생의 모든 특별한 사람을 위한 아름다운 무언가를 찾을 수 있을 겁니다. 그리고 그러는 동안, 자기 자신을 위한 선물도 사는 건 어떠신가요? Woody Designs에서 지금 쇼핑하세요!

어휘 novelty [nάːvlti] 장식품, 싸구려 장난감 specialize in ~을 전문으로 하다 decorative [dékəreitiv] 장식의 licensed [láisnst] 인가받은 industrial [indÁstriəl] 산업의 commercial [kəmɔ́ːrʃl] 상업용의 furniture [fɔ́ːrnitʃər] 가구 apparently [əpǽrəntli] 확실히

cedar[síːdər] 향나무 재목 ebony[ébəni] 흑단 preliminary[prilímineri] 초안의, 예비의 craftspeople[kræftspìːpl] 장인
manufacture[mænjufæktʃər] 제작하다 transfer[trænsfəːr] 옮기다, 바꾸다 assemble[əsémbl] 조립하다 occasion[əkéiʒn] 행사, 경우
anniversary[ænivəːrsəri] 기념일 sentimental[sèntiméntl] 감성적인 souvenir[sùːvənír] 기념품
housewarming[háuswɔ̀ːrmiŋ] 집들이 unfurnished[ʌnfəːrniʃt] 가구가 비치되지 않은 rack[ræk] 선반 keepsake[kíːpseik] 기념품
plaque[plæk] 감사패, 명판 customize[kʌ́stəmaiz] 주문 제작하다 inscribe[inskráib] 각인하다 celebrate[sélibreit] 축하하다
in bulk 대량으로 drop by 들르다

고득점
34 주제/목적   발표의 주제   정답 (c)

What is the talk about?	발표의 주제는 무엇인가?
(a) the launch of a new store	(a) 새로운 가게의 개업
(b) manufacturing novelty products	(b) 장식품의 제조
(c) the products of a new store	(c) 새로운 가게의 제품들
(d) choosing gift items	(d) 선물을 고르는 것

해설 발표의 주제를 묻는 문제이므로, 지문의 초반을 주의 깊게 듣고 전체 맥락을 파악한다. 화자가 'The name of my shop is Woody Designs, and we specialize in selling small decorative items.'라며 가게의 이름은 Woody Designs이고 작은 장식품을 파는 것을 전문으로 한다고 소개한 뒤, 가게의 제품들에 관한 내용이 이어지고 있다. 따라서 (c)가 정답이다.

오답분석
(a) 발표 초반에 화자가 자신을 매디슨에 막 일주일 전에 문을 연 장식품 가게의 주인이라고 소개하기는 했지만, 발표 전반적으로 가게의 다양한 제품 종류, 제작 방식 등을 소개하고 있으므로 발표의 주제로는 (c)가 더 적절하다.

어휘 launch[lɔːntʃ] 개업, 출시

35   특정세부사항   What   정답 (b)

What prompted the speaker to start a business?	무엇이 화자가 사업을 시작하도록 유도했는가?
(a) Her salary wasn't big enough.	(a) 임금이 충분히 많지 않았다.
(b) She wanted to pursue her interests.	(b) 그녀의 흥미를 좇고 싶었다.
(c) She didn't want to create designs anymore.	(c) 더 이상 디자인을 창조하고 싶지 않았다.
(d) She wasn't good at her earlier jobs.	(d) 이전 직장에서 그리 잘하지 않았다.

해설 무엇이 화자가 사업을 시작하도록 유도했는지를 묻는 What 문제이므로, 질문의 키워드 start a business와 관련된 내용을 주의 깊게 듣는다. 화자가 'I've always dreamed of designing and building ~ goods made of wood'라며 언제나 목재로 만들어진 독특하고 정교한 상품을 디자인하고 만드는 것을 꿈꿔왔다고 한 뒤, 'I decided to quit and pursue my dream'이라며 회사를 그만두고 자신의 꿈을 좇기로 결정했다고 했다. 따라서 (b)가 정답이다.

Paraphrasing
pursue my dream 꿈을 좇다 → pursue her interests 흥미를 좇다

어휘 prompt[prɑːmpt] 유도하다 salary[sǽləri] 임금

TEST 1

TEST 2

TEST 3

TEST 4

TEST 5

TEST 6

지텔프 기출문제집 Level 2

36 특정세부사항 Why

정답 (a)

Why was the store named "Woody Designs"?

(a) because of the material their products are made of
(b) because their workshop is in the forest
(c) because they sell different kinds of wood
(d) because all of their products look like wood

왜 가게의 이름은 "Woody Designs"라고 지어졌는가?

(a) 제품을 구성하는 재료 때문에
(b) 작업장이 숲에 있기 때문에
(c) 다양한 종류의 목재를 팔기 때문에
(d) 모든 제품이 목재처럼 보이기 때문에

해설 왜 가게의 이름은 Woody Designs라고 지어졌는지를 묻는 Why 문제이므로, 질문의 키워드 named가 그대로 언급된 주변을 주의 깊게 듣는다. 화자가 'I named my store ~ because ~ all of my products are made almost entirely of wood.'라며 모든 제품들이 거의 완전히 목재로 만들어지기 때문에 가게의 이름을 Woody Designs라고 지었다고 했다. 따라서 (a)가 정답이다.

어휘 material [mətíriəl] 재료

37 특정세부사항 What

정답 (d)

What can one do to make a gift more special?

(a) look for a purely handcrafted piece
(b) buy from the anniversary collection
(c) ask the salespeople to choose the gift
(d) have the item personalized

선물을 더욱 특별하게 만들기 위해 무엇을 할 수 있는가?

(a) 순수 수공예품을 찾는다
(b) 기념일 컬렉션 중에서 산다
(c) 판매원에게 선물을 골라 달라고 요청한다
(d) 제품을 개인의 기호에 맞춘다

해설 선물을 더욱 특별하게 만들기 위해 무엇을 할 수 있는지를 묻는 What 문제이므로, 질문의 키워드 special이 그대로 언급된 주변을 주의 깊게 듣는다. 화자가 'You can also customize ~ to make it personal and more special.'이라며 제품을 개인적으로 그리고 더욱 특별하게 만들기 위해서 주문 제작할 수도 있다고 했다. 따라서 (d)가 정답이다.

Paraphrasing
customize 주문 제작하다 → have ~ personalized 개인의 기호에 맞추다

어휘 purely [pjúərli] 순수하게, 섞인 것 없이 personalize [pə́ːrsənəlàiz] 개인의 기호에 맞추다

⚡
고득점

38 추론 특정사실

정답 (b)

Based on the talk, when most likely would customers just give a friend a gift card?

(a) when they want the friend to buy them a gift
(b) when they want the friend to buy his own gift
(c) when they want to buy the friend several gifts
(d) when they have a tight budget for the gift

발표에 따르면, 고객들은 언제 친구에게 상품권만을 줄 것 같은가?

(a) 친구가 그들에게 선물을 사주기를 원할 때
(b) 친구가 친구 자신의 선물을 직접 사기를 원할 때
(c) 친구에게 여러 개의 선물을 사주고 싶을 때
(d) 선물에 쓸 예산이 빠듯할 때

해설 고객들은 언제 친구에게 상품권만을 줄 것 같은지를 추론하는 문제이므로, 질문의 키워드 gift card가 gift cards로 언급된 주변을 주의 깊게 듣는다. 화자가 'they can pick out the product they want for themselves'라며 친구들은 원하는 제품을 직접 고를 수 있을 것이라고 한 것을 통해, 고객들은 친구가 친구 자신의 선물을 직접 사기를 원할 때 상품권만을 줄 것임을 추론할 수 있다. 따라서 (b)가 정답이다.

Why most likely is the store offering a discount during its first month?

(a) so more people will know about the store
(b) to get rid of their old stock
(c) because the items are damaged
(d) to encourage customers to buy products in bulk

왜 가게는 첫 달 동안 할인을 제공하는 것 같은가?

(a) 더 많은 사람들이 가게에 대해 알게 하기 위해서
(b) 오래된 재고를 처리하기 위해서
(c) 제품들이 손상되었기 때문에
(d) 고객들이 제품을 대량으로 구매하도록 장려하기 위해서

해설 왜 가게는 첫 달 동안 할인을 제공하는 것 같은지를 추론하는 문제이므로, 질문의 키워드 discount와 first month가 그대로 언급된 주변을 주의 깊게 듣는다. 화자가 'tell your family and friends to drop by'라며 가족과 친구들에게 들르라고 말해달라고 한 것을 통해, 더 많은 사람들이 가게에 대해 알게 하기 위해서 첫 달 동안 할인을 제공하는 것임을 추론할 수 있다. 따라서 (a)가 정답이다.

어휘 get rid of ~을 처리하다, 버리다 stock[stɑːk] 재고

PART 3 [40~45] 장단점 논의 공립학교 vs. 사립학교

안부 인사	F:	Hi, Fred! How are you?
	M:	Oh, hello, Betty! I'm doing well. Hey, I heard that your son will be in first grade this coming school year. [40]Will you enroll him in a private school or a public school?
주제 제시: 장단점 비교	F:	Actually, I have been thinking about that, but [40]I haven't made a decision yet. Can you help me choose which one is better?
	M:	Sure. Discussing the pros and cons of both types of schooling might help you decide.
	F:	Okay, let's start with public schools.
	M:	One good thing about public schools is that they cost almost nothing to attend. This is because they get their funding from federal and state taxes.
공립 학교 장점	F:	I agree. I also read somewhere that [41]kids who attend public schools generally get to associate with other students who have different backgrounds and interests from their own.
	M:	That's right. The student population in public schools is usually diverse because the law requires public schools to accept all who want to enroll.
	F:	I see . . . [41]Maybe that's also why public schools have wider-ranging curriculums with more varied courses and after-school activities. What about the disadvantages of attending a public school?
공립 학교 단점	M:	One of the downsides is that public school classrooms can get overcrowded. More students are squeezed in each class compared to private schools. In some cases, [42]teachers handle classes with too

여: 안녕, Fred! 잘 지내?

남: 오, 안녕, Betty! 난 잘 지내. 어, 너의 아들이 다가오는 학년도에 1학년이 된다고 들었어. [40]네 아들을 사립학교에 입학시킬 거니 아니면 공립학교에 입학시킬 거니?

여: 사실, 그것에 대해 생각해왔지만, [40]아직 결정을 내리지 못했어. 어느 쪽이 더 나은지 결정하도록 날 도와줄 수 있니?

남: 그럼. 두 학교 교육 방식 모두의 장단점에 대해 의논하는 것이 네가 결정하는 것을 도울지도 몰라.

여: 좋아, 공립학교부터 시작하자.

남: 공립학교의 한 가지 좋은 점은 다니는 데 돈이 거의 안 든다는 거지. 이건 공립학교는 연방 정부나 주 정부의 세금으로부터 자금을 얻기 때문이야.

여: 동의해. 나는 또 [41]공립학교에 다니는 아이들이 일반적으로 자신과는 다른 배경과 흥미를 지닌 다른 학생들과 어울리게 된다고 어딘가에서 읽었어.

남: 맞아. 법은 공립학교가 입학하기를 원하는 모든 사람들을 받아들이도록 요구하기 때문에 공립학교의 학생 인구 구성은 보통 다양하지.

여: 그래… [41]아마 그게 공립학교에 더 다양한 교과목과 방과 후 활동을 포함한 더 광범위한 교과 과정이 있는 이유이기도 해. 공립학교에 다니는 것의 단점은 어떻니?

남: 단점 중 하나는 공립학교 교실이 너무 붐빌 수 있다는 거야. 사립학교에 비해서 더 많은 학생들이 각 교실에 밀어 넣어지지. 어떤 경우에는, [42]교사들은 너무 많은 수의 학생들이 있는 학급을 감당해야 해서 모든 아이들의 욕구에 맞출 수 없지.

many students that they cannot focus on all the children's needs.

F: Oh . . . I also heard that aside from regular tests, public school students are also required to take extra long tests, not really to measure their academic progress but to determine if the school is spending the taxpayers' money well.

M: I've heard that. The idea is the better the students perform in these tests, the better the teachers are doing their jobs.

F: Right. So, how about private schools?

M: One good thing about private schools is they have smaller classes so that teachers can give their students more individual attention.

F: That's good. I think private schools also have better learning resources. [43]The parents are paying tuition, after all. So in a way, they're just getting what they're paying for.

M: Correct. Another advantage of the option is that many private schools, especially those run by religious organizations, teach traditional values that you'd want your kids to have, such as honesty, hard work, and respect. However, private schools have disadvantages, too. As you know, they're expensive and some parents can't afford to send their children to those schools.

F: I agree. I think private schools also have more limited curriculums that are designed specifically for the kind of students they have. For example, religious schools focus their teachings on faith. Then there are other private schools that specialize in teaching students with learning disabilities.

M: You're right. Another disadvantage of private schools is that [44]many of the students who attend them are from wealthy backgrounds. This might put some pressure on students from lower-income families to keep up with their classmates' lifestyles.

F: That's right. Well, thanks a lot for discussing the pros and cons of public schools and private schools, Fred.

M: So, have you decided where to enroll him, Betty?

F: I think so. [45]I'd like my son to be able to mix with students from as many social backgrounds as possible. That may help him deal with people better later in life.

여: 오… 난 또 정기 시험 외에도, 공립학교 학생들은 추가적인 긴 시험을 보도록 요구받는다고 들었는데, 이건 그들의 진짜 학문적인 발전을 측정하기 위한 것이 아니고 학교가 납세자의 돈을 제대로 쓰고 있는지를 확인하기 위한 거야.

남: 그거 들어봤어. 그 발상은 학생들이 이러한 시험에서 더 두각을 나타낼수록, 교사들이 그들의 일을 더 잘하고 있다는 거야.

여: 맞아. 자, 사립학교는 어때?

남: 사립학교의 한 가지 좋은 점은 더 작은 규모의 학급을 가지고 있어서 교사들이 학생들에게 더욱 개인적인 관심을 쏟을 수 있다는 거야.

여: 그건 좋아. 내 생각에 사립학교는 더 나은 학습 자료도 보유하는 것 같아. 어쨌거나, [43]학부모들이 수업료를 내잖아. 그래서 한편으로는, 그들은 그저 그들이 지불한 것을 받는 거지.

남: 정확해. 사립학교의 또 다른 장점은 많은 사립학교들, 특히 종교 단체에 의해 운영되는 것들은, 사람들이 자신의 자녀가 갖기를 원하는 전통적인 가치, 이를테면 정직성, 노력, 그리고 존경과 같은 것들을 가르친다는 거야. 하지만, 사립학교의 단점도 있어. 알다시피, 사립학교는 비싸고 어떤 부모들은 그들의 아이들을 그러한 학교에 보낼 형편이 못 돼.

여: 동의해. 내 생각에 사립학교는 또한 학교에 다니는 학생들의 유형에 맞춰 고안된 더 제한된 교과 과정을 보유하고 있어. 예를 들면, 종교 학교는 그들의 가르침의 중점을 믿음에 두지. 또 다른 사립학교는 학습 장애를 지닌 학생들을 가르치는 것에 특화되기도 했어.

남: 네 말이 맞아. 사립학교의 또 다른 단점은 [44]사립학교에 다니는 학생들 중 다수가 부유한 환경 출신이라는 거야. 이건 저소득 가정에서 온 학생들에게 급우들의 생활 방식을 따라잡아야 한다는 압박을 줄지도 몰라.

여: 맞아. 음, 공립학교와 사립학교의 장단점에 대해 논의해줘서 정말 고마워, Fred.

남: 그래서, 너는 그를 어디에 입학시킬지 결정했니, Betty?

여: 그런 것 같아. [45]난 내 아들이 가능한 한 다양한 사회적 배경 출신의 학생들과 어울릴 수 있기를 원해. 그게 나중에 인생에서 그가 사람들과 잘 지내도록 도울지도 몰라.

어휘 enroll[inróul] 입학시키다, 명단에 올리다 private school 사립학교 public school 공립학교 pros and cons 장단점
schooling[skú:liŋ] 학교 교육 attend[əténd] 다니다, 참석하다 federal[fédərəl] 연방 정부의, 연방의 associate[əsóuʃieit] 어울리다
population[pὰ:pjuléiʃn] 인구 diverse[daivə́:rs] 다양한 curriculum[kəríkjələm] 교과 과정 varied[vérid] 다양한

disadvantage[dìsədvǽntidʒ] 단점 downside[dáunsaid] 단점 overcrowded[òuvərkráudid] 너무 붐비는
squeeze[skwi:z] 밀어 넣다, 비집고 들어가다 measure[méʒər] 측정하다 determine[ditə́:rmin] 확인하다 taxpayer[tǽkspeiər] 납세자
attention[əténʃn] 관심 resource[rí:sɔ:rs] 자료, 원천 tuition[tuíʃn] 수업료 advantage[ədvǽntidʒ] 장점 religious[rilídʒəs] 종교의
traditional[trədíʃənl] 전통적인 honesty[á:nəsti] 정직성 hard work 노력 afford to ~할 형편이 되다
specifically[spəsífikli] 맞춰, 구체적으로 faith[feiθ] 믿음 specialize in ~에 특화되다 disability[dìsəbíləti] 장애
wealthy[wélθi] 부유한 pressure[préʃər] 압박 keep up with ~을 따라잡다 mix with ~와 어울리다

---

40 특정세부사항   What   정답 (a)

What is Betty's problem?	Betty의 문제는 무엇인가?
(a) choosing between two types of schools for her son	(a) 아들을 위한 두 종류의 학교 중 선택하는 것
(b) whether she should teach at a private or public school	(b) 사립학교에서 가르쳐야 할지 공립학교에서 가르쳐야 할지
(c) looking for a nearby school for her son	(c) 아들을 위한 가까운 학교를 찾는 것
(d) whether to enroll her son this school year	(d) 아들을 이번 학년도에 입학시켜야 할지 말지

해설 Betty의 문제가 무엇인지를 묻는 What 문제이므로, 대화의 주제가 언급되는 지문의 초반을 주의 깊게 듣는다. 남자가 'Will you enroll him in a private school or a public school?'이라며 여자에게 아들을 사립학교에 입학시킬 것인지 아니면 공립학교에 입학시킬 것인지를 묻자, 여자가 'I haven't made a decision yet'이라며 아직 결정을 내리지 못했다고 했다. 따라서 (a)가 정답이다.

어휘 nearby[nìrbái] 가까운

---

41 추론   특정사실   정답 (c)

Why most likely do public schools offer more varied courses?	왜 공립학교가 더 다양한 수업을 제공하는 것 같은가?
(a) to attract a diverse group of students	(a) 다양한 집단의 학생들을 유치하기 위해서
(b) to compete with private school curriculums	(b) 사립학교 교과 과정에 필적하기 위해서
(c) to support the different interests of their students	(c) 학생들의 서로 다른 흥미를 지원하기 위해서
(d) to discourage enrollment of too many students	(d) 너무 많은 학생들의 입학을 막기 위해서

해설 왜 공립학교가 더 다양한 수업을 제공하는 것 같은지를 추론하는 문제이므로, 질문의 키워드 varied courses가 그대로 언급된 주변을 주의 깊게 듣는다. 여자가 'kids who attend public schools ~ have different backgrounds and interests from their own'이라며 공립학교에 다니는 아이들이 일반적으로 자신과는 다른 배경과 흥미를 지닌 다른 학생들과 어울리게 된다고 한 뒤, 'Maybe that's also why public schools have ~ more varied courses and after-school activities.'라며 아마 그것이 공립학교에 더 다양한 교과목과 방과 후 활동을 포함한 더 광범위한 교과 과정이 있는 이유이기도 하다고 한 것을 통해, 공립학교는 학생들의 서로 다른 흥미를 지원하기 위해서 더 다양한 수업을 제공하는 것임을 추론할 수 있다. 따라서 (c)가 정답이다.

어휘 discourage[diskə́:ridʒ] 막다, 좌절시키다

TEST 1

TEST 2

TEST 3

TEST 4

TEST 5

TEST 6

지텔프 기출문제집 Level 2

42 특정세부사항 Why

정답 (b)

Why might public school teachers be unable to attend to the needs of every student in class?

(a) because they don't want to spend tax money well
(b) because there are too many students in one class
(c) because the student's needs are too varied
(d) because the students are too tired from taking long tests

왜 공립학교의 교사들은 학급 내 모든 학생의 욕구를 신경 써줄 수 없을지도 모르는가?

(a) 세금을 제대로 쓰기를 원하지 않기 때문에
(b) 한 학급에 너무 많은 학생들이 있기 때문에
(c) 학생의 욕구가 너무 다양하기 때문에
(d) 학생들이 긴 시험을 보느라 너무 지쳐있기 때문에

해설   왜 공립학교의 교사들은 학급 내 모든 학생의 욕구를 신경 써줄 수 없을지도 모르는지를 묻는 Why 문제이므로, 질문의 키워드 attend to ~ needs가 focus on ~ needs로 paraphrasing되어 언급된 주변을 주의 깊게 듣는다. 남자가 'teachers handle classes with too many students that they cannot focus on all the children's needs'라며 교사들은 너무 많은 수의 학생들이 있는 학급을 감당해야 해서 모든 아이들의 욕구에 맞출 수 없다고 했다. 따라서 (b)가 정답이다.

어휘   be unable to ~할 수 없다

43 특정세부사항 How

정답 (c)

How are private schools able to have better learning resources than public schools?

(a) by receiving more funding from the state
(b) by hiring fewer teachers
(c) by requiring their students to pay tuition
(d) by keeping the class size small

사립학교는 어떻게 공립학교보다 더 나은 학습 자료를 보유할 수 있는가?

(a) 주 정부로부터 더 많은 자금을 받음으로써
(b) 더 적은 교사를 채용함으로써
(c) 학생들에게 수업료를 내라고 요구함으로써
(d) 학급의 크기를 작게 유지함으로써

해설   사립학교는 어떻게 공립학교보다 더 나은 학습 자료를 보유할 수 있는지를 묻는 How 문제이므로, 질문의 키워드 better learning resources가 그대로 언급된 주변을 주의 깊게 듣는다. 여자가 'The parents are paying tuition'이라며 학부모들이 수업료를 낸다고 했다. 따라서 (c)가 정답이다.

44 특정세부사항 What

정답 (d)

According to Fred, what is a typical characteristic of private school students?

(a) They appreciate traditional values.
(b) They have learning difficulties.
(c) They are from religious families.
(d) They are from rich families.

Fred에 따르면, 사립학교 학생들의 전형적인 특징은 무엇인가?

(a) 전통적인 가치를 인정한다.
(b) 학습의 어려움이 있다.
(c) 종교적인 가정 출신이다.
(d) 부유한 가정 출신이다.

해설   Fred에 따르면 사립학교 학생들의 전형적인 특징은 무엇인지를 묻는 What 문제이므로, 질문의 키워드 private school students와 관련된 내용을 주의 깊게 듣는다. 남자가 'many of the students who attend them are from wealthy backgrounds'라며 사립학교에 다니는 학생들 중 다수가 부유한 환경 출신이라고 했다. 따라서 (d)가 정답이다.

Paraphrasing
from wealthy backgrounds 부유한 환경 출신인 → from rich families 부유한 가정 출신인

Based on the conversation, what will Betty probably do about her problem?

(a) enroll her son in a public school
(b) look for the school with the best teachers
(c) hire a private tutor for her son
(d) enroll her son in a private school

대화에 따르면, Betty가 그녀의 문제에 대해 할 일은 무엇일 것 같은가?

(a) 아들을 공립학교에 입학시킨다
(b) 최고의 교사가 있는 학교를 찾는다
(c) 아들을 위한 과외 교사를 고용한다
(d) 아들을 사립학교에 입학시킨다

해설   Betty가 다음에 할 일을 추론하는 문제이므로, 지문의 후반을 주의 깊게 듣는다. 여자가 'I'd like my son ~ to mix with students from as many social backgrounds as possible.'이라며 자신의 아들이 가능한 한 다양한 사회적 배경 출신의 학생들과 어울릴 수 있기를 원한다고 한 것을 통해, Betty는 아들을 공립학교에 입학시킬 것임을 추론할 수 있다. 따라서 (a)가 정답이다.

어휘   tutor[túːtər] 교사

PART 4 [46~52] 설명 첫 계좌를 개설하는 6단계

주제 제시: 계좌 개설 방법

Good morning, students! Having your own bank account is a great way to practice managing your own money. It can also help prepare you for future financial success. To many young people, however, opening a bank account can seem complicated, but it really is easy once you know what to do. [46]Today, I'll tell you how to open your first bank account.

1단계: 목적 설정

First, [47]decide what you need a bank account for. Do you want to use it to save money, or do you just want a convenient way to store and access funds? [47]The type of account you should open will depend on your financial goals and needs, so it's important to identify them early.

2단계: 계좌 유형 선택

Second, based on your purposes, choose what type of bank account to open. People who open an account for the first time usually choose either a checking or a savings account. Both accounts allow you to save money and withdraw it whenever you need. However, they also have differences. [48]A checking account is best for day-to-day purchases because it doesn't have restrictions on how many payments you can make using checks. On the other hand, a savings account makes your money grow by earning interest, and is therefore best for saving.

Third, select a bank that's right for you. Not all banks are the same, and it's advisable to contact the banks in your community to ask what benefits you'd get from opening an account with them. Some banks charge

안녕하세요, 학생 여러분! 자신의 계좌를 갖는 것은 여러분의 돈을 관리하는 것을 연습하는 좋은 방법입니다. 그건 또한 미래의 금전적 성공에 대비하도록 여러분을 도울 수도 있죠. 그런데, 많은 젊은 분들에게는, 계좌를 개설하는 것이 복잡해 보일 수도 있지만, 한번 무엇을 할지 알고 난 후에는 정말 쉽습니다. [46]오늘, 저는 여러분의 첫 계좌를 개설하는 방법에 관해 말씀드리겠습니다.

첫 번째로, [47]무엇을 위해 계좌가 필요한 건지 결정하세요. 돈을 저축하기 위해 사용하고 싶으신가요, 아니면 그저 자금을 저장하고 이용하기 위한 편리한 방법을 원하시나요? [47]여러분이 개설해야 하는 계좌의 유형은 여러분의 금전적 목표와 필요에 달려 있을 것이니, 그것을 빨리 찾는 것이 중요합니다.

두 번째로, 여러분의 목적에 기반하여, 어떤 유형의 계좌를 개설할 것인지 선택하세요. 처음으로 계좌를 개설하는 사람들은 보통 당좌 계좌나 저축성 계좌 둘 중의 하나를 선택하죠. 두 계좌 모두 여러분이 필요할 때는 언제든 돈을 저축하고 인출하도록 허용합니다. 하지만, 두 계좌의 차이점도 있습니다. [48]당좌 계좌는 여러분이 수표를 이용해 얼마를 지불하든 제한이 없기 때문에 일상적인 구매에 가장 적합해요. 반면에, 저축성 계좌는 이자를 받음으로써 여러분의 돈이 불어나게 해주고, 따라서 저축에 가장 적합합니다.

세 번째로, 여러분에게 적합한 은행을 선택하세요. 모든 은행이 다 같지는 않으므로, 여러분의 동네에 있는 은행들에 연락해서 그 은행의 계좌를 개설함으로써 여러분이 어떤 혜택을 받을 수 있는지를 문의하는

lower service fees, while others offer better interest rates. Banks can be generally classified into two groups: large chain banks and small local banks. [49]Large banks have many branches and ATMs available, but their service can be too businesslike and impersonal. On the other hand, small banks offer more personal service, but have a higher risk of failing than big banks.

Fourth, visit your chosen bank. Knowing the bank personally is ideal for first-time account owners. [50]Visiting it will allow you to ask the new accounts officer exactly what documents and IDs are needed for opening a new account. You can also ask the bank officer about your concerns. For example, you may want to know if there is a minimum balance for maintaining the account or what the interest rate for the savings account is.

Fifth, prepare the necessary documents. Most banks will require you to present valid photo identification. You'll also be required to share basic information about yourself to further verify who you are. Some banks also ask for an initial deposit that can range from $25 to $300. [51]And if you're not yet 18 years old, your bank might require your parents or other guardians to sign some documents.

Finally, open that bank account. Provide the bank with the necessary information. Present your photo IDs to confirm that it's really you opening the account. Then, you'll have to fill out some forms and provide specimens of your signature among other things.

Once you have opened an account, the bank will give you documents that contain important information such as your bank account number and four-digit PIN. Guard them carefully so others won't be able to use them for dishonest purposes.

Thank you for listening! [52]If you'd like to open a bank account now, we at Park Hills Savings Bank offer high-interest savings accounts and charge low banking fees. So, please stay so our bank representatives can assist you.

것이 현명합니다. 어떤 은행은 더 낮은 수수료를 부과하는 반면, 다른 은행은 더 높은 이자율을 제공합니다. 은행은 일반적으로 큰 체인 은행과 작은 지역 은행의 두 가지 종류로 분류됩니다. [49]큰 은행은 이용 가능한 많은 지점과 ATM이 있지만, 그들의 서비스는 너무 사무적이고 비인간적일 수 있습니다. 반면에, 작은 은행들은 더욱 개인적인 서비스를 제공하지만, 큰 은행보다 실패의 위험이 더 높습니다.

네 번째로, 선택한 은행을 방문하세요. 은행을 직접 경험하는 것은 첫 계좌 소유주에게 이상적입니다. [50]은행을 방문하는 것은 신규 계좌 담당 은행원에게 신규 계좌를 개설하기 위해 정확히 어떤 문서와 신분증이 요구되는지를 문의할 수 있게 해줄 것입니다. 또한 은행원에게 여러분의 우려에 대해서도 문의할 수 있습니다. 예를 들어, 여러분은 아마 계좌를 유지하기 위한 최소 잔액이 있는지 혹은 저축성 계좌의 이자율이 얼마인지를 알고 싶을 것입니다.

다섯 번째로, 필요한 서류를 준비하세요. 대부분의 은행은 사진이 부착된 유효한 신분증을 제시할 것을 요구할 것입니다. 여러분은 또한 여러분이 누구인지 더 자세히 확인하기 위해 기본적인 정보를 공유하도록 요구받을 것입니다. 어떤 은행은 25달러에서 300달러에 이를 수 있는 최초 예치금을 요구하기도 합니다. [51]그리고 여러분이 만약 아직 18살이 되지 않았다면, 은행은 아마 부모님이나 다른 보호자가 몇몇 문서에 서명하도록 요구할지도 모릅니다.

마지막으로, 그 계좌를 개설하세요. 은행에 필요한 정보를 제공하세요. 계좌를 개설하는 것이 정말 여러분이라는 것을 확인하기 위해 사진이 부착된 신분증을 제시하세요. 그런 다음, 여러분은 몇 가지 양식을 채우고 여러 가지 서명 중 견본을 제공해야 할 것입니다.

계좌를 개설한 후에는, 은행이 여러분에게 계좌 번호와 4자리의 핀 번호와 같은 중요한 정보를 포함한 문서를 줄 것입니다. 그것들을 주의 깊게 보호해서 다른 사람들이 그것을 부정한 목적으로 이용할 수 없게 하세요.

들어주셔서 감사합니다! [52]만약 여러분이 지금 계좌를 개설하고 싶다면, 우리 Park Hills 저축 은행은 높은 이자의 저축성 계좌를 제공하며 낮은 은행 수수료를 부과합니다. 그러니, 부디 우리 은행 담당자가 여러분을 도울 수 있도록 머물러주세요.

어휘 bank account (은행) 계좌 financial [fainǽnʃl] 금전적인 complicated [kάːmplikeitid] 복잡한 decide [disáid] 결정하다
convenient [kənvíːniənt] 편리한 access [ǽkses] 이용하다 fund [fʌnd] 자금 identify [aidéntifai] 찾다, 발견하다
checking account 당좌 계좌 savings account 저축성 계좌 withdraw [wiðdrɔ́ː] 인출하다 day-to-day [déitudei] 일상적인
purchase [pə́ːrtʃəs] 구매 restriction [ristríkʃn] 제한 make payment 지불하다
check [tʃek] 수표(물건 구매 시 이용 가능한 미국의 개인 수표로, 당좌 계좌 개설 시 받을 수 있음) earn interest 이자를 받다
advisable [ədváizəbl] 현명한, 권할 만한 contact [kάːntækt] 연락하다 charge [tʃɑːrdʒ] 부과하다 service fee 수수료
interest rate 이자율 branch [bræntʃ] 지점 businesslike [bíznəslaik] 사무적인, 업무에 충실한
impersonal [impə́ːrsənl] 비인간적인, 냉담한 balance [bǽləns] 잔액, 잔고 identification [aidèntifikéiʃn] 신분증

verify[vérifai] 확인하다, 입증하다 deposit[dipá:zit] 예치금, 보증금 guardian[gá:rdiən] 보호자, 후견인
specimen[spésimən] 견본, 표본 dishonest[disá:nist] 부정한, 부정직한 representative[rèprizéntətiv] 담당자, 대표자

---

46 주제/목적   담화의 주제   정답 (b)

What is the main subject of the talk?	담화의 주제는 무엇인가?
(a) choosing the right bank	(a) 알맞은 은행을 고르는 것
(b) setting up a bank account	(b) 계좌를 마련하는 것
(c) the different kinds of bank accounts	(c) 서로 다른 종류의 계좌들
(d) how to transact with a bank	(d) 은행과 거래하는 방법

해설   담화의 주제를 묻는 문제이므로, 지문의 초반을 주의 깊게 듣는다. 화자가 'Today, I'll tell you how to open your first bank account.'
라며 오늘 첫 계좌를 개설하는 방법에 관해 말하겠다고 한 뒤, 계좌를 마련하는 것에 관한 내용이 이어지고 있다. 따라서 (b)가 정답이다.

Paraphrasing
open your ~ bank account 계좌를 개설하다 → setting up a bank account 계좌를 마련하는 것

어휘   set up 마련하다, 시작하다 transact[trænzǽkt] 거래하다

---

47 특정세부사항   What   정답 (c)

What should one consider when choosing the type of account to open?	개설할 계좌의 유형을 선택할 때 고려해야 하는 것은 무엇인가?
(a) how much money he has	(a) 얼마나 많은 돈을 보유하고 있는지
(b) where he will open the account	(b) 어디에서 계좌를 개설할 것인지
(c) what he will be doing with the money	(c) 돈을 가지고 무엇을 할 것인지
(d) what the bank's financial goals are	(d) 은행의 금전적 목표가 무엇인지

해설   개설할 계좌의 유형을 선택할 때 고려해야 하는 것은 무엇인지를 묻는 What 문제이므로, 질문의 키워드 type of account가 그대로 언급
된 주변을 주의 깊게 듣는다. 화자가 'decide what you need a bank account for'이라며 무엇을 위해 계좌가 필요한 것인지 결정하라
고 한 뒤, 'The type of account ~ will depend on your financial goals and needs'라며 개설해야 하는 계좌의 유형은 금전적 목
표와 필요에 달려 있을 것이라고 했다. 따라서 (c)가 정답이다.

Paraphrasing
financial goals and needs 금전적 목표와 필요 → what he will be doing with the money 돈을 가지고 무엇을 할 것인지

---

48 추론   특정사실   정답 (d)

How most likely can people make unlimited purchases through a bank account?	어떻게 사람들은 계좌를 통해 제한 없는 구매를 할 수 있을 것 같은가?
(a) by withdrawing funds from an ATM account	(a) ATM 계좌에서 자금을 인출함으로써

(b) by converting checks into cash first
(c) by using the interests from a savings account
(d) by issuing checks for the purchases

(b) 먼저 수표를 현금으로 전환함으로써
(c) 저축성 계좌의 이자를 이용함으로써
(d) 구매를 위해 수표를 발행함으로써

해설   어떻게 사람들은 계좌를 통해 제한 없는 구매를 할 수 있을 것 같은지를 추론하는 문제이므로, 질문의 키워드 unlimited purchases가 doesn't have restrictions on ~ payments you can make로 paraphrasing되어 언급된 주변을 주의 깊게 듣는다. 화자가 'A checking account is best for day-to-day purchases ~ you can make using checks.'라며 당좌 계좌는 수표를 이용해 얼마를 지불하든 제한이 없기 때문에 일상적인 구매에 가장 적합하다고 한 것을 통해, 사람들은 구매를 위해 수표를 발행함으로써 계좌를 통해 제한 없는 구매를 할 수 있을 것임을 추론할 수 있다. 따라서 (d)가 정답이다.

어휘   unlimited[ʌnlímitid] 제한 없는   convert A into B A를 B로 전환하다   issue[íʃuː] 발행하다

49   특정세부사항   장·단점   정답 (a)

According to the speaker, which is an advantage of large banks over small banks?

(a) having more branches available
(b) having lower service fees
(c) providing a more friendly service
(d) offering higher interest rates

화자에 따르면, 작은 은행과 비교해 큰 은행의 장점은 무엇인가?

(a) 이용 가능한 지점이 더 많은 것
(b) 수수료가 더 낮은 것
(c) 더욱 친근한 서비스를 제공하는 것
(d) 더 높은 이자율을 제공하는 것

해설   큰 은행의 장점을 묻는 문제이므로, 질문의 키워드 large banks와 관련된 긍정적인 흐름을 파악한다. 화자가 'Large banks have many branches and ATMs available'이라며 큰 은행은 이용 가능한 많은 지점과 ATM이 있다고 했다. 따라서 (a)가 정답이다.

50   특정세부사항   Why   정답 (d)

Why is it ideal for one to personally go to the bank when opening an account?

(a) so he can see what the bank looks like himself
(b) so he can deliver the required documents himself
(c) so he can negotiate the interest rate
(d) so he can ask the bank officer questions

계좌를 개설할 때 은행에 직접 가는 것이 왜 이상적인가?

(a) 은행이 어떻게 생겼는지 직접 볼 수 있도록 하기 위해서
(b) 요구되는 문서를 직접 전달할 수 있도록 하기 위해서
(c) 이자율을 협상할 수 있도록 하기 위해서
(d) 은행원에게 질문을 할 수 있도록 하기 위해서

해설   계좌를 개설할 때 은행에 직접 가는 것이 왜 이상적인지를 묻는 Why 문제이므로, 질문의 키워드 personally go to ~ bank가 knowing the bank personally로 paraphrasing되어 언급된 주변을 주의 깊게 듣는다. 화자가 'Visiting it will allow you to ask ~ what ~ are needed for opening a new account.'라며 은행을 방문하는 것은 신규 계좌 담당 은행원에게 신규 계좌를 개설하기 위해 정확히 어떤 문서와 신분증이 요구되는지를 문의할 수 있게 해줄 것이라고 했다. 따라서 (d)가 정답이다.

어휘   negotiate[nigóuʃieit] 협상하다

지텔프 기출문제집 Level 2

When will one's guardians be required to sign some bank documents?

(a) when an initial deposit is needed
(b) when the account owner's identity cannot be verified
(c) when the account owner is under 18
(d) when the required documents are incomplete

언제 보호자는 몇몇 은행 문서에 서명하도록 요구받을 것인가?

(a) 최초 예치금이 필요할 때
(b) 계좌 소유주의 신분이 입증될 수 없을 때
(c) 계좌 소유주가 18세 미만일 때
(d) 필수 문서가 미비할 때

해설   언제 보호자는 몇몇 은행 문서에 서명하도록 요구받을 것인지를 묻는 When 문제이므로, 질문의 키워드 guardians가 그대로 언급된 주변을 주의 깊게 듣는다. 화자가 'And if you're not yet 18 years old, your bank might require ~ guardians to sign some documents.'라며 만약 아직 18살이 되지 않았다면 은행은 아마 부모님이나 다른 보호자가 몇몇 문서에 서명하도록 요구할지도 모른다고 했다. 따라서 (c)가 정답이다.

Paraphrasing

not yet 18 years old 아직 18살이 되지 않은 → under 18 18세 미만인

어휘   incomplete[ìnkəmplíːt] 미비한, 불완전한

What is probably the speaker's purpose in delivering the talk?

(a) to convince the students to start banking with them
(b) to help students in managing their finances
(c) to recruit students for banking agent positions
(d) to encourage account owners to safeguard their accounts

화자가 이 담화를 전달하는 목적은 무엇일 것 같은가?

(a) 학생들이 그들과 은행 거래를 시작하도록 설득하기 위해서
(b) 학생들이 재정 관리를 하는 것을 돕기 위해서
(c) 학생들을 은행 직원 자리에 채용하기 위해서
(d) 계좌 소유주들이 계좌를 보호하도록 장려하기 위해서

해설   화자가 이 담화를 전달하는 목적은 무엇일 것 같은지를 추론하는 문제이므로, 화자가 담화의 직접적인 목적을 밝히는 지문의 후반을 주의 깊게 듣는다. 화자가 'If you'd like to open a bank account now, we ~ charge low banking fees.'라며 만약 지금 계좌를 개설하고 싶다면 Park Hills 저축 은행은 높은 이자의 저축성 계좌를 제공하며 낮은 은행 수수료를 부과한다고 한 뒤, 'So, please stay so our bank representatives can assist you.'라며 은행 담당자가 학생들을 도울 수 있도록 머물러달라고 한 것을 통해, 화자는 학생들이 그들과 은행 거래를 시작하도록 설득하기 위해서 이 담화를 전달하는 것임을 추론할 수 있다. 따라서 (a)가 정답이다.

어휘   finance[fáinæns] 재정, 재원   recruit[rikrúːt] 채용하다   agent[éidʒənt] 직원, 대리인   safeguard[séifgɑːrd] 보호하다

PART 1 (53~59) 인물의 일대기 전신과 모스 부호를 발명한 새뮤얼 모스

인물 이름	**Samuel Morse**
인물 소개	Samuel Morse was an American painter and inventor best remembered for inventing the electric telegraph and co-inventing the Morse code.
어린 시절	Samuel Finley Breese Morse was born on April 27, 1791, in Charlestown, Massachusetts, to Jedidiah Morse and Elizabeth Anne Finley Breese. The young Morse [53(b)]was an average student [53(a)(d)]who nonetheless showed an interest in art and the then new subject of electricity. He graduated from Yale College and [53(c)]wanted to become a painter, but his father demanded that he work at a publishing house instead. However, [58]his persistent interest in art later persuaded his father to let him study art in England.
화가 시절	Morse attended the Royal Academy of Arts in England, where he developed a distinct style of painting that uses large canvases to depict historic events in bright colors. He returned to America in 1815 and set up a studio in Boston. His paintings interested many people, but were rarely sold. He was forced to earn a living by painting portraits, which were popular at the time. However, [54]he had to become a traveling painter just to find enough clients. Morse produced some of his finest works during this period, including the portraits of the aristocrat Lafayette.
업적 추구 계기	Several deaths in his family, including that of his wife, prompted Morse to travel to Europe to recover from his grief. [55]It was while sailing back to America in 1832 that he conceived his idea of the electric telegraph. This happened during a discussion with inventor Charles Jackson about how electronic impulses can travel along a wire over long distances. Morse started developing ideas for a device and a code system of dots and dashes for sending signals, which later became known as the "Morse code."
최고 업적	He partnered with inventor Alfred Vail, who funded his telegraph device and helped develop the code. After successfully demonstrating his telegraph, [56]Morse received a $30,000 government grant to construct an

새뮤얼 모스

새뮤얼 모스는 전신을 발명하고 모스 부호를 공동 발명한 것으로 가장 잘 기억되는 미국의 화가이자 발명가이다.

새뮤얼 핀리 브리즈 모스는, 제디디아 모스와 엘리자베스 앤 핀리 브리즈 사이에서, 1791년 4월 27일에 매사추세츠 주의 찰스타운에서 태어났다. 어린 모스는 [53(a)(d)]미술과 그 당시의 전기라는 새로운 주제에 흥미를 보이기는 했지만 [53(b)]평범한 학생이었다. 그는 예일대를 졸업했고 [53(c)]화가가 되기를 원했지만, 그의 아버지는 그보다는 그가 출판사에서 일하기를 요구했다. 그러나, [58]그의 미술에 대한 끈질긴 관심은 나중에 그의 아버지가 모스가 영국에서 미술을 공부하게 허락하도록 설득했다.

모스는 영국 왕립 미술원에 다녔고, 거기에서 역사적 사건을 밝은 색감으로 묘사하는 데 커다란 캔버스를 사용하는 특유의 화법을 발전시켰다. 그는 1815년에 미국으로 돌아왔고 보스턴에 화실을 차렸다. 그의 그림은 많은 사람들의 흥미를 불러일으켰지만, 잘 팔리지는 않았다. 그는 어쩔 수 없이 초상화를 그림으로써 생계를 유지했는데, 초상화는 그 당시에 인기 있었다. 그러나, [54]그는 단지 충분한 수의 고객을 찾기 위해 유랑하는 화가가 되어야 했다. 모스는 그 시기 동안에 라파예트 후작의 초상화를 포함해, 최고로 훌륭한 작품들을 그려냈다.

아내의 죽음을 포함하여, 가족 내의 몇 차례의 죽음은, 모스가 슬픔에서 회복하기 위해 유럽으로 여행을 가도록 유도했다. [55]그가 전신에 대한 아이디어를 마음속으로 품게 된 것은 1832년에 미국으로 회항하던 중이었다. 이것은 발명가 찰스 잭슨과 어떻게 전기적 자극이 긴 거리에 걸쳐 있는 전선을 따라 이동할 수 있는지에 관해 논의하던 중에 일어났다. 모스는 신호를 전송하는 점과 선으로 이루어진 장치와 부호 체계에 대한 아이디어를 발전시키기 시작했고, 이것이 나중에 "모스 부호"로 알려지게 되었다.

그는 발명가 알프레드 베일과 협력했는데, 그는 전신 장치에 자금을 댔고 부호를 개발하도록 도왔다. 그의 전신을 성공적으로 증명한 이후, [56]모스는 워싱턴 D.C.와 메릴랜드 주의 볼티모어 사이에 실험적인 전신선을 구축하기 위한 3만 달러의 정부 보조금을 받았다. 38마일의 전신선은 1844년에 완공되었다.

지텔프 기출문제집 Level 2

experimental telegraph line between Washington, D.C. and Baltimore, Maryland. The 38-mile line was completed in 1844.

말년 + 죽음

[59]Morse got involved in legal disagreements with rival inventors who also claimed to have invented the telegraph. A Supreme Court ruling finally established his patent rights in 1854. As telegraph lines were installed across America, Morse's wealth and fame also increased. By 1848, [57]he devoted his time to family and charity. He died of pneumonia in April 1872.

[59]모스는 자신도 전신을 발명했다고 주장하는 경쟁 관계의 발명가와의 법적 다툼에 연루되었다. 대법원 판결문은 1854년에 마침내 그의 특허권을 인정했다. 전신선이 미국 전역에 설치되면서, 모스의 부와 명성도 증가했다. 1848년쯤에는, [57]그는 그의 시간을 가족과 자선 사업에 바쳤다. 그는 1872년 4월에 폐렴으로 죽었다.

어휘 | inventor n. 발명가　electric telegraph phr. 전신　electricity n. 전기　publishing house phr. 출판사
persistent adj. 끈질긴, 끈기 있는　persuade v. 설득하다　distinct adj. 특유의, 특징적인　depict v. 묘사하다　studio n. 화실
earn a living phr. 생계를 유지하다, 돈을 벌다　portrait n. 초상화　aristocrat n. 후작, 귀족　recover from phr. ~에서 회복하다
grief n. 슬픔　sail back phr. 회항하다, 배를 타고 돌아오다　conceive v. (생각 등을) 마음속으로 품다　impulse n. 자극, 충동
dots and dashes phr. 점과 선, 모스 부호　partner with phr. ~와 협력하다　demonstrate v. 증명하다　grant n. 보조금, 지원금
legal adj. 법적인　disagreement n. 다툼, 불화　rival adj. 경쟁 관계의, 경쟁하는　Supreme Court phr. 대법원
patent right phr. 특허권　fame n. 명성　devote v. 바치다, 헌신하다　charity n. 자선 사업　pneumonia n. 폐렴

53　Not/True　True 문제

정답 (a)

Which is true about Samuel Morse's childhood?

(a) He showed a fascination for the arts.
(b) He was more intelligent than his peers.
(c) He wanted to be an inventor.
(d) He did experiments on electricity.

새뮤얼 모스의 어린 시절에 대해 사실인 것은?

(a) 미술에 흥미를 보였다.
(b) 동급생들보다 더 똑똑했다.
(c) 발명가가 되고 싶어했다.
(d) 전기에 대한 실험을 했다.

해설 | 새뮤얼 모스의 어린 시절에 대해 사실인 것을 묻는 True 문제이므로, 보기의 키워드와 지문 내용을 대조하며 읽는다. (a)의 키워드인 fascination이 interest로 paraphrasing되어 언급된 2단락의 'who ~ showed an interest in art'에서 어린 모스는 미술에 흥미를 보였다고 했다. 따라서 (a)가 정답이다.

Paraphrasing
showed an interest in art 미술에 흥미를 보였다 → showed a fascination for the arts 미술에 흥미를 보였다

오답분석
(b) 2단락에서 어린 모스가 평범한 학생이었다고 했으므로 지문의 내용과 일치하지 않는다.
(c) 2단락에서 어린 모스가 화가가 되기를 원했다고 했으므로 지문의 내용과 일치하지 않는다.
(d) 2단락에서 어린 모스가 전기라는 새로운 주제에 흥미를 보였다고는 했지만, 전기에 대한 실험을 했는지는 언급되지 않았다.

어휘 | childhood n. 어린 시절, 유년기　fascination n. 흥미, 매력　intelligent adj. 똑똑한, 지적인　peer n. 동급생, 동료

54　추론　특정사실

정답 (c)

Why most likely did Morse have to become a traveling painter?

왜 모스는 유랑하는 화가가 되어야 했던 것 같은가?

(a) to become famous as a painter
(b) because he was painting different landscapes
(c) because his earnings weren't enough
(d) to find opportunities to practice his painting style

(a) 화가로서 유명해지기 위해서
(b) 다양한 풍경을 그리고 있었기 때문에
(c) 수입이 충분하지 않았기 때문에
(d) 자신의 화법을 훈련할 기회를 찾기 위해서

해설 왜 모스는 유랑하는 화가가 되어야 했던 것 같은지를 추론하는 문제이므로, 질문의 키워드 traveling painter가 그대로 언급된 주변 내용을 주의 깊게 읽는다. 3단락의 'he had to become a traveling painter just to find enough clients'에서 모스는 그저 충분한 수의 고객을 찾기 위해 유랑하는 화가가 되어야 했다고 한 것을 통해, 수입이 충분하지 않았기 때문에 유랑하는 화가가 되어야 했던 것임을 추론할 수 있다. 따라서 (c)가 정답이다.

어휘 landscape n. 풍경, 지형

---

55 특정세부사항 When
정답 (b)

When did Morse first get the idea for his telegraph?

(a) when he returned to his studio in Boston
(b) while talking to a fellow ship passenger
(c) when touring around Europe
(d) while grieving over the death of his wife

모스는 언제 전신에 대한 아이디어를 처음 얻었는가?

(a) 보스턴의 화실로 돌아왔을 때
(b) 동료 승선객과 이야기를 하던 중에
(c) 유럽 여기저기를 여행할 때
(d) 아내의 죽음에 대해 슬퍼하던 중에

해설 모스는 언제 전신에 대한 아이디어를 처음 얻었는지를 묻는 When 문제이므로, 질문의 키워드 get ~ idea가 conceived his idea로 paraphrasing되어 언급된 주변 내용을 주의 깊게 읽는다. 4단락의 'It was while sailing back to America in 1832 that he conceived his idea of the electric telegraph.'에서 모스가 전신에 대한 아이디어를 마음속으로 품게 된 것은 1832년에 미국으로 회항하던 중이었다고 한 뒤, 'This happened during a discussion ~ along a wire over long distances.'에서 이것은 발명가 찰스 잭슨과 어떻게 전기적 자극이 긴 거리에 걸쳐 있는 전선을 따라 이동할 수 있는지에 관해 논의하던 중에 일어났다고 했다. 따라서 (b)가 정답이다.

어휘 fellow adj. 동료의, 같은 처지의 grieve v. 슬퍼하다

---

56 특정세부사항 What
정답 (d)

What did he accomplish in 1844?

(a) inventing a series of codes for sending signals
(b) securing financial support to develop his invention
(c) making the first prototype of the electric telegraph
(d) building America's first telegraph line

그가 1844년에 성취한 것은 무엇이었는가?

(a) 신호를 전송하는 일련의 부호를 발명한 것
(b) 발명품을 개발하기 위한 금전적 지원을 얻는 것
(c) 전신의 첫 번째 원형을 만든 것
(d) 미국의 첫 번째 전신선을 구축한 것

해설 모스가 1844년에 성취한 것은 무엇이었는지를 묻는 What 문제이므로, 질문의 키워드 1844가 그대로 언급된 주변 내용을 주의 깊게 읽는다. 5단락의 'Morse received a $30,000 government grant to construct an experimental telegraph line between Washington, D.C. and Baltimore, Maryland.'에서 모스는 워싱턴 D.C.와 메릴랜드 주의 볼티모어 사이에 실험적인 전신선을 구축하기 위한 3만 달러의 정부 보조금을 받았다고 한 뒤, 'The 38-mile line was completed in 1844.'에서 38마일의 전신선은 1844년에 완공되었다고 했다. 따라서 (d)가 정답이다.

Paraphrasing
experimental telegraph line 실험적인 전신선 → first telegraph line 첫 번째 전신선

어휘 secure v. 얻다, 확보하다 prototype n. 원형

57 특정세부사항 How

정답 (b)

How did Samuel Morse spend his last days? (a) by improving the efficiency of the telegraph (b) by giving help to the poor and needy (c) by selling his device across the country (d) by fighting over the rights to his invention	새뮤얼 모스는 그의 말년을 어떻게 보냈는가? (a) 전신의 효율성을 개선시키면서 (b) 가난하고 어려운 사람들에게 도움을 주면서 (c) 그의 기계를 전국에 팔면서 (d) 그의 발명품에 대한 권리를 두고 싸우면서

해설 새뮤얼 모스는 그의 말년을 어떻게 보냈는지를 묻는 How 문제이므로, 질문의 키워드 spend ~ days가 devoted ~ time으로 paraphrasing되어 언급된 주변 내용을 주의 깊게 읽는다. 6단락의 'he devoted his time to family and charity'에서 모스는 그의 시간을 가족과 자선 사업에 바쳤다고 했다. 따라서 (b)가 정답이다.

Paraphrasing
charity 자선 사업 → giving help to the poor and needy 가난하고 어려운 사람들에게 도움을 주는 것

어휘 efficiency n. 효율성 across the country phr. 전국에

58 어휘 유의어

정답 (a)

In the context of the passage, <u>persuaded</u> means _____. (a) convinced (b) obliged (c) inspired (d) prevented	지문의 문맥에서, 'persuaded'는 -을 의미한다. (a) 설득했다 (b) 강요했다 (c) 자극했다 (d) 방지했다

해설 밑줄 친 어휘의 유의어를 찾는 문제이므로, persuaded가 포함된 구절을 읽는다. 2단락의 'his persistent interest in art later persuaded his father to let him study art in England'는 모스의 미술에 대한 끈질긴 관심은 나중에 그의 아버지가 모스가 영국에서 미술을 공부하게 허락하도록 설득했다는 뜻이므로, persuaded가 '설득했다'라는 의미로 사용된 것을 알 수 있다. 따라서 '설득했다'라는 같은 의미의 (a) convinced가 정답이다.

59 어휘 유의어

정답 (d)

In the context of the passage, <u>rival</u> means _____. (a) partner (b) equal (c) envious (d) competing	지문의 문맥에서, 'rival'은 -을 의미한다. (a) 동업자 (b) 동등한 (c) 선망하는 (d) 경쟁하는

해설 밑줄 친 어휘의 유의어를 찾는 문제이므로, rival이 포함된 구절을 읽는다. 6단락의 'Morse got involved in legal disagreements with rival inventors who also claimed to have invented the telegraph.'는 모스는 자신도 전신을 발명했다고 주장하는 경쟁 관계의 발명가와의 법적 다툼에 연루되었다는 뜻이므로, rival이 '경쟁 관계의'라는 의미로 사용된 것을 알 수 있다. 따라서 '경쟁하는'이라는 비슷한 의미의 (d) competing이 정답이다.

ASTRONOMERS DISCOVER SEVEN EARTHLIKE PLANETS ORBITING A STAR

연구 결과

Astronomers have discovered seven Earthlike planets orbiting a star in the constellation of Aquarius. The planets closely orbit a dwarf star called Trappist-1, which was named after the telescope that was used [65]when it was first spotted, called TRAPPIST (Transiting Planets and Planetesimals Small Telescope). [60]The planets resemble the Earth's size, are neither too hot nor too cold, and could have water — all suggesting that they could hold life.

발견물 특징

This is the first time that so many planets resembling Earth have been found circling around the same star. The existence of the seven planets, which are 39 light-years away from Earth, [61(b)]suggests that the Milky Way Galaxy may hold many other planets that support life.

연구의 시사점

Michael Gillion, the study's lead author and an astrophysicist at the University of Liège in Belgium, states that while the planets have similar measurements as Earth (with sizes ranging from 20 percent smaller to 10 percent bigger), their features are different. The most noticeable difference is [61(c)]how smaller their orbits are. While the orbit of the planet farthest away from Trappist-1 is still unknown, [61(a)]the planets go around the star much more quickly. A complete orbit takes as few as 1.5 to about 13 Earth days, [61(d)]compared to Earth's 365-day orbit around the sun. [62]This is because the planets are all within a much shorter distance from Trappist-1 than our sun's distance from Mercury (the closest planet to the sun).

발견물 크기 + 공전 주기

The planets also receive less light from their star, which gives off light about two thousand times weaker than our sun. [66]Scientists also speculate that [63]since the Trappist-1 planets are relatively close to each other, each might appear fairly big when seen from each other, just as how the moon looks like when viewed from Earth. The dwarf star, aside from also appearing big, would look pinkish-orange because it is red.

발견물 외양

[64]Astronomers have yet to study each planet's surface in search for signs of life. Scientists are awaiting the launch of NASA's newly-built James Webb Space Telescope, which could further help them see and analyze the planets more closely.

향후 연구 과제

천문학자들이 한 항성을 공전하는 일곱 개의 지구와 비슷한 행성들을 발견하다

천문학자들이 물병자리인 한 항성을 공전하는 일곱 개의 지구와 비슷한 행성들을 발견했다. 행성들은 [65]그것들이 처음 발견되었을 때 사용된, 트라피스트(TRAPPIST: Transiting Planets and Planetesimals Small Telescope의 약자)라고 불리던 망원경의 이름을 따서 트라피스트-1이라고 불리는 왜성을, 가까이에서 공전한다. [60]이 행성들은 지구의 크기와 비슷하고, 너무 덥지도 않고 너무 춥지도 않으며, 물이 존재할 수도 있는데, 이 모든 게 그 행성들이 생명체를 품고 있을 수 있음을 암시한다.

이렇게나 많은 지구를 닮은 행성들이 같은 항성 주위를 돌고 있는 것이 발견된 것은 이번이 처음이다. 지구로부터 39광년 떨어져 있는 이 일곱 개 행성의 존재는, [61(b)]우리 은하에 생명체를 살게 하는 많은 다른 행성들이 있을지도 모른다는 것을 암시한다.

이 연구의 주요 장본인이자 벨기에 리에주 대학의 천체 물리학자인 마이클 길리언은, 이 행성들이 지구와 비슷한 크기(20퍼센트 더 작거나 10퍼센트 더 큰 범위의 크기)를 가지는 한편, 특성들은 서로 다르다고 말한다. 가장 눈에 띄는 차이점은 [61(c)]그것들의 더 짧은 공전 주기이다. 트라피스트-1에서 가장 멀리 떨어진 행성의 공전 주기는 아직 알려지지 않았지만, [61(a)]그 행성들은 트라피스트-1 주위를 훨씬 더 빨리 돈다. [61(d)]태양을 공전하는 지구의 365일 주기와 비교해 볼 때, 완전한 공전은 지구 시간 기준으로 겨우 1.5일에서 13일 정도가 걸린다. [62]이것은 그 행성들이 모두 태양에서 수성(태양에서 가장 가까운 행성)까지의 거리보다 트라피스트-1로부터 훨씬 더 짧은 거리 내에 있기 때문이다.

이 행성들은 또한 그들의 항성으로부터 더 적은 양의 빛을 받는데, 그것은 태양보다 이천 배나 더 약한 빛을 발산한다. [66]과학자들이 추정하는 것은 [63]트라피스트-1 행성들이 상대적으로 서로에게 가깝기 때문에, 각각은 서로에게 보일 때, 꽤 크게 보일 수 있다는 것인데, 이는 마치 지구에서 달이 보이는 방식과 같다. 왜성은, 크게 보이는 것 이외에도, 그것이 빨갛기 때문에 분홍빛이 도는 주황색으로 보일 것이다.

[64]천문학자들은 아직 생명체의 흔적을 찾아 각 행성의 표면을 연구하는 것을 완수하지 않았다. 과학자들은 NASA가 새롭게 만드는 James Webb 우주 망원경의 출시를 기다리고 있는데, 그것은 과학자들이 행성들을 더 면밀하게 보고 분석하도록 도울 수 있다.

TEST 1
TEST 2
TEST 3
TEST 4
TEST 5
TEST 6

지텔프 기출문제집 Level 2

어휘 astronomer n. 천문학자 earthlike adj. 지구와 비슷한 planet n. 행성 orbit v. 공전하다; n. 공전 주기 star n. 항성, 별
constellation n. 별자리, 성좌 Aquarius n. 물병자리 dwarf star phr. 왜성 telescope n. 망원경 spot v. 발견하다, 감지하다
resemble v. ~와 비슷하다, ~을 닮다 circle around phr. ~의 주위를 돌다 existence n. 존재
light-year n. 광년(빛이 1년간 나아가는 거리) Milky Way Galaxy phr. 우리 은하 author n. 장본인, 저자
astrophysicist n. 천체 물리학자 measurement n. 크기 noticeable adj. 눈에 띄는, 알아차릴 만한 unknown adj. 알려지지 않은
as few as phr. 겨우 distance n. 거리 Mercury n. 수성 give off phr. (빛을) 발산하다 speculate v. 추정하다
relatively adv. 상대적으로 have yet to phr. 아직 ~하지 않았다 launch n. 출시; v. 개시하다 analyze v. 분석하다

60 특정세부사항　Why

정답 (a)

Why do astronomers believe that the newly discovered planets may have life?	왜 천문학자들은 새롭게 발견된 행성들에 생명체가 있을지도 모른다고 믿는가?
(a) because of their Earthlike life-forming features	(a) 행성들의 생명체를 형성시키는 지구와 비슷한 특성들 때문에
(b) because they also orbit around a star	(b) 행성들도 항성 주위를 공전하기 때문에
(c) because they contain water	(c) 행성들이 물을 함유하기 때문에
(d) because they are close enough to Earth	(d) 행성들이 지구에 충분히 가까이 있기 때문에

해설 왜 천문학자들은 새롭게 발견된 행성들에 생명체가 있을지도 모른다고 믿는지를 묻는 Why 문제이므로, 질문의 키워드 have life가 hold life로 paraphrasing되어 언급된 주변 내용을 주의 깊게 읽는다. 1단락의 'The planets resemble the Earth's size ~ and could have water'에서 이 행성들은 지구의 크기와 비슷하고, 너무 덥지도 않고 너무 춥지도 않으며, 물이 존재할 수도 있다며 지구와 비슷한 행성들의 특성들을 나열했다. 따라서 (a)가 정답이다.

61 Not/True　Not 문제

정답 (d)

Which is not true about the Trappist-1 planets?	트라피스트-1 행성들에 대해 사실이 아닌 것은?
(a) They are orbiting faster than Earth.	(a) 지구보다 빠르게 공전한다.
(b) They could serve as another home for humans.	(b) 인간을 위한 또 다른 거주지로 기능할 수도 있다.
(c) They have smaller orbits than Earth.	(c) 지구보다 짧은 공전 주기를 가진다.
(d) They are orbiting the same star as Earth.	(d) 지구와 똑같은 항성을 공전하고 있다.

해설 트라피스트-1 행성들에 대해 사실이 아닌 것을 묻는 Not 문제이므로, 보기의 키워드와 지문 내용을 대조하며 언급되는 것을 하나씩 소거한다. (d)는 3단락의 'compared to Earth's 365-day orbit around the sun'에서 지구는 태양을 공전한다고 언급되었으므로, 트라피스트-1 행성들이 지구와 똑같은 항성을 공전하고 있다는 것은 지문의 내용과 일치하지 않는다. 따라서 (d)가 정답이다.

오답분석
(a) 보기의 키워드 orbiting faster가 go around ~ more quickly로 paraphrasing되어 언급된 3단락에서 트라피스트-1 행성들은 트라피스트-1 주위를 훨씬 더 빨리 돈다고 언급되었다.
(b) 보기의 키워드 serve as ~ home for humans가 support life로 paraphrasing되어 언급된 2단락에서 트라피스트-1 행성들은 우리 은하에 생명체를 살게 하는 많은 다른 행성들이 있을지도 모른다는 것을 암시한다고 언급되었다.
(c) 보기의 키워드 smaller orbits가 그대로 언급된 3단락에서 트라피스트-1 행성들의 더 짧은 공전 주기가 언급되었다.

어휘 serve as phr. ~로 기능하다

TEST 1

TEST 2

TEST 3

TEST 4

TEST 5

TEST 6

지텔프 기출문제집 Level 2

62 추론 특정사실

정답 (b)

Why most likely do the planets orbit Trappist-1 faster than Earth orbits the sun?

(a) because their star is much smaller than the sun
(b) because they are closer to their star than Earth is to the sun
(c) because they have longer days than Earth
(d) because they are closer to our sun than Earth is

왜 행성들은 태양을 공전하는 지구보다 더 빨리 트라피스트-1을 공전하는 것 같은가?

(a) 그들의 항성이 태양보다 훨씬 더 작기 때문에
(b) 지구에서 태양까지의 거리보다 항성에 더 가깝기 때문에
(c) 지구보다 하루가 더 길기 때문에
(d) 지구보다 우리 태양에 더 가까이 있기 때문에

해설 왜 행성들은 태양을 공전하는 지구보다 더 빨리 트라피스트-1을 공전하는 것 같은지를 추론하는 문제이므로, 질문의 키워드 orbit ~ faster 가 go around ~ more quickly로 paraphrasing되어 언급된 주변 내용을 주의 깊게 읽는다. 3단락의 'This is because the planets are ~ shorter distance from Trappist-1 than our sun's distance from ~ the closest planet to the sun.'에서 태양에서 가장 가까운 행성인 수성까지의 거리보다, 행성들이 트라피스트-1로부터 훨씬 더 짧은 거리 내에 있다고 한 것을 통해, 행성들은 지구에서 태양까지의 거리보다 항성에 더 가깝기 때문에 더 빨리 트라피스트-1을 공전하는 것임을 추론할 수 있다. 따라서 (b)가 정답이다.

63 추론 특정사실

정답 (c)

What probably determines the perceived size of a planet when seen from another planet?

(a) their relative distances from their star
(b) how big they are compared to our moon
(c) how far they are from each other
(d) the amount of light that they receive

무엇이 다른 행성에서 보일 때 인식되는 행성의 크기를 결정하는 것 같은가?

(a) 항성으로부터의 상대적인 거리
(b) 우리 달과 비교한 그것들의 크기
(c) 서로부터의 거리
(d) 행성들이 받는 빛의 양

해설 무엇이 다른 행성에서 보일 때 인식되는 행성의 크기를 결정하는 것 같은지를 추론하는 문제이므로, 질문의 키워드 size와 관련된 내용을 주의 깊게 읽는다. 4단락의 'since the Trappist-1 planets are ~ close to each other, each might appear ~ big when seen from each other'에서 트라피스트-1 행성들이 상대적으로 서로에게 가깝기 때문에 각각은 서로에게 보일 때 꽤 크게 보일 수 있다고 한 것을 통해, 서로부터의 거리가 다른 행성에서 보일 때 인식되는 행성의 크기를 결정하는 것임을 추론할 수 있다. 따라서 (c)가 정답이다.

어휘 determine v. 결정하다 perceive v. 인식하다, 인지하다

64 특정세부사항 What

정답 (a)

What are the scientists now attempting to do?

(a) learn more about the planets' surfaces
(b) launch a manned landing on a Trappist-1 planet
(c) build a better telescope
(d) study the life forms on the planets' surfaces

과학자들이 요즘 시도하고 있는 것은 무엇인가?

(a) 행성들의 표면에 대해 더 알아보는 것
(b) 트라피스트-1 행성에 유인 착륙을 개시하는 것
(c) 더 나은 망원경을 만드는 것
(d) 행성 표면의 생명체 형태에 대해 연구하는 것

해설 과학자들이 요즘 시도하고 있는 것은 무엇인지를 묻는 What 문제이므로, 질문의 키워드 now attempting과 관련된 주변 내용을 주의 깊게 읽는다. 5단락의 'Astronomers have yet to study each planet's surface in search for signs of life.'에서 천문학자들은 아직 생명체의 흔적을 찾아 각 행성의 표면을 연구하는 것을 완수하지 않았다고 했다. 따라서 (a)가 정답이다.

어휘 attempt to phr. ~을 시도하다 manned adj. 유인의

In the context of the passage, spotted means _____. (a) caught (b) located (c) overlooked (d) displayed	지문의 문맥에서, 'spotted'는 -을 의미한다. (a) 잡혔다 (b) 소재 파악이 되었다 (c) 무시되었다 (d) 전시되었다

해설   밑줄 친 어휘의 유의어를 찾는 문제이므로, spotted가 포함된 구절을 읽는다. 1단락의 'when it was first spotted'는 행성들이 처음 발견
        되었을 때라는 뜻이므로, spotted가 '발견되었다'라는 의미로 사용된 것을 알 수 있다. 따라서 '소재 파악이 되었다'라는 비슷한 의미의 (b)
        located가 정답이다.

In the context of the passage, speculate means _____. (a) learn (b) assert (c) observe (d) guess	지문의 문맥에서, 'speculate'는 -을 의미한다. (a) 배운다 (b) 주장한다 (c) 관찰한다 (d) 추측한다

해설   밑줄 친 어휘의 유의어를 찾는 문제이므로, speculate가 포함된 구절을 읽는다. 4단락의 'Scientists also speculate'는 과학자들이
        무언가를 추정한다는 뜻이므로, speculate가 '추정한다'라는 의미로 사용된 것을 알 수 있다. 따라서 '추측한다'라는 비슷한 의미의 (d)
        guess가 정답이다.

PART 3 (67~73)   지식 백과   갈라파고스 제도의 구성 및 특징

표제어	**GALAPAGOS ISLANDS**

정의 + 구성	The Galapagos Islands is a group of islands in the Pacific Ocean about 1,000 kilometers to the west of Ecuador. The Galapagos has a total land area of 8,010 square kilometers spread out over 59,569 square kilometers of ocean. It is made up of 6 smaller islands and 13 major islands, [67]with the island of Isabela constituting over half of the archipelago's total land area. The group of islands has a dry landscape that's highlighted by volcanic mountains and cliffs. Famous for its unique species of marine life and plants, the Galapagos Islands is home to many species found nowhere else on Earth. Three factors led to the development of the distinctively diverse animal and plant species in the Galapagos: being located where three ocean currents	

갈라파고스 제도

   갈라파고스 제도는 에콰도르의 서쪽에 있는 1,000 킬로미터에 이르는 태평양의 군도이다. 갈라파고스는 59,569 평방 킬로미터의 대양에 펼쳐져 있는 총 8,010 평방 킬로미터의 면적을 가지고 있다. 그것은 6 개의 작은 섬들과, [67]군도 총면적의 절반 이상을 차지하는 이사벨라 섬을 포함한 13개의 큰 섬들로 구성되어 있다. 이 군도는 화산과 절벽이 두드러지는 건조한 지형을 가진다. 그것의 독특한 해양 생물과 식물 종으로 유명한 갈라파고스 제도는, 지구 어디에서도 찾을 수 없는 많은 종들의 서식지이다.

   세 가지 요인이 갈라파고스의 특징적으로 다양한 동물과 식물 종의 발달을 이끌었다. 그 요인들은 세 가지의 해류가 만나는 곳에 위치한 것, [68]계속되는 화산

meet; [68]the ongoing volcanic activities; and being extremely isolated. Some of [72]the marine life endemic to the islands includes the marine iguana, giant tortoise, flightless cormorant, Galapagos fur seal, and 13 different species of finch.

The islands were accidentally discovered by Tomas de Berlanga, a bishop from Panama whose ship drifted off course while sailing to Peru in 1535. He described the islands as *Las Encantadas* (The Enchanted Islands) because they appeared and disappeared in the mist. Later on, [69]the islands became associated with the many giant tortoises ("galopegos") found there, and the name caught on. In 1835, the English naturalist Charles Darwin spent a month in the islands making observations about its abundant wildlife. These studies later inspired his theory of natural selection.

The climate in the Galapagos is characterized by low humidity and low temperatures. [70]It has little vegetation or fertile soil except on the very high volcanic mountains which receive heavy rain. [73]Human settlements of mostly Ecuadorians live on Isabela, Santa Cruz, and Santa Maria islands.

The Galapagos Islands was chosen as a UNESCO World Heritage site in 1978. [71]The Galapagos Marine Resources Reserve was also created in 1986 to protect the waters within the islands from human population growth, increased tourism, and illegal fishing.

활동, 그리고 극단적으로 고립된 것이다. [72]군도 고유의 해양 생물 중 일부는 바다 이구아나, 코끼리거북, 갈라파고스 가마우지, 갈라파고스 물개, 그리고 13개의 서로 다른 되새류를 포함한다.

이 군도는 1535년에 페루로 항해하던 중에 배가 항로를 이탈해 표류했던 파나마의 주교인, 토마스 데 벨랑가에 의해 우연히 발견되었다. 그는 이 군도가 안개 속에서 나타났다 사라졌기 때문에 그것을 'Las Encantadas'(마법에 걸린 섬)라고 묘사했다. 나중에, [69]이 군도는 그곳에서 발견된 많은 코끼리거북("galopegos")과 연관 지어졌고, 그 이름이 대중화되었다. 1835년에, 영국의 박물학자 찰스 다윈이 그곳의 풍부한 야생 동물을 관찰하면서 군도에서 한 달을 보냈다. 이러한 연구들은 나중에 그의 자연도태 이론에 영감을 주었다.

갈라파고스의 날씨는 낮은 습도와 온도로 특징지어진다. [70]폭우가 내리는 매우 높은 화산을 제외하면 초목이나 비옥한 토양이 거의 없다. [73]대부분이 에콰도르인들로 이루어진 사람들의 공동 사회는 이사벨라, 산타크루즈, 그리고 산타마리아 섬에 존재한다.

갈라파고스 제도는 1978년에 유네스코 세계 문화유산으로 선정되었다. [71]인구 증가, 성장하는 관광업, 그리고 불법 낚시로부터 제도의 바닷물을 보호하기 위해 1986년에 갈라파고스 해양 자원 보호 구역 또한 조성되었다.

어휘 a group of islands phr. 군도, 제도 spread out phr. 펼쳐지다 constitute v. 차지하다, 구성하다 archipelago n. 군도, 다도해 volcanic mountain phr. 화산 cliff n. 절벽 distinctively adv. 특징적으로, 독특하게 ocean current phr. 해류 isolated adj. 고립된, 외진 endemic adj. 고유의 tortoise n. 거북 fur seal phr. 물개 finch n. 되새류 accidentally adv. 우연히 bishop n. 주교 drift v. 표류하다 enchanted adj. 마법에 걸린 mist n. 안개 catch on phr. 대중화되다, 유행하다 naturalist n. 박물학자 observation n. 관찰 abundant adj. 풍부한 wildlife n. 야생 동물 natural selection phr. 자연도태 climate n. 날씨, 기온 characterize v. 특징짓다 humidity n. 습도, 습기 temperature n. 온도 vegetation n. 초목 fertile adj. 비옥한 settlement n. 공동 사회, 정착지 live on phr. 존재하다 heritage n. 문화유산 illegal adj. 불법의

---

67 추론   묘사   정답 (b)

How can the Galapagos be described?

(a) It has more small islands than big ones.
(b) One island consists almost fifty percent of its land area.
(c) Its major islands are uniform in size.
(d) The smaller islands consist half of its total land area.

갈라파고스 제도는 어떻게 묘사될 수 있는가?

(a) 큰 섬보다 작은 섬들이 더 많다.
(b) 섬 하나가 면적의 거의 50퍼센트를 차지한다.
(c) 큰 섬들은 사이즈가 똑같다.
(d) 작은 섬들이 총면적의 절반을 차지한다.

해설 갈라파고스 제도는 어떻게 묘사될 수 있는지를 추론하는 문제이므로, 갈라파고스 제도의 정의를 설명하는 지문의 초반을 주의 깊게 읽는다.

1단락의 'with the island of Isabela constituting over half of the archipelago's total land area'에서 이사벨라 섬은 군도 총면적의 절반 이상을 차지한다고 한 것을 통해, 섬 하나가 면적의 거의 50퍼센트를 차지한다는 것을 추론할 수 있다. 따라서 (b)가 정답이다.

Paraphrasing

over half 절반 이상 → almost fifty percent 거의 50퍼센트

어휘   consist of   phr. ~을 차지하다, 구성하다   uniform   adj. 똑같은

---

68 특정세부사항   What   정답 (c)

What has led to the development of so many kinds of marine life in the Galapagos?	무엇이 갈라파고스의 굉장히 많은 해양 생물 종의 발달을 이끌었는가?
(a) its close proximity to other land masses	(a) 다른 대륙과의 근접성
(b) the calm ocean currents	(b) 잔잔한 해류
(c) its continuous volcanic activity	(c) 계속되는 화산 활동
(d) the existence of strange land animals	(d) 특이한 육지 동물의 존재

해설   무엇이 갈라파고스의 굉장히 많은 해양 생물 종의 발달을 이끌었는지를 묻는 What 문제이므로, 질문의 키워드 led to ~ development가 그대로 언급된 주변 내용을 주의 깊게 읽는다. 2단락의 'the ongoing volcanic activities'에서 갈라파고스의 특징적으로 다양한 동물과 식물 종의 발달을 이끈 요인 중 한 가지는 계속되는 화산 활동이라고 했다. 따라서 (c)가 정답이다.

Paraphrasing

ongoing 계속되는 → continuous 계속되는

어휘   close proximity   phr. 근접성   land mass   phr. 대륙, 땅덩어리   continuous   adj. 계속되는

---

69 특정세부사항   Where   정답 (a)

Where did the group of islands get its name?	군도의 이름은 어디에서 유래되었는가?
(a) from a unique kind of animal present there	(a) 그곳에 있던 독특한 종류의 동물로부터
(b) from the name of the ship its discoverer sailed on	(b) 발견자가 타고 항해하던 선박의 이름으로부터
(c) from a renowned scientist who recorded observations of it	(c) 그것의 관찰을 기록하던 저명한 과학자로부터
(d) from its mysterious appearance	(d) 그것의 불가사의한 겉모습으로부터

해설   군도의 이름이 어디에서 유래되었는지를 묻는 Where 문제이므로, 질문의 키워드 name이 그대로 언급된 주변 내용을 주의 깊게 읽는다. 3단락의 'the islands became associated with ~ galopegos found there, and the name caught on'에서 갈라파고스 제도는 그곳에서 발견된 많은 코끼리거북과 연관 지어졌고 그 이름이 대중화되었다고 했다. 따라서 (a)가 정답이다.

어휘   discoverer   n. 발견자   renowned   adj. 저명한   mysterious   adj. 불가사의한

Why most likely does the Galapagos have little vegetation? | 왜 갈라파고스에 초목이 거의 없는 것 같은가?

(a) because it has high temperatures
(b) because it has high humidity
(c) because it receives inadequate sunshine
(d) because it receives little rainfall

(a) 온도가 높기 때문에
(b) 습도가 높기 때문에
(c) 부족한 햇빛을 받기 때문에
(d) 비가 거의 내리지 않기 때문에

해설 왜 갈라파고스에 초목이 거의 없는 것 같은지를 추론하는 문제이므로, 질문의 키워드 little vegetation이 그대로 언급된 주변 내용을 주의 깊게 읽는다. 4단락의 'It has little vegetation ~ except on the very high volcanic mountains which receive heavy rain.' 에서 폭우가 내리는 매우 높은 화산을 제외하면 초목이나 비옥한 토양이 거의 없다고 한 것을 통해, 비가 거의 내리지 않기 때문에 갈라파고 스에 초목이 거의 없는 것임을 추론할 수 있다. 따라서 (d)가 정답이다.

어휘 inadequate adj. 부족한

---

71 추론   특정사실   정답 (a)

What is probably true about the island group today? | 오늘날의 군도에 대해 사실인 것은 무엇일 것 같은가?

(a) It is facing environmental threats.
(b) It is now closed to tourists.
(c) It remains uninhabited.
(d) It is no longer as popular as it used to be.

(a) 환경과 관련된 위협을 직면하고 있다.
(b) 현재 관광객들에게 폐쇄되어 있다.
(c) 사람이 살지 않는 상태이다.
(d) 더 이상 예전처럼 인기가 많지 않다.

해설 오늘날의 군도에 대해 사실인 것은 무엇일 것 같은지를 추론하는 문제이므로, 갈라파고스 제도의 현황에 대해 서술하는 지문의 후반을 주의 깊게 읽는다. 5단락의 'The Galapagos ~ protect the waters within the islands from ~ illegal fishing.'에서 인구 증가, 성장하 는 관광업, 불법 낚시로부터 제도의 바닷물을 보호하기 위해 1986년에 갈라파고스 해양 자원 보호 구역이 조성되었다고 한 것을 통해, 갈라 파고스 제도가 환경과 관련된 위협을 직면하고 있음을 추론할 수 있다. 따라서 (a)가 정답이다.

어휘 environmental adj. 환경과 관련된, 환경의   threat n. 위협   uninhabited adj. 사람이 살지 않는

---

72 어휘   유의어   정답 (d)

In the context of the passage, endemic means _____. | 지문의 문맥에서, 'endemic'은 -을 의미한다.

(a) missing
(b) introduced
(c) common
(d) exclusive

(a) 실종된
(b) 도입된
(c) 흔한
(d) ~만의

해설 밑줄 친 어휘의 유의어를 찾는 문제이므로, endemic이 포함된 구절을 읽는다. 2단락의 'the marine life endemic to the islands'는 군도 고유의 해양 생물이라는 뜻이므로, endemic이 '고유의'라는 의미로 사용된 것을 알 수 있다. 따라서 '~만의'라는 비슷한 의미의 (d) exclusive가 정답이다.

In the context of the passage, <u>settlements</u> means _____.

(a) towns
(b) communities
(c) arrangements
(d) colonies

지문의 문맥에서, 'settlements'는 -을 의미한다.

(a) 소도시
(b) 공동체
(c) 배열
(d) 식민지

해설 밑줄 친 어휘의 유의어를 찾는 문제이므로, settlements가 포함된 구절을 읽는다. 4단락의 'Human settlements of mostly Ecuadorians'는 대부분이 에콰도르인들로 이루어진 사람들의 공동 사회라는 뜻이므로, settlements가 '공동 사회'라는 의미로 사용된 것을 알 수 있다. 따라서 '공동체'라는 비슷한 의미의 (b) communities가 정답이다.

PART 4 (74~80) 비즈니스 편지 **계약을 제안하는 편지**

October 18, 2016

Ms. Elizabeth Rivers
CEO
Sunshine Industries, Inc.
542 Dearborn Park Road
Chicago, IL 60610

Dear Ms. Rivers:

[수신인 정보]

[안부 인사]

[74]It was a pleasure meeting you at last week's trade fair. It really is a small world, considering that we both earned our degrees at the University of Chicago.

[수신인 칭찬]

[74]I particularly enjoyed listening to your inspiring presentation on the history of Sunshine Industries. I didn't realize that your company has already been in business for almost 50 years. I believe visionary leaders such as yourself are what's keeping Sunshine Industries ahead of its competitors.

[발신인 사업 소개]

As I mentioned during our brief talk, I own a publishing firm called Talking Heads Publications. [75]We focus on making corporate publications that include corporate profiles, corporate histories, and annual reports. We have been in business for over ten years, [76]growing from a modest three-person start-up into a full-scale publishing company with nearly a hundred productive employees. [79]We are <u>contracted</u> by both big and small companies to produce publications on their behalf.

[77]With your company's 50th anniversary approaching, what better way for you to celebrate it than with a corporate history book? It is [80]a wonderful means of <u>documenting</u> your company's successes from its

2016년 10월 18일

Ms. Elizabeth Rivers
대표이사
Sunshine 산업 주식회사
60610 일리노이 주 시카고
디어본 공원 도로 542번지

Ms. Rivers께:

[74]지난주의 무역 박람회에서 대표님을 만나서 반가웠습니다. 저희 둘 다 시카고 대학에서 학위를 받은 것을 생각해보면, 정말 작은 세상이죠.

[74]저는 특히 Sunshine 산업의 역사에 관한 대표님의 영감을 주는 발표를 듣는 것이 좋았습니다. 저는 대표님의 회사가 거의 50년 동안이나 이미 사업을 해왔는지 알지 못했거든요. 저는 대표님과 같이 선견지명이 있는 지도자들이 Sunshine 산업을 경쟁자보다 계속 앞서게 하는 분들이라고 생각합니다.

저희의 짧은 대화에서 제가 언급했듯이, 저는 Talking Heads 출판이라는 이름의 출판사를 소유하고 있습니다. [75]저희는 기업 프로필, 기업의 역사, 그리고 연보를 포함한 기업 간행물을 제작하는 것에 주력합니다. 저희는 10년 넘게 사업을 해왔고, [76]세 명으로 구성된 그다지 크지 않은 신규 기업에서 거의 백 명의 생산적인 직원들로 구성된 완전한 출판사로 성장했습니다. 저희는 기업을 대신하여 간행물을 발간하기 위해 [79]큰 회사 및 작은 회사 모두와 계약되어 있습니다.

[77]대표님 회사의 50주년 기념일이 다가오고 있는데, 그것을 축하하기에 기업 역사책보다 좋은 방법이 뭐가 있겠습니까? 기업 역사책은 작은 시작에서부터 이어진 [80]대표님 회사의 성공을 <u>기록하는</u> 훌륭한 수단

humble beginnings and makes for a perfect corporate anniversary gift for your employees. We offer both a hardcover and paperback edition [78]starting from $5 per copy upwards, depending on the number of pages you want.

I would very much like to meet with you to discuss our offer and how we can help you publish your corporate history book. Please feel free to call me at 754-3289.

Yours truly,
Gregory White
CEO
Talking Heads Publications

이고 직원들을 위한 완벽한 기업 기념일 선물이 됩니다. 저희는 양장본과 종이 표지로 된 책을 모두 제공하는데 [78]그것은 부당 5달러에서 시작하며, 대표님이 원하는 페이지 수에 따라 결정됩니다.

저희 회사의 제안과 어떻게 저희가 대표님이 기업 역사책을 출간하도록 도울 수 있는지에 대해 의논하기 위해 대표님과 매우 만나고 싶습니다. 754-3289로 편하게 전화해 주시기 바랍니다.

Gregory White 드림
대표이사
Talking Heads 출판

어휘 trade n. 무역, 거래 earn degree phr. 학위를 받다 visionary adj. 선견지명이 있는 ahead of phr. ~보다 앞선 competitor n. 경쟁자 publication n. 출판, 간행물 corporate adj. 기업의 annual adj. 연간의 modest adj. 그다지 크지 않은, 겸손한 start-up n. 신규 기업 full-scale adj. 완전한 productive adj. 생산적인 contract v. 계약을 맺다 on one's behalf phr. ~를 대신해서 approach v. 다가오다 document v. 기록하다, 문서화하다 humble adj. 작은, 보잘것없는 hardcover n. 양장본 paperback n. 종이 표지로 된 책

---

74 특정세부사항 How

정답 (a)

How did Gregory White meet Elizabeth Rivers?

(a) He listened to her talk at an event.
(b) They were both speakers at an event.
(c) They are working in the same company.
(d) They were classmates in college.

Gregory White는 Elizabeth Rivers를 어떻게 만났는가?

(a) 행사에서 그녀의 강의를 들었다.
(b) 둘 다 행사에서 연사였다.
(c) 같은 회사에서 일하고 있다.
(d) 대학에서 동기였다.

해설 Gregory White가 Elizabeth Rivers를 어떻게 만났는지를 묻는 How 문제이므로, 질문의 키워드 meet이 meeting으로 언급된 주변 내용을 주의 깊게 읽는다. 1단락의 'It was a pleasure meeting you at ~ trade fair.'에서 지난주에 무역 박람회에서 Elizabeth Rivers를 만나서 반가웠다고 한 뒤, 2단락의 'I particularly enjoyed listening to ~ history of Sunshine Industries.'에서 특히 Sunshine 산업의 역사에 관한 Elizabeth Rivers의 영감을 주는 발표를 듣는 것이 좋았다고 했다. 따라서 (a)가 정답이다.

Paraphrasing
listening to ~ presentation 발표를 듣는 것 → listened to ~ talk 강의를 들었다

---

75 특정세부사항 What

정답 (d)

What does Talking Heads Publications do?

(a) They publish news reports about successful companies.
(b) They organize corporate celebrations.
(c) They provide companies with marketing strategies.
(d) They create printed materials for businesses.

Talking Heads 출판은 무슨 일을 하는가?

(a) 성공적인 기업에 관한 기사를 발행한다.
(b) 기업 축하 행사를 개최한다.
(c) 기업에 마케팅 전략을 제공한다.
(d) 기업을 위한 인쇄물을 제작한다.

해설　Talking Heads 출판은 무슨 일을 하는지를 묻는 What 문제이므로, 질문의 키워드 Talking Heads Publications가 그대로 언급된 주변 내용을 주의 깊게 읽는다. 3단락의 'We focus on making corporate publications ~ and annual reports.'에서 Talking Heads 출판은 기업 프로필, 기업의 역사, 그리고 연보를 포함한 기업 간행물을 제작하는 것에 주력한다고 했다. 따라서 (d)가 정답이다.

Paraphrasing

making corporate publications 기업 간행물을 제작하는 것 → create printed materials for businesses 기업을 위한 인쇄물을 제작하다

어휘　organize v. 개최하다　celebration n. 축하 행사

76　추론　특정사실　　　　　　　　　　　　　　　　　　　　　　정답 (b)

What could the number of its workers be saying about the publishing company?	직원의 수는 출판사에 대해 무엇을 말해줄 수 있는가?
(a) that it has many competitors (b) that it is profitable (c) that it has loyal employees (d) that it is new	(a) 많은 경쟁자가 있다는 것 (b) 수익성이 있다는 것 (c) 충성하는 직원들이 있다는 것 (d) 신규 기업이라는 것

해설　직원의 수는 출판사에 대해 무엇을 말해줄 수 있는지를 추론하는 문제이므로, 질문의 키워드 the number of ~ workers와 관련된 주변 내용을 주의 깊게 읽는다. 3단락의 'growing from a modest three-person start-up into a full-scale publishing company with nearly a hundred productive employees'에서 세 명으로 구성된 그다지 크지 않은 신규 기업에서 거의 백 명의 생산적인 직원들로 구성된 완전한 출판사로 성장했다고 한 것을 통해, Talking Heads 출판이 수익성이 있음을 추론할 수 있다. 따라서 (b)가 정답이다.

어휘　profitable adj. 수익성이 있는　loyal adj. 충성하는

77　특정세부사항　Why　　　　　　　　　　　　　　　　　　　　정답 (c)

According to White, why is it good for Sunshine Industries to have a corporate history book?	White에 따르면, 왜 Sunshine 산업이 기업 역사책을 내는 것이 좋은가?
(a) because it started out as a small company (b) because it has existed for many years (c) because a company milestone is coming up (d) because other companies already have theirs	(a) 작은 회사로 시작했기 때문에 (b) 수년간 존재해왔기 때문에 (c) 회사의 중요한 시점이 다가오고 있기 때문에 (d) 다른 회사들은 이미 역사책이 있기 때문에

해설　왜 Sunshine 산업이 기업 역사책을 내는 것이 좋은지를 묻는 Why 문제이므로, 질문의 키워드 corporate history book이 그대로 언급된 주변 내용을 주의 깊게 읽는다. 4단락의 'With your company's 50th anniversary approaching, what better way for you to celebrate it than with a corporate history book?'에서 Sunshine 산업의 50주년 기념일이 다가오고 있는데 그것을 축하하기에 기업 역사책보다 좋은 방법이 뭐가 있겠느냐고 했다. 따라서 (c)가 정답이다.

Paraphrasing

anniversary 기념일 → milestone 중요한 시점
approaching 다가오고 있는 → coming up 다가오고 있는

어휘　milestone n. 중요한 시점

78 추론 특정사실 정답 (d)

How most likely can Rivers save money if she chooses to get a company history book?

(a) by giving the book to selected employees only
(b) by skipping the beginnings of the company's history
(c) by scheduling a meeting with White
(d) by having the books printed with fewer pages

만약 Rivers가 기업 역사책을 내기로 결정하면 어떻게 돈을 절약할 수 있을 것 같은가?

(a) 선정된 직원들에게만 책을 줌으로써
(b) 기업 역사의 초기는 건너뜀으로써
(c) White와 회의 일정을 잡음으로써
(d) 책을 적은 페이지로 냄으로써

해설 만약 Rivers가 기업 역사책을 내기로 결정하면 어떻게 돈을 절약할 수 있을 것 같은지를 추론하는 문제이므로, 질문의 키워드 money와 관련된 주변 내용을 주의 깊게 읽는다. 4단락의 'starting from $5 per copy upwards, depending on the number of pages you want'에서 가격은 부당 5달러에서 시작하며 Rivers가 원하는 페이지 수에 따라 결정된다고 한 것을 통해, 책을 적은 페이지로 냄으로써 돈을 절약할 수 있을 것임을 추론할 수 있다. 따라서 (d)가 정답이다.

어휘 save money phr. 돈을 절약하다 skip v. 건너뛰다

79 어휘 유의어 정답 (b)

In the context of the passage, contracted means _____.

(a) ordered
(b) hired
(c) rejected
(d) called

지문의 문맥에서, 'contracted'는 -을 의미한다.

(a) 주문되다
(b) 고용되다
(c) 거절당하다
(d) 불리다

해설 밑줄 친 어휘의 유의어를 찾는 문제이므로, contracted가 포함된 구절을 읽는다. 3단락의 'We are contracted by both big and small companies'는 큰 회사 및 작은 회사 모두와 계약되어 있다는 뜻이므로, contracted가 '계약되다'라는 의미로 사용된 것을 알 수 있다. 따라서 '고용되다'라는 비슷한 의미의 (b) hired가 정답이다.

80 어휘 유의어 정답 (a)

In the context of the passage, documenting means _____.

(a) recording
(b) drawing
(c) certifying
(d) registering

지문의 문맥에서, 'documenting'은 -을 의미한다.

(a) 기록하다
(b) 그리다
(c) 증명하다
(d) 등록하다

해설 밑줄 친 어휘의 유의어를 찾는 문제이므로, documenting이 포함된 구절을 읽는다. 4단락의 'a wonderful means of documenting your company's successes'는 회사의 성공을 기록하는 훌륭한 수단이라는 뜻이므로, documenting이 '기록하다'라는 의미로 사용된 것을 알 수 있다. 따라서 '기록하다'라는 같은 의미의 (a) recording이 정답이다.

G-TELP 기출 음성을 듣고 싶다면?

해커스인강(HackersIngang.com)에서
본 교재 **MP3** 다운받기

공식기출
TEST 2
해석·해설

GRAMMAR

LISTENING

READING & VOCABULARY

GRAMMAR

01 시제 　현재완료진행 　　　　　　　　　　　　　　　　　　　정답 (c)

Jenny is under a lot of pressure. She needs to work overtime so she can finish the report her manager will present to the board. He _____ Jenny to give him the completed work since Monday.

(a) was pushing
(b) pushed
(c) has been pushing
(d) would have pushed

Jenny는 많은 압박감에 시달리고 있다. 그녀는 그녀의 관리자가 이사회에 제출할 보고서를 끝낼 수 있도록 초과 근무를 할 필요가 있다. 그는 완료된 작업물을 그에게 내놓으라고 Jenny를 월요일 이래로 <u>다그쳐오고 있는 중이다.</u>

해설 보기를 통해 시제 문제임을 알 수 있으므로, 시간 표현 관련 단서를 파악한다. 현재완료진행시제의 단서로 쓰이는 시간 표현 'since + 과거 시점'(since Monday)이 사용되었고, 문맥상 관리자가 월요일 이래로 지금까지 계속해서 Jenny를 다그쳐오고 있는 중이라는 의미가 되어야 자연스럽다. 따라서 현재완료진행시제 (c) has been pushing이 정답이다.

어휘 under pressure phr. 압박감에 시달리는　work overtime phr. 초과 근무를 하다　report n. 보고서　manager n. 관리자　present v. 제출하다　board n. 이사회　completed adj. 완료된　push v. 다그치다, 밀어붙이다

02 가정법 　가정법과거완료 　　　　　　　　　　　　　　　　　정답 (a)

Because of his busy work schedule, Paul forgot all about his sister's birthday yesterday. If he had noted down the date on his calendar, he _____ her birthday and bought her a gift.

(a) would have remembered
(b) had remembered
(c) would remember
(d) will be remembering

그의 바쁜 근무 일정 때문에, Paul은 어제 그의 여동생의 생일에 대해 완전히 잊어버렸다. 만약 그가 그의 달력에 날짜를 <u>적어두었다면,</u> 그는 그녀의 생일을 <u>기억했을 것이고</u> 그녀에게 선물을 사주었을 것이다.

해설 보기와 빈칸 문장의 If를 통해 가정법 문제임을 알 수 있으므로, 가정법 공식의 동사 부분을 파악한다. if절에 'had p.p.' 형태의 had noted down이 있으므로, 주절에는 이와 짝을 이루어 가정법과거완료를 만드는 'would(조동사 과거형) + have p.p.'가 와야 한다. 따라서 (a) would have remembered가 정답이다.

어휘 work schedule phr. 근무 일정　forget v. 잊어버리다　note down phr. 적어두다　calendar n. 달력　gift n. 선물　remember v. 기억하다

03 조동사 　조동사 may 　　　　　　　　　　　　　　　　　　　정답 (b)

Researchers are suggesting switching to daylight saving time to prevent nighttime koala roadkill. DST (Daylight

연구자들은 코알라가 야간에 차에 치이는 사고를 방지하기 위해 일광 절약 시간제로 전환할 것을 제안하

Saving Time) _____ save the koalas from being hit while crossing highways, because it will still be daylight when motorists are driving home.

(a) must
(b) may
(c) shall
(d) would

고 있다. DST(일광 절약 시간제)는 고속도로를 건너는 도중에 차에 치이는 것으로부터 코알라들을 구할지도 모르는데, 이는 운전자들이 집으로 운전하는 중일 때에도 여전히 주간일 것이기 때문이다.

해설 보기를 통해 조동사 문제임을 알 수 있으므로, 첫 문장부터 읽으며 문맥을 파악한다. 문맥상 일광 절약 시간제는 고속도로를 건너는 도중에 차에 치이는 것으로부터 코알라들을 구할지도 모른다는 의미가 되어야 자연스러우므로, '~할지도 모른다'를 뜻하면서 약한 추측을 나타내는 조동사 (b) may가 정답이다.

오답분석

(a), (c) must는 의무, shall은 명령/지시를 나타내어 문맥에 적합하지 않으므로 오답이다.

(d) 빈칸에 소망/미래/예정/현재 사실의 반대 등을 나타내는 would가 들어가면 '일광 절약 시간제는 고속도로를 건너는 도중에 차에 치이는 것으로부터 코알라들을 구할 것이다'라는 의미가 될 수 있는데, 문맥상 아직 시행되지 않은 일광 절약 시간제의 긍정적 효과를 추측하는 내용이 되어야 더 자연스러우므로 문맥에 가장 적합하지는 않아 오답이다.

어휘 researcher n. 연구자 suggest v. 제안하다 switch to phr. ~로 전환하다, 바꾸다
daylight saving time phr. 일광 절약 시간제, 서머타임 prevent v. 방지하다 nighttime adj. 야간의, 야간에 일어나는
roadkill n. 동물이 차에 치이는 사고 cross v. 건너다 highway n. 고속도로

04 준동사 동명사를 목적어로 취하는 동사   정답 (d)

A batch of Hank's Oatmeal Cookies is being recalled after a consumer found a piece of foreign material in a box. The state's food authority is now prohibiting _____ the snack until the case is resolved.

(a) having sold
(b) to sell
(c) to be selling
(d) selling

한 소비자가 상자에서 이물질 한 조각을 발견한 이후 Hank 사의 오트밀 쿠키 한 회분이 회수되고 있다. 주식품 당국은 현재 사건이 해결될 때까지 그 쿠키를 판매하는 것을 금지하고 있다.

해설 보기를 통해 준동사 문제임을 알 수 있으므로, 빈칸 주변에서 단서를 파악한다. 빈칸 앞 동사 prohibit은 동명사를 목적어로 취하므로, 동명사 (d) selling이 정답이다.

오답분석

(a) having sold도 동명사이기는 하지만, 완료동명사(having sold)로 쓰일 경우 '금지한' 시점보다 '판매한' 시점이 앞선다는 것을 나타내므로 문맥에 적합하지 않아 오답이다.

어휘 batch n. 한 회분, 한 다발 recall v. 회수하다 foreign material phr. 이물질 authority n. 당국 prohibit v. 금지하다
resolve v. 해결하다

05 시제　미래완료진행 정답 (a)

It's amazing how energetic Dr. Fraser looks all day despite working long hours. By the time he ends his shift tonight at the hospital, the doctor _____ for 18 hours straight, yet he won't look a bit tired!

(a) will have been working
(b) will work
(c) has been working
(d) has worked

장시간 근무함에도 불구하고 Dr. Fraser가 온종일 활기차 보이는 것은 놀랍다. 그가 오늘 밤에 병원에서 그의 교대 근무를 끝낼 무렵이면, 그 의사는 18시간 동안 내리 일해오고 있는 중일 것이지만, 그는 조금도 피곤해 보이지 않을 것이다!

해설　보기를 통해 시제 문제임을 알 수 있으므로, 시간 표현 관련 단서를 파악한다. 미래완료진행시제의 단서로 함께 쓰이는 2가지 시간 표현 'by the time + 현재 동사'(By the time ~ ends)와 'for + 기간 표현'(for 18 hours straight)이 사용되었고, 문맥상 그가 오늘 밤에 교대 근무를 끝낼 무렵이면 18시간 동안 내리 일해오고 있는 중일 것이라는 의미가 되어야 자연스럽다. 따라서 미래완료진행시제 (a) will have been working이 정답이다.

오답분석

(b) 미래시제는 미래에 대한 단순한 약속, 제안, 예측을 나타내므로, 과거 또는 현재에 시작해서 특정 미래 시점까지 진행되고 있을 일을 표현할 수 없어 오답이다.

어휘　amazing adj. 놀라운　energetic adj. 활기찬　all day phr. 온종일　shift n. 교대 근무　a bit phr. 조금

---

06 조동사　조동사 should 생략 정답 (c)

Driving while drowsy can be as dangerous as drunk-driving. A study shows that it's similar to driving at the legal limit of intoxication of 0.08% blood alcohol level. It's therefore important that one _____ sufficient sleep before driving.

(a) gets
(b) will get
(c) get
(d) is getting

졸린 와중에 운전하는 것은 음주운전만큼 위험할 수 있다. 한 연구는 그것이 법정 제한치인 혈중 알코올 농도 0.08퍼센트의 취한 상태에서 운전하는 것과 비슷하다는 것을 보여준다. 따라서 운전하기 전에 충분한 수면을 취해야 하는 것이 중요하다.

해설　보기와 빈칸 문장의 that절을 통해 조동사 should 생략 문제임을 알 수 있으므로, 빈칸 주변에서 단서를 파악한다. 주절에 당위성을 나타내는 형용사 important가 있으므로 that절에는 '(should +) 동사원형'이 와야 한다. 따라서 동사원형 (c) get이 정답이다.

어휘　drowsy adj. 졸리는　dangerous adj. 위험한　drunk-driving n. 음주운전　legal limit phr. 법정 제한치
intoxication n. 취한 상태, 취함　blood alcohol level phr. 혈중 알코올 농도　sufficient adj. 충분한
get sleep phr. 수면을 취하다, 잠을 자다

---

07 가정법　가정법과거 정답 (a)

Danny wants his 70-year-old mother to learn how to use a computer and chat online. If she knew how to do those

Danny는 70세이신 그의 어머니가 컴퓨터를 사용하는 방법과 온라인에서 대화하는 방법을 배우기를 원

things, they _____ through email or instant messenger apps instead of expensive long-distance calls.

(a) could communicate
(b) communicates
(c) had communicated
(d) are communicating

해설   보기와 빈칸 문장의 If를 통해 가정법 문제임을 알 수 있으므로, 가정법 공식의 동사 부분을 파악한다. if절에 과거 동사(knew)가 있으므로, 주절에는 이와 짝을 이루어 가정법과거를 만드는 'could(조동사 과거형) + 동사원형'이 와야 한다. 따라서 (a) could communicate가 정답이다.

어휘   learn v. 배우다   chat v. 대화하다   instant adj. 실시간의, 즉각적인   instead of phr. ~ 대신에   expensive adj. 비싼 long-distance adj. 장거리의   communicate v. 의사소통하다

---

08   연결어   부사절 접속사   정답 (b)

Giselle always declines invitations to a movie. She doesn't like going to the movies, and her reason is a little strange: it's _____ she doesn't like the smell of popcorn in theaters!

(a) whenever
(b) because
(c) although
(d) since

Giselle은 언제나 영화 초대를 거절한다. 그녀는 영화를 보러 가는 것을 좋아하지 않고, 그녀의 이유는 약간 이상하다. 그것은 그녀가 극장 안의 팝콘 냄새를 좋아하지 않기 때문이다!

해설   보기를 통해 연결어 문제임을 알 수 있으므로, 첫 문장부터 읽으며 문맥을 파악한다. 문맥상 'Giselle이 극장 안의 팝콘 냄새를 좋아하지 않기 때문에 영화를 보러 가는 것을 좋아하지 않는다'라는 의미가 되어야 자연스럽다. 따라서 '~ 때문에'라는 의미의 이유를 나타내는 부사절 접속사 (b) because가 정답이다.

오답분석
(a) whenever는 '~할 때마다', (c) although는 '~이긴 하지만', (d) since는 '~ 이래로'라는 의미로, 문맥에 적합하지 않아 오답이다.

어휘   decline v. 거절하다   invitation n. 초대, 초대장   strange adj. 이상한   theater n. 극장

---

09   준동사   to부정사의 부사 역할   정답 (d)

When treating a wound, our scout master advises that we cover the affected area with a bandage to keep it clear of dirt. A first-aid antibiotic can also be applied _____ infection.

(a) to have prevented
(b) preventing
(c) having prevented
(d) to prevent

상처를 치료할 때, 스카우트 단장은 환부에 먼지가 없게 하기 위해 우리가 붕대로 환부를 감싸야 한다고 조언한다. 응급 처치용 항생제 또한 감염을 예방하기 위해 발라질 수 있다.

해설 보기를 통해 준동사 문제임을 알 수 있으므로, 빈칸 주변에서 단서를 파악한다. 빈칸 앞에 주어(antibiotic), 동사(can be applied)가 갖춰진 완전한 절이 있으므로, 빈칸 이하는 문장의 필수 성분이 아닌 수식어구이다. 따라서 목적을 나타내며 수식어구를 이끌 수 있는 to부정사 (d) to prevent가 정답이다.

> **오답분석**
> (a) to have prevented도 to부정사이기는 하지만, 완료부정사(to have prevented)로 쓰일 경우 '바른' 시점보다 '예방한' 시점이 앞선다는 것을 나타내므로 문맥에 적합하지 않아 오답이다.

어휘 treat v. 치료하다, 다루다 wound n. 상처 advise v. 조언하다 affected area phr. 환부 bandage n. 붕대 clear of phr. ~이 없는 dirt n. 먼지, 더러움 first-aid adj. 응급 처치용의 antibiotic n. 항생제 apply v. 바르다, 신청하다 infection n. 감염 prevent v. 예방하다

---

10 시제　과거진행   정답 (c)

Patrick and his friends had to cut their picnic short and immediately run to a nearby shelter to avoid getting drenched. They _____ a very nice picnic when a heavy rain started to pour.

(a) are having
(b) had
(c) were having
(d) would have

Patrick과 그의 친구들은 그들의 소풍을 급히 끝내고 나서 흠뻑 젖는 것을 피하기 위해 인근의 대피소로 즉시 달려가야 했다. 그들은 호우가 마구 쏟아지기 시작했을 때 매우 유쾌한 소풍을 즐기던 중이었다.

해설 보기를 통해 시제 문제임을 알 수 있으므로, 시간 표현 관련 단서를 파악한다. 과거진행시제의 단서로 쓰이는 시간 표현 'when + 과거 동사'(when ~ started)가 사용되었고, 문맥상 Patrick과 친구들은 호우가 마구 쏟아지기 시작했을 때 매우 유쾌한 소풍을 즐기던 중이었다는 의미가 되어야 자연스럽다. 따라서 과거진행시제 (c) were having이 정답이다.

> **오답분석**
> (b) 과거시제는 특정 과거 시점에 한창 진행되고 있던 일을 표현할 수 없으므로 오답이다.

어휘 cut short phr. 급히 끝내다 immediately adv. 즉시 nearby adj. 인근의 shelter n. 대피소 avoid v. 피하다 drenched adj. 흠뻑 젖은 heavy rain phr. 호우 pour v. (비가) 마구 쏟아지다

---

11 조동사　조동사 can   정답 (a)

WhaleWatch, a new system designed to prevent ships from striking blue whales, has been developed. It _____ predict the-whale-frequented areas, so ships can avoid them. This way, collisions with the giant mammals will be prevented.

(a) can
(b) may
(c) must
(d) would

배들이 흰긴수염고래에 부딪치는 것을 방지하도록 설계된 새로운 장치인 WhaleWatch가 개발되었다. 그것이 고래가 자주 출몰하는 지역을 예측할 수 있어서, 배들은 고래를 피할 수 있다. 이러한 방법으로, 거대한 포유류와의 충돌은 방지될 것이다.

해설 보기를 통해 조동사 문제임을 알 수 있으므로, 첫 문장부터 읽으며 문맥을 파악한다. 문맥상 WhaleWatch는 고래가 자주 출몰하는 지역을

예측할 수 있어서 배들은 고래를 피할 수 있다는 의미가 되어야 자연스러우므로, '~할 수 있다'를 뜻하면서 능력을 나타내는 조동사 (a) can 이 정답이다.

오답분석

(b) may는 약한 추측, (c) must는 의무, (d) would는 과거의 불규칙한 습관이나 현재 사실의 반대를 나타내어 문맥에 적합하지 않으므로 오답이다.

어휘   system n. 장치, 체제   design v. 설계하다   prevent v. 방지하다   strike v. 부딪치다   blue whale phr. 흰긴수염고래
        develop v. 개발하다   predict v. 예측하다   whale-frequented adj. 고래가 자주 출몰하는   avoid v. 피하다   collision n. 충돌
        giant adj. 거대한   mammal n. 포유류

---

12 가정법   가정법과거   정답 (d)

Maria dreams of living in the Maldives because she loves its beaches and weather so much. She always tells her friends that if she had a million dollars, she _____ her job and move there.

(a) had quit
(b) is quitting
(c) will quit
(d) would quit

Maria는 몰디브에서 사는 것을 꿈꾸는데 이는 그녀가 그것의 해변과 날씨를 아주 많이 좋아하기 때문이다. 그녀는 항상 그녀의 친구들에게 만약 그녀가 백만 달러를 가지고 있다면, 그녀는 직장을 그만둘 것이고 그곳으로 이사할 것이라고 말한다.

해설   보기와 빈칸 문장의 if를 통해 가정법 문제임을 알 수 있으므로, 가정법 공식의 동사 부분을 파악한다. if절에 과거 동사(had)가 있으므로, 주절에는 이와 짝을 이루어 가정법과거를 만드는 'would(조동사 과거형) + 동사원형'이 와야 한다. 따라서 (d) would quit이 정답이다.

어휘   dream of phr. ~을 꿈꾸다   quit v. 그만두다

---

13 조동사   조동사 should 생략   정답 (b)

Before renewing their contracts, the HR manager requires all members of the staff to undergo a job performance review. He is therefore advising that the workers _____ their evaluation next Monday.

(a) are not missing
(b) not miss
(c) will not miss
(d) have not missed

그들의 계약을 연장하기 전에, 인사부 관리자는 모든 직원들에게 업무 능력 평가를 받을 것을 요구한다. 따라서 그는 근로자들이 다음 주 월요일의 평가를 놓치지 않아야 한다고 권고하고 있다.

해설   보기와 빈칸 문장의 that절을 통해 조동사 should 생략 문제임을 알 수 있으므로, 빈칸 주변에서 단서를 파악한다. 주절에 제안을 나타내는 동사 advise가 있으므로 that절에는 '(should +) 동사원형'이 와야 한다. 따라서 동사원형 (b) not miss가 정답이다.

어휘   renew v. 연장하다, 갱신하다   contract n. 계약   HR(Human Resources) n. 인사부   require v. 요구하다   undergo v. 받다, 겪다
        job performance phr. 업무 능력   advise v. 권고하다, 조언하다   evaluation n. 평가   miss v. 놓치다

Food containing fiber helps one maintain a healthy weight and lowers the risk of diabetes and heart disease. Hence, dieticians recommend _____ fruits, vegetables, whole grains, and legumes, which are all rich in fiber.

(a) to eat
(b) to be eating
(c) having eaten
(d) eating

섬유질을 함유하고 있는 음식은 사람이 건강한 체중을 유지하고 당뇨병과 심장병의 위험을 낮추도록 돕는다. 이런 이유로, 영양사들은 과일, 채소, 전곡, 그리고 콩류를 먹을 것을 권장하는데, 그것들은 모두 섬유질이 풍부하다.

해설 보기를 통해 준동사 문제임을 알 수 있으므로, 빈칸 주변에서 단서를 파악한다. 빈칸 앞 동사 recommend는 동명사를 목적어로 취하므로, 동명사 (d) eating이 정답이다.

오답분석

(c) having eaten도 동명사이기는 하지만, 완료동명사(having eaten)로 쓰일 경우 '권장한' 시점보다 '먹은' 시점이 앞선다는 것을 나타내므로 문맥에 적합하지 않아 오답이다.

어휘 contain v. 함유하다 fiber n. 섬유질 maintain v. 유지하다 weight n. 체중 lower v. 낮추다 risk n. 위험 diabetes n. 당뇨병 heart disease phr. 심장병 dietician n. 영양사 recommend v. 권장하다, 추천하다 legume n. 콩류, 콩과 식물 rich adj. 풍부한

If someone looks for Mr. Martin, kindly ask the person to come back later. Mr. Martin _____ a very important project with a client right now. He doesn't want to be disturbed during the meeting.

(a) discusses
(b) will discuss
(c) is discussing
(d) discussed

만약 누군가가 Mr. Martin을 찾는다면, 그 사람에게 친절하게 나중에 다시 올 것을 요청하라. Mr. Martin은 바로 지금 고객과 아주 중요한 프로젝트를 논의하는 중이다. 그는 회의 중에 방해받기를 원하지 않는다.

해설 보기를 통해 시제 문제임을 알 수 있으므로, 시간 표현 관련 단서를 파악한다. 현재 시간 표현 right now가 사용되었고, 문맥상 Mr. Martin은 바로 지금 고객과 프로젝트를 논의하는 중이라는 의미가 되어야 자연스럽다. 따라서 현재진행시제 (c) is discussing이 정답이다.

오답분석

(a) 현재시제는 반복되는 일이나 습관, 일반적인 사실을 나타내므로, 특정 현재 시점에 한창 진행되는 중인 일을 표현할 수 없어 오답이다.

어휘 look for phr. ~를 찾다 kindly adv. 친절하게 ask v. 요청하다 important adj. 중요한 client n. 고객 disturb v. 방해하다 discuss v. 논의하다

Claire wasn't able to get a copy of Michael Langdon's latest book. It was already out of stock by last week. If she had

Claire는 Michael Langdon의 최신 저서 한 부를 얻을 수 없었다. 그것은 이미 지난주에 품절이었다. 만약

known it would sell out so quickly, she _____ the book earlier.

(a) would have bought
(b) would buy
(c) bought
(d) was buying

그녀가 그것이 그렇게 빠르게 다 팔릴 것임을 알았었다면, 그녀는 그 책을 더 일찍 샀을 것이다.

해설   보기와 빈칸 문장의 If를 통해 가정법 문제임을 알 수 있으므로, 가정법 공식의 동사 부분을 파악한다. if절에 'had p.p.' 형태의 had known 이 있으므로, 주절에는 이와 짝을 이루어 가정법과거완료를 만드는 'would(조동사 과거형) + have p.p.'가 와야 한다. 따라서 (a) would have bought가 정답이다.

어휘   latest adj. 최신의   be out of stock phr. 품절이다, 매진되다   sell out phr. 다 팔리다, 매진되다

---

17   관계사   주격 관계대명사 who 정답 (b)

Not all people who dream during the day are wasting their time. A study shows that people _____ are more motivated to work to accomplish their goals. They also tend to be more creative.

(a) which are fond of daydreaming
(b) who are fond of daydreaming
(c) when are fond of daydreaming
(d) whom daydreaming are fond of

낮에 꿈을 꾸는 모든 사람들이 그들의 시간을 낭비하고 있는 것은 아니다. 한 연구는 공상하는 것을 좋아하는 사람들이 그들의 목표를 성취하기 위해 일하도록 더욱 동기 부여된다는 것을 보여준다. 그들은 또한 더욱 창의적인 경향이 있다.

해설   보기를 통해 관계사 문제임을 알 수 있으므로, 선행사 관련 단서를 파악한다. 사람 선행사 people을 받으면서, 관계절 내에서 동사 are fond of의 주어가 될 수 있는 관계대명사가 필요하므로, 주격 관계대명사절 (b) who are fond of daydreaming이 정답이다.

어휘   waste v. 낭비하다   motivate v. 동기 부여하다   accomplish v. 성취하다   goal n. 목표   tend to phr. ~하는 경향이 있다
creative adj. 창의적인   be fond of phr. ~을 좋아하다   daydream v. 공상하다; n. 백일몽

---

18   준동사   to부정사를 목적격 보어로 취하는 동사 정답 (c)

Optometrists say that proper eyecare can prevent the development of poor eyesight and vision loss that usually come with age. They encourage people _____ under adequate lighting and give the eyes enough time to rest.

(a) working
(b) to be working
(c) to work
(d) will work

검안사들은 적절한 눈 관리가 보통 나이가 들수록 찾아오는 나쁜 시력과 시력 상실의 발생을 예방할 수 있다고 말한다. 그들은 사람들이 적당한 조명 아래에서 일하고 눈이 충분히 쉴 시간을 주기를 권장한다.

해설   보기를 통해 준동사 문제임을 알 수 있으므로, 빈칸 주변에서 단서를 파악한다. 빈칸 앞 동사 encourage는 'encourage + 목적어 + 목적격 보어'의 형태로 쓰이며, to부정사를 목적격 보어로 취하여 '사람들이 일하기를 권장한다'라는 의미를 나타낸다. 따라서 to부정사 (c) to work가 정답이다.

어휘 　optometrist n. 검안사 　proper adj. 적절한 　prevent v. 예방하다 　development n. 발생, 개발 　eyesight n. 시력 　vision n. 시력 　loss n. 상실 　encourage v. 권장하다, 격려하다 　adequate adj. 적당한 　rest v. 쉬다

19 시제 　미래진행 　　　　　　　　　　　　　　　　　　　　정답 (b)

Sally will meet you at Rafael's Café next Saturday. You'll recognize her when you get there. She _____ faded blue jeans and a t-shirt with a heart print when you see her.

(a) will wear
(b) will be wearing
(c) wears
(d) was wearing

Sally는 다음 주 토요일에 카페 Rafael에서 당신을 만날 것이다. 당신은 그곳에 도착하면 그녀를 알아볼 것이다. 당신이 그녀를 만날 때 그녀는 빛바랜 청바지와 하트 문양이 있는 티셔츠를 입고 있을 것이다.

해설 　보기를 통해 시제 문제임을 알 수 있으므로, 시간 표현 관련 단서를 파악한다. 현재 동사로 미래의 의미를 나타내는 시간의 부사절 'when + 현재 동사'(when ~ see)가 사용되었고, 문맥상 그녀를 만날 미래 시점에 그녀가 빛바랜 청바지와 하트 문양이 있는 티셔츠를 입고 있을 것이라는 의미가 되어야 자연스럽다. 따라서 미래진행시제 (b) will be wearing이 정답이다.

　오답분석

(a) 동사 wear는 '~을 입고 있다', '~을 착용하고 있다'의 의미일 때 항상 진행시제로 쓰이므로, 미래시제는 오답이다.

어휘 　recognize v. 알아보다 　faded adj. 빛바랜, 시든

20 연결어 　접속부사 　　　　　　　　　　　　　　　　　　　　정답 (c)

If you really want that sales supervisor position, you need to put more effort into your work. _____, you won't get a high score on your performance evaluation and will miss your chance to get promoted this year.

(a) Therefore
(b) Instead
(c) Otherwise
(d) Additionally

만약 당신이 정말 판매 관리자 직위를 원한다면, 당신은 업무에 더 많은 노력을 들일 필요가 있다. 그렇지 않으면, 당신은 성과 평가에서 높은 점수를 받지 못할 것이고 올해 승진할 기회를 놓칠 것이다.

해설 　보기와 빈칸 뒤의 콤마를 통해 접속부사 문제임을 알 수 있으므로, 첫 문장부터 읽으며 문맥을 파악한다. 문맥상 관리자 직위를 원한다면 업무에 더 많은 노력을 들일 필요가 있고, 그렇지 않으면 승진할 기회를 놓칠 것이라는 의미가 되어야 자연스럽다. 따라서 '그렇지 않으면'이라는 의미의 대조를 나타내는 접속부사 (c) Otherwise가 정답이다.

　오답분석

(a) Therefore는 '그러므로', (b) Instead는 '대신에', (d) Additionally는 '게다가'라는 의미로, 문맥에 적합하지 않아 오답이다.

어휘 　sales supervisor phr. 판매 관리자 　position n. 직위, 위치 　put effort into phr. ~에 노력을 들이다 　performance n. 성과, 수행 　evaluation n. 평가 　get promoted phr. 승진하다

21 가정법   가정법과거완료   정답 (d)

Kent is disappointed that the Blue Foxes lost the championship game last night. If his favorite basketball team had beaten the White Stallions, he _____ a lot of money by winning a $200 bet with his cousin.

(a) had made
(b) would make
(c) is making
(d) would have made

Kent는 Blue Foxes 팀이 어젯밤 결승 경기에서 진 것에 실망했다. 만약 그가 가장 좋아하는 농구팀이 White Stallions 팀을 이겼더라면, 그는 사촌과의 200 달러 내기에서 이김으로써 많은 돈을 <u>벌었을 것이다.</u>

해설   보기와 빈칸 문장의 If를 통해 가정법 문제임을 알 수 있으므로, 가정법 공식의 동사 부분을 파악한다. if절에 'had p.p.' 형태의 had beaten 이 있으므로, 주절에는 이와 짝을 이루어 가정법과거완료를 만드는 'would(조동사 과거형) + have p.p.'가 와야 한다. 따라서 (d) would have made가 정답이다.

어휘   disappointed adj. 실망한   championship n. 결승   beat v. 이기다   bet n. 내기

22 조동사   조동사 should 생략   정답 (c)

Insomnia is a disorder in which a person is consistently having trouble sleeping. Experts recommend that one _____ good sleep habits and a healthy diet as a way to remedy this problem.

(a) develops
(b) will develop
(c) develop
(d) to develop

불면증은 사람이 수면을 취하는 데 지속적으로 문제를 겪는 장애이다. 전문가들은 이 문제를 치료하는 방법으로서 좋은 수면 습관과 건강에 좋은 식단을 <u>발달시켜야 한다</u>고 권장한다.

해설   보기와 빈칸 문장의 that절을 통해 조동사 should 생략 문제임을 알 수 있으므로, 빈칸 주변에서 단서를 파악한다. 주절에 제안을 나타내는 동사 recommend가 있으므로 that절에는 '(should +) 동사원형'이 와야 한다. 따라서 동사원형 (c) develop이 정답이다.

어휘   insomnia n. 불면증   disorder n. 장애   consistently adv. 지속적으로   have trouble -ing phr. ~하는 데 문제를 겪다
      expert n. 전문가   recommend v. 권장하다   remedy v. 치료하다, 바로잡다   develop v. 발달시키다, 개발하다

23 준동사   준동사의 관용적 표현   정답 (b)

Every winter, Christian tries one of the snow activities he has on his checklist. He has already done skiing, ice skating, and sledding. Next winter, he will go _____ with his friends.

(a) to be snowboarding
(b) snowboarding
(c) to snowboard
(d) having snowboarded

매 겨울마다, Christian은 그의 체크리스트에 있는 겨울 활동들 중 하나를 시도한다. 그는 이미 스키 타기, 빙상 스케이트 타기, 그리고 썰매타기를 했다. 다음 겨울에, 그는 그의 친구들과 <u>스노보드를 타러</u> 갈 것이다.

해설 보기를 통해 준동사 문제임을 알 수 있으므로, 빈칸 주변에서 단서를 파악한다. 빈칸 앞 동사 go는 'go + -ing'의 형태로 쓰여 '~하러 가다'라는 관용적 의미를 나타낸다. 따라서 동명사 (b) snowboarding이 정답이다.

어휘 activity n. 활동 sledding n. 썰매타기

---

24 관계사   주격 관계대명사 who

정답 (a)

It's really difficult to get a taxi at this time of the day. In fact, that old lady, _____, has been waiting for more than an hour, and she still can't get a ride.

(a) who is carrying a lot of bags
(b) which is carrying a lot of bags
(c) that is carrying a lot of bags
(d) why she is carrying a lot of bags

하루 중 이 시간에 택시를 잡는 것은 매우 어렵다. 사실, 저 나이든 여성은, 가방을 여러 개 들고 있는데, 한 시간 넘게 계속 기다리는 중이고, 여전히 차를 탈 수 없다.

해설 보기를 통해 관계사 문제임을 알 수 있으므로, 선행사 관련 단서를 파악한다. 사람 선행사 lady를 받으면서 콤마(,) 뒤에 올 수 있는 주격 관계대명사가 필요하므로, (a) who is carrying a lot of bags가 정답이다.

오답분석

(c) 관계대명사 that도 사람 선행사를 받을 수 있지만, 콤마 뒤에 올 수 없으므로 오답이다.

어휘 get a ride phr. 차를 타다 carry v. 들고 있다, 나르다

---

25 가정법   가정법과거

정답 (b)

Peter wants to personally see Harold Baker play at the Rider Golf Tournament, but he can only watch him on TV today. If he weren't sick, he _____ to the Willow Golf Course to watch the tournament live.

(a) is going
(b) would go
(c) had gone
(d) will go

Peter는 Harold Baker가 Rider 골프 시합에서 경기하는 것을 직접 보고 싶어하지만, 오늘 그는 그저 TV로 그를 볼 수밖에 없다. 만약 그가 아프지 않다면, 그는 그 시합을 실황으로 보기 위해 Willow 골프장에 갈 것이다.

해설 보기와 빈칸 문장의 If를 통해 가정법 문제임을 알 수 있으므로, 가정법 공식의 동사 부분을 파악한다. if절에 과거 동사(weren't)가 있으므로, 주절에는 이와 짝을 이루어 가정법과거를 만드는 'would(조동사 과거형) + 동사원형'이 와야 한다. 따라서 (b) would go가 정답이다.

어휘 personally adv. 직접, 개인적으로 tournament n. 시합 golf course phr. 골프장 live adv. 실황으로

---

26 시제   과거완료진행

정답 (c)

The Save the Children orphanage is very grateful to Mr. Ford for donating 100 beds. Before the donations were

Save the Children 보육원은 Mr. Ford가 침대 100개를 기부한 것에 대해 매우 고마워한다. 기증품들이 전

---

delivered, the children _____ about the crowded beds where three occupants shared a single bed.

(a) would complain
(b) were complaining
(c) had been complaining
(d) complained

달되기 전에, 아이들은 세 명의 사용자들이 하나의 침대를 공유했던 꽉 찬 침대에 대해 불평해오던 중이었다.

해설 보기를 통해 시제 문제임을 알 수 있으므로, 시간 표현 관련 단서를 파악한다. 과거완료진행시제의 단서로 쓰이는 시간 표현 'before + 과거동사'(Before ~ were delivered)가 사용되었고, 문맥상 기증품들이 전달된 시점(과거)의 이전(대과거)에 아이들은 꽉 찬 침대에 대해 불평해오던 중이었다는 의미가 되어야 자연스럽다. 따라서 과거완료진행시제 (c) had been complaining이 정답이다.

어휘 orphanage n. 보육원, 고아원 grateful adj. 고마워하는 donate v. 기부하다 donation n. 기증품, 기부금 deliver v. 전달하다, 배달하다 crowded adj. 꽉 찬, 붐비는 occupant n. 사용자, 거주자 share v. 공유하다, 나누다 complain v. 불평하다

지텔프 기출문제집 Level 2

LISTENING

PART 1 [27~33] 일상 대화 티 파티

주제 제시: 티 파티	M: Hello, Abby! [27]How was your party yesterday?
	F: Hi, Clark! The tea party went well. My guests and I had a wonderful time exchanging stories while drinking tea and eating delicious pastries.
	M: That sounds fun! I'm curious, though: what exactly is a tea party?
정의	F: A tea party is simply a formal gathering of friends or relatives for conversation where tea is served with light refreshments.
	M: I see. I'm guessing that only women go to tea parties . . .
	F: Not really. Although tea parties are usually organized by women, men can also attend tea parties.
	M: So, where did the tradition of having tea parties come from? I know that tea-drinking originated with the Chinese.
	F: The practice of drinking tea did begin in China, but [28]afternoon tea parties started in England. It was introduced in 1840 by a duchess named Anna.
	M: I didn't know that tea parties have their origins with royalty!
유래 + 전파 과정	F: Yes, they do. [29]It is said that the duchess would become hungry at around four o'clock in the afternoon because the time between lunch and dinner was quite long.
	M: Let me guess . . . so she decided to have tea and some snacks?
	F: That's correct. Drinking tea in the afternoon became her habit, and she began inviting friends to join her. The practice spread, and soon, [30(d)]afternoon tea became a trend among upper-class women.
	M: Ah, so [30(a)]it became a fashionable social event!
주최 방법	F: Yes. The host would send out invitations, [30(b)]dress up in beautiful clothes, and even hire musicians for afternoon tea. Traditionally, hosts [30(c)]only served freshly-brewed expensive tea in elegant tea cups, along with sandwiches or cakes.
	M: What about today?
	F: Today, we usually just serve the teabag kind along with biscuits and small cakes.
	M: Were those what you served at your party?

남: 안녕, Abby! [27]어제 파티는 어땠니?

여: 안녕, Clark! 티 파티는 잘 끝났어. 손님들과 나는 차를 마시고 맛있는 페스트리 빵을 먹으며 이야기를 나누고 멋진 시간을 보냈어.

남: 재미있을 것 같다! 그런데, 궁금한 건, 티 파티가 정확히 뭐야?

여: 티 파티는 간단히 말해서 친구들이나 친척들의 대화를 위한 격식을 갖춘 모임인데 거기에서 차가 가벼운 간식과 함께 제공되지.

남: 그렇구나. 여자들만 티 파티에 다니는 것 같은데…

여: 그렇지 않아. 티 파티가 보통 여자들에 의해 마련되기는 하지만, 남자들도 티 파티에 참석할 수 있어.

남: 그래서, 티 파티를 여는 전통은 어디에서 유래한 거니? 차를 마시는 게 중국에서 비롯되었다는 건 알아.

여: 차를 마시는 관습은 중국에서 시작했지만, [28]오후 티 파티는 영국에서 출발했어. 1840년에 Anna라는 이름의 공작부인에 의해 시작되었지.

남: 티 파티가 왕족과 관련된 기원이 있는 줄은 몰랐네!

여: 응, 그렇지. [29]점심과 저녁 사이의 시간이 꽤 길었기 때문에 그 공작부인이 오후 4시경에 배가 고파지고는 했다고 전해져.

남: 내가 맞춰볼게… 그래서 그녀는 차와 약간의 간식을 먹기로 결정했고?

여: 맞아. 오후에 차를 마시는 것이 그녀의 습관이 되었고, 그녀는 그녀와 함께할 친구들을 초대하기 시작했어. 이 관습은 퍼졌고, 머지않아, [30(d)]애프터눈 티는 상위 계급 여성들 사이에서 유행이 되었어.

남: 아, 그래서 [30(a)]그건 유행하는 사교 모임이 되었구나!

여: 맞아. 주최자는 초대장을 보내고, [30(b)]아름다운 옷을 차려 입고, 심지어 애프터눈 티를 위한 음악가를 고용하기도 했지. 전통적으로, 주최자는 [30(c)]갓 끓여낸 비싼 차만 우아한 찻잔에 대접했는데, 샌드위치나 케이크가 함께 나갔지.

남: 요즘에는 어때?

여: 요즘에는, 보통 비스킷과 작은 케이크와 함께 티백 종류를 대접해.

남: 그것들이 파티에서 네가 대접했던 것들이니?

F: No. I wanted the tea party to be special, so I served my guests freshly-brewed loose tea leaves from India and Turkey. I also served some small cakes and sandwiches in decorated plates.

M: That's really great. It must be hard to organize a tea party like that.

F: Oh, it wasn't too difficult because I only had a few guests. For tea parties, it's best to limit the guests to only eight persons or less.

M: I guess it's so that the occasion can be as friendly as possible, and [31]the host can mix with the guests easily, right?

F: You're right. So, for my tea party, I invited only a few of my old classmates.

M: Oh, so it was like a small reunion.

F: Yes. You won't believe the last time we saw each other was about seven years ago! [32]We had a good time recalling our high school days. We also talked about our careers and families.

M: That sounds exciting! I'd like to organize a small party for my close friends, too. But [33]I'm thinking of having a barbecue party at my backyard. You know how guys eat. We won't be satisfied with just cakes.

F: Ha-ha-ha. I think a barbecue party is a good idea.

M: Well, [33]I better start calling my buddies.

여: 아니. 나는 티 파티가 특별하기를 원했기 때문에, 인도와 터키에서 들여온 갓 끓여낸 홍차 잎을 대접했어. 몇몇 작은 케이크와 샌드위치를 장식된 접시에 대접하기도 했지.

남: 그거 정말 굉장하다. 그런 티 파티를 준비하는 건 분명 어려울 거야.

여: 오, 나는 손님이 적었기 때문에 그렇게 어렵지는 않았어. 티 파티에는, 손님을 여덟 명 이하로 제한하는 것이 가장 좋아.

남: 그 행사가 가능한 한 친화적일 수 있게, 그리고 [31]주최자가 손님들과 쉽게 어울릴 수 있게 하기 위함인 것 같은데, 맞지?

여: 네 말이 맞아. 그래서, 내 티 파티에는, 내 옛 동기들 중 소수만을 초대했어.

남: 오, 그래서 그건 마치 작은 동창회 같았겠구나.

여: 응. 너는 우리가 서로를 마지막으로 본 게 7년 전쯤이라는 걸 믿지 못할 거야! [32]우리는 우리의 고등학교 시절을 추억하면서 좋은 시간을 보냈어. 우리는 우리 일과 가족에 관해서도 이야기했지.

남: 흥미롭게 들린다! 나도 내 가까운 친구들을 위한 작은 파티를 열고 싶어. 하지만 [33]우리집 뒷마당에서 바비큐 파티를 여는 것을 생각하고 있어. 너 남자들이 얼마나 먹는지 알잖아. 우리는 케이크만으로는 만족하지 못할 거야.

여: 하하하. 바비큐 파티는 좋은 생각인 것 같다.

남: 음, [33]내 친구들을 모으기 시작하는 것이 좋겠다.

어휘 formal[fɔ́ːrml] 격식을 갖춘, 공식적인 gathering[gǽðəriŋ] 모임 relative[rélətiv] 친척 refreshment[rifréʃmənt] 간식 organize[ɔ́ːrgənaiz] 마련하다, 준비하다, 열다 attend[əténd] 참석하다, 참가하다 tradition[trədíʃn] 전통 originate with ~에서 비롯되다 duchess[dʌ́tʃəs] 공작부인 royalty[rɔ́iəlti] 왕족 upper-class[ʌ̀pərklǽs] 상위 계급의 fashionable[fǽʃnəbl] 유행하는 social event 사교 모임 invitation[ìnvitéiʃn] 초대장 freshly-brewed[frèʃlibrúːd] 갓 끓여낸 loose tea 홍차 or less ~ 이하의 friendly[fréndli] 친화적인, 친근한 mix with ~와 어울리다 reunion[riːjúːniən] 동창회 recall[rikɔ́ːl] 추억하다, 상기하다 backyard[bæ̀kjɑ́ːrd] 뒷마당 satisfy[sǽtisfai] 만족시키다 buddy[bʌ́di] 친구

27 특정세부사항 What 정답 (c)

What did Clark ask Abby?	Clark은 Abby에게 무엇을 물어봤는가?
(a) what she served at her party	(a) 파티에서 무엇을 대접했는지
(b) where she had her party	(b) 어디에서 파티를 했는지
(c) how her party went	(c) 파티는 어땠는지
(d) who went to her party	(d) 누가 파티에 왔는지

해설 Clark이 Abby에게 무엇을 물어봤는지를 묻는 What 문제이므로, 질문의 키워드 ask와 관련된 내용을 주의 깊게 듣는다. 남자가 'How was your party yesterday?'라며 여자에게 어제 파티는 어땠는지를 물었다. 따라서 (c)가 정답이다.

28 특정세부사항 Who

According to Abby, who started the tradition of afternoon tea parties?

(a) a Chinese princess
(b) an English duchess
(c) tea makers from England
(d) Indian royalty

Abby에 따르면, 누가 오후 티 파티의 전통을 시작했는가?

(a) 중국 공주
(b) 영국 공작부인
(c) 영국의 차 제조업자
(d) 인도 왕족

해설　Abby에 따르면 누가 오후 티 파티의 전통을 시작했는지를 묻는 Who 문제이므로, 질문의 키워드 started ~ afternoon tea parties가 afternoon tea parties started로 paraphrasing되어 언급된 주변을 주의 깊게 듣는다. 여자가 'afternoon tea parties started in England'라며 오후 티 파티는 영국에서 출발했다고 한 뒤, 'It was introduced ~ by a duchess named Anna.'라며 그것은 1840년에 Anna라는 이름의 공작부인에 의해 시작되었다고 했다. 따라서 (b)가 정답이다.

29 특정세부사항 What

What was the purpose of the afternoon tea when it was first introduced?

(a) to ease the hunger felt between meals
(b) to pass the time after lunch
(c) to have a reason to invite friends over
(d) to substitute for a heavy dinner

티 파티가 처음 시작되었을 때의 목적은 무엇이었는가?

(a) 식사 시간 사이에 느껴지는 허기를 더는 것
(b) 점심 시간 이후에 시간을 보내는 것
(c) 친구를 초대할 이유를 만드는 것
(d) 저녁 만찬을 대체하는 것

해설　티 파티가 처음 시작되었을 때의 목적은 무엇이었는지를 묻는 What 문제이므로, 질문의 키워드 purpose와 관련된 내용을 주의 깊게 듣는다. 여자가 'It is said that the duchess would become hungry ~ because the time between lunch and dinner was quite long.'이라며 점심과 저녁 사이의 시간이 꽤 길었기 때문에 공작부인이 오후 4시경에 배가 고파지고는 했다고 전해진다고 했다. 따라서 (a)가 정답이다.

Paraphrasing
the time between lunch and dinner 점심과 저녁 사이의 시간 → between meals 식사 시간 사이

어휘　ease[iːz] 덜다, 완화하다　hunger[hʌ́ŋgər] 허기　pass the time 시간을 보내다　substitute for ~을 대체하다

고득점
30 Not/True Not 문제

Which statement is not true about traditional tea parties?

(a) They were stylish social gatherings.
(b) The guests wore elegant clothes.
(c) Expensive teas were served.
(d) Ordinary people attended them.

전통적인 티 파티에 대해 사실이 아닌 것은?

(a) 유행하는 사교 모임이었다.
(b) 손님들은 우아한 옷을 입었다.
(c) 비싼 차가 제공되었다.
(d) 평범한 사람들이 참석했다.

해설　전통적인 티 파티에 대해 사실이 아닌 것을 묻는 Not 문제이므로, 질문의 키워드 traditional tea parties와 관련된 내용을 주의 깊게 들으며 언급되는 것을 하나씩 소거한다. (d)는 지문에서 'afternoon tea became a trend among upper-class women'이라며 애프터눈 티는 상위 계급 여성들 사이에서 유행이 되었다고 언급되었으므로 지문의 내용과 일치하지 않는다. 따라서 (d)가 정답이다.

TEST 1

TEST 2

TEST 3

TEST 4

TEST 5

TEST 6

지텔프 기출문제집 Level 2

(a) 지문에서 티 파티는 유행하는 사교 모임이 되었다고 언급되었다.
(b) 지문에서 티 파티의 주최자는 아름다운 옷을 차려 입었다고 언급되었으므로, 손님들도 우아한 옷을 입었을 것임을 알 수 있다.
(c) 지문에서 갓 끓여낸 비싼 차만 우아한 찻잔에 대접했다고 언급되었다.

어휘   stylish[stáiliʃ] 유행하는

31   특정세부사항   Why   정답 (a)

Why is it a good idea to invite only a few guests to a tea party?	왜 티 파티에 소수의 손님만을 초대하는 것이 좋은 생각인가?
(a) so the host can attend to all the guests personally (b) so the host won't have to prepare too much (c) so there'll be enough imported tea for everyone (d) so all the guests can fit in the host's home	(a) 주최자가 모든 손님들을 개인적으로 챙길 수 있도록 하기 위해서 (b) 주최자가 너무 많이 준비할 필요가 없도록 하기 위해서 (c) 모든 사람을 위한 충분한 수입 차가 있도록 하기 위해서 (d) 모든 손님들이 주최자의 집에 들어갈 수 있도록 하기 위해서

해설   왜 티 파티에 소수의 손님만을 초대하는 것이 좋은 생각인지를 묻는 Why 문제이므로, 질문의 키워드 invite only a few guests가 limit the guests로 paraphrasing되어 언급된 주변을 주의 깊게 듣는다. 남자가 'the host can mix with the guests easily'라며 주최자가 손님들과 쉽게 어울릴 수 있게 하기 위함이라고 했다. 따라서 (a)가 정답이다.

Paraphrasing
mix with the guests 손님들과 어울리다 → attend to ~ the guests 손님들을 챙기다

어휘   attend to ~를 챙기다, 시중 들다   import[impɔ́:rt] 수입하다   fit in ~에 들어가다

32   특정세부사항   What   정답 (c)

What did Abby and her former classmates talk about at the party?	Abby와 그녀의 옛 동기들은 파티에서 무엇에 관해 이야기했는가?
(a) their high school reunion (b) where to buy the best tea (c) their high school experiences (d) how to organize a tea party	(a) 고등학교 동창회 (b) 가장 좋은 차를 구입하는 곳 (c) 고등학교 추억 (d) 티 파티를 마련하는 방법

해설   Abby와 그녀의 옛 동기들이 파티에서 무엇에 관해 이야기했는지를 묻는 What 문제이므로, 질문의 키워드 talk about과 관련된 내용을 주의 깊게 듣는다. 여자가 'We had a good time recalling our high school days.'라며 그들은 고등학교 시절을 추억하면서 좋은 시간을 보냈다고 했다. 따라서 (c)가 정답이다.

Paraphrasing
high school days 고등학교 시절 → high school experiences 고등학교 추억

어휘   former[fɔ́:rmər] 옛, 이전의

What will Clark most likely do after the conversation?

(a) He and his friends will join Abby's next tea party.
(b) He will invite his male friends to a barbecue party.
(c) He will ask Abby to help him organize a tea party.
(d) He will attend a friend's barbecue party.

Clark이 대화 이후에 할 일은 무엇일 것 같은가?

(a) 친구들과 Abby의 다음 티 파티에 참석할 것이다.
(b) 그의 남자인 친구들을 바비큐 파티에 초대할 것이다.
(c) Abby에게 티 파티를 마련하는 것을 도와달라고 요청할 것이다.
(d) 친구의 바비큐 파티에 참석할 것이다.

해설 Clark이 다음에 할 일을 추론하는 문제이므로, 지문의 후반을 주의 깊게 듣는다. 남자가 'I'm thinking of having a barbecue party at my backyard. You know how guys eat.'이라며 뒷마당에서 바비큐 파티를 여는 것을 생각하고 있는데 이는 남자들이 많이 먹기 때문이라고 한 뒤, 'I better start calling my buddies'라며 자신의 친구들을 모으기 시작하는 것이 좋겠다고 한 것을 통해, Clark은 대화 이후에 그의 남자인 친구들을 바비큐 파티에 초대할 것임을 추론할 수 있다. 따라서 (b)가 정답이다.

PART 2 [34~39] 발표 무선 헤드폰 신제품 소개

주제 제시: 신제품 소개

Good morning, everyone! I'm the marketing officer of Gold Audio Corporation, and ³⁴today, I'd like to talk about our latest product, the Golden 8 Wireless Headphone. But before I go into that, I'd like to give you some information about our company.

제조사 소개

Gold Audio was established in 2000 as a small repair business. Through passion and hard work, the owner, Mr. Samuel Gunther, was able to turn the business into a manufacturing firm. Today, our company is one of the largest audio manufacturers in the US. We specialize in earphones, headphones, and home theater speaker systems.

제품의 차별성

Now, let's talk about the product: the Golden 8 Wireless Headphone. We all love listening to music, especially from our smartphones and tablets. Although these products often come with their own earphones, ³⁵trying to untangle the wires of ordinary earphones can be a problem. And the sound quality of these earphones is often not good enough. With the Golden 8 Wireless Headphone, you don't have to worry about those long difficult wires and poor sound.

제품의 편리한 버튼

The wireless headphone lets you play music from your device using either a Bluetooth or an infrared connection. It has easy-to-access controls located on the ear cups that let you ³⁶⁽ᵃ⁾adjust the volume, ³⁶⁽ᶜ⁾change the music, and even ³⁶⁽ᵇ⁾take calls on your smartphone. You can do all those easily, and without the hassle of having to untangle wires. Whether you're commuting

안녕하세요, 여러분! 저는 Gold 음향기기 전문 회사의 마케팅 담당자이고, ³⁴오늘, 우리의 최신 제품인, Golden 8 무선 헤드폰에 관해 이야기하고 싶습니다. 하지만 그것을 시작하기 전에, 우리 회사에 대한 몇 가지 정보를 드리고 싶군요.

Gold 음향기기 전문 회사는 2000년에 작은 수리 회사로 설립되었습니다. 열정과 노력을 통해, 소유주인 Mr. Samuel Gunther는, 이 회사를 제조 회사로 변모시킬 수 있었죠. 오늘날, 우리 회사는 미국에서 가장 큰 음향기기 제조사들 중 하나입니다. 우리는 이어폰, 헤드폰, 그리고 홈시어터 스피커 시스템을 전문으로 하죠.

이제, Golden 8 무선 헤드폰 제품에 관해 이야기하죠. 우리 모두는, 특히 우리의 스마트폰과 태블릿 PC로, 음악을 듣는 것을 아주 좋아합니다. 비록 이러한 제품들에는 보통 전용 이어폰이 딸려 오기는 하지만, ³⁵일반적인 이어폰의 엉킨 선을 풀려고 애쓰는 것이 문제점일 수 있죠. 그리고 이러한 이어폰들의 음질은 보통 충분히 좋지 않습니다. Golden 8 무선 헤드폰이 있다면, 여러분은 그러한 길고 복잡한 선과 나쁜 음질을 신경 쓰실 필요가 없습니다.

무선 헤드폰은 블루투스나 적외선 연결을 이용하여 여러분의 기기에서 음악을 듣게 해주죠. 헤드폰에는 이어컵에 위치한 이용하기 쉬운 버튼이 있는데 그것은 여러분이 ³⁶⁽ᵃ⁾음량을 조절하고, ³⁶⁽ᶜ⁾음악을 바꾸고, 그리고 심지어는 ³⁶⁽ᵇ⁾스마트폰으로 전화도 받게 해줍니다. 여러분은 그 모든 것을 쉽게, 그리고 엉킨 선을 풀어야 하는 번거로움 없이 할 수 있습니다. 여러분이

to work, going to school, or traveling to your favorite destination, the Golden 8 Wireless Headphone is the only thing you'll ever need to keep you company.

Guaranteed to give you quality sound, our product is the only headphone in the market that offers a "noise cancellation" feature. [37]This feature measures outside noise, and then cancels it out with an opposite signal to make the sound you're listening to clearer and louder. It also has an audio stabilizer, which ensures that the sound is always balanced and clear even when you are adjusting the volume.

The Golden 8 Wireless Headphone is very comfortable to wear. It has a padded and adjustable headband that adjusts perfectly to the size and shape of your head. The ear cups are padded with foam cushions, so your ears won't ache even if you listen on it all day. It is very lightweight, so it will feel like you're not wearing headphones at all!

Despite its light weight, the Golden 8 Wireless Headphone is still perfect for people with an active lifestyle. [38]The headband is made of a solid plastic casing that is impact-resistant and long-lasting. As proof of this, our product has a two-year replacement warranty.

The Golden 8 Wireless Headphone will hit major department and music stores starting February 1st at the price of $299. You can choose from four colors: black, white, blue, and red. The product comes with a warranty card and a free headphone case that's made of full-grain leather. We're also offering a ten percent discount for the first month of sale. [39]So take advantage of this wonderful offer.

Thank you for listening, everyone. You can try out the product at one of our booths, and see for yourself how great it is! If you have questions or comments, you can call our customer service hotline at 532-6689. You can also email us at inquiry@goldaudio.com.

통근을 하든, 학교에 가든, 혹은 가장 좋아하는 목적지로 여행을 가든, Golden 8 무선 헤드폰은 여러분이 언제든 가져갈 필요가 있는 유일한 물건입니다.

여러분에게 고음질을 제공하는 것으로 보증된 우리 제품은, 시장에서 "소음 제거" 기능을 제공하는 유일한 헤드폰입니다. [37]이 기능은 외부 소음을 측정하고, 그런 다음 여러분이 듣고 있는 음성을 더 또렷하고 크게 만들기 위해 그것을 반대 신호로 상쇄합니다. 그것은 또한 음성 안정화 장치도 포함하고 있는데, 그것은 여러분이 음량을 조절하고 있을 때조차 음성이 항상 안정되고 또렷하도록 보장합니다.

Golden 8 무선 헤드폰은 착용하기가 매우 편합니다. 그것은 완충재를 댄 조정이 가능한 머리띠를 가지고 있는데 그것은 여러분의 머리 크기와 모양에 맞게 완벽하게 조정됩니다. 이어컵은 고무 쿠션으로 된 완충재가 덧대어져 있어서, 여러분의 귀는 그것으로 온종일 듣는다고 해도 아프지 않을 것입니다. 그것은 매우 가벼워서, 여러분은 마치 헤드폰을 전혀 착용하지 않은 것처럼 느끼실 겁니다!

그것의 가벼운 무게에도 불구하고, Golden 8 무선 헤드폰은 여전히 활동적인 생활 방식을 지닌 분들에게 완벽합니다. [38]머리띠가 충격을 잘 견디고 오래가는 딱딱한 플라스틱 외피로 만들어집니다. 이것에 대한 증거로, 우리 제품은 2년의 교환 보증이 있습니다.

Golden 8 무선 헤드폰은 2월 1일부터 299달러의 가격에 주요 백화점과 음반 가게에 출시될 것입니다. 여러분은 검은색, 흰색, 하늘색, 그리고 빨간색의 네 가지의 색깔 중에서 선택할 수 있습니다. 이 제품에는 보증서와 전체가 가죽으로 만들어진 무료 헤드폰 케이스가 딸려 옵니다. 우리는 또한 판매 첫 달에 10퍼센트의 할인을 제공합니다. [39]그러니 이 엄청난 할인을 이용하세요.

들어주셔서 감사합니다, 여러분. 우리 매대 중 한 곳에서 제품을 시연해보실 수 있고, 그것이 얼마나 굉장한지 직접 보실 수 있습니다! 질문이나 의견이 있으시다면, 고객 서비스 직통 전화인 532-6689로 전화하실 수 있습니다. inquiry@goldaudio.com으로 이메일을 보내주셔도 됩니다.

어휘 wireless[wáiərləs] 무선의 go into ~을 시작하다 repair[ripér] 수리 passion[pǽʃn] 열정 hard work 노력 manufacturing[mæ̀njufǽktʃəriŋ] 제조, 제조업 specialize in ~을 전문으로 하다 come with ~이 딸려 오다 untangle[ʌ̀ntǽŋgl] ~의 엉킨 것을 풀다 device[diváis] 기기, 장치 infrared[ìnfrəréd] 적외선의 connection[kənékʃn] 연결 access[ǽkses] 이용하다, 접근하다 control[kəntróul] 버튼 adjust[ədʒʌ́st] 조절하다, 맞추다 take call 전화를 받다 hassle[hǽsl] 번거로움, 귀찮음 commute to work 통근하다 destination[dèstinéiʃn] 목적지 guarantee[gæ̀rəntíː] 보증하다 cancellation[kæ̀nsəléiʃn] 제거, 취소 feature[fíːtʃər] 기능 measure[méʒər] 측정하다 cancel out 상쇄하다 stabilizer[stéibəlàizər] 안정화 장치 ensure[inʃúr] 보장하다, 확실하게 하다 balanced[bǽlənst] 안정된, 균형 잡힌 pad[pæd] 완충재를 대다 foam[foum] 고무 ache[eik] 아프다 lightweight[láitweit] 가벼운 solid[sάːlid] 딱딱한, 고체의 casing[kéisiŋ] 외피, 포장 resistant[rizístənt] ~을 잘 견디는, ~에 강한 replacement[ripléismənt] 교환, 교체

warranty[wɔ́ːrənti] 보증 hit[hit] (상품 등이) 출시되다, 개시되다 leather[léðər] 가죽 offer[ɔ́ːfər] 제공하다; 할인, 제안
take advantage of ~을 이용하다 try out 시연해보다, 시도해보다 hotline[hάːtlain] 직통 전화

---

34 주제/목적 담화의 목적

정답 (a)

What is the purpose of the talk?	담화의 목적은 무엇인가?
(a) to introduce a new product	(a) 새로운 제품을 소개하는 것
(b) to provide company information	(b) 회사 정보를 제공하는 것
(c) to discuss a company's different products	(c) 회사의 여러 가지 제품에 관해 논의하는 것
(d) to inform people about wireless headphones	(d) 사람들에게 무선 헤드폰에 관해 알리는 것

해설 담화의 목적을 묻는 문제이므로, 지문의 초반을 주의 깊게 듣는다. 화자가 'today, I'd like to talk about our latest product, the Golden 8 Wireless Headphone'이라며 오늘 회사의 최신 제품인 Golden 8 무선 헤드폰에 관해 이야기하고 싶다고 한 뒤, 새로운 제품 소개에 관한 내용이 이어지고 있다. 따라서 (a)가 정답이다.

---

35 특정세부사항 What

정답 (c)

According to the speaker, what is a common problem with regular earphones?	화자에 따르면, 일반적인 이어폰의 흔한 문제점은 무엇인가?
(a) They can't be used with smartphones.	(a) 스마트폰과 함께 사용될 수 없다.
(b) They are too expensive.	(b) 너무 비싸다.
(c) The wires become twisted easily.	(c) 선이 쉽게 꼬이게 된다.
(d) They can't play music.	(d) 음악을 재생할 수 없다.

해설 일반적인 이어폰의 흔한 문제점은 무엇인지를 묻는 What 문제이므로, 질문의 키워드 problem이 그대로 언급된 주변을 주의 깊게 듣는다. 화자가 'trying to untangle the wires of ordinary earphones can be a problem'이라며 일반적인 이어폰의 엉킨 선을 풀려고 애쓰는 것이 문제점일 수 있다고 했다. 따라서 (c)가 정답이다.

어휘 regular[régjələr] 일반적인 twist[twist] 꼬다, 왜곡하다

고득점
36 Not/True Not 문제

정답 (d)

Which function cannot be done with the ear cups of the Golden 8 Wireless Headphones?	Golden 8 무선 헤드폰의 이어컵으로 수행되지 않는 기능은?
(a) adjusting the volume	(a) 음량 조절하기
(b) receiving calls from the phone	(b) 휴대폰으로 전화 받기
(c) changing the music	(c) 음악 바꾸기
(d) recording music	(d) 음악 녹음하기

해설 Golden 8 무선 헤드폰의 이어컵으로 수행되지 않는 기능을 묻는 Not 문제이므로, 질문의 키워드 function과 관련된 내용을 주의 깊게 들

으며 언급되는 것을 하나씩 소거한다. (d)는 지문에 언급되지 않았으므로, (d)가 정답이다.

오답분석

(a) 지문에서 음량을 조절하게 해준다고 언급되었다.
(b) 지문에서 스마트폰으로 전화도 받게 해준다고 언급되었다.
(c) 지문에서 음악을 바꾸게 해준다고 언급되었다.

어휘 receive call 전화를 받다

---

37 특정세부사항 Why 정답 (b)

Why does the product's sound remain clear despite outside noise?	왜 제품의 음성은 외부 소음에도 불구하고 계속 또렷한가?
(a) Its padded ear cups block the noise.	(a) 보호대를 댄 이어컵이 소음을 막는다.
(b) It can offset the noise with an opposing sound.	(b) 반대 음파로 소음을 상쇄할 수 있다.
(c) Its headband can be adjusted to keep the noise out.	(c) 머리띠가 소음이 들어가지 않게 조정될 수 있다.
(d) Its plastic casing cancels out the noise.	(d) 플라스틱 외피가 소음을 제거한다.

해설 왜 제품의 음성은 외부 소음에도 불구하고 계속 또렷한지를 묻는 Why 문제이므로, 질문의 키워드 outside noise가 그대로 언급된 주변을 주의 깊게 듣는다. 화자가 'This feature measures outside noise ~ to make the sound you're listening to clearer and louder.'이라며 외부 소음을 측정한 다음, 그것을 듣고 있는 음성을 더 또렷하고 크게 만들기 위해 반대 신호로 상쇄한다고 했다. 따라서 (b)가 정답이다.

Paraphrasing
cancels ~ out with an opposite signal 반대 신호로 상쇄하다 → offset ~ with an opposing sound 반대 음파로 상쇄하다

어휘 block[blɑːk] 막다 offset[ɔ́ːfset] 상쇄하다 opposing[əpóuziŋ] 반대의 keep A out A가 들어가지 않게 하다

---

38 추론 특정사실 정답 (d)

Why most likely is the product ideal for people with an active lifestyle?	왜 이 제품은 활동적인 생활 방식을 가진 사람들에게 이상적일 것 같은가?
(a) It can last for up to two years.	(a) 2년까지 지속될 수 있다.
(b) It won't need to be replaced.	(b) 교체될 필요가 없을 것이다.
(c) It is designed for people with physically demanding jobs.	(c) 육체적으로 고된 일을 하는 사람들을 위해 디자인되었다.
(d) It is strong enough to use for tough activities.	(d) 험한 활동 시 사용하기에 충분히 튼튼하다.

해설 왜 이 제품은 활동적인 생활 방식을 가진 사람들에게 이상적일 것 같은지를 추론하는 문제이므로, 질문의 키워드 active lifestyle이 그대로 언급된 주변을 주의 깊게 듣는다. 화자가 'The headband is ~ impact-resistant and long-lasting.'이라며 머리띠가 충격을 잘 견디고 오래가는 딱딱한 플라스틱 외피로 만들어진다고 한 것을 통해, 이 제품은 험한 활동 시 사용하기에 충분히 튼튼하기 때문에 활동적인 생활 방식을 가진 사람들에게 이상적일 것임을 추론할 수 있다. 따라서 (d)가 정답이다.

어휘 physically[fízikli] 육체적으로 demanding[diméndiŋ] 고된, 힘든

What could be the reason why the company is offering a discount and a free case?

(a) to encourage more people to buy the product
(b) to highlight the quality of the product
(c) to be able to put a high price on the product
(d) to help the buyers save money

회사가 할인과 무료 케이스를 제공하는 이유는 무엇일 수 있는가?

(a) 더 많은 사람이 제품을 사도록 장려하기 위해서
(b) 제품의 질을 강조하기 위해서
(c) 제품에 높은 가격을 매길 수 있게 하기 위해서
(d) 구매자들이 돈을 절약하도록 돕기 위해서

해설 회사가 할인과 무료 케이스를 제공하는 이유는 무엇일 수 있는지를 추론하는 문제이므로, 질문의 키워드 discount가 그대로 언급된 주변을 주의 깊게 듣는다. 화자가 'So take advantage of this wonderful offer.'라며 이 엄청난 할인을 이용하라고 촉구한 것을 통해, 더 많은 사람이 제품을 사도록 장려하기 위해서 회사가 할인과 무료 케이스를 제공하는 것임을 추론할 수 있다. 따라서 (a)가 정답이다.

어휘 highlight[háilait] 강조하다

PART 3 [40~45] 장단점 논의 유모를 고용하는 것 vs. 탁아소를 이용하는 것

안부 인사	F: Hi, John! M: Hello, Agnes. ⁴⁰I heard that you're planning to work full time again. F: Yes, I'm considering accepting a job offer next spring. You know I quit my full-time job to spend more time raising my daughter. ⁴⁰I'm thinking of accepting that offer because my daughter's now big enough. M: I think that's a good idea, but your daughter is still just four years old now, isn't she? Who's going to look after her while you're at work?
주제 제시: 장단점 비교	F: That's what I'm trying to decide right now. I'm still choosing between hiring a nanny and bringing my daughter to a daycare center on weekdays. What do you think about those options? M: Well, each choice has its advantages and disadvantages. Let's talk about both of them to help you decide what to do.
유모 고용 장점	F: Okay. Let's start with the advantages of a nanny. M: Sure. One advantage of hiring a nanny or a caregiver is that ⁴¹the nanny can provide one-on-one care for your child. That way, her needs can be taken care of personally. F: And I'm sure my daughter will be more comfortable being cared for at home. M: I agree. It's also more convenient for you since you won't have to bring her to a daycare facility every day. F: Those are good points. Now, what about the disadvantages of hiring a nanny?

여: 안녕, John!
남: 안녕, Agnes. ⁴⁰네가 다시 정규직으로 일할 계획이라고 들었어.
여: 응, 나는 내년 봄의 일자리 제의를 받아들일까 고려 중이야. 딸을 키우는 데 더 많은 시간을 쓰기 위해서 정규직을 그만뒀던 거 알잖아. ⁴⁰내 딸은 이제 충분히 컸기 때문에 그 제의를 받아들이려고 생각 중이야.
남: 그건 좋은 생각인 것 같지만, 지금 네 딸은 아직 겨우 네 살이잖아, 그렇지 않아? 네가 직장에 있을 동안 딸을 누가 돌봐?
여: 그게 내가 바로 지금 결정하려고 하는 거야. 나는 유모를 고용하는 것과 내 딸을 주중에 탁아소에 데려가는 것 중에 아직 고르는 중이야. 그 선택권들에 대해 어떻게 생각하니?
남: 음, 각각의 선택에 장단점이 있지. 네가 무엇을 할지 결정하도록 돕기 위해 두 가지에 대해 모두 이야기해보자.
여: 좋아. 유모의 장점부터 시작하자.
남: 그래. 유모나 돌보미를 고용하는 것의 한 가지 장점은 ⁴¹유모는 너의 아이를 위한 일대일 보살핌을 제공할 수 있다는 거야. 그렇게 하면, 딸의 욕구가 직접 충족될 수 있지.
여: 그리고 나는 내 딸이 집에서 보살핌을 받는 것이 더 편할 거라고 확신해.
남: 동의해. 네가 탁아 시설에 매일 딸을 데려다 줄 필요도 없을 것이기 때문에 그건 너에게도 더욱 편리하지.
여: 좋은 지적이다. 이제, 유모를 고용하는 것의 단점은 어떻니?

M: One drawback of the choice is that a nanny's services can be expensive. You'll have to pay a monthly salary and provide the nanny with full benefits.

유모
고용
단점

F: I see . . . Another disadvantage I can think of is that [42]I won't be sure if the nanny is taking care of my child properly when I'm not at home. And my four-year-old daughter is not likely to complain because she won't know the difference between proper and improper childcare.

M: That's true. Moreover, if the nanny decides to quit, it won't be easy to find someone to replace her.

F: Okay. Now let's talk about putting my child in a daycare center.

M: Sure. One good thing about daycare is that your child can interact with other children. [43]Playing with other kids can help your daughter develop her social skills much earlier.

탁아소
장점

F: I also heard that the caregivers at daycare centers are well trained.

M: Yes, they are. Most daycare centers are required to hire employees with state certification. And the centers must also meet state regulations for sanitation and safety.

F: That's great! I guess another advantage is that daycare centers have a wide selection of toys and games to keep kids busy and happy. How about its drawbacks, though?

M: One disadvantage of putting your child in daycare is that you'll have to bring her to the facility and then pick her up afterwards.

탁아소
단점

F: That means I can't pick her up late because the center maintains set hours.

M: Yes, and your child has to follow certain rules while she's there. Also, [44]she could get sick more often at a daycare center since she'll be exposed to so many viruses and bacteria.

F: That's true. Now I know the pros and cons of both choices. Thanks for helping me out, John.

M: My pleasure, Agnes. So, have you made a decision about Jenny's care?

여자의
결정

F: Yes, [45]I think I couldn't afford to drive her around once I start working, especially with the rush-hour traffic in this city.

남: 그 선택의 한 가지 단점은 유모의 서비스는 비쌀 수 있다는 거야. 너는 월급을 지불해야 할 거고 유모에게 충분한 수당을 제공해야 할 거야.

여: 그래… 내가 생각할 수 있는 또 다른 단점은 [42]나는 내가 집에 없을 때 유모가 내 아이를 제대로 돌볼지 확신할 수 없을 거란 거야. 그리고 네 살 난 내 딸은 올바른 육아와 올바르지 않은 육아 사이의 차이점을 알지 못할 것이기 때문에 그녀가 불평을 할 것 같지 않아.

남: 맞아. 게다가, 만약 유모가 그만두기로 결정하면, 그녀를 대신할 누군가를 찾는 것이 쉽지 않겠지.

여: 그래. 이제 아이를 탁아소에 보내는 것에 대해 이야기해보자.

남: 좋아. 탁아소의 한 가지 장점은 너의 아이가 다른 아이들과 교제할 수 있다는 거야. [43]다른 아이들과 노는 것은 너의 딸이 훨씬 더 일찍 사회적 능력을 개발하도록 도울 수 있지.

여: 나는 또 탁아소의 돌보미가 잘 훈련되어 있다고 들었어.

남: 맞아, 그래. 대부분의 탁아소는 정부의 인가를 받은 직원들을 고용하도록 요구되지. 그리고 탁아소는 반드시 위생과 안전에 관한 정부의 규제에 맞춰야 하기도 해.

여: 그거 좋다! 또 다른 장점은 탁아소에는 아이들을 계속 분주하고 기쁘게 만드는 장난감과 게임의 더 폭넓은 선택권이 있는 거라고 생각해. 하지만, 탁아소의 단점은 어때?

남: 너의 아이를 탁아소에 보내는 것의 한 가지 단점은 너는 딸을 시설에 데려다 주고 또 나중에 데리러 가야 할 거라는 거야.

여: 그건 탁아소는 정해진 시간을 지키기 때문에 내가 딸을 늦게 데리러 갈 수 없다는 뜻이지.

남: 맞아, 그리고 너의 아이는 거기에 있는 동안 특정한 규칙을 따라야 할 거야. 또한, [44]그녀는 너무 많은 바이러스와 박테리아에 노출될 것이기 때문에 탁아소에서 더 자주 아프게 될 수 있어.

여: 맞아. 이제 나는 두 가지 선택의 장단점을 모두 알아. 나를 도와줘서 고마워, John.

남: 천만에, Agnes. 그래서, Jenny의 보살핌에 대해서 결정을 내렸니?

여: 응, [45]나는 일을 시작한 후에는 그녀를 태워줄 여유가 안 될 것 같은데, 특히 이 도시의 혼잡한 출퇴근 시간대의 교통을 생각하면 말이야.

어휘　**full time** 정규직으로, 전임으로　**raise** [reiz] 키우다, 기르다　**look after** 돌보다　**hire** [háiər] 고용하다　**nanny** [nǽni] 유모
daycare center 탁아소　**caregiver** [kéərgìvər] 돌보미, 돌보는 사람　**drawback** [drɔ́ːbæk] 단점　**benefit** [bénifit] 수당, 혜택
properly [prάːpərli] 제대로, 올바르게　**complain** [kəmpléin] 불평하다　**improper** [imprάːpər] 올바르지 않은, 부적절한

TEST 1　TEST 2　TEST 3　TEST 4　TEST 5　TEST 6　지텔프 기출문제집 Level 2

childcare[tʃáildker] 육아   replace[ripléis] 대신하다, 대체하다   interact[ìntərǽkt] 교제하다, 상호작용하다   state[steit] 정부의, 주의
certification[sə̀:rtifikéiʃn] 인가, 증명   regulation[règjuléiʃn] 규제, 법규   sanitation[sæ̀nitéiʃn] 위생   pros and cons 장단점
rush-hour[rʌ́ʃauər] 혼잡한 출퇴근 시간대의

---

40 **특정세부사항**   What   정답 (c)

What is Agnes considering doing now that her daughter is older?	Agnes가 그녀의 딸이 성장했기 때문에 하는 것을 고려 중인 것은 무엇인가?
(a) being a full-time mother	(a) 전업 주부가 되는 것
(b) getting a part-time job	(b) 시간제 일을 구하는 것
(c) working full-time again	(c) 다시 정규직으로 일하는 것
(d) starting a home business	(d) 자택 근무를 시작하는 것

해설   Agnes가 그녀의 딸이 성장했기 때문에 하는 것을 고려 중인 것은 무엇인지를 묻는 What 문제이므로, 질문의 키워드 older가 big enough
으로 paraphrasing되어 언급된 주변을 주의 깊게 듣는다. 남자가 'I heard that you're planning to work full time again.'이라며
여자에게 다시 정규직으로 일할 계획이라고 들었다고 하자, 여자가 'I'm thinking of accepting that offer because my daughter's
now big enough.'이라며 자신의 딸은 이제 충분히 컸기 때문에 일자리 제의를 받아들이려고 생각 중이라고 했다. 따라서 (c)가 정답이다.

어휘   part-time[pá:rtàim] 시간제의

---

41 **특정세부사항**   장·단점   정답 (a)

How could hiring a nanny be good for Agnes?	유모를 고용하는 것이 Agnes에게 어떻게 좋을 수 있는가?
(a) A nanny can provide her child a more focused care.	(a) 유모는 그녀의 아이에게 더 집중된 보살핌을 제공할 수 있다.
(b) A nanny will allow her to bring her child anywhere.	(b) 유모는 그녀가 그녀의 아이를 어디로든 데려가도록 해줄 것이다.
(c) A nanny can look after her child at the daycare center.	(c) 유모는 그녀의 아이를 탁아소에서 돌볼 수 있다.
(d) A nanny's services cost less than a daycare center.	(d) 유모의 고용 비용은 탁아소보다 저렴하다.

해설   유모를 고용하는 것의 장점을 묻는 문제이므로, 질문의 키워드 hiring a nanny와 관련된 긍정적인 흐름을 파악한다. 남자가 'the nanny
can provide one-on-one care for your child'라며 유모는 Agnes의 아이를 위한 일대일 보살핌을 제공할 수 있다고 했다. 따라서 (a)
가 정답이다.

Paraphrasing
one-on-one care 일대일 보살핌 → a more focused care 더 집중된 보살핌

어휘   focused[fóukəst] 집중된

42　특정세부사항　What　　정답 (b)

What can't Agnes be sure about if she hires a nanny?

(a) whether the nanny will demand a high salary
(b) how well the nanny will do her job when unsupervised
(c) if she can find a replacement if the nanny quits
(d) if the nanny knows how to take care of kids

Agnes가 유모를 고용한다면 그녀는 무엇에 관해 확신할 수 없는가?

(a) 유모가 높은 임금을 요구할 것인지
(b) 감시가 없을 때 유모가 얼마나 일을 잘할지
(c) 유모가 그만두면 대신할 사람을 구할 수 있을지
(d) 유모가 아이를 돌보는 방법을 아는지

해설　Agnes가 유모를 고용한다면 그녀는 무엇에 관해 확신할 수 없는지를 묻는 What 문제이므로, 질문의 키워드 can't ~ be sure이 won't be sure로 paraphrasing되어 언급된 주변을 주의 깊게 듣는다. 여자가 'I won't be sure if the nanny is taking care of my child properly when I'm not at home'이라며 자신이 집에 없을 때 유모가 자신의 아이를 제대로 돌볼지 확신할 수 없을 것이라고 했다. 따라서 (b)가 정답이다.

Paraphrasing
when I'm not at home 내가 집에 없을 때 → when unsupervised 감시가 없을 때

어휘　unsupervised[ʌnsúːpərvàizd] 감시가 없는

43　특정세부사항　How　　정답 (d)

How can her daughter learn to be sociable in a daycare center?

(a) by being cared for by state-licensed caregivers
(b) by playing in a safe and clean environment
(c) by getting a caregiver's full attention
(d) by playing together with other kids

그녀의 딸은 탁아소에서 어떻게 교제하는 것을 배울 수 있는가?

(a) 정부 인가를 받은 돌보미에 의해 보살핌을 받는 것을 통해서
(b) 안전하고 깨끗한 환경에서 노는 것을 통해서
(c) 돌보미의 충분한 관심을 받는 것을 통해서
(d) 다른 아이들과 함께 노는 것을 통해서

해설　그녀의 딸은 탁아소에서 어떻게 교제하는 것을 배울 수 있는지를 묻는 How 문제이므로, 질문의 키워드 sociable이 social skills로 paraphrasing되어 언급된 주변을 주의 깊게 듣는다. 남자가 'Playing with other kids can help ~ develop her social skills much earlier.'이라며 다른 아이들과 노는 것은 그녀의 딸이 훨씬 더 일찍 사회적 능력을 개발하도록 도울 수 있다고 했다. 따라서 (d)가 정답이다.

어휘　sociable[sóuʃəbl] 교제하는, 사교적인

44　추론　특정사실　　정답 (c)

Why most likely do children get sick more often if they go to daycare?

(a) because they have to travel to the daycare every day
(b) because they're not being properly cared for
(c) because germs get passed around by the kids
(d) because they get too tired from playing with many toys

왜 아이들이 탁아소에 가면 더 자주 아프게 되는 것 같은가?

(a) 매일 탁아소로 이동해야 하기 때문에
(b) 제대로 보살핌을 받고 있지 않기 때문에
(c) 아이들에 의해서 세균이 전해지기 때문에
(d) 많은 장난감을 가지고 노느라 너무 피곤해지기 때문에

해설　왜 아이들이 탁아소에 가면 더 자주 아프게 되는 것 같은지를 추론하는 문제이므로, 질문의 키워드 get sick more often이 그대로 언급된

주변을 주의 깊게 듣는다. 남자가 'she could get sick ~ since she'll be exposed to so many viruses and bacteria'라며 너무 많은 바이러스와 박테리아에 노출될 것이기 때문에 탁아소에서 더 자주 아프게 될 수 있다고 한 것을 통해, 탁아소에서는 아이들에 의해서 세균이 전해지기 때문에 더 자주 아프게 되는 것임을 추론할 수 있다. 따라서 (c)가 정답이다.

Paraphrasing

be exposed to so many viruses and bacteria 너무 많은 바이러스와 박테리아에 노출되다 → germs get passed around 세균이 전해지다

어휘 germ[dʒəːrm] 세균, 병균 pass around 전하다

---

45 추론　다음에 할 일　　　　　　　　　　　　　　　　　　정답 (d)

Based on the conversation, what will Agnes probably do about her problem?

(a) She will bring her child to a daycare facility.
(b) She will postpone working full-time.
(c) She will ask John to look after her child.
(d) She will hire a nanny for her child.

대화에 따르면, Agnes가 그녀의 문제에 대해 할 일은 무엇일 것 같은가?

(a) 그녀의 아이를 탁아소에 데려갈 것이다.
(b) 정규직으로 일하는 것을 미룰 것이다.
(c) John에게 그녀의 아이를 돌봐 달라고 부탁할 것이다.
(d) 그녀의 아이를 위해 유모를 고용할 것이다.

해설 Agnes가 다음에 할 일을 추론하는 문제이므로, 지문의 후반을 주의 깊게 듣는다. 여자가 'I think I couldn't afford to drive her around once I start working'이라며 일을 시작한 후에는 딸을 태워줄 여유가 안 될 것 같다고 한 것을 통해, 그녀가 아이를 위해 유모를 고용할 것임을 추론할 수 있다. 따라서 (d)가 정답이다.

PART 4 (46~52)　설명　쾌적한 개인 위생을 유지하기 위한 8가지 조언

인사 + 자기 소개

Good morning, everyone. I'm your speaker for today's sales training program. Many of us go through our daily marketing routine without giving much thought about how we take care of our body. After all, we're mostly more concerned about closing deals, meeting quotas, and making money. But [46]managing your personal hygiene, or cleanliness, is just as important as managing your career.

주제 제시: 위생 유지법

You may not think that good appearance and cleanliness matter much, but people do notice your hair, nails, teeth, and shoes. And [47]all these affect how trustworthy and capable they think you are. As a salesperson, it's important that you look and smell good every single time you meet your business partners and potential clients.

[46]Here are some tips on how to maintain good personal hygiene.

Tip number one — Take a bath every day. This is the best way to get rid of all the dirt, germs, and sweat that

안녕하세요, 여러분. 저는 오늘의 영업 교육 프로그램 발표자입니다. 우리 중 많은 사람들은 우리의 몸을 어떻게 관리해야 하는지에 관해 많은 생각을 하지 않고 매일의 마케팅 일과를 거치죠. 결국, 우리는 주로 계약을 체결하고, 할당량을 채우고, 그리고 돈을 버는 것을 더욱 신경 씁니다. 하지만 [46]여러분의 개인적인 위생, 즉 청결을 관리하는 것도 경력을 관리하는 것만큼이나 똑같이 중요합니다.

여러분은 깔끔한 외모와 청결이 많이 중요하다고 생각하지 못할 수도 있지만, 사람들은 여러분의 머리 스타일, 손톱, 치아, 그리고 신발까지 알아차립니다. 그리고 [47]이러한 모든 것이 그들이 여러분을 얼마나 믿을 만하고 유능하다고 생각하는지에 영향을 미칩니다. 영업사원으로서, 여러분이 사업 동반자나 잠재 고객을 만나는 매 순간 여러분의 외양과 향기가 좋은 것이 중요합니다.

[46]여기 쾌적한 개인 위생을 유지하는 방법에 대한 몇 가지 조언이 있습니다.

첫 번째 조언입니다. 목욕을 매일 하세요. 이게 여러분의 몸에 쌓인 모든 때, 세균, 그리고 땀을 제거하

have built up on your body. Taking a bath helps you look, smell, and feel good for the day ahead. With a soft sponge, gently scrub your entire body to remove dirt and dead skin. Wash your hair with a mild shampoo that you can use every day.

Tip number two — Brush your teeth. Regular tooth brushing removes plaque and prevents tooth decay and bad breath. Dentists advise [48(b)]brushing the teeth first thing in the morning, and also after every meal. [48(d)]Use a small amount of mouthwash after brushing. In addition, [48(c)]floss your teeth before going to bed.

Tip number three — Clip your fingernails and toenails regularly. Keeping your fingernails short makes your hands look clean and presentable. Meanwhile, [49]dirt and bacteria getting under toenails is the most common cause of odor. So even if you wear closed shoes often, it's important to trim your toenails regularly.

Tip number four — Trim your hair regularly. Have your hair trimmed on a regular basis to keep it healthy and manageable. As a general rule, you should get your hair cut every six to eight weeks. But if you notice that the ends look messier than usual, it's time to get a haircut or a hair treatment.

Tip number five — Use a deodorant on your underarms. It is quite embarrassing to attend a meeting with sweaty and smelly underarms. A deodorant helps prevent too much sweating and can cover up unpleasant odors caused by sweat. Consider using a natural and aluminum-free deodorant to minimize health risks.

Tip number six — Wash your hands several times a day. Cold, sweaty palms can turn off potential clients. [50]If your palms are sweaty, wash your hands with cool water before a meeting, a networking event, or any situation that might need a handshake.

Tip number seven — Use a daily facial cleanser to prevent acne. Never go to bed with your makeup on because unwashed skin is a good home for bacteria. Also, not washing your face regularly makes your skin look dull.

Lastly, always wear clean clothes. People may not notice you're wearing designer clothes, but [51]they always know if you're wearing dirty clothes. Always wear clean, properly-pressed, and appropriate clothes.

는 최고의 방법입니다. 목욕을 하는 것은 다가오는 하루에 여러분의 외양, 향기, 그리고 기분이 좋게 하도록 돕습니다. 부드러운 스펀지로, 여러분의 몸 전체를 살살 문질러 때와 각질을 제거하세요. 매일 사용할 수 있는 순한 샴푸로 머리를 감으세요.

두 번째 조언입니다. 이를 닦으세요. 규칙적인 양치는 치석을 제거하고 충치와 입 냄새를 방지합니다. 치과 의사들은 [48(b)]아침에, 그리고 매번 식사 후에 무엇보다도 먼저 이를 닦으라고 조언합니다. [48(d)]양치질 후에는 소량의 구강 청정제를 사용하세요. 추가로, [48(c)]자러 가기 전에 치아에 치실을 사용하세요.

세 번째 조언입니다. 손톱과 발톱을 규칙적으로 깎으세요. 손톱을 짧게 유지하는 것은 여러분의 손을 깨끗하고 남 앞에 내놓을 만하게 보이도록 만들어줍니다. 한편, [49]발톱 밑에 붙어 있는 때와 박테리아는 악취의 가장 흔한 원인입니다. 그래서 여러분이 막힌 신발을 자주 신는다고 해도, 규칙적으로 발톱을 다듬는 것이 중요합니다.

네 번째 조언입니다. 여러분의 머리카락을 규칙적으로 다듬으세요. 머리카락을 건강하고 관리하기 쉽게 하기 위해 그것을 규칙적으로 다듬으세요. 일반적으로, 여러분은 6주에서 8주에 한 번 머리카락을 잘라야 합니다. 하지만 머리카락 끝이 평소보다 더 지저분해 보이는 것을 발견한다면, 그때가 이발 혹은 모발 관리를 할 때입니다.

다섯 번째 조언입니다. 겨드랑이에 냄새 제거제를 사용하세요. 땀과 냄새 나는 겨드랑이로 회의에 참석하는 것은 굉장히 창피한 일입니다. 냄새 제거제는 너무 많이 땀을 흘리는 것을 방지하도록 돕고 땀에 의한 불쾌한 악취를 덮을 수 있습니다. 건강상의 위험을 최소화하기 위해서 천연에 알루미늄 성분이 없는 냄새 제거제를 사용하는 것을 고려하세요.

여섯 번째 조언입니다. 하루에 여러 번 손을 씻으세요. 차갑고, 땀이 나는 손바닥은 잠재 고객을 쫓아버릴 수 있어요. [50]만약 당신의 손바닥에 땀이 난다면, 회의, 사교 행사, 혹은 악수가 필요할지도 모르는 어떤 상황 이전에는 찬물로 손을 씻으세요.

일곱 번째 조언입니다. 여드름을 예방하기 위해 매일 얼굴 세정제를 사용하세요. 씻지 않은 피부는 박테리아의 좋은 서식지이기 때문에 절대 화장을 한 상태로 자러 가지 마세요. 또한, 규칙적으로 세수하지 않는 것은 여러분의 피부가 건조해 보이게 만듭니다.

마지막으로, 항상 깨끗한 옷을 입으세요. 사람들은 여러분이 디자이너의 옷을 입고 있는 것은 알아차리지 못할 수도 있지만, [51]더러운 옷을 입고 있다면 언제나 압니다. 언제나 깨끗하고, 알맞게 다림질한, 어울리는 옷을 입으세요.

⁵²Follow these tips and your prospective clients will think you're trustworthy and capable. And when you know that you've been taking care of yourself, you'll feel more confident. That confidence goes a long way to ensuring your success.

⁵²이러한 조언들을 따르신다면 여러분의 예비 고객은 여러분이 믿을 만하고 유능하다고 생각할 겁니다. 그리고 여러분 스스로 관리되고 있다는 것을 알 때, 더욱 자신감을 느낄 겁니다. 그 자신감이 여러분의 성공을 보장하는 데 어느 정도 도움이 됩니다.

어휘 go through 거치다, 겪다 routine[ruːtíːn] 일과, 판에 박힌 것 close deal 계약을 체결하다, 계약을 매듭짓다 quota[kwóutə] 할당량, 한도 hygiene[háidʒiːn] 위생 cleanliness[klénlinəs] 청결 appearance[əpírəns] 외모 nail[neil] 손톱 trustworthy[trʌ́stwəːrði] 믿을 만한 capable[kéipəbl] 유능한 salesperson[séilzpəːrsn] 영업사원 potential[pəténʃl] 잠재의 take a bath 목욕하다 get rid of ~을 제거하다 dirt[dəːrt] 때 sweat[swet] 땀 gently[dʒéntli] 살살, 부드럽게 scrub[skrʌb] 문지르다 dead skin 각질 mild[maild] 순한, 부드러운 brush teeth 이를 닦다 regular[régjələr] 규칙적인, 정기적인 plaque[plæk] 치석 tooth decay 충치 bad breath 입 냄새 dentist[déntist] 치과 의사 mouthwash[máuθwɔːʃ] 구강 청정제 floss[flɔːs] 치실을 사용하다 clip[klip] 깎다 fingernail[fíŋgərneil] 손톱 toenail[tóuneil] 발톱 presentable[prizéntəbl] 남 앞에 내놓을 만한 odor[óudər] 악취 trim[trim] 다듬다, 손질하다 manageable[mǽnidʒəbl] 관리하기 쉬운 messy[mési] 지저분한 treatment[tríːtmənt] 관리 deodorant[dióudərənt] 냄새 제거제 underarm[ʌ́ndɑːrm] 겨드랑이 embarrassing[imbǽrəsiŋ] 창피한, 당황스러운 smelly[sméli] 냄새 나는 cover up 덮다 unpleasant[ʌnpléznt] 불쾌한 minimize[mínimaiz] 최소화하다 palm[pɑːm] 손바닥 turn off 쫓아버리다, 흥미를 잃게 하다 acne[ǽkni] 여드름 dull[dʌl] 건조한 pressed[prest] 다림질한 prospective[prəspéktiv] 예비의, 잠재적인 go a long way to ~에 어느 정도 도움이 되다

---

46 주제/목적 담화의 주제

정답 (d)

What is the talk all about?

(a) getting along with others
(b) how to have a successful career
(c) how to make a sale
(d) keeping one's body clean

담화의 주제는 무엇인가?

(a) 다른 사람들과 잘 어울리는 것
(b) 성공적인 경력을 갖는 방법
(c) 성공하는 방법
(d) 몸을 깨끗하게 유지하는 것

해설 담화의 주제를 묻는 문제이므로, 지문의 초반을 주의 깊게 듣는다. 화자가 'managing your personal hygiene ~ is just as important as managing your career'라며 개인적인 위생이나 청결을 관리하는 것도 경력을 관리하는 것만큼이나 똑같이 중요하다고 하고, 'Here are some tips on how to maintain good personal hygiene.'이라며 쾌적한 개인 위생을 유지하는 방법에 대한 몇 가지 조언이 있다고 한 뒤, 몸을 깨끗하게 유지하는 것에 관한 내용이 이어지고 있다. 따라서 (d)가 정답이다.

Paraphrasing
maintain good personal hygiene 쾌적한 개인 위생을 유지하다 → keeping one's body clean 몸을 깨끗하게 유지하는 것

어휘 get along with ~와 잘 어울리다 make a sale 성공하다

---

47 특정세부사항 Why

정답 (b)

According to the speaker, why is good appearance important?

(a) It allows one to choose the right career.
(b) It lets one make a good impression.
(c) It makes a daily cleaning routine unnecessary.
(d) It lets one close a deal without really trying.

화자에 따르면, 왜 깔끔한 외모가 중요한가?

(a) 올바른 경력을 선택하게 해준다.
(b) 좋은 인상을 남기게 해준다.
(c) 매일의 씻는 일과를 불필요하게 만든다.
(d) 크게 노력하지 않고도 계약을 체결하게 해준다.

해설 왜 깔끔한 외모가 중요한지를 묻는 Why 문제이므로, 질문의 키워드 good appearance가 그대로 언급된 주변을 주의 깊게 듣는다. 화자가 'all these affect how trustworthy and capable they think you are'이라며 깔끔한 외모와 관련된 모든 것이 사람들이 청자들을 얼마나 믿을 만하고 유능하다고 생각하는지에 영향을 미친다고 했다. 따라서 (b)가 정답이다.

Paraphrasing

how trustworthy and capable they think you are 그들이 여러분을 얼마나 믿을 만하고 유능하다고 생각하는지 → good impression 좋은 인상

어휘   unnecessary[ʌnnésəseri] 불필요한

48 Not/True   Not 문제

정답 (a)

Which advice about tooth care was not mentioned in the talk?

(a) visiting a dentist regularly
(b) brushing one's teeth after meals
(c) flossing one's teeth every day
(d) using a mouthwash after brushing

담화에서 치아 관리에 대한 조언으로 언급되지 않은 것은?

(a) 치과 의사를 정기적으로 방문하는 것
(b) 식사 후에 이를 닦는 것
(c) 매일 치아에 치실을 사용하는 것
(d) 양치질 후에 구강 청정제를 사용하는 것

해설   치아 관리에 대한 조언으로 언급되지 않은 것을 묻는 Not 문제이므로, 질문의 키워드 tooth care와 관련된 내용을 주의 깊게 들으며 언급되는 것을 하나씩 소거한다. (a)는 지문에 언급되지 않았으므로, (a)가 정답이다.

오답분석

(b) 지문에서 아침과 매번 식사 후에 무엇보다도 먼저 이를 닦으라고 언급되었다.
(c) 지문에서 자러 가기 전에 치아에 치실을 사용하라고 언급되었다.
(d) 지문에서 양치질 후에는 소량의 구강 청정제를 사용하라고 언급되었다.

49 추론   특정사실

정답 (c)

Based on the talk, why most likely should toenails be kept short?

(a) to look presentable
(b) so one's shoes would fit
(c) to prevent smelly feet
(d) so the toes would be healthy

담화에 따르면, 왜 발톱이 짧게 유지되어야 할 것 같은가?

(a) 남 앞에 내놓을 만하게 보이기 위해서
(b) 신발이 맞도록 하기 위해서
(c) 발 냄새를 방지하기 위해서
(d) 발이 건강하도록 하기 위해서

해설   왜 발톱이 짧게 유지되어야 할 것 같은지를 추론하는 문제이므로, 질문의 키워드 toenails가 그대로 언급된 주변을 주의 깊게 듣는다. 화자가 'dirt and bacteria getting under toenails is the most common cause of odor'이라며 발톱 밑에 붙어 있는 때와 박테리아는 악취의 가장 흔한 원인이라고 한 것을 통해, 발 냄새를 방지하기 위해서 발톱이 짧게 유지되어야 할 것임을 추론할 수 있다. 따라서 (c)가 정답이다.

Paraphrasing

odor 악취 → smelly 냄새 나는

What should a salesperson do if his palms are sweaty before a meeting?

(a) use a deodorant
(b) wash his hands
(c) refuse handshakes
(d) cancel the meeting

영업사원은 만약 회의 전에 그의 손바닥에 땀이 난다면 무엇을 해야 하는가?

(a) 냄새 제거제를 사용한다
(b) 손을 씻는다
(c) 악수를 거절한다
(d) 회의를 취소한다

해설 영업사원은 만약 회의 전에 그의 손바닥에 땀이 난다면 무엇을 해야 하는지를 묻는 What 문제이므로, 질문의 키워드 palms are sweaty 가 그대로 언급된 주변을 주의 깊게 듣는다. 화자가 'If your palms are sweaty, wash your hands ~ before ~ any situation that might need a handshake.'라며 손바닥에 땀이 난다면 회의, 사교 행사, 혹은 악수가 필요할지도 모르는 어떤 상황 이전에든 찬물로 손을 씻으라고 했다. 따라서 (b)가 정답이다.

어휘 refuse [rifjúːz] 거절하다

What kind of clothes do people tend to notice on someone?

(a) designer labels
(b) clean clothes
(c) trendy outfits
(d) dirty clothes

사람들이 다른 사람에게서 알아차리는 경향이 있는 옷의 종류는 무엇인가?

(a) 디자이너 상표
(b) 깨끗한 옷
(c) 유행하는 옷
(d) 더러운 옷

해설 사람들이 다른 사람에게서 알아차리는 경향이 있는 옷의 종류는 무엇인지를 묻는 What 문제이므로, 질문의 키워드 clothes가 그대로 언급된 주변을 주의 깊게 듣는다. 화자가 'they always know if you're wearing dirty clothes'라며 더러운 옷을 입고 있다면 사람들은 언제나 안다고 했다. 따라서 (d)가 정답이다.

어휘 label [léibl] 상표 trendy [tréndi] 유행하는 outfit [áutfit] 옷

고득점
52 추론   특정사실   정답 (a)

Why most likely is being clean favorable to a salesperson's career?

(a) because it helps him gain more clients
(b) because it makes him an expert in sales
(c) because it makes his teammates like him
(d) because it allows him to take care of himself

왜 청결한 것이 영업사원의 경력에 유리할 것 같은가?

(a) 더 많은 고객을 얻도록 돕기 때문에
(b) 영업의 전문가로 만들어주기 때문에
(c) 팀 동료들이 그를 좋아하게 만들기 때문에
(d) 자신을 관리하도록 해주기 때문에

해설 왜 청결한 것이 영업사원의 경력에 유리할 것 같은지를 추론하는 문제이므로, 질문의 키워드 favorable to ~ career와 관련된 내용을 주의 깊게 듣는다. 화자가 'Follow these tips and your prospective clients will think you're trustworthy and capable.'이라며 조언들을 따른다면 예비 고객은 청자들이 믿을 만하고 유능하다고 생각할 것이라고 한 것과, 지문 전반적으로 잠재 고객을 만날 때 청결이 중요하다고 강조하는 것을 통해, 청결한 것은 더 많은 고객을 얻도록 돕기 때문에 영업사원의 경력에 유리할 것임을 추론할 수 있다. 따라서 (a)가 정답이다.

어휘 favorable [féivərəbl] 유리한, 우호적인

READING & VOCABULARY

PART 1 [53~59] 인물의 일대기 신식 해운 컨테이너를 발명한 말콤 맥린

MALCOM MCLEAN

[53]Malcom McLean was an American businessman and entrepreneur famous for inventing the modern shipping container. Recognized as the "Father of Containerization," McLean greatly improved transportation and transformed the shipping industry. His invention is widely used today and essential to modern international trade.

Malcom Purcell McLean was born on November 14, 1913 in North Carolina. His father was a farmer. As a child, [58]he earned a small commission from helping his mother sell eggs. He also worked at a gasoline station after high school. His family lost their farm during the Great Depression, but [54]McLean was able to buy a secondhand truck out of his savings. In 1934, he started the McLean Trucking Company. Soon, his transport business had five trucks.

One day in 1937, McLean was watching dockworkers unload goods from trucks and transfer them to ships, when [55]he realized how the process wasted a lot of time and money. He envisioned the truck being lifted onto the ship without any of its cargo being moved. This way, cargo could be transferred flawlessly from trucks to ships, and then to trains, without loss or delay. He did not immediately pursue his idea, however, and waited until he had enough capital to implement it.

In 1955, when he already had over 1,700 trucks, he sold McLean Trucking for $6 million. He then entered the shipping business by buying a small steamship company, the Pan-Atlantic Steamship, and renamed it Sea-Land. He developed a steel shipping container [56(b)]that could be stacked, [56(a)]was easy to load and unload, [56(c)]and was lockable. He then borrowed $57 million to buy docking and shipbuilding facilities. [59]He also had an old tanker, the *Ideal X*, renovated so it could carry his containers. On April 26, 1956, the *Ideal X* left Port Newark, New Jersey, transporting 56 containers to Houston, Texas.

말콤 맥린

[53]말콤 맥린은 신식 해상 운송 컨테이너를 발명한 것으로 유명한 미국의 사업가이자 기업가이다. "컨테이너 수송의 아버지"로 인정받으며, 맥린은 운송업을 크게 개선시켰고 해상 운송업을 완전히 바꾸어 놓았다. 그의 발명품은 오늘날 널리 사용되고 있으며 현대 국제 무역에 필수적이다.

말콤 피셀 맥린은 1913년 11월 14일에 노스캐롤라이나에서 태어났다. 그의 아버지는 농부였다. 어린 시절에, [58]그는 그의 어머니가 달걀을 파는 것을 도우며 조금의 수수료를 벌었다. 그는 고등학교 이후 주유소에서 일하기도 했다. 그의 가족은 대공황 때 그들의 농장을 잃었지만, [54]맥린은 저축해둔 돈으로 중고 트럭 한 대를 살 수 있었다. 1934년에, 그는 맥린 트럭 운송 회사를 개업했다. 곧, 그의 운송 회사는 5대의 트럭을 갖게 되었다.

1937년의 어느 날, 맥린은 항만 근로자들이 트럭에서 상품을 내리고 그것을 선박으로 옮기는 것을 지켜보고 있었는데, 그때 [55]그는 그 과정이 얼마나 시간과 돈을 낭비하는지 깨달았다. 그는 어떤 화물도 옮겨지지 않으면서 트럭이 선박 위로 들어 올려지는 것을 구상했다. 이렇게 하면, 화물은 트럭에서 선박으로, 그 다음 기차로, 손실이나 지연 없이 완벽하게 옮겨질 수 있었다. 하지만, 그는 그의 아이디어를 바로 실행하지는 않았고, 그것을 시행할 수 있는 충분한 자금을 가질 때까지 기다렸다.

그가 이미 1,700대 이상의 트럭을 갖고 있었던 1955년에, 그는 맥린 트럭 운송 회사를 6백만 달러에 매각했다. 그런 다음 그는 작은 증기선 회사인 Pan-Atlantic을 매입하며 해상 운송 사업에 진출했고, 그것의 이름을 Sea-Land라고 바꾸었다. 그는 철강 해운 컨테이너를 개발했는데 [56(b)]그것은 쌓아올려질 수 있었고, [56(a)]쉽게 올리고 내릴 수 있었으며, [56(c)]잠글 수 있었다. 그런 다음 그는 적재 및 조선 설비를 구입하기 위해 5천7백만 달러를 대출했다. [59]그는 또한 Ideal X라는 오래된 대형 선박을 개조하여 그것이 그의 컨테이너들을 실어 나를 수 있게 했다. 1956년 4월 26일에, Ideal X는 뉴저지의 뉴어크 항구를 떠나 텍사스의 휴스턴으로 56개의 컨테이너를 운송했다.

평가

McLean's containers shortened both loading and unloading time and decreased the need for manpower. The sealed cargo also reduced damage and theft. As a result, [57]McLean provided a faster, cheaper, and more efficient service. His cargo business prospered even more when American ports began adopting containerization. By the time he sold Sea-Land for $160 million in 1969, it was already the largest cargo-shipping business in the world. For his innovation, McLean was described by *Forbes Magazine* as [57]one of the few men who truly changed the world.

맥린의 컨테이너들은 싣고 내리는 시간을 둘 다 단축했으며 인력의 필요성도 줄였다. 밀봉된 화물은 훼손과 절도 역시 줄였다. 결과적으로, [57]맥린은 더 빠르고, 더 싸고, 더 효율적인 서비스를 제공했다. 그의 화물 사업은 미국의 항구들이 컨테이너 수송 방식을 채택하기 시작했을 때 더욱 번창했다. 1969년에 그가 Sea-Land를 1억6천만 달러에 매각했을 무렵에는, 그것은 이미 세계에서 가장 큰 화물 해운 사업체였다. 그의 혁신으로, 맥린은 포브스 잡지에 의해 [57]진정으로 세상을 바꾼 몇 안 되는 사람 중 한 명으로 칭해졌다.

어휘 businessman n. 사업가 entrepreneur n. 기업가 invent v. 발명하다 modern adj. 신식의, 현대의 shipping n. 해상 운송, 해운업 be recognized as phr. ~로 인정받다 containerization n. 컨테이너 수송 improve v. 개선시키다 transportation n. 운송업, 수송 수단 essential adj. 필수적인 international adj. 국제의 trade n. 무역, 거래 earn v. 벌다 commission n. 수수료 secondhand adj. 중고의 unload v. (짐을) 내리다 transfer v. 옮기다 realize v. 깨닫다, 알아차리다 envision v. 구상하다, 상상하다 cargo n. 화물 flawlessly adv. 완벽하게, 흠 없이 capital n. 자금 implement v. 시행하다 develop v. 개발하다 stack v. 쌓아올리다 facility n. 설비 tanker n. 대형 선박 renovate v. 개조하다 theft n. 절도 efficient adj. 효율적인 prosper v. 번창하다 innovation n. 혁신

53 특정세부사항   유명한 이유   정답 (a)

What is Malcom McLean best known for?

(a) being the inventor of container shipping
(b) being the father of international transportation
(c) being an international tycoon
(d) being the owner of a trucking company

말콤 맥린은 무엇으로 가장 잘 알려져 있는가?

(a) 컨테이너 해상 운송의 발명가로
(b) 국제 운송업의 아버지로
(c) 국제적 거물로
(d) 트럭 운송 회사의 소유주로

해설 말콤 맥린이 유명한 이유를 묻는 문제이므로, 질문의 키워드 best known for가 famous for로 paraphrasing되어 언급된 주변 내용을 주의 깊게 읽는다. 1단락의 'Malcom McLean was ~ famous for inventing the modern shipping container.'에서 말콤 맥린은 신식 해상 운송 컨테이너를 발명한 것으로 유명한 미국의 사업가이자 기업가라고 했다. 따라서 (a)가 정답이다.

어휘 tycoon n. 거물 owner n. 소유주

54 특정세부사항   When   정답 (c)

When did McLean start his trucking business?

(a) after he had observed workers loading ships
(b) after he had acquired five trucks
(c) after he had bought an old truck
(d) while he was working at a gasoline station

언제 맥린은 그의 트럭 운송 회사를 개업했는가?

(a) 근로자들이 선박에 짐을 싣는 것을 본 다음에
(b) 5대의 트럭을 매입한 다음에
(c) 낡은 트럭을 산 다음에
(d) 주유소에서 일하고 있었을 때

해설 언제 맥린은 트럭 운송 회사를 개업했는지를 묻는 When 문제이므로, 질문의 키워드 start his trucking business가 started the McLean Trucking Company로 paraphrasing되어 언급된 주변 내용을 주의 깊게 읽는다. 2단락의 'McLean was able to buy a secondhand truck out of his savings.'에서 맥린은 저축해둔 돈으로 중고 트럭 한 대를 살 수 있었다고 한 뒤, 'In 1934, he started the McLean Trucking Company.'에서 1934년에 맥린 트럭 운송 회사를 개업했다고 했다. 따라서 (c)가 정답이다.

Paraphrasing

secondhand truck 중고 트럭 → old truck 낡은 트럭

어휘 observe v. 목격하다 acquire v. 매입하다, 얻다

TEST 1
TEST 2
TEST 3
TEST 4
TEST 5
TEST 6

55 특정세부사항   What   정답 (b)

What did McLean notice about the old way of transferring goods?	맥린은 상품을 옮기는 오래된 방식에 대해 무엇을 알아차렸는가?
(a) It delivered large volumes of products.	(a) 많은 양의 상품을 옮겼다.
(b) It was highly inefficient.	(b) 매우 비효율적이었다.
(c) It could give more people work.	(c) 더 많은 사람에게 일을 줄 수 있었다.
(d) It didn't take a lot of work.	(d) 많은 노력을 필요로 하지 않았다.

해설 맥린은 상품을 옮기는 오래된 방식에 대해 무엇을 알아차렸는지를 묻는 What 문제이므로, 질문의 키워드 notice가 realized로 paraphrasing되어 언급된 주변 내용을 주의 깊게 읽는다. 3단락의 'he realized how the process wasted a lot of time and money'에서 맥린은 그 과정이 얼마나 시간과 돈을 낭비하는지 깨달았다고 했다. 따라서 (b)가 정답이다.

Paraphrasing

wasted a lot of time and money 시간과 돈을 낭비했다 → inefficient 비효율적인

어휘 notice v. 알아차리다 volume n. 양, 용량 inefficient adj. 비효율적인

56 Not/True   Not 문제   정답 (d)

Which does not describe McLean's cargo containers?	맥린의 화물 컨테이너들을 묘사하지 않는 것은?
(a) They were easy to deliver.	(a) 옮기기 쉬웠다.
(b) They could be arranged neatly.	(b) 깔끔하게 정리될 수 있었다.
(c) They could be locked.	(c) 잠길 수 있었다.
(d) They were lightweight.	(d) 가벼웠다.

해설 맥린의 화물 컨테이너들을 묘사하지 않는 것을 묻는 Not 문제이므로, 보기의 키워드와 지문 내용을 대조하며 언급된 것을 하나씩 소거한다. (d)는 지문에 언급되지 않았으므로, (d)가 정답이다.

오답분석

(a) 보기의 키워드 easy to deliver가 easy to load and unload로 paraphrasing되어 언급된 4단락에서 쉽게 올리고 내릴 수 있었다고 언급되었다.

(b) 보기의 키워드 arranged가 stacked로 paraphrasing되어 언급된 4단락에서 쌓아올려질 수 있었다고 언급되었다.

(c) 보기의 키워드 locked가 lockable로 paraphrasing되어 언급된 4단락에서 잠길 수 있었다고 언급되었다.

어휘 arrange v. 정리하다 neatly adv. 깔끔하게 lightweight adj. 가벼운, 경량의

Based on the article, what could be McLean's greatest contribution to international trade?

(a) He stopped the theft of cargo.
(b) He created a lot of jobs.
(c) He started the interstate shipment of goods.
(d) He made the shipment of goods easier.

기사에 따르면, 국제 무역에 맥린의 가장 큰 기여는 무엇일 수 있는가?

(a) 화물의 절도를 저지했다.
(b) 많은 일자리를 창출했다.
(c) 주와 주 사이의 상품 해상 운송을 시작했다.
(d) 상품의 해상 운송을 더 쉽게 만들었다.

해설 국제 무역에 맥린의 가장 큰 기여가 무엇일 수 있는지를 추론하는 문제이므로, 맥린에 대한 평가를 서술한 지문의 후반을 주의 깊게 읽는다. 5단락의 'McLean provided a faster, cheaper, and more efficient service'에서 맥린은 더 빠르고, 더 싸고, 더 효율적인 서비스를 제공했다고 한 뒤, 'one of the few men who truly changed the world'에서 진정으로 세상을 바꾼 몇 안 되는 사람 중 한 명이라고 한 것을 통해, 맥린이 상품의 해상 운송을 더 쉽게 만들었던 것이 국제 무역에의 가장 큰 기여임을 추론할 수 있다. 따라서 (d)가 정답이다.

어휘 contribution n. 기여 interstate adj. 주와 주 사이의

In the context of the passage, commission means _____.

(a) payment
(b) discount
(c) order
(d) expense

지문의 문맥에서, 'commission'은 -을 의미한다.

(a) 보수
(b) 할인
(c) 주문
(d) 비용

해설 밑줄 친 어휘의 유의어를 찾는 문제이므로, commission이 포함된 구절을 읽는다. 2단락의 'he earned a small commission from helping his mother sell eggs'는 어머니가 달걀을 파는 것을 도우며 조금의 수수료를 벌었다는 뜻이므로, commission이 '수수료'라는 의미로 사용된 것을 알 수 있다. 따라서 '보수'라는 비슷한 의미의 (a) payment가 정답이다.

오답분석
(d) '비용'이라는 의미의 expense는 특정한 일이나 목적 등에 드는 돈을 의미하므로, 일한 대가로 주거나 받는 돈을 뜻하는 commission의 유의어로 적절하지 않아 오답이다.

In the context of the passage, renovated means _____.

(a) revised
(b) remodeled
(c) destroyed
(d) fixed

지문의 문맥에서, 'renovated'는 -을 의미한다.

(a) 수정하다
(b) 개조하다
(c) 파괴하다
(d) 수리하다

해설 밑줄 친 어휘의 유의어를 찾는 문제이므로, renovated가 포함된 구절을 읽는다. 4단락의 'He also had an old tanker ~ renovated so it could carry his containers.'는 오래된 대형 선박을 개조하여 그것이 그의 컨테이너들을 실어 나를 수 있게 했다는 뜻이므로, renovated가 '개조하다'라는 의미로 사용된 것을 알 수 있다. 따라서 '개조하다'라는 같은 의미의 (b) remodeled가 정답이다.

(a) '수정하다'라는 의미의 revised는 의견이나 계획을 변경하거나 내용을 수정하는 것을 의미하므로, 낡은 것을 개조하는 것을 뜻하는 renovated의 유의어로 적절하지 않아 오답이다.

PART 2[60~66] 잡지 기사 남자와 여자의 감기 및 독감 증상 차이에 관한 연구

**연구
결과**

STUDY SHOWS WOMEN SUFFER WORSE COLD AND FLU SYMPTOMS THAN MEN

**연구
소개**

A study presented at IDWeek 2016, a meeting of several organizations dealing with infectious diseases, showed that [60]cold and flu symptoms lasted longer in women than in men. Moreover, the report showed that [60]women were more likely to report cold and flu symptoms than men.

**연구
대상**

In the study, the researchers [61]compared the self-reports of cold and flu symptoms of 777 [61/65]men and women who were <u>seen</u> by doctors between 2009 and 2014 at five US military treatment facilities. The patients were either active military personnel or members of their family.

**연구
방식**

When the patients came for treatment, a health worker took a nasal swab to find out what type of infection they had and asked them what symptoms they had experienced since becoming sick. They were also told to keep a diary of their symptoms and rate them on a scale of 0 to 3, [66]with zero indicating no symptoms, 1 for mild, 2 for moderate, and 3 for <u>severe</u>. The symptoms studied were lower-respiratory (coughing, difficulty in breathing, and chest pain), upper-respiratory (earaches, runny nose, sore throat, and sneezing), and systemic (fatigue, headache, and muscle aches).

**실험
결과**

The researchers learned that the patients commonly suffered from *enterovirus*, *coronavirus*, and *influenza* virus infections. [62(a)(b)]The three viruses seemed to infect men and women at about the same rates. However, [62(c)]women were more likely to report symptoms such as headache, fatigue, and reduced appetite when they first went to see a doctor. [62(d)]Both men and women had the same level of symptoms during the first few days of their illnesses. [63]It was only on the third day that the women were recorded to be more likely to continue complaining of disturbing symptoms than men.

연구는 여자가 남자보다 더 심한 감기와 독감 증상에 시달린다는 것을 보여준다

전염병을 다루는 여러 기관의 회합인 IDWeek 2016에서 발표된 연구는 [60]감기와 독감 증상이 남자보다 여자에게서 더 오래 지속된다는 것을 보여주었다. 게다가, 보고서는 [60]여자가 남자보다 감기와 독감 증상을 알릴 가능성이 더 높다는 것을 보여주었다.

연구에서, 연구원들은 2009년과 2014년 사이에 다섯 군데의 미군 치료 시설에서 [61/65]의사에게 진찰받은 남녀 777명의 감기와 독감 증상 자기 보고를 비교하였다. 환자들은 현역 장병이거나 그들의 가족 일원이었다.

환자들이 치료를 위해 찾아왔을 때, 의료인은 그들이 어떤 형태의 감염에 시달리고 있는지 알아내기 위해 비강 면봉을 사용했고 병에 걸린 이후 무슨 증상을 겪었는지 물어보았다. 그들은 또한 자신의 증상에 대한 일지를 기록하고 그것을 0부터 3의 척도로 등급을 매길 것을 요청받았는데, [66]0은 증상이 없음, 1은 약함, 2는 보통, 3은 심각함을 나타냈다. 연구된 증상들은 하기도질환(기침, 호흡 곤란, 그리고 흉통), 상기도질환(귓병, 콧물, 인후염, 그리고 재채기), 전신질환(피로, 두통, 그리고 근육통)이었다.

연구원들은 환자들이 흔히 장바이러스, 호흡기 감염 바이러스, 그리고 인플루엔자 바이러스 감염에 시달린다는 것을 알게 되었다. [62(a)(b)]세 바이러스는 남녀에게 거의 같은 수준으로 영향을 주는 것으로 보였다. 하지만, 병원에 처음으로 갔을 때 [62(c)]여자가 두통, 피로, 그리고 식욕 저하와 같은 증상들을 보고하는 확률이 더 높았다. 질환을 겪는 첫 며칠 동안은 [62(d)]남녀 모두 같은 수준의 증상을 겪었다. [63]3일째가 되어서야 남자보다 여자가 불쾌한 증상을 계속해서 호소하는 확률이 더 높다고 기록되었다.

한계
+
과제

Scientists believe that the results could be explained by hormonal differences and how they affect the body's reaction to viruses. However, [64]the study was only based on self-reports, and some patients could have either downplayed or overemphasized their symptoms. Thus, the study was only able to conclude the difference in how men and women report their symptoms. The researchers hope to do future studies about the biological differences in cold and flu symptoms in both sexes.

과학자들은 그 결과들이 호르몬의 차이와 그것이 바이러스에 대한 인체의 반응에 미치는 영향으로 설명될 수 있다고 믿는다. 하지만, [64]연구는 오직 자기 보고에 근거했고, 일부 환자는 그들의 증상을 가볍게 보거나 지나치게 강조했을 수도 있다. 그러므로, 연구는 남자와 여자가 자신의 증상을 어떻게 알리는지에 대한 차이만을 결론지을 수 있었다. 연구원들은 두 성별의 감기와 독감 증상에 관한 생물학적 차이에 대해 추가 연구를 하고자 희망한다.

어휘   suffer v. 시달리다, 겪다, 앓다 flu n. 독감 symptom n. 증상, 통증 deal with phr. ~을 다루다, 처리하다 infectious disease phr. 전염병 see v. 진찰하다, 보다 treatment n. 치료, 처치 patient n. 환자 nasal adj. 비강의, 코에 관한 swab n. 면봉 indicate v. 나타내다, 보여주다 severe adj. 심각한 respiratory adj. 기도의, 호흡기의 coughing n. 기침 breathing n. 호흡 chest n. 흉부, 가슴 runny nose phr. 콧물 sneezing n. 재채기 systemic adj. 전신의 fatigue n. 피로 muscle n. 근육 infect v. 영향을 주다, 감염시키다 appetite n. 식욕 illness n. 질환, 병 disturbing adj. 불쾌한, 불안한 downplay v. 가볍게 보다, 경시하다 overemphasize v. 지나치게 강조하다 biological adj. 생물학적인

60 특정세부사항   연구의 결과   정답 (d)

What did the study find out?

(a) that women get sick more often than men
(b) that patients aren't likely to report viral symptoms
(c) that men are stronger in fighting viruses than women
(d) that women report longer-lasting viral symptoms

연구는 무엇을 알아냈는가?

(a) 여자가 남자보다 더 자주 병에 걸린다는 것
(b) 환자들이 바이러스성 증상을 알리지 않을 확률이 높다는 것
(c) 남자가 여자보다 바이러스를 이겨내는 데 더 강하다는 것
(d) 여자가 더 오래 지속되는 바이러스성 증상을 알린다는 것

해설   연구가 알아낸 것을 묻는 문제이므로, 연구 결과가 언급되는 1단락을 주의 깊게 읽는다. 1단락의 'cold and flu ~ lasted longer in women than in men'에서 감기와 독감 증상이 남자보다 여자에게서 더 오래 지속된다고 한 뒤, 'women were more likely to report ~ than men'에서 여자가 남자보다 감기와 독감 증상을 알릴 가능성이 더 높다고 했다. 따라서 (d)가 정답이다.

어휘   viral adj. 바이러스성의

61 특정세부사항   How   정답 (d)

How did the researchers come up with their data for the study?

(a) by interviewing doctors of viral diseases
(b) by examining patients at a military camp
(c) by observing participants in a laboratory
(d) by looking at hospital records of patients

연구원들은 연구를 위한 자료를 어떻게 찾아냈는가?

(a) 바이러스성 질환 전문 의사들을 취재함으로써
(b) 군부대에서 환자들을 진찰함으로써
(c) 실험실에서 참가자들을 관찰함으로써
(d) 환자들의 진료 기록을 봄으로써

해설   연구원들은 연구를 위한 자료를 어떻게 찾아냈는지를 묻는 How 문제이므로, 질문의 키워드 data와 관련된 주변 내용을 주의 깊게 읽는다.

2단락의 'compared the self-reports of cold and flu symptoms of 777 men and women who were seen by doctors'에서 의사에게 진찰받은 남녀 777명의 감기와 독감 증상 자기 보고를 비교하였다고 했다. 따라서 (d)가 정답이다.

Paraphrasing

self-reports of cold and flu symptoms 감기와 독감 증상 자기 보고 → hospital records 진료 기록

어휘 examine v. 진찰하다, 검토하다 observe v. 관찰하다, 보다 laboratory n. 실험실

---

62 Not/True   True 문제   정답 (a)

Which is true about the diseases that the patients experienced?

(a) Men and women had similar levels of infection.
(b) The men had less serious diseases.
(c) The diseases were more noticeable in women.
(d) The women's illnesses had more symptoms.

환자들이 겪은 질환에 대해 사실인 것은?

(a) 남녀는 비슷한 수준의 감염을 앓았다.
(b) 남자는 덜 심각한 질환을 앓았다.
(c) 질환은 여자에게서 디 뚜렷했다.
(d) 여자의 질환에 더 많은 증상이 있었다.

해설 환자들이 겪은 질환에 대해 사실인 것을 묻는 True 문제이므로, 보기의 키워드와 지문 내용을 대조하며 읽는다. (a)의 키워드인 similar levels가 about the same rates로 paraphrasing되어 언급된 4단락의 'The three viruses seemed to infect men and women at about the same rates.'에서 세 바이러스는 남녀에게 거의 같은 수준으로 영향을 주는 것으로 보였다고 했다. 따라서 (a)가 정답이다.

오답분석

(b) 4단락에서 세 바이러스는 남녀에게 거의 같은 수준으로 영향을 주는 것으로 보였다고 했으므로 지문의 내용과 반대된다.
(c) 4단락에서 여자가 증상들을 보고하는 확률이 더 높았다고는 했지만, 질환이 여자에게서 더 뚜렷했다고 한 것은 아니므로 지문의 내용과 일치하지 않는다.
(d) 4단락에서 남녀 모두 같은 수준의 증상을 겪었다고 했으므로 지문의 내용과 일치하지 않는다.

어휘 noticeable adj. 뚜렷한, 현저한

고득점
63 추론   특정사실   정답 (c)

What probably happened to the male patients on the third day of their sickness?

(a) They discontinued getting treatment.
(b) They recovered from their diseases.
(c) They only experienced mild symptoms.
(d) They experienced worse symptoms.

아픈 지 3일째에 남성 환자에게 무슨 일이 있었던 것 같은가?

(a) 치료를 받는 것을 중단했다.
(b) 질환으로부터 회복되었다.
(c) 가벼운 증상만을 겪었다.
(d) 더 심한 증상을 겪었다.

해설 아픈 지 3일째에 남성 환자에게 무슨 일이 있었던 것 같은지를 추론하는 문제이므로, 질문의 키워드 third day가 그대로 언급된 주변 내용을 주의 깊게 읽는다. 4단락의 'It was only on the third day that the women were recorded to be more likely to continue complaining of disturbing symptoms than men.'에서 3일째가 되어서야 남자보다 여자가 불쾌한 증상을 계속해서 호소하는 확률이 더 높다고 기록되었다고 한 것을 통해, 남성 환자들은 3일째에 가벼운 증상만을 겪었다는 것을 추론할 수 있다. 따라서 (c)가 정답이다.

오답분석

(b) 남자가 여자보다 증상을 호소하는 확률이 더 낮다는 것은 곧 남자에게도 어느 정도의 증상은 있다는 뜻이므로, 남성 환자가 질환으로부터 회복되었다는 것은 지문에서 추론할 수 없는 내용이다.

Based on the passage, what is most likely the limitation of the study?

(a) It had a small study population.
(b) The patients' reports might not be accurate.
(c) There are no other studies to support the findings.
(d) Some patients did not feel any symptoms.

지문에 따르면, 연구의 한계는 무엇일 것 같은가?

(a) 연구 표본 수가 적었다.
(b) 환자들의 보고가 정확하지 않을 수 있다.
(c) 결과를 뒷받침할 다른 연구가 없다.
(d) 몇몇 환자들은 어떤 증상도 느끼지 못했다.

해설   연구의 한계는 무엇일 것 같은지를 추론하는 문제이므로, 질문의 키워드 limitation과 관련된 주변 내용을 주의 깊게 읽는다. 5단락의 'the study was only based on self-reports, and some patients could have either downplayed or overemphasized their symptoms'에서 연구는 오직 자기 보고에 근거했고 일부 환자는 그들의 증상을 가볍게 보거나 지나치게 강조했을 수도 있다는 것을 통해, 환자들의 보고가 정확하지 않을 수 있다는 것이 연구의 한계임을 추론할 수 있다. 따라서 (b)가 정답이다.

어휘   limitation n. 한계   accurate adj. 정확한   support v. 뒷받침하다, 지지하다

In the context of the passage, seen means _____.

(a) examined
(b) noticed
(c) ignored
(d) found

지문의 문맥에서, 'seen'은 -을 의미한다.

(a) 진찰받다
(b) 주목받다
(c) 무시당하다
(d) 발견되다

해설   밑줄 친 어휘의 유의어를 찾는 문제이므로, seen이 포함된 구절을 읽는다. 2단락의 'men and women who were seen by doctors'는 의사에게 진찰받은 남녀라는 뜻이므로, seen이 '진찰받다'라는 의미로 사용된 것을 알 수 있다. 따라서 '진찰받다'라는 같은 의미의 (a) examined가 정답이다. 참고로, see the doctor는 '병원에 가다', '의사의 진찰을 받다'라는 의미로 쓰인다.

In the context of the passage, severe means _____.

(a) minor
(b) strict
(c) serious
(d) solemn

지문의 문맥에서, 'severe'는 -을 의미한다.

(a) 작은
(b) 엄격한
(c) 심각한
(d) 근엄한

해설   밑줄 친 어휘의 유의어를 찾는 문제이므로, severe이 포함된 구절을 읽는다. 3단락의 'with zero indicating no symptoms, 1 for mild, 2 for moderate, and 3 for severe'는 0은 증상이 없음, 1은 약함, 2는 보통, 3은 심각함을 나타냈다는 뜻이므로, severe이 '심각한'이라는 의미로 사용된 것을 알 수 있다. 따라서 '심각한'이라는 같은 의미의 (c) serious가 정답이다.

STONEHENGE

표제어

정의

The Stonehenge is a massive stone monument located on Salisbury Plain in Wiltshire, England. It is composed of over 160 huge stones placed upright in circular formations. It was built between 1,500 and 3,000 B.C. during the New Stone Age and the early Bronze Age. [67]Stonehenge is the best-known prehistoric monument in Europe, and is one of the world's most mysterious places.

기원

Stonehenge has intrigued historians and archaeologists for centuries. Built before people kept written records, no one knows exactly who built it, how it was built, and what it was built for. [68]Through radiocarbon dating and fossil records, it is now believed that [72]Stonehenge was constructed by several different groups of people in four separate phases.

형성
과정

The oldest part of Stonehenge, a large circular ditch ("henge"), was built around 3,000 B.C. A thousand years later, [69]about 80 bluestones, each weighing around four tons, were placed inside the ditch, forming an "inner circle." Next, gigantic 30-foot tall "sarsen" stones, which weighed as much as 50 tons each, were added, forming an "outer circle." Finally, another ring of smaller stones was placed to encircle the whole structure.

불가
사의

Considering the technology available at the time, [73]how the stones even reached the site is a riddle. The sarsen stones came from 19 miles away, and it would have taken 200 people at least 12 days to transfer each stone. The smaller bluestones came from even farther — over 100 miles away. Historians speculate that the [70]builders dragged the stones by roller and sledge from the inland mountains, loaded them onto rafts or boats, and crossed several rivers before reaching the site. How the stones were placed upright on the site is another engineering wonder, because many of the stones were balanced horizontally on top of two standing stones.

역할
+
현황

Archeological evidence shows that Stonehenge was a burial site, but it also could have served other functions such as a ceremonial site or a memorial to connect spiritually with dead ancestors. [71]Stonehenge became a UNESCO World Heritage Site in 1986, and draws nearly one million tourists per year.

스톤헨지

스톤헨지는 영국 윌트셔의 솔즈베리 평원에 있는 거대한 기념비적 석조 건축물이다. 그것은 둥근 대형 안에 수직으로 세워져 있는 160개 이상의 거대한 돌들로 이루어져 있다. 그것은 신석기 시대와 초기 청동기 시대인 기원전 1,500년과 3,000년 사이에 지어졌다. [67]스톤헨지는 유럽에서 가장 잘 알려진 선사 시대의 기념비적 건축물이며, 세계의 가장 불가사의한 장소 중 하나이다.

스톤헨지는 수 세기 동안 역사학자들과 고고학자들의 흥미를 불러일으켜 왔다. 인간이 문자로 된 기록을 남기기 전에 지어졌으므로, 누가 지었는지, 어떻게 지어졌는지, 그리고 무엇을 위해 지어졌는지 아무도 정확히 알지 못한다. [68]방사성 탄소 연대 측정법과 화석 기록을 통해, 현재 [72]스톤헨지는 네 개의 독립된 단계에 걸쳐 여러 다른 집단의 사람들에 의해 건축되었다고 여겨진다.

스톤헨지의 가장 오래된 부분인 큰 원형 도랑("헨지")은 기원전 3,000년 즈음에 지어졌다. 천년 뒤, [69]무게가 각각 4톤쯤인 약 80개의 청석이 도랑 안쪽에 세워졌고, "안쪽 원"을 형성했다. 그다음, 무게가 각각 50톤 정도인 거대한 30피트 높이의 "대사암"이 추가되어, "바깥쪽 원"을 형성했다. 마지막으로, 더 작은 돌로 이루어진 또 다른 원이 세워져 전체 구조물을 둘러쌌다.

그 시대에 이용 가능했던 기술을 고려했을 때, [73]그 장소에 돌들이 도달한 것 자체가 수수께끼이다. 대사암은 19마일 떨어진 곳에서 왔으며, 각 돌을 옮기기 위해서는 200명의 사람이 적어도 12일은 걸렸을 것이다. 보다 작은 청석은 훨씬 더 먼, 100마일 이상 떨어진 곳에서 왔다. 역사학자들은 그 장소에 도착하기까지 [70]건축가들이 내륙의 산에서부터 굴림대와 썰매를 사용하여 돌들을 끌고 나와, 뗏목이나 배 위에 실어, 몇 개의 강을 건넜을 것이라고 추측한다. 그 장소에 돌이 수직으로 세워진 것은 또 다른 공학기술의 불가사의인데, 이는 많은 돌들이 두 개의 입석 위에 수평으로 반듯이 놓여져 있었기 때문이다.

고고학적 증거는 스톤헨지가 묘지였음을 보여주지만, 예식 장소나 죽은 조상과 영적으로 이어주는 기념비와 같은 다른 기능을 했을 수도 있다. [71]스톤헨지는 1986년에 유네스코 세계 문화유산으로 지정되었으며, 매년 거의 백만 명의 관광객을 끌어들인다.

어휘   **massive** adj. 거대한   **monument** n. 기념비적 건축물, 기념물   **be composed of** phr. ~로 이루어지다   **upright** adv. 수직으로

prehistoric adj. 선사 시대의 intrigue v. 흥미를 불러일으키다 archaeologist n. 고고학자 fossil n. 화석 phase n. 단계
ditch n. 도랑, 배수로 encircle v. 둘러싸다 structure n. 구조물, 건축물 site n. 장소, 유적지 riddle n. 수수께끼, 불가사의
speculate v. 추측하다, 짐작하다 engineering n. 공학기술, 토목 공사 wonder n. 불가사의, 경이 horizontally adv. 수평으로
burial n. 묘지, 매장 ceremonial adj. 예식의, 의식의 memorial n. 기념비 ancestor n. 조상

---

67 특정세부사항   What   정답 (b)

What is Stonehenge?	스톤헨지는 무엇인가?
(a) a prehistoric city	(a) 선사 시대의 도시
(b) an ancient structure	(b) 고대의 건축물
(c) a big stone statue	(c) 거대 석상
(d) a natural rock formation	(d) 천연 암반층

해설 스톤헨지는 무엇인지를 묻는 What 문제이므로, 질문의 키워드 Stonehenge의 정의가 언급된 지문의 초반을 주의 깊게 읽는다. 1단락의
'Stonehenge is the best-known prehistoric monument in Europe'에서 스톤헨지는 유럽에서 가장 잘 알려진 선사 시대의 기념
비적 건축물이라고 했다. 따라서 (b)가 정답이다.

Paraphrasing
the ~ prehistoric monument 선사 시대의 기념비적 건축물 → an ancient structure 고대의 건축물

어휘 ancient adj. 고대의

---

68 특정세부사항   What   정답 (d)

What is one way used to estimate the age of Stonehenge?	스톤헨지의 시대를 추정하는 데 이용되는 한 가지 방법은 무엇인가?
(a) by referring to early written texts	(a) 과거에 쓰인 문자를 참고함으로써
(b) by interviewing the builders' descendants	(b) 건축가들의 후손들을 취재함으로써
(c) by analyzing its architectural design	(c) 건축 설계를 분석함으로써
(d) by examining fossils from the site	(d) 유적지에 있는 화석을 조사함으로써

해설 스톤헨지의 시대를 추정하는 데 이용되는 한 가지 방법은 무엇인지를 묻는 What 문제이므로, 질문의 키워드 estimate ~ age와 관련된 주
변 내용을 주의 깊게 읽는다. 2단락의 'Through radiocarbon dating and fossil records'에서 방사성 탄소 연대 측정법과 화석 기록
을 통해서라고 했다. 따라서 (d)가 정답이다.

Paraphrasing
Through ~ fossil records 화석 기록을 통해 → by examining fossils 화석을 조사함으로써

어휘 estimate v. 추정하다, 어림하다 descendant n. 후손, 자손 analyze v. 분석하다, 해석하다 examine v. 조사하다, 검사하다

⚡
고득점
69 특정세부사항   When   정답 (c)

When were the giant stones set up in the site?	거대한 돌들은 언제 유적지에 세워졌는가?
(a) about 5,000 years ago	(a) 약 5,000년 전에

(b) when the outer circle was formed
(c) after the inner circle was formed
(d) before the ditch was dug

(b) 바깥쪽 원이 형성되었을 때
(c) 안쪽 원이 형성된 다음에
(d) 도랑이 파지기 전에

해설 거대한 돌들은 언제 유적지에 세워졌는지를 묻는 When 문제이므로, 질문의 키워드 giant stones가 gigantic ~ stones로 paraphrasing되어 언급된 주변 내용을 주의 깊게 읽는다. 3단락의 'about 80 bluestones ~ were placed inside the ditch, forming an inner circle.'에서 약 80개의 청석이 도랑 안쪽에 세워졌고 안쪽 원을 형성했다고 한 뒤, 'Next, gigantic 30-foot tall sarsen stones ~ were added'에서 그다음에 거대한 30피트 높이의 대사암이 추가되었다고 했다. 따라서 (c)가 정답이다.

오답분석
(b) 3단락에서 거대한 30피트 높이의 대사암이 추가되어 바깥쪽 원을 형성했다고 하였으므로 거대한 돌들 자체가 바깥쪽 원임을 알 수 있다. 따라서 바깥쪽 원이 형성되었을 때 거대한 돌들이 세워졌다는 것은 지문의 내용과 일치하지 않는다.

---

70 추론 특정사실 정답 (a)

Why most likely is Stonehenge considered to be an engineering wonder?

(a) because it would've been built using only simple tools
(b) because the stones were difficult to make
(c) because many people would've taken part in its construction
(d) because the builders developed high-technology tools

스톤헨지는 왜 공학기술의 불가사의로 여겨지는 것 같은가?

(a) 단순한 기구들만을 사용해 지어졌을 것이기 때문에
(b) 돌들이 만들기 어려웠기 때문에
(c) 많은 사람들이 그것의 건축에 가담했을 것이기 때문에
(d) 건축가들이 첨단 기술 기구를 개발했기 때문에

해설 스톤헨지가 왜 공학기술의 불가사의로 여겨지는 것 같은지를 추론하는 문제이므로, 질문의 키워드 engineering wonder가 그대로 언급된 주변 내용을 주의 깊게 읽는다. 4단락의 'builders dragged the stones by roller and sledge ~ loaded them onto rafts or boats'에서 건축가들이 굴림대와 썰매를 사용하여 돌들을 끌고 나와 뗏목이나 배 위에 실었다고 한 것을 통해, 스톤헨지가 단순한 기구들만을 사용해 지어졌을 것이기 때문에 공학기술의 불가사의로 여겨지는 것임을 추론할 수 있다. 따라서 (a)가 정답이다.

---

71 추론 특정사실 정답 (b)

Based on the article, what purpose does Stonehenge most likely serve today?

(a) It is a place for holding religious rites.
(b) It boosts tourism in Wiltshire.
(c) It educates people about the Stone Age era.
(d) It is a spacious burial ground.

기사에 따르면, 스톤헨지는 오늘날 어떤 목적을 수행하는 것 같은가?

(a) 종교 의식을 거행하는 장소이다.
(b) 윌트셔의 관광업을 활성화한다.
(c) 사람들에게 석기 시대에 대해 교육한다.
(d) 방대한 묘지이다.

해설 스톤헨지는 오늘날 어떤 목적을 수행하는 것 같은지를 추론하는 문제이므로, 질문의 키워드 today와 관련된 주변 내용을 주의 깊게 읽는다. 5단락의 'Stonehenge became a UNESCO World Heritage Site in 1986, and draws nearly one million tourists per year.'에서 스톤헨지는 1986년에 유네스코 세계 문화유산으로 지정되었으며 매년 거의 백만 명의 관광객을 끌어들인다고 한 것을 통해, 스톤헨지는 오늘날 윌트셔의 관광업을 활성화하는 목적을 수행한다는 것을 추론할 수 있다. 따라서 (b)가 정답이다.

어휘 religious adj. 종교의 boost v. 활성화하다, 늘리다 spacious adj. 방대한, 광범위한

TEST 1

TEST 2

TEST 3

TEST 4

TEST 5

TEST 6

지텔프 기출문제집 Level 2

In the context of the passage, <u>phases</u> means _____.

(a) stages
(b) years
(c) chapters
(d) features

지문의 문맥에서, 'phases'는 -을 의미한다.

(a) 단계
(b) 연도
(c) 시기
(d) 특징

해설 밑줄 친 어휘의 유의어를 찾는 문제이므로, phases가 포함된 구절을 읽는다. 2단락의 'Stonehenge was constructed ~ in four separate phases'는 스톤헨지는 네 개의 독립된 단계에 걸쳐 건축되었다는 뜻이므로, phases가 '단계'라는 의미로 사용된 것을 알 수 있다. 따라서 '단계'라는 같은 의미의 (a) stages가 정답이다.

In the context of the passage, <u>riddle</u> means _____.

(a) fact
(b) puzzle
(c) challenge
(d) secret

지문의 문맥에서, 'riddle'은 -을 의미한다.

(a) 사실
(b) 수수께끼
(c) 도전
(d) 비밀

해설 밑줄 친 어휘의 유의어를 찾는 문제이므로, riddle이 포함된 구절을 읽는다. 4단락의 'how the stones even reached the site is a riddle'은 그 장소에 돌들이 도달한 것 자체가 수수께끼라는 뜻이므로, riddle이 '수수께끼'라는 의미로 사용된 것을 알 수 있다. 따라서 '수수께끼'라는 같은 의미의 (b) puzzle이 정답이다.

오답분석

(d) '비밀'이라는 뜻 이외에 '신비'라는 의미를 갖고 있는 secret도 riddle의 사전적 유의어 중 하나이다. 하지만 '신비'는 '사람의 힘이나 지혜로는 이해할 수 없는 것'을 의미하여 보통 자연이나 우주를 설명할 때 사용되므로 문맥에 어울리지 않아 오답이다.

PART 4 (74~80) 비즈니스 편지 새로운 지점의 개업을 홍보하는 편지

수신인 정보

Ms. Jenny Miller
34 West Main Street
Caldwell, New Jersey 07007

Dear Ms. Miller:

편지의 목적: 개업 홍보

Good day! ⁷⁴I am pleased to inform you that starting October 1, you may visit us at the newest branch of Reliable Home Appliance Center in Caldwell, New Jersey. While we have always been happy to serve you in our Newark branch, we think that you will find our new service center more convenient.

We will be receiving repairs of household appliances and electric products at 816 Harbor Street in Caldwell. You

Ms. Jenny Miller
07007 뉴저지 주 콜드웰
웨스트 메인 도로 34번지

Ms. Miller께:

안녕하세요! ⁷⁴10월 1일부터 뉴저지 콜드웰의 Reliable 가전제품 센터의 새로운 지점에 방문할 수 있게 되신 것을 알려드리게 되어 기쁩니다. 저희의 뉴어크 지점에서 고객님을 모실 수 있어서 언제나 행복했지만, 고객님께서 저희의 새로운 서비스 센터를 더욱 편리하게 여기실 것이라고 생각합니다.

저희는 콜드웰 하버 가 816번지에서 가전제품과 전자기기들의 수리 접수를 받을 것입니다. 이제 고객님께

새로운 지점의 역할

can now send your defective appliances and other products there. 75/79We are hoping that this expansion will allow us to address the repair needs of more clients in the Caldwell area.

수리 정책 재공지

Please also allow me to remind you about our repair policy: For every repair order, we send an estimate of the cost of repair for the customer's approval before beginning the work. Now, to save you time, we suggest that you send us the defective product along with a 76/80pre-approval letter authorizing us to repair the product as soon as we receive it. Again, 77we will not repair products that require parts that are no longer available. In case we receive a product that we are unable to fix due to a lack of parts, we will promptly return it to you unrepaired at no charge.

끝인사

78Should you have any concerns, don't hesitate to contact us at 890-14567 or at caldwellnj@reliablehome.com. Thank you for your continued support of our services.

Sincerely,

발신인 정보

Gerry Simmons
Director of Operations
Reliable Home Appliances Center, Inc.

서는 결함이 있는 가전제품과 다른 제품들을 그곳으로 보내실 수 있습니다. 75/79이번 확장이 콜드웰 지역에서 더 많은 고객들의 수리 작업 수요를 다룰 수 있기를 희망하고 있습니다.

저희의 수리 정책에 대하여 다시 한 번 말씀 드리겠습니다. 모든 수리 주문에 대하여, 작업을 시작하기 전 승인을 위해 수리 작업의 비용 견적을 보내드립니다. 이제, 시간을 절약하시려면, 76/80제품을 저희가 수령하는 대로 수리를 해도 된다고 허가하는 사전 승인서를 결함이 있는 제품과 함께 보내시는 것을 추천합니다. 또, 77더 이상 구할 수 없는 부품을 필요로 하는 제품은 수리하지 않을 것입니다. 부품이 없어서 수리할 수 없는 제품을 수령하는 경우, 수리하지 않은 상태로 비용 청구 없이 즉시 돌려보낼 것입니다.

78용무가 있으시다면, 890-14567이나 caldwellnj@reliablehome.com으로 망설이지 말고 연락해 주시기 바랍니다. 저희 서비스에 대한 지속적인 성원에 감사드립니다.

Gerry Simmons 드림
사업부장
(주)Reliable 가전제품 센터

어휘 branch n. 지점 appliance n. 가전제품 convenient adj. 편리한, 사용하기 좋은 household adj. 가정용의
defective adj. 결함이 있는 expansion n. 확장, 확대 address v. 다루다, 보내다 policy n. 정책, 방침
estimate n. 견적, 추정 approval n. 승인, 찬성 authorize v. 허가하다, 인가하다 be unable to phr. ~할 수 없다
lack n. ~이 없음, 부족; v. 부족하다 promptly adv. 즉시 concern n. 용무, 걱정 hesitate v. 망설이다

---

74 주제/목적　편지의 목적　　　　　　　　　　　　　　　　정답 (c)

Why did Gerry Simmons write Jenny Miller a letter?

(a) to invite her to shop at their newest store
(b) to inform her that their business will transfer to Caldwell
(c) to tell her about their new service center
(d) to inform her that their Newark branch is closing

Gerry Simmons는 왜 Jenny Miller에게 편지를 썼는가?

(a) 새로운 가게에서 쇼핑하도록 초대하기 위해서
(b) 회사를 콜드웰로 옮길 것을 알리기 위해서
(c) 새로운 서비스 센터에 대해 알리기 위해서
(d) 뉴어크 지점이 폐점할 것임을 알리기 위해서

해설 편지의 목적을 묻는 문제이므로, 지문의 초반을 주의 깊게 읽고 전체 맥락을 파악한다. 1단락의 'I am pleased to inform you ~ the newest branch of Reliable Home Appliance Center in Caldwell, New Jersey.'에서 뉴저지 콜드웰의 Reliable 가전제품 센터의 새로운 지점에 방문할 수 있게 된 것을 알리게 되어 기쁘다고 한 뒤, 새로운 서비스 센터에 대해 알리는 내용이 이어지고 있다. 따라서 (c)가 정답이다.

What is Reliable Home Appliance Center hoping to do with the new branch?	Reliable 가전제품 센터가 새로운 지점에서 하고자 희망하는 것은 무엇인가?
(a) accommodate more clients in a bigger store	(a) 더 큰 가게에서 더 많은 고객을 수용한다
(b) sell more appliances and electric gadgets	(b) 더 많은 가전제품과 전자 기기를 판다
(c) provide repair services to more customers	(c) 더 많은 고객에게 수리 서비스를 제공한다
(d) compete with a competitor in the Caldwell area	(d) 콜드웰 지역에 있는 경쟁사와 경쟁한다

해설 Reliable 가전제품 센터가 새로운 지점에서 하고자 희망하는 것은 무엇인지를 묻는 What 문제이므로, 질문의 키워드 hoping이 그대로 언급된 주변 내용을 주의 깊게 읽는다. 2단락의 'We are hoping ~ to address the repair needs of more clients in the Caldwell area.'에서 이번 확장이 콜드웰 지역에서 더 많은 고객들의 수리 작업 수요를 다룰 수 있기를 희망하고 있다고 했다. 따라서 (c)가 정답이다.

Paraphrasing
address the repair needs of more clients 더 많은 고객들의 수리 작업 수요를 다루다 → provide repair services to more customers 더 많은 고객에게 수리 서비스를 제공하다

어휘 accommodate v. 수용하다 gadget n. 기기, 장치, 도구

What will most likely happen when a customer sends a product with a pre-approval?	고객이 사전 승인서와 함께 제품을 보내면 무슨 일이 일어날 것 같은가?
(a) He will be informed that the product was received.	(a) 제품이 수령되었음을 통지받을 것이다.
(b) The product will be repaired immediately.	(b) 제품이 즉시 수리될 것이다.
(c) He will receive an estimate of the repair cost.	(c) 수리 비용의 견적을 받을 것이다.
(d) The product will not be repaired.	(d) 제품이 수리되지 않을 것이다.

해설 고객이 사전 승인서와 함께 제품을 보내면 무슨 일이 일어날 것 같은지를 추론하는 문제이므로, 질문의 키워드 pre-approval이 그대로 언급된 주변 내용을 주의 깊게 읽는다. 3단락의 'pre-approval letter authorizing us to repair the product as soon as we receive it'에서 제품을 수령하는 대로 수리를 해도 된다고 허가하는 사전 승인서라고 했으므로, 사전 승인서와 함께 제품을 보내면 제품이 즉시 수리될 것임을 추론할 수 있다. 따라서 (b)가 정답이다.

Which products will not be fixed?	어떤 제품들이 수리되지 않을 것인가?
(a) those that only lack one part	(a) 하나의 부품만 부족한 것들
(b) those with unavailable parts	(b) 구할 수 없는 부품이 있는 것들
(c) those that are hard to repair	(c) 수리하기 어려운 것들
(d) those that weren't bought from Reliable Home	(d) Reliable 가전제품 센터에서 구매되지 않은 것들

해설 어떤 제품들이 수리되지 않을 것인지를 묻는 Which 문제이므로, 질문의 키워드 not be fixed가 not repair로 paraphrasing되어 언급된 주변 내용을 주의 깊게 읽는다. 3단락의 'we will not repair products that require parts that are no longer available'에서 더 이상 구할 수 없는 부품을 필요로 하는 제품은 수리하지 않을 것이라고 했다. 따라서 (b)가 정답이다.

78 특정세부사항   What   정답 (d)

What should Miller do if she has concerns about the new branch?

(a) see Gerry Simmons
(b) use the other branches
(c) visit the service center
(d) call the appliance store

Miller는 새로운 지점에 대해 용무가 있을 경우 무엇을 해야 하는가?

(a) Gerry Simmons를 만난다
(b) 다른 지점들을 이용한다
(c) 서비스 센터를 방문한다
(d) 가전제품 상점에 전화한다

해설   Miller는 새로운 지점에 대해 용무가 있을 경우 무엇을 해야 하는지를 묻는 What 문제이므로, 질문의 키워드 concerns가 그대로 언급된 주변 내용을 주의 깊게 읽는다. 4단락의 'Should you have any concerns, ~ contact us at 890-14567 or at caldwellnj@ reliablehome.com.'에서 용무가 있다면 전화나 메일로 망설이지 말고 연락하라고 했다. 따라서 (d)가 정답이다.

79 어휘   유의어   정답 (b)

In the context of the passage, expansion means _____.

(a) lengthening
(b) extension
(c) renovation
(d) decrease

지문의 문맥에서, 'expansion'은 -을 의미한다.

(a) 연장
(b) 확장
(c) 개조
(d) 감소

해설   밑줄 친 어휘의 유의어를 찾는 문제이므로, expansion이 포함된 구절을 읽는다. 2단락의 'We are hoping that this expansion will ~ address the repair needs of more clients'는 이번 확장이 더 많은 고객들의 수리 작업 수요를 다룰 수 있기를 희망하고 있다는 뜻이므로, expansion이 '확장'이라는 의미로 사용된 것을 알 수 있다. 따라서 '확장'이라는 같은 의미의 (b) extension이 정답이다.

80 어휘   유의어   정답 (a)

In the context of the passage, authorizing means _____.

(a) allowing
(b) writing
(c) stopping
(d) demanding

지문의 문맥에서, 'authorizing'은 -을 의미한다.

(a) 허락하다
(b) 쓰다
(c) 중단하다
(d) 요구하다

해설   밑줄 친 어휘의 유의어를 찾는 문제이므로, authorizing이 포함된 구절을 읽는다. 3단락의 'pre-approval letter authorizing us to repair the product as soon as we receive it'은 제품을 수령하는 대로 수리를 해도 된다고 허가하는 사전 승인서라는 뜻이므로, authorizing이 '허가하다'라는 의미로 사용된 것을 알 수 있다. 따라서 '허락하다'라는 비슷한 의미의 (a) allowing이 정답이다.

공식기출 TEST 3 해석·해설

GRAMMAR

LISTENING

READING & VOCABULARY

점수 : _____점 (_____ / 80)

GRAMMAR : _____ / 26
LISTENING : _____ / 26
READING & VOCABULARY : _____ / 28

*점수 계산법은 교재 14페이지를 참고하세요.

GRAMMAR

01 관계사　주격 관계대명사 who　정답 (b)

The iconic Walt Disney Concert Hall in Los Angeles is widely acclaimed for its magnificent architecture. The building was designed by the American architect, Frank Gehry, _____ for the famous Guggenheim Museum in Bilbao, Spain.

(a) where he also drew up the plans
(b) who also drew up the plans
(c) how the plan was also drawn up
(d) that he also drew up the plans

로스엔젤레스의 상징적인 Walt Disney 연주회장은 그것의 웅장한 건축 양식으로 널리 칭송된다. 건물은 미국의 건축가인 Frank Gehry에 의해 설계되었는데, 스페인 빌바오에 있는 유명한 구겐하임 박물관 또한 그가 기획했다.

해설　보기를 통해 관계사 문제임을 알 수 있으므로, 선행사 관련 단서를 파악한다. 사람 선행사 Frank Gehry를 받으면서 콤마(,) 뒤에 올 수 있는 주격 관계대명사가 필요하므로, (b) who also drew up the plans가 정답이다.

어휘　iconic adj. 상징적인　acclaim v. 칭송하다, 격찬하다　magnificent adj. 웅장한, 멋진　architecture n. 건축 양식, 건축물 architect n. 건축가　draw up a plan phr. 기획하다, 계획을 세우다

02 시제　현재진행　정답 (d)

Though not yet finished with her doctorate in parasitology, Leila has already made great progress in the field. In addition to having a number of her journal articles published, she _____ on a project to control *schistosomiasis* in sub-Saharan Africa.

(a) will now work
(b) now worked
(c) has now worked
(d) is now working

그녀의 기생충학 박사 학위를 아직 끝내지는 못했지만, Leila는 그 분야에서 이미 엄청난 발전을 이루었다. 발표된 많은 학술 기사들을 보유했을 뿐만 아니라, 그녀는 현재 사하라 사막 이남 아프리카의 주혈흡충병을 막기 위한 프로젝트를 수행하는 중이다.

해설　보기를 통해 시제 문제임을 알 수 있으므로, 시간 표현 관련 단서를 파악한다. 보기에 현재 시간 표현 now가 사용되었고, 문맥상 현재 프로젝트를 수행하는 중이라는 의미가 되어야 자연스럽다. 따라서 현재진행시제 (d) is now working이 정답이다. 참고로 보기에 현재 시간 표현 now가 포함된 경우, 문제를 읽지 않고도 현재진행시제를 정답으로 고를 수 있다.

어휘　doctorate n. 박사 학위　parasitology n. 기생충학　progress n. 발전, 진전　a number of phr. 많은　journal article phr. 학술 기사 publish v. 발표하다, 발행하다

03 가정법   가정법과거완료   정답 (a)

The price of goods is increasing in the UK as the pound continues to decline to a six-year low. Analysts believe that if the British had not voted to leave the European Union last year, inflation _____.

(a) would have been controlled
(b) had been controlled
(c) was controlled
(d) will be controlled

파운드 통화가 6년 만의 최저치로 계속해서 하락함에 따라 영국의 상품 가격이 상승하고 있다. 분석가들은 만약 영국인들이 지난해에 유럽연합을 떠나는 것에 투표하지 않았었다면, 물가 상승이 통제되었을 것이라고 믿는다.

해설   보기와 빈칸 문장의 if를 통해 가정법 문제임을 알 수 있으므로, 가정법 공식의 동사 부분을 파악한다. if절에 'had p.p.' 형태의 had not voted가 있으므로, 주절에는 이와 짝을 이루어 가정법과거완료를 만드는 'would(조동사 과거형) + have p.p.'가 와야 한다. 따라서 (a) would have been controlled가 정답이다.

어휘   increase v. 상승하다, 증가하다   decline v. 하락하다, 줄어들다   low n. 최저치   analyst n. 분석가   vote v. 투표하다   inflation n. 물가 상승

04 준동사   동명사와 to부정사 모두를 목적어로 취하는 동사   정답 (d)

Ben Adler, the owner of a home-brew beer shop, grew up in Milwaukee where beer is part of the local culture. He remembers _____ his father cap fermenting beer in their kitchen when he was eight years old.

(a) to help
(b) to be helping
(c) to have helped
(d) helping

자가 양조 맥주 가게의 주인인 Ben Adler는, 맥주가 지역 문화의 일부인 밀워키에서 자랐다. 그는 그가 여덟 살이었을 때 주방에서 아버지가 발효 중인 맥주의 뚜껑을 덮도록 도왔던 것을 기억한다.

해설   보기를 통해 준동사 문제임을 알 수 있으므로, 빈칸 주변에서 단서를 파악한다. 빈칸 앞 동사 remember는 동명사와 to부정사 모두를 목적어로 취하므로, 문맥을 파악하여 정답을 선택해야 한다. 문맥상 여덟 살이었을 때 아버지가 발효 중인 맥주의 뚜껑을 덮도록 도왔던 것을 기억한다는 의미가 되어야 자연스러우므로, 동사 remember와 함께 쓰일 때 '(전에 어떤 일을) 했던 것을 기억하다'라는 의미를 나타내는 동명사 (d) helping이 정답이다.

오답분석

(a) to부정사 to help는 동사 remember와 함께 쓰일 때 '(아직 하지 않은 어떤 일을) 할 것을 기억하다'라는 의미를 나타내어, 문맥상 여덟 살이었을 때 아버지가 발효 중인 맥주의 뚜껑을 덮도록 도울 것을 기억한다는 어색한 의미가 되므로 오답이다.

어휘   home-brew beer phr. 자가 양조 맥주   local adj. 지역의   culture n. 문화   cap v. ~의 뚜껑을 덮다   ferment v. 발효시키다

05 조동사   조동사 will   정답 (c)

GDM Network announced a new show called *Star Records*. Based on the true stories of young musicians in 1950s Memphis, the show tells of the birth of rock-and-roll. It

GDM 방송망은 Star Records라고 불리는 새로운 프로그램을 발표했다. 1950년대 멤피스의 젊은 음악가들의 실화에 기반하여, 그 프로그램은 로큰롤의 탄생

_____ premiere on May 4 during prime time.

(a) can
(b) might
(c) will
(d) would

을 알린다. 그것은 5월 4일 황금 시간대에 처음 공개
될 것이다.

해설　보기를 통해 조동사 문제임을 알 수 있으므로, 첫 문장부터 읽으며 문맥을 파악한다. 문맥상 프로그램이 5월 4일 황금 시간대에 처음 공개될
　　　것이라는 의미가 되어야 자연스러우므로, '~할 것이다'를 뜻하면서 예정을 나타내는 조동사 (c) will이 정답이다.

> 오답분석

　　　(a), (b)　can은 가능성/능력, might는 약한 추측을 나타내어 문맥에 적합하지 않으므로 오답이다.
　　　(d)　would는 will의 과거형으로 앞 문장의 현재시제 동사(tells)와 시제가 일치하지 않으므로 오답이다.

어휘　announce v. 발표하다　based on phr. ~에 기반하여　tell of phr. ~을 알리다　birth n. 탄생　premiere v. 처음 공개되다, 초연하다
　　　prime time phr. 황금 시간대

06　조동사　　조동사 should 생략　　　　　　　　　　　　　　　　　정답 (b)

The roads in Kathmandu are so narrow that accidents
are very common in the city. While the Nepalese clamor
for wider two-way roads, the government advises that the
public _____ bicycles and public transportation in the
meantime.

(a) will just use
(b) just use
(c) are just using
(d) just uses

카트만두의 도로들은 너무 좁아서 그 도시에서는 사
고가 매우 흔하다. 네팔 사람들은 더 넓은 이차선 도로
를 요구하는 반면, 정부는 그 사이에 대중들에게 그냥
자전거와 대중교통을 이용하라고 권고한다.

해설　보기와 빈칸 문장의 that절을 통해 조동사 should 생략 문제임을 알 수 있으므로, 빈칸 주변에서 단서를 파악한다. 주절에 제안을 나타내는
　　　동사 advise가 있으므로 that절에는 '(should +) 동사원형'이 와야 한다. 따라서 동사원형 (b) just use가 정답이다.

어휘　narrow adj. 좁은　accident n. 사고　clamor for phr. ~을 (시끄럽게) 요구하다, 외치다　government n. 정부
　　　public transportation phr. 대중교통　in the meantime phr. 그 사이에, 그동안에

07　가정법　　가정법과거　　　　　　　　　　　　　　　　　　　　　정답 (c)

BYG, Inc. will be hosting a thank-you dinner for their clients
next month. However, they can only afford to entertain
about twenty of them. If they had a bigger budget, they
_____ all forty-four of their active clients.

(a) will invite
(b) invited
(c) would invite
(d) are inviting

다음 달에 BYG 주식회사는 고객들을 위해 감사의 저
녁 식사를 주최하고 있을 것이다. 하지만, 그들은 고객
들 중 오직 20명 가량만 접대할 여유가 된다. 만약 그
들이 더 큰 예산을 가지고 있다면, 그들은 그들의 적극
적인 고객들 44명 모두를 초대할 것이다.

해설 보기와 빈칸 문장의 If를 통해 가정법 문제임을 알 수 있으므로, 가정법 공식의 동사 부분을 파악한다. if절에 과거 동사(had)가 있으므로, 주절에는 이와 짝을 이루어 가정법과거를 만드는 'would(조동사 과거형) + 동사원형'이 와야 한다. 따라서 (c) would invite가 정답이다.

어휘 host v. 주최하다 client n. 고객 afford v. 여유가 되다 entertain v. 접대하다 active adj. 적극적인 invite v. 초대하다

⚡ 고득점
08 시제 과거완료진행 정답 (a)

Greg has become more careful about what he eats ever since being diagnosed with hypertension. Before switching to his new diet, he _____ himself with sodium-loaded junk food such as fries, burgers, and tacos every day.

(a) had been stuffing
(b) is stuffing
(c) would have stuffed
(d) stuffed

Greg는 고혈압으로 진단받은 이래로 줄곧 그가 먹는 것에 대해 더욱 조심하게 되었다. 그의 새로운 식단으로 바꾸기 전에, 그는 매일 감자튀김, 햄버거, 그리고 타코와 같이 나트륨으로 가득한 불량 식품을 잔뜩 먹어오던 중이었다.

해설 보기를 통해 시제 문제임을 알 수 있으므로, 시간 표현 관련 단서를 파악한다. 과거완료진행시제의 단서로 쓰이는 시간 표현 'before + 과거 동사'(Before switching)가 사용되었고, 문맥상 Greg가 고혈압 진단을 받고 새로운 식단으로 바꾼 시점(과거)의 이전(대과거)에 불량 식품을 잔뜩 먹어오던 중이었다는 의미가 되어야 자연스럽다. 따라서 과거완료진행시제 (a) had been stuffing이 정답이다. 참고로 'Before switching'은 'Before he switched'를 변형한 분사구문이다.

어휘 diagnose v. 진단하다 hypertension n. 고혈압 switch to phr. ~로 바꾸다 diet n. 식단 sodium n. 나트륨
loaded adj. (~으로) 가득한 stuff oneself with phr. ~을 잔뜩 먹다, 과식하다

09 준동사 to부정사를 목적어로 취하는 동사 정답 (b)

The Pirates lost to the Hawks last Saturday, leaving them eight games away from the playoffs. With only seven more games remaining in the season, they need _____ all of their games to advance to the postseason.

(a) winning
(b) to win
(c) to have won
(d) having won

Pirates 팀은 지난 토요일에 Hawks 팀에 패배했는데, 이는 그들을 결승전으로부터 여덟 경기나 멀어지게 했다. 시즌에서 오직 일곱 경기가 남았는데, 그들은 포스트시즌으로 나아가기 위해 그들의 모든 경기를 이길 필요가 있다.

해설 보기를 통해 준동사 문제임을 알 수 있으므로, 빈칸 주변에서 단서를 파악한다. 빈칸 앞 동사 need는 to부정사를 목적어로 취하므로, to부정사 (b) to win이 정답이다.

오답분석
(c) to have won도 to부정사이기는 하지만, 완료부정사(to have won)로 쓰일 경우 '필요가 있는' 시점보다 '이긴' 시점이 앞선다는 것을 나타내므로 문맥에 적합하지 않아 오답이다.

어휘 playoff n. 결승전, 연장전 remain v. 남다 advance v. 나아가다, 다가가다

10 연결어 접속부사

"Smellwalkers" are volunteers who go around cities identifying odors to map olfactory landscapes. Their reports can show how cities have evolved. _____, today's Americans probably don't know that New York City used to smell of horse manure and factory fumes.

(a) That is
(b) In addition
(c) Nevertheless
(d) For instance

"Smellwalkers"는 후각 경관 지도를 만들기 위해 냄새를 확인하며 도시 주변을 돌아다니는 자원봉사자들이다. 그들의 보고는 도시가 어떻게 발달해왔는지를 보여줄 수 있다. 예를 들어, 오늘날의 미국인들은 아마도 뉴욕시에 말의 배설물과 공장 매연 냄새가 나곤 했다는 것을 알지 못할 것이다.

해설 보기와 빈칸 뒤의 콤마를 통해 접속부사 문제임을 알 수 있으므로, 첫 문장부터 읽으며 문맥을 파악한다. 문맥상 Smellwalkers의 보고는 도시가 어떻게 발달해왔는지를 보여줄 수 있고, 예를 들어 오늘날의 미국인들은 뉴욕시에 말의 배설물과 공장 매연 냄새가 나곤 했다는 것을 알지 못할 것이라는 의미가 되어야 자연스럽다. 따라서 '예를 들어'라는 의미의 예시를 나타내는 접속부사 (d) For instance가 정답이다.

오답분석
(a) That is는 '즉', (b) In addition은 '게다가', (c) Nevertheless는 '그럼에도 불구하고'라는 의미로, 문맥에 적합하지 않아 오답이다.

어휘 volunteer n. 자원봉사자 identify v. 확인하다 odor n. 냄새 map v. 지도를 만들다 olfactory adj. 후각의 landscape n. 경관, 풍경 evolve v. 발달하다, 진화하다 smell v. 냄새가 나다 manure n. 배설물, 거름 fume n. 매연

11 가정법 가정법과거완료

Devastated after divorcing his wife, Peter was hesitant about seeing a therapist until his mother convinced him to go. If he _____ all his pain to himself, his depression would have gotten worse.

(a) is keeping
(b) would keep
(c) kept
(d) had kept

아내와 이혼한 후에 망연자실하여, Peter는 그의 어머니가 그를 가도록 설득하기 전까지 치료사를 만나는 것에 대해 망설였다. 만약 그가 그의 모든 고통을 혼자 참았었다면, 그의 우울증은 악화되었을 것이다.

해설 보기와 빈칸 문장의 If를 통해 가정법 문제임을 알 수 있으므로, 가정법 공식의 동사 부분을 파악한다. 주절에 'would(조동사 과거형) + have p.p.' 형태의 would have gotten이 있으므로, if절에는 이와 짝을 이루어 가정법과거완료를 만드는 과거완료 동사가 와야 한다. 따라서 (d) had kept가 정답이다.

어휘 devastated adj. 망연자실한, 큰 타격을 받은 divorce v. 이혼하다 hesitant adj. 망설이는, 주저하는 therapist n. 치료사 convince v. 설득하다, 납득시키다 pain n. 고통 to oneself phr. 혼자 depression n. 우울증 get worse phr. 악화되다

12 조동사   조동사 should 생략   정답 (c)

These days, consumers are bombarded with much more product information than they actually need. In order to choose a product more wisely, it is important that customers _____ by all the choices they are exposed to.

(a) have not been overwhelmed
(b) will not be overwhelmed
(c) not be overwhelmed
(d) are not overwhelmed

요즘, 소비자들은 그들이 실제로 필요로 하는 것보다 훨씬 더 많은 제품 정보의 공세를 받는다. 제품을 더욱 현명하게 선택하기 위해, 고객들은 그들이 노출되는 모든 선택권에 의해 압도되지 않아야 하는 것이 중요하다.

해설   보기와 빈칸 문장의 that절을 통해 조동사 should 생략 문제임을 알 수 있으므로, 빈칸 주변에서 단서를 파악한다. 주절에 당위성을 나타내는 형용사 important가 있으므로 that절에는 '(should +) 동사원형'이 와야 한다. 따라서 동사원형 (c) not be overwhelmed가 정답이다.

어휘   consumer n. 소비자   be bombarded with phr. ~의 공세를 받다   in order to phr. ~하기 위해   wisely adv. 현명하게   customer n. 고객   choice n. 선택권, 선택   be exposed to phr. ~에 노출되다   overwhelmed adj. 압도된

13 시제   미래진행   정답 (b)

We might not see you after the concert because we're all going straight to Tommy's apartment on Belford Avenue for an after-party. We could just meet up there. We _____ at Tommy's until midnight if you'd like to join us.

(a) are hanging out
(b) will be hanging out
(c) hung out
(d) will hang out

우리는 공연 후에 당신을 보지 못할지도 모르는데 이는 우리 모두가 애프터 파티를 위해 Belford 가에 있는 Tommy의 아파트로 곧장 갈 것이기 때문이다. 우리는 그냥 그곳에서 만나면 된다. 만약 당신이 우리와 함께하고 싶다면 우리는 Tommy의 집에서 자정까지 놀고 있는 중일 것이다.

해설   보기를 통해 시제 문제임을 알 수 있으므로, 시간 표현 관련 단서를 파악한다. 미래진행시제의 단서로 쓰이는 시간 표현 'until + 미래 시점'(until midnight)과 현재 동사로 미래의 의미를 나타내는 조건의 부사절 'if + 현재 동사'(if ~ would like to)가 사용되었고, 문맥상 공연 후 미래 시점에 Tommy의 집에서 자정까지 놀고 있는 중일 것이라는 의미가 되어야 자연스럽다. 따라서 미래진행시제 (b) will be hanging out이 정답이다.

오답분석

(d) 미래시제는 미래에 대한 단순한 약속, 제안, 예측을 나타내므로, 특정 미래 시점에 한창 진행되고 있을 일을 표현할 수 없어 오답이다.

어휘   meet up phr. 만나다   midnight n. 자정   join v. 함께 하다, 연결하다   would like to phr. ~하고 싶다   hang out phr. 놀다, 시간을 보내다

14 관계사   주격 관계대명사 that   정답 (a)

A former chef at the royal palace revealed that the queen is a big fan of chocolate biscuit cake. Being a staple of her afternoon teas, the cake is the only sweet _____ until none is left in the kitchen.

한 전임 왕궁 요리사는 여왕이 초콜릿 비스킷 케이크를 매우 좋아한다는 것을 밝혔다. 그녀의 오후 다과에서 주요한 식품이기 때문에, 케이크는 주방에 하나도 남지 않을 때까지 왕실 식탁에 다시 채워지는 유일한 후식이다.

(a) that gets refilled on the royal table
(b) when the royal table gets refilled
(c) which it gets refilled on the royal table
(d) where the royal table gets refilled

해설   보기를 통해 관계사 문제임을 알 수 있으므로, 선행사 관련 단서를 파악한다. 사물 선행사 sweet를 받으면서, 관계절 내에서 동사 get refilled의 주어가 될 수 있는 관계대명사가 필요하므로, 주격 관계대명사절 (a) that gets refilled on the royal table이 정답이다.

어휘   **former** adj. 전임의   **royal palace** phr. 왕궁   **reveal** v. 밝히다, 드러내다   **be a big fan of** phr. ~을 매우 좋아하다
      staple n. 주요한 식품, 주성분   **sweet** n. (달콤한) 후식, 디저트   **refill** v. 다시 채우다

---

15   준동사   동명사를 목적어로 취하는 동사   정답 (d)

Our CEO is not a fan of formal meetings or boardroom discussions. Instead, he enjoys _____ ideas over a meal. Other company executives have followed suit and are now favoring walking meetings.

(a) to be exchanging
(b) having exchanged
(c) to exchange
(d) exchanging

우리의 최고 경영자는 공식적인 회의나 회의실 토론을 좋아하지 않는다. 대신에, 그는 식사를 하면서 의견을 교환하는 것을 즐긴다. 회사의 다른 경영진들도 전례를 따랐고 현재 살아 있는 회의를 선호하고 있다.

해설   보기를 통해 준동사 문제임을 알 수 있으므로, 빈칸 주변에서 단서를 파악한다. 빈칸 앞 동사 enjoy는 동명사를 목적어로 취하므로, 동명사 (d) exchanging이 정답이다.

> 오답분석

   (b) having exchanged도 동명사이기는 하지만, 완료동명사(having exchanged)로 쓰일 경우 '즐기는' 시점보다 '의견을 교환한' 시점이 앞선다는 것을 나타내므로 문맥에 적합하지 않아 오답이다.

어휘   **formal** adj. 공식적인   **boardroom** n. 회의실   **discussion** n. 토론, 논의   **meal** n. 식사   **executive** n. 경영진, 간부
      follow suit phr. 전례를 따르다   **favor** v. 선호하다, 찬성하다   **walking** adj. 살아 있는, 걸어 다니는

---

16   가정법   가정법과거   정답 (a)

Although she can afford to stay at hotels, Mia chooses to stay at couch surfers' houses for free on her out-of-country trips. If she were a more cautious traveler, she _____ stay in strangers' homes while abroad.

(a) wouldn't dare
(b) doesn't dare
(c) won't dare
(d) wasn't daring

호텔에서 머무를 여유가 되긴 하지만, Mia는 해외 여행에서 카우치 서퍼가 잘 수 있는 집에 무료로 머무르는 것을 선택한다. 만약 그녀가 더욱 조심스러운 여행자라면, 그녀는 해외에 있는 동안 낯선 사람들의 집에서 머무를 엄두도 내지 않을 것이다.

해설   보기와 빈칸 문장의 If를 통해 가정법 문제임을 알 수 있으므로, 가정법 공식의 동사 부분을 파악한다. if절에 과거 동사(were)가 있으므로, 주절에는 이와 짝을 이루어 가정법과거를 만드는 'would(조동사 과거형) + 동사원형'이 와야 한다. 따라서 (a) wouldn't dare가 정답이다.

어휘 **couch surfer** phr. 카우치 서퍼(여행을 가서 다른 사람의 소파에서 잠을 자는 사람들) **for free** phr. 무료로 **out-of-country** adj. 해외의 **cautious** adj. 조심스러운, 신중한 **abroad** adv. 해외에 **dare** v. 엄두를 내다

---

17 시제 현재완료진행 정답 (c)

Fred Allen, the famous drummer of the group *Sub Calling*, was actually a bass guitarist during his high school years. In fact, he _____ the drums for only four years now.

(a) will have been playing
(b) is playing
(c) has been playing
(d) played

그룹 Sub Calling의 유명한 드러머 Fred Allen은 사실 그의 고등학교 시절 동안 베이스 기타리스트였다. 사실상, 그는 드럼을 현재 단 4년 동안 연주해오고 있는 중이다.

해설 보기를 통해 시제 문제임을 알 수 있으므로, 시간 표현 관련 단서를 파악한다. 현재완료진행시제의 단서로 쓰이는 시간 표현 'for + 기간 표현 + now'(for ~ four years now)가 사용되었고, 문맥상 고등학교 시절부터 현재까지 드럼을 단 4년 동안 연주해오고 있는 중이라는 의미가 되어야 자연스럽다. 따라서 현재완료진행시제 (c) has been playing이 정답이다.

오답분석

(b) 현재진행시제는 특정 현재 시점에 진행 중인 일을 나타내므로, 과거 시점부터 현재 시점까지 지속되는 기간을 나타내는 'for + 기간 표현'과 함께 쓰이지 않으므로 오답이다.

어휘 **actually** adv. 사실, 실제로

---

18 조동사 조동사 should 생략 정답 (d)

Arguing with other people is difficult because they most likely have different values and beliefs from yours. In order to make a compelling argument, it's best that you _____ adequate proof to back it up.

(a) will present
(b) are presenting
(c) presented
(d) present

다른 사람들과 논쟁하는 것은 그들이 아마 당신과는 다른 가치와 신념을 가지고 있을 것이기 때문에 어렵다. 설득력 있는 주장을 하기 위해서는, 그것을 뒷받침할 적절한 증거를 보여주어야 하는 것이 가장 좋다.

해설 보기와 빈칸 문장의 that절을 통해 조동사 should 생략 문제임을 알 수 있으므로, 빈칸 주변에서 단서를 파악한다. 주절에 당위성을 나타내는 형용사 best가 있으므로 that절에는 '(should +) 동사원형'이 와야 한다. 따라서 동사원형 (d) present가 정답이다.

어휘 **argue** v. 논쟁하다, 말다툼하다 **value** n. 가치 **belief** n. 신념 **compelling** adj. 설득력 있는 **argument** n. 주장, 논쟁 **adequate** adj. 적절한, 적당한 **proof** n. 증거 **back up** phr. 뒷받침하다

19 연결어 부사절 접속사

A public health report by Boston University says that the richest 1% of Americans live ten years longer than their poorest counterparts. This may be _____ poor people have less access to affordable health care.

(a) although
(b) because
(c) so that
(d) unless

보스턴 대학의 공중 보건 보고서는 1퍼센트의 가장 부유한 미국인들이 가장 빈곤한 미국인들보다 십 년 더 오래 산다고 말한다. 이것은 아마도 빈곤한 사람들이 알맞은 보건 진료를 이용할 기회를 더 적게 갖기 때문이다.

해설 보기를 통해 연결어 문제임을 알 수 있으므로, 첫 문장부터 읽으며 문맥을 파악한다. 문맥상 '빈곤한 사람들이 보건 진료를 이용할 기회를 더 적게 갖기 때문에 부유한 미국인들이 빈곤한 미국인들보다 더 오래 산다'라는 의미가 되어야 자연스럽다. 따라서 '~ 때문에'라는 의미의 이유를 나타내는 부사절 접속사 (b) because가 정답이다.

오답분석

(a) although는 '~이긴 하지만', (c) so that은 '~하기 위해', (d) unless는 '~하지 않는 한'이라는 의미로, 문맥에 적합하지 않아 오답이다.

어휘 public health phr. 공중 보건 counterpart n. 대응 관계에 있는 사람 affordable adj. 알맞은, 입수 가능한

20 준동사 to부정사의 형용사 역할

The Rockaway Beach and Boardwalk in Queens attracts families from all over New York. The beach's waves are perfect for taking beginner surfing lessons, while the boardwalk is a good place _____ the sunset.

(a) to enjoy
(b) will enjoy
(c) enjoying
(d) to have enjoyed

퀸스의 Rockaway 해변과 산책로는 뉴욕 전역의 가족들을 유치한다. 해변의 파도는 입문자 서핑 교습을 받기에 완벽하고, 동시에 산책로는 일몰을 즐기기에 좋은 장소이다.

해설 보기를 통해 준동사 문제임을 알 수 있으므로, 빈칸 주변에서 단서를 파악한다. 빈칸 앞에 명사(place)가 왔고 문맥상 '일몰을 즐기기에 좋은 장소라는 의미가 되어야 자연스러우므로, 빈칸은 명사를 수식하는 형용사의 자리이다. 따라서 명사를 꾸며주는 형용사적 수식어구를 이끌 수 있는 to부정사 (a) to enjoy가 정답이다.

어휘 boardwalk n. 산책로 attract v. 유치하다, 끌다 sunset n. 일몰

21 시제 미래완료진행

Mandy is having a hard time finishing her assignment on inverse trigonometry functions. By the time she finishes answering all the questions about the unknown angles of a triangle, she _____ to solve the problems for over two hours.

Mandy는 그녀의 역삼각함수 과제를 끝내는 데 힘든 시간을 보내고 있다. 그녀가 삼각형의 알 수 없는 각도에 대한 모든 문제들에 답하는 것을 끝낼 무렵이면, 그녀는 2시간이 넘는 시간 동안 그 문제들을 풀려고 노력하고 있는 중일 것이다.

(a) would have tried
(b) will have been trying
(c) was trying
(d) had been trying

해설   보기를 통해 시제 문제임을 알 수 있으므로, 시간 표현 관련 단서를 파악한다. 미래완료진행시제의 단서로 함께 쓰이는 2가지 시간 표현 'by the time + 현재 동사'(By the time ~ finishes)와 'for + 기간 표현'(for over two hours)이 사용되었고, 문맥상 문제들에 답하는 것을 끝낼 무렵이면 2시간이 넘는 시간 동안 문제들을 풀려고 노력하고 있는 중일 것이라는 의미가 되어야 자연스럽다. 따라서 미래완료진행시제 (b) will have been trying이 정답이다.

어휘   have a hard time -ing phr. ~하는 데 힘든 시간을 보내다   assignment n. 과제, 임무
inverse trigonometry function phr. 역삼각함수   unknown adj. 알 수 없는, 알려지지 않은   angle n. 각도   solve v. 풀다, 해결하다

22   가정법   가정법과거   정답 (c)

Professor Williams thinks highly of students who ask intelligent questions. He believes that if a student really understood a lesson, he or she _____ curious enough to investigate more.

(a) are
(b) will be
(c) would be
(d) were

Williams 교수는 지적인 질문을 하는 학생들을 높이 평가한다. 그는 만약 학생이 수업을 정말이 이해한다면, 그 또는 그녀가 더 연구할 만큼 호기심이 강할 것이라고 믿는다.

해설   보기와 빈칸 문장의 if를 통해 가정법 문제임을 알 수 있으므로, 가정법 공식의 동사 부분을 파악한다. if절에 과거 동사(understood)가 있으므로, 주절에는 이와 짝을 이루어 가정법과거를 만드는 'would(조동사 과거형) + 동사원형'이 와야 한다. 따라서 (c) would be가 정답이다.

어휘   think highly of phr. ~를 높이 평가하다   intelligent adj. 지적인, 총명한   understand v. 이해하다   curious adj. 호기심이 강한, 궁금한
investigate v. 연구하다, 조사하다

23   조동사   조동사 can   정답 (d)

Researchers have found that bed bugs have developed a resistance to common insecticides. Most bed bug infestations _____ no longer be treated with chemicals alone. To solve the problem, experts now advise using non-chemical measures such as regular vacuuming.

(a) may
(b) should
(c) will
(d) can

연구자들은 빈대가 일반적인 살충제에 내성을 키웠음을 발견했다. 대부분의 빈대 침입은 더 이상 화학 물질만으로는 처치될 수 없다. 문제를 해결하기 위해서, 전문가들은 요즘 정기적인 진공 청소와 같은 비화학적인 수단을 이용할 것을 권고한다.

해설   보기를 통해 조동사 문제임을 알 수 있으므로, 첫 문장부터 읽으며 문맥을 파악한다. 문맥상 대부분의 빈대 침입은 더 이상 화학 물질만으로는 처치될 수 없다는 의미가 되어야 자연스러우므로, '~할 수 있다'를 뜻하면서 능력을 나타내는 조동사 (d) can이 정답이다.

(a) may는 약한 추측, (b) should는 의무/당위성, (c) will은 미래/예정을 나타내어 문맥에 적합하지 않으므로 오답이다.

어휘 bed bug phr. 빈대 resistance n. 내성, 저항 common adj. 일반적인 insecticide n. 살충제 infestation n. 침입, 횡행 chemical n. 화학 물질 expert n. 전문가 measure n. 수단 regular adj. 정기적인 vacuum v. 진공 청소하다

고득점

24 시제 과거진행 정답 (c)

John has bad memories of his high school biology teacher, Ms. Lewis. Aside from giving difficult exams, she _____ discouraging comments about students who couldn't answer her questions in class.

(a) had always made
(b) always makes
(c) was always making
(d) would always have made

John은 그의 고등학교 생물 선생님인 Ms. Lewis에 대한 나쁜 기억들을 가지고 있다. 어려운 시험을 준 것 이외에도, 그녀는 수업에서 그녀의 질문에 답할 수 없었던 학생들에 대해 항상 의욕을 꺾는 지적을 하고 있었다.

해설 보기를 통해 시제 문제임을 알 수 있으므로, 시간 표현 관련 단서를 파악한다. 종속절의 시제가 과거시제(couldn't answer)이고, 문맥상 과거에 Ms. Lewis는 수업에서 그녀의 질문에 답할 수 없었던 학생들에 대해 항상 의욕을 꺾는 지적을 하고 있었다는 의미가 되어야 자연스럽다. 따라서 과거진행시제 (c) was always making이 정답이다.

(a) 과거완료시제는 특정 과거 시점 이전에 일어난 대과거의 일을 나타내는 시제인데, 학생이 질문에 답할 수 없었던 시점(과거) 이전에 Ms. Lewis가 지적을 하는 일이 먼저 일어난 것이 아니므로 오답이다.

어휘 biology n. 생물 aside from phr. ~ 이외에도 discouraging adj. 의욕을 꺾는 comment n. 지적, 논평

25 준동사 동명사와 to부정사 모두를 목적어로 취하는 동사 정답 (a)

Contrary to popular belief, the world's oldest mummies are Peruvian and Chilean. South Americans started _____ their dead around 5,050 BC, thousands of years before the Egyptians mummified their first corpse.

(a) preserving
(b) will preserve
(c) to have preserved
(d) having preserved

대중적인 믿음과는 반대로, 세계에서 가장 오래된 미라는 페루와 칠레의 것이다. 남아메리카 사람들은 기원전 5,050년 경에, 죽은 사람들을 보존하기 시작했고 이는 이집트 사람들이 그들의 첫 시신을 미라로 만들었던 것보다 수천 년 앞선다.

해설 보기를 통해 준동사 문제임을 알 수 있으므로, 빈칸 주변에서 단서를 파악한다. 빈칸 앞 동사 start는 동명사와 to부정사 모두를 목적어로 취하는데, 두 경우 모두 의미에 차이가 없다. 보기에 to부정사는 제시되지 않았으므로 동명사 (a) preserving이 정답이다.

(c) to have preserved도 to부정사이기는 하지만, 완료부정사(to have preserved)로 쓰일 경우 '시작한' 시점보다 '보존한' 시점이 앞선다는 것을 나타내는데, 지문의 내용은 당시에 보존하기 시작했다는 의미이므로 문맥에 적합하지 않아 오답이다.

(d) having preserved도 동명사이기는 하지만, 완료동명사(having preserved)로 쓰일 경우 '시작한' 시점보다 '보존한' 시점이 앞선다

는 것을 나타내므로 문맥에 적합하지 않아 오답이다.

어휘 contrary to phr. ~와는 반대로 popular adj. 대중적인 belief n. 믿음 mummy n. 미라 dead n. 죽은 사람들
mummify v. 미라로 만들다 corpse n. 시신

26 가정법   가정법과거완료

정답 (b)

At a family reunion, Jake found out that the girl he had a crush on is actually his distant cousin. If he _____ that they were related, he wouldn't have become interested in her.

(a) knows
(b) had known
(c) would know
(d) knew

가족 모임에서, Jake는 그가 반했었던 소녀가 사실 그의 먼 친척이라는 것을 알게 되었다. 만약 그가 그들이 친척이었다는 것을 알았었다면, 그녀에게 관심이 있게 되지 않았을 것이다.

해설 보기와 빈칸 문장의 If를 통해 가정법 문제임을 알 수 있으므로, 가정법 공식의 동사 부분을 파악한다. 주절에 'would(조동사 과거형) + have p.p.' 형태의 wouldn't have become이 있으므로, if절에는 이와 짝을 이루어 가정법과거완료를 만드는 과거완료 동사가 와야 한다. 따라서 (b) had known이 정답이다.

어휘 reunion n. 모임 find out phr. 알게 되다, 알아내다 have a crush on phr. ~에게 반하다 distant adj. 먼 related adj. 친척의, 관련된 interested adj. 관심이 있는

LISTENING

PART 1 (27~33) 일상 대화 케이프섬에 다녀온 경험

주제
제시:
여행
경험

M: Nikki, you're back! How was your trip to Cape Island? I've heard that it's really beautiful.

F: Oh, it was breathtaking, Howard! [27]You know how I really enjoy going to isolated beaches, right? Well, the Cape Island beaches were perfect because the island is completely remote. Aside from the usual plane ride, we had to take a bus, then a boat just to reach the island.

M: Really?

F: Yes. And what's even more exciting was that for four straight days, my friend and I camped out and slept in tents every night.

섬의
유흥
거리

M: I see . . . So, what else did you do there for four days?

F: Aside from hanging out on the sand, we spent most days in the water. Cape Island has the cleanest, bluest waters I've ever seen! And unlike Florida's beaches, which are crowded and mostly for surfing, they were mostly unoccupied and perfect for swimming.

M: Did you enjoy any nightlife there?

F: Um . . . Cape Island doesn't have much nightlife. [28]It has none of the busy and crowded beaches of Central Florida.

M: You mean there aren't any restaurants or bars?

F: There aren't many restaurants or bars, but food stalls are scattered around the island. The locals sell grilled seafood: shrimp, scallops, prawns, mussels, crabs — you name it, they have it!

섬의
매력
+
치안

M: That sounds appetizing, but [29]I still don't get the appeal of Cape Island. For me, it sounds unexciting. Can you tell me why it's always on the list of must-see beaches?

F: Well, I think its untouched, peaceful beauty makes it a must-see travel destination. And do you remember [30]how I've always dreamt of sleeping under the stars and waking up to the sunrise?

M: Yes, I remember that.

F: I actually did that on Cape Island. It was amazing!

M: Congratulations!

F: If it had been another island, sleeping on the beach

남: Nikki, 돌아왔구나! 케이프섬 여행은 어땠니? 나는 그곳이 굉장히 아름답다고 들었어.

여: 오, 그곳은 숨이 멎을 만큼 놀라웠어, Howard! [27]너 내가 외딴 해변에 가는 것을 얼마나 정말 즐기는지 알잖아, 그렇지? 음, 케이프섬 해변은 섬이 완전히 외졌기 때문에 완벽했어. 일반적인 비행기 탑승 이외에도, 우리는 버스를 타야 했고, 그런 다음 바로 그 섬에 도착하기 위해서 보트를 타야 했지.

남: 정말?

여: 응. 그리고 심지어 더 흥미로웠던 건 4일 내내, 내 친구와 나는 야영을 했고 매일 텐트에서 잤다는 거지.

남: 그렇구나… 그래서, 4일 동안 거기에서 네가 한 다른 것은 뭐가 있니?

여: 모래에서 노는 것 이외에, 우리는 대부분의 날들을 바다에서 보냈어. 케이프섬에는 내가 지금껏 본 것 중에 가장 깨끗하고, 파란 바다가 있어! 또한 붐비고 주로 서핑을 위한 곳인 플로리다 해변과는 달리, 그곳은 대부분 비어 있었고 수영하기에 완벽했어.

남: 거기에서 밤의 유흥도 조금 즐겼니?

여: 음… 케이프섬에는 밤의 유흥 거리가 그리 많지 않아. [28]그곳에는 센트럴 플로리다와 같이 복잡하고 붐비는 해변이 하나도 없어.

남: 네 말은 거기에 어떤 음식점이나 술집도 없다는 거니?

여: 음식점이나 술집이 많지 않지만, 음식 가판대가 섬 주변에 펼쳐져 있어. 선술집에서는 석쇠에 구운 해산물을 팔아. 작은 새우, 가리비, 큰 새우, 홍합, 게, 그밖에 무엇이든지, 거기에 있어!

남: 구미가 당기는 것 같지만, [29]난 아직 케이프섬의 매력을 모르겠어. 나에게는, 재미없게 들려. 왜 그것이 항상 꼭 봐야 하는 해변의 목록에 올라 있는지 말해줄 수 있니?

여: 음, 내 생각에는 그것의 훼손되지 않은, 평화로운 아름다움이 그것을 꼭 봐야 하는 여행 목적지로 만드는 것 같아. 그리고 너 [30]내가 별 아래에서 자고 동틀 녘에 깨어나는 것을 항상 얼마나 꿈꿔 왔는지 기억하니?

남: 응, 기억해.

여: 나는 케이프섬에서 그것을 실제로 했어. 놀라웠어!

남: 축하해!

여: 만약 그게 다른 섬이었다면, 해변에서 자는 것은

wouldn't have been possible. But ³¹on Cape Island, we could just lie out there on the sand and no one would bother us.

M: ³¹The island's security is really tight, huh?

F: Actually, I didn't see any police at all. Aside from the island not having many tourists, I guess another reason why it feels safe is the locals. They're so kind and courteous, and they go out of their way to make you feel at home.

M: That kind of hospitality is rare.

F: Right. And the island was also very clean. You wouldn't dare leave even a candy wrapper on the sand because the locals keep their beaches clean.

M: Does the government require them to do that?

F: Not at all. ³²They have a deep respect for nature, and feel it's their responsibility to preserve and protect it.

M: It sounds like a beautiful place indeed. And the people there will make you want to go back.

F: Exactly! In fact, I found some airline tickets on sale online, so I booked another flight to the Cape region for this summer. I'm sure it'll be even more fun then.

M: ³³Can I go with you?

F: ³³Sure! You better hurry because the ticket sale only lasts until this afternoon.

가능하지 않았을 거야. 하지만 ³¹케이프섬에서는, 우리는 그냥 그곳의 모래에 누울 수 있고 아무도 우리를 방해하지 않지.

남: ³¹그 섬의 보안이 정말 철저하구나, 그렇지?

여: 사실, 나는 경찰을 전혀 보지 못했어. 그 섬에 여행 객이 많지 않은 것 이외에도, 내가 그 섬을 안전하 게 느끼는 또 다른 이유는 현지인들 때문인 것 같 아. 그들은 매우 친절하고 정중해서, 너의 마음을 편안하게 만들기 위해 비상한 노력을 해.

남: 그런 종류의 환대는 흔치 않지.

여: 맞아. 그리고 그 섬은 또한 정말 깨끗했어. 현지인 들이 그 해변을 깨끗하게 유지하고 있기 때문에 너 는 모래에 사탕 포장지조차 감히 버리지 못할 거 야.

남: 정부가 그들에게 그렇게 하라고 요구하니?

여: 전혀 아니야. ³²그들은 자연에 대한 깊은 존경심을 가지고 있어서, 그것을 보존하고 보호하는 것이 그 들의 책임이라고 생각해.

남: 정말 아름다운 곳인 것 같구나. 그리고 그곳의 사 람들이 너를 다시 가고 싶게 만들 거야.

여: 확실해! 사실, 온라인에서 할인 판매 중인 항공권 몇 개를 찾아서, 이번 여름에 케이프 지역으로 가 는 또 다른 비행기를 예약했어. 그때는 훨씬 더 재 미있을 거라고 확신해.

남: ³³너와 같이 가도 될까?

여: ³³그럼! 표 할인이 오늘 오후까지만이라서 서두르 는 게 좋을 거야.

섬의 자연 환경

남자가 다음에 할 일

어휘 breathtaking[bréθteikiŋ] 숨이 멎을 만큼 놀라운 isolated[áisəleitid] 외딴, 동떨어진 remote[rimóut] 외진, 외딴
aside from ~ 이외에도, 뿐만 아니라 plane[plein] 비행기 camp out 야영하다 hang out 놀다, 시간을 보내다 crowded[kráudid] 붐비는
unoccupied[ʌnάːkjupaid] 비어 있는 nightlife[náitlaif] 밤의 유흥 scatter[skǽtər] 펼치다, 흩뿌리다 local[lóukl] 선술집, 현지인
grilled[grild] 석쇠에 구운 scallop[skǽləp] 가리비 prawn[prɔːn] (큰) 새우 mussel[mʌsl] 홍합 appetizing[ǽpitaiziŋ] 구미가 당기는
appeal[əpíːl] 매력 untouched[ʌntʌ́tʃt] 훼손되지 않은, 본래 그대로의 peaceful[píːsfl] 평화로운
destination[dèstinéiʃn] 목적지, 종착지 sunrise[sʌ́nraiz] 동틀 녘, 일출 bother[bɑ́ðər] 방해하다, 괴롭히다
security[səkjúrəti] 보안, 안전 tight[tait] 철저한, 엄격한 courteous[kə́ːrtiəs] 정중한 go out of one's way 비상한 노력을 하다
feel at home 마음이 편안하다 hospitality[hὰːspitǽləti] 환대, 접대 dare[der] 감히 ~하다 wrapper[rǽpər] 포장지
respect[rispékt] 존경심, 존중

---

27 **특정세부사항** What 정답 (c)

What kind of beaches does Nikki like to visit?

(a) sandy beaches
(b) beaches with lots of people
(c) out-of-the-way beaches
(d) beaches that are easy to access

Nikki가 방문하기 좋아하는 해변의 종류는 무엇인가?

(a) 모래 해변
(b) 사람들이 많은 해변
(c) 외딴 해변
(d) 가기 쉬운 해변

해설 Nikki가 방문하기 좋아하는 해변의 종류가 무엇인지를 묻는 What 문제이므로, 질문의 키워드 like to visit가 enjoy going으로 paraphrasing되어 언급된 주변을 주의 깊게 듣는다. 여자가 'You know how I really enjoy going to isolated beaches'라며 외딴 해변에 가는 것을 정말 즐긴다고 했다. 따라서 (c)가 정답이다.

어휘   out-of-the-way [áutəvðəwèi] 외딴, 인가에서 멀리 떨어진

---

28   특정세부사항   How   정답 (b)

How are the beaches on Cape Island different from those in Central Florida?	케이프섬의 해변은 센트럴 플로리다의 해변과 어떻게 다른가?
(a) They're perfect for surfing. (b) They're not as busy. (c) The waters there are muddy. (d) There isn't any food there.	(a) 서핑하기에 완벽하다. (b) 그리 복잡하지 않다. (c) 그곳의 바다는 흙탕물이다. (d) 그곳에는 어떤 음식도 없다.

해설   케이프섬의 해변이 센트럴 플로리다의 해변과 어떻게 다른지를 묻는 How 문제이므로, 질문의 키워드 Central Florida가 그대로 언급된 주변을 주의 깊게 듣는다. 여자가 'It has none of the busy and crowded beaches of Central Florida.'라며 케이프섬에는 센트럴 플로리다와 같이 복잡하고 붐비는 해변이 하나도 없다고 했다. 따라서 (b)가 정답이다.

어휘   muddy [mʌ́di] 흙탕물의, 탁한

---

29   특정세부사항   What   정답 (c)

After speaking with Nikki, what is one of Howard's initial impressions of Cape Island?	Nikki와 이야기한 뒤, 케이프섬에 대한 Howard의 첫 인상 중 하나는 무엇인가?
(a) that it is exciting (b) that it is ugly (c) that it is boring (d) that it is lonely	(a) 흥미롭다는 것 (b) 불쾌하다는 것 (c) 따분하다는 것 (d) 한적하다는 것

해설   Nikki와 이야기한 뒤 케이프섬에 대한 Howard의 첫인상 중 하나는 무엇인지를 묻는 What 문제이므로, 질문의 키워드 initial impressions와 관련된 내용을 주의 깊게 듣는다. 남자가 'I still don't get the appeal of Cape Island.'라며 아직 케이프섬의 매력을 모르겠다고 한 뒤, 'For me, it sounds unexciting.'이라며 자신에게는 재미없게 들린다고 했다. 따라서 (c)가 정답이다.

어휘   impression [impréʃn] 인상, 생각   ugly [ʌ́gli] 불쾌한, 싫은

---

30   특정세부사항   What   정답 (a)

What has Nikki always wished she could do on a vacation?	Nikki가 항상 휴가에서 할 수 있기를 원해온 것은 무엇인가?
(a) to sleep under the night sky	(a) 밤하늘 아래에서 자는 것

(b) to visit a must-see beach
(c) to relax on the sand
(d) to visit a deserted island

(b) 꼭 봐야 하는 해변에 방문하는 것
(c) 모래에서 휴식을 취하는 것
(d) 버림받은 섬에 방문하는 것

해설 Nikki가 항상 휴가에서 할 수 있기를 원해온 것은 무엇인지를 묻는 What 문제이므로, 질문의 키워드 wished가 dreamt of로 paraphrasing되어 언급된 주변을 주의 깊게 듣는다. 여자가 'how I've always dreamt of sleeping under the stars and waking up to the sunrise'라며 별 아래에서 자고 동틀 녘에 깨어나는 것을 항상 꿈꿔왔다고 했다. 따라서 (a)가 정답이다.

Paraphrasing
sleeping under the stars 별 아래에서 자는 것 → to sleep under the night sky 밤하늘 아래에서 자는 것

어휘 night sky 밤하늘 deserted[dizə́:rtid] 버림받은, 사람이 없는

---

31 추론 특정사실 정답 (d)

Based on the conversation, why most likely would Nikki be unable to sleep on a different beach?

(a) because it wouldn't be allowed
(b) because it wouldn't get dark enough
(c) because stars wouldn't be visible from there
(d) because it would be dangerous

대화에 따르면, 왜 Nikki가 다른 해변에서 자는 것이 불가능할 것 같은가?

(a) 허용되지 않을 것이기 때문에
(b) 충분히 어두워지지 않을 것이기 때문에
(c) 별들이 그곳에서 보이지 않을 것이기 때문에
(d) 위험할 것이기 때문에

해설 왜 Nikki가 다른 해변에서 자는 것이 불가능할 것 같은지를 추론하는 문제이므로, 질문의 키워드 sleep on이 sleeping on으로 언급된 주변을 주의 깊게 듣는다. 여자가 'on Cape Island, we could just lie out there on the sand and no one would bother us'라며 케이프섬에서는 그냥 모래에 누울 수 있고 아무도 방해하지 않는다고 하자, 남자가 'The island's security is really tight'라며 그 섬의 보안이 정말 철저하다고 한 것을 통해, 다른 해변에서 자는 것은 위험할 것이기 때문에 불가능할 것임을 추론할 수 있다. 따라서 (d)가 정답이다.

어휘 visible[vízəbl] 보이는, 알아볼 수 있는

---

32 특정세부사항 Why 정답 (d)

Why do the islanders keep the beaches clean?

(a) to show their respect for tourists
(b) to follow what the law requires of them
(c) to be able to attract more tourists
(d) to preserve their environment

섬사람들은 왜 해변을 깨끗하게 유지하는가?

(a) 여행객들에 대한 존중을 보여주기 위해서
(b) 법이 그들에게 요구하는 것에 따르기 위해서
(c) 더 많은 여행객을 유치할 수 있기 위해서
(d) 환경을 보존하기 위해서

해설 섬사람들이 왜 해변을 깨끗하게 유지하는지를 묻는 Why 문제이므로, 질문의 키워드 keep ~ beaches clean이 그대로 언급된 주변을 주의 깊게 듣는다. 여자가 'They have a deep respect for nature ~ to preserve and protect it.'이라며 현지인들은 자연에 대한 깊은 존경심을 가지고 있어서 그것을 보존하고 보호하는 것이 그들의 책임이라고 생각한다고 했다. 따라서 (d)가 정답이다.

어휘 islander[áiləndər] 섬사람

TEST 1
TEST 2
TEST 3
TEST 4
TEST 5
TEST 6

지텔프 기출문제집 Level 2

TEST 3 LISTENING **147**

What will Howard probably be doing after the conversation?

(a) He'll be thinking about where to go for summer vacation.
(b) He'll be booking a flight to Cape Island.
(c) He'll be flying to Cape Island with Nikki.
(d) He'll be buying Nikki a plane ticket.

대화가 끝난 후 Howard가 할 일은 무엇일 것 같은가?

(a) 여름 휴가로 어디에 갈 것인지 생각할 것이다.
(b) 케이프섬으로 가는 비행기를 예약할 것이다.
(c) 비행기를 타고 Nikki와 케이프섬까지 갈 것이다.
(d) Nikki에게 항공권을 사줄 것이다.

해설　Howard가 다음에 할 일을 추론하는 문제이므로, 지문의 후반을 주의 깊게 듣는다. 남자가 'Can I go with you?'라며 여자와 같이 케이프 지역에 가도 될지 묻자, 여자가 'Sure! You better hurry because the ticket sale only lasts until this afternoon.'이라며 남자의 제안을 승낙한 후 표 할인이 오늘 오후까지만이라서 서두르는 게 좋을 것이라고 한 것을 통해, Howard는 케이프섬으로 가는 비행기를 예약할 것임을 추론할 수 있다. 따라서 (b)가 정답이다.

PART 2 (34~39) 발표 식재료 상자 배달 서비스 홍보

**도입:
식사
준비의
어려움**

You may want to have a hearty and exciting dinner every night but find that [34]you're too busy to make the meals yourself. After all, making meals isn't just about cooking; [34]it's also about deciding what to cook and then shopping for the ingredients. That's why many households make do with the same old meals every day. But why eat boring food when you can have world-class, delicious meals any time you want?

**주제
제시:
Eats!
상자**

With the Eats! Subscription Box, you can decide what to have for any meal of the day within five minutes. And you won't have to shop for ingredients, either. We'll do all the menu planning and shopping for you, and all you'll have to do is cook.

**상자의
구성물**

Created to provide healthy and easy-to-prepare meals, the Eats! Box is perfect for everyone. [35]It's a monthly subscription for quality food sourced from all over the world. [36]Each Eats! Box contains fresh ingredients and a recipe for a complete meal. You can choose from over 26 meal categories that range from intercontinental to Greek to Asian cuisine.

Special boxes are also available: the Lean Box for people who wish to lose weight, and the Natural Box for those who prefer organic ingredients. [35]After making your selection and scheduling the delivery, the box is delivered right to your doorstep.

We feature a different chef each month who personally picks the menu and ingredients. Our most recent Eats! Box menu was developed none other than by Mario

여러분은 아마 매일 밤 푸짐하고 감동적인 저녁을 먹고 싶지만 [34]직접 식사 준비를 하기에는 너무 바쁘다는 것을 알게 될 겁니다. 결국, 식사 준비를 하는 것은 단순히 요리에 관한 것이 아니고, [34]무엇을 요리할지 결정한 다음 재료를 쇼핑하는 것에 관한 것이기도 하니까요. 그게 많은 가정이 똑같은 오래된 음식으로 매일 때우는 이유죠. 하지만 세계적 수준의, 맛있는 음식을 여러분이 원할 때면 언제든 먹을 수 있는데 왜 지겨운 음식을 먹나요?

Eats! 구독 상자와 함께라면, 여러분은 하루의 어떤 식사에든 무엇을 먹을지 5분 안에 결정할 수 있습니다. 그리고 또한, 재료를 쇼핑하지 않아도 될 것입니다. 우리는 여러분을 위해 모든 식단표 계획과 쇼핑을 할 것이고, 여러분이 해야 할 일의 전부는 요리하는 것뿐입니다.

몸에 좋고 준비하기 쉬운 식사를 제공하기 위해 만들어진 Eats! 상자는, 모두에게 완벽합니다. [35]그건 전 세계로부터 공수해 온 고품질 음식의 월 단위 구독입니다. [36]각각의 Eats! 상자는 신선한 재료와 완성된 식사의 조리법을 포함합니다. 여러분은 그리스 대륙의 요리에서부터 아시아 대륙의 요리에까지 이르는 26개 음식 종류 중에서 선택할 수 있습니다.

특별 상자 또한 이용 가능합니다. 체중을 감량하기를 희망하는 사람들을 위한 저지방 상자와, 유기농 재료를 선호하는 사람들을 위한 천연 상자가 있습니다. [35]선택을 하고 배달의 일정을 정한 뒤, 상자는 여러분의 현관 바로 앞에 배달됩니다.

우리는 매달 다른 요리사를 특징으로 삼는데 그 요리사가 직접 식단표와 재료를 고릅니다. 저희의 가장 최근 Eats! 상자 식단표는 다름 아닌 바로 Mario

상자의 기능

Batali, New York's most famous chef. With the Eats! Box, [36]you'll definitely cultivate your taste as you discover new cuisines and great dishes. Planning your meals using the best ingredients has never been easier!

구독 신청 방법

[37]When you sign up for an Eats! Box subscription on our website, you'll create a profile where you'll tell us your dietary preferences. This way, you'll only receive supplies that will meet your personalized tastes. You can choose up to ten ready-to-cook meals that you wish to receive for a month. Just click how many servings you'll need for each meal, the times and dates you want your meals delivered, and we'll do the rest!

배달 소개

To guarantee freshness, we deliver daily. Each Eats! Box is also refrigerated to keep food fresh up to midnight of its delivery day. The wooden box is also beautifully designed and finished, so you can reuse it for other household or artistic purposes.

구독 취소 방법

Not sure if you're going to be home on a delivery day? No problem. We understand that people's plans can change unexpectedly, so we don't require your signature. Order cancellations for particular days are accepted; [38]just let us know eight hours in advance. You can also cancel your subscription anytime at no extra cost.

의견 제시 방법

We value your feedback, so let us know how your meal was through our website. Your feedback will be used to improve our meal selections and service. Also, tell us if there are any meals you'd like to learn to cook, and we'll try to add them to our list of recipes.

가격 + 혜택

Eats! Boxes start from nine dollars per serving. You can choose a one-month, three-month, six-month, or 12-month subscription. [39]The yearly subscription comes with a free set of ceramic cookware.

구독 촉구

So, make your meals exciting, and learn to cook like a true gourmet chef. Subscribe to the Eats! Box today!

Batali에 의해 만들어졌는데, 그는 뉴욕에서 가장 유명한 요리사입니다. Eats! 상자를 가지고, [36]여러분은 새로운 요리와 훌륭한 음식들을 발견해가면서 분명히 취향을 키울 수 있습니다. 최고의 재료를 이용해 식사를 계획하는 것이 이렇게 쉬웠던 적이 없습니다!

[37]우리 웹사이트에서 Eats! 상자 구독을 신청할 때, 여러분은 음식의 선호를 우리에게 알려줄 프로필을 작성할 것입니다. 이렇게 해서, 여러분은 개인의 필요에 맞춘 취향을 충족시킬 물품만 받게 될 것입니다. 한 달 동안 받기를 희망하는 바로 요리할 수 있는 음식을 10개까지 고를 수 있습니다. 그냥 매 식사 몇 인분이 필요할지, 그리고 음식이 배달되기를 바라는 시간과 날짜만 클릭하시면, 나머지는 우리가 하겠습니다!

신선함을 보장하기 위해서, 우리는 매일 배달합니다. 각 Eats! 상자는 음식을 배달 날짜의 자정까지 신선하게 유지하기 위해서 냉장 보관됩니다. 나무 상자는 또한 아름답게 디자인되고 손질되므로, 여러분은 그것을 다른 가사나 예술적인 목적으로 다시 사용할 수 있습니다.

배달 날짜에 집에 있을 예정인지 확신할 수 없다고요? 문제없습니다. 우리는 사람들의 계획이 예기치 않게 변할 수 있음을 이해하므로, 서명을 요구하지 않습니다. 특정 날짜의 주문 취소는 허용됩니다. [38]그냥 저희에게 8시간 미리 알려주기만 하세요. 여러분은 또한 추가 비용 없이 언제든 구독을 취소하실 수 있습니다.

우리는 의견을 소중하게 여기므로, 웹사이트를 통해 여러분의 식사가 어땠는지 알려주세요. 여러분의 의견은 우리의 음식 선정과 서비스를 향상시키는 데 사용될 것입니다. 또한, 여러분이 요리하는 것을 배우고 싶은 음식을 무엇이든 알려주시면, 우리는 그것을 조리법 목록에 추가하도록 노력하겠습니다.

Eats! 상자는 1인분당 9달러에서 시작합니다. 여러분은 한 달, 세 달, 여섯 달, 그리고 열두 달의 구독 중에서 선택할 수 있습니다. [39]연간 구독에는 무료 도자기 조리 기구 세트가 딸려 옵니다.

그러니, 여러분의 식사를 감동적이게 만드시고, 진짜 전문 요리사처럼 요리하는 법을 배우세요. 오늘 Eats! 상자를 구독하세요!

어휘

hearty [háːrti] 푸짐한, 왕성한　make meal 식사 준비를 하다　meal [miːl] 식사, 음식, 식품　ingredient [ingríːdiənt] 재료
household [háushould] 가정, 가사　make do with ~로 때우다　subscription [səbskrípʃn] 구독, (서비스) 사용　recipe [résəpi] 조리법
intercontinental [ìntərkὰːntinéntl] 대륙 간의　cuisine [kwizíːn] 요리　lean [liːn] 저지방의, 기름기 없는　lose weight 체중을 감량하다
organic [ɔːrgǽnik] 유기농의　doorstep [dɔ́ːrstep] 현관　feature [fíːtʃər] ~을 특징으로 삼다　chef [ʃef] 요리사
none other than 다름 아닌 바로 ~인　cultivate [kʌ́ltiveit] 키우다, 쌓다　dish [diʃ] 음식, 요리　sign up for ~을 신청하다
dietary [dáiətèri] 음식의, 식이 요법의　preference [préfərns] 선호, 취향　supply [səplái] 물품, 공급
personalize [páːrsənəlaiz] 개인의 필요에 맞추다　serving [sə́ːrviŋ] 1인분　guarantee [gæ̀rəntíː] 보장하다　freshness [fréʃnis] 신선함
refrigerate [rifrídʒəreit] 냉장 보관하다　midnight [mídnait] 자정　unexpectedly [ʌ̀nikspéktidli] 예기치 않게　signature [sígnətʃər] 서명
cancellation [kæ̀nsəléiʃn] 취소　yearly [jírli] 연간의, 해마다 있는　ceramic [sərǽmik] 도자기의　cookware [kúkwer] 조리 기구
gourmet [gúrmei] 전문의, 미식가의

34 특정세부사항 Why

정답 (d)

According to the speaker, why do many people eat the same meals day after day?

(a) because they always eat at the same place
(b) because they don't have access to world-class meals
(c) because they don't know how to cook
(d) because they lack time to plan and shop for their meals

화자에 따르면, 왜 많은 사람들은 매일매일 같은 음식을 먹는가?

(a) 항상 같은 장소에서 먹기 때문에
(b) 세계적 수준의 음식을 접할 기회가 없기 때문에
(c) 요리하는 방법을 모르기 때문에
(d) 식사 계획을 하고 쇼핑할 시간이 부족하기 때문에

해설　왜 많은 사람들이 매일매일 같은 음식을 먹는지를 묻는 Why 문제이므로, 질문의 키워드 why ~ same meals가 그대로 언급된 주변을 주의 깊게 듣는다. 화자가 'you're too busy to make the meals yourself'라며 직접 식사 준비를 하기에는 너무 바쁘다고 한 뒤, 'it's also about ~ shopping for the ingredients'라며 식사 준비를 하는 것은 무엇을 요리할지 결정한 다음 재료를 쇼핑하는 것에 관한 것이기도 하다고 했다. 따라서 (d)가 정답이다.

Paraphrasing
too busy 너무 바쁘다 → lack time 시간이 부족하다
deciding what to cook and then shopping for the ingredients 무엇을 요리할지 결정한 다음 재료를 쇼핑하는 것 → to plan and shop for their meals 식사 계획을 하고 쇼핑하는 것

어휘　lack[læk] 부족하다

35 특정세부사항 What

정답 (c)

What is the Eats! Subscription Box?

(a) a box of ready-to-eat meals
(b) a menu made for weight loss
(c) a food delivery service
(d) fine dining takeout

Eats! 구독 상자는 무엇인가?

(a) 즉석 식품 상자
(b) 체중 감량을 위해 만들어진 식단표
(c) 식품 배달 서비스
(d) 고급 정찬 포장

해설　Eats! 구독 상자는 무엇인지를 묻는 What 문제이므로, 질문의 키워드 Eats! Subscription Box가 그대로 언급된 주변을 주의 깊게 듣는다. 화자가 'It's a monthly subscription for quality food sourced from all over the world.'라며 Eats! 구독 상자는 전 세계로부터 공수해 온 고품질 음식의 월 단위 구독이라고 한 뒤, 'After making your selection ~ the box is delivered right to your doorstep.'이라며 선택을 하고 배달의 일정을 정한 뒤 상자는 현관 바로 앞에 배달될 것이라고 했다. 따라서 (c)가 정답이다.

어휘　ready-to-eat[rédiʤəːt] 즉석의, 인스턴트의 dining[dáiniŋ] 정찬, 식사 takeout[téikàut] 포장

고득점
36 추론 특정사실

정답 (b)

How most likely will subscribers of the Eats! Box acquire new tastes in food?

(a) by knowing where to shop for ingredients
(b) by learning how to cook different dishes
(c) by eating food that's been cooked by famous chefs
(d) by learning how to prepare interesting menus

Eats! 상자의 구독자들은 어떻게 음식에 대한 새로운 취향을 얻을 수 있을 것 같은가?

(a) 재료를 어디에서 쇼핑할지 앎으로써
(b) 다양한 음식을 요리하는 방법을 배움으로써
(c) 유명한 요리사에 의해 요리된 음식을 먹음으로써
(d) 흥미로운 식단표를 준비하는 방법을 배움으로써

해설 Eats! 상자의 구독자들은 어떻게 음식에 대한 새로운 취향을 얻을 수 있을 것 같은지를 추론하는 문제이므로, 질문의 키워드 acquire ~ tastes가 cultivate ~ taste로 paraphrasing되어 언급된 주변을 주의 깊게 듣는다. 화자가 'Each Eats! Box contains ~ a recipe for a complete meal.'이라며 각각의 Eats! 상자는 신선한 재료와 완성된 식사의 조리법을 포함한다고 한 뒤, 'you'll definitely ~ discover new cuisines and great dishes'라며 새로운 요리와 훌륭한 음식들을 발견해가면서 분명히 취향을 키울 수 있다고 한 것을 통해, Eats! 상자의 구독자들은 다양한 음식을 요리하는 방법을 배움으로써 음식에 대한 새로운 취향을 얻을 수 있을 것임을 추론할 수 있다. 따라서 (b)가 정답이다.

오답분석
(c) 지문에서 요리사가 직접 식단표와 재료를 고른다고는 했지만, 요리를 한다고 한 것은 아니므로 지문의 내용과 일치하지 않는다.
(d) 지문에서 식단표는 요리사에 의해 만들어진다고 했으므로, 지문의 내용과 일치하지 않는다.

---

37 특정세부사항   What   정답 (a)

What must one do to customize the meals he receives to his own taste?

(a) indicate the kinds of food he likes when signing up
(b) post a preferred ingredients list on the website
(c) pick his desired time and dates for delivery
(d) choose how many servings he needs

받는 음식을 자신의 취향에 맞게 바꾸려면 무엇을 해야 하는가?

(a) 가입할 때 좋아하는 음식의 종류를 알린다
(b) 웹사이트에 선호하는 재료의 목록을 게시한다
(c) 희망 배달 시간 및 날짜를 고른다
(d) 몇 인분이 필요한지 고른다

해설 받는 음식을 자신의 취향에 맞게 바꾸려면 무엇을 해야 하는지를 묻는 What 문제이므로, 질문의 키워드 customize ~ to his own taste가 personalized tastes로 paraphrasing되어 언급된 주변을 주의 깊게 듣는다. 화자가 'When you sign up ~ tell us your dietary preferences.'라며 웹사이트에서 Eats! 상자 구독을 신청할 때 음식의 선호를 알려줄 프로필을 작성할 것이라고 했다. 따라서 (a)가 정답이다.

Paraphrasing
tell us your dietary preferences 음식의 선호를 알리다 → indicate the kinds of food he likes 좋아하는 음식의 종류를 알리다

어휘 customize[kʌ́stəmaiz] 취향에 맞게 바꾸다, 주문 제작하다   sign up 가입하다

---

38 특정세부사항   What   정답 (a)

What should a subscriber do if he no longer wants an Eats! Box on a certain delivery day?

(a) inform the Eats! office in advance
(b) leave a note on his doorstep
(c) cancel his subscription
(d) stay away from home on delivery day

구독자는 만약 Eats! 상자를 특정 배달 날짜에 더 이상 받고 싶지 않다면 무엇을 해야 하는가?

(a) Eats! 사무실에 미리 알린다
(b) 현관에 쪽지를 남긴다
(c) 구독을 취소한다
(d) 배달 날짜에 집을 비운다

해설 구독자는 만약 Eats! 상자를 특정 배달 날짜에 더 이상 받고 싶지 않다면 무엇을 해야 하는지를 묻는 What 문제이므로, 질문의 키워드 certain delivery day가 particular days로 paraphrasing되어 언급된 주변을 주의 깊게 듣는다. 화자가 'just let us know eight hours in advance'라며 그냥 8시간 미리 알려주기만 하라고 했다. 따라서 (a)가 정답이다.

Paraphrasing
let ~ know 알리다 → inform 알리다

어휘 stay away from ~을 비우다, ~에서 멀리 떨어지다

39 추론 특정사실

Why most likely is a free ceramic cookware set included with a particular subscription?

(a) to promote the one-month subscription
(b) to introduce the Eats! cookware line
(c) to encourage people to cook
(d) to promote the one-year subscription

왜 무료 도자기 조리 기구 세트는 특정한 구독에 포함되어 있을 것 같은가?

(a) 한 달 구독을 촉진하기 위해서
(b) Eats! 조리 기구 제품군을 소개하기 위해서
(c) 사람들이 요리하도록 장려하기 위해서
(d) 1년 구독을 촉진하기 위해서

해설 왜 무료 도자기 조리 기구 세트는 특정 구독에 포함되어 있을 것 같은지를 추론하는 문제이므로, 질문의 키워드 free ceramic cookware 가 그대로 언급된 주변을 주의 깊게 듣는다. 화자가 'The yearly subscription comes with a free set of ceramic cookware.'라 며 연간 구독에는 무료 도자기 조리 기구 세트가 딸려 온다고 한 것을 통해, 1년 구독을 촉진하기 위해서 특정한 구독에 무료 도자기 조리 기구 세트가 포함되어 있음을 추론할 수 있다. 따라서 (d)가 정답이다.

Paraphrasing
yearly 연간의 → one-year 1년의

PART 3 [40~45] 장단점 논의 Silver 호텔 vs. Residence 호텔

안부 인사	F: Is everything ready for your department's outing in Cambodia, Jim? M: Not yet, Yvonne. We already booked plane tickets, but [40]I'm still deciding between two accommodations: one is the Silver Hotel and the other is the Residence Inn. Both are in Siem Reap.	여: Jim, 당신 부서의 캄보디아 야유회를 위한 모든 것이 준비되셨나요? 남: 아직이요, Yvonne. 저희는 벌써 항공권을 예약했지만, [40]아직 두 개의 숙박 시설 중에 결정하는 중이에요. 하나는 Silver 호텔이고 다른 하나는 Residence 호텔이에요. 두 개 모두 시엠레아프에 있죠.
주제 제시: 장단점 비교	F: Why are you having a hard time choosing between the two? M: Well, each hotel has its advantages and disadvantages. F: I see . . . Tell me about them. Perhaps, I can help you decide.	여: 왜 두 개 중에 고르는 데 어려움을 겪고 있나요? 남: 음, 각 호텔은 장단점이 있거든요. 여: 그렇군요… 장단점에 대해 저에게 말해주세요. 아마, 제가 결정하는 걸 도울 수 있을 거예요.
실버 호텔 장점1	M: Sure. [41]One advantage of the Silver Hotel is it's near the popular attractions in Siem Reap. It's only a three-minute bike ride from Angkor Archaeological Park where Angkor Wat and the other ancient ruins are located. It's also near the National Museum. F: That's really an advantage if you and your team are planning to visit the ancient sites. [42]I heard the archaeological park is so big, you can't see all of it in one or even two days. M: I've thought about that. I've been to Siem Reap before, and it was pretty tiring just visiting one site all day. You'll really need to go back to the hotel to rest. You couldn't do that if you stayed at the Residence Inn because it's too far. It's about a twenty-minute bike ride to the popular sites.	남: 좋아요. [41]Silver 호텔의 한 가지 장점은 그것이 시엠레아프에 있는 유명한 관광지들에 가깝다는 거예요. 앙코르와트와 다른 고대 유적들이 위치해 있는 앙코르 고고학 공원으로부터 자전거를 타고 3분 거리밖에 안 되거든요. 그건 또한 국립 박물관에서도 가까워요. 여: 당신과 팀이 고대 유적지를 방문할 예정이라면 그건 정말 장점이군요. [42]저는 고고학 공원이 굉장히 커서, 하루 아니 심지어 이틀 안에도 다 볼 수 없다고 들었어요. 남: 그것에 대해서도 생각해봤죠. 저는 예전에 시엠레아프에 가봤고, 온종일 한 곳만 방문하는 것으로도 꽤 피곤했어요. 쉬기 위해 정말 호텔로 돌아올 필요가 있을 거예요. Residence 호텔에 숙박한다면 너무 멀기 때문에 그렇게 할 수 없을 거예요. Residence 호텔은 유명한 유적지까지 자전거로 20분 정도의 거리예요.

F: You're right. [43]Unless your employees are all athletes, I doubt they'll enjoy riding a bicycle for forty minutes to see the ancient tombs. I'm sure they'll need to hire a *tuktuk*, their three-wheeled taxi, to get there.

M: That may be true. Another good thing about the Silver Hotel is its luxurious and comfortable amenities — think soft comforters, LED TVs, bath tubs, carpeting, and room service.

F: What about the Residence Inn?

M: The rooms there are pretty basic — just a bed, a dresser, and a private bathroom. However, it has some advantages over the Silver Hotel.

F: What kind of advantages?

M: [44]The Residence Inn offers freebies that the Silver Hotel doesn't: free Wi-Fi, free airport shuttle service, and free drinks during their bar's happy hour.

F: Wow, that's a lot!

M: The Residence Inn also has more activities for their guests. It offers live entertainment and has more common rooms where guests can mingle and meet new friends.

F: The Silver Hotel doesn't have those?

M: Hmmm . . . it has a small gym and a restaurant, but that's it.

F: But I bet the Silver Hotel is still more expensive.

M: Yes. One night's stay there costs fifty-four dollars, while the Residence Inn only charges twenty-five dollars per night. [44]Silver Hotel guests must also pay additional fees for extra services, like a Wi-Fi connection, which all add up in the end.

F: That's true.

M: So, if you were me, which hotel would you rather book for your team?

F: I think the choice really depends on what your employees want. The Silver Hotel sounds perfect if they're into history and like exploring ancient temples and spending the rest of the night inside luxurious rooms.

M: I see . . .

F: But if they prefer socializing and staying out all night, then the Residence Inn sounds better.

M: You're right. Thanks for your help, Yvonne.

F: No problem. So, where will you book for your team?

M: [45]Since my staff has been asking me about Angkor Wat, I think I know exactly which accommodation to book. I don't mind paying more if it's going to make their trip more enjoyable.

여: 맞아요. [43]당신의 직원들이 모두 운동선수가 아닌 한, 저는 그들이 고대 무덤을 보기 위해 40분 동안 이나 자전거를 타는 것을 즐길 것인지 의심돼요. 저는 그들이 거기에 가기 위해, 삼륜 택시인 툭툭을 빌릴 필요가 있을 거라고 확신해요.

남: 그게 맞을 거예요. Silver 호텔의 또 다른 좋은 점은 고급스럽고 편리한 편의 시설이죠. 부드러운 이불, LED 텔레비전, 욕조, 카펫, 그리고 룸서비스를 생각해보세요.

여: Residence 호텔은 어떤가요?

남: 그곳의 방들은 매우 단순해요. 그냥 침대, 옷장, 그리고 개인 욕실이 있죠. 하지만, Silver 호텔에 비해 몇 가지 장점이 있어요.

여: 어떤 종류의 장점인가요?

남: [44]Residence 호텔은 Silver 호텔이 제공하지 않는 무료 혜택을 제공하죠. 그건 무료 와이파이, 무료 공항 왕복 버스 서비스, 그리고 술집의 특별 할인 시간대 동안의 무료 음료예요.

여: 와, 많네요!

남: Residence 호텔에는 또한 고객들을 위한 더 많은 활동들이 있어요. 라이브 공연을 제공하고 고객들이 어울려 새로운 친구를 만날 수 있는 더 많은 휴게실이 있죠.

여: Silver 호텔에는 그런 것들이 없나요?

남: 흠… 작은 체육관과 음식점이 있긴 하지만, 그게 다예요.

여: 하지만 전 Silver 호텔이 그래도 더 비싸다고 확신해요.

남: 맞아요. 그곳에서의 1박은 54달러인 것에 반해, Residence 호텔은 1박에 25달러밖에 안 해요. [44]Silver 호텔 고객은 또한 와이파이 연결과 같은 추가 서비스를 위해 추가 비용을 내야 하는데, 모든 것이 마지막에 합산되죠.

여: 맞아요.

남: 그래서, 당신이 저라면, 팀을 위해 어떤 숙박 시설을 예약하겠어요?

여: 제 생각에 선택은 정말 당신의 직원들이 원하는 것에 달린 것 같아요. Silver 호텔은 그들이 역사에 관심이 있고 고대 사원을 살펴보는 것과 고급스러운 방 안에서 남은 밤을 보내는 것을 좋아한다면 완벽해 보이네요.

남: 그렇군요…

여: 하지만 그들이 사람들과 어울리는 것과 밤새 밖에서 머무는 것을 선호한다면, 그러면 Residence 호텔이 더 나을 것 같아요.

남: 당신 말이 맞아요. 도와줘서 고마워요, Yvonne.

여: 문제없어요. 그래서, 당신의 팀을 위해 어디를 예약할 건가요?

남: [45]제 직원들은 저에게 앙코르와트에 대해 계속 물어봤기 때문에, 저는 어떤 숙박 시설을 예약할지 확실히 알 것 같네요. 저는 그들의 여행을 더 즐겁게 만든다면 돈을 더 내는 것에 개의치 않아요.

outing[áutiŋ] 야유회, 여행 accommodation[əkàːmədéiʃn] 숙박 시설, 숙박 attraction[ətrǽkʃn] 관광지, 명소
archaeological[àːrkiəládʒikəl] 고고학의 ancient[éinʃənt] 고대의 ruin[rúːin] 유적 site[sait] 유적지, 장소 tiring[táiəriŋ] 피곤한
athlete[ǽθliːt] 운동선수 tomb[tuːm] 무덤, 고분 hire[háiər] 빌리다, 고용하다 three-wheeled[θrìːhwíːld] 삼륜의
luxurious[lʌgʒúriəs] 고급스러운 comfortable[kʌ́mfərtəbl] 편리한 amenity[əménəti] 편의 시설 comforter[kʌ́mfərtər] (두툼한) 이불
bath tub 욕조 freebie[fríːbi] 무료 혜택, 무료로 주는 것 happy hour 특별 할인 시간대 entertainment[èntərtéinmənt] 공연
common room 휴게실 mingle[míŋgl] 어울리다, 섞이다 additional[ədíʃənl] 추가의 add up 합산되다 be into ~에 관심이 있다
explore[iksplɔ́ːr] 살펴보다, 탐험하다 temple[témpl] 사원 socialize[sóuʃəlaiz] (사람들과) 어울리다, 사귀다

---

40 특정세부사항 What   정답 (a)

What is Jim's problem?

(a) He couldn't pick overseas accommodations.
(b) He couldn't decide which airline to take for his team's trip.
(c) He couldn't choose where to go for a vacation.
(d) He couldn't decide on a date for his team's trip.

Jim의 문제는 무엇인가?

(a) 해외 숙박 시설을 선택할 수 없다.
(b) 팀 여행에서 어떤 비행기를 탈지 결정할 수 없다.
(c) 휴가로 어디를 갈지 고를 수 없다.
(d) 팀 여행 날짜를 결정할 수 없다.

해설 Jim의 문제는 무엇인지를 묻는 What 문제이므로, 대화의 주제를 언급하는 지문의 초반을 주의 깊게 듣는다. 남자가 'I'm still deciding between two accommodations'라며 아직 두 개의 숙박 시설 중에 결정하는 중이라고 했다. 따라서 (a)가 정답이다.

어휘 overseas[òuvərsíːz] 해외의 airline[érlain] 비행기

---

41 특정세부사항 Why   정답 (c)

Why is the Silver Hotel a good choice if the staff would prefer to visit the Siem Reap ancient ruins?

(a) because it's the one that's in Siem Reap
(b) because the bike rentals are cheaper there
(c) because it's near the popular attractions
(d) because they can view the ancient ruins from there

만약 직원들이 시엠레아프 고대 유적지를 방문하는 것을 선호한다면 왜 Silver 호텔이 좋은 선택인가?

(a) 시엠레아프에 있는 것이기 때문에
(b) 그곳에서 자전거 대여가 더 싸기 때문에
(c) 유명한 관광지에 가깝기 때문에
(d) 그곳에서 고대 유적지를 볼 수 있기 때문에

해설 만약 직원들이 시엠레아프 고대 유적지를 방문하는 것을 선호한다면 왜 Silver 호텔이 좋은 선택인지를 묻는 Why 문제이므로, 질문의 키워드 ancient ruins가 그대로 언급된 주변을 주의 깊게 듣는다. 남자가 'One advantage of the Silver Hotel is it's near the popular attractions in Siem Reap.'라며 Silver 호텔의 한 가지 장점은 시엠레아프에 있는 유명한 관광지들에 가깝다는 것이라고 했다. 따라서 (c)가 정답이다.

어휘 rental[réntl] 대여

42 특정세부사항   What   정답 (c)

What prevents tourists from seeing the entire Angkor Archaeological Park in one day?

(a) its being too far from the hotels
(b) its limited transportation
(c) its being too big to explore
(d) its being closed for most of the day

여행객들이 앙코르 고고학 공원 전체를 하루 안에 못 보게 막는 것은 무엇인가?

(a) 호텔에서 너무 먼 것
(b) 제한된 교통
(c) 살펴보기에 너무 큰 것
(d) 하루의 대부분 폐쇄되어 있는 것

해설   여행객들이 앙코르 고고학 공원 전체를 하루 안에 못 보게 막는 것은 무엇인지를 묻는 What 문제이므로, 질문의 키워드 seeing ~ entire ~ Park가 see all of it으로 paraphrasing되어 언급된 주변을 주의 깊게 듣는다. 여자가 'I heard the archaeological park is so big, you can't see all of it in one or even two days.'라며 고고학 공원이 굉장히 커서 하루 아니 심지어 이틀 안에도 다 볼 수 없다고 들었다고 했다. 따라서 (c)가 정답이다.

어휘   transportation[trænspɔːrtéiʃn] 교통   explore[iksplɔ́r] 살펴보다, 탐구하다

43 추론   특정사실   정답 (b)

What is most likely the reason why Jim's employees would ride *tuktuks* instead of bicycles?

(a) the cheaper cost of hiring a *tuktuk*
(b) being unable to endure a long bike ride
(c) wanting to get to the sites quickly
(d) not knowing how to ride a bike

Jim의 직원들이 자전거 대신 툭툭을 타게 될 이유는 무엇일 것 같은가?

(a) 툭툭을 빌리는 더 싼 가격
(b) 긴 자전거 타기를 견딜 수 없음
(c) 유적지에 더 빨리 도착하기를 원함
(d) 자전거 타는 방법을 모름

해설   Jim의 직원들이 자전거 대신 툭툭을 타게 될 이유는 무엇일 것 같은지를 추론하는 문제이므로, 질문의 키워드 tuktuks가 a tuktuk으로 언급된 주변을 주의 깊게 듣는다. 여자가 'Unless your employees are all athletes, I doubt they'll enjoy riding a bicycle for forty minutes to see the ancient tombs.'라며 직원들이 모두 운동선수가 아닌 한 그들이 고대 무덤을 보기 위해 40분 동안이나 자전거를 타는 것을 즐길 것인지 의심된다고 한 것을 통해, 직원들이 긴 자전거 타기를 견딜 수 없어 자전거 대신 툭툭을 타게 될 것임을 추론할 수 있다. 따라서 (b)가 정답이다.

어휘   endure[indúr] 견디다

44 특정세부사항   장·단점   정답 (d)

What advantage does the Residence Inn offer in terms of services?

(a) It has luxurious amenities.
(b) It has much larger rooms.
(c) Its restaurant has a happy hour.
(d) It doesn't charge extra for added services.

서비스 측면에서 Residence 호텔은 무슨 장점을 제공하는가?

(a) 고급스러운 편의 시설이 있다.
(b) 훨씬 더 큰 방들이 있다.
(c) 식당에 특별 할인 시간대가 있다.
(d) 추가된 서비스에 대해 비용을 청구하지 않는다.

해설   Residence 호텔의 장점을 묻는 문제이므로, 질문의 키워드 Residence Inn과 관련된 긍정적인 흐름을 파악한다. 남자가 'The Residence Inn offers freebies that the Silver Hotel doesn't'라며 Residence 호텔은 Silver 호텔이 제공하지 않는 무료 혜택

을 제공한다고 한 뒤, 'Silver Hotel guests must also pay additional fees ~ which all add up in the end.'라며 Silver 호텔 고객은 와이파이 연결과 같은 추가 서비스를 위해 추가 비용을 내야 하는데 모든 것이 마지막에 합산된다고 했다. 따라서 (d)가 정답이다.

Paraphrasing
freebies 무료 혜택 → doesn't charge extra for added services 추가된 서비스에 대해 비용을 청구하지 않는다

---

45 추론 다음에 할 일 정답 (a)

Based on the conversation, what did Jim likely decide to do?	대화에 따르면, Jim은 무엇을 하기로 결정한 것 같은가?
(a) book rooms at the Silver Hotel	(a) Silver 호텔의 방을 예약한다
(b) book rooms at the Residence Inn	(b) Residence 호텔의 방을 예약한다
(c) find a more affordable hotel	(c) 더 가격이 알맞은 호텔을 찾는다
(d) ask his employees what they prefer	(d) 직원들에게 그들이 무엇을 선호하는지 묻는다

해설 Jim이 다음에 할 일을 추론하는 문제이므로, 지문의 후반을 주의 깊게 듣는다. 남자가 'Since my staff has been asking me about Angkor Wat, I think I know exactly which accommodation to book.'이라며 직원들이 자신에게 앙코르와트에 대해 계속 물어봤기 때문에 어떤 숙박 시설을 예약할지 확실히 알 것 같다고 한 뒤, 'I don't mind ~ to make their trip more enjoyable.'이라며 직원들의 여행을 더 즐겁게 만든다면 돈을 더 내는 것에 개의치 않는다고 한 것을 통해, Jim이 앙코르와트에서 더 가깝지만 가격이 더 비싼 Silver 호텔의 방을 예약할 것임을 추론할 수 있다. 따라서 (a)가 정답이다.

어휘 affordable [əfɔ́ːrdəbl] (가격이) 알맞은

PART 4 [46~52] 설명 모조품 구매를 방지하기 위한 7가지 조언

주제 제시: 모조품 구매 방지	Hi, everybody. Welcome to Money Hacks. A lot of people make what appear to be great deals for designer items nowadays. But how do you know whether you're buying the real thing or just spending precious money on a fake? Fake perfume, clothes, and even jewelry are now being sold everywhere. You should therefore prevent yourselves from falling victim to imitation products and save your hard-earned pay. ⁴⁶Today, I will give you tips on how to avoid buying fake designer products.	안녕하세요, 여러분. Money Hacks에 오신 것을 환영합니다. 오늘날 많은 사람들이 디자이너 제품을 가지고 유리한 거래처럼 보이는 것을 하죠. 하지만 어떻게 여러분이 진품을 사는 것인지 아니면 그저 소중한 돈을 모조품에 낭비하는 것인지 구별할까요? 가짜 향수, 옷, 그리고 심지어 보석이 오늘날 어디에서나 팔리고 있어요. 여러분은 따라서 자신이 모조품의 희생양이 되는 것을 방지하고 어렵게 번 돈을 지켜야 합니다. ⁴⁶오늘은, 가짜 디자이너 제품을 구매하는 것을 방지하는 방법에 관한 조언을 해드리겠습니다.
조언1: 공식 상점 구매	Tip number one — always shop at reputable stores. Most fake products are sold on classified ads websites, and some sellers even create their own websites to escape government regulation. ⁴⁷Buying from a name brand's retail store or its official website is the surest way to avoid fake products.	첫 번째 조언입니다. 언제나 일반적으로 인정되고 있는 상점에서 쇼핑하세요. 대부분의 모조품은 안내 광고 웹사이트에서 판매되고, 몇몇 판매자들은 심지어 정부 규제에서 벗어나기 위해 그들만의 웹사이트를 만들기도 합니다. ⁴⁷유명 상표 제품의 소매점이나 그것의 공식 웹사이트에서 구매하는 것이 모조품을 피하는 가장 확실한 방법입니다.
	Tip number two — do your research first before buying from any retailer. Name brands usually have a list of	두 번째 조언입니다. 어떤 소매업자에게서든 구매하기 전에 먼저 조사를 하세요. 유명 상표 제품은 보통

---

approved retailers on their websites, and it's best to check if a seller is on that list. You can also check online reviews or ask your local business bureau to learn if complaints about a particular seller already exist.

Tip number three — know the product. A sure way of avoiding fakes is to know what the real article looks like. Devoted followers of designer goods are able to spot a fake from a distance. [48]To know more about the product you want to buy, visit the brand's official website to check the item's appearance and special features. If a product has a particular color and other features that are not found on the official website, it is most likely a fake.

Tip number four — train your eyes to look for details. Little details, such as stitching, buttons, material, and logos, can tell you a lot about a product's authenticity. For example, crooked logos, [49]misspellings, and grammar errors on washing instructions are sure signs that the item is a knockoff.

Authentic designer items tend to have more stitches per inch than fake ones. Real leather has an irregular texture and a subtle scent, while fake leather has a consistent pattern and a strong chemical scent. Buttons on genuine products will usually have the brand's logo.

Tip number five — beware of products that are labeled as "genuine" or "authentic." [50]These terms are used to convince buyers that an item is real when it's really the opposite. Exaggerated claims about authenticity should always raise an alarm. Also, beware of the words "first grade," "second grade," or "third grade." These terms describe how close an imitation item is to the original.

Tip number six — check the product's packaging. Real designer goods come with high-quality shopping bags that have the brand's logo. On the other hand, [51]fake products are typically sold without packaging or have low-quality packaging with blurred photos and grammar errors. They may also miss important details. For example, a bottle of designer perfume always has a packaging number similar to the number on its box. If a bottle doesn't have a packaging code, it's a fake.

Lastly, if the price of the item seems too good to be true, it probably is. [52]Remember that there is always a premium for quality. While bargains for designer items do exist, be realistic about your expectations. So if you hear about a two-hundred-dollar Prada bag, it's probably a fake.

그들의 웹사이트에 승인된 소매업자의 목록이 있고, 그 목록에 판매자가 있는지 확인하는 것이 가장 좋습니다. 여러분은 또한 온라인 리뷰를 확인하거나 특정 판매자에 대한 항의가 이미 존재하는지 알아보기 위해 지방 영업소에 문의할 수도 있습니다.

세 번째 조언입니다. 제품에 익숙해지세요. 모조품을 피하는 확실한 방법은 진품이 어떻게 생겼는지 아는 것입니다. 디자이너 제품의 헌신적인 신봉자들은 멀리에서도 모조품을 알아챌 수 있습니다. [48]여러분이 구매하고자 하는 제품에 대해 더 잘 알기 위해서, 상표의 공식 웹사이트에 방문해 물건의 외양과 특색을 확인하세요. 만약 제품이 공식 웹사이트에서 찾을 수 없는 특정한 색과 다른 특징을 지니고 있다면, 그것은 아마도 모조품입니다.

네 번째 조언입니다. 세부사항을 찾는 안목을 기르세요. 바느질, 단추, 재료, 그리고 로고와 같은 작은 세부사항들이, 여러분에게 제품의 진위에 대해 많은 것을 알려줄 수 있습니다. 예를 들어, 비뚤어진 로고, [49]틀린 철자, 그리고 세탁 설명의 문법 오류는 그 제품이 모조품이라는 확실한 흔적입니다.

진짜 디자이너 제품에는 모조품보다 인치당 더 많은 바늘땀이 있는 경향이 있습니다. 진짜 가죽은 고르지 않은 결과 미세한 냄새가 있는 반면, 인조 가죽은 일관된 무늬와 강한 화학 물질 냄새를 가지고 있습니다. 진품의 단추에는 보통 상표의 로고가 있을 것입니다.

다섯 번째 조언입니다. "진품의" 혹은 "진짜의"라는 딱지가 붙은 제품을 조심하세요. [50]이러한 용어들은 사실 그 반대일 때 구매자들에게 제품이 진짜라고 확신시키기 위해 사용됩니다. 진위에 대한 과장된 주장은 언제나 경보를 울려야 합니다. 또한, "1등급", "2등급", 혹은 "3등급"과 같은 단어들을 조심하세요. 이러한 용어들은 모조품이 얼마나 진품과 비슷한지를 묘사합니다.

여섯 번째 조언입니다. 제품의 포장을 확인하세요. 진짜 디자이너 제품에는 상표의 로고가 있는 고급 쇼핑백이 딸려옵니다. 반면에, [51]모조품은 일반적으로 포장 없이 판매되거나 흐린 사진과 문법 오류가 있는 저급 포장을 가지고 있습니다. 그것들은 아마 또한 중요한 세부사항을 간과할 것입니다. 예를 들어, 디자이너 향수 한 병은 언제나 상자에 있는 번호와 비슷한 포장 번호가 있습니다. 만약 그 병에 포장 번호가 없다면, 그것은 모조품입니다.

마지막으로, 만약 제품의 가격이 너무 좋아서 의심스럽다면, 그건 아마 모조품입니다. [52]품질에는 항상 할증료가 있다는 것을 기억하세요. 디자이너 제품에 대한 특가도 존재하기는 하지만, 기대에 현실성이 있어야 합니다. 그러니 만약 여러분이 200달러짜리 프라다 가방에 대해 듣는다면, 그건 아마 모조품입니다.

어휘 know[nou] 구별하다, 익숙해지다, 알다 real thing 진품 precious[préʃəs] 소중한 fake[feik] 모조품; 가짜의, 모조의, 인조의
fall victim to ~의 희생양이 되다 imitation[ìmitéiʃn] 모조품, 모방 reputable[répjətəbl] 일반적으로 인정되고 있는, 평판이 좋은
classified ads 안내 광고 escape[iskéip] 벗어나다, 탈출하다 regulation[règjuléiʃn] 규제 name brand 유명 상표 제품
retail[rí:teil] 소매의 approve[əprú:v] 승인하다 bureau[bjúrou] 소, 국, 부 complaint[kəmpléint] 항의, 불만 article[á:rtikl] 물품, 물건
devoted[divóutid] 헌신적인 follower[fá:louər] 신봉자, 추종자 appearance[əpíərəns] 외양 stitching[stítʃiŋ] 바느질, 바늘땀
material[mətíriəl] 재료, 천, 직물 authenticity[ɔ̀:θentísəti] 진위 crooked[krúkid] 비뚤어진
misspelling[misspéliŋ] 틀린 철자, 철자 오기 instruction[instrʌ́kʃn] 설명, 안내 knockoff[nákɔ:f] 모조품, 복제
irregular[irégjələr] 고르지 않은, 불규칙적인 texture[tékstʃər] 결, 질감 subtle[sʌ́tl] 미세한 scent[sent] 냄새, 향기
consistent[kənsístənt] 일관된, 안정된 chemical[kémikl] 화학 물질 genuine[dʒénjuin] 진품의, 진짜의 beware of ~을 조심하다
label[léibl] 딱지가 붙다; 상표 convince[kənvíns] 확신시키다 opposite[á:pəzət] 반대 exaggerate[igzǽdʒəreit] 과장하다
raise an alarm 경보를 울리다 original[ərídʒənl] 진품의, 독창적인 blurred[blə:rd] 흐린 too good to be true 너무 좋아서 의심스러운
premium[prí:miəm] 할증료 bargain[bá:rgən] 특가, 흥정 expectation[èkspektéiʃn] 기대

46 주제/목적   담화의 주제   정답 (b)

What is the talk about?	담화의 주제는 무엇인가?
(a) how to spend money wisely	(a) 돈을 지혜롭게 쓰는 방법
(b) how to keep away from fake products	(b) 모조품을 피하는 방법
(c) how to identify genuine products	(c) 진품을 식별하는 방법
(d) buying designer items	(d) 디자이너 제품을 구매하는 것

해설   담화의 주제를 묻는 문제이므로, 지문의 초반을 주의 깊게 듣고 전체 맥락을 파악한다. 화자가 'Today, I will give you tips on how to avoid buying fake designer products.'라며 오늘은 가짜 디자이너 제품을 구매하는 것을 방지하는 방법에 관한 조언을 하겠다고 한 뒤, 모조품을 피하는 방법에 관한 내용이 이어지고 있다. 따라서 (b)가 정답이다.

Paraphrasing
avoid buying fake designer products 가짜 디자이너 제품을 구매하는 것을 방지하다 → keep away from fake products 모조품을 피하다

어휘   wisely[wáizli] 지혜롭게, 현명하게 keep away from ~을 피하다 identify[aidéntifai] 식별하다, 알아보다

47 특정세부사항   What   정답 (a)

According to the speaker, what is the best place to shop for designer items?	화자에 따르면, 디자이너 제품을 사기에 가장 좋은 장소는 무엇인가?
(a) a designer label's store	(a) 디자이너 상표의 상점
(b) the trade regulatory office	(b) 무역 규제 사무소
(c) classified ads websites	(c) 안내 광고 웹사이트
(d) a retailer's website	(d) 소매업자의 웹사이트

해설   디자이너 제품을 사기에 가장 좋은 장소는 무엇인지를 묻는 What 문제이므로, 질문의 키워드 place to shop과 관련된 내용을 주의 깊게 듣는다. 화자가 'Buying from a name brand's retail store ~ to avoid fake products.'라며 유명 상표 제품의 소매점이나 그것의 공식 웹사이트에서 구매하는 것이 모조품을 피하는 가장 확실한 방법이라고 했다. 따라서 (a)가 정답이다.

Paraphrasing
a name brand's retail store 유명 상표 제품의 소매점 → a designer label's store 디자이너 상표의 상점

어휘   regulatory[régjələtɔ:ri] 규제의

48 특정세부사항 How

정답 (d)

How can a first-time buyer familiarize herself with a designer item?

(a) by inspecting the item from afar
(b) by seeking advice from the brand's followers
(c) by actually comparing the item with a fake product
(d) by looking up the item on the brand's official website

어떻게 첫 구매자는 자신을 디자이너 제품에 익숙해지게 할 수 있는가?

(a) 제품을 멀리서 점검함으로써
(b) 상표의 신봉자들에게서 조언을 얻음으로써
(c) 실제로 제품을 모조품과 비교함으로써
(d) 상표의 공식 웹사이트에서 제품을 찾아봄으로써

해설　어떻게 첫 구매자는 자신을 디자이너 제품에 익숙해지게 할 수 있는지를 묻는 How 문제이므로, 질문의 키워드 familiarize ~ designer item이 know the product로 paraphrasing되어 언급된 주변을 주의 깊게 듣는다. 화자가 'To know more about the product ~ check the item's appearance and special features.'라며 구매하고자 하는 제품에 대해 더 잘 알기 위해서 상표의 공식 웹사이트에 방문해 물건의 외양과 특색을 확인하라고 했다. 따라서 (d)가 정답이다.

어휘　familiarize [fəmíliəraiz] 익숙해지게 하다　inspect [inspékt] 점검하다　afar [əfá:r] 멀리서

49 특정세부사항 Which

정답 (b)

Which product detail is a sure clue that a designer item is a fake?

(a) thick stitching
(b) improperly spelled words
(c) unevenly-textured leather
(d) logo-stamped buttons

제품의 어떤 세부사항이 디자이너 제품이 모조품이라는 확실한 단서인가?

(a) 두꺼운 바느질
(b) 부적절하게 표기된 단어
(c) 울퉁불퉁한 결의 가죽
(d) 로고가 찍힌 단추

해설　제품의 어떤 세부사항이 디자이너 제품이 모조품이라는 확실한 단서인지를 묻는 Which 문제이므로, 질문의 키워드 sure clue가 sure signs로 paraphrasing되어 언급된 주변을 주의 깊게 듣는다. 화자가 'misspellings ~ are sure signs that the item is a knockoff'라며 틀린 철자, 그리고 세탁 설명의 문법 오류는 그 제품이 모조품이라는 확실한 흔적이라고 했다. 따라서 (b)가 정답이다.

Paraphrasing
misspellings 틀린 철자 → improperly spelled words 부적절하게 표기된 단어

어휘　improperly [imprá:pərli] 부적절하게　unevenly [ʌnívnli] 울퉁불퉁하게

50 특정세부사항 When

정답 (c)

Based on the talk, when might a seller claim that a product is authentic?

(a) when it is his original creation
(b) when it is not selling well
(c) when it is actually an imitation
(d) when it is indeed genuine

담화에 따르면, 언제 판매자는 제품이 진품임을 주장할 수 있는가?

(a) 그의 독창적인 창작품일 때
(b) 잘 팔리지 않을 때
(c) 실제로는 모조품일 때
(d) 실제로는 진품일 때

해설　언제 판매자는 제품이 진품임을 주장할 수 있는지를 묻는 When 문제이므로, 질문의 키워드 claim ~ authentic이 claims about authenticity로 paraphrasing되어 언급된 주변을 주의 깊게 듣는다. 화자가 'These terms are used to convince buyers that an item is real when it's really the opposite.'이라며 진품의, 진짜의 등의 용어들은 사실 그 반대일 때 구매자들에게 제품이 진짜라고 확신시키기 위해 사용된다고 했다. 따라서 (c)가 정답이다.

어휘　creation[kriéiʃn] 창작품

51　Not/True　True 문제　　　　　　　　　　　　　　　　　　　　정답 (d)

What is true about the packaging of a fake product?	모조품의 포장에 관해 사실인 것은?
(a) Its box has a packaging number. (b) Its packaging is of high quality. (c) Its bag carries the company's logo. (d) Its packaging can have a low-quality picture.	(a) 상자에 포장 번호가 있다. (b) 포장이 고급이다. (c) 쇼핑백에 회사 로고가 있다. (d) 포장에 저화질의 사진이 있을 수 있다.

해설　모조품의 포장에 관해 사실인 것을 묻는 True 문제이므로, 질문의 키워드 packaging이 그대로 언급된 주변을 주의 깊게 듣는다. 화자가 'fake products ~ have low-quality packaging with blurred photos and grammar errors'라며 모조품은 일반적으로 포장 없이 판매되거나 흐린 사진과 문법 오류가 있는 저급 포장을 가지고 있다고 했다. 따라서 (d)가 정답이다.

Paraphrasing
blurred photos 흐린 사진 → a low-quality picture 저화질의 사진

52　추론　특정사실　　　　　　　　　　　　　　　　　　　　　　정답 (a)

Based on the talk, why most likely is a two-hundred-dollar Prada bag a fake?	담화에 따르면, 왜 200달러짜리 프라다 가방은 모조품일 것 같은가?
(a) because it's too cheap to be a Prada bag (b) because Prada doesn't discount their products (c) because fake items are usually sold at $200 (d) because it's too expensive to be a Prada bag	(a) 프라다 가방이기에는 너무 싸기 때문에 (b) 프라다는 제품을 할인하지 않기 때문에 (c) 모조품은 보통 200달러에 판매되기 때문에 (d) 프라다 가방이기에는 너무 비싸기 때문에

해설　왜 200달러짜리 프라다 가방은 모조품일 것 같은지를 추론하는 문제이므로, 질문의 키워드 Prada bag이 그대로 언급된 주변을 주의 깊게 듣는다. 화자가 'Remember that there is always a premium for quality.'라며 품질에는 항상 할증료가 있다는 것을 기억하라고 한 것을 통해, 프라다 가방이기에는 너무 싸기 때문에 200달러짜리 프라다 가방은 모조품일 것임을 추론할 수 있다. 따라서 (a)가 정답이다.

READING & VOCABULARY

PART 1 (53~59) 인물의 일대기 세계적인 축구 선수 리오넬 메시

인물 이름

LIONEL MESSI

인물 소개

Lionel Messi is an Argentinean football player who plays forward for both the Spanish football club, FC Barcelona, and Argentina's national team. Widely regarded as the greatest football player in the world, Messi has led his teams to numerous championships and has been named the FIFA World Player of the Year five times.

어린 시절 + 고난

Lionel Andres Messi was born in Rosario, Argentina, on June 24, 1987, to Jorge, a factory worker, and Celia, a part-time office cleaner. Messi started playing football at the age of five, and was playing for the junior team of a top-division club by age eight. [54]Although very talented, [53/58]Messi's lack of height due to a growth hormone deficiency (he was just over 4 feet tall at age 11) almost prevented him from playing professional football. To give him the costly treatments, [54]his parents accepted a contract with FC Barcelona, which provided payment for his hormone injections and housing in Spain.

데뷔 + 초기 업적

Messi trained at FC Barcelona's youth academy in Spain, where he would often stay behind after training to practice his penalty kicks. [55]He made his official debut in 2004 at age 16. In 2005, he became the youngest player to ever score a goal in La Liga, Spanish football's highest division. That year, he also led Argentina's junior national team to the FIFA Under-20 World Cup title.

별명 + 개인기

Messi went on to become one of the world's best players, leading FC Barcelona to numerous championships. The Spanish media nicknamed him "The Flea," [56/59]a name aptly used to describe not only his height (5'7") but also his speed and superior ball control through tough defense.

최고 업적

In 2009, Messi received his first Ballon d'Or ("World Player of the Year") award – a title he would receive four more times. He has set many records, including making the most goals in one season and being the all-time top scorer in two different leagues. [57]He also plays for Argentina's national team and led it to the 2014 World Cup Final, its first in 24 years.

리오넬 메시

리오넬 메시는 스페인 축구 구단인 FC 바르셀로나와, 아르헨티나 국가대표팀 모두에서 공격수로 뛰고 있는 아르헨티나 축구 선수이다. 세계에서 가장 위대한 축구 선수로 널리 평가되며, 메시는 그의 팀을 수많은 우승으로 이끌었고 FIFA 올해의 선수로 다섯 번 지명되었다.

리오넬 안드레스 메시는 1987년 6월 24일에 아르헨티나의 로사리오에서, 공장 노동자인 호르헤와 시간제 사무실 청소 미화원인 셀리아 사이에서 태어났다. 메시는 다섯 살에 축구를 하기 시작했으며, 여덟 살에는 1부 구단의 청소년 팀에서 뛰었다. [54]매우 재능이 있었음에도 불구하고, [53/58]성장호르몬 결핍으로 인한 메시의 작은 키는(그는 11살에 겨우 4피트를 넘겼다) 그가 프로 축구에서 뛰지 못하게 할 뻔했다. 그에게 값비싼 치료를 해주기 위해, [54]그의 부모님은 FC 바르셀로나와의 계약을 받아들였는데, 이는 호르몬 주사를 위한 비용과 스페인에서의 주거를 제공했다.

메시는 스페인 FC 바르셀로나의 유소년 아카데미에서 훈련했는데, 그곳에서 그는 훈련 뒤에 자주 남아 페널티 킥을 연습했다. [55]그는 2004년에 16살의 나이로 공식적인 데뷔를 했다. 2005년에, 그는 스페인 축구의 최상위 리그인 라리가에서 골을 넣은 역대 가장 어린 선수가 되었다. 그해에, 그는 20세 미만 FIFA 월드컵에서 아르헨티나의 청소년 축구대표팀을 우승으로 이끌기도 했다.

메시는 FC 바르셀로나를 수많은 우승으로 이끌며, 세계 최고의 선수 중 한 명이 되었다. 스페인 언론은 그에게 "벼룩"이라는 별명을 붙였는데, 그것은 [56/59]그의 키(5피트 7인치)뿐만 아니라 그의 속도 및 끈질긴 수비를 뚫는 뛰어난 볼 컨트롤을 적절히 묘사하는 데 사용된 명칭이었다.

2009년에, 메시는 그의 첫 발롱도르("올해의 선수") 상을 받았는데, 이 상은 그가 4번 더 받게 되는 상이다. 그는 한 시즌에 가장 많은 골을 넣은 것과 두 개의 다른 리그에서 전무후무한 득점왕이 된 것을 포함해, 많은 기록을 세웠다. [57]그는 또한 아르헨티나 국가대표팀에서도 뛰어 2014년 월드컵에서는 24년 만에 처음으로 아르헨티나 팀을 결승전으로 이끌었다.

      Almost universally regarded as the world's best football player, Messi is also the second highest-paid athlete. He has become the commercial face of football and has endorsements for different companies. When not on the field, he devotes his time to charity with the Leo Messi Foundation. In 2011, he was appointed a UNICEF Goodwill Ambassador.

거의 전 세계적으로 세계 최고의 축구 선수로 평가 받으며, 메시는 두 번째로 가장 높은 몸값을 받는 운동 선수이기도 하다. 그는 축구의 상업적 얼굴이 되었으며 여러 기업들의 광고를 하고 있다. 구장에 있지 않을 때, 그는 레오 메시 재단과 함께 자선 활동에 시간을 바친다. 2011년에, 그는 유니세프 친선 대사로 임명되었다.

어휘 championship n. 우승, 결승전, 선수권 junior adj. 청소년의; n. 청소년 talented adj. 재능이 있는 deficiency n. 결핍, 부족 costly adj. 값비싼, 많은 돈이 드는 contract n. 계약 injection n. 주사 stay behind phr. 남다 flea n. 벼룩 aptly adv. 적절히 superior adj. 뛰어난, 우수한 commercial adj. 상업적인 endorsement n. 광고, 지지 devote v. 바치다, 헌신하다 charity n. 자선 활동 appoint v. 임명하다 ambassador n. 대사

---

53 특정세부사항 　What
정답 (c)

What did Lionel Messi struggle with as a child?

(a) suffering from an incurable disease
(b) being bad at playing football
(c) being too short for his age
(d) getting rejected by junior football clubs

리오넬 메시는 어린 시절 무엇으로 힘겨워 했는가?

(a) 불치병에 걸린 것
(b) 축구를 잘 못한 것
(c) 나이에 비해 키가 너무 작은 것
(d) 청소년 축구 구단에 불합격한 것

해설 리오넬 메시는 어린 시절 무엇으로 힘겨워 했는지를 묻는 What 문제이므로, 질문의 키워드 struggle과 관련된 주변 내용을 주의 깊게 읽는다. 2단락의 'Messi's lack of height ~ almost prevented him from playing professional football'에서 성장호르몬 결핍으로 인한 메시의 작은 키는 그가 프로 축구에서 뛰지 못하게 할 뻔했다고 했다. 따라서 (c)가 정답이다.

Paraphrasing
lack of height 작은 키 → being too short 키가 너무 작은 것

어휘 suffer v. 병에 걸리다, 고통받다 incurable adj. 불치의 reject v. 불합격시키다, 거절하다

---

54 추론 　특정사실
정답 (b)

Why most likely was FC Barcelona willing to pay for Messi's treatment?

(a) because the club was into charity work
(b) because they saw him as a future asset
(c) because his parents forced the club owners
(d) because they were concerned about his welfare

왜 FC 바르셀로나는 메시의 치료를 위한 비용을 기꺼이 지불한 것 같은가?

(a) 구단이 자선 사업을 하고 있었기 때문에
(b) 그를 미래의 자산으로 판단했기 때문에
(c) 그의 부모가 구단주들에게 강요했기 때문에
(d) 그의 행복을 염려했기 때문에

해설 왜 FC 바르셀로나는 메시의 치료를 위한 비용을 기꺼이 지불한 것 같은지를 추론하는 문제이므로, 질문의 키워드 treatment가 treatments로 언급된 주변 내용을 주의 깊게 읽는다. 2단락의 'Although very talented, Messi's lack of height ~ prevented him from playing professional football.'에서 매우 재능이 있었음에도 불구하고 성장호르몬 결핍으로 인한 메시의 작은 키는 그가 프로 축구에서 뛰지 못하게 할 뻔했다고 한 뒤, 'his parents accepted a contract ~ which provided payment for his hormone injections and housing in Spain'에서 메시의 부모님은 FC 바르셀로나와의 계약을 받아들였는데 이는 호르몬 주사를 위한 비용과 스페인에서의 주거를 제공했다고 한 것을 통해, FC 바르셀로나가 메시를 미래의 자산으로 판단하여 치료를 위한 비용을 기꺼이 지불한 것임을 추론할 수

있다. 따라서 (b)가 정답이다.

어휘   be willing to phr. 기꺼이 ~하다 asset n. 자산, 유용한 것 welfare n. 행복, 복지

55 특정세부사항   What   정답 (d)

What happened to Messi in 2004?

(a) He relocated to Spain.
(b) He broke a La Liga record by scoring a goal.
(c) He played for Argentina in the FIFA Under-20 World Cup.
(d) He made his first appearance with FC Barcelona.

2004년에 메시에게 무슨 일이 있었는가?

(a) 스페인으로 이주했다.
(b) 골을 넣음으로써 라리가의 기록을 깼다.
(c) 20세 미만 FIFA 월드컵에서 아르헨티나를 위해 뛰었다.
(d) FC 바르셀로나에서 첫 출전했다.

해설   2004년에 메시에게 무슨 일이 있었는지를 묻는 What 문제이므로, 질문의 키워드 in 2004가 그대로 언급된 주변 내용을 주의 깊게 읽는다. 3단락의 'He made his official debut in 2004 at age 16.'에서 메시는 2004년에 16살의 나이로 공식적인 데뷔를 했다고 했다. 따라서 (d)가 정답이다.

Paraphrasing
made his official debut 공식적인 데뷔를 했다 → made his first appearance 첫 출전했다

어휘   relocate v. 이주하다

56 특정세부사항   Why   정답 (b)

Why was he called "The Flea"?

(a) because he cannot easily be seen due to his height
(b) because he dribbles so skillfully against opponents
(c) because of the way he jumps over opponents
(d) because he is a "pest" to opponents

왜 그는 "벼룩"이라고 불렸는가?

(a) 그의 키 때문에 잘 보일 수 없었기 때문에
(b) 상대편에 맞서 매우 능숙하게 드리블했기 때문에
(c) 상대편을 뛰어 넘는 면모 때문에
(d) 상대편에게 "해충"이기 때문에

해설   왜 그가 벼룩이라고 불렸는지를 묻는 Why 문제이므로, 질문의 키워드 The Flea가 그대로 언급된 주변 내용을 주의 깊게 읽는다. 4단락의 'a name aptly used to describe ~ his speed and superior ball control through tough defense'에서 메시의 속도 및 끈질긴 수비를 뚫는 뛰어난 볼 컨트롤을 적절히 묘사하는 데 사용된 명칭이라고 했다. 따라서 (b)가 정답이다.

Paraphrasing
superior ball control 뛰어난 볼 컨트롤 → dribbles so skillfully 매우 능숙하게 드리블하다

57 특정세부사항   Which   정답 (a)

Which has Messi done for his country's team?

(a) help it reach the World Cup championship game
(b) achieve the World Player of the Year award

메시는 그의 국가 팀을 위해 무엇을 했는가?

(a) 월드컵 결승전에 갈 수 있게 도왔다
(b) 올해의 선수 상을 받았다

(c) help it win the 2014 World Cup title

(d) become the all-time top scorer in the 2014 World Cup

(c) 2014년 월드컵 우승 타이틀을 얻게 도왔다

(d) 2014년 월드컵에서 전무후무한 득점왕이 되었다

해설 메시는 그의 국가 팀을 위해 무엇을 했는지를 묻는 Which 문제이므로, 질문의 키워드 country's team이 Argentina's national team 으로 paraphrasing되어 언급된 주변 내용을 주의 깊게 읽는다. 5단락의 'He also plays for Argentina's national team and led it to the 2014 World Cup Final, its first in 24 years.'에서 메시는 아르헨티나 국가대표팀에서도 뛰어 2014년 월드컵에서는 24년 만 에 처음으로 아르헨티나 팀을 결승전으로 이끌었다고 했다. 따라서 (a)가 정답이다.

---

58 어휘 유의어 정답 (d)

In the context of the passage, deficiency means _____.

(a) condition

(b) absence

(c) excess

(d) shortage

지문의 문맥에서, 'deficiency'는 -을 의미한다.

(a) 상태

(b) 부재

(c) 과잉

(d) 부족

해설 밑줄 친 어휘의 유의어를 찾는 문제이므로, deficiency가 포함된 구절을 읽는다. 2단락의 'Messi's lack of height due to a growth hormone deficiency'는 성장호르몬 결핍으로 인한 메시의 작은 키라는 뜻이므로, deficiency가 '결핍'이라는 의미로 사용된 것을 알 수 있다. 따라서 '부족'이라는 비슷한 의미의 (d) shortage가 정답이다.

---

59 어휘 유의어 정답 (c)

In the context of the passage, aptly means _____.

(a) unsuitably

(b) uniquely

(c) fittingly

(d) jokingly

지문의 문맥에서, 'aptly'는 -을 의미한다.

(a) 적절치 않게

(b) 독특하게

(c) 알맞게

(d) 농담 삼아

해설 밑줄 친 어휘의 유의어를 찾는 문제이므로, aptly가 포함된 구절을 읽는다. 4단락의 'a name aptly used to describe ~ superior ball control through tough defense'는 메시의 속도 및 끈질긴 수비를 뚫는 뛰어난 볼 컨트롤을 적절히 묘사하는 데 사용된 명칭이라는 뜻 이므로, aptly가 '적절히'라는 의미로 사용된 것을 알 수 있다. 따라서 '알맞게'라는 비슷한 의미의 (c) fittingly가 정답이다.

PART 2 (60~66) 잡지 기사 옷이 착용자의 생각과 행동에 미치는 영향에 관한 연구

연구
결과
60STUDIES FIND THAT CLOTHES AFFECT WEARER'S THINKING

연구
소개
60Recent studies have found that what a person wears affects his thinking and behavior. The findings show that clothes influence people's thought patterns and impact

60연구가 옷이 착용자의 생각에 영향을 미친다는 것을 알아내다

60최근의 연구는 사람이 입은 것이 그의 생각과 행 동에 영향을 미친다는 것을 알아냈다. 연구 결과는 옷 이 사람의 사고방식을 좌우하고 그들이 자기 자신과

how they perceive themselves and the people, objects, and events around them.

In a study published in the journal *Social Psychological and Personality Science*, researchers from Columbia University and California State University found that wearing formal clothes, such as a suit, improves a person's abstract thought processing. [65]People in formal attire think more holistically instead of narrowly, focusing on details.

To conduct the study, the researchers did an experiment involving two groups of students. The first group's participants were instructed to show up at the lab in "clothing they would wear to class." They were then asked to self-rate the formality of their clothes and then to take some [66]cognitive tests that determined their mental processing styles. The second group was asked to come in "clothing they would wear to a job interview" and to perform the same tasks. [61]The results showed that the second group's self-ratings on clothing formality were strongly linked with abstract, or general, thought processes. The first group, on the other hand, thought in more concrete, or specific, terms.

An earlier study demonstrated the effects of other types of clothes on the wearer. Researchers from Northwestern University found that wearing a lab coat increased a person's performance on tasks that require selective attention. Succeeding experiments further showed that [62]when participants wore a lab coat described as a "doctor's coat," their attention to detail increased compared to when they wore a "painter's coat." For example, differences between pictures were more apparent to those who wore the doctor's coat.

The studies shed light on the growth of the athletic wear market in recent years. Adam Galinsky, co-author of the formalwear study, believes that [63]wearing expensive sportswear makes a person work out more intensely and become more active.

The studies support established literature that says people's perceptions influence their thinking and behavior. While a formal dress code has its advantages, [64]it might be a better idea to encourage workers to be more aware of their clothing's effects on how they see themselves.

사람들, 사물들, 그리고 주변에서 일어나는 사건들을 인지하는 방식에 영향을 준다는 것을 보여준다.

「사회 심리 및 성격 과학」에 실린 한 연구에서, 컬럼비아 대학교와 캘리포니아 주립 대학의 연구원들은 양복과 같은 정장을 입는 것이 사람의 관념적 사고 과정을 향상시킨다는 것을 알아냈다. [65]정장을 입은 사람들은 세부적인 것에 집중하여 편협하게 생각하기보다는, 전체론적으로 생각한다.

연구를 수행하기 위해, 연구원들은 두 그룹의 학생을 참여시킨 실험을 했다. 첫 번째 그룹의 참가자들은 "수업에서 입을 만한 옷"을 입고 실험실에 오도록 안내 받았다. 그런 다음 옷의 격식을 스스로 평가하고 [66]사고의 처리 방식을 측정하는 인지 검사 몇 가지를 받도록 요청받았다. 두 번째 그룹은 "면접에서 입을 만한 옷"을 입고 와서 같은 과제를 수행하도록 요청받았다. [61]결과는 두 번째 그룹의 옷의 격식에 대한 자기 평가가 관념적, 즉 전반적인 사고 과정과 강하게 연관되어 있음을 보여주었다. 그에 반해, 첫 번째 그룹은 더 구체적인, 즉 명확한 관점으로 사고했다.

초기의 연구는 다른 종류의 옷이 착용자에게 미치는 영향을 증명했다. 노스웨스턴 대학의 연구원들은 실험실 가운을 입는 것이 선택적 주의력을 필요로 하는 과제의 수행 능력을 향상시킨다는 것을 알아냈다. 이어진 실험은 [62]"의사 가운"으로 묘사된 실험실 가운을 입었을 때에는, "화가 가운"을 입었을 때에 비해 세부적인 것에 대한 주의력이 증가되었음을 추가로 보여주었다. 예를 들어, 의사 가운을 입은 사람들에게 사진들 간의 차이점이 더 명확했다.

연구는 최근 몇 해 동안의 운동복 시장 성장의 이해를 돕는 사실을 보여주었다. 정장 연구의 공동 집필자인 아담 갈린스키는 [63]비싼 운동복을 입는 것은 사람들이 운동을 더 열심히 하게 만들고 더 적극적으로 만든다고 믿는다.

연구는 사람들의 인식이 그들의 생각과 행동에 영향을 미친다고 규명하는 문헌을 뒷받침한다. 공식적인 복장 규정의 장점이 있긴 하지만, [64]옷이 스스로를 보는 방식에 미치는 영향을 직원들이 더 잘 알도록 장려하는 것이 더 좋은 생각일 수 있다.

어휘 clothes n. 옷, 의류 impact v. 영향을 주다 perceive v. 인지하다 abstract adj. 관념적인, 추상적인 attire n. 옷, 복식
holistically adv. 전체론적으로 narrowly adv. 편협하게, 제한적으로 involve v. 참여시키다, 수반하다 participant n. 참가자

lab n. 실험실 formality n. 격식 cognitive adj. 인지의 concrete adj. 구체적인 term n. 관점, 용어
demonstrate v. 증명하다, 보여주다 selective adj. 선택적인 attention n. 주의력, 주목 apparent adj. 명확한, 분명한
shed light on phr. ~의 이해를 돕는 사실을 보여주다, 해명하다 athletic adj. 운동의, 건강한 intensely adv. 열심히, 격하게
establish v. 규명하다, 설립하다

---

60 **특정세부사항**　연구의 결과　　　　　　　　　　　　　　　　　　정답 (a)

What did the researchers from the two universities find out?	두 대학의 연구원들이 알아낸 것은 무엇인가?
(a) that wearing different clothes makes people think differently	(a) 다른 옷을 입는 것이 사람들을 다르게 생각하게 만든다는 것
(b) that people who prefer to wear suits are more intelligent	(b) 정장을 입는 것을 좋아하는 사람들이 더 똑똑하다는 것
(c) that wearing different clothes changes people	(c) 다른 옷을 입는 것이 사람을 바꾼다는 것
(d) that formal clothes are better than casual clothes	(d) 정장이 캐주얼한 옷보다 낫다는 것

해설　두 대학의 연구원들이 알아낸 것을 묻는 문제이므로, 연구 결과가 언급되는 제목과 1단락을 주의 깊게 읽는다. 지문의 제목 'Studies find that clothes affect wearer's thinking'과 1단락의 'Recent studies have found that what a person wears affects his thinking and behavior.'에서 최근의 연구는 사람이 입은 것이 그의 생각과 행동에 영향을 미친다는 것을 알아냈다고 했다. 따라서 (a)가 정답이다.

> 오답분석

(c) 지문 전반에 걸쳐 다른 옷을 입는 것이 사람의 생각과 행동에 영향을 미친다고는 했지만, 사람을 바꾼다고 한 것은 아니므로 지문의 내용과 일치하지 않는다.

고특점
61 **추론**　묘사　　　　　　　　　　　　　　　　　　　　　　　정답 (c)

How could the group who wore formal clothes be described?	정장을 입은 그룹은 어떻게 묘사될 수 있는가?
(a) They think in more detail.	(a) 더 세부적으로 생각한다.
(b) They pass more interviews.	(b) 더 많은 면접에 통과한다.
(c) They think in general terms.	(c) 전반적인 관점으로 생각한다.
(d) They rated themselves more favorably.	(d) 스스로를 더 호의적으로 평가했다.

해설　정장을 입은 그룹은 어떻게 묘사될 수 있는지를 추론하는 문제이므로, 질문의 키워드 group who wore formal clothes가 group ~ in clothing they would wear to a job interview로 paraphrasing되어 언급된 주변 내용을 주의 깊게 읽는다. 3단락의 'The results showed ~ self-ratings on clothing formality were strongly linked with abstract, or general, thought processes.'에서 결과는 정장을 입은 두 번째 그룹의 옷의 격식에 대한 자기 평가가 관념적, 즉 전반적인 사고 과정과 강하게 연관되어 있음을 보여주었다고 한 것을 통해, 정장을 입은 그룹은 전반적인 관점으로 생각한다고 묘사될 수 있음을 추론할 수 있다. 따라서 (c)가 정답이다.

Paraphrasing
general thought processes 전반적인 사고 과정 → think in general terms 전반적인 관점으로 생각하다

어휘　favorably adv. 호의적으로, 유리하게

62 특정세부사항 　When

정답 (d)

During the lab coat experiments, when did the participants' attention to detail increase?

(a) before wearing their lab coats
(b) when the coats were associated with a painter
(c) after removing their lab coats
(d) when the coats were associated with a doctor

실험실 가운 관련 실험에서, 세부적인 것에 대한 참가자의 주의력은 언제 증가했는가?

(a) 실험실 가운을 입기 전에
(b) 가운이 화가와 관련되었을 때
(c) 실험실 가운을 벗은 다음에
(d) 가운이 의사와 관련되었을 때

해설　실험실 가운 관련 실험에서 세부적인 것에 대한 참가자의 주의력은 언제 증가했는지를 묻는 When 문제이므로, 질문의 키워드 attention to detail이 그대로 언급된 주변 내용을 주의 깊게 읽는다. 4단락의 'when participants wore a lab coat described as a doctor's coat, their attention to detail increased compared to when they wore a painter's coat'에서 의사 가운으로 묘사된 실험실 가운을 입었을 때에는 화가 가운을 입었을 때에 비해 세부적인 것에 대한 주의력이 증가되었다고 했다. 따라서 (d)가 정답이다.

63 추론 　특정사실

정답 (d)

How could the findings explain the recent growth of the sportswear industry?

(a) They prove that sportswear doesn't need to be expensive.
(b) They show that more and more people want to appear athletic.
(c) They prove that people need exercise clothes to work out.
(d) They show why people prefer exercising in sportswear.

연구 결과는 최근 운동복 산업의 성장을 어떻게 설명할 수 있는가?

(a) 운동복이 비싸지 않아도 된다는 것을 증명한다.
(b) 점점 더 많은 사람이 건강해 보이고 싶어한다는 것을 보여준다.
(c) 운동을 하기 위해 운동복이 필요하다는 것을 증명한다.
(d) 사람들이 왜 운동복을 입고 운동하는 것을 좋아하는지 보여준다.

해설　연구 결과는 최근 운동복 산업의 성장을 어떻게 설명할 수 있는지를 추론하는 문제이므로, 질문의 키워드 sportswear industry가 athletic wear market으로 paraphrasing되어 언급된 주변 내용을 주의 깊게 읽는다. 5단락의 'wearing expensive sportswear makes a person ~ more active'에서 비싼 운동복을 입는 것은 사람들이 운동을 더 열심히 하게 만들고 더 적극적으로 만든다고 한 것을 통해, 연구 결과는 사람들이 왜 운동복을 입고 운동하는 것을 좋아하는지 보여준다는 것을 추론할 수 있다. 따라서 (d)가 정답이다.

64 특정세부사항 　What

정답 (b)

What does the article suggest that employers tell their employees?

(a) that they should wear formal clothes at work
(b) that their choice of clothing can affect their self-perception
(c) that they should be conscious of people's perception of them
(d) that they should feel comfortable whatever they wear

기사는 고용주들이 직원들에게 무엇을 전달할 것을 제안하는가?

(a) 직장에서 정장을 입어야 한다는 것
(b) 옷 선택이 자기 인식에 영향을 미칠 수 있다는 것
(c) 자신에 대한 사람들의 인식을 의식해야 한다는 것
(d) 무엇을 입든 편해야 한다는 것

해설 기사는 고용주들이 직원들에게 무엇을 전달할 것을 제안하는지를 묻는 What 문제이므로, 질문의 키워드 employees가 workers로 paraphrasing되어 언급된 주변 내용을 주의 깊게 읽는다. 6단락의 'it might be a better idea to encourage workers to be more aware of their clothing's effects on how they see themselves'에서 옷이 스스로를 보는 방식에 미치는 영향을 직원들이 더 잘 알도록 장려하는 것이 더 좋은 생각일 수 있다고 했다. 따라서 (b)가 정답이다.

Paraphrasing
how they see themselves 스스로를 보는 방식 → self-perception 자기 인식

어휘 conscious adj. 의식하는, 자각하는

---

65 어휘 유의어 정답 (c)

In the context of the passage, underline{holistically} means _____.

(a) specifically
(b) internationally
(c) broadly
(d) popularly

지문의 문맥에서, 'holistically'는 -을 의미한다.

(a) 구체적으로
(b) 국제적으로
(c) 폭넓게
(d) 일반적으로

해설 밑줄 친 어휘의 유의어를 찾는 문제이므로, holistically가 포함된 구절을 읽는다. 2단락의 'People in formal attire think more holistically instead of ~ focusing on details.'는 정장을 입은 사람들은 세부적인 것에 집중하여 편협하게 생각하기보다는 전체론적으로 생각한다는 뜻이므로, holistically가 '전체론적으로'라는 의미로 사용된 것을 알 수 있다. 따라서 '폭넓게'라는 비슷한 의미의 (c) broadly가 정답이다.

---

66 어휘 유의어 정답 (a)

In the context of the passage, underline{determined} means _____.

(a) identified
(b) learned
(c) completed
(d) concealed

지문의 문맥에서, 'determined'는 -을 의미한다.

(a) 확인하다
(b) 배우다
(c) 완료하다
(d) 감추다

해설 밑줄 친 어휘의 유의어를 찾는 문제이므로, determined가 포함된 구절을 읽는다. 3단락의 'cognitive tests that determined their mental processing styles'는 사고의 처리 방식을 측정하는 인지 검사라는 뜻이므로, determined가 '측정하다'라는 의미로 사용된 것을 알 수 있다. 따라서 '확인하다'라는 비슷한 의미의 (a) identified가 정답이다.

PART 3 (67~73) 지식 백과 캘리포니아 골드러시의 발생과 영향

표제어	**CALIFORNIA GOLD RUSH**	캘리포니아 골드러시
정의 + 소개	[67]The California Gold Rush was the largest single migration of people to the United States. Taking place from 1848 to 1855, the movement was the result of the	[67]캘리포니아 골드러시는 미국으로 향한 단일 최대 규모의 인구 이동이었다. 1848년부터 1855년까지 일어났으며, 이주는 오늘날의 새크라멘토 근방에서 금

discovery of gold near present-day Sacramento. The Gold Rush brought around 300,000 people to California, making it one of the most significant events in American history.

The Gold Rush began on January 24, 1848, when a carpenter named James W. Marshall found gold in the American River while building a sawmill. When the discovery was reported in San Francisco's newspapers, [72]most people were skeptical of the story. [68]The "rush" was actually triggered when a storekeeper paraded around San Francisco shouting, "Gold! Gold!" while holding a bottle filled with gold dust obtained in the area. The news quickly spread, and people from places such as Oregon, present-day Hawaii, and Mexico began arriving in California in May.

In December, President James Polk announced that the gold reports were true, resulting in people from as far away as Australia and China moving to San Francisco in 1849. Dubbed as the "forty-niners," [69]many of the migrants sold their property, spent their entire life's savings, or took loans to try their luck in California.

The forty-niners ushered in the development of new towns in California. Roads, churches, shops, schools, and other establishments were built for the miners. By the end of 1849, California's population had grown to over 100,000 people, way up from only 800 people before 1848. [70]This population growth was so quick that California was proclaimed a U.S. state only two years after it had earned its independence from Mexico.

The Gold Rush peaked in 1852, when around $81 million worth of precious metals were mined in a single year. Afterward, [73]gold became scarce and more difficult to find. By 1857, the yearly total of gold mined was only around $45 million. Nevertheless, people from all over the world continued to flock to the area, increasing California's population to 380,000 by 1860. [71]Their descendants continue to make California among the most racially diverse states in America today.

을 발견한 것의 결과였다. 골드러시는 약 30만 명의 사람들을 캘리포니아로 데려왔고, 이로써 미국 역사에서 가장 중요한 사건 중 하나가 되었다.

골드러시는 1848년 1월 24일에 시작되었는데, 이는 제임스 W. 마셜이라는 목수가 제재소를 만들던 중에 아메리카 강에서 금을 발견한 날이었다. 이 발견이 샌프란시스코의 신문에 보도되었을 때, [72]대부분의 사람들은 그 이야기를 믿지 않았다. [68]"이동"은 한 가게 주인이 그 지역에서 획득한 금가루가 가득 든 병을 들고, "금이다! 금!"이라고 외치며, 샌프란시스코 주변을 뽐내며 돌아다녔을 때 실제로 일어났다. 이 소식은 빠르게 퍼졌으며, 5월에는 오리건 주, 오늘날의 하와이, 그리고 멕시코와 같은 장소로부터 온 사람들이 캘리포니아에 도착하기 시작했다.

12월에, 제임스 포크 대통령은 금 보도가 사실이었다고 발표했고, 이는 1849년에 호주와 중국처럼 먼 곳의 사람들도 샌프란시스코로 이주하게 만들었다. "포티나이너스"라고 불리며, [69]이주민 중 다수는 캘리포니아에서 자신의 운을 시험해보기 위해 그들의 토지를 팔거나, 평생 모은 돈을 쓰거나, 대출을 받았다.

포티나이너스는 캘리포니아에서 새로운 마을의 개발에 선도 역을 했다. 광부들을 위해 도로, 교회, 가게, 학교, 그리고 다른 기관들이 지어졌다. 1849년 말쯤에는, 캘리포니아의 인구가 1848년 이전의 단 800명보다 훨씬 많은, 10만 명 이상으로 늘어났다. [70]인구 증가가 매우 빠르게 일어나 캘리포니아는 미국의 주로 공표되었는데 이것은 캘리포니아가 멕시코에서 독립한 지 단 2년 만이었다.

골드러시는 1852년에 정점을 찍었는데, 이때 한 해에 약 8천 백만 달러 가치의 귀금속이 채굴되었다. 그 후에, [73]금은 희귀해졌고 발견하기 더 힘들어졌다. 1857년쯤에는, 일년 동안 채굴된 전체 금의 가치가 약 4천 5백만 달러에 불과했다. 그럼에도 불구하고, 사람들은 전 세계에서 이 지역으로 계속해서 모여, 1860년쯤에는 캘리포니아의 인구가 38만 명까지 증가했다. [71]그들의 후손은 오늘날까지도 여전히 캘리포니아를 미국에서 민족적으로 가장 다양한 주로 만든다.

어휘 rush n. 이동, 돌진 migration n. 이동, 이주 carpenter n. 목수 sawmill n. 제재소(베어 낸 나무로 재목을 만드는 곳)
skeptical adj. 믿지 않는, 회의적인 trigger v. 일으키다, 유발하다 parade around phr. ~ 주변을 뽐내며 돌아다니다
obtain v. 획득하다, 얻다 dub v. ~라고 부르다 forty-niners n. 포티나이너스(1849년 골드러시 때 캘리포니아로 몰려든 사람들)
property n. 토지, 재산 loan n. 대출 try one's luck phr. ~의 운을 시험해보다 usher v. 선도 역을 하다, 안내하다
establishment n. 기관, 시설 miner n. 광부 proclaim v. 공표하다 independence n. 독립 peak v. 정점을 찍다
scarce adj. 희귀한, 드문 flock v. 모이다 descendant n. 후손 racially adv. 민족적으로, 인종적으로

지텔프 기출문제집 Level 2

특정세부사항   What   정답 (d)

What was the California Gold Rush?	캘리포니아 골드러시는 무엇이었는가?
(a) the largest joint gold mining effort in history	(a) 역사적으로 가장 큰 금 채광 활동 연합
(b) the first discovery of gold in California	(b) 캘리포니아에서의 첫 금 발견
(c) a migration of people out of California	(c) 캘리포니아 밖으로의 인구 이동
(d) a mass movement of gold-seekers to California	(d) 캘리포니아로 향한 채금꾼의 집단 이동

해설   캘리포니아 골드러시는 무엇이었는지를 묻는 What 문제이므로, 질문의 키워드 California Gold Rush의 정의가 언급된 지문의 초반을 주의 깊게 읽는다. 1단락의 'The California Gold Rush was the largest single migration of people to the United States.'에서 캘리포니아 골드러시는 미국으로 향한 단일 최대 규모의 인구 이동이었다고 한 뒤, 캘리포니아로 향한 채금꾼의 집단 이동에 관한 내용이 이어지고 있다. 따라서 (d)가 정답이다.

어휘   joint n. 연합   mass n. 집단, 다수

고득점
68   **특정세부사항**   When   정답 (a)

When did people first start arriving in San Francisco?	사람들이 샌프란시스코에 처음 도착하기 시작한 것은 언제였는가?
(a) after a local announced the discovery of gold	(a) 한 지역 주민이 금의 발견을 알린 후에
(b) when gold was found near a sawmill construction site	(b) 제재소 건축 현장 근처에서 금이 발견되었을 때
(c) when the U.S. President confirmed the gold reports	(c) 미국 대통령이 금 보도를 승인했을 때
(d) after reports of finding gold were published	(d) 금을 발견한 것에 관한 보도가 실린 후에

해설   사람들이 샌프란시스코에 처음 도착하기 시작한 것이 언제였는지를 묻는 When 문제이므로, 질문의 키워드 first start arriving이 began arriving으로 paraphrasing되어 언급된 주변 내용을 주의 깊게 읽는다. 2단락의 'The rush was actually triggered when a storekeeper paraded ~ with gold dust obtained in the area.'에서 이동은 한 가게 주인이 그 지역에서 획득한 금가루가 가득 든 병을 들고 금을 발견했다고 외치며 샌프란시스코 주변을 뽐내며 돌아다녔을 때 실제로 일어났다고 했다. 따라서 (a)가 정답이다.

69   **추론**   특정사실   정답 (c)

Why most likely were people willing to use up their entire assets to go to California?	왜 사람들은 캘리포니아에 가기 위해 전 재산을 다 쓰는 것을 마다하지 않았던 것 같은가?
(a) They were certain to discover gold.	(a) 금을 발견할 것이라고 확신했다.
(b) The U.S. government would pay them back.	(b) 미국 정부가 갚아줄 것이었다.
(c) They were taking risks to earn fortunes in gold.	(c) 금으로 부를 얻기 위해 위험을 감수했다.
(d) They could easily get jobs in their new settlement.	(d) 새로운 정착지에서 쉽게 직업을 구할 수 있었다.

해설   왜 사람들은 캘리포니아에 가기 위해 전 재산을 다 쓰는 것을 마다하지 않았던 것 같은지를 추론하는 문제이므로, 질문의 키워드 entire assets가 entire life's savings로 paraphrasing되어 언급된 주변 내용을 주의 깊게 읽는다. 3단락의 'many of the migrants ~ try their luck in California'에서 이주민 중 다수는 캘리포니아에서 자신의 운을 시험해보기 위해 그들의 토지를 팔거나 평생 모은 돈을 쓰거나 대출을 받았다고 한 것을 통해, 사람들은 금으로 부를 얻기 위해 위험을 감수했음을 추론할 수 있다. 따라서 (c)가 정답이다.

Paraphrasing
try their luck 자신의 운을 시험해보다 → taking risks 위험을 감수하다

70 특정세부사항 How 정답 (d)

How did the forty-niners help California obtain statehood?

(a) by fighting for its independence
(b) by establishing institutions
(c) by bringing in a lot of revenue from gold
(d) by increasing its population

포티나이너스는 어떻게 캘리포니아가 주의 지위를 얻도록 도왔는가?

(a) 독립을 위해 싸움으로써
(b) 공공시설을 설립함으로써
(c) 금으로 많은 수익을 가져다 줌으로써
(d) 인구를 늘림으로써

해설 포티나이너스는 어떻게 캘리포니아가 주의 지위를 얻도록 도왔는지를 묻는 How 문제이므로, 질문의 키워드 obtain statehood가 was proclaimed a U.S. state로 paraphrasing되어 언급된 주변 내용을 주의 깊게 읽는다. 4단락의 'This population growth was so quick that California was proclaimed a U.S. state'에서 인구 증가가 매우 빠르게 일어나 캘리포니아는 미국의 주로 공표되었다고 했다. 따라서 (d)가 정답이다.

Paraphrasing
population growth 인구 증가 → increasing its population 인구를 늘림

오답분석

(b) 4단락에서 포티나이너스가 새로운 마을의 개발에 선도 역을 해서 도로, 교회, 가게, 학교 등이 지어졌다고는 했지만 이것이 캘리포니아가 주의 지위를 얻도록 도왔다고 하지는 않았으므로 지문의 내용과 일치하지 않는다.

어휘 institution n. 공공시설 revenue n. 수익, 세입

71 특정세부사항 How 정답 (b)

According to the article, how did the Gold Rush affect California in the long term?

(a) It turned California into a place for earning a fortune.
(b) It made California's population ethnically varied.
(c) It depleted the region's gold reserves entirely.
(d) It made California the most-populated state in the U.S.

기사에 따르면, 골드러시는 장기적으로 캘리포니아에 어떻게 영향을 미쳤는가?

(a) 캘리포니아를 부를 얻는 장소로 바꾸었다.
(b) 캘리포니아의 인구를 민족적으로 다양하게 만들었다.
(c) 그 지역의 금 매장량을 완전히 고갈시켰다.
(d) 캘리포니아를 미국에서 가장 인구가 많은 주로 만들었다.

해설 골드러시가 장기적으로 캘리포니아에 어떻게 영향을 미쳤는지를 묻는 How 문제이므로, 질문의 키워드 in the long term과 관련된 내용을 주의 깊게 읽는다. 5단락의 'Their descendants continue to make California among the most racially diverse states in America today.'에서 골드러시 이주민의 후손이 오늘날까지도 여전히 캘리포니아를 미국에서 민족적으로 가장 다양한 주로 만든다고 했다. 따라서 (b)가 정답이다.

Paraphrasing
racially diverse 민족적으로 다양한 → ethnically varied 민족적으로 다양한

어휘 ethnically adv. 민족적으로 varied adj. 다양한 deplete v. 고갈시키다, 대폭 감소시키다 reserve n. 매장량, 비축분

72　어휘　유의어　　　　　정답 (b)

In the context of the passage, skeptical means _____.	지문의 문맥에서, 'skeptical'은 -을 의미한다.
(a) certain	(a) 확실한
(b) doubtful	(b) 의심을 품은
(c) jealous	(c) 질투하는
(d) fearful	(d) 무서운

해설　밑줄 친 어휘의 유의어를 찾는 문제이므로, skeptical이 포함된 구절을 읽는다. 2단락의 'most people were skeptical of the story'
　　　는 대부분의 사람들은 그 이야기를 믿지 않았다는 뜻이므로, skeptical이 '믿지 않는'이라는 의미로 사용된 것을 알 수 있다. 따라서 '의심을
　　　품은'이라는 비슷한 의미의 (b) doubtful이 정답이다.

73　어휘　유의어　　　　　정답 (a)

In the context of the passage, scarce means _____.	지문의 문맥에서, 'scarce'는 -을 의미한다.
(a) limited	(a) 한정된
(b) imperfect	(b) 불완전한
(c) valuable	(c) 귀중한
(d) plentiful	(d) 풍부한

해설　밑줄 친 어휘의 유의어를 찾는 문제이므로, scarce가 포함된 구절을 읽는다. 5단락의 'gold became scarce and more difficult to
　　　find'는 금은 희귀해졌고 발견하기 더 힘들어졌다는 뜻이므로, scarce가 '희귀한'이라는 의미로 사용된 것을 알 수 있다. 따라서 '한정된'이
　　　라는 비슷한 의미의 (a) limited가 정답이다.

PART 4 (74~80)　비즈니스 편지　회사에 대한 불만으로 사직하겠다는 편지

수신인 정보	April 10, 2017 Debra Perry Vice President for Sales RealTech Staffers Dear Ms. Perry:	2017년 4월 10일 Debra Perry 영업부 부사장 리얼테크 스태퍼 사 Ms. Perry께:
편지의 목적: 사직	[74]Please accept this letter as my formal resignation. In accordance with our company policy, my last day of employment will be on May 9, 2017.	[74]부디 이 편지를 저의 공식 사직서로 받아주시기를 바랍니다. 회사의 정책에 따르면, 저의 마지막 고용일은 2017년 5월 9일이 될 것입니다.
불만1: 수당 미지급	While I have enjoyed my job as a sales manager, the company has still not given me the benefits that were included in the contract I signed when I joined the company. My contract specifically states that along with the [75(c)]annual salary of $78,000, I will receive [75(b)]complete insurance coverage, fifteen (15) days of paid time off, and [75(d)]quarterly performance bonuses. In	제가 영업 관리자로서의 제 일을 즐겁게 하긴 했지만, 회사는 제가 입사했을 때 서명한 계약서에 포함된 수당을 아직도 저에게 지급하지 않았습니다. 제 계약서는 제가 [75(c)]7만8천 달러의 연봉과 함께, [75(b)]종합 보험 보장, 15일의 유급 휴가, 그리고 [75(d)]분기별 실적 상여금을 받을 것이라고 구체적으로 명시합니다. 게다가, 오

addition, [75(a)]all-expense-paid monthly business trips to RealTech's recruitment hubs in Oregon and Iowa were included in the written job offer I accepted.

It has been seven months since I joined RealTech, but [76]I have yet to receive the January-to-March and April-to-June bonuses despite exceeding the monthly quotas by 20% to 30%. In addition, [79]I have only gone on one business trip, and had to shoulder the cost of my accommodation, which the company reimbursed just thirty (30) days after the trip.

[80]The HR department is well aware of my case and has received my concerns in writing twice. Nonetheless, [77]I was merely told to wait for their resolution of the matter. While I have enjoyed fulfilling my responsibilities as a sales manager, and even worked outside my job description to further boost our sales, I can no longer continue due to the circumstances described above.

As I tender my resignation, [78]I likewise expect to be given all the legal compensation due me. Thank you and I wish the company success.

Sincerely,
Peter Roberts

리건과 아이오와 주에 있는 리얼테크 채용 본사로 가는 [75(a)]모든 비용이 지불되는 월간 출장이 제가 수락한 서면 취업 제의에 포함되어 있었습니다.

제가 리얼테크에 입사한지 7달이 되었으나, [76]월 할당량의 20퍼센트에서 30퍼센트를 능가했음에도 불구하고 1분기와 2분기의 상여금을 아직 받지 못했습니다. 게다가, [79]저는 단 한 번 출장을 떠났는데, 저의 숙박비를 떠맡아야 했으며, 이를 회사는 출장 30일 뒤에야 변상해주었습니다.

[80]인사부에서는 저의 상황을 매우 잘 알고 있으며 저의 우려를 서면으로 두 번 받았습니다. 그럼에도 불구하고, [77]저는 그저 문제에 대한 해결 방안을 기다리라고만 안내받았습니다. 제가 영업 담당자로서 책무들을 즐겁게 이행했고, 회사 매출을 더욱 끌어올리기 위해 직무 기술서에 있는 내용 이상으로 일하기도 했지만, 위에 기술한 상황으로 인해 이제 더 이상 계속할 수가 없습니다.

저의 사직서를 제출하며, [78]저에게 주어져야 할 합법적인 보상금 또한 지급받을 것이라고 기대합니다. 감사하며 회사의 성공을 빕니다.

Peter Roberts 드림

어휘 resignation n. 사직서, 사임 in accordance with phr. ~에 따르면 policy n. 정책, 방침 employment n. 고용, 취업 benefit n. 수당, 복리후생 state v. 명시하다 annual salary phr. 연봉 insurance n. 보험 coverage n. 보장 paid time off phr. 유급 휴가 quarterly adj. 분기별의 exceed v. 능가하다, 초과하다 quota n. 할당량 shoulder v. 떠맡다 reimburse v. 변상하다 resolution n. 해결 방안 fulfill v. 이행하다, 다하다 boost v. 끌어올리다, 증가하다 circumstance n. 상황 tender v. 제출하다 legal adj. 합법적인 compensation n. 보상금, 대가

---

74 주제/목적 편지의 목적   정답 (b)

Why did Peter Roberts write Debra Perry a letter?

(a) to terminate her employment
(b) to tell her that he is leaving the company
(c) to negotiate his benefits package
(d) to express his dissatisfaction with the company

왜 Peter Roberts는 Debra Perry에게 편지를 썼는가?

(a) 그녀의 고용을 종료하기 위해
(b) 회사를 떠날 것임을 알리기 위해
(c) 복리후생 제도에 대해 협상하기 위해
(d) 회사에 대한 불만을 표하기 위해

해설 편지의 목적을 묻는 문제이므로, 지문의 초반을 주의 깊게 읽고 전체 맥락을 파악한다. 1단락의 'Please accept this letter as my formal resignation.'에서 이 편지를 공식 사직서로 받아달라고 한 뒤, 사직하는 이유에 관한 내용이 이어지고 있다. 따라서 (b)가 정답이다.

오답분석

(d) 2~4단락에서 회사에 대한 불만을 표하고 있기는 하지만 사직을 하는 이유에 대한 설명일 뿐이므로, 편지의 목적으로 적절하지 않다.

어휘 terminate v. 종료하다 negotiate v. ~에 대해 협상하다 dissatisfaction n. 불만

75 Not/True   Not 문제
정답 (a)

Which of the following was not included in RealTech's job offer to Roberts?

(a) an all-expense-paid vacation
(b) a total-coverage insurance policy
(c) a base salary
(d) regular performance incentives

다음 중 Roberts에 대한 리얼테크의 취업 제의에 포함되어 있지 않았던 것은?

(a) 모든 비용이 지불되는 휴가
(b) 전액 보장 보험 정책
(c) 기본급
(d) 정기적인 실적 성과급

해설 Roberts에 대한 리얼테크의 취업 제의에 포함되어 있지 않았던 것을 묻는 Not 문제이므로, 보기의 키워드와 지문 내용을 대조하며 언급되는 것을 하나씩 소거한다. (a)는 2단락의 'all-expense-paid monthly business trips'에서 모든 비용이 지불되는 월간 출장이 포함되어 있다고는 했지만, 모든 비용이 지불되는 휴가가 포함되어 있다고 한 것은 아니므로 지문의 내용과 일치하지 않는다. 따라서 (a)가 정답이다. 참고로 paid time off는 유급 휴가라는 의미로, 휴가에서 사용하는 모든 비용을 회사에서 지불하는 휴가인 (a)와는 다르다.

오답분석
(b) 보기의 키워드 total-coverage가 complete ~ coverage로 paraphrasing되어 언급된 2단락에서 종합 보험 보장이 언급되었다.
(c) 보기의 키워드 salary가 그대로 언급된 2단락에서 연봉이 언급되었다.
(d) 보기의 키워드 regular ~ incentives가 quarterly ~ bonuses로 paraphrasing되어 언급된 2단락에서 분기별 실적 상여금이 언급되었다.

76 추론   특정사실
정답 (b)

Based on the letter, what does Roberts most likely believe about the bonuses?

(a) that he should receive higher bonuses
(b) that he deserved the bonuses
(c) that he should be getting monthly bonuses instead
(d) that he shouldn't receive any bonuses

편지에 따르면, Roberts는 상여금에 대해 뭐라고 생각하는 것 같은가?

(a) 더 높은 상여금을 받아야 한다는 것
(b) 상여금을 받을 자격이 있다는 것
(c) 대신 매달 상여금을 받아야 한다는 것
(d) 어떤 상여금도 받지 않아야 한다는 것

해설 Roberts가 상여금에 대해 뭐라고 생각하는 것 같은지를 추론하는 문제이므로, 질문의 키워드 bonuses가 그대로 언급된 주변 내용을 주의 깊게 읽는다. 3단락의 'I have yet to receive ~ bonuses despite exceeding the monthly quotas by 20% to 30%'에서 월 할당량의 20퍼센트에서 30퍼센트를 능가했음에도 불구하고 1분기와 2분기의 상여금을 아직 받지 못했다고 한 것을 통해, 자신이 상여금을 받을 자격이 있다고 생각한다는 것을 추론할 수 있다. 따라서 (b)가 정답이다.

77 특정세부사항   How
정답 (c)

How did the HR department respond to his complaints?

(a) by solving them immediately
(b) by assuring him that they were aware of them
(c) by telling him to wait for an unspecified time
(d) by claiming not to know about them

인사부는 그의 불만에 어떻게 대응했는가?

(a) 즉시 해결해줌으로써
(b) 자신들이 불만을 알고 있다고 안심시킴으로써
(c) 불특정 기간 동안 기다리라고 안내함으로써
(d) 불만을 알지 못한다고 주장함으로써

해설 인사부는 그의 불만에 어떻게 대응했는지를 묻는 How 문제이므로, 질문의 키워드 HR department가 그대로 언급된 주변 내용을 주의 깊게 읽는다. 4단락의 'I was merely told to wait for their resolution of the matter'에서 그저 문제에 대한 해결 방안을 기다리라고만 안내받았다고 했다. 따라서 (c)가 정답이다.

어휘 assure v. 안심시키다 unspecified adj. 불특정의, 명시되지 않은

78 추론   특정사실   정답 (c)

Which additional pay does Roberts probably expect to receive upon his resignation?	Roberts는 사직 시 어떤 추가 보상을 받을 것이라고 기대하는 것 같은가?
(a) his travel expenses (b) his one-year salary (c) his quarterly incentives (d) his insurance benefits	(a) 여행 비용 (b) 일년 치 급여 (c) 분기별 성과급 (d) 보험 수당

해설 Roberts가 사직 시 어떤 추가 보상을 받을 것이라고 기대하는 것 같은지를 추론하는 문제이므로, 질문의 키워드 expect to receive가 expect to be given으로 paraphrasing되어 언급된 주변 내용을 주의 깊게 읽는다. 5단락의 'I likewise expect to be given all the legal compensation due me'에서 자신에게 주어져야 할 합법적인 보상금 또한 지급받을 것이라고 기대한다고 한 것을 통해, 그가 분기별 성과급을 받을 것이라고 기대한다는 것을 추론할 수 있다. 따라서 (c)가 정답이다.

79 어휘   유의어   정답 (d)

In the context of the passage, shoulder means _____.	지문의 문맥에서, 'shoulder'는 -을 의미한다.
(a) accept (b) produce (c) submit (d) bear	(a) 수락하다 (b) 생산하다 (c) 제출하다 (d) 떠맡다

해설 밑줄 친 어휘의 유의어를 찾는 문제이므로, shoulder가 포함된 구절을 읽는다. 3단락의 'I have only gone on one business trip, and had to shoulder the cost of my accommodation'은 단 한 번 출장을 떠났는데 자신이 숙박비를 떠맡아야 했다는 뜻이므로, shoulder가 '떠맡다'라는 의미로 사용된 것을 알 수 있다. 따라서 '떠맡다'라는 같은 의미의 (d) bear가 정답이다.

80 어휘   유의어   정답 (a)

In the context of the passage, case means _____.	지문의 문맥에서, 'case'는 -을 의미한다.
(a) situation (b) lawsuit (c) event (d) argument	(a) 상황 (b) 소송 (c) 행사 (d) 논쟁

해설 밑줄 친 어휘의 유의어를 찾는 문제이므로, case가 포함된 구절을 읽는다. 4단락의 'The HR department is well aware of my case'는 인사부에서는 자신의 상황을 매우 잘 알고 있다는 뜻이므로, case가 '상황'이라는 의미로 사용된 것을 알 수 있다. 따라서 '상황'이라는 같은 의미의 (a) situation이 정답이다.

G-TELP 기출 음성을 듣고 싶다면?

해커스인강(HackersIngang.com)에서
본 교재 **MP3 다운받기**

공식기출
TEST 4
해석·해설

GRAMMAR

LISTENING

READING & VOCABULARY

점수 : _____점 (_____ / 80)

GRAMMAR : _____ / 26
LISTENING : _____ / 26
READING & VOCABULARY : _____ / 28

*점수 계산법은 교재 14페이지를 참고하세요.

GRAMMAR

01 가정법 가정법과거

정답 (d)

To help expand their restaurant's menu, Nate is teaching his mother how to search for new recipes on the Internet. If she knew how to perform online searches herself, she _____ him with questions while he's at work.

(a) is not bothering
(b) will not bother
(c) does not bother
(d) would not bother

그들의 식당 메뉴를 늘리는 것을 돕기 위해, Nate는 그의 어머니께 인터넷에서 새로운 요리법을 검색하는 방법을 가르쳐 드리는 중이다. 만약 그녀가 스스로 온라인 검색을 하는 방법을 안다면, 그녀는 그가 일하는 중에 질문을 해서 그를 신경 쓰이게 하지 않을 것이다.

해설 보기와 빈칸 문장의 If를 통해 가정법 문제임을 알 수 있으므로, 가정법 공식의 동사 부분을 파악한다. if절에 과거 동사(knew)가 있으므로, 주절에는 이와 짝을 이루어 가정법과거를 만드는 'would(조동사 과거형) + 동사원형'이 와야 한다. 따라서 (d) would not bother가 정답이다.

어휘 expand v. 늘리다, 확대하다 recipe n. 요리법 perform v. 하다, 수행하다 search n. 검색 bother v. 신경 쓰이게 하다, 귀찮게 하다

02 시제 미래완료진행

정답 (b)

Due to last week's Internet security breaches, Tango's IT team is now having an extended meeting on improving the company's cybersecurity. By the time it is finished, they _____ the matter for an entire day.

(a) discussed
(b) will have been discussing
(c) have been discussing
(d) are discussing

지난주의 인터넷 보안 위반 때문에, Tango의 IT팀은 지금 회사의 사이버 보안을 개선하는 것에 대한 연장된 회의를 하고 있는 중이다. 그것이 끝날 무렵이면, 그들은 꼬박 하루 동안 그 문제를 논의하고 있는 중일 것이다.

해설 보기를 통해 시제 문제임을 알 수 있으므로, 시간 표현 관련 단서를 파악한다. 미래완료진행시제의 단서로 함께 쓰이는 2가지 시간 표현 'by the time + 현재 동사'(By the time ~ is finished)와 'for + 기간 표현'(for an entire day)이 사용되었고, 문맥상 회의가 끝날 무렵이면 IT팀은 꼬박 하루 동안 문제를 논의하고 있는 중일 것이라는 의미가 되어야 자연스럽다. 따라서 미래완료진행시제 (b) will have been discussing이 정답이다.

어휘 security n. 보안 breach n. 위반 extend v. 연장하다, 늘리다 improve v. 개선하다 discuss v. 논의하다

03 연결어 전치사

정답 (a)

Giraffes prefer eating twigs and leaves from the acacia tree because they are tasty and rich in water. The giraffe's long tongue allows it to reach the highest and tastiest leaves _____ the acacia's large thorns.

기린은 아카시아 나무의 잔가지와 나뭇잎을 먹는 것을 선호하는데 이는 그것들이 맛있고 수분이 풍부하기 때문이다. 기린의 긴 혀는 아카시아의 큰 가시에도 불구하고 가장 높이 있고 맛있는 나뭇잎에 닿는 것을 가능하게 한다.

(a) despite
(b) instead of
(c) although
(d) because of

해설   보기를 통해 연결어 문제임을 알 수 있으므로, 첫 문장부터 읽으며 문맥을 파악한다. 빈칸 뒤에 the acacia's large thorns라는 명사구가 있으므로 빈칸은 전치사 자리이고, 문맥상 '기린의 긴 혀는 아카시아의 큰 가시에도 불구하고 가장 높이 있고 맛있는 나뭇잎에 닿는 것을 가능하게 한다'라는 의미가 되어야 자연스럽다. 따라서 '~에도 불구하고'라는 의미의 양보를 나타내는 전치사 (a) despite가 정답이다.

오답분석

(b), (d) instead of는 '~ 대신에', because of는 '~ 때문에'라는 의미로, 문맥에 적합하지 않아 오답이다.

(c) although는 '~이긴 하지만'이라는 의미의 접속사로, 명사 앞에 위치할 수 없으므로 오답이다.

어휘   prefer v. 선호하다 twig n. 잔가지 rich adj. 풍부한 tongue n. 혀 allow v. 가능하게 하다, 허락하다 reach v. ~에 닿다, 이르다 thorn n. 가시

---

04 준동사   동명사의 주어 역할   정답 (b)

A new smartphone model was recently recalled from the market for having a faulty battery design. _____ the product was banned, and affected customers were offered either new phones or refunds.

(a) Having sold
(b) Selling
(c) To be selling
(d) To sell

한 새로운 스마트폰 모델이 결함이 있는 배터리 설계를 가진 것으로 인해 최근에 시장으로부터 회수되었다. 그 제품을 판매하는 것이 금지되었고, 피해를 입은 고객들은 새로운 휴대폰 또는 환불 중 하나를 제공받았다.

해설   보기를 통해 준동사 문제임을 알 수 있으므로, 빈칸 주변에서 단서를 파악한다. 빈칸 문장 동사 was banned의 주체가 되는 주어가 없으므로, 빈칸은 주어 자리이다. 주어 역할을 하는 것은 명사이므로, 보기 중 가장 적합한 동명사 (b) Selling이 정답이다.

오답분석

(d) to부정사와 동명사 둘 다 명사 역할을 할 수 있기 때문에 주어 자리에 올 수 있다. 그러나 주어 역할로 더 일반적으로 사용되어 자연스러운 것은 동명사이므로 to부정사는 오답이다. 참고로 지텔프 문법 영역에서는 대부분의 경우 주어 자리에 to부정사가 정답으로 출제되지 않는다.

어휘   recall v. 회수하다 faulty adj. 결함이 있는 ban v. 금지하다 affected adj. 피해를 입은, 영향을 받은 refund n. 환불

---

05 가정법   가정법과거완료   정답 (d)

Jeff wasn't able to get a ticket for the new Batman movie because the tickets were already sold out. If he had known that many people would watch the movie today, he _____ for a ticket much earlier.

(a) was lining up
(b) lined up

Jeff는 새 배트맨 영화의 표를 구할 수 없었는데 이는 표가 이미 매진되었기 때문이다. 만약 그가 많은 사람들이 오늘 그 영화를 볼 것임을 알았었다면, 그는 표를 위해 훨씬 더 일찍 줄을 섰을 것이다.

(c) would line up
(d) would have lined up

해설　보기와 빈칸 문장의 If를 통해 가정법 문제임을 알 수 있으므로, 가정법 공식의 동사 부분을 파악한다. if절에 'had p.p.' 형태의 had known 이 있으므로, 주절에는 이와 짝을 이루어 가정법과거완료를 만드는 'would(조동사 과거형) + have p.p.'가 와야 한다. 따라서 (d) would have lined up이 정답이다.

어휘　sold out phr. 매진된　line up phr. 줄을 서다

06　시제　현재진행　　　　　　　　　　　　　　　　정답 (c)

Tesla is currently developing a new electric train that can shorten travel time between cities. Right now, the technology company _____ the train's speed capability. They plan to start selling the train by 2019.

(a) still tests
(b) still tested
(c) is still testing
(d) will still test

테슬라 사는 현재 도시들 간의 이동 시간을 단축할 수 있는 새로운 전기 열차를 개발하는 중이다. 바로 지금, 그 기술 회사는 열차의 속도 능력을 여전히 시험하는 중이다. 그들은 2019년쯤에는 열차를 판매하기 시작할 계획이다.

해설　보기를 통해 시제 문제임을 알 수 있으므로, 시간 표현 관련 단서를 파악한다. 현재 시간 표현 Right now가 사용되었고, 문맥상 바로 지금 그 기술 회사는 열차의 속도 능력을 여전히 시험하는 중이라는 의미가 되어야 자연스럽다. 따라서 현재진행시제 (c) is still testing이 정답이다.

오답분석

(a) 현재시제는 반복되는 일이나 습관, 일반적인 사실을 나타내므로, 특정 현재 시점에 한창 진행되고 있는 중인 일을 표현할 수 없어 오답이다.

어휘　currently adv. 현재　develop v. 개발하다　electric adj. 전기의　shorten v. 단축하다　technology n. 기술　capability n. 능력, 역량

07　준동사　to부정사를 목적격 보어로 취하는 동사　　　　정답 (a)

My brother wants to replace his old laptop because it is too slow for his engineering projects. I told him _____ the spring electronics expo, where a huge selection of laptops will be available.

(a) to visit
(b) visit
(c) to have visited
(d) visiting

나의 남동생은 그의 오래된 노트북 컴퓨터를 바꾸고 싶어하는데 이는 그것이 그의 공학 프로젝트를 위해서는 너무 느리기 때문이다. 나는 그에게 봄 전자 제품 박람회에 방문하라고 말했는데, 그곳에서는 다양한 선택 가능한 노트북 컴퓨터들을 구할 수 있다.

해설　보기를 통해 준동사 문제임을 알 수 있으므로, 빈칸 주변에서 단서를 파악한다. 빈칸 앞 동사 tell은 'tell + 목적어 + 목적격 보어'의 형태로 쓰이며, to부정사를 목적격 보어로 취하여 '그에게 방문하라고 말했다'라는 의미를 나타낸다. 따라서 to부정사 (a) to visit가 정답이다.

어휘　replace v. 바꾸다, 대체하다　engineering n. 공학　electronics n. 전자 제품, 전자 공학　selection n. 선택 가능한 것들, 선정　available adj. 구할 수 있는, 이용 가능한

08 조동사　조동사 should 생략

정답 (d)

"Bulimia nervosa" is an eating disorder characterized as overeating followed by forced vomiting. Experts recommend that a bulimia patient _____ group therapy sessions with other bulimics to cope with the problem.

(a) attends
(b) will attend
(c) to attend
(d) attend

"폭식증"은 강제적인 구토가 뒤따르는 과식으로 특징 지어지는 식이 장애이다. 전문가들은 폭식증 환자가 문제에 대처하기 위해 다른 폭식증 환자들과의 집단 치료 시간에 참석해야 한다고 권장한다.

해설　보기와 빈칸 문장의 that절을 통해 조동사 should 생략 문제임을 알 수 있으므로, 빈칸 주변에서 단서를 파악한다. 주절에 제안을 나타내는 동사 recommend가 있으므로 that절에는 '(should +) 동사원형'이 와야 한다. 따라서 동사원형 (d) attend가 정답이다.

어휘　bulimia nervosa phr. 폭식증　disorder n. 장애　characterize v. 특징짓다　overeating n. 과식
be followed by phr. ~가 뒤따르다　forced adj. 강제적인　vomit v. 구토하다　therapy n. 치료　bulimic n. 폭식증 환자
cope with phr. ~에 대처하다

09 시제　미래진행

정답 (c)

You'd better hurry if you really want to talk to Susan tonight. Her shift at the restaurant starts at 7:00 p.m. She _____ if you arrive there later than that.

(a) will already work
(b) is already working
(c) will already be working
(d) already worked

당신이 오늘 밤에 정말 Susan과 이야기하고 싶다면 서두르는 것이 좋을 것이다. 그녀의 식당 교대 근무는 오후 7시에 시작한다. 만약 당신이 그보다 늦게 그곳에 도착한다면 그녀는 이미 일하고 있는 중일 것이다.

해설　보기를 통해 시제 문제임을 알 수 있으므로, 시간 표현 관련 단서를 파악한다. 현재 동사로 미래의 의미를 나타내는 조건의 부사절 'if + 현재 동사'(if ~ arrive)가 사용되었고, 문맥상 만약 오후 7시보다 늦게 도착한다면 Susan은 이미 일하고 있는 중일 것이라는 의미가 되어야 자연스럽다. 따라서 미래진행시제 (c) will already be working이 정답이다.

오답분석

(a) 미래시제는 미래에 대한 단순한 약속, 제안, 예측을 나타내므로, 특정 미래 시점에 한창 진행되고 있을 일을 표현할 수 없어 오답이다.

어휘　hurry v. 서두르다　shift n. 교대 근무　arrive v. 도착하다

10 가정법　가정법과거

정답 (a)

Four of the Blue Tigers' key players are injured, and the team has only won three games so far. They won't qualify for the national tournament. If their players were all in good shape, they _____ more games.

(a) would win

Blue Tigers 팀의 주요 선수 네 명이 부상을 당했고, 그 팀은 지금까지 오로지 세 개의 경기에서만 우승했다. 그들은 전국 시합에 출전할 자격이 없을 것이다. 만약 선수들이 모두 상태가 좋다면, 그들은 더 많은 경기에서 우승할 것이다.

(b) are winning
(c) had won
(d) will win

해설　보기와 빈칸 문장의 If를 통해 가정법 문제임을 알 수 있으므로, 가정법 공식의 동사 부분을 파악한다. if절에 과거 동사(were)가 있으므로, 주절에는 이와 짝을 이루어 가정법과거를 만드는 'would(조동사 과거형) + 동사원형'이 와야 한다. 따라서 (a) would win이 정답이다.

어휘　injured adj. 부상을 당한 so far phr. 지금까지 qualify v. 출전할 자격이 있다, 자격을 얻다 national adj. 전국적인, 국가의 tournament n. 시합 in good shape phr. 상태가 좋은

---

11 관계사　　주격 관계대명사 who　　　　　　　　　　　　　　　　　　　　　　정답 (b)

Kim recently bought a new house near her office. However, she thinks that its interior is outdated, so she wants to have it renovated. I advised her to call Shirley, the interior designer _____.

(a) when my brother's condominium was designed
(b) who designed my brother's condominium
(c) whom designed my brother's condominium
(d) which designed my brother's condominium

Kim은 최근에 그녀의 사무실 근처에 새로운 집을 샀다. 하지만, 집의 내부가 구식이라고 생각해서, 그녀는 그것을 개조하기를 원한다. 나는 그녀에게 Shirley에게 전화해보라고 조언했는데, 그녀는 내 남동생의 아파트를 설계했던 인테리어 디자이너이다.

해설　보기를 통해 관계사 문제임을 알 수 있으므로, 선행사 관련 단서를 파악한다. 사람 선행사 interior designer를 받으면서, 관계절 내에서 동사 designed의 주어가 될 수 있는 관계대명사가 필요하므로, 주격 관계대명사절 (b) who designed my brother's condominium이 정답이다.

어휘　recently adv. 최근에 interior n. 내부, 실내 outdated adj. 구식인 renovate v. 개조하다 condominium n. 아파트

---

12 시제　　현재완료진행　　　　　　　　　　　　　　　　　　　　　　　　　정답 (d)

With Nico Rosberg's recent win, the Mercedes AMG Petronas racing team adds another championship to this year's tally. They _____ a lot of races lately, and they hope to continue their success in the upcoming races.

(a) were winning
(b) would have won
(c) will have been winning
(d) have been winning

Nico Rosberg의 최근의 승리로, 메르세데스 AMG 페트로나스 경주팀은 올해의 기록에 또 다른 우승을 보탰다. 그들은 최근에 많은 경주를 승리해오고 있는 중이고, 다가오는 경주에서도 성공을 계속하기를 바란다.

해설　보기를 통해 시제 문제임을 알 수 있으므로, 시간 표현 관련 단서를 파악한다. 현재 시간 표현 lately가 사용되었고, 문맥상 과거에 시작해 말하고 있는 시점인 지금까지 벌어지고 있는 일을 표현하여 '그들은 최근에 많은 경주를 승리해오고 있는 중이다'라는 의미가 되어야 자연스럽다. 따라서 현재완료진행시제 (d) have been winning이 정답이다.

어휘　add v. 보태다, 더하다 tally n. 기록 continue v. 계속하다 success n. 성공 upcoming adj. 다가오는, 곧 있을

준동사   to부정사의 부사 역할 정답 (b)

John stepped on his brother's foot while playing basketball. His ankle is now swollen, so he cannot walk properly. His father placed an ice pack on his foot and told him to rest _____ the swelling.

(a) to have reduced
(b) to reduce
(c) having reduced
(d) reducing

John은 농구를 하던 도중에 남동생의 발을 밟았다. 그의 발목은 지금 부어올라 있어서, 그는 제대로 걸을 수 없다. 그의 아버지께서는 그의 발 위에 얼음주머니를 놓았고 그에게 부기를 빼기 위해 쉬라고 말했다.

해설   보기를 통해 준동사 문제임을 알 수 있으므로, 빈칸 주변에서 단서를 파악한다. 빈칸 앞에 주어(His father), 동사(told), 목적어(him), 목적격 보어(to rest)가 갖춰진 완전한 절이 있으므로, 빈칸 이하는 문장의 필수 성분이 아닌 수식어구이다. 따라서 목적을 나타내며 수식어구를 이끌 수 있는 to부정사 (b) to reduce가 정답이다.

[오답분석]

(a) to have reduced도 to부정사이기는 하지만, 완료부정사(to have reduced)로 쓰일 경우 '말한' 시점보다 '부기를 뺀' 시점이 앞선다는 것을 나타내므로 문맥에 적합하지 않아 오답이다.

어휘   step on phr. ~을 밟다   ankle n. 발목   swollen adj. 부어오른   properly adv. 제대로   place v. 놓다, 두다   rest v. 쉬다   swelling n. 부기

---

14   **조동사**   조동사 must 정답 (c)

Many rivers dry up in Africa during the dry season. In order to survive, elephants _____ travel long distances in search of water to drink. Sometimes, they walk for more than 100 kilometers just to find water.

(a) can
(b) shall
(c) must
(d) might

아프리카의 많은 강은 건기 동안 말라붙는다. 생존하기 위해서, 코끼리들은 마실 물을 찾아 장거리를 이동해야 한다. 가끔, 그들은 그저 물을 찾기 위해 100킬로미터 넘게 걷기도 한다.

해설   보기를 통해 조동사 문제임을 알 수 있으므로, 첫 문장부터 읽으며 문맥을 파악한다. 문맥상 생존하기 위해서 코끼리들은 마실 물을 찾아서 장거리를 이동해야 한다는 의미가 되어야 자연스러우므로, '~해야 한다'를 뜻하면서 의무를 나타내는 조동사 (c) must가 정답이다.

[오답분석]

(a) can은 가능성/능력, (b) shall은 명령/지시, (d) might는 약한 추측을 나타내어 문맥에 적합하지 않으므로 오답이다.

어휘   dry up phr. 말라붙다   dry season phr. 건기   survive v. 생존하다   in search of phr. ~을 찾아서

---

15   **시제**   과거진행 정답 (a)

The concert was cut short due to an electrical problem on stage. The Supernova _____ when a small fire started

공연이 무대 위의 전기 문제 때문에 갑자기 중단되었다. 밴드 Supernova는 스피커 장치 근처에서 작은 불

near the speaker system. The band stopped performing, and everyone was quickly evacuated from the club.

(a) was playing
(b) played
(c) would play
(d) is playing

이 시작되었을 때 연주하고 있는 중이었다. 밴드는 공연하는 것을 멈췄고, 모든 사람들은 빠르게 클럽에서 대피했다.

해설　보기를 통해 시제 문제임을 알 수 있으므로, 시간 표현 관련 단서를 파악한다. 과거진행시제의 단서로 쓰이는 시간 표현 'when + 과거 동사'(when ~ started)가 사용되었고, 문맥상 밴드 Supernova는 스피커 장치 근처에서 작은 불이 시작되었을 때 연주하고 있는 중이었다는 의미가 되어야 자연스럽다. 따라서 과거진행시제 (a) was playing이 정답이다.

오답분석

(b) 과거시제는 특정 과거 시점에 한창 진행되는 중이었던 일을 표현할 수 없으므로 오답이다.

어휘　cut short phr. 갑자기 중단하다　perform v. 공연하다　evacuate v. 대피시키다

---

16 준동사　　동명사를 목적어로 취하는 동사　　　　　　　　　　　　　정답 (b)

Gina was recently diagnosed as having arthritis. Her doctor told her to avoid _____ greasy food. This is very hard for her as it means giving up her favorite food: steak!

(a) to eat
(b) eating
(c) having eaten
(d) to be eating

Gina는 최근에 관절염이 있다고 진단받았다. 그녀의 의사는 그녀에게 기름진 음식을 먹는 것을 자제하라고 말했다. 이것은 그녀가 가장 좋아하는 음식인 스테이크를 포기하는 것을 의미하기 때문에 그녀에게 매우 어렵다!

해설　보기를 통해 준동사 문제임을 알 수 있으므로, 빈칸 주변에서 단서를 파악한다. 빈칸 앞 동사 avoid는 동명사를 목적어로 취하므로, 동명사 (b) eating이 정답이다.

오답분석

(c) having eaten도 동명사이기는 하지만, 완료동사(having eaten)로 쓰일 경우 '자제한' 시점보다 '먹은' 시점이 앞선다는 것을 나타내므로 문맥에 적합하지 않아 오답이다.

어휘　diagnose v. 진단하다　arthritis n. 관절염　avoid v. 자제하다, 피하다　greasy adj. 기름진　give up phr. 포기하다

---

17 조동사　　조동사 should 생략　　　　　　　　　　　　　　　　　　정답 (c)

As part of their film history lecture, the Laguna Film Circle is going to have a screening of the movie *The Godfather*. The club president recommended that all its members _____ the screening.

(a) are not missing
(b) have not missed
(c) not miss
(d) will not miss

영화사 강의의 일부로서, Laguna 영화 동아리는 영화 「대부」의 상영을 가질 예정이다. 동아리 회장은 모든 회원들이 상영을 놓치지 않아야 한다고 권장했다.

해설 보기와 빈칸 문장의 that절을 통해 조동사 should 생략 문제임을 알 수 있으므로, 빈칸 주변에서 단서를 파악한다. 주절에 제안을 나타내는 동사 recommend가 있으므로 that절에는 '(should +) 동사원형'이 와야 한다. 따라서 동사원형 (c) not miss가 정답이다.

어휘 lecture n. 강의 screening n. 상영 president n. 회장 recommend v. 권장하다, 추천하다

18 가정법 　가정법과거 　　　　　　　　　　　　정답 (d)

Several workers at a shoe factory are staging a protest today because they have not received the wage increase that was promised last year. If management were to give the pay raise now, the workers _____ protesting.

(a) stopped
(b) stop
(c) will stop
(d) would stop

오늘 신발 공장에서 몇몇의 노동자들이 시위를 벌이고 있는데 이는 그들이 지난해에 약속되었던 임금 인상을 받지 못했기 때문이다. 만약 경영진이 지금 임금을 인상해 준다면, 노동자들은 시위하는 것을 멈출 것이다.

해설 보기와 빈칸 문장의 If를 통해 가정법 문제임을 알 수 있으므로, 가정법 공식의 동사 부분을 파악한다. if절에 과거 동사(were)가 있으므로, 주절에는 이와 짝을 이루어 가정법과거를 만드는 'would(조동사 과거형) + 동사원형'이 와야 한다. 따라서 (d) would stop이 정답이다.

어휘 stage v. 벌이다, 개최하다 protest n. 시위; v. 시위하다 receive v. 받다 wage n. 임금 increase n. 인상, 증가 promise v. 약속하다 management n. 경영진

19 관계사 　주격 관계대명사 who 　　　　　　　　정답 (c)

Despite trailing by 19 points in the fourth quarter, the Patriots tied the championship game into forced overtime. Led by Tom Brady, _____ today, they eventually won. It was Brady's fifth championship with the Patriots.

(a) that is considered as one of the best football players
(b) when he is considered as one of the best football players
(c) who is considered as one of the best football players
(d) what football players consider as one of the best

네 번째 쿼터에서 19점 차로 지고 있었음에도 불구하고, Patriots 팀은 결승전을 무승부로 만들어 꼼짝없는 연장전으로 연결시켰다. 오늘날 최고의 미식축구 선수들 중 하나로 여겨지는, Tom Brady를 앞세워, 그들은 마침내 승리했다. 그것은 Patriots 팀과 함께한 Brady의 다섯 번째 우승이었다.

해설 보기를 통해 관계사 문제임을 알 수 있으므로, 선행사 관련 단서를 파악한다. 사람 선행사 Tom Brady를 받으면서 콤마(,) 뒤에 올 수 있는 주격 관계대명사가 필요하므로, (c) who is considered as one of the best football players가 정답이다.

오답분석
(a) 관계대명사 that도 사람 선행사를 받을 수 있지만, 콤마 뒤에 올 수 없으므로 오답이다.

어휘 trail v. 지고 있다, 뒤처지다 tie v. 무승부로 만들다, 동점이 되게 하다 overtime n. 연장전 led by phr. ~을 앞세우고 eventually adv. 마침내 consider v. 여기다

Kat recently decided to reward herself by travelling around the world. She _____ nonstop for twenty years before she quit her job last month. She's now on her way to Cape Town in South Africa.

(a) had been working
(b) works
(c) worked
(d) was working

Kat은 최근에 세계를 여행함으로써 자기 자신에게 상을 주기로 결정했다. 그녀는 지난달에 직장을 그만두기 전에 이십 년 동안 쉬지 않고 일해 왔던 중이었다. 그녀는 지금 남아프리카의 케이프타운으로 가는 길이다.

해설　보기를 통해 시제 문제임을 알 수 있으므로, 시간 표현 관련 단서를 파악한다. 과거완료진행시제의 단서로 함께 쓰이는 2가지 시간 표현 'for + 기간 표현'(for twenty years)과 'before + 과거 동사'(before ~ quit)가 사용되었고, 문맥상 그녀는 직장을 그만두기 전에 이십 년 동안 쉬지 않고 계속 일해 왔던 중이었다는 의미가 되어야 자연스럽다. 따라서 과거완료진행시제 (a) had been working이 정답이다.

오답분석

(d) 과거진행시제는 특정 과거 시점에 진행 중이었던 일을 나타내므로, 대과거 시점부터 과거 시점까지 지속된 기간을 나타내는 'for + 기간 표현'과 함께 쓰이지 않으므로 오답이다.

어휘　reward v. 상을 주다, 보상하다　quit v. 그만두다　on one's way phr. ~로 가는 길인

Taking college entrance exams is very stressful. One needs to be thoroughly prepared in order to pass them. It is best that an applicant _____ all of his/her past lessons, particularly in science, mathematics, and English before taking the exams.

(a) reviews
(b) reviewed
(c) will review
(d) review

대학 입학 시험을 치르는 것은 매우 스트레스가 많은 일이다. 시험을 통과하기 위해서는 철저하게 준비될 필요가 있다. 지원자는 시험을 치르기 전에 지난 수업들, 특히 과학, 수학, 그리고 영어를 복습하는 것이 가장 좋다.

해설　보기와 빈칸 문장의 that절을 통해 조동사 should 생략 문제임을 알 수 있으므로, 빈칸 주변에서 단서를 파악한다. 주절에 당위성을 나타내는 형용사 best가 있으므로 that절에는 '(should +) 동사원형'이 와야 한다. 따라서 동사원형 (d) review가 정답이다.

어휘　entrance n. 입학, 입장　thoroughly adv. 철저하게　prepare v. 준비하다　applicant n. 지원자　particularly adv. 특히

Bull sharks live primarily in the ocean but are also able to swim in freshwater. They favor _____ in predator-free rivers when giving birth. This allows their young to live safely for the next five years.

황소상어는 주로 바다에 살지만 민물에서도 헤엄칠 수 있다. 그들은 새끼를 낳을 때 천적이 없는 강에서 헤엄치는 것을 선호한다. 이것은 그들의 새끼가 다음 오 년 동안 안전하게 살도록 해준다.

(a) to swim
(b) swam
(c) swimming
(d) will swim

해설   보기를 통해 준동사 문제임을 알 수 있으므로, 빈칸 주변에서 단서를 파악한다. 빈칸 앞 동사 favor는 동명사를 목적어로 취하므로, 동명사 (c) swimming이 정답이다.

어휘   bull shark phr. 황소상어   primarily adv. 주로   freshwater n. 민물   favor v. 선호하다   predator n. 천적, 포식자 give birth phr. 새끼를 낳다   young n. 새끼

---

23   연결어   접속부사   정답 (b)

Teachers have warned us not to eat street food. They say that food sold at street stands is exposed to pollution and not safe for human consumption. _____, we still eat street food because it tastes good.

(a) Moreover
(b) Nevertheless
(c) Otherwise
(d) Eventually

선생님들은 우리에게 거리 음식을 먹지 말라고 경고 했다. 그들은 거리 가판대에서 판매되는 음식은 오염 에 노출되고 인간이 섭취하기에는 안전하지 않다고 말한다. 그럼에도 불구하고, 우리는 여전히 거리 음식 을 먹는데 이는 그것이 맛있기 때문이다.

해설   보기와 빈칸 뒤의 콤마를 통해 접속부사 문제임을 알 수 있으므로, 첫 문장부터 읽으며 문맥을 파악한다. 문맥상 선생님이 거리 음식을 먹지 말라고 경고했고, 그럼에도 불구하고 여전히 거리 음식을 먹는다는 의미가 되어야 자연스럽다. 따라서 '그럼에도 불구하고'라는 의미의 양보 를 나타내는 접속부사 (b) Nevertheless가 정답이다.

오답분석
(a) Moreover는 '게다가', (c) Otherwise는 '그렇지 않으면', (d) Eventually는 '마침내'라는 의미로, 문맥에 적합하지 않아 오답이다.

어휘   warn v. 경고하다   stand n. 가판대   exposed to phr. ~에 노출되다   pollution n. 오염   consumption n. (체내) 섭취, 소비

---

24   가정법   가정법과거완료   정답 (a)

Last week, Rick reached the final round of the *Million Dollar Quest*. He had already picked the right answer but changed his mind at the last minute. If he hadn't second-guessed himself, he _____ a million dollars!

(a) would have won
(b) would win
(c) had won
(d) is winning

지난주에, Rick은 「백만 달러 퀘스트」의 결승전에 이르 렀다. 그는 이미 정답을 골랐었지만 마지막 순간에 그 의 생각을 바꾸었다. 만약 그가 재고하지 않았었다면, 그는 백만 달러를 차지했을 것이다!

해설   보기와 빈칸 문장의 If를 통해 가정법 문제임을 알 수 있으므로, 가정법 공식의 동사 부분을 파악한다. if절에 'had p.p.' 형태의 hadn't second-guessed가 있으므로, 주절에는 이와 짝을 이루어 가정법과거완료를 만드는 'would(조동사 과거형) + have p.p.'가 와야 한다. 따라서 (a) would have won이 정답이다.

25 조동사   조동사 will   정답 (d)

Mike skipped work today because he has an important appointment. His mother has been having joint pains, and he _____ accompany her to the doctor this morning.

(a) can
(b) should
(c) may
(d) will

Mike는 오늘 일을 빼먹었는데 이는 그가 중요한 약속이 있기 때문이다. 그의 어머니는 관절통을 앓아오던 중이었고, 그는 오늘 아침 병원으로 그녀와 동행할 것이다.

해설   보기를 통해 조동사 문제임을 알 수 있으므로, 첫 문장부터 읽으며 문맥을 파악한다. 문맥상 Mike는 오늘 아침 병원으로 어머니와 동행할 것이라는 의미가 되어야 자연스러우므로, '~할 것이다'를 뜻하면서 예정을 나타내는 조동사 (d) will이 정답이다.

오답분석

(a) can은 가능성/능력, (b) should는 의무/당위성, (c) may는 약한 추측을 나타내어 문맥에 적합하지 않으므로 오답이다.

어휘   skip v. 빼먹다, 거르다 appointment n. 약속 joint pain phr. 관절통 accompany v. 동행하다

26 가정법   가정법과거완료   정답 (b)

A sports car and a motorcycle collided at the intersection of 2nd Avenue and East 5th Street because both traffic lights were flashing green. If the traffic lights had been functioning properly, the accident _____.

(a) would be prevented
(b) would have been prevented
(c) be prevented
(d) was being prevented

한 스포츠카와 오토바이가 2번 가와 동쪽 5번 가의 교차로에서 충돌했는데 이는 양쪽 신호등이 모두 녹색등을 비추고 있었기 때문이다. 만약 신호등이 제대로 작동해오던 중이었다면, 그 사고는 방지되었을 것이다.

해설   보기와 빈칸 문장의 If를 통해 가정법 문제임을 알 수 있으므로, 가정법 공식의 동사 부분을 파악한다. if절에 'had p.p.' 형태의 had been functioning이 있으므로, 주절에는 이와 짝을 이루어 가정법과거완료를 만드는 'would(조동사 과거형) + have p.p.'가 와야 한다. 따라서 (b) would have been prevented가 정답이다.

어휘   collide v. 충돌하다 intersection n. 교차로 traffic light phr. 신호등 function v. 작동하다, 기능하다 accident n. 사고 prevent v. 방지하다

LISTENING

PART 1 [27~33] 일상 대화 농구 훈련 경험

주제 제시: 농구 훈련

F: Hello, Steve. [27]How's the basketball camp going?

M: Hi, Sheryl. It's been very challenging but fun. [27]I've learned a lot during my first month in the camp.

F: Really? That's great! You must have improved a lot since I last saw you play.

M: Yes, I think that I have really improved. The training has been very tough, and the coach is very strict and organized.

코치 소개

F: Your coach must be good. What's his name?

M: He is very good. His name's Tim Williams.

F: Wow! He's your coach? Coach Williams is a legend. [28]He coached the last three state basketball champions, and his teams have won several national championships.

M: Yes, I know. He trains us very hard and is constantly teaching us, so we all have begun to get better.

F: So, what have you learned from him?

드리블 훈련

M: Well, for the first week, the training focused on improving our dribbling skills. [29]We had several exercises focusing on dribbling with our weaker hand. That was great for me. [29]I used to dribble only with my right hand because I'm right-handed.

F: That seems useful . . .

M: It is. Now, I'm more confident of using either hand to dribble the ball. Dribbling is no longer a problem, but I'm still practicing a lot on my own to get better at it.

F: That will make you a more effective player. You can move with the ball and not worry about your opponent trying to steal it.

슈팅 훈련

M: Yes. Coach Williams is also helping me improve my shooting. He observed that I was having trouble making shots, so after class one day, he asked me to stay and trained me. We've been having regular after-class training sessions since then.

F: How is he improving your shooting?

M: [30]He teaches me how to balance myself when shooting the ball. He shows me how to position my body properly while shooting. He fixed my shooting form so that it is now consistent every time I shoot.

F: Has your shooting improved? That would help make you become a better-rounded player.

여: 안녕, Steve. [27]농구 캠프는 어땠니?

남: 안녕, Sheryl. 어려웠지만 재미있었어. [27]캠프의 첫 달 동안 많은 것을 배웠어.

여: 정말? 잘됐어! 네가 경기하는 것을 내가 마지막으로 본 이래로 너는 분명히 많이 발전했을 거야.

남: 응, 나는 정말 발전한 것 같아. 훈련은 매우 힘들었고, 코치는 매우 엄격하고 체계적이야.

여: 너의 코치는 분명 훌륭할 거야. 그의 이름은 뭐니?

남: 그는 아주 훌륭해. 그의 이름은 Tim Williams야.

여: 와! 그가 너의 코치야? Williams 코치는 전설이잖아. [28]그는 최근 세 명의 국가적인 농구 선수권 대회 우승자들을 지도했고, 그의 팀은 여러 전국 선수권 대회에서 우승했지.

남: 응, 알아. 그는 우리를 매우 엄격하게 지도하고 우리를 끊임없이 가르치기 때문에, 우리 모두는 더 나아지기 시작했어.

여: 그래서, 너는 그에게서 무엇을 배웠니?

남: 음, 첫 주에, 훈련은 우리의 드리블 실력을 향상시키는 데 초점을 맞췄어. [29]더 약한 손으로 드리블하는 데 초점을 맞춘 여러 연습을 했지. 그건 내게 좋았어. 나는 오른손잡이라서 [29]오른손만으로 드리블하고는 했거든.

여: 그거 유용할 것 같다…

남: 맞아. 이제, 나는 공을 드리블하기 위해 양쪽 손을 사용하는 것에 더욱 자신감이 있어. 드리블은 더 이상 문제가 아니지만, 나는 아직 그것을 더 잘하기 위해 스스로 연습을 많이 하고 있어.

여: 그건 너를 더욱 유능한 선수로 만들 거야. 너는 공을 가지고 움직일 수 있고 상대방이 그것을 빼앗으려고 시도하는 것에 대해 걱정하지 않아도 되잖아.

남: 응. Williams 코치는 나의 슈팅을 향상시키는 것도 도와주고 있어. 그는 내가 슈팅에 어려움을 겪는 것을 보았기 때문에, 어느 날 방과 후에, 나에게 남으라고 요구했고 나를 지도해줬어. 우리는 그 이후 정기적인 방과 후 훈련 시간을 갖고 있지.

여: 그가 너의 슈팅을 어떻게 향상시키고 있니?

남: [30]그는 슈팅할 때 스스로 균형을 잡는 방법을 가르쳐 슈팅하는 동안 적절하게 몸을 위치시키는 방법을 나에게 알려줘. 그는 내 슈팅 자세를 교정해 줬는데 그건 이제 내가 슈팅할 때마다 자세가 일관되도록 하기 위함이지.

여: 슈팅이 향상되었니? 그건 네가 더 다재다능한 선수가 되도록 도울 거야.

M: Yes. I notice that when I follow his tips, I make a lot more shots even when I'm being guarded by more experienced players. Also, ³¹I can now shoot farther away from the basket.

F: That's good. What else will Coach Williams be teaching you?

M: He will be teaching us how to make dunk shots.

F: Really? Isn't that just a fancy way of scoring a point?

M: Not really. The dunk shot is, in fact, the most effective basketball shot. It's very difficult to block if done properly.

F: I see . . . How tall should a player be to make a dunk shot, anyway?

M: Well, ³²the taller, the better. Height really helps in reaching over the basket, and scoring. ³²In that sense, Coach said it should be easy for me to learn the shot.

F: That's great to know, Steve. ³³With the excellent training that you're getting, I'm pretty sure you'll now get in our school's basketball team next season.

M: I really hope so, Sheryl. Thanks a lot!

남: 응. 그의 조언을 따르면, 심지어 경력이 더 많은 선수들에게 수비를 당할 때에도 더 많은 슛을 넣는 게 느껴져. 또, ³¹나는 이제 바스켓에서 멀리 떨어진 곳에서도 슈팅할 수 있어.

여: 그거 좋다. Williams 코치가 너에게 또 무엇을 가르쳐줄 예정이니?

남: 그는 우리에게 덩크슛하는 방법을 가르쳐줄 거야.

여: 정말? 그건 득점하는 화려한 방법일 뿐이지 않아?

남: 그렇지 않아. 덩크슛은, 사실, 가장 효과적인 농구 슈팅이야. 제대로만 던져진다면 막기가 매우 어려워.

여: 그렇구나… 그나저나, 선수는 덩크슛하려면 얼마나 키가 커야 하니?

남: 음, ³²키가 더 클수록, 더 좋아. 키는 바스켓에 닿고, 득점하는 데 정말 도움이 되거든. ³²그런 면에서, 코치는 내가 그 슈팅을 배우는 것이 분명 쉬울 거라고 말했어.

여: 알게 되어서 좋다, Steve. ³³네가 받고 있는 훌륭한 훈련이면, 나는 이제 네가 다음 시즌에 학교 농구팀에 들어갈 거라고 확신해.

남: 그러기를 간절히 원해, Sheryl. 정말 고마워!

어휘 challenging[tʃælindʒiŋ] 어려운, 도전적인 improve[imprúːv] 발전하다, 향상시키다 coach[koutʃ] 코치, 감독; 지도하다 organized[ɔ́ːrɡənaizd] 체계적인, 조직적인 championship[tʃǽmpiənʃip] 선수권 대회, 우승 confident[kάnfidənt] 자신감 있는 either[íːðər] 양쪽의 on one's own 스스로, 혼자 effective[iféktiv] 유능한, 효과적인 opponent[əpóunənt] 상대방 steal[stíːl] 빼앗다, 훔치다 consistent[kənsístənt] 일관된 rounded[ráundid] 다재다능한, 완성된 guard[ɡɑːrd] 수비하다 experienced[ikspíriənst] 경력이 있는 score a point 득점하다 block[blɑːk] 막다 height[hait] 키

---

27 특정세부사항 What

정답 (b)

What has Steve been doing for the past month?

(a) working out with the varsity
(b) attending basketball training
(c) managing basketball training
(d) playing basketball after class

지난달에 Steve가 한 것은 무엇인가?

(a) 대학 대표팀과 운동한 것
(b) 농구 훈련에 참가한 것
(c) 농구 훈련을 관리한 것
(d) 방과 후에 농구를 한 것

해설 지난달에 Steve가 한 것은 무엇인지를 묻는 What 문제이므로, 질문의 키워드 past month가 first month로 paraphrasing되어 언급된 주변을 주의 깊게 듣는다. 여자가 'How's the basketball camp going?'이라고 묻자, 남자가 'I've learned a lot during my first month in the camp.'라며 캠프의 첫 달 동안 많은 것을 배웠다고 했다. 따라서 남자가 지난달에 농구 훈련에 참가했음을 알 수 있으므로 (b)가 정답이다.

Paraphrasing
basketball camp 농구 캠프 → basketball training 농구 훈련

어휘 varsity[vάːrsəti] 대학 대표팀

28 특정세부사항   Why

Why does Sheryl call Steve's basketball coach a legend?

(a) because he trains strictly
(b) because he is also a famous basketball player
(c) because he has led many championships
(d) because he is a very hard-driving trainer

왜 Sheryl은 Steve의 농구 코치를 전설이라고 부르는가?

(a) 엄격하게 지도하기 때문에
(b) 그도 유명한 농구 선수이기 때문에
(c) 많은 선수권 대회를 지도했기 때문에
(d) 매우 정력적인 트레이너이기 때문에

해설 왜 Sheryl은 Steve의 농구 코치를 전설이라고 부르는지를 묻는 Why 문제이므로, 질문의 키워드 legend가 그대로 언급된 주변을 주의 깊게 듣는다. 여자가 'He coached ~ several national championships.'라며 Steve의 농구 코치는 최근 세 명의 국가적인 농구 선수권 대회 우승자들을 지도했고 그의 팀은 여러 전국 선수권 대회에서 우승했다고 했다. 따라서 (c)가 정답이다.

어휘 hard-driving[hɑ̀ːrddráiviŋ] 정력적인

29 특정세부사항   How

How did Steve improve his dribbling skills in the camp?

(a) by improving dribbling with his right hand
(b) by practicing dribbling with his left hand
(c) by not dribbling with his right hand altogether
(d) by practicing dribbling on his own

Steve는 캠프에서 어떻게 그의 드리블 실력을 향상시켰는가?

(a) 오른손 드리블을 향상시킴으로써
(b) 왼손 드리블을 연습함으로써
(c) 오른손으로는 전혀 드리블하지 않음으로써
(d) 스스로 드리블을 연습함으로써

해설 Steve는 캠프에서 어떻게 그의 드리블 실력을 향상시켰는지를 묻는 How 문제이므로, 질문의 키워드 improve ~ dribbling skills가 improving ~ dribbling skills로 언급된 주변을 주의 깊게 듣는다. 남자가 'We had several exercises focusing on dribbling with our weaker hand.'라며 더 약한 손으로 드리블 하는 데 초점을 맞춘 여러 연습을 했다고 한 뒤, 'I used to dribble only with my right hand'라며 자신은 오른손만으로 드리블하고는 했다고 했다. 따라서 Steve가 캠프에서 더 약한 손인 왼손으로 드리블을 연습했다는 것을 알 수 있으므로 (b)가 정답이다.

어휘 altogether[ɔ̀ːltəgéðər] 전혀, 전적으로

30 특정세부사항   What

What does the coach do to help Steve improve his shot?

(a) teach Steve to practice balance while shooting
(b) train Steve to take close-range shots only
(c) ask Steve to play against him
(d) require Steve to shoot the ball after dribbling

Steve의 슈팅을 향상시키는 것을 돕기 위해 코치는 무엇을 하는가?

(a) 슈팅하는 동안 균형을 연습하도록 가르친다
(b) 근거리 슈팅만을 하도록 지도한다
(c) 자신과 시합하자고 요청한다
(d) 드리블을 한 다음에 슈팅하라고 요구한다

해설 Steve의 슈팅을 향상시키는 것을 돕기 위해 코치는 무엇을 하는지를 묻는 What 문제이므로, 질문의 키워드 improve ~ shot이 improve ~ shooting으로 언급된 주변을 주의 깊게 듣는다. 남자가 'He teaches me how to balance myself when shooting the ball.'이라며 코치는 슈팅할 때 스스로 균형을 잡는 방법을 가르쳐준다고 했다. 따라서 (a)가 정답이다.

어휘 shot[ʃɑːt] (농구, 축구 같은 구기에서) 슈팅, 슛   close-range[klòusréindʒ] 근거리의   play against ~와 시합하다, 겨루다

Which is a result of Steve following the coach's tips to improve his shooting?

(a) He no longer gets off-balance when shooting.
(b) He can now shoot even while guarding an opponent.
(c) He no longer misses any shot.
(d) He can now score from longer distances.

Steve가 슈팅을 향상시키기 위한 코치의 조언을 따른 결과는 무엇인가?

(a) 슈팅할 때 더 이상 균형을 잃지 않는다.
(b) 이제 심지어 상대방을 수비하는 동안에도 슈팅할 수 있다.
(c) 더 이상 어떤 슈팅도 놓치지 않는다.
(d) 이제 더 먼 거리에서 득점할 수 있다.

해설 Steve가 슈팅을 향상시키기 위한 코치의 조언을 따른 결과는 무엇인지를 묻는 Which 문제이므로, 질문의 키워드 following ~ tips가 follow ~ tips로 언급된 주변을 주의 깊게 듣는다. 남자가 'I can now shoot farther away from the basket'이라며 이제 바스켓에서 멀리 떨어진 곳에서도 슈팅할 수 있다고 했다. 따라서 (d)가 정답이다.

Paraphrasing
farther away from the basket 바스켓에서 멀리 떨어진 곳에서 → from longer distances 더 먼 거리에서

어휘 off-balance[ɔ̀:fbǽləns] 균형을 잃은

Based on the conversation, why most likely will Steve learn the dunk shot easily?

(a) because he is tall enough
(b) because he regularly practices jumping
(c) because he can jump well
(d) because he can already make some dunk shots

대화에 따르면, 왜 Steve는 덩크슛을 쉽게 배울 것 같은가?

(a) 키가 충분히 크기 때문에
(b) 정기적으로 점프를 연습하기 때문에
(c) 점프를 잘할 수 있기 때문에
(d) 이미 덩크슛을 조금 할 수 있기 때문에

해설 왜 Steve는 덩크슛을 쉽게 배울 것 같은지를 추론하는 문제이므로, 질문의 키워드 learn ~ easily가 easy ~ to learn으로 paraphrasing 되어 언급된 주변을 주의 깊게 듣는다. 남자가 'the taller, the better'라며 덩크슛하려면 키가 더 클수록 더 좋다고 한 뒤, 'In that sense, Coach said it should be easy for me to learn the shot.'이라며 그런 면에서 코치는 Steve가 그 슈팅을 배우는 것이 분명 쉬울 것 이라고 말했다고 한 것을 통해, Steve의 키가 충분히 크기 때문에 덩크슛을 쉽게 배울 것임을 추론할 수 있다. 따라서 (a)가 정답이다.

According to Sheryl, what will Steve surely achieve with his excellent training?

(a) joining the national team
(b) qualifying for the school's team
(c) perfecting the slam dunk
(d) making it to the state team

Sheryl에 따르면, Steve의 훌륭한 훈련으로 그가 무엇을 확실히 성취하겠는가?

(a) 국가대표팀에 들어가는 것
(b) 학교 팀이 될 자격을 갖는 것
(c) 슬램덩크를 완벽하게 하는 것
(d) 국가대표팀에 들어가는 것

해설 Sheryl에 따르면 Steve의 훌륭한 훈련으로 그가 무엇을 확실히 성취하겠는지를 묻는 What 문제이므로, 질문의 키워드 with ~ excellent training이 그대로 언급된 주변을 주의 깊게 듣는다. 여자가 'With the excellent training ~ you'll now get in our school's basketball team next season.'이라며 Steve가 받고 있는 훌륭한 훈련이면 그가 다음 시즌에 학교 농구팀에 들어갈 것이라고 확신한 다고 했다. 따라서 (b)가 정답이다.

PART 2[34~39] 발표 스마트 시계 신제품 소개

주제
제시:
신제품
소개

Good morning, everyone! I'm the marketing officer of Apex Tech, and today, I'd like to talk to you about our latest product, the Manu Smartwatch. But before I begin, I'd like to give you some information about our company.

회사
소개

[34]Apex Tech is a manufacturer of high-tech fitness products that was founded in 2005. We've produced several award-winning electronic fitness accessories, and we're working harder than ever to create more state-of-the-art devices for our customers.

신제품
개발
배경

Now, how does the Manu Smartwatch fit into our product line? We developed the Manu to make smartwatches for both physically active people and those who simply love a good smartwatch. We designed it based on research that showed several customer concerns about currently available smartwatches. Here are our findings:

일반
스마트
시계의
문제점

First, today's smartwatches are boring. [35(a)]They no longer excite customers, because the displays on their faces are limited. Second, smartwatch batteries are a big letdown. While traditional watches have long-lasting batteries, [35(c)]the life of most smartwatch batteries is typically only one day after a full charge. Third, people think that [35(d)]smartwatches are too complicated to operate. Adding another one to their collection of already complex gadgets might make things too confusing.

주요
기능

The Manu will change all of these. Let's start with its main role. It's a watch. It looks like a watch and functions like a watch, but it also offers more. It has a break-resistant screen and [36]an attractive 1.5-inch display that's visible even in direct sunlight. Users can also change the watch's face by choosing from many built-in displays or downloading one from our website.

독특한
기능

Another unique feature of the Manu is its "watch-only" mode. You can set it so that it will only tell the time: nice and simple as any traditional watch. With the other features disabled, there is no need to pair it with another gadget. But if you want to enable all of its functions later on, just pair it with a smartphone via Bluetooth.

좋은 아침입니다, 여러분! 저는 Apex Tech의 마케팅 담당자이고, 오늘, 우리의 최신 제품인, Manu 스마트 시계에 대해 말씀드리고 싶습니다. 하지만 시작하기 전에, 우리 회사에 대한 몇 가지 정보를 드리고 싶네요.

[34]Apex Tech는 2005년에 설립된 최첨단 운동 용품 제조사입니다. 우리는 상을 받은 여러 전자 운동 용품들을 제작해왔고, 우리 고객들을 위해 더 많은 최신식 기구들을 제작하려고 그 어느 때보다 더 열심히 일하고 있습니다.

자, 어떻게 Manu 스마트 시계가 저희의 제품군에 들어맞을까요? 우리는 신체적으로 활동적인 사람들과 그저 괜찮은 스마트 시계를 아주 좋아하는 사람들 모두를 위한 스마트 시계를 만들기 위해 Manu를 개발했습니다. 우리는 현재 구매 가능한 스마트 시계에 관한 여러 고객 우려를 보여준 연구에 기반하여 그것을 고안했습니다. 우리의 조사 결과입니다.

첫 번째로, 오늘날의 스마트 시계는 지루합니다. [35(a)]그것들은 더 이상 고객들의 흥미를 불러일으키지 않는데, 이는 시계 문자반의 화면이 한정적이기 때문입니다. 두 번째로, 스마트 시계의 배터리는 큰 실망입니다. 전통적인 시계는 길게 지속되는 배터리를 가지고 있는 반면, [35(c)]대부분의 스마트 시계 배터리 수명은 완충 후에 일반적으로 단 하루입니다. 세 번째로, 사람들은 [35(d)]스마트 시계가 작동하기에 너무 복잡하다고 생각합니다. 이미 복잡한 장치의 모음에 또 다른 한 가지를 더하는 것은 일을 너무 혼란스럽게 만들지도 모릅니다.

Manu는 이 모든 것을 바꿀 것입니다. Manu의 주요 기능부터 시작해봅시다. Manu는 시계입니다. 시계처럼 보이고 시계처럼 기능하지만, 또한 그 이상을 제공합니다. 그것은 파손 방지 액정과 [36]심지어 태양 직사광에서도 보이는 1.5인치의 매력적인 디스플레이 장치를 가집니다. 사용자들은 또한 시계의 문자반을 많은 내장 화면 중에 고르거나 우리 웹사이트에서 내려받음으로써 바꿀 수 있습니다.

Manu의 또 다른 독특한 기능은 "시계만 보기" 모드입니다. 여러분은 Manu가 시간만 알려주도록 설정할 수 있습니다. 모든 전통적인 시계처럼 예쁘고 간단하게 말이죠. 다른 기능은 작동하지 않게 하면, Manu를 다른 장치와 연결할 필요가 없습니다. 하지만 만약 나중에 그것의 모든 기능을 사용 가능하게 하고 싶다면, 블루투스를 통해 그것을 스마트폰과 연결하기만 하면 됩니다.

지텔프 기출문제집 Level 2

To respond to user complaints about the short battery life of typical smartwatches, [37]the Manu is equipped with a high-capacity battery that will last five days on a single charge if you're using all the product's features. In the "watch-only" mode, the battery life will last for over a month!

[38]Another feature of the Manu that will surely appeal to health enthusiasts is its fitness-tracking capability. Equipped with a heart rate sensor, a steps counter, and a sleep monitor, [38]users with an active lifestyle are fully monitored. The built-in GPS also helps in mapping your runs. It also takes note of the distance you've covered and the number of calories you've burned while running. These features will allow you to track your fitness progress easily.

Lastly, our product is durable. To protect the Manu from sweat and dirt while exercising, we've made it water- and dust-resistant. It's also shockproof, so it can endure your toughest exercise routines.

The Manu will be released worldwide through our online store and in major retailers on March 1st. The price will be $450. Colors to choose from are black, gold, and silver. If you have any questions or suggestions, please call our customer service hotline: 556-1118. You can also email us at service@apextech.com.

So, be among the first to own and enjoy the latest in smartwatches. [39]Pre-order your Manu Smartwatch now.

일반적인 스마트 시계의 짧은 배터리 수명에 관한 유저 불만에 대응하기 위해, [37]Manu는 제품의 모든 기능을 사용한다면 한 번 충전에 5일이 지속될 대용량의 배터리를 갖췄습니다. "시계만 보기" 모드에서, 배터리 수명은 한 달이 넘게 지속될 것입니다!

[38]건강 광신자의 흥미를 확실히 끌 또 다른 Manu의 기능은 운동 기록 기능입니다. 맥박수 감지기, 만보기, 그리고 수면 감시 장치가 갖춰져 있어, [38]활동적인 생활 방식을 가진 사용자들이 완전히 감독됩니다. 내장 GPS는 또한 달리기 경로를 만드는 데 도움이 됩니다. 여러분이 이동한 거리와 달리는 동안 연소된 열량 또한 기록합니다. 이러한 기능들은 여러분의 운동 진행 상태를 쉽게 기록하도록 해줄 것입니다.

마지막으로, 우리 제품은 내구성이 있습니다. 운동 중에 Manu를 땀과 먼지로부터 보호하기 위해, 우리는 그것을 방수 및 방진이 되게 만들었습니다. 그것은 또한 충격 방지 처리가 되어 있어서, 여러분의 가장 험한 운동의 일과도 견딜 수 있습니다.

Manu는 3월 1일에 우리의 온라인 상점과 주요 소매점을 통해 전 세계적으로 출시될 겁니다. 가격은 450달러가 될 겁니다. 고를 수 있는 색상은 검은색, 금색, 그리고 은색입니다. 어떤 질문이나 제안이라도 있다면, 고객 서비스 직통전화인 556-1118로 전화주세요. service@apextech.com으로 메일을 보내셔도 됩니다.

자, 최신식 스마트 시계를 처음으로 소유하고 즐기는 사람 중 한 명이 되세요. [39]Manu 스마트 시계를 지금 선주문하세요.

어휘 manufacturer[mænjufǽktʃərər] 제조사, 제조업자 high-tech[háitek] 최첨단의, 첨단 기술의 fitness[fítnəs] 운동 state-of-the-art[stèitəvðiá:rt] 최신식의 physically[fízikli] 신체적으로 excite[iksáit] (흥미를) 불러일으키다 face[feis] 문자반(시계에서 글자, 숫자, 기호가 그려진 면) letdown[létdaun] 실망, 환멸 charge[tʃɑːrdʒ] 충전; 충전하다 complicated[ká:mplikeitid] 복잡한 operate[á:pəreit] 작동하다 complex[kámpleks] 복잡한 gadget[gǽdʒit] 도구, 장치 confusing[kənfjú:ziŋ] 혼란스러운 function[fʌ́ŋkʃn] 기능하다, 작동하다; 기능 resistant[rizístənt] 방지하는, 견디는 attractive[ətrǽktiv] 매력적인 visible[vízəbl] 보이는, 선명한 built-in[bìltín] 내장의 feature[fí:tʃər] 기능 disabled[diséibld] 작동하지 않는, 불능의 enable[inéibl] 가능하게 하다 via[váiə] ~을 통해서 be equipped with ~을 갖추다 high-capacity[háikəpǽsəti] 대용량의 enthusiast[inθú:ziæst] 광신자, 광 capability[kèipəbíləti] 기능, 능력 heart rate 맥박수 step counter 만보기 monitor[má:nitər] 감시 장치; 감독하다, 기록하다 take note of ~을 기록하다 distance[dístəns] 거리 cover[kʌ́vər] 이동하다 durable[dúrəbl] 내구성이 있는, 튼튼한 water-resistant[wɔ́:tərrizìstənt] 방수의 dust-resistant[dʌ́strizìstənt] 방진의 shockproof[ʃá:kpru:f] 충격 방지 처리의 endure[indúr] 견디다 pre-order[prío:rdər] 선주문하다

---

34 특정세부사항   What   정답 (d)

What type of company is Apex Tech?

(a) a manufacturer of watches
(b) a center for fitness research

Apex Tech는 어떤 유형의 회사인가?

(a) 시계 제조사
(b) 운동 연구 시설

(c) a designer of health programs
(d) a maker of fitness devices

(c) 건강 프로그램 설계사
(d) 운동 기구 제작사

해설　Apex Tech는 어떤 유형의 회사인지를 묻는 What 문제이므로, 회사 소개를 하는 지문의 초반을 주의 깊게 듣는다. 화자가 'Apex Tech is a manufacturer of high-tech fitness products that was founded in 2005.'라며 Apex Tech는 2005년에 설립된 최첨단 운동 용품 제조사라고 했다. 따라서 (d)가 정답이다.

Paraphrasing
a manufacturer of ~ fitness products 운동 용품 제조사 → a maker of fitness devices 운동 기구 제작사

35 Not/True　Not 문제
정답 (b)

Which is not a reason why people avoid buying regular smartwatches?

(a) They are no longer exciting.
(b) They don't serve a practical purpose.
(c) They need to be recharged often.
(d) They are too difficult to operate.

사람들이 일반적인 스마트 시계 구매를 피하는 이유가 아닌 것은?

(a) 더 이상 흥미롭지 않다.
(b) 실용적인 목적에 적합하지 않다.
(c) 자주 재충전되어야 한다.
(d) 작동하기에 너무 어렵다.

해설　사람들이 일반적인 스마트 시계 구매를 피하는 이유가 아닌 것을 묻는 Not 문제이므로, 질문의 키워드 regular smartwatches가 currently available smartwatches로 paraphrasing되어 언급된 주변을 주의 깊게 들으며 언급되는 것을 하나씩 소거한다. (b)는 지문에 언급되지 않았으므로, (b)가 정답이다.

오답분석
(a) 지문에서 더 이상 고객들의 흥미를 불러일으키지 않는다고 언급되었다.
(c) 지문에서 대부분의 스마트 시계 배터리 수명은 완충 후에 일반적으로 단 하루라고 언급되었다.
(d) 지문에서 작동하기에 너무 복잡하다고 언급되었다.

어휘　serve [səːrv] ~에 적합하다, ~로 쓰일 수 있다　recharge [rìːtʃɑ́ːrdʒ] 재충전하다

36 특정세부사항　What
정답 (c)

What will the Manu Smartwatch's unique display allow its users to do?

(a) keep the watch from breaking
(b) pair the watch with another device
(c) read the screen even under the sun
(d) change the watch's face easily

Manu 스마트 시계 특유의 디스플레이 장치는 사용자들이 무엇을 하도록 허락할 것인가?

(a) 시계가 파손되는 것을 막는다
(b) 시계를 다른 장치와 연결시킨다
(c) 심지어 햇볕 아래에서도 액정을 읽는다
(d) 시계의 문자반을 쉽게 바꾼다

해설　Manu 스마트 시계 특유의 디스플레이 장치는 사용자들이 무엇을 하도록 허락할 것인지를 묻는 What 문제이므로, 질문의 키워드 unique display가 attractive ~ display로 paraphrasing되어 언급된 주변을 주의 깊게 듣는다. 화자가 'an attractive 1.5-inch display that's visible even in direct sunlight'이라며 심지어 태양 직사광에서도 보이는 1.5인치의 매력적인 디스플레이 장치를 언급했다. 따라서 (c)가 정답이다.

지텔프 기출문제집 Level 2

Paraphrasing

visible 보이는 → read 읽다

in direct sunlight 태양 직사광에서 → under the sun 햇볕 아래에서

오답분석

(d) 지문에서 사용자들은 시계의 문자반을 많은 내장 화면 중에 고르거나 웹사이트에서 내려받아 바꿀 수 있다고는 했지만, 그것은 디스플레이 장치가 사용자들에게 제공하는 기능이 아니라 시계의 소프트웨어가 제공하는 기능이므로 오답이다.

---

37 추론 특정사실 정답 (a)

How most likely does the battery last longer with the Manu's "watch-only" feature?

(a) by powering just one function
(b) by not having to power a paired device
(c) by getting power from a paired device
(d) by limiting the functioning features

Manu의 "시계만 보기" 기능을 이용하면 배터리는 어떻게 더 길게 지속될 것 같은가?

(a) 하나의 기능만 작동시킴으로써
(b) 연결된 장치를 작동시킬 필요가 없음으로써
(c) 연결된 장치로부터 전력을 얻음으로써
(d) 기능이 작동하는 것을 제한함으로써

해설　Manu의 시계만 보기 기능을 이용하면 배터리는 어떻게 더 길게 지속될 것 같은지를 추론하는 문제이므로, 질문의 키워드 watch-only가 그대로 언급된 주변을 주의 깊게 듣는다. 화자가 'the Manu is equipped with a high-capacity battery ~ using all the product's features'라며 Manu는 제품의 모든 기능을 사용한다면 한 번 충전에 5일이 지속될 대용량의 배터리를 갖췄다고 한 뒤, 'In the watch-only mode, the battery life will last for over a month!'라며 시계만 보기 모드에서 배터리 수명은 한 달이 넘게 지속될 것이라고 한 것을 통해, 시계만 보기 기능을 이용하면 하나의 기능만 작동시킴으로써 배터리가 더 길게 지속될 것임을 추론할 수 있다. 따라서 (a)가 정답이다.

어휘　power[páuər] 작동시키다; 전력, 동력

---

38 특정세부사항 Who 정답 (d)

According to the speaker, who will appreciate the Manu's fitness-tracking features?

(a) those who want to track their location
(b) those who want accurate time
(c) those who are having trouble sleeping
(d) those who are physically active

화자에 따르면, 누가 Manu의 운동 기록 기능을 높이 평가할 것인가?

(a) 자신의 위치를 기록하고자 하는 사람들
(b) 정확한 시간을 원하는 사람들
(c) 수면에 어려움을 겪고 있는 사람들
(d) 신체적으로 활동적인 사람들

해설　누가 Manu의 운동 기록 기능을 높이 평가할 것인지를 묻는 Who 문제이므로, 질문의 키워드 fitness-tracking이 그대로 언급된 주변을 주의 깊게 듣는다. 화자가 'Another feature ~ is its fitness-tracking capability.'라며 건강 광신자의 흥미를 확실히 끌 또 다른 Manu의 기능은 운동 기록 기능이라고 한 뒤, 'users with an active lifestyle are fully monitored'라며 활동적인 생활 방식을 가진 사용자들이 완전히 감독된다고 했다. 따라서 (d)가 정답이다.

Paraphrasing

users with an active lifestyle 활동적인 생활 방식을 가진 사용자들 → those who are physically active 신체적으로 활동적인 사람들

어휘　appreciate[əprí:ʃiət] 높이 평가하다

How can an interested listener buy the Manu before its launch?

(a) He can buy it after the talk.
(b) He can purchase it online.
(c) He can order it in advance.
(d) He has to order all three colors.

관심이 있는 청자들은 어떻게 출시 이전에 Manu를 구매할 수 있는가?

(a) 담화 이후에 구매할 수 있다.
(b) 온라인에서 구매할 수 있다.
(c) 미리 주문할 수 있다.
(d) 세 개 색상을 모두 주문해야 한다.

해설 관심이 있는 청자들은 어떻게 출시 이전에 Manu를 구매할 수 있는지를 묻는 How 문제이므로, 질문의 키워드 launch가 released로 paraphrasing되어 언급된 주변을 주의 깊게 듣는다. 화자가 'Pre-order your Manu Smartwatch now.'라며 Manu 스마트 시계를 지금 선주문하라고 했다. 따라서 (c)가 정답이다.

Paraphrasing
pre-order 선주문하다 → order ~ in advance 미리 주문하다

어휘 launch[lɔːntʃ] 출시

PART 3 (40~45) 장단점 논의 지하철 통근 vs. 버스 통근

F: Hello, Nate! How's the new job working out?
M: Hi, Bernice! My new job is great. It's hard, but I get to do what I want.
F: That's great. Congratulations!
M: Thanks. I have a problem, though. My new office is quite far from my neighborhood, and I'm still uncertain about the best way to get there every day.
F: Hmmm . . . I work near your office and use public transportation to get there every day. Do you also commute to work?
M: Yes, I do commute to the office. [40]I've tried taking both the train and the bus to work. Each has its advantages and disadvantages, and I can't make up my mind which one is better. [40]Can you help me decide which one to use?
F: Sure. Let's start with the train. One big advantage of the train over the bus is its speed. [41(d)]It doesn't stop as often as a bus does, so [41(a)]it's faster. Plus, trains follow a strict schedule, so they're always on time.
M: Yes, my travel time was shorter when I took the train, and they're quite punctual, too. The train arrived exactly as scheduled.
F: [41(b)]They're well-maintained and [41(c)]rarely need repair. That's why trains are seldom delayed.
M: I agree. However, what I don't like about riding the train is that I find train stations dark and dirty. They don't feel safe and secure.

여: 안녕, Nate! 새로운 직장은 어떻게 되어 가고 있어?
남: 안녕, Bernice! 내 새로운 직장은 굉장해. 어렵지만, 내가 원하는 걸 하게 돼.
여: 그거 굉장하다. 축하해!
남: 고마워. 하지만, 문제가 있어. 새로운 사무실은 내 동네에서 꽤 멀어서, 매일 그곳에 가는 가장 좋은 방법에 대해 아직 확신이 없어.
여: 흠… 나는 너의 사무실 근처에서 일하고 매일 그곳에 가기 위해 대중교통을 이용해. 너도 통근하지?
남: 응, 나는 사무실에 통근해. [40]직장에 갈 때 지하철과 버스를 모두 타봤어. 각각은 장단점이 있고, 어떤 것이 더 나은지 결정할 수가 없어. [40]어떤 것을 이용할지 결정하는 걸 도와줄 수 있니?
여: 당연하지. 지하철부터 시작해보자. 버스에 비해 지하철의 한 가지 큰 장점은 속도야. [41(d)]버스처럼 자주 정차하지 않아서, [41(a)]더 빨라지. 게다가, 지하철은 엄격한 일정을 따르기 때문에, 언제나 제시간에 와.
남: 응, 지하철을 탔을 때 이동 시간이 더 짧았고, 지하철은 또한 시간을 꽤 엄수하기도 하지. 지하철은 정확하게 예정된 대로 도착했거든.
여: [41(b)]지하철은 잘 관리되고 [41(c)]수리가 드물게 필요해. 그게 지하철이 거의 지연되지 않는 이유야.
남: 동의해. 하지만, 지하철을 타는 것에 대해 좋아하지 않는 건 내가 지하철역이 어둡고 더럽다고 느낀다는 거야. 지하철역은 안심되거나 안전하다고 느껴지지 않아.

지하철 단점1 F: That's mostly true. There are policemen patrolling train stations, but the environment doesn't inspire confidence, especially at night.

M: Yes, I particularly don't like it when I have to take the train at night. Another big plus for riding the train, though, is it is cheaper than riding the bus.

지하철 장점2 F: That's right. For a single-ride ticket, the price difference is small. But that small difference adds up in the long run. That's why more people take the train these days.

지하철 단점2 M: That makes sense . . . but ⁴²because the fare is cheap, more passengers take the train. It gets crowded especially during rush hour. ⁴²I once rode a crowded train and it was very unpleasant to stand up during the whole ride. That's why I'm considering the bus. It's a more comfortable ride.

버스 장점1 F: Precisely. Buses are cleaner, cooler, and more comfortable than trains. Bus stations are mostly cleaner and safer, too. However, buses have to make a lot of stops. So getting to your destination takes longer.

버스 단점1 M: You're right: a bus ride can be slow. Sometimes, the buses stay at stops for a long time. It doesn't help that buses can get stuck in traffic, especially during rush hours.

버스 장점2 F: Another thing I like about riding the bus, though, is its easy payment system. ⁴³You can pay cash or with a credit card, and even through your mobile phone.

버스 단점2 M: That really makes payment fast and convenient. But buses are more prone to accidents. Unlike trains, which are restricted to tracks, ⁴⁴buses take the public roads and highways and share them with other vehicles.

F: Accidents can indeed happen with buses, putting at risk the safety of passengers and even pedestrians.

M: Well, that was a very helpful talk. I think I got the whole picture now. Thanks, Bernice.

남자의 결정 F: You're welcome, Nate. So, ⁴⁵have you decided what mode of transportation you're going to take to work?

M: Yes, ⁴⁵I think I'll just take the train. I'll just avoid taking them late at night.

여: 일반적으로 사실이야. 지하철역을 순찰하는 경찰관들이 있기는 하지만, 환경이 신뢰를 불러일으키지는 않지, 특히 밤에는 말이야.

남: 응, 특히 내가 밤에 지하철을 타야 할 때 좋지 않아. 하지만, 지하철을 타는 것의 또 다른 큰 장점은, 버스를 타는 것보다 저렴하다는 거야.

여: 맞아. 1회 승차권은, 가격 차이가 적어. 하지만 그 적은 차이가 장기적으로 늘어나지. 그게 더 많은 사람들이 요즘 지하철을 타는 이유야.

남: 일리가 있다… 하지만 ⁴²운임이 저렴하기 때문에, 더 많은 승객들이 지하철을 타지. 특히 혼잡 시간대에는 더 붐비게 돼. ⁴²한번은 내가 붐비는 지하철을 탔는데 운행 내내 서 있는 것이 너무 불쾌했어. 그게 내가 버스를 고려하고 있는 이유야. 더 편안한 여정이거든.

여: 정확해. 버스는 지하철보다 더 깨끗하고, 시원하고, 그리고 편안하지. 버스 정류장도 대부분 더 깨끗하고 안전해. 하지만, 버스는 많은 정차를 해야 해. 그래서 목적지에 가는 게 더 오래 걸려.

남: 네 말이 맞아. 버스 운행은 느릴 수 있어. 가끔, 버스는 정류장에 오래 머물러. 특히 혼잡 시간대에는, 버스는 교통이 정체될 수 있어서 도움이 안 돼.

여: 하지만, 버스를 타는 것에 대해 내가 좋아하는 또 다른 것은, 버스의 쉬운 지불 체계야. ⁴³너는 현금이나 직불 카드, 그리고 심지어 휴대폰을 통해서도 요금을 낼 수 있어.

남: 그건 지불을 정말 빠르고 편리하게 만들지. 하지만 버스는 사고가 나기 더 쉬워. 선로에만 한정되는 지하철과 달리, ⁴⁴버스는 공공 도로와 고속도로를 이용하고 그 도로를 다른 차량과 공유하지.

여: 버스에서 사고는 실제로 일어날 수 있는데, 그건 승객과 심지어 보행자의 안전까지 위험에 처하게 하지.

남: 음, 굉장히 도움이 되는 대화였어. 이제 모든 상황 파악을 했어. 고마워, Bernice.

여: 천만에, Nate. 그래서, ⁴⁵어떤 방식의 교통을 이용해 직장에 갈지 결정했니?

남: 응. ⁴⁵난 그냥 지하철을 탈 것 같아. 그냥 밤늦게 타는 것만 피해야지.

어휘 neighborhood[néibərhùd] 동네, 이웃 uncertain[ʌnsə́ːrtn] 확신이 없는, 불안한 public transportation 대중교통
commute to work 통근하다 make up one's mind 결정하다 on time 제시간에 punctual[pʌ́ŋktʃuəl] 시간을 엄수하는
patrol[pətróul] 순찰하다 inspire[inspáiər] 불러일으키다 confidence[kɑ́ːnfidəns] 신뢰 add up 늘어나다, 합산하다 fare[fer] 운임, 요금
passenger[pǽsindʒər] 승객 crowded[kráudid] 붐비는 rush hour 혼잡 시간대 precisely[prisáisli] 정확하게
stuck in traffic 교통이 정체된 payment[péimənt] 지불, 납부 be prone to ~하기 쉽다 accident[ǽksidənt] 사고
highway[háiwei] 고속도로 vehicle[víːhikl] 차량 pedestrian[pədéstriən] 보행자 get the picture 상황 파악을 하다

What is Nate asking Bernice about?

(a) what route to take to the office daily
(b) what transportation system to ride to work
(c) how to adjust to a new job
(d) how to apply for the ideal job

Nate는 Bernice에게 무엇에 관한 도움을 청하고 있는가?

(a) 매일 어떤 길을 이용해 사무실에 갈지
(b) 어떤 교통수단을 타고 직장에 갈지
(c) 새로운 직장에 어떻게 적응할지
(d) 이상적인 직장에 어떻게 지원할지

해설   Nate가 Bernice에게 무엇에 관한 도움을 청하고 있는지를 묻는 What 문제이므로, 대화의 주제가 언급되는 지문의 초반을 주의 깊게 듣는다. 남자가 'I've tried taking both ~ to work.'라며 직장에 갈 때 지하철과 버스를 모두 타봤다고 한 뒤, 'Can you help me decide which one to use?'라며 어떤 것을 이용할지 결정하는 것을 도와줄 수 있는지 여자에게 물었다. 따라서 (b)가 정답이다.

어휘   adjust to ~에 적응하다

Which is not a factor that helps trains arrive on time?

(a) They move at a faster pace.
(b) They are kept in good condition.
(c) They never need repair.
(d) They stop at fewer stations.

지하철이 제시간에 도착하도록 돕는 요인이 아닌 것은?

(a) 더 빠른 속도로 이동한다.
(b) 좋은 상태로 유지된다.
(c) 수리가 절대 필요하지 않다.
(d) 더 적은 수의 역에 정차한다.

해설   지하철이 제시간에 도착하도록 돕는 요인이 아닌 것을 묻는 Not 문제이므로, 질문의 키워드 on time이 그대로 언급된 주변을 주의 깊게 들으며 언급되는 것을 하나씩 소거한다. (c)는 여자가 'rarely need repair'라며 지하철은 수리가 드물게 필요하다고는 했지만, 수리가 절대 필요하지 않다고 한 것은 아니므로 지문의 내용과 일치하지 않는다. 따라서 (c)가 정답이다.

오답분석
(a) 지문에서 지하철은 버스보다 더 빠르다고 언급되었다.
(b) 지문에서 지하철은 잘 관리된다고 언급되었다.
(d) 지문에서 지하철은 버스처럼 자주 정차하지 않는다고 언급되었다.

How can it be a disadvantage that more people prefer buying the cheaper train tickets?

(a) It makes the trains dirty.
(b) It makes the train stations difficult to light.
(c) More passengers make the stations unsafe.
(d) The train gets crowded and uncomfortable.

더 많은 사람들이 더 저렴한 지하철 승차권 구매를 선호하는 것이 어떻게 단점일 수 있는가?

(a) 지하철을 더럽게 만든다.
(b) 지하철역에 불을 켜기 어렵게 만든다.
(c) 더 많은 승객들은 지하철역을 안전하지 않게 만든다.
(d) 지하철이 붐비게 되고 불편해진다.

해설   더 많은 사람들이 더 저렴한 지하철 승차권 구매를 선호하는 것의 단점을 묻는 문제이므로, 질문의 키워드 cheaper train tickets와 관련된 부정적인 흐름을 파악한다. 남자가 'because the fare is cheap, more passengers take the train'이라며 운임이 저렴하기 때문에 더 많은 승객들이 지하철을 탄다고 한 뒤, 'I once rode a crowded train ~ during the whole ride.'라며 한번은 붐비는 지하철을 탔는데 운행 내내 서 있는 것이 너무 불쾌했다고 했다. 따라서 (d)가 정답이다.

Paraphrasing
cheaper ~ tickets 더 저렴한 승차권 → fare is cheap 운임이 저렴하다
unpleasant 불쾌한 → uncomfortable 불편한

어휘   uncomfortable[ʌnkʌ́mfərtəbl] 불편한

43 특정세부사항   Why   정답 (d)

Why is buying bus tickets faster and more convenient?	왜 버스 승차권을 구매하는 것이 더 빠르고 편리한가?
(a) because bus tickets are cheaper	(a) 버스 승차권이 더 저렴하기 때문에
(b) because there are more bus ticket outlets available	(b) 이용 가능한 버스 승차권 판매점이 더 많기 때문에
(c) because there is only one type of bus ticket	(c) 오직 한 가지 종류의 버스 승차권만 있기 때문에
(d) because there are more ways to buy bus tickets	(d) 버스 승차권을 구매하는 방법이 더 많기 때문에

해설   왜 버스 승차권을 구매하는 것이 더 빠르고 편리한지를 묻는 Why 문제이므로, 질문의 키워드 faster and more convenient가 fast and convenient로 언급된 주변을 주의 깊게 듣는다. 여자가 'You can pay ~ even through your mobile phone.'이라며 현금, 직불 카드, 그리고 심지어 휴대폰을 통해서도 요금을 낼 수 있다고 했다. 따라서 (d)가 정답이다.

Paraphrasing
pay cash or with a credit card, and even through your mobile phone 현금이나 직불 카드, 그리고 심지어 휴대폰을 통해서도 요금을 낸다 → more ways to buy bus tickets 버스 승차권을 구매하는 더 많은 방법

어휘   outlet[áutlet] 판매점

44 특정세부사항   Why   정답 (a)

Why do buses get involved in accidents more often?	왜 버스는 사고에 더 자주 연루되는가?
(a) because buses use public roads	(a) 공공 도로를 이용하기 때문에
(b) because buses are poorly maintained	(b) 부실하게 관리되기 때문에
(c) because many buses run too fast	(c) 많은 버스가 너무 빠르게 달리기 때문에
(d) because buses don't stay on their tracks	(d) 경로에 머무르지 않기 때문에

해설   왜 버스는 사고에 더 자주 연루되는지를 묻는 Why 문제이므로, 질문의 키워드 involved in accidents가 prone to accidents로 paraphrasing되어 언급된 주변을 주의 깊게 듣는다. 남자가 'buses take the public roads ~ with other vehicles'라며 버스는 공공 도로와 고속도로를 이용하고 그 도로를 다른 차량과 공유한다고 했다. 따라서 (a)가 정답이다.

어휘   poorly[púrli] 부실하게

Based on the conversation, when will Nate most likely ride the bus?

(a) whenever he goes to work
(b) when the train tickets become expensive
(c) when a train station seems unsafe
(d) when it is not rush hour

대화에 따르면, Nate는 언제 버스를 탈 것 같은가?

(a) 그가 직장에 갈 때마다
(b) 지하철 탑승권이 비싸질 때
(c) 지하철역이 안전하지 않아 보일 때
(d) 혼잡 시간대가 아닐 때

해설 Nate가 다음에 할 일을 추론하는 문제이므로, 남자의 결정을 언급하는 지문의 후반을 주의 깊게 듣는다. 여자가 'have you decided what mode of transportation ~ to take to work?'라며 어떤 방식의 교통을 이용해 직장에 갈지 결정했는지를 묻자, 남자가 'I think I'll just take the train.'이라며 그냥 지하철을 탈 것 같다고 한 뒤, 'I'll just avoid taking them late at night.'이라며 그냥 밤늦게 타는 것만 피하겠다고 한 것을 통해, Nate는 지하철역이 안전하지 않아 보이는 밤늦은 시간에 버스를 탈 것임을 추론할 수 있다. 따라서 (c)가 정답이다.

PART 4 [46~52] 설명 까다로운 고객에 대처하기 위한 6가지 조언

| 인사 + 주제 제시 | Hello, everybody. I know many of you are new to customer service and are still learning the job requirements. While many customers you will encounter are nice and considerate, some customers out there will be difficult to handle. Today, [46]I'm going to talk to you about dealing with tough customers effectively, because this will be part of your job. |

안녕하세요, 여러분. 저는 여러분 중 다수가 고객 서비스가 처음이고 아직 일에 필요한 것을 배우고 있다는 걸 압니다. 여러분이 만날 많은 고객들이 친절하고 사려 깊겠지만, 바깥의 일부 고객들은 감당하기 어려울 겁니다. 오늘은, 이게 여러분 일의 일부가 될 것이기 때문에, [46]어려운 고객들에 효과적으로 대처하는 것에 관해 여러분에게 이야기할 겁니다.

| 담화의 배경 | It's easy to get angry with rude customers. After all, you'll feel the need to defend yourself when they make abusive remarks. These people can be very unreasonable and feel like they have every right to be rude to you. Handling this type of people is not easy, but it's your duty to provide them with quality customer service, too. So, here are some tips on how to handle difficult customers. |

무례한 고객들에게 화가 나기 쉽습니다. 결국에, 여러분은 그들이 폭력적인 발언을 할 때 자신을 방어할 필요를 느낄 겁니다. 이러한 사람들은 매우 비합리적일 수 있고 그들이 여러분에게 무례할 모든 권리를 가지기라도 한 것처럼 느낍니다. 이러한 종류의 사람들을 감당하는 것은 쉽지 않지만, 그들에게 고품질의 고객 서비스를 제공하는 것 또한 여러분의 임무입니다. 그래서, 까다로운 고객들을 다루는 방법에 관한 몇 가지 조언이 있습니다.

| 조언1: 억제 + 침착 | [47]The first tip is to control yourself. This is important, as it's only natural for you to want to protect yourself from a rude and critical customer. [47]You need to stay calm and listen politely, because you can lose valuable customers if you argue with them. |

[47]첫 번째 조언은 자신을 억제하라는 겁니다. 여러분이 무례하고 비판적인 고객으로부터 자신을 보호하고 싶어하는 것은 그저 자연스럽기 때문에, 이건 중요하죠. 소중한 고객들과 논쟁한다면 그들을 잃을 수 있기 때문에, [47]침착함을 유지하고 정중하게 들을 필요가 있습니다.

| 조언2: 개인적 수용 지양 | The second tip is to remember not to take it personally. Keep in mind that you are not the cause of the customer's anger. It may have been a defective product or bad after-sales service. You're just the one he can complain to about it. |

두 번째 조언은 개인적으로 받아들이지 않는 것을 기억하라는 것입니다. 여러분은 고객 분노의 원인이 아니라는 것을 유념하세요. 그건 결함이 있는 제품이나 좋지 않은 구매 후 서비스 때문이었을 수도 있습니다. 여러분은 그저 그것에 대해 고객이 항의할 수 있는 한 사람일 뿐입니다.

Third, let the customer release his frustration and listen to him. Angry customers need an outlet for their

세 번째로, 고객이 그의 불만을 표출하도록 해주고 그의 이야기를 들으세요. 화가 난 고객들은 감정의 분

feelings and just want someone who'll listen and understand. In a customer service setting, that person is you. Listening patiently can calm down a tense situation, because [48]this makes the customer feel that his complaint is being acknowledged.

Always maintain eye contact to show that you're listening intently, and repeat what you've heard afterwards. Ask follow-up questions to make the complaint clear.

Fourth, actively sympathize. After listening to the customer, express your understanding of his unpleasant experience. [49]This will show that you care about his problem and agree with his feelings. It will help smooth things out before proceeding to the next step.

The fifth tip is to try to solve the customer's problem. Find the cause of the complaint. Gather additional information, and ask the customer what he likes to be done. From what you've gathered and learned, tell the customer the solution to the problem.

If you cannot fix the problem right away, reassure the customer that you're doing all you can to solve it. If you really cannot find the solution, ask someone more knowledgeable who can. It's perfectly fine to ask for help if you don't know how to address a difficult situation. [50]An incorrect solution will only lead to more customer dissatisfaction.

Finally, after the customer's situation has been solved, take a few minutes to rest. Dealing with difficult customers is a stressful activity, and [51]talking to a new customer while still feeling the tension of the previous encounter might lead to an unsatisfactory service. So take a break, do whatever will relax you, and don't let the stress affect you. After you've calmed down, you'll be ready to engage with other customers again.

Follow the tips I've presented, and be a better customer service representative. [52]Solving a difficult customer's complaint can be a big boost for your self-confidence. It makes answering the next regular customer complaint so much easier.

출구가 필요하며 듣고 이해해줄 누군가를 원할 뿐입니다. 고객 서비스 환경에서, 그 사람은 당신입니다. 참을성 있게 듣는 것은 긴장된 상황을 진정시킬 수 있는데, 이는 [48]이것이 고객이 그의 항의가 받아들여지고 있다고 느끼게 만들기 때문입니다.

여러분이 집중하여 듣고 있다는 것을 보여주기 위해 언제나 눈 맞춤을 유지하시고, 곧이어 들은 것을 다시 말하세요. 항의를 명확하게 하기 위해서 추가 질문을 하세요.

네 번째로, 적극적으로 공감하세요. 고객의 이야기를 들은 후에, 그의 불쾌한 경험에 대한 여러분의 이해를 표현하세요. [49]이것은 여러분이 그의 문제를 신경 쓰고 그의 감정에 동의한다는 것을 보여줄 거예요. 그것은 다음 단계로 나아가기 전에 문제를 없애도록 도울 겁니다.

다섯 번째 조언은 고객의 문제를 해결하기 위해 노력하라는 겁니다. 항의의 원인을 찾으세요. 추가 정보를 수집하고, 고객에게 그가 무엇이 행해지기를 원하는지 물어보세요. 여러분이 수집하고 알게 된 것을 통해, 고객에게 문제에 대한 해결책을 알려주세요.

만약 여러분이 즉시 문제를 해결할 수 없다면, 그것을 해결하기 위해 할 수 있는 모든 것을 다하고 있다고 고객을 안심시키세요. 여러분이 정말 해결책을 찾을 수 없다면, 해결책을 찾을 수 있는 더 아는 것이 많은 누군가에게 물어보세요. 어려운 상황을 해결하는 방법을 모른다면 도움을 요청해도 전적으로 괜찮습니다. [50]정확하지 않은 해결책은 고객의 더 큰 불만족으로 이어질 뿐일 겁니다.

마지막으로, 고객의 상황이 해결된 후에, 몇 분 쉬세요. 까다로운 고객에 대처하는 것은 스트레스 받는 활동이고, [51]이전 대면에서의 긴장을 여전히 느끼는 와중에 새로운 고객과 이야기하는 것은 불만족스러운 서비스로 이어질 수 있습니다. 그러니 휴식을 취하시고, 여러분을 안정시키는 것은 무엇이든 하시고, 스트레스가 여러분에게 영향을 미치지 않도록 하세요. 여러분이 진정된 후에, 다른 고객과 다시 협상할 준비가 될 겁니다.

제가 제시한 조언을 따르시고, 더 나은 고객 서비스 담당자가 되세요. [52]까다로운 고객의 항의를 해결하는 것은 자신감을 신장시키는 큰 힘이 될 수 있습니다. 그것은 그다음의 일상적인 고객 항의에 더 쉽게 대답하게 해줄 겁니다.

어휘 requirement[rikwáiərmənt] 필요한 것, 필요 조건 encounter[inkáuntər] 만나다, 직면하다; 대면 considerate[kənsídərət] 사려 깊은 handle[hǽndl] 감당하다, 다루다, 처리하다 deal with ~에 대처하다, ~을 다루다 tough[tʌf] 어려운, 힘든 rude[ruːd] 무례한 defend[difénd] 방어하다 abusive[əbjúːsiv] 폭력적인, 욕설을 퍼붓는 remark[rimáːrk] 발언, 말 unreasonable[ʌnríːznəbl] 비합리적인 critical[krítikl] 비판적인 politely[pəláitli] 정중하게, 예의 바르게 valuable[vǽljuəbl] 소중한, 가치 있는 argue with ~와 논쟁하다 take personally 개인적으로 받아들이다 keep in mind ~을 유념하다 defective[diféktiv] 결함이 있는 after-sales[ǽftərsèilz] 구매 후의 frustration[frʌstréiʃn] 불만, 분노 outlet[áutlet] 분출구 patiently[péiʃntli] 참을성 있게, 차분하게

tense[tens] 긴장된 acknowledge[əknɑ́:lidʒ] 받아들이다, 인정하다 intently[inténtli] 집중하여 follow-up[fɑ́:louʌp] 추가의, 후속의
sympathize[símpəθaiz] 공감하다 smooth A out A를 없애다, 제거하다 proceed[prousí:d] 나아가다, 진행하다
reassure[rìːəʃúr] 안심시키다 knowledgeable[nɑ́:lidʒəbl] 아는 것이 많은, 박식한 address[ədrés] 해결하다
dissatisfaction[dìssæ̀tisfǽkʃn] 불만족 unsatisfactory[ʌ̀nsæ̀tisfǽktəri] 불만족스러운 engage with ~와 협상하다, 교제하다
representative[rèprizéntətiv] 담당자, 대표자 boost[buːst] (신장시키는) 힘

---

46 주제/목적 담화의 주제

정답 (b)

What is the talk about?

(a) how to avoid customer complaints
(b) how to deal with problem customers
(c) how to identify a demanding customer
(d) how to attract good customers

담화의 주제는 무엇인가?

(a) 고객 항의를 피하는 방법
(b) 다루기 어려운 고객들에 대처하는 방법
(c) 까다로운 고객들을 식별하는 방법
(d) 좋은 고객들을 유치하는 방법

해설 담화의 주제를 묻는 문제이므로, 지문의 초반을 주의 깊게 듣는다. 화자가 'I'm going to talk to you about dealing with tough customers effectively'라며 어려운 고객들에 효과적으로 대처하는 것에 관해 이야기하겠다고 한 뒤, 어려운 고객들에 대처하는 방법에 관한 내용이 이어지고 있다. 따라서 (b)가 정답이다.

Paraphrasing
tough customers 어려운 고객들 → problem customers 다루기 어려운 고객들

어휘 problem[prɑ́:bləm] 다루기 어려운 demanding[dimǽndiŋ] 까다로운, 요구가 많은

---

47 특정세부사항 How

정답 (d)

How should a customer service representative respond when facing a difficult customer?

(a) by defending himself
(b) by asking the customer to stay calm
(c) by ignoring the complaint
(d) by staying calm and under control

고객 서비스 담당자는 까다로운 고객에 직면했을 때 어떻게 대응해야 하는가?

(a) 자신을 방어함으로써
(b) 고객에게 침착함을 유지하라고 요청함으로써
(c) 항의를 무시함으로써
(d) 침착함을 유지하고 억제함으로써

해설 고객 서비스 담당자는 까다로운 고객에 직면했을 때 어떻게 대응해야 하는지를 묻는 How 문제이므로, 질문의 키워드 respond와 관련된 내용을 주의 깊게 듣는다. 화자가 'The first tip is to control yourself.'라며 까다로운 고객을 다루는 첫 번째 조언은 자신을 억제하는 것이라고 한 뒤, 'You need to stay calm'이라며 침착함을 유지하라고 했다. 따라서 (d)가 정답이다.

어휘 ignore[ignɔ́:r] 무시하다

---

48 특정세부사항 Why

정답 (a)

Why should one listen to a customer who is releasing his frustrations?

왜 불만을 표출하는 고객의 이야기를 들어줘야 하는가?

(a) to let him feel that his complaint is being heard
(b) to understand his complaint more clearly
(c) to be able to take the complaint professionally
(d) to be able to maintain eye contact

(a) 그의 항의가 받아들여지고 있다고 느끼게 하기 위해서
(b) 항의를 더 명확하게 이해하기 위해서
(c) 항의를 전문적으로 받아들일 수 있기 위해서
(d) 눈 맞춤을 유지하기 위해서

해설 왜 불만을 표출하는 고객의 이야기를 들어줘야 하는지를 묻는 Why 문제이므로, 질문의 키워드 releasing his frustrations가 release his frustration으로 언급된 주변을 주의 깊게 듣는다. 화자가 'this makes the customer feel that his complaint is being acknowledged'라며 고객의 이야기를 들어주는 것이 고객이 그의 항의가 받아들여지고 있다고 느끼게 만든다고 했다. 따라서 (a)가 정답이다.

Paraphrasing
his complaint is being acknowledged 항의가 받아들여지고 있다 → his complaint is being heard 항의가 받아들여지고 있다

어휘 professionally[prəféʃənəli] 전문적으로

---

49 특정세부사항   장·단점   정답 (d)

What is the benefit of showing sympathy toward a difficult customer?

(a) It will prove that the service has been inadequate.
(b) It will show that the customer is always right.
(c) It will prove that the problem can be solved.
(d) It will show that the customer is understood.

까다로운 고객을 향해 공감을 보여주는 것의 장점은 무엇인가?

(a) 서비스가 부적절했음을 증명할 것이다.
(b) 고객이 언제나 옳다는 것을 보여줄 것이다.
(c) 문제가 해결될 수 있음을 증명할 것이다.
(d) 고객이 이해받는다는 것을 보여줄 것이다.

해설 까다로운 고객을 향해 공감을 보여주는 것의 장점을 묻는 문제이므로, 질문의 키워드 showing sympathy와 관련된 긍정적인 흐름을 파악한다. 화자가 'This will show that you ~ agree with his feelings.'라며 적극적으로 공감하는 것은 서비스 담당자가 고객의 문제를 신경 쓰고 고객의 감정에 동의한다는 것을 보여줄 것이라고 했다. 따라서 (d)가 정답이다.

Paraphrasing
care about his problem and agree with his feelings 고객의 문제를 신경 쓰고 그의 감정에 동의하다 → the customer is understood 고객이 이해받는다

어휘 inadequate[inǽdikwət] 부적절한

---

50 추론   특정사실   정답 (c)

Why most likely should a representative seek help when he cannot solve a complaint?

(a) because it is shameful to give a wrong answer
(b) because customers like honest representatives
(c) because a wrong answer may lead to more complaints
(d) because customers appreciate team work

왜 담당자는 항의를 해결할 수 없을 때 도움을 구해야 하는 것 같은가?

(a) 잘못된 대답을 하는 것은 창피하기 때문에
(b) 고객들은 정직한 담당자를 좋아하기 때문에
(c) 잘못된 대답은 더 많은 항의로 이어질 수 있기 때문에
(d) 고객들은 팀워크를 높이 평가하기 때문에

해설 왜 담당자는 항의를 해결할 수 없을 때 도움을 구해야 하는 것 같은지를 추론하는 문제이므로, 질문의 키워드 seek help가 ask for help로 paraphrasing되어 언급된 주변을 주의 깊게 듣는다. 화자가 'An incorrect solution will only lead to more customer dissatisfaction.'이라며 정확하지 않은 해결책은 고객의 더 큰 불만족으로 이어질 뿐일 것이라고 한 것을 통해, 잘못된 대답은 더 많은 항의로 이어질 수 있기 때문에 담당자는 항의를 해결할 수 없을 때 도움을 구해야 하는 것임을 추론할 수 있다. 따라서 (c)가 정답이다.

Paraphrasing

an incorrect solution ~ lead to more ~ dissatisfaction 정확하지 않은 해결책은 더 큰 불만족으로 이어진다 → a wrong answer ~ lead to more complaints 잘못된 대답은 더 많은 항의로 이어진다

어휘   shameful[ʃéimfl] 창피한, 부끄러운

---

51 특정세부사항   How   정답 (a)

How can facing a new customer's complaint while still stressed out affect service?

(a) It may lead to poor service.
(b) It can cause more stress.
(c) It may result in first-rate service.
(d) It can test one's ability to work under stress.

아직 스트레스 받는 중에 새로운 고객의 항의를 대하는 것은 서비스에 어떻게 영향을 미칠 수 있는가?

(a) 좋지 않은 서비스로 이어질 수 있다.
(b) 더 많은 스트레스를 야기할 수 있다.
(c) 1등급 서비스로 이어질 수 있다.
(d) 스트레스 하에서 일하는 능력을 시험해볼 수 있다.

해설   아직 스트레스 받는 중에 새로운 고객의 항의를 대하는 것은 서비스에 어떻게 영향을 미칠 수 있는지를 묻는 How 문제이므로, 질문의 키워드 while still stressed out이 while still feeling the tension으로 paraphrasing되어 언급된 주변을 주의 깊게 듣는다. 화자가 'talking to a new customer ~ might lead to an unsatisfactory service'라며 이전 대면에서의 긴장을 여전히 느끼면서 새로운 고객과 이야기하는 것은 불만족스러운 서비스로 이어질 수 있다고 했다. 따라서 (a)가 정답이다.

Paraphrasing

an unsatisfactory service 불만족스러운 서비스 → poor service 좋지 않은 서비스

어휘   first-rate[fɑ́ːrstrèit] 1등급의

---

52 특정세부사항   What   정답 (c)

According to the speaker, what makes answering a regular customer's complaint a lot easier?

(a) solving a difficult complaint on one's own
(b) facing a new customer without relaxing first
(c) solving a difficult customer's problem first
(d) fixing a difficult problem right away

화자에 따르면, 무엇이 일상적인 고객 항의에 대답하는 것을 훨씬 더 쉽게 만드는가?

(a) 까다로운 항의를 스스로 해결하는 것
(b) 우선 쉬지 않고 새로운 고객을 대하는 것
(c) 먼저 까다로운 고객의 문제를 해결하는 것
(d) 까다로운 문제를 즉시 해결하는 것

해설   무엇이 일상적인 고객 항의에 대답하는 것을 훨씬 더 쉽게 만드는지를 묻는 What 문제이므로, 질문의 키워드 answering ~ easier가 그대로 언급된 주변을 주의 깊게 듣는다. 화자가 'Solving a difficult customer's complaint can be a big boost for your self-confidence.'라며 까다로운 고객의 항의를 해결하는 것은 자신감을 신장시키는 큰 힘이 될 수 있다고 한 뒤, 'It makes answering the next regular customer complaint so much easier.'라며 그것은 그다음의 일상적인 고객 항의에 더 쉽게 대답하게 해줄 것이라고 했다. 따라서 (c)가 정답이다.

READING & VOCABULARY

인물 이름	## ENZO FERRARI

엔초 페라리

소개 + 유명한 이유	Enzo Ferrari was an Italian car racer, car builder, and race team owner. [53]He is best known as the creator of the Ferrari sports car and founder of the car manufacturer, the Ferrari N.V. His cars are now symbols of speed and wealth throughout the world.

엔초 페라리는 이탈리아 자동차 경주 선수, 자동차 생산자, 그리고 자동차 경주팀의 소유주였다. [53]그는 페라리 스포츠카의 창조자이자 자동차 제조사인 페라리 N.V.의 설립자로 가장 잘 알려져 있다. 그의 차는 현재 전 세계적으로 속도와 부의 상징이다.

어린 시절 + 업적 시작 계기	Enzo Anselmo Ferrari was born on February 18, 1898 in Modena, Italy to Alfredo and Adalgisa Ferrari. He grew up with little formal education and spent his childhood working for his father's metal parts business. [54]Ferrari was ten years old when his father took him to the car race Circuit di Bologna: [54/58]an event that inspired him to become a race car driver. When his father died during the First World War, Ferrari stopped his studies and worked as an instructor at a lathing school. He then joined the Italian army but was released due to a serious illness.

엔초 안셀모 페라리는 1898년 2월 18일에 이탈리아 모데나에서, 알프레도 페라리와 아달기사 페라리 사이에서 태어났다. 그는 정규 교육은 거의 받지 못했고 아버지의 금속 부품 회사에서 일을 하며 어린 시절을 보냈다. [54]그의 아버지가 서킷 디 볼로냐 자동차 경주에 페라리를 데려갔을 때 그는 10살이었는데, [54/58]이는 그가 자동차 경주 선수가 되도록 고무시킨 사건이었다. 1차 세계대전 중에 그의 아버지가 사망하자, 페라리는 학업을 그만두고 선반 학교의 교사로 일했다. 그 후 이탈리아 군대에 입대했으나 심각한 질병으로 인해 방출되었다.

초기 활동	Ferrari became a test driver for the carmaker, CMN. Soon, [59]he was promoted to racing driver and made his debut at the 1919 Parma-Poggio di Berceto race. [55]The Italian carmaker, Alfa Romeo, was impressed by his outstanding performance at CMN and asked him to be their sponsored racing driver. After winning numerous races, he began managing a racing team that soon became Alfa Romeo's official racing team. He raced for the last time in 1931, and then focused on developing Alfa cars.

페라리는 자동차 제조사인 CMN의 테스트 드라이버가 되었다. 곧, [59]그는 경주 선수로 승진되었으며 1919년 파르마 포지오 디 베르체토 경주에서 데뷔를 하였다. [55]이탈리아의 자동차 제조사인 알파 로메오는 CMN에서의 그의 뛰어난 성적에 감명을 받아 그들의 후원을 받는 자동차 경주 선수가 될 것을 요청했다. 수많은 경주에서 우승한 후, 그는 곧 알파 로메오의 공식 경주팀이 된 경주팀을 감독하기 시작했다. 그는 1931년에 마지막으로 경주에 참가했으며, 이후 알파의 자동차를 개발하는 데 집중했다.

주요 업적	Ferrari left Alfa Romeo in 1939 to start his own race team, the Scuderia Ferrari. He also founded a car parts company in Modena, the Auto Avio Costruzioni (ACC), which was transferred to Maranello during the Second World War. In Maranello, he built the ACC Tipo 815, his first race car, but without the Ferrari name. He then started designing a "Ferrari car," and released the Ferrari 125 S in 1947. [56]It won several prestigious car racing championships, and with his team's success, a Ferrari came to be preferred by the rich and the famous.

페라리는 1939년에 알파 로메오를 떠나 자신만의 경주팀인 스쿠데리아 페라리를 시작했다. 또한 그는 모데나에서 자동차 부품 회사인 오토 아비오 코스트루치오니(ACC)를 설립했고, 이것은 2차 세계대전 중에 마라넬로로 이전했다. 마라넬로에서, 그는 그의 첫 경주용 자동차인 ACC Tipo 815를, 페라리 이름은 포함하지 않고 제작했다. 그다음에 "페라리 자동차"를 디자인하기 시작했고, 1947년에 페라리 125 S를 공개했다. [56]이것은 몇 개의 일류 자동차 경주에서 우승했고, 그의 팀의 성과로, 페라리는 부자와 유명인사들에게 선호를 받게 되었다.

Ferrari's cars with the "prancing horse" emblem continued dominating the races and the sports car

"뛰고 있는 말" 엠블럼이 있는 페라리의 차들은 경주와 스포츠카 시장에서 수년간 계속 우세했는데,

market for years, [57]until strong competitors emerged. He eventually sold half of his stake in the company to Fiat in 1969, and then formally resigned as president in 1977. The company was renamed Ferrari S.p.A. and then Ferrari N.V. recently. Ferrari died in August 1988 in Maranello.

[57]이는 강력한 경쟁사들이 나타나기 전까지였다. 1969년에 그는 결국 회사의 지분 절반을 피아트에 팔았고, 1977년에 공식적으로 대표직에서 사임했다. 그의 회사에는 페라리 S.p.A.라는 새로운 이름이 붙었으며 최근에는 페라리 N.V.가 되었다. 페라리는 마라넬로에서 1988년 8월에 사망했다.

어휘 founder n. 설립자 manufacturer n. 제조사 symbol n. 상징 wealth n. 부, 재산 formal adj. 정규의, 공식적인 metal adj. 금속의 inspire v. 고무시키다, 영감을 주다 instructor n. 교사, 지도자 release v. 방출하다, 공개하다 promote v. 승진시키다 impress v. 감명시키다 outstanding adj. 뛰어난 sponsored adj. 후원을 받는 numerous adj. 수많은 transfer v. 이전하다, 옮기다 prestigious adj. 일류의, 명망 있는 success n. 성과, 성적 emblem n. 엠블럼, 상징, 기장 dominate v. 우세하다, 지배하다 competitor n. 경쟁사, 경쟁자 emerge v. 나타나다 stake n. 지분, 내기에 건 돈 resign v. 사임하다

---

53 특정세부사항   유명한 이유   정답 (a)

What is Enzo Ferrari best known for?

(a) as a car maker
(b) as a race car driver
(c) as a racing team manager
(d) as a car seller

엔초 페라리는 무엇으로 가장 잘 알려져 있는가?

(a) 자동차 생산자로
(b) 자동차 경주 선수로
(c) 경주팀 감독으로
(d) 자동차 판매원으로

해설 엔초 페라리가 유명한 이유를 묻는 문제이므로, 질문의 키워드 best known for가 best known as로 언급된 주변 내용을 주의 깊게 읽는다. 1단락의 'He is best known as the creator of the Ferrari sports car and founder of the car manufacturer, the Ferrari N.V.'에서 페라리는 페라리 스포츠카의 창조자이자 자동차 제조사인 페라리 N.V.의 설립자로 가장 잘 알려져 있다고 했다. 따라서 (a)가 정답이다.

오답분석
(b), (c) 지문에서 인물에 대해 언급된 내용이기는 하지만, 인물이 가장 유명한 이유라고 하지는 않았으므로 오답이다.

---

54 특정세부사항   When   정답 (d)

When did Ferrari decide that he wanted to be a race car driver?

(a) when he became a test driver
(b) when he joined the army
(c) when he was teaching in Modena
(d) when he saw a race in Bologna

페라리는 언제 자동차 경주 선수가 되고 싶다고 결심했는가?

(a) 테스트 드라이버가 되었을 때
(b) 입대했을 때
(c) 모데나에서 가르치고 있었을 때
(d) 그가 볼로냐에서 경주를 보았을 때

해설 페라리는 언제 자동차 경주 선수가 되고 싶다고 결심했는지를 묻는 When 문제이므로, 질문의 키워드 wanted to be a race car driver가 inspired him to become a race car driver로 paraphrasing되어 언급된 주변 내용을 주의 깊게 읽는다. 2단락의 'Ferrari was ten years old when his father took him to the car race Circuit di Bologna ~ that inspired him to become a race car driver.'에서 그의 아버지가 서킷 디 볼로냐 자동차 경주에 페라리를 데려갔을 때 그는 10살이었는데, 이는 그가 자동차 경주 선수가 되도록 고무시킨 사건이었다고 했다. 따라서 (d)가 정답이다.

55 특정세부사항 What
정답 (a)

What prompted Alfa Romeo to hire Ferrari as its racing driver? (a) his racing successes at CMN (b) his wins at the Circuit di Bologna (c) his management of a race team (d) his handling of an Alfa Romeo car	무엇이 알파 로메오가 페라리를 경주 선수로 고용하게 했는가? (a) CMN에서의 그의 경주 성적 (b) 서킷 디 볼로냐에서 그의 승리 (c) 경주팀에 대한 그의 관리 능력 (d) 그의 알파 로메오 차 운전

해설　무엇이 알파 로메오가 페라리를 경주 선수로 고용하게 했는지를 묻는 What 문제이므로, 질문의 키워드 Alfa Romeo가 그대로 언급된 주변 내용을 주의 깊게 읽는다. 3단락의 'The Italian carmaker, Alfa Romeo, was impressed by his outstanding performance at CMN and asked him to be their sponsored racing driver.'에서 이탈리아의 자동차 제조사인 알파 로메오는 CMN에서의 페라리의 뛰어난 성적에 감명을 받아 그들의 후원을 받는 자동차 경주 선수가 될 것을 요청했다고 했다. 따라서 (a)가 정답이다.

Paraphrasing
outstanding performance 뛰어난 성적 → successes 성적

---

56 추론　특정사실
정답 (c)

Based on the article, why most likely did the wealthy patrons prefer the Ferrari car? (a) because of its design (b) because of its high price (c) because of its speed (d) because of its durability	기사에 따르면, 왜 부유한 고객들이 페라리 자동차를 선호했던 것 같은가? (a) 디자인 때문에 (b) 비싼 가격 때문에 (c) 속도 때문에 (d) 내구성 때문에

해설　왜 부유한 고객들이 페라리 자동차를 선호했던 것 같은지를 추론하는 문제이므로, 질문의 키워드 wealthy patrons가 the rich로 paraphrasing되어 언급된 주변 내용을 주의 깊게 읽는다. 4단락의 'It won several prestigious car racing championships, and with his team's success, a Ferrari came to be preferred by the rich and the famous.'에서 페라리 125 S는 몇 개의 일류 자동차 경주에서 우승했고 그의 팀의 성과로 페라리는 부자와 유명인사들에게 선호를 받게 되었다고 했으므로, 속도 때문에 부유한 고객들이 페라리 자동차를 선호했던 것임을 추론할 수 있다. 따라서 (c)가 정답이다.

어휘　wealthy adj. 부유한, 재산이 많은　patron n. 고객, 후원자　durability n. 내구성

고득점
57 특정세부사항 What
정답 (c)

What happened after competitors for the sports car market arrived? (a) Ferrari resigned as head of the company. (b) ACC was renamed as Ferrari. (c) Ferrari turned over company shares to Fiat. (d) The first Ferrari car was released.	스포츠카 시장에 경쟁사들이 출현한 후 무슨 일이 일어났는가? (a) 페라리가 회사 대표직에서 사임했다. (b) ACC가 페라리로 이름이 바뀌었다. (c) 페라리가 회사의 지분을 피아트에 넘겼다. (d) 첫 페라리 자동차가 공개되었다.

해설　스포츠카 시장에 경쟁사들이 출현한 후 무슨 일이 일어났는지를 묻는 What 문제이므로, 질문의 키워드 competitors가 그대로 언급된 주

변 내용을 주의 깊게 읽는다. 5단락의 'until strong competitors emerged'에서 강력한 경쟁사들이 나타났다고 한 뒤, 'He eventually sold half of his stake in the company to Fiat in 1969'에서 1969년에 페라리는 결국 회사의 지분 절반을 피아트에 팔았다고 했다. 따라서 (c)가 정답이다.

Paraphrasing
sold ~ his stake in the company 회사의 지분을 팔았다 → turned over company shares 회사의 지분을 넘겼다

오답분석

(a) 5단락에서 1969년에 회사의 지분 절반을 피아트에 판 후, 1977년에 회사 대표직에서 사임했다고 했으므로, 경쟁사들이 출현한 직후에 일어난 일은 아니라서 오답이다.

어휘 turn over phr. 넘기다, 이양하다

---

58 어휘 유의어   정답 (b)

In the context of the passage, <u>inspired</u> means _____.

(a) prevented
(b) encouraged
(c) provoked
(d) informed

지문의 문맥에서, 'inspired'는 -을 의미한다.

(a) 막았다
(b) 장려했다
(c) 도발했다
(d) 알렸다

해설 밑줄 친 어휘의 유의어를 찾는 문제이므로, inspired가 포함된 구절을 읽는다. 2단락의 'an event that inspired him to become a race car driver'는 페라리가 자동차 경주 선수가 되도록 고무시킨 사건이라는 뜻이므로, inspired가 '고무시켰다'라는 의미로 사용된 것을 알 수 있다. 따라서 '장려했다'라는 비슷한 의미의 (b) encouraged가 정답이다.

오답분석

(c) '도발하다' 외에 '유발하다'라는 의미를 가진 provoke는 주로 화, 슬픔 등의 감정을 유발한다는 의미로 쓰이므로 문맥에 어울리지 않아 오답이다.

---

59 어휘 유의어   정답 (d)

In the context of the passage, <u>promoted</u> means _____.

(a) presented
(b) offered
(c) downgraded
(d) raised

지문의 문맥에서, 'promoted'는 -을 의미한다.

(a) 수여받았다
(b) 제공받았다
(c) 강등되었다
(d) 승진되었다

해설 밑줄 친 어휘의 유의어를 찾는 문제이므로, promoted가 포함된 구절을 읽는다. 3단락의 'he was promoted to racing driver'는 페라리가 경주 선수로 승진되었다는 뜻이므로, promoted가 '승진되었다'라는 의미로 사용된 것을 알 수 있다. 따라서 '승진되었다'라는 같은 의미의 (d) raised가 정답이다.

연구
결과

FOSSIL PROVIDES EVIDENCE OF POSSIBLE REPTILIAN LIVE BIRTH

연구
소개

Scientists have unearthed the fossil of a prehistoric animal with another creature inside it. The specimen, which was found in southwestern China, was a *Dinocephalosaurus*, a member of an extinct group of dinosaurs and an ancestor of modern crocodiles and birds. [60]The scientists initially thought that the animal ate the small creature. Upon further inspection, they realized that the 245-million-year-old fossil was actually pregnant.

근거1

The *Dinocephalosaurus* was a water-dwelling reptile that grew up to 13 feet long. It had sharp teeth and a long neck that made up half of its length. [61]The researchers came to conclude that the smaller animal was the reptile's embryo when they studied its position and saw that it was facing forward. The dinosaur would swallow its prey headfirst to avoid limbs from getting stuck along the dinosaur's neck until it reached the stomach. If the animal inside had been eaten, it should have been facing the other direction.

근거2

The lack of eggshells around the area further suggested that the *Dinocephalosaurus* did not eat someone else's eggs. [62]Another proof that the smaller animal was an unborn *Dinocephalosaurus* was its appearance: it had the long neck joints that are typical of the species. The curled shape of the small animal also indicated that it was lying in a fetal position. If it had been eaten by the dinosaur, [65]it wouldn't have attained that shape.

시사점
1

According to Jun Liu, the study head and associate professor at the Hefei University of Technology, the finding is significant as the *Dinocephalosaurus* is a member of *archosauromorpha*, a group of ancient egg-laying reptiles. [63]The discovery strongly suggests that the *Dinocephalosaurus* was the first of its kind to give birth to live young.

시사점
2

The finding could also shed light on [66]how animals evolve to cope with environmental stress. [64]With predators waiting, the *Dinocephalosaurus'* long, burdensome neck could have made it increasingly risky to lay eggs on land, and it couldn't have laid eggs underwater because reptile embryos need to breathe

화석이 파충류의 출산 가능성에 대한 증거를 제공하다

과학자들이 몸 안에 다른 생물이 들어있는 선사 시대 동물의 화석을 발굴하였다. 중국의 남서부에서 발견된 그 표본은 멸종된 공룡 종의 한 개체이자 현대 악어와 새의 조상인 디노케팔로사우루스였다. [60]과학자들은 처음에 그 동물이 작은 생물을 먹은 것이라고 생각했다. 추가 조사 후, 그들은 그 2억4천5백만 년 된 화석이 사실 임신한 것이었음을 발견했다.

디노케팔로사우루스는 13피트의 길이까지 자라는 물속에 사는 파충류였다. 그것은 날카로운 이빨과 몸 길이의 절반을 이루는 목을 가지고 있었다. [61]연구원들은 그 작은 동물의 자세를 연구해 그것이 앞으로 향해 있는 것을 보았을 때 그것이 파충류의 배아라는 결론을 내렸다. 그 공룡은 먹이가 위에 도달하기 전에 팔다리가 목에 걸리는 것을 방지하기 위해 그것을 거꾸로 삼켰을 것이다. 만약 안에 있던 동물이 먹힌 것이었다면, 다른 방향을 향해 있어야 했다.

그 지역 근처에 알껍데기가 없는 것도 디노케팔로사우루스가 다른 동물의 알을 먹은 것이 아니라는 것을 추가로 시사했다. [62]그 작은 동물이 태어나지 않은 디노케팔로사우루스라는 또 다른 증거는 그것의 겉모습이었는데, 그것은 그 종의 전형적인 긴 목 관절을 갖고 있었다. 그 작은 동물의 웅크린 모습도 그것이 태아의 자세로 누워 있었다는 것을 보여주었다. 만약 그것이 공룡에게 먹혔었다면, [65]그 모습에 이르지 않았을 것이다.

허페이 기술 대학의 연구 책임자이자 부교수인 준 리우에 따르면, 이 발견은 디노케팔로사우루스가 알을 낳는 고대 파충류 종인 아르코사우로모르파의 개체이기 때문에 주목할 만하다. [63]이 발견은 디노케팔로사우루스가 그 종에서 살아있는 새끼를 낳은 첫 개체였음을 유력하게 시사한다.

이 발견은 [66]동물이 환경적 압박에 대처하도록 진화하는 방식 역시 설명할 수 있었다. [64]포식 동물이 대기하는 상황에서, 디노케팔로사우루스의 길고 성가신 목은 땅에 알을 낳는 것을 점점 더 위험하게 만들었고, 파충류의 배아는 껍데기를 통해 산소를 들이마셔야 했기 때문에 물속에 알을 낳을 수도 없었다. 살아 남기 위해, 고대 파충류는 물속에서 새끼를 낳을 수 있도록 진화했을 것이다.

oxygen through the shell. To survive, the ancient reptile could have evolved to give live birth in the water.

어휘 fossil n. 화석 evidence n. 증거 reptilian adj. 파충류의 unearth v. 발굴하다, 파내다 prehistoric adj. 선사 시대의 creature n. 생물, 동물 specimen n. 표본, 샘플 extinct adj. 멸종된 ancestor n. 조상 initially adv. 처음에 inspection n. 조사, 검토 pregnant adj. 임신한 dwell v. 살다 conclude v. 결론을 내리다 embryo n. 배아 position n. 자세, 위치 forward adv. 앞으로 swallow v. 삼키다 prey n. 먹이 headfirst adv. 거꾸로 limb n. 팔다리, 날개 get stuck phr. 걸리다 stomach n. 위, 배 proof n. 증거 unborn adj. 태어나지 않은 appearance n. 겉모습, 외모 joint n. 관절 curled adj. 웅크린, 말린 indicate v. 보여주다 fetal adj. 태아의 attain v. (특정 조건에) 이르다 significant adj. 주목할 만한, 중요한 ancient adj. 고대의 strongly adv. 유력하게, 강하게 give birth to phr. ~을 낳다 young n. 새끼 shed light on phr. ~을 설명하다 evolve v. 진화하다 cope with phr. ~에 대처하다 predator n. 포식 동물 burdensome adj. 성가신 increasingly adv. 점점 더 risky adj. 위험한

60 특정세부사항   What   정답 (c)

What did the scientists first think about the animal inside the *Dinocephalosaurus* fossil?

(a) that it was the dinosaur's young
(b) that it was an ancestor of the crocodile
(c) that it was a meal for the dinosaur
(d) that it was an offspring of another dinosaur

과학자들은 처음에 디노케팔로사우루스 화석 안에 있는 동물에 대해 무엇이라고 생각했는가?

(a) 공룡의 새끼라고
(b) 악어의 조상이라고
(c) 공룡의 먹이라고
(d) 또 다른 공룡의 새끼라고

해설 과학자들은 처음에 디노케팔로사우루스 화석 안에 있는 동물에 대해 무엇이라고 생각했는지를 묻는 What 문제이므로, 질문의 키워드 scientists first think가 scientists initially thought로 paraphrasing되어 언급된 주변 내용을 주의 깊게 읽는다. 1단락의 'The scientists initially thought that the animal ate the small creature.'에서 과학자들은 처음에 그 동물이 작은 생물을 먹은 것이라고 생각했다고 했다. 따라서 (c)가 정답이다.

어휘 offspring n. 새끼, 후손

61 특정세부사항   How   정답 (b)

How does the orientation of the animal inside the fossil suggest that it was not eaten?

(a) It is facing backward.
(b) It is positioned like an embryo.
(c) It is inside an egg shell.
(d) Its remains showed all of its limbs intact.

화석 안에 있는 동물의 방향은 어떻게 그것이 먹히지 않았다는 것을 시사하는가?

(a) 뒤로 향해 있다.
(b) 배아처럼 자리를 잡고 있다.
(c) 알껍데기 속에 있다.
(d) 유해가 그것의 모든 팔다리가 온전함을 보여주었다.

해설 화석 안에 있는 동물의 방향은 어떻게 그것이 먹히지 않았다는 것을 시사하는지를 묻는 How 문제이므로, 질문의 키워드 orientation이 position으로 paraphrasing되어 언급된 주변 내용을 주의 깊게 읽는다. 2단락의 'The researchers came to conclude that the smaller animal was the reptile's embryo when ~ it was facing forward.'에서 연구원들은 그 작은 동물의 자세를 연구해 그것이 앞으로 향해있는 것을 보았을 때 그것이 파충류의 배아라는 결론을 내렸다고 했다. 따라서 (b)가 정답이다.

어휘 orientation n. 방향 backward adv. 뒤로 remains n. (죽은 사람·동물의) 유해 intact adj. 온전한

What do the long neck joints of the animal in the dinosaur suggest?	공룡 안에 있는 동물의 긴 목 관절은 무엇을 시사하는가?
(a) that the dinosaur is a reptile (b) that the dinosaur ate its prey whole (c) that it was not digested by the dinosaur (d) that it is the same species as the dinosaur	(a) 공룡이 파충류라는 것 (b) 공룡이 먹이를 통째로 먹었다는 것 (c) 공룡에 의해 소화되지 않았다는 것 (d) 그 공룡과 같은 종이라는 것

해설　공룡 안에 있는 동물의 긴 목 관절은 무엇을 시사하는지를 묻는 What 문제이므로, 질문의 키워드 long neck joints가 그대로 언급된 주변 내용을 주의 깊게 읽는다. 3단락의 'Another proof that the smaller animal was an unborn Dinocephalosaurus was ~ the long neck joints that are typical of the species.'에서 그 작은 동물이 태어나지 않은 디노케팔로사우루스라는 또 다른 증거는 그것의 겉모습이었는데 그것은 그 종의 전형적인 긴 목 관절을 갖고 있었다고 했다. 따라서 (d)가 정답이다.

어휘　digest v. 소화시키다

What makes the dinosaur unique among the *archosauromorpha*?	무엇이 그 공룡을 아르코사우로모르파 중에서 특이하게 만드는가?
(a) being the first to lay eggs (b) having developed into modern-day birds (c) having lived exclusively in water (d) being the first to give live birth	(a) 처음으로 알을 낳은 것 (b) 현대의 새로 진화한 것 (c) 오직 물속에서만 산 것 (d) 처음으로 새끼를 낳은 것

해설　무엇이 그 공룡을 아르코사우로모르파 중에서 특이하게 만드는지를 묻는 What 문제이므로, 질문의 키워드 archosauromorpha가 그대로 언급된 주변 내용을 주의 깊게 읽는다. 4단락의 'The discovery strongly suggests that the Dinocephalosaurus was the first of its kind to give birth to live young.'에서 이 발견은 디노케팔로사우루스가 그 종에서 살아있는 새끼를 낳은 첫 개체였음을 유력하게 시사한다고 했다. 따라서 (d)가 정답이다.

Why most likely did the long neck of the *Dinocephalosaurus* make it risky to lay eggs on land?	왜 디노케팔로사우루스의 긴 목은 땅에 알을 낳는 것을 위험하게 만들었던 것 같은가?
(a) It made them easy targets for predators. (b) It made it difficult to breathe oxygen. (c) It made the eggs hard to hatch. (d) No oxygen was available for the eggs on land.	(a) 포식 동물의 쉬운 표적이 되게 했다. (b) 산소를 들이마시기 힘들게 했다. (c) 알이 부화하기 힘들게 했다. (d) 땅에 알을 위한 공기가 없었다.

해설　왜 디노케팔로사우루스의 긴 목은 땅에 알을 낳는 것을 위험하게 만들었던 것 같은지를 추론하는 문제이므로, 질문의 키워드 risky to lay eggs on land가 그대로 언급된 주변 내용을 주의 깊게 읽는다. 5단락의 'With predators waiting, the Dinocephalosaurus' long, burdensome neck could have made it increasingly risky to lay eggs on land'에서 포식 동물이 대기하는 상황에서 디노케팔로사우루스의 길고 성가신 목은 땅에 알을 낳는 것을 점점 더 위험하게 만들었다고 한 것을 통해, 그 공룡의 긴 목은 포식 동물의 쉬운 표적

이 되게 했기 때문에 땅에 알을 낳는 것을 위험하게 만들었던 것임을 추론할 수 있다. 따라서 (a)가 정답이다.

어휘 　hatch v. 부화하다

65　어휘　유의어　　　　　　　　　　　　　　　　　　　정답 (b)

In the context of the passage, <u>attained</u> means _____.

(a) realized
(b) assumed
(c) earned
(d) rejected

지문의 문맥에서, 'attained'는 -을 의미한다.

(a) 발견했다
(b) 띠었다
(c) 얻었다
(d) 거부했다

해설 　밑줄 친 어휘의 유의어를 찾는 문제이므로, attained가 포함된 구절을 읽는다. 3단락의 'it wouldn't have attained that shape'은 그 모습에 이르지 않았을 것이라는 뜻이므로, attained가 '(특정 조건에) 이르다'라는 의미로 사용된 것을 알 수 있다. 따라서 '(특정 형태를) 띠었다'라는 비슷한 의미의 (b) assumed가 정답이다.

오답분석

(c) '얻다'라는 의미의 earn도 attain의 유의어 중 하나이지만, earn은 무언가의 보상으로 돈이나 보수를 얻는 경우에 사용하므로, '형태를 얻었다'라는 문맥에 어울리지 않아 오답이다.

66　어휘　유의어　　　　　　　　　　　　　　　　　　　정답 (a)

In the context of the passage, <u>cope</u> means _____.

(a) deal
(b) avoid
(c) prevent
(d) direct

지문의 문맥에서, 'cope'는 -을 의미한다.

(a) 대처하다
(b) 방지하다
(c) 예방하다
(d) 향하다

해설 　밑줄 친 어휘의 유의어를 찾는 문제이므로, cope가 포함된 구절을 읽는다. 5단락의 'how animals evolve to cope with environmental stress'는 동물이 환경적 압박에 대처하도록 진화하는 방식이라는 뜻이므로, cope가 '대처하다'라는 의미로 사용된 것을 알 수 있다. 따라서 '대처하다'라는 같은 의미의 (a) deal이 정답이다.

PART 3 [67~73]　지식 백과　카수 마르주의 특징

표제어	**CASU MARZU**	카수 마르주
정의 + 소개	"Casu marzu" is a soft cheese that is made in Sardinia, Italy. Literally translated from Sardinian as "rotten cheese," casu marzu is often called the world's most dangerous cheese, because [67]it is filled with live maggots or fly larvae. [68]Due to the health risks associated with maggots, [68/72]the European Union	"카수 마르주"란 이탈리아 사르디니아에서 만들어지는 부드러운 치즈이다. 사르디니아어의 "썩은 치즈"라는 말 그대로 번역된 카수 마르주는, 보통 세계에서 가장 위험한 치즈로 불리는데, 이는 [67]그것이 살아 있는 구더기나 파리의 유충으로 가득 차 있기 때문이다. [68]구더기와 관련된 건강상의 위험 때문에, [68/72]유럽

prohibited the sale of the cheese. It is still available, however, in the black market.

Casu marzu has been made by Sardinians for centuries. The process of making it starts with the traditional "pecorino," or sheep's milk, cheese being left to sit and cure for three weeks. The crust is then removed to invite cheese flies to lay their eggs on the cheese, with some people adding olive oil to attract more flies. [69]The cheese is then left in a dark hut for two to three months, during which the eggs hatch into larvae and eat the cheese. The acid in the maggots' digestive system processes the fats in the cheese. [73]The digested matter is then excreted on the cheese, giving casu marzu its distinct soft texture and strong flavor.

[70]Casu marzu is typically eaten while the maggots are still alive. Oddly enough, the larvae are actually an indicator of the cheese's condition: if the maggots are already dead, the cheese is already rotten and unsafe. Eating casu marzu must be done with care. The maggots can jump up to six inches, thus, some people cover their eyes to prevent the maggots from getting into them and causing damage. In addition, maggots should be chewed thoroughly to kill them, as they can reach the digestive tract alive and rip holes in it.

People describe casu marzu's taste as a mixture of Italian blue cheese with black pepper. It is also described as having an unusually sharp and strong smell. [71]Eating the cheese provides a stinging sensation since it is filled with ammonia. Casu marzu is usually eaten with moistened flatbread and red wine. It is traditionally exchanged among family and friends and served on weddings, birthday parties, and other celebrations.

기원 + 생성 과정

섭취 방법

맛의 특징 + 전통

연합은 이 치즈의 판매를 금지했다. 하지만, 그것은 여전히 암시장에서 구할 수 있다.

카수 마르주는 여러 세기에 걸쳐 사르디니아인들에 의해 만들어졌다. 그것을 만드는 과정은 전통적인 "페코리노", 즉 양젖 치즈가 삼 주 동안 놓여 보존 처리되는 것으로 시작된다. 그런 다음 치즈 위에 알을 낳을 치즈파리들을 불러들이기 위해 윗부분이 걷어내어 지며, 일부 사람들은 더 많은 파리를 끌어들이기 위해 올리브 오일을 바르기도 한다. [69]그런 다음 치즈는 두 달에서 세 달 동안 어두운 막사에 놓여지는데, 그동안 알이 유충으로 부화하여 치즈를 먹는다. 구더기의 소화 기관에 있는 산이 치즈의 지방을 가공한다. [73]그리고 소화된 물질은 치즈 위에 배설되어, 카수 마르주의 독특한 부드러운 질감과 강한 맛을 낸다.

[70]카수 마르주는 일반적으로 구더기가 여전히 살아있을 때 섭취된다. 기묘하게도, 유충은 사실 치즈 상태의 척도이다. 만약 구더기가 이미 죽었다면, 치즈는 이미 썩었고 안전하지 못하다. 카수 마르주를 먹는 것은 신중하게 행해져야 한다. 구더기는 6인치까지 뛰어 오를 수 있으므로, 어떤 사람들은 구더기가 눈으로 들어가 해를 가하는 것을 방지하기 위해 눈을 가린다. 게다가, 구더기가 살아서 소화 기관까지 도달하여 구멍을 낼 수 있으므로, 그것을 죽이기 위해서는 구더기가 완전히 씹혀야 한다.

사람들은 카수 마르주의 맛을 이탈리아 블루 치즈와 후추의 혼합물로 묘사한다. 그것은 또한 몹시 톡 쏘는 듯한 강한 냄새를 가졌다고 묘사되기도 한다. [71]그 치즈를 먹는 것은 얼얼한 느낌을 주는데 이는 그것이 암모니아로 가득 차 있기 때문이다. 카수 마르주는 보통 촉촉한 플랫브레드와 레드 와인과 함께 섭취된다. 그것은 전통적으로 가족과 친구들 사이에 교환되고 결혼식, 생일 파티, 그리고 다른 기념 행사에서 대접된다.

어휘 literally adv. 말 그대로 translate v. 번역하다 rotten adj. 썩은 filled with phr. ~로 가득 찬 maggot n. 구더기 larvae n. 유충 associated with phr. ~와 관련된 prohibit v. 금지하다 available adj. 구할 수 있는, 시간이 있는 black market phr. 암시장 traditional adj. 전통적인 cure v. 보존 처리하다, 치료하다 crust n. 윗부분, 껍질 invite v. 불러들이다, 초대하다 attract v. 끌어들이다 hut n. 막사, 오두막 hatch v. 부화하다 acid n. 산 digestive adj. 소화의 process v. 가공하다 excrete v. 배설하다 distinct adj. 독특한 texture n. 질감 flavor n. 맛 oddly enough phr. 기묘하게도 indicator n. 척도, 지표 damage n. 해, 손상 chew v. 씹다 thoroughly adv. 완전히, 철저히 tract n. (생물의) 기관 rip v. (틈·구멍을) 내다 mixture n. 혼합물 stinging adj. 얼얼한, 쏘는 sensation n. 느낌 moistened adj. 촉촉한

고득점
67 주제/목적   기사의 주제   정답 (c)

What is the article mainly about?

(a) the Sardinian pecorino cheese

기사의 주제는 무엇인가?

(a) 사르디니아 페코리노 치즈

(b) the unsafe cheeses of the world
(c) a cheese filled with live larvae
(d) a cheese full of cheese flies

(b) 세계의 안전하지 않은 치즈들
(c) 살아있는 유충으로 가득 찬 치즈
(d) 치즈파리로 가득 찬 치즈

해설 기사의 주제를 묻는 문제이므로, 지문의 초반을 주의 깊게 읽고 전체 맥락을 파악한다. 1단락의 'it is filled with live maggots or fly larvae'에서 카수 마르주는 살아있는 구더기나 파리의 유충으로 가득 차 있다고 소개한 뒤, 카수 마르주에 관한 내용이 이어지고 있다. 따라서 (c)가 정답이다.

오답분석

(a) 2단락에서 카수 마르주를 만드는 과정이 페코리노로부터 시작된다고 했으므로, 페코리노는 카수 마르주의 재료이며 기사의 주제로 적절하지 않다.
(b) 1단락에서 카수 마르주가 안전하지 않다고 언급되기는 했지만, 기사에 카수 마르주 외에 다른 치즈에 대해서는 언급되지 않았으므로 기사의 주제로 적절하지 않다.
(d) 1단락에서 카수 마르주가 구더기나 파리의 유충으로 가득 차 있다고 했으므로 지문의 내용과 일치하지 않는다.

68 추론   특정사실   정답 (b)

Why most likely is casu marzu banned in the European Union?

(a) because it is sold rotten
(b) because the maggots in it can cause diseases
(c) because the maggots in it can hatch in the stomach
(d) because flies in it can spread diseases

카수 마르주는 왜 유럽연합 내에서 금지된 것 같은가?

(a) 썩은 상태로 판매되기 때문에
(b) 그 안의 구더기가 병을 유발할 수 있기 때문에
(c) 그 안의 구더기가 위에서 부화할 수 있기 때문에
(d) 그 안의 파리가 병을 퍼뜨릴 수 있기 때문에

해설 카수 마르주는 왜 유럽연합 내에서 금지된 것 같은지를 추론하는 문제이므로, 질문의 키워드 banned in ~ European Union이 European Union prohibited로 paraphrasing되어 언급된 주변 내용을 주의 깊게 읽는다. 1단락의 'Due to the health risks associated with maggots, the European Union prohibited the sale of the cheese.'에서 구더기와 관련된 건강상의 위험 때문에 유럽연합은 이 치즈의 판매를 금지했다고 한 것을 통해, 치즈 안의 구더기가 병을 유발할 수 있기 때문에 카수 마르주는 유럽연합 내에서 금지된 것임을 추론할 수 있다. 따라서 (b)가 정답이다.

69 특정세부사항   When   정답 (a)

When do the eggs on the cheese hatch?

(a) when the cheese is left in the dark
(b) when the cheese is left to cure
(c) after the cheese is exposed to flies
(d) after the cheese fat has been digested

치즈 위의 알은 언제 부화하는가?

(a) 치즈가 어둠에 놓여졌을 때
(b) 보존 처리되도록 놓여졌을 때
(c) 파리에게 노출되었을 때
(d) 치즈 지방이 소화되었을 때

해설 치즈 위의 알은 언제 부화하는지를 묻는 When 문제이므로, 질문의 키워드 hatch가 그대로 언급된 주변 내용을 주의 깊게 읽는다. 2단락의 'The cheese is then left in a dark hut ~ during which the eggs hatch into larvae and eat the cheese.'에서 치즈는 두 달에서 세 달 동안 어두운 막사에 놓여지는데 그동안 알이 유충으로 부화하여 치즈를 먹는다고 했다. 따라서 (a)가 정답이다.

지텔프 기출문제집 Level 2

Which probably shows that casu marzu can still be eaten?	무엇이 카수 마르주가 아직 섭취될 수 있다는 것을 보여주는 것 같은가?
(a) The flies are still laying eggs on it.	(a) 파리가 아직 그것에 알을 낳고 있다.
(b) The maggots are all dead.	(b) 구더기가 모두 죽었다.
(c) The maggots are no longer jumping high.	(c) 구더기가 더 이상 높이 뛰어오르지 않는다.
(d) The maggots are still alive.	(d) 구더기가 여전히 살아있다.

해설 무엇이 카수 마르주가 아직 섭취될 수 있다는 것을 보여주는 것 같은지를 추론하는 문제이므로, 질문의 키워드 eaten이 그대로 언급된 주변 내용을 주의 깊게 읽는다. 3단락의 'Casu marzu is typically eaten while the maggots are still alive.'에서 카수 마르주는 일반적으로 구더기가 여전히 살아있을 때 섭취된다고 한 것을 통해, 구더기가 여전히 살아있을 때 카수 마르주가 아직 섭취될 수 있을 것임을 추론할 수 있다. 따라서 (d)가 정답이다.

How does the cheese get its stinging sensation?	치즈는 어떻게 얼얼한 느낌을 갖게 되는가?
(a) by adding black pepper to it	(a) 후추를 더함으로써
(b) by developing an ammonia content	(b) 암모니아 함량을 늘림으로써
(c) by chewing the live maggots well	(c) 살아있는 구더기를 잘 씹음으로써
(d) by combining it with red wine	(d) 레드 와인과 겸함으로써

해설 치즈는 어떻게 얼얼한 느낌을 갖게 되는지를 묻는 How 문제이므로, 질문의 키워드 stinging sensation이 그대로 언급된 주변 내용을 주의 깊게 읽는다. 4단락의 'Eating the cheese provides a stinging sensation since it is filled with ammonia.'에서 그 치즈를 먹는 것은 얼얼한 느낌을 주는데 이는 그것이 암모니아로 가득 차 있기 때문이라고 했다. 따라서 (b)가 정답이다.

In the context of the passage, prohibited means _____.	지문의 문맥에서, 'prohibited'는 -을 의미한다.
(a) disallowed	(a) 금지했다
(b) permitted	(b) 허가했다
(c) managed	(c) 관리했다
(d) limited	(d) 제한했다

해설 밑줄 친 어휘의 유의어를 찾는 문제이므로, prohibited가 포함된 구절을 읽는다. 1단락의 'the European Union prohibited the sale of the cheese'는 유럽연합은 이 치즈의 판매를 금지했다는 뜻이므로, prohibited가 '금지했다'라는 의미로 사용된 것을 알 수 있다. 따라서 '금지했다'라는 같은 의미의 (a) disallowed가 정답이다.

In the context of the passage, <u>excreted</u> means _____.

(a) leaked
(b) produced
(c) absorbed
(d) released

지문의 문맥에서, 'excreted'은 -을 의미한다.

(a) 새다
(b) 생산되다
(c) 흡수되다
(d) 방출되다

해설   밑줄 친 어휘의 유의어를 찾는 문제이므로, excreted가 포함된 구절을 읽는다. 2단락의 'The digested matter is then excreted on the cheese'는 소화된 물질은 치즈 위에 배설된다는 뜻이므로, excreted가 '배설되다'라는 의미로 사용된 것을 알 수 있다. 따라서 '방출되다'라는 비슷한 의미의 (d) released가 정답이다.

오답분석

(a)   '새다'라는 의미의 leak는 구멍이나 균열이 생겨 액체나 기체가 새는 경우에 사용하므로, 오물을 배설하거나 방출한다는 의미의 excrete 의 유의어로 적절하지 않다.

PART 4[74~80]   비즈니스 편지   두 번째 지점의 개업을 홍보하는 편지

수신인 정보

January 27, 2017

Mr. Eric Seymour
181 Columbia Heights
Brooklyn, NY 11201

Dear Mr. Seymour:

개업 공지

Good day! [74/75(a)]In celebration of the Build-Well Construction Supplies' 15th anniversary, we are opening our second store in Columbia Heights this coming February 1, 2017. [75(c)(d)]The new store is located near the Clark Street train station in Brooklyn.

지점 역할 소개

[78]We decided to open the new store in Columbia Heights because we have many customers in Brooklyn. [75(b)]The store will be bigger than the Manhattan branch. [79]It will also have more personnel to <u>guarantee</u> better customer service. A big addition to our new branch is the section set up exclusively for plumbing and gardening materials.

할인 공지

To thank our loyal customers like you, we are offering discounts of up to 50% on many products for the entire month of February. Our loyal customers are the main reason for our expansion, and it is our pleasure to return the favor by giving you great deals.

Please take note of the following advice regarding our items to be on sale. [76]While all brands are participating in our sale, not all items will be discounted. Clearance

---

2017년 1월 27일

Mr. Eric Seymour
11201 뉴욕 주, 브루클린
컬럼비아 하이츠 181번지

Mr. Seymour께:

안녕하세요! [74/75(a)]Build-Well 건축자재사의 15주년을 기념하여, 다가오는 2017년 2월 1일에 컬럼비아 하이츠에 우리의 두 번째 가게를 개업합니다. [75(c)(d)]새로운 가게는 브루클린의 클라크 가 기차역 근처에 위치합니다.

[78]새로운 가게를 컬럼비아 하이츠에 열기로 결정한 것은 우리의 많은 고객이 브루클린에 있기 때문입니다. [75(b)]이 가게는 맨해튼 지점보다 클 것입니다. [79]그곳에는 또한 더 나은 고객 서비스를 보장하기 위해 더 많은 직원이 있을 것입니다. 새로운 지점에 크게 추가된 것은 오직 배관과 원예 도구만을 위해 설치된 구역입니다.

귀하와 같은 단골 고객에게 감사를 전하기 위해, 우리는 2월 한 달 내내 많은 상품들에 50퍼센트까지의 할인을 제공할 것입니다. 단골 고객들이 확장의 주요 이유이며, 귀하에게 좋은 거래를 제공하여 은혜를 갚는 것은 우리의 기쁨입니다.

세일할 상품과 관련하여 다음 정보에 주목해주시기 바랍니다. [76]모든 브랜드가 세일에 참여할 것이지만, 모든 상품이 할인되지는 않을 것입니다. 생산이 중단될

할인 품목 안내	sales will be held at 20% discount for products that will be phased out but still in good condition. [77]Discounts will also apply to items with [77/80]minor damage, such as chipped paints, slight discolorations, minor scratches, and other <u>negligible</u> damage. These are the only products that will have a 50% discount.	예정이지만 여전히 좋은 상태인 상품들은 20퍼센트 할인하여 점포 정리 세일을 할 것입니다. [77/80]벗겨진 페인트 조각, 약간의 변색, 작은 흠집, 그리고 그 외 <u>대수롭지 않은</u> 손상과 같은 가벼운 손상이 있는 상품들에도 역시 할인이 적용될 것입니다. 이것들이 50퍼센트 할인이 되는 유일한 상품들입니다.
끝인사	Should you have any concerns, don't hesitate to contact us at (917)-960-1884 or at jtaylor@build-well.com. Thank you for your continued support of our business.	용무가 있으신 경우에는, (917)-960-1884나 jtaylor@build-well.com으로 망설이지 말고 연락해 주시기 바랍니다. 우리 회사에 대한 지속적인 지지에 감사드립니다.
발신인 정보	Respectfully, Jenny Taylor Marketing Director Build-Well Construction Supplies	Jenny Taylor 드림 마케팅 담당자 Build-Well 건축자재사

어휘 celebration n. 기념 construction n. 건축, 건설 supplies n. 자재, 물품 anniversary n. ~주년, 기념일 located adj. 위치한 branch n. 지점 personnel n. 직원 guarantee v. 보장하다 addition n. 추가된 것, 추가 set up phr. 설치하다 exclusively adv. 오직 ~만 plumbing n. 배관 gardening n. 원예 material n. 도구, 재료 loyal customer phr. 단골 고객 up to phr. ~까지 entire adj. 내내, 전체의 expansion n. 확장 pleasure n. 기쁨, 즐거움 favor n. 은혜, 호의 deal n. 거래 take note of phr. ~에 주목하다 following adj. 다음의 advice n. 정보, 조언 participate v. 참여하다 clearance sale phr. 점포 정리 세일 phase out phr. (생산을) 중단하다 condition n. 상태, 조건 minor adj. 가벼운, 사소한 damage n. 손상, 피해 chipped adj. 벗겨진, 이가 빠진 slight adj. 약간의 discoloration n. 변색 scratch n. 흠집 negligible adj. 대수롭지 않은 concern n. 용무, 염려 hesitate v. 망설이다 contact v. 연락하다 continued adj. 지속적인 support n. 지지, 후원

---

74 주제/목적   편지의 주제   정답 (b)

What is Jenny Taylor's letter to Eric Seymour about?	Jenny Taylor가 Eric Seymour에게 쓴 편지의 주제는 무엇인가?
(a) a new section in their store (b) the launch of a new store (c) the move of their store to Brooklyn (d) the extension of their old store	(a) 가게의 새로운 구역 (b) 새로운 가게의 개업 (c) 브루클린으로의 가게 이전 (d) 오래된 가게의 확장

해설 편지의 주제를 묻는 문제이므로, 지문의 초반을 주의 깊게 읽고 전체 맥락을 파악한다. 1단락의 'In celebration of the Build-Well Construction Supplies' 15th anniversary, we are opening our second store in ~ 2017.'에서 Build-Well 건축자재사의 15주년을 기념하여 두 번째 가게를 개업한다고 한 뒤, 새로운 가게의 개업에 관한 내용이 이어지고 있다. 따라서 (b)가 정답이다.

어휘 extension n. 확장, 연장

---

75 Not/True   Not 문제   정답 (d)

Which is not a characteristic of the store in Columbia Heights?	컬럼비아 하이츠 가게의 특징이 아닌 것은?
(a) It will open on the company's anniversary.	(a) 회사의 기념일에 개업할 것이다.

(b) It is bigger than the first store.
(c) It is located near a train station.
(d) It is located in Manhattan.

(b) 첫 번째 가게보다 크다.
(c) 기차역 근처에 위치한다.
(d) 맨해튼에 위치한다.

해설 컬럼비아 하이츠 가게의 특징이 아닌 것을 묻는 Not 문제이므로, 보기의 키워드와 지문 내용을 대조하며 언급되는 것을 하나씩 소거한다. (d)는 1단락의 'The new store is located ~ in Brooklyn.'에서 새로운 가게는 브루클린에 위치한다고 언급되었으므로 지문의 내용과 일치하지 않는다. 따라서 (d)가 정답이다.

오답분석

(a) 보기의 키워드 anniversary가 그대로 언급된 1단락에서 회사의 15주년을 기념하여 개업한다고 언급되었다.
(b) 보기의 키워드 bigger than the first store가 bigger than the Manhattan branch로 paraphrasing되어 언급된 2단락에서 컬럼비아 하이츠 가게가 첫 번째 가게인 맨해튼 지점보다 클 것이라고 언급되었다.
(c) 보기의 키워드 located near ~ train station이 그대로 언급된 1단락에서 기차역 근처에 위치한다고 언급되었다.

어휘 characteristic n. 특징

---

76 추론   특정사실   정답 (c)

What can be expected during the anniversary sale?

(a) that only damaged items will be discounted
(b) that 50% of the products will be discounted
(c) that all brands will have some items discounted
(d) that all items will have reduced prices

기념일 할인 동안 무엇이 기대될 수 있는가?

(a) 손상된 상품만 할인될 것이라는 것
(b) 50퍼센트의 상품들이 할인될 것이라는 것
(c) 모든 브랜드가 일부 상품을 할인할 것이라는 것
(d) 모든 상품이 할인된 가격을 가질 것이라는 것

해설 기념일 할인 동안 무엇이 기대될 수 있는지를 추론하는 문제이므로, 질문의 키워드 anniversary sale과 관련된 주변 내용을 주의 깊게 읽는다. 4단락의 'While all brands are participating in our sale, not all items will be discounted.'에서 모든 브랜드가 세일에 참여할 것이지만 모든 상품이 할인되지는 않을 것이라고 한 것을 통해, 모든 브랜드가 일부 상품을 할인할 것임을 추론할 수 있다. 따라서 (c)가 정답이다.

오답분석

(a) 4단락에서 생산이 중단될 예정인 상품도 할인할 것이라고 했으므로 지문의 내용과 일치하지 않는다.
(b) 3단락에서 상품들에 50퍼센트까지의 할인을 제공한다고는 했지만, 50퍼센트의 상품들이 할인될 것인지는 언급되지 않았다.
(d) 4단락에서 모든 상품이 할인되지는 않을 것이라고 했으므로 지문의 내용과 일치하지 않는다.

어휘 reduced adj. 할인된, 줄인

---

77 추론   특정사실   정답 (c)

Which is most likely true about a product with a 50% discount?

(a) It will be phased out soon.
(b) It is not very serviceable.
(c) Its damage won't affect its function.
(d) It is a new product in the market.

50퍼센트 할인이 되는 상품에 대해 사실인 것은 무엇일 것 같은가?

(a) 생산이 곧 중단될 것이다.
(b) 그다지 쓸만하지 않다.
(c) 손상이 기능에 영향을 미치지 않을 것이다.
(d) 시장에서 새로운 상품이다.

해설　50퍼센트 할인이 되는 상품에 대해 사실인 것은 무엇일 것 같은지를 추론하는 문제이므로, 질문의 키워드 50% discount가 그대로 언급된 주변 내용을 주의 깊게 읽는다. 4단락의 'Discounts will also apply to items with ~ negligible damage.'에서 대수롭지 않은 손상이 있는 상품들에도 역시 할인이 적용될 것이라고 한 뒤, 'These are the only products that will have a 50% discount.'에서 이 상품들이 50퍼센트 할인이 되는 유일한 상품들이라고 한 것을 통해, 50퍼센트 할인이 되는 상품의 손상은 기능에 영향을 미치지 않을 것이므로 판매되는 것임을 추론할 수 있다. 따라서 (c)가 정답이다.

오답분석

(a) 4단락에서 생산이 중단될 예정인 상품들은 20퍼센트 할인된다고 했으므로 지문의 내용과 일치하지 않는다.

어휘　serviceable adj. 쓸만한, 실용적인

고득점
78 추론 특정사실 정답 (b)

How will the new store most likely affect its first branch?

(a) Its customers will shop at the new store instead.
(b) Brooklyn customers won't have to shop there anymore.
(c) Brooklyn customers will go on shopping there.
(d) It will be forced to hold its own discount sales.

새로운 가게는 첫 번째 지점에 어떻게 영향을 미칠 것 같은가?

(a) 그곳의 고객들이 새로운 가게에서 대신 물건을 살 것이다.
(b) 브루클린 고객들은 그곳에서 더 이상 물건을 살 필요가 없을 것이다.
(c) 브루클린 고객들은 그곳에 계속 물건을 사러 갈 것이다.
(d) 어쩔 수 없이 할인 세일을 개최하게 될 것이다.

해설　새로운 가게는 첫 번째 지점에 어떻게 영향을 미칠 것 같은지를 추론하는 문제이므로, 질문의 키워드 first branch가 Manhattan branch로 paraphrasing되어 언급된 주변 내용을 주의 깊게 읽는다. 2단락의 'We decided to open the new store in Columbia Heights because we have many customers in Brooklyn.'에서 새로운 가게를 컬럼비아 하이츠에 열기로 결정한 것은 많은 고객이 브루클린에 있기 때문이라고 한 것을 통해, 브루클린 고객들은 첫 번째 지점에서 더 이상 물건을 살 필요가 없을 것임을 추론할 수 있다. 따라서 (b)가 정답이다.

79 어휘 유의어 정답 (a)

In the context of the passage, guarantee means _____.

(a) ensure
(b) suggest
(c) prevent
(d) deserve

지문의 문맥에서, 'guarantee'는 -을 의미한다.

(a) 보장하다
(b) 제시하다
(c) 방지하다
(d) 자격이 있다

해설　밑줄 친 어휘의 유의어를 찾는 문제이므로, guarantee가 포함된 구절을 읽는다. 2단락의 'It will also have more personnel to guarantee better customer service.'는 더 나은 고객 서비스를 보장하기 위해 더 많은 직원이 있을 것이라는 뜻이므로, guarantee가 '보장하다'라는 의미로 사용된 것을 알 수 있다. 따라서 '보장하다'라는 같은 의미의 (a) ensure이 정답이다.

80 어휘 유의어

In the context of the passage, <u>negligible</u> means _____.

(a) unimportant
(b) intentional
(c) critical
(d) careless

지문의 문맥에서, 'negligible'은 -을 의미한다.

(a) 사소한
(b) 의도적인
(c) 치명적인
(d) 부주의한

해설 밑줄 친 어휘의 유의어를 찾는 문제이므로, negligible이 포함된 구절을 읽는다. 4단락의 'minor damage, such as chipped paints, slight discolorations, minor scratches, and other negligible damage'는 벗겨진 페인트 조각, 약간의 변색, 작은 흠집, 그리고 그 외 대수롭지 않은 손상과 같은 가벼운 손상이라는 뜻이므로, negligible이 '대수롭지 않은'이라는 의미로 사용된 것을 알 수 있다. 따라서 '사소한'이라는 비슷한 의미의 (a) unimportant가 정답이다.

공식기출
TEST 5
해석·해설

GRAMMAR

LISTENING

READING & VOCABULARY

점수 : _____점 (_____ / 80)

GRAMMAR : _____ / 26
LISTENING : _____ / 26
READING & VOCABULARY : _____ / 28

*점수 계산법은 교재 14페이지를 참고하세요.

GRAMMAR

---

01 **가정법**　가정법과거　　　　　　　　　　　　　　　　정답 (a)

Melissa saw on the news about someone winning the $750,000 lottery jackpot. She felt envious for a moment but changed her mind. If she had that amount of money, she _____ what to do with it anyway.

(a) would not know
(b) does not know
(c) would not have known
(d) hasn't known

Melissa는 누군가가 거액의 복권 당첨금으로 75만 달러를 차지하는 것에 관한 뉴스를 보았다. 그녀는 잠시 동안 부러웠지만 그녀의 생각을 바꾸었다. 만약 그녀가 그만큼의 돈을 가지고 있다면, 그녀는 어차피 그것으로 무엇을 할지 <u>모를 것이다</u>.

해설　보기와 빈칸 문장의 If를 통해 가정법 문제임을 알 수 있으므로, 가정법 공식의 동사 부분을 파악한다. if절에 과거 동사(had)가 있으므로, 주절에는 이와 짝을 이루어 가정법과거를 만드는 'would(조동사 과거형) + 동사원형'이 와야 한다. 따라서 (a) would not know가 정답이다.

어휘　lottery n. 복권　jackpot n. 거액의 당첨금　envious adj. 부러워하는　for a moment phr. 잠시 동안

---

02 **시제**　현재완료진행　　　　　　　　　　　　　　　　정답 (c)

Buffy the Vampire Slayer's witty dialogue and progressive characters continue to inspire many of today's TV shows. That's why pop culture _____ the series with references, tributes, and parodies long after it has stopped airing.

(a) is honoring
(b) honors
(c) has been honoring
(d) will honor

「뱀파이어 해결사」의 재치 있는 대화와 진취적인 인물들은 오늘날의 많은 텔레비전 프로그램들에 계속해서 영감을 준다. 그것이 그 프로그램이 방송되는 것을 멈추고 나서 한참 후에도 대중문화가 그 시리즈를 언급, 찬사, 그리고 패러디로 <u>예우해오고 있는</u> 이유이다.

해설　보기를 통해 시제 문제임을 알 수 있으므로, 시간 표현 관련 단서를 파악한다. 현재완료진행시제의 단서로 쓰이는 시간 표현 'after + 현재완료 동사'(after ~ has stopped)가 사용되었고, 문맥상 뱀파이어 해결사가 방송되는 것을 멈추고 나서 한참 후에도 대중문화가 계속해서 그 시리즈를 예우해오고 있다는 의미가 되어야 자연스럽다. 따라서 현재완료진행시제 (c) has been honoring이 정답이다.

오답분석

(a) 현재진행시제는 특정 현재 시점에 진행 중인 일을 나타내므로, 과거 시점부터 현재 시점까지 지속되는 일을 표현할 수 없어 오답이다.

어휘　witty adj. 재치 있는　dialogue n. 대화　progressive adj. 진취적인, 진보적인　inspire v. 영감을 주다　pop culture phr. 대중문화
reference n. 언급　tribute n. 찬사　air v. 방송되다　honor v. 예우하다, 존중하다

03 관계사   관계부사 where   정답 (a)

Karen wants to watch the upcoming World Judo Championships to see Georgia Firova compete in the middleweight division. Her brother told her that the seats _____ are in the section right behind the judges' table.

(a) where she could watch her idol best
(b) that she could watch her idol best
(c) whose idol she could best watch
(d) which she could watch her idol best

Karen은 Georgia Firova가 중량급에서 겨루는 것을 보기 위해 다가오는 세계 유도 선수권 대회를 관람하고 싶어한다. 그녀의 남동생은 그녀에게 그녀의 우상을 가장 잘 볼 수 있는 좌석이 심판석 바로 뒤의 구역이라고 말했다.

해설   보기를 통해 관계사 문제임을 알 수 있으므로, 선행사 관련 단서를 파악한다. 장소 선행사 seats를 받으면서, 완전한 절을 이끌 수 있는 관계부사가 필요하므로 (a) where she could watch her idol best가 정답이다.

    오답분석

    (b), (d) that과 which는 완전한 절을 이끌 수 없는 관계대명사이므로 오답이다.

어휘   upcoming adj. 다가오는   compete v. 겨루다, 경쟁하다   middleweight adj. 중량급의(스포츠에서 중간 체급)   section n. 구역   judge's table phr. 심판석   idol n. 우상

---

04 준동사   준동사의 관용적 표현   정답 (b)

Modern technology can be amazing. Saroo Brierley was separated from his family at age five. Using Google Earth to search for landmarks that he remembered from his childhood, he was able _____ with them 25 years later.

(a) to be reuniting
(b) to reunite
(c) having reunited
(d) reuniting

현대의 기술은 놀라울 수 있다. Saroo Brierley는 5살의 나이에 그의 가족과 헤어졌다. 어린 시절로부터 기억해낸 주요 지형지물을 찾기 위해 구글 어스를 사용해서, 그는 25년 후에 그들과 재회할 수 있었다.

해설   보기를 통해 준동사 문제임을 알 수 있으므로, 빈칸 주변에서 단서를 파악한다. 빈칸 앞 형용사 able은 'be + able + to부정사'의 형태로 쓰여 '~할 수 있다'라는 관용적 의미를 나타낸다. 따라서 to부정사 (b) to reunite가 정답이다.

어휘   modern adj. 현대의   technology n. 기술   separate v. 헤어지게 하다, 떼어놓다   landmark n. 주요 지형지물   childhood n. 어린 시절   reunite v. 재회하다

---

05 조동사   조동사 might   정답 (c)

The Norimitsu Odachi is a Japanese sword that's 3.77 meters long. Legend has it that the sword was used by a giant. However, some experts think that the Odachi _____ have been used for ornamental purposes only.

Norimitsu Odachi는 3.77미터 길이의 일본 검이다. 그것이 가지고 있는 전설은 그 검이 거인에 의해 사용되었다는 것이다. 하지만, 몇몇 전문가들은 Odachi가 장식용의 목적만으로 사용되었을지도 모른다고 생각한다.

(a) should
(b) would
(c) might
(d) will

해설 보기를 통해 조동사 문제임을 알 수 있으므로, 첫 문장부터 읽으며 문맥을 파악한다. 문맥상 몇몇 전문가들은 Odachi가 장식용의 목적만으로 사용되었을지도 모른다고 생각한다는 의미가 되어야 자연스럽다. 따라서 'have + p.p.'와 결합해 '~했을지도 모른다'라는 의미의 불확실한 추측을 나타내는 조동사 (c) might가 정답이다.

오답분석

(a) should는 'have + p.p.'와 결합해 '~했어야 했다'라는 의미의 후회/유감을 나타내어 문맥에 적합하지 않으므로 오답이다.

(b) would는 'have + p.p.'와 결합해 '~했을 텐데'라는 의미의 과거 사실의 반대를 나타내어 문맥에 적합하지 않으므로 오답이다.

어휘 sword n. 검, 칼 legend n. 전설 expert n. 전문가 ornamental adj. 장식용의 purpose n. 목적

---

06 조동사 조동사 should 생략 정답 (d)

The majority of Earth's coral reefs are dead due to pollution and rising water temperatures. That is why scientists are urging that the public _____ together in preventing the destruction of the remaining coral reefs.

(a) will come
(b) are coming
(c) to come
(d) come

지구 산호초의 대다수는 오염과 수온 상승 때문에 죽는다. 그것이 바로 대중들이 남아 있는 산호초의 파괴를 막는 데 합심해야 한다고 과학자들이 촉구하는 이유이다.

해설 보기와 빈칸 문장의 that절을 통해 조동사 should 생략 문제임을 알 수 있으므로, 빈칸 주변에서 단서를 파악한다. that절 앞에 요구를 나타내는 동사 urge가 있으므로 that절에는 '(should +) 동사원형'이 와야 한다. 따라서 동사원형 (d) come이 정답이다.

어휘 majority n. 대다수 coral reef phr. 산호초 pollution n. 오염 rise v. 상승하다 temperature n. 온도 urge v. 촉구하다 prevent v. 막다 destruction n. 파괴 remaining adj. 남아 있는 come together phr. 합심하다, 합치다

---

07 시제 과거진행 정답 (b)

Saul moved his plant away from the window to give it some shade. He was surprised to see that the plant's leaves _____ towards the sunlight when he checked them a few days later.

(a) grew
(b) were growing
(c) would grow
(d) has grown

Saul은 그의 식물에 약간의 그늘을 제공하기 위해 그것을 창문으로부터 떨어진 곳으로 옮겼다. 그는 며칠 후에 식물의 잎들을 살폈을 때 그것들이 햇빛을 향해 자라고 있는 중인 것을 보고 놀랐다.

해설 보기를 통해 시제 문제임을 알 수 있으므로, 시간 표현 관련 단서를 파악한다. 과거진행시제의 단서로 쓰이는 시간 표현 'when + 과거 동사'(when ~ checked)가 사용되었고, 문맥상 Saul이 식물의 잎들을 살폈을 때 그것들이 햇빛을 향해 자라고 있는 중인 것을 보고 놀랐다

는 의미가 되어야 자연스럽다. 따라서 과거진행시제 (b) were growing이 정답이다.

오답분석

(a) 과거시제는 특정 과거 시점에 한창 진행되는 중이었던 일을 표현할 수 없으므로 오답이다.

어휘　shade n. 그늘　check v. 살피다, 점검하다

08　연결어　부사절 접속사

정답 (c)

Angelica wonders how her friends can always take such great photographs. In comparison, the photos she takes are often blurry and crooked. Something always seems to go wrong _____ she tries to photograph even naturally beautiful subjects.

(a) because
(b) until
(c) whenever
(d) but

Angelica는 그녀의 친구들이 어떻게 항상 그렇게 훌륭한 사진을 찍을 수 있는지 궁금하다. 이에 비해, 그녀가 찍는 사진들은 종종 흐릿하고 비뚤어져 있다. 그녀가 심지어 자연스럽게 아름다운 물체의 사진을 찍으려고 노력할 때마다 무엇인가 항상 잘못되는 것 같다.

해설　보기를 통해 연결어 문제임을 알 수 있으므로, 첫 문장부터 읽으며 문맥을 파악한다. 문맥상 '그녀가 심지어 자연스럽게 아름다운 물체의 사진을 찍으려고 노력할 때마다 무엇인가 항상 잘못되는 것 같다'라는 의미가 되어야 자연스럽다. 따라서 '~할 때마다'라는 의미의 시간을 나타내는 부사절 접속사 (c) whenever가 정답이다.

오답분석

(a) because는 '~ 때문에', (b) until은 '~할 때까지', (d) but은 '하지만'이라는 의미로, 문맥에 적합하지 않아 오답이다.

어휘　wonder v. 궁금하다　in comparison phr. 이에 비해　blurry adj. 흐릿한　crooked adj. 비뚤어진, 굽은　go wrong phr. 잘못되다

09　조동사　조동사 should 생략

정답 (d)

Some people are afraid to make risky decisions because they always require something safe and certain. However, psychologists recommend that a person _____ risks once in a while because doing so can actually benefit his/her mental health.

(a) to take
(b) takes
(c) is taking
(d) take

어떤 사람들은 위험한 결정을 하는 것을 두려워하는데 이는 그들이 항상 안전하고 확실한 무엇인가를 필요로 하기 때문이다. 하지만, 심리학자들은 사람이 때로는 위험을 감수해야 한다고 권장하는데 이는 그렇게 하는 것이 실제로 그 혹은 그녀의 정신 건강에 유익하기 때문이다.

해설　보기와 빈칸 문장의 that절을 통해 조동사 should 생략 문제임을 알 수 있으므로, 빈칸 주변에서 단서를 파악한다. 주절에 제안을 나타내는 동사 recommend가 있으므로 that절에는 '(should +) 동사원형'이 와야 한다. 따라서 동사원형 (d) take가 정답이다.

어휘　afraid adj. 두려워하는　risky adj. 위험한　decision n. 결정　require v. 필요로 하다　certain adj. 확실한　psychologist n. 심리학자　recommend v. 권장하다, 추천하다　once in a while phr. 때로는, 가끔　benefit v. 유익하다　mental adj. 정신의

10 가정법 가정법과거

Kyle suffered a second-degree burn on his forearm because of a defective thermos. He wanted to sue the product's manufacturer, but found the legal fees to be too expensive. If he could afford it, he _____ that lawsuit.

(a) had filed
(b) would file
(c) would have filed
(d) is filing

Kyle은 결함이 있는 보온병 때문에 그의 팔뚝에 2도 화상을 당했다. 그는 제품의 제조사를 고소하기를 원했지만, 법적인 수수료가 너무 비싸다는 것을 알았다. 만약 그가 그것을 할 여유가 된다면, 그는 소송을 제기할 것이다.

해설 보기와 빈칸 문장의 If를 통해 가정법 문제임을 알 수 있으므로, 가정법 공식의 동사 부분을 파악한다. if절에 과거 동사(could afford)가 있으므로, 주절에는 이와 짝을 이루어 가정법과거를 만드는 'would(조동사 과거형) + 동사원형'이 와야 한다. 따라서 (b) would file이 정답이다.

어휘 suffer v. 당하다, 고통받다 burn n. 화상 forearm n. 팔뚝 defective adj. 결함이 있는 thermos n. 보온병 sue v. 고소하다 legal adj. 법적인 fee n. 수수료 file a lawsuit phr. 소송을 제기하다

11 준동사 동명사를 목적어로 취하는 동사

A recent survey showed that nightclubbing is decreasing in popularity among the youth. The respondents consider _____ their time in more spontaneous and less expensive outdoor activities as a better choice for a night out.

(a) to spend
(b) having spent
(c) to be spending
(d) spending

최근의 조사는 나이트클럽에 가는 것이 젊은이들 사이에서 인기가 줄고 있다는 것을 보여주었다. 응답자들은 더 자발적이고 덜 비싼 야외 활동에 시간을 보내는 것을 밤 외출을 위한 더 좋은 선택으로 여긴다.

해설 보기를 통해 준동사 문제임을 알 수 있으므로, 빈칸 주변에서 단서를 파악한다. 빈칸 앞 동사 consider는 동명사를 목적어로 취하므로, 동명사 (d) spending이 정답이다.

오답분석

(b) having spent도 동명사이기는 하지만, 완료동명사(having spent)로 쓰일 경우 '여긴' 시점보다 '시간을 보낸' 시점이 앞선다는 것을 나타내므로 문맥에 적합하지 않아 오답이다.

어휘 survey n. 조사 decrease v. 줄다, 감소하다 popularity n. 인기 respondent n. 응답자 consider v. 여기다, 간주하다 spontaneous adj. 자발적인, 즉흥적인 spend v. (시간을) 보내다

12 시제 과거완료진행

A special burial was held for Maria to honor her contributions to the tribal community. She _____ for the rights of indigenous people since a forest fire razed her village until the time she died.

부족 공동체에 대한 Maria의 기여에 경의를 표하기 위해 그녀를 위한 특별한 장례식이 열렸다. 그녀는 산불이 그녀의 마을을 완전히 파괴했던 이래로 그녀가 죽을 때까지 토착민들의 권리를 지지해오고 있던 중이었다.

(a) had been advocating
(b) was advocating
(c) advocated
(d) would advocate

해설 보기를 통해 시제 문제임을 알 수 있으므로, 시간 표현 관련 단서를 파악한다. 과거완료진행시제의 단서로 함께 쓰이는 2가지 시간 표현 'since + 과거 동사'(since ~ razed)와 'until + 과거 동사'(until ~ died)가 사용되었고, 문맥상 산불이 Maria의 마을을 완전히 파괴했던(대과거) 이래로 그녀가 죽을 때(과거)까지 토착민들의 권리를 계속해서 지지해오고 있던 중이었다는 의미가 되어야 자연스럽다. 따라서 과거완료진행시제 (a) had been advocating이 정답이다.

오답분석

(b) 과거진행시제는 특정 과거 시점에 진행 중이었던 일을 나타내므로, 대과거 시점부터 과거 시점까지 지속된 기간을 나타내는 'since + 과거 동사'와 함께 쓰이지 않으므로 오답이다.

어휘 burial n. 장례식, 매장 hold v. 열다, 개최하다 honor v. 경의를 표하다, 존중하다 contribution n. 기여 tribal adj. 부족의 community n. 공동체 indigenous adj. 토착의 raze v. 완전히 파괴하다 advocate v. 지지하다, 옹호하다

---

13 가정법 　가정법과거완료 　　　　　정답 (c)

Mrs. Moore separated from her husband 12 years ago due to their lack of intimacy. Today, she constantly reminds herself that if she had endured that frustrating relationship, she _____ to live a miserable life.

(a) was continuing
(b) would continue
(c) would have continued
(d) continued

Mrs. Moore는 애정의 결핍으로 인해 그녀의 남편과 12년 전에 헤어졌다. 요즘, 그녀는 만약 그녀가 그 불만스러운 관계를 견뎠었다면, 그녀는 비참한 삶을 사는 것을 계속했을 것이라고 스스로 끊임없이 상기시킨다.

해설 보기와 빈칸 문장의 if를 통해 가정법 문제임을 알 수 있으므로, 가정법 공식의 동사 부분을 파악한다. if절에 'had p.p.' 형태의 had endured가 있으므로, 주절에는 이와 짝을 이루어 가정법과거완료를 만드는 'would(조동사 과거형) + have p.p.'가 와야 한다. 따라서 (c) would have continued가 정답이다.

어휘 separate v. 헤어지다, 분리되다 lack n. 결핍, 부족 intimacy n. 애정, 친밀함 constantly adv. 끊임없이 remind v. 상기시키다 endure v. 견디다 frustrating adj. 불만스러운 relationship n. 관계 miserable adj. 비참한

---

14 조동사 　조동사 should 생략 　　　　　정답 (d)

Harper Lee's first novel, *To Kill a Mockingbird*, was published in 1960. Since then, her fans had been insisting that she _____ a follow-up. She then released *Go Set a Watchman* in 2015 to mixed reviews.

(a) releases
(b) will release
(c) is releasing
(d) release

Harper Lee의 첫 소설인 「앵무새 죽이기」는 1960년에 출판되었다. 그때 이래로, 그녀의 팬들은 그녀가 후속편을 공개해야 한다고 주장해왔었다. 그러자 그녀는 2015년에 「파수꾼」을 공개했고 엇갈린 평가를 받았다.

해설　보기와 빈칸 문장의 that절을 통해 조동사 should 생략 문제임을 알 수 있으므로, 빈칸 주변에서 단서를 파악한다. 주절에 주장을 나타내는 동사 insist가 있으므로 that절에는 '(should +) 동사원형'이 와야 한다. 따라서 동사원형 (d) release가 정답이다.

어휘　publish v. 출판하다　insist v. 주장하다　follow-up n. 후속편, 후속 조치　release v. 공개하다, 풀어 주다　mixed adj. 엇갈린, 뒤섞인

15　연결어　접속부사　　　　　　　　　　　　　　　　　　　　　　　정답 (a)

The Boy Scouts of America is suspending Manuel for bullying a younger scout. _____, the bullying should never have happened because he knew that it was against the principles of the Scout Law and Scout Oath.

(a) In the first place
(b) Therefore
(c) At the same time
(d) Afterwards

미국의 보이스카우트는 더 어린 단원을 괴롭혔다는 이유로 Manuel을 정학시킬 예정이다. 우선, 괴롭힘은 절대로 발생해서는 안 되었는데 이는 그가 그것이 스카우트 규범과 스카우트 선서의 원칙에 반한다는 것을 알았기 때문이다.

해설　보기와 빈칸 뒤의 콤마를 통해 접속부사 문제임을 알 수 있으므로, 첫 문장부터 읽으며 문맥을 파악한다. 문맥상 미국의 보이스카우트는 어린 단원을 괴롭혔다는 이유로 Manuel을 정학시킬 예정이고, 우선 괴롭힘은 절대로 발생해서는 안 되었는데 이는 그가 그것이 원칙에 반한다는 것을 알았기 때문이라는 의미가 되어야 자연스럽다. 따라서 '우선'이라는 의미의 이유를 나타내는 접속부사 (a) In the first place가 정답이다.

　오답분석

　(b) Therefore은 '그러므로', (c) At the same time은 '동시에', (d) Afterwards는 '나중에'라는 의미로, 문맥에 적합하지 않아 오답이다.

어휘　suspend v. 정학시키다, 매달다　bully v. 괴롭히다　happen v. 발생하다　principle n. 원칙　oath n. 선서, 서약

고득점
16　준동사　to부정사를 목적격 보어로 취하는 동사　　　　　　　　　정답 (c)

Apotropaic observances are rituals that are intended to ward off evil. An example is an ancient ritual where food is placed and eaten on top of a recently deceased person. This was believed _____ the dead person's soul.

(a) cleansing
(b) to be cleansing
(c) to cleanse
(d) to having cleansed

액막이 의식은 악을 물리치고자 의도되는 의례이다. 하나의 예시는 최근에 사망한 사람 위에 음식이 놓여지고 먹는 고대의 의례이다. 이것은 죽은 사람의 영혼을 정화한다고 믿어졌다.

해설　보기를 통해 준동사 문제임을 알 수 있으므로, 빈칸 주변에서 단서를 파악한다. 빈칸 앞 동사 believe는 'believe + 목적어 + 목적격 보어'의 형태로 쓰이며, to부정사를 목적격 보어로 취하여 '이것이 정화하는 것을 믿는다'라는 의미를 나타낸다. 따라서 to부정사 (c) to cleanse가 정답이다. 참고로 'This was believed to cleanse'는 'believe(동사) + this(목적어) + to cleanse(목적격 보어)'에서 변형된 수동태 구문이다.

어휘　apotropaic adj. 액막이의, 재난을 피하기 위한　observance n. 의식, 준수　ritual n. 의례, 의식　intend v. 의도하다
　　　ward off phr. 물리치다　evil n. 악　ancient adj. 고대의　deceased adj. 사망한　cleanse v. 정화하다, 세척하다

17 시제 미래진행

Carly converted \$500 to different European currencies yesterday so she would be ready for her 14-day vacation next month. She is thrilled about the trip because she _____ six different European countries for three months.

(a) will visit
(b) will be visiting
(c) visits
(d) would have visited

Carly는 다음 달에 있을 그녀의 14일짜리 휴가의 준비가 되도록 어제 500달러를 다른 유럽 통화로 환전했다. 그녀는 그 여행에 대해 아주 신이 나 있는데 이는 그녀가 3개월 동안 6개의 다른 유럽 국가들을 방문하는 중일 것이기 때문이다.

해설 보기를 통해 시제 문제임을 알 수 있으므로, 시간 표현 관련 단서를 파악한다. 앞 문장에 미래 시간 표현 next month가 사용되었고, 문맥상 3개월 동안 6개의 다른 유럽 국가들을 방문하는 중일 것이라는 의미가 되어야 자연스럽다. 따라서 미래진행시제 (b) will be visiting이 정답이다.

오답분석

(a) 미래시제는 미래에 대한 단순한 약속, 제안, 예측을 나타내므로, 특정 미래 시점에 한창 진행되고 있을 일을 표현할 수 없어 오답이다.

어휘 convert v. 환전하다, 바꾸다 currency n. 통화 thrilled adj. 아주 신이 난 visit v. 방문하다

18 가정법 가정법과거완료

정답 (d)

Scarlett received some bruises during the last Black Friday sale. She tried to break up a fight between customers over a pair of shoes. If she had been warned that this would happen, she _____ to work that day.

(a) did not choose
(b) was not choosing
(c) has not chosen
(d) would not have chosen

Scarlett은 지난 블랙 프라이데이 할인 판매 동안 약간의 타박상을 입었다. 그녀는 한 쌍의 신발을 둘러싼 고객들 사이의 싸움을 중단시키려 노력했다. 만약 그녀가 이런 일이 발생할 것이라는 주의를 받았었다면, 그녀는 그날 일하기로 결정하지 않았을 것이다.

해설 보기와 빈칸 문장의 If를 통해 가정법 문제임을 알 수 있으므로, 가정법 공식의 동사 부분을 파악한다. if절에 'had p.p.' 형태의 had been warned가 있으므로, 주절에는 이와 짝을 이루어 가정법과거완료를 만드는 'would(조동사 과거형) + have p.p.'가 와야 한다. 따라서 (d) would not have chosen이 정답이다.

어휘 receive v. (부상을) 입다, 받다 bruise n. 타박상, 멍 break up phr. 중단시키다 warn v. 주의를 주다, 경고하다 happen v. 발생하다 choose v. 결정하다, 선택하다

19 관계사 주격 관계대명사 which

정답 (a)

Mango is one of the world's most versatile fruits. It can be enjoyed by people in rather extreme ways. The fruit, _____ depending on its state of ripeness, can be very

망고는 세계에서 가장 다용도인 과일 중 하나이다. 그것은 사람들에 의해 상당히 극단적인 방식으로 즐겨질 수 있다. 그 과일은, 그것의 익은 상태에 따라 녹색

sour or very sweet.

(a) which is either green or yellow-orange
(b) that is either green or yellow-orange
(c) why is it either green or yellow-orange
(d) how either green or yellow-orange it is

또는 노란 빛을 띠는 주황색 중 하나인데, 아주 시거나 아주 달 수 있다.

해설 보기를 통해 관계사 문제임을 알 수 있으므로, 선행사 관련 단서를 파악한다. 사물 선행사 fruit를 받으면서 콤마(,) 뒤에 올 수 있는 주격 관계대명사가 필요하므로, (a) which is either green or yellow-orange가 정답이다.

오답분석

(b) 관계대명사 that도 사물 선행사를 받을 수 있지만, 콤마 뒤에 올 수 없으므로 오답이다.

어휘 versatile adj. 다용도의, 만능의 rather adv. 상당히, 차라리 extreme adj. 극단적인 depend on phr. ~에 따라 state n. 상태 ripeness n. 익음, 성숙 sour adj. 신 either A or B phr. A 또는 B 중 하나

---

20 시제 　미래진행 　　　　　　　　　　　　　　　　　　　　　　　　　　　정답 (d)

Plastic waste is a major environmental problem because it decays very slowly. By the time a person dies, 90% of the plastic he/she disposed of during his/her lifetime _____.

(a) will still decompose
(b) still decomposes
(c) is still decomposing
(d) will still be decomposing

플라스틱 쓰레기는 주요한 환경 문제인데 이는 그것이 매우 느리게 부패하기 때문이다. 사람이 죽을 무렵에, 그 혹은 그녀가 일생 동안 버린 플라스틱의 90퍼센트가 여전히 분해되고 있는 중일 것이다.

해설 보기를 통해 시제 문제임을 알 수 있으므로, 시간 표현 관련 단서를 파악한다. 미래진행시제의 단서로 쓰이는 시간 표현 'by the time + 현재 동사'(By the time ~ dies)가 사용되었고, 문맥상 사람이 죽을 무렵에 일생 동안 버린 플라스틱의 90퍼센트가 여전히 분해되고 있는 중일 것이라는 의미가 되어야 자연스럽다. 따라서 미래진행시제 (d) will still be decomposing이 정답이다.

오답분석

(a) 미래시제는 미래에 대한 단순한 약속, 제안, 예측을 나타내므로, 특정 미래 시점에 한창 진행되고 있을 일을 표현할 수 없어 오답이다.

어휘 major adj. 주요한 environmental adj. 환경의 decay v. 부패하다 dispose v. 버리다 decompose v. 분해되다

---

21 가정법 　가정법과거 　　　　　　　　　　　　　　　　　　　　　　　　　　정답 (c)

Martha sent all of her friends a chain letter she received. She believes that if she ignored forwarding the letter to other people, she _____ bad luck.

(a) would have experienced
(b) is experiencing
(c) would experience
(d) experiences

Martha는 그녀의 모든 친구들에게 그녀가 받았던 행운의 편지를 보냈다. 그녀는 만약 그녀가 다른 사람들에게 편지를 전달하는 것을 무시한다면, 그녀가 불운을 겪을 것이라고 믿는다.

해설 보기와 빈칸 문장의 if를 통해 가정법 문제임을 알 수 있으므로, 가정법 공식의 동사 부분을 파악한다. if절에 과거 동사(ignored)가 있으므로, 주절에는 이와 짝을 이루어 가정법과거를 만드는 'would(조동사 과거형) + 동사원형'이 와야 한다. 따라서 (c) would experience가 정답이다.

어휘 chain letter phr. 행운의 편지 receive v. 받다 ignore v. 무시하다 forward v. 전달하다 bad luck phr. 불운
experience v. 겪다, 경험하다

---

22 준동사   동명사의 주어 역할   정답 (b)

Major examinations, such as licensing and certification exams, can make test-takers feel uneasy. Some people scan their notes on the day of the exams, but _____ at that point may only add to a person's anxiety.

(a) to review
(b) reviewing
(c) to be reviewing
(d) having reviewed

허가나 증명 시험과 같은 중대한 시험들은, 응시자들을 불안하게 만들 수 있다. 어떤 사람들은 시험 날에 그들의 필기를 훑어보지만, 그 시점에 복습하는 것은 사람의 긴장만 가중시킬지도 모른다.

해설 보기를 통해 준동사 문제임을 알 수 있으므로, 빈칸 주변에서 단서를 파악한다. 빈칸 문장 동사 may add의 주체가 되는 주어가 없으므로, 빈칸은 주어 자리이다. 주어 역할을 하는 것은 명사이므로, 보기 중 가장 적합한 동명사 (b) reviewing이 정답이다.

오답분석

(a) to부정사와 동명사 둘 다 명사 역할을 할 수 있기 때문에 주어 자리에 올 수 있다. 그러나 주어 역할로 더 일반적으로 사용되어 자연스러운 것은 동명사이므로 to부정사는 오답이다.

어휘 examination n. 시험 license v. 허가하다 certification n. 증명 uneasy adj. 불안한 scan v. 훑어보다
add to phr. ~을 가중시키다, 더하다 anxiety n. 긴장, 불안감 review v. 복습하다

---

23 가정법   가정법과거완료   정답 (a)

Jimmy had a serious car accident last night. Luckily, despite hitting a lamp post and wrecking his car, he survived. The accident report stated that if he had not been wearing a seatbelt, he _____ instantly.

(a) would have died
(b) would die
(c) died
(d) was dying

Jimmy는 어젯밤에 심각한 교통사고를 당했다. 다행히도, 가로등을 들이받고 그의 자동차를 망가뜨렸음에도 불구하고, 그는 살아남았다. 사고 보도는 만약 그가 안전띠를 착용하고 있지 않았었다면, 그는 즉시 죽었을 것이라고 말했다.

해설 보기와 빈칸 문장의 if를 통해 가정법 문제임을 알 수 있으므로, 가정법 공식의 동사 부분을 파악한다. if절에 'had p.p.' 형태의 had not been wearing이 있으므로, 주절에는 이와 짝을 이루어 가정법과거완료를 만드는 'would(조동사 과거형) + have p.p.'가 와야 한다. 따라서 (a) would have died가 정답이다.

어휘 serious adj. 심각한 accident n. 사고 luckily adv. 다행히도 wreck v. 망가뜨리다 survive v. 살아남다 state v. 말하다
instantly adv. 즉시

24 조동사   조동사 will   정답 (c)

Steve is working very hard on his forensic anthropology project to avoid taking the final exam. His professor has announced that students who score a B+ or above on their project _____ be exempted from the exam.

(a) could
(b) should
(c) will
(d) might

Steve는 기말고사를 치르는 것을 피하기 위해 그의 법인류학 과제를 매우 열심히 하는 중이다. 그의 교수는 그들의 과제에서 B+ 이상의 점수를 받는 학생들은 시험으로부터 면제될 것이라고 발표했다.

해설 보기를 통해 조동사 문제임을 알 수 있으므로, 첫 문장부터 읽으며 문맥을 파악한다. 문맥상 과제에서 B+ 이상의 점수를 받는 학생들은 시험으로부터 면제될 것이라는 의미가 되어야 자연스러우므로, '~할 것이다'를 뜻하면서 예정을 나타내는 조동사 (c) will이 정답이다.

오답분석

(a) could는 가능성/능력, (b) should는 의무/당위성, (d) might는 약한 추측을 나타내어 문맥에 적합하지 않으므로 오답이다.

어휘 forensic anthropology phr. 법인류학   be exempted from phr. ~로부터 면제되다

25 시제   현재진행   정답 (d)

The principal knocked on Mr. Blake's door and asked him if she could have a word with him. He replied, "My students _____ their calculus exams right now, ma'am. I will have to get back to you later."

(a) have been taking
(b) will take
(c) take
(d) are taking

교장이 Mr. Blake의 사무실 문을 두드렸고 그에게 자신과 잠깐 이야기할 수 있는지 물었다. 그는 "제 학생들이 바로 지금 미적분학 시험을 치르고 있는 중이에요, 선생님. 제가 나중에 당신에게 찾아가야 하겠네요."라고 대답했다.

해설 보기를 통해 시제 문제임을 알 수 있으므로, 시간 표현 관련 단서를 파악한다. 현재 시간 표현 right now가 사용되었고, 문맥상 학생들이 바로 지금 미적분학 시험을 치르고 있는 중이라는 의미가 되어야 자연스럽다. 따라서 현재진행시제 (d) are taking이 정답이다.

오답분석

(c) 현재시제는 반복되는 일이나 습관, 일반적인 사실을 나타내므로, 특정 현재 시점에 한창 진행되는 중인 일을 표현할 수 없어 오답이다.

어휘 principal n. 교장, 학장   have a word with phr. ~와 잠깐 이야기하다   reply v. 대답하다   calculus n. 미적분학

26 준동사   동명사를 목적어로 취하는 동사   정답 (d)

On her way to the art gallery, Stephanie saw Maria Brammer, a renowned painter who has been an inspiration for her artworks since she was 13 years old. She couldn't resist _____ a conversation with her.

미술관으로 가는 길에, Stephanie는 그녀가 13살이었던 때 이래로 그녀의 예술 작품에 영감이 되어 왔던 유명한 화가 Maria Brammer를 만났다. Stephanie는 Maria와 대화를 시작하는 것을 참을 수 없었다.

(a) to strike up

(b) having struck up

(c) to be striking up

(d) striking up

해설 보기를 통해 준동사 문제임을 알 수 있으므로, 빈칸 주변에서 단서를 파악한다. 빈칸 앞 동사 resist는 동명사를 목적어로 취하므로, 동명사 (d) striking up이 정답이다.

오답분석

(b) having struck up도 동명사이기는 하지만, 완료동명사(having struck up)로 쓰일 경우 '참은' 시점보다 '대화를 시작한' 시점이 앞 선다는 것을 나타내므로 문맥에 적합하지 않아 오답이다.

어휘 on one's way to phr. ~로 가는 길에 renowned adj. 유명한 inspiration n. 영감, 자극 resist v. 참다 strike up phr. ~을 시작하다

PART 1 (27~33) 일상 대화 우표 수집 취미

주제 제시: 우표 수집

M: Hello, Cybil! It seems you have a new hobby. When did you start stamp collecting?

F: Hi, Kevin. Yes, this is my new hobby. [27]I became interested in collecting stamps when I saw my officemate's collection. It looked so nice and neat. What I also like about this hobby is that it allows me to learn about the world. Stamps tell a lot about the geography, history, and culture of the countries they're from.

우표 수집 장점

M: I didn't know that.

F: And it isn't an expensive hobby either.

M: And how do you know which stamps to collect?

F: You can collect any stamps you like, but [28]the most valuable ones are those that don't have defects and have bright, perfectly-centered images. However, stamps with marks or slightly off-center pictures are still considered good.

수집 우표 선정 방법

M: So, which stamps are not collectible?

F: Damaged stamps or those with low picture quality are classified as poor stamps. Serious collectors usually ignore those low-quality stamps.

M: I'm curious, though, [29]how do you avoid damaging a stamp when you remove it from the envelope?

F: [29]I soak the envelope in a basin filled with cold water. The water softens the glue on a stamp, then the stamp separates from the paper and floats to the surface of the water.

수집 방법 + 주의 사항

M: Sounds like magic! How long do you soak the stamps?

F: It depends on the envelope's thickness. Some stamps will come off after just a few minutes of soaking, while others take up to an hour. After that, I lay them facedown on a clean cloth and let them dry naturally.

M: Why do you put them facedown?

F: It's because [30]stamps tend to curl towards their face as they dry, so drying them face-down ensures that they'll be flat once they're dried.

M: That makes sense. I heard that some collectors place heavy books on top of their stamps to press them flat.

남: 안녕, Cybil! 너에게 새로운 취미가 생긴 것 같구나. 언제 우표 수집을 시작했니?

여: 안녕, Kevin. 응, 이건 내 새로운 취미야. [27]사무실 동료의 수집품을 봤을 때 우표를 수집하는 것에 관심을 갖게 되었어. 그건 정말 멋지고 깔끔해 보였지. 내가 또 이 취미가 마음에 드는 건 이게 세상에 대해 배우도록 해준다는 거야. 우표는 그게 유래한 국가의 지리, 역사, 그리고 문화에 대해 많은 것을 알려주거든.

남: 그건 몰랐네.

여: 그리고 이건 돈이 많이 드는 취미가 아니기도 해.

남: 그러면 어떤 우표를 수집할지 어떻게 아니?

여: 너의 마음에 드는 우표는 뭐든 수집할 수 있지만, [28]가장 가치 있는 우표는 결함이 없고 선명하며, 완벽하게 중심에 놓인 사진을 가진 것들이야. 하지만, 흠집이 있거나 미세하게 중심에서 벗어난 사진도 여전히 괜찮게 여겨져.

남: 그래서, 어떤 우표가 취미로 수집하기에 알맞지 않니?

여: 훼손된 우표나 저화질의 사진을 가진 것들은 좋지 않은 우표로 분류돼. 진지한 수집가들은 보통 그러한 저품질의 우표는 무시해.

남: 그런데, 궁금한 건, [29]봉투에서 우표를 떼어낼 때 어떻게 손상시키는 걸 방지해?

여: [29]봉투를 차가운 물로 가득 찬 대야 안에 담가. 물이 우표에 있는 접착제를 약해지게 한 이후에, 우표는 종이에서 분리되어 수면에 떠오르지.

남: 마술 같다! 우표를 얼마 동안 담그니?

여: 봉투의 두께에 달렸어. 어떤 우표는 담근 지 단 몇 분 만에 떨어지겠지만, 다른 것들은 한 시간까지 걸려. 그 후에, 우표를 앞면을 아래로 해서 깨끗한 천에 놓아두고 자연 건조시키지.

남: 왜 앞면을 아래로 해서 놓는 거야?

여: 그건 [30]우표는 건조되면서 앞면으로 말려 올라가는 경향이 있어서, 앞면을 아래로 해서 건조시키는 것은 우표가 마른 후에 그것이 확실히 평평하도록 해주기 때문이야.

남: 일리가 있다. 어떤 수집가들은 우표를 평평하게 누르기 위해서 우표 위에 무거운 책을 놓는다고 들었어.

TEST 1
TEST 2
TEST 3
TEST 4
TEST 5
TEST 6
지텔프 기출문제집 Level 2

우표
구별
방법

F: I do that, too. Then when they're all looking neat and even, I put them in my album.

M: I didn't know collecting stamps takes so much work.

F: It requires effort, but I enjoy doing it.

M: Good for you. Is it true that stamp collectors use special tools to distinguish between two identical stamps?

F: Yes. [31]That's because one stamp may have more value than another identical stamp. For example, a stamp that was used for one of Winston Churchill's personal letters is prized much more than a similar but ordinary stamp.

M: I see . . . What tools are used to distinguish between two identical stamps?

F: One common tool is the perforation gauge. It's used to measure the number of perforations per two centimeters. This measurement differs from stamp to stamp.

M: What are perforations?

F: They're those teeth-like gaps on a stamp's edges. Another tool is the watermark detector. [32]You know those particular patterns that appear on a stamp's paper? They're called "watermarks." They're created during the paper-making process.

남자가
다음에
할 일

M: That's interesting. Hey, I suddenly remembered — I have some letters from my friends in Cyprus and Bhutan. [33]I'll bring them for you tomorrow.

F: Wow! Those are rare. Thanks, Kevin!

여: 나도 그렇게 해. 그런 다음 우표가 완전히 깔끔하고 평평하게 보이면, 그것을 앨범에 넣어.

남: 우표를 수집하는 게 그렇게 많은 노력을 요하는 지 몰랐어.

여: 노력을 필요로 하지만, 하는 게 즐거워.

남: 잘됐다. 우표 수집가들이 두 개의 똑같은 우표를 구별하기 위해 특별한 도구를 사용한다는 게 사실이니?

여: 응. [31]그건 한 우표가 똑같은 다른 우표보다 더 높은 가치를 가지고 있을지도 모르기 때문이야. 예를 들어, 윈스턴 처칠의 개인적인 편지에서 사용되었던 우표는 비슷하지만 평범한 우표보다 훨씬 더 귀하게 여겨지지.

남: 그렇구나… 두 개의 똑같은 우표를 구별하기 위해서 어떤 도구들이 사용되니?

여: 하나의 흔한 도구는 절취선이야. 절취선은 2cm마다 뚫린 구멍의 수를 측정하는 데 사용돼. 이 개수는 우표마다 달라.

남: 절취선이 뭐야?

여: 우표의 가장자리에 있는 치아처럼 생긴 구멍이야. 또 다른 도구는 워터마크 탐지기야. [32]우표의 종이에 나타나는 특정한 무늬들을 알고 있니? 그게 "워터마크"라고 불려. 워터마크는 종이 제작 과정에서 만들어져.

남: 흥미롭다. 저기, 갑자기 기억났는데, 나에게 사이프러스와 부탄의 친구들로부터 받은 편지들이 몇 개 있거든. [33]그걸 너에게 내일 가져다줄게.

여: 와! 그것들은 희귀해. 고마워, Kevin!

어휘 stamp[stæmp] 우표, 도장 collect[kəlékt] 수집하다, 모으다 neat[niːt] 깔끔한, 훌륭한 geography[dʒiáːgrəfi] 지리
valuable[vǽljuəbl] 가치 있는 defect[díːfekt] 결함 center[séntər] 중심에 놓다; 중심 mark[mɑːrk] 흠집, 자국 slightly[sláitli] 미세하게
collectible[kəléktəbl] 취미로 수집하기에 알맞은 damage[dǽmidʒ] 훼손시키다, 손상시키다 classify[klǽsifɑi] 분류하다
envelope[énvəloup] 봉투 soak[souk] 담그다, 흠뻑 적시다 basin[béisn] 대야 soften[sɔ́ːfn] 약해지게 하다, 부드럽게 하다
glue[gluː] 접착제, 풀 float[flout] 떠오르다, 떠다니다 facedown[féisdàun] 앞면을 아래로 해서, 엎어서 curl[kərl] 말려 올라가다
flat[flæt] 평평한 distinguish[distíŋwiʃ] 구별하다 identical[aidéntikl] 똑같은, 동일한 prize[praiz] 귀하게 여기다
perforation gauge (우표의) 절취선 measurement[méʒərmənt] 수, 치수, 측정
watermark[wɔ́ːtərmɑːrk] 워터마크(불법 복제를 막기 위해 종이 속에 삽입된 투명무늬) detector[ditéktər] 탐지기 rare[rer] 희귀한, 드문

---

27 특정세부사항   What   정답 (b)

What encouraged Cybil to get into stamp collecting?

(a) her recent trip to another country
(b) being fascinated by another stamp collection
(c) her interest in world history
(d) wanting to find an inexpensive hobby

무엇이 Cybil이 우표 수집을 시작하도록 장려했는가?

(a) 다른 나라로 간 최근의 여행
(b) 다른 우표 수집품에 매료된 것
(c) 세계 역사에 대한 관심
(d) 돈이 많이 들지 않는 취미를 찾고 싶은 것

해설 무엇이 Cybil이 우표 수집을 시작하도록 장려했는지를 묻는 What 문제이므로, 질문의 키워드 get into가 start로 paraphrasing되어 언급된 주변을 주의 깊게 듣는다. 여자가 'I became interested in collecting stamps when I saw my officemate's collection.'이라며 사무실 동료의 수집품을 봤을 때 우표를 수집하는 것에 관심을 갖게 되었다고 했다. 따라서 (b)가 정답이다.

어휘 get into 시작하다 fascinate[fǽsineit] 매료시키다

---

28 특정세부사항 Which　　　　　　　　　　　　　　　　　　　　정답 (d)

Which best describes a stamp of the finest quality?	가장 좋은 품질의 우표를 가장 잘 묘사하는 것은 무엇인가?
(a) one whose picture is off the center	(a) 중심에서 벗어난 사진을 가진 것
(b) one with many old marks	(b) 많은 오래된 흠집을 가진 것
(c) one with a faded printing	(c) 색이 바랜 인쇄 상태를 가진 것
(d) one with a well-placed bright picture	(d) 잘 자리 잡은 선명한 사진이 있는 것

해설 가장 좋은 품질의 우표를 가장 잘 묘사하는 것은 무엇인지를 묻는 Which 문제이므로, 질문의 키워드 finest quality가 most valuable로 paraphrasing되어 언급된 주변을 주의 깊게 듣는다. 여자가 'the most valuable ones are those that don't have defects and have bright, perfectly-centered images'라며 가장 가치 있는 우표는 결함이 없고 선명하며 완벽하게 중심에 놓인 사진을 가진 것들이라고 했다. 따라서 (d)가 정답이다.

Paraphrasing
bright, perfectly-centered images 선명하며 완벽하게 중심에 놓인 사진 → a well-placed bright picture 잘 자리 잡은 선명한 사진

어휘 faded[féidid] 색이 바랜, 쇠퇴한

---

29 특정세부사항 Why　　　　　　　　　　　　　　　　　　　　정답 (a)

Why does a collector need to put a stamp in cold water?	왜 수집가는 우표를 차가운 물에 넣을 필요가 있는가?
(a) to remove it from the envelope	(a) 봉투에서 떼기 위해서
(b) to preserve its design better	(b) 디자인을 더 좋게 보존하기 위해서
(c) to determine whether it is genuine	(c) 진품인지 판별하기 위해서
(d) to avoid damaging the envelope	(d) 봉투를 손상시키는 것을 방지하기 위해서

해설 왜 수집가는 우표를 차가운 물에 넣을 필요가 있는지를 묻는 Why 문제이므로, 질문의 키워드 put ~ in cold water가 soak ~ with cold water로 paraphrasing되어 언급된 주변을 주의 깊게 듣는다. 남자가 'how do you avoid damaging a stamp when you remove it from the envelope?'이라며 봉투에서 우표를 떼어낼 때 어떻게 손상시키는 것을 방지하는지를 묻자, 여자가 'I soak the envelope in a basin filled with cold water.'라며 봉투를 차가운 물로 가득 찬 대야 안에 담근다고 했다. 따라서 (a)가 정답이다.

어휘 preserve[prizə́:rv] 보존하다

---

30 특정세부사항 Why　　　　　　　　　　　　　　　　　　　　정답 (c)

Why should stamps be dried facedown?	왜 우표는 앞면을 아래로 해서 건조되어야 하는가?

(a) so they will dry more quickly
(b) so they won't be completely flat
(c) to prevent them from curling towards the face
(d) to remove any ink stains from soaking

(a) 더 빨리 건조되게 하기 위해서
(b) 완전히 평평해지지 않게 하기 위해서
(c) 앞면으로 말려 올라가는 것을 방지하기 위해서
(d) 담글 때 생기는 어떤 잉크 자국도 지우기 위해서

해설 왜 우표는 앞면을 아래로 해서 건조되어야 하는지를 묻는 Why 문제이므로, 질문의 키워드 facedown이 그대로 언급된 주변을 주의 깊게 듣는다. 여자가 'stamps tend to curl towards their face as they dry, so drying them face-down ensures that they'll be flat once they're dried'라며 우표는 건조되면서 앞면으로 말려 올라가는 경향이 있어서 앞면을 아래로 해서 건조시키는 것은 우표가 마른 후에 그것이 확실히 평평하도록 해준다고 했다. 따라서 (c)가 정답이다.

어휘 stain[stein] 자국

31 특정세부사항   What   정답 (b)

What is the importance of distinguishing between two identical stamps?

(a) to make sure that they are truly identical
(b) to verify their real value
(c) to avoid collecting non-historic stamps
(d) to ensure that their value will be the same

두 개의 똑같은 우표를 구별하는 것의 중요성은 무엇인가?

(a) 두 개가 정말로 똑같다는 것을 보장하기 위해서
(b) 실제 가치를 입증하기 위해서
(c) 역사적이지 않은 우표를 수집하는 것을 피하기 위해서
(d) 둘의 가치가 똑같다는 것을 확실히 하기 위해서

해설 두 개의 똑같은 우표를 구별하는 것의 중요성은 무엇인지를 묻는 What 문제이므로, 질문의 키워드 distinguishing between two identical stamps가 distinguish between two identical stamps로 언급된 주변을 주의 깊게 듣는다. 여자가 'That's because one stamp may have more value than another identical stamp.'라며 두 개의 똑같은 우표를 구별하는 이유는 한 우표가 똑같은 다른 우표보다 더 높은 가치를 가지고 있을지도 모르기 때문이라고 했다. 따라서 (b)가 정답이다.

32 추론   특정사실   정답 (a)

What is most likely true about the watermarks on a stamp?

(a) They're unique for each stamp.
(b) They're the same as the number of gaps.
(c) They decrease a stamp's value.
(d) They show that a stamp is genuine.

우표의 워터마크에 대해 사실인 것은 무엇일 것 같은가?

(a) 각 우표마다 고유하다.
(b) 구멍의 수와 같다.
(c) 우표의 가치를 낮춘다.
(d) 우표가 진품임을 보여준다.

해설 우표의 워터마크에 대해 사실인 것은 무엇일 것 같은지를 추론하는 문제이므로, 질문의 키워드 watermarks가 그대로 언급된 주변을 주의 깊게 듣는다. 여자가 'You know those particular patterns that appear on a stamp's paper?'라며 우표의 종이에 나타나는 특정한 무늬들을 알고 있는지를 물어본 뒤, 'They're called watermarks.'라며 그것이 워터마크라고 불린다고 한 것을 통해, 우표의 워터마크는 각 우표마다 고유하다는 것을 추론할 수 있다. 따라서 (a)가 정답이다.

Paraphrasing
particular 특정한 → unique 고유한

어휘 unique[juníːk] 고유한, 특이한, 유일한

Based on the conversation, what is Kevin most likely to do the next day?

(a) start his own stamp collection
(b) use Cybil's stamps to mail his letters
(c) show Cybil his stamp album
(d) give Cybil some of his stamps

대화에 따르면, Kevin이 다음 날 할 일은 무엇일 것 같은가?

(a) 자신만의 우표 수집을 시작한다
(b) Cybil의 우표를 이용해 편지를 보낸다
(c) Cybil에게 우표 앨범을 보여준다
(d) Cybil에게 우표 몇 개를 준다

해설 Kevin이 다음에 할 일을 추론하는 문제이므로, 지문의 후반을 주의 깊게 듣는다. 남자가 'I'll bring them for you tomorrow.'라며 편지들 몇 개를 여자에게 가져다주겠다고 한 것을 통해, Kevin은 다음 날 Cybil에게 우표 몇 개를 줄 것임을 추론할 수 있다. 따라서 (d)가 정답이다.

Paraphrasing
the next day 다음 날 → tomorrow 내일

PART 2 [34~39] 발표 Storee 애플리케이션 소개

인사 + 회사 소개

Good afternoon! Our company, Phillips and Robertson, is one of the world leaders in developing smartphone applications. We create useful and fun smartphone apps that are simple and easy to use.

주제 제시: 최신 앱 소개

Today, I am here to introduce [34]our newest smartphone app: Storee. The online app is inspired by the old party game, Connecting Stories, where several people combine their ideas to complete a single story online. This fast-paced game tests one's wit and creativity under pressure.

정의

[34/35]Storee lets you create stories from ideas that are easy to relate to. The main screen of the app shows story prompts anywhere from "My mother was walking our dog today . . . " to "Yesterday, I forgot to wear my glasses . . . " You choose a story prompt, continue that story with another 10 to 20 words, and then share the story with other online users who will then add their own contributions to the story.

기능

It will be an online "library" for people's ideas, from the very serious to the very funny. Let's say that you choose the first prompt, "My mother was walking our dog today . . . " and then add "when she suddenly bumped into her old boss at the park." Another user may add, "The dog started to bark at the man, who was extremely afraid of dogs . . . " and so on.

안녕하세요! 우리 회사 Phillips and Robertson은, 스마트폰 애플리케이션을 제작하는 데 있어 세계 선두주자입니다. 우리는 사용하기에 간단하고 쉬우며 유용하고 재미있는 스마트폰 앱을 제작합니다.

오늘은, [34]우리의 최신 스마트폰 앱인 Storee를 소개하기 위해 여기 섰습니다. 이 온라인 앱은 오래된 단체 게임인 Connecting Stories에서 영감을 받았는데, 이 게임에서는 온라인상에서 여러 사람들이 아이디어를 합쳐 하나의 소설을 완성합니다. 이 빠른 속도의 게임은 압박 하에서 사람의 재치와 창의성을 시험합니다.

[34/35]Storee는 여러분이 쉽게 공감할 수 있는 아이디어로부터 소설을 창작하도록 해줍니다. 앱의 메인 화면은 "우리 엄마가 오늘 개를 산책시키고 있었는데…"에서부터 "어제, 안경 쓰는 걸 깜빡했어…"에 이르는 소설 프롬프트를 여기저기에서 보여줍니다. 여러분은 소설 프롬프트를 고르고, 그 소설에 추가의 10자에서 20자를 덧붙여 잇고, 그런 다음 그것에 자신의 발언을 덧붙일 다른 온라인 사용자들에게 소설을 공유합니다.

그것은 아주 진지한 것부터 아주 웃긴 것까지 있는 온라인 아이디어 "도서관"일 것입니다. 여러분이 "우리 엄마가 오늘 개를 산책시키고 있었는데…"라고 적힌 첫 번째 프롬프트를 고른 다음, "그때 그녀는 갑자기 공원에서 그녀의 옛 상사와 마주쳤다."를 덧붙인다고 해봅시다. 또 다른 사용자는 아마도 "개는 그 남자를 향해 짖기 시작했는데, 남자는 개를 극도로 무서워했다…" 등을 덧붙일 수 있겠죠.

특장점

The best thing about this app is its simplicity. You only need an Internet connection and a creative imagination to create stories and share them with other people. [36]There are no complicated controls or instructions needed to enjoy an app as simple as this one.

사용법

To start a story, hit the "New Story" button and choose from the 20 story prompts available. Not satisfied with the current selection? Just refresh the app after 10 minutes to see a new set of story prompts. If you are continuing another user's story, hit the "Continue Story" button and select an existing story you'd want to add to.

In both cases, [37]you need to think fast because you only have 60 seconds to write. Whether you're starting or continuing a story, [38(c)]you can add up to 160 characters to the story prompt you chose or the last entry of the story you're continuing. Users will be able to add to a story for 24 hours. After that period, you can read the complete story which you and other users from all around the world wrote!

특별판 소개

Like our other products, the basic Storee app is free. But you can also buy a premium version for $5. Unlike the basic option, Storee Premium [38(c)]features a 200-character limit for each start or continuation. [38(d)]Premium users can also save a finished story offline to read it anytime. Storee Premium's most attractive feature, though, is that [38(a)]users can write their own story prompts with this option and let others continue them.

전망

Storee is designed for people whose minds are always overflowing with ideas. [39]In the future, we hope that it will be used together with textbooks to encourage students to write and help them enrich their vocabulary and imagination.

끝인사 + 홍보

So, there you have it: connecting stories on an updated and extremely accessible medium. We will launch Storee immediately after this event, so be sure to check your online stores and download our newest fun-filled smartphone application. Thank you and have a great day!

이 앱과 관련해 가장 좋은 점은 단순함입니다. 여러분에게는 그저 소설을 창작하고 그것을 다른 사람들과 공유하기 위한 인터넷 연결과 창의적인 상상력만이 필요합니다. [36]이것처럼 단순한 앱을 즐기는 데 복잡한 제어나 명령은 필요 없습니다.

소설을 시작하려면, "새로운 소설" 버튼을 누르고 20개의 이용 가능한 소설 프롬프트 중에서 선택하세요. 현재 선택권에 만족하지 못하신다고요? 새로운 소설 프롬프트 모음을 보려면 10분 후에 앱을 새로고침하기만 하세요. 만약 다른 사용자의 이야기를 잇고 싶다면, "소설 잇기" 버튼을 누르고 기존 소설 중 여러분이 늘리고 싶은 것을 선택하세요.

두 경우 모두에, [37]여러분은 작성할 시간이 60초밖에 없기 때문에 빠르게 생각해야 합니다. 소설을 시작하든 잇든, [38(c)]여러분이 고른 소설 프롬프트에 160자까지 늘리거나 잇고 있는 소설의 마지막 입력을 덧붙일 수 있습니다. 이용자들은 24시간 동안 소설을 늘릴 수 있을 겁니다. 그 기간 이후에는, 여러분과 전 세계의 다른 이용자들이 작성한 완성된 소설을 읽을 수 있습니다!

우리의 다른 제품들과 같이, 기본 Storee 앱은 무료입니다. 하지만 5달러에 특별판도 구매할 수 있습니다. 기본판과는 달리, Storee 특별판은 각 시작이나 연장에 대한 [38(c)]200자의 글자 수 제한을 특징으로 삼습니다. [38(d)]특별판 이용자는 또한 완성된 소설을 오프라인으로 저장하여 언제든 읽을 수 있습니다. 하지만, Storee 특별판의 가장 매력적인 기능은, [38(a)]이 선택권으로는 이용자가 자신만의 소설 프롬프트를 작성할 수 있고 다른 이용자들이 그것을 잇도록 할 수 있다는 것입니다.

Storee는 머릿속이 항상 아이디어로 넘쳐흐르는 사람들을 위해 제작되었습니다. [39]미래에, 우리는 앱이 교과서와 함께 사용되어 학생들이 글을 쓰도록 장려하고 단어와 상상력을 풍부하게 하도록 돕기를 바랍니다.

자, 바로 이겁니다. 최신의 굉장히 이용하기 쉬운 매체에 소설을 잇는 것이요. 우리는 이 행사 이후에 바로 Storee를 출시할 것이니, 반드시 온라인 상점을 확인해 우리의 즐거움으로 가득 찬 최신 스마트폰 애플리케이션을 내려받으세요. 감사드리며 즐거운 하루 보내세요!

어휘 inspire[inspáiər] 영감을 주다 combine[kəmbáin] 합치다, 연결하다 wit[wit] 재치 creativity[krìːeitívəti] 창의성 under pressure 압박 하에서 relate to ~에 공감하다, 이해하다 prompt[prɑːmpt] 프롬프트(운영 체제에서 사용자에게 보내지는 메시지) contribution[kɑ̀ːntribjúːʃn] 발언, 기고 bump into ~와 마주치다 bark at ~를 향해 짖다 afraid[əfréid] 무서워하는 simplicity[simplísəti] 단순함 connection[kənékʃn] 연결 imagination[imæ̀dʒinéiʃn] 상상력, 상상 control[kəntróul] 제어, 통제 instruction[instrʌ́kʃn] (컴퓨터의 작동) 명령 existing[igzístiŋ] 기존의, 현존의 add to 늘리다, 덧붙이다 entry[éntri] 입력, 출품 overflow[òuvərflóu] 넘쳐흐르다 enrich[inrítʃ] 풍부하게 하다, 질적으로 향상시키다

34　특정세부사항　　What　　　　　　　　　　　　　　　　　정답 (b)

What is Storee? (a) a text reader (b) a story-writing app (c) an e-book reader (d) a party game	Storee는 무엇인가? (a) 문자 리더기 (b) 소설 작성 앱 (c) 전자책 리더기 (d) 단체 게임

해설　Storee가 무엇인지를 묻는 What 문제이므로, Storee를 소개하는 지문의 초반을 주의 깊게 듣는다. 화자가 'our newest smartphone app: Storee'라며 회사의 최신 스마트폰 앱인 Storee라고 한 뒤, 'Storee lets you create stories from ideas that are easy to relate to.'라며 Storee는 사람들이 쉽게 공감할 수 있는 아이디어로부터 소설을 창작하도록 해준다고 했다. 따라서 (b)가 정답이다.

35　특정세부사항　　What　　　　　　　　　　　　　　　　　정답 (c)

What can be said about the story prompts in the application? (a) They have complex topics. (b) They are topics for children. (c) They are easy to identify with. (d) They follow a pattern.	애플리케이션의 소설 프롬프트는 무엇이라고 말해질 수 있는가? (a) 복잡한 주제를 가지고 있다. (b) 어린이들을 위한 주제이다. (c) 쉽게 동감할 수 있다. (d) 하나의 형식을 따른다.

해설　애플리케이션의 소설 프롬프트는 무엇이라고 말해질 수 있는지를 묻는 What 문제이므로, 질문의 키워드 story prompts가 그대로 언급된 주변을 주의 깊게 듣는다. 화자가 'Storee lets you create stories from ideas that are easy to relate to.'라며 Storee는 사람들이 쉽게 공감할 수 있는 아이디어로부터 소설을 창작하도록 해준다고 했다. 따라서 (c)가 정답이다.

Paraphrasing
easy to relate to 쉽게 공감할 수 있는 → easy to identify with 쉽게 동감할 수 있는

어휘　identify with ~에 동감하다

36　특정세부사항　　Why　　　　　　　　　　　　　　　　　정답 (c)

Why does the speaker say that simplicity is Storee's best feature? (a) because one only needs to be online to use it (b) because it doesn't need to be installed (c) because its controls are easy to use (d) because the stories used are popular	화자는 왜 단순함이 Storee의 최고의 특징이라고 말하는가? (a) 사용하려면 온라인에 접속되어 있기만 하면 되기 때문에 (b) 설치될 필요가 없기 때문에 (c) 제어하기 쉽기 때문에 (d) 사용되는 소설들이 유명하기 때문에

해설　화자는 왜 단순함이 Storee의 최고의 특징이라고 말하는지를 묻는 Why 문제이므로, 질문의 키워드 simplicity가 그대로 언급된 주변을 주의 깊게 듣는다. 화자가 'There are no complicated controls or instructions needed to enjoy an app as simple as this one.'이라며 Storee처럼 단순한 앱을 즐기는 데 복잡한 제어나 명령은 필요 없다고 했다. 따라서 (c)가 정답이다.

어휘　install [instɔ́:l] 설치하다

37 추론 특정사실 정답 (a)

Why most likely does Storee only allow 60 seconds for users to write their story?

(a) to test the users' ability to think quickly
(b) to prevent the story prompt from changing automatically
(c) to avoid the free app's expiring
(d) to allow the user to refresh the app

왜 Storee는 이용자들에게 소설을 작성하는 데 60초만을 주는 것 같은가?

(a) 이용자들의 빠르게 생각하는 능력을 시험하기 위해서
(b) 소설 프롬프트가 자동으로 바뀌는 것을 막기 위해서
(c) 무료 앱의 만료를 막기 위해서
(d) 이용자가 앱을 새로고침하도록 하기 위해서

해설 왜 Storee는 이용자들에게 소설을 작성하는 데 60초만을 주는 것 같은지를 추론하는 문제이므로, 질문의 키워드 60 seconds가 그대로 언급된 주변을 주의 깊게 듣는다. 화자가 'you need to think fast because you only have 60 seconds to write'라며 작성할 시간이 60초밖에 없기 때문에 빠르게 생각해야 한다고 한 것을 통해, Storee는 이용자들의 빠르게 생각하는 능력을 시험하기 위해 소설 작성에 60초만을 주는 것임을 추론할 수 있다. 따라서 (a)가 정답이다.

Paraphrasing
think fast 빠르게 생각하다 → think quickly 빠르게 생각하다

어휘 expire [ikspáiər] 만료되다

고득점
38 Not/True Not 문제 정답 (b)

Which of the following is not a benefit of a premium membership?

(a) the option to create a story prompt
(b) instant messaging with other users
(c) a higher character limit
(d) offline access and saving options

다음 중 특별판 회원의 장점이 아닌 것은?

(a) 소설 프롬프트를 생성할 수 있는 선택권
(b) 다른 이용자들과의 즉석 문자 교환
(c) 더 높은 글자 수 제한
(d) 오프라인 이용 및 저장 선택권

해설 특별판 회원의 장점이 아닌 것을 묻는 Not 문제이므로, 질문의 키워드 premium membership이 premium version으로 paraphrasing되어 언급된 주변을 주의 깊게 들으며 언급되는 것을 하나씩 소거한다. (b)는 지문에 언급되지 않았으므로, (b)가 정답이다.

오답분석

(a) 지문에서 특별판으로는 이용자가 자신만의 소설 프롬프트를 작성할 수 있다고 언급되었다.
(c) 지문에서 소설 프롬프트에 160자까지 늘릴 수 있는 기본판과는 달리, 특별판은 200자의 글자 수 제한을 특징으로 삼는다고 언급되었다.
(d) 지문에서 특별판 이용자는 완성된 소설을 오프라인으로 저장하여 언제든 읽을 수 있다고 언급되었다.

39 추론 특정사실 정답 (d)

Based on the talk, what is the most likely target market of Storee in the future?

(a) libraries
(b) publications
(c) writing clubs
(d) schools

담화에 따르면, 미래에는 Storee의 목표 시장이 무엇일 것 같은가?

(a) 도서관
(b) 출판
(c) 작문 동아리
(d) 학교

미래에는 Storee의 목표 시장이 무엇일 것 같은지를 추론하는 문제이므로, 질문의 키워드 in the future가 그대로 언급된 주변을 주의 깊게 듣는다. 화자가 'In the future, we hope that it will be used together with textbooks to encourage students to write'라며 미래에 Storee 앱이 교과서와 함께 사용되어 학생들이 글을 쓰도록 장려하기를 바란다고 한 것을 통해, 미래에는 Storee의 목표 시장이 학교일 것임을 추론할 수 있다. 따라서 (d)가 정답이다.

PART 3 (40~45) 장단점 논의 주택 vs. 아파트

주제 제시: 장단점 비교	M: Hello, Crystal! I heard that you're looking for a new home. F: That's right, Josh. ⁴⁰My husband and I have decided to buy our own place. M: Do you plan to buy a house or a condominium unit? F: It's funny that you ask because that's exactly what we've been trying to decide ourselves. Which do you think is better? M: We can discuss the advantages and disadvantages of both types of housing. Maybe that will help you decide.
주택 장점	F: Great! Let's start with the house. M: Okay. One good thing about a house is that you'll have complete control over your property. ⁴¹You can decide what color to paint your front door, for example, or whether or not to add another room. F: I like that. I also think that a house will offer more privacy. Since we won't be sharing walls with our neighbors, they won't be able to listen to us. M: I agree. In addition, a house has more outdoor and indoor space. F: That means I can buy more furniture and still have plenty of space to move around. What about its disadvantages, though?
주택 단점	M: One disadvantage of owning a house is that you're responsible for all its maintenance work. You'll have to do all the upkeep, like mowing the lawn and washing windows. F: I also think a house isn't as secure as a condo unit. Unless we're going to hire a private security guard for our house, we'll have to install security devices to keep burglars and other trespassers out. M: Not only that: ⁴²stand-alone or separate houses are usually located in suburban areas, far away from business districts. ⁴²You'll have to travel farther just to get to work and go shopping. F: I see . . . How about the benefits of buying a condominium unit?

남: 안녕, Crystal! 네가 새 집을 찾고 있다고 들었어.

여: 맞아, Josh. ⁴⁰남편과 나는 자가를 구매하기로 결정했어.

남: 주택과 아파트 중에 뭘 구매하려고 계획하니?

여: 우리가 결정하려고 시도하고 있었던 게 정확히 그거라서 네가 물어보니 재미있다. 너는 뭐가 더 나을 것 같아?

남: 우리는 두 주거 유형의 장단점을 이야기해볼 수 있겠다. 아마 그게 네가 결정하는 걸 도울 거야.

여: 좋아! 주택부터 시작하자.

남: 그래. 주택의 한 가지 좋은 점은 네가 부동산에 대한 완벽한 관리권을 가질 거라는 거야. ⁴¹너는, 이를테면, 어떤 색으로 대문을 칠할지 혹은 방을 하나 더 추가할지 말지를 결정할 수 있어.

여: 맘에 든다. 주택은 또한 사생활을 더 잘 제공할 거라고 생각해. 이웃과 벽을 공유하지 않을 것이기 때문에, 그들은 우리 이야기를 듣지 못할 거야.

남: 동의해. 게다가, 주택은 외부와 내부에 공간이 더 많아.

여: 그건 내가 더 많은 가구를 살 수 있고 여전히 움직일 많은 공간이 있음을 의미해. 하지만, 단점은 무엇이니?

남: 주택을 소유하는 것의 한 가지 단점은 네가 그것의 모든 유지 보수 작업에 책임을 진다는 거지. 너는 잔디를 깎는 것이나 창문을 닦는 것과 같은, 모든 유지 작업을 해야 할 거야.

여: 나는 또 주택은 아파트만큼 안전하지는 않다고 생각해. 우리가 주택을 위한 개인 경비원을 고용하지 않는 이상, 강도나 다른 불법 침입자를 못 들어오게 하기 위해 경보 장치를 설치해야 할 거야.

남: 그것뿐만이 아니야. ⁴²단독 혹은 독립 주택은 보통 교외 지역에 위치하고, 상업 지구에서 멀지. ⁴²너는 그저 직장에 가거나 쇼핑하러 가기 위해 멀리 이동해야 할 거야.

여: 그래… 아파트를 구매하는 것의 장점은 어떻니?

아파트 장점

M: Well, if you buy a condo unit, you'll have access to various amenities, such as a swimming pool or a gym, which you won't likely have in your own home.

F: You're right. I also think living in a condo will provide access to reliable maintenance crews that will handle repairs and maintenance issues like broken pipes and faulty electrical wiring.

M: And condominiums have better security, too. Their management employs security guards who maintain peace and order, and doormen who screen all visitors.

아파트 단점

F: That's nice, but what about its disadvantages?

M: [43]A downside to condos is that the management imposes rules that limit your choices and activities. For example, if you want to own a pet or make changes to your unit, you'll have to ask permission from the administration first.

F: Oh, that's quite a hassle. Aside from that, a condo unit also won't provide as much privacy because we'll be sharing common areas, like the elevator, with other unit owners. And sharing walls with neighbors can be annoying if they play loud music or have noisy kids.

M: Yes, that's true. Space could be an issue, too. Remember, [44]condo units are typically built by developers who want to squeeze in as many units into a building as possible.

F: That's a good point. Thanks for discussing the pros and cons of both options with me, Josh.

여자의 결정

M: No problem, Crystal. So, which type of house will you choose?

F: [45]I think I'd like to have enough space for our furniture. Both my husband and I work from home, so the daily commute won't be a problem.

남: 음, 아파트를 구매하면, 수영장이나 체육관과 같은, 네가 자가에 보유하고 있지 않을 만한, 다양한 편의 시설을 이용할 수 있을 거야.

여: 네 말이 맞아. 나는 또한 아파트에 사는 게 망가진 배관이나 결함이 있는 전선과 같은 수리나 유지 보수 문제를 처리할 믿을 만한 유지 보수 인부의 이용 기회를 제공한다고 생각해.

남: 그리고 아파트는 보안이 더 좋기도 해. 관리부는 치안과 질서를 유지하는 경비원, 그리고 모든 방문자를 확인하는 수위를 고용하지.

여: 좋네, 하지만 단점은 무엇이니?

남: [43]아파트의 단점은 관리부가 너의 선택권과 활동을 제한하는 규칙을 부과한다는 거야. 예를 들어, 만약 네가 애완동물을 갖고 싶거나 가구에 변화를 주고 싶다면, 먼저 관리부에 허가를 요청해야 할 거야.

여: 오, 그거 꽤 번거로운 일이야. 그것 이외에, 아파트는 또한 우리가 엘리베이터와 같은 공용 공간을 다른 가구 소유주들과 공유할 것이기 때문에 그리 많은 사생활을 제공하지는 않을 거야. 그리고 이웃과 벽을 공유하는 건 그들이 시끄러운 음악을 재생하거나 소란스러운 자녀가 있다면 성가실 수 있어.

남: 그래, 맞아. 공간 또한, 문제가 될 수 있어. 기억해, [44]아파트는 보통 가능한 한 많은 가구들을 한 건물에 밀어 넣기를 원하는 개발업자들에 의해 지어져.

여: 그거 좋은 지적이다. 두 가지 선택권의 장단점을 나와 의논해줘서 고마워, Josh.

남: 문제없어, Crystal. 그래서, 어떤 주거 유형을 선택할 거니?

여: [45]나는 가구를 위한 충분한 공간을 갖고 싶어. 남편과 나는 둘 다 집에서 일해서, 날마다의 통근 거리는 문제가 안 될 거야.

어휘   condominium[kɑ̀:ndəmíniəm] 아파트   unit[júːnit] (아파트의) 한 가구   property[prɑ́:pərti] 부동산, 토지   neighbor[néibər] 이웃   be responsible for ~에 책임을 지다   maintenance[méintənəns] 유지 보수   upkeep[ʌ́pkìːp] 유지, 보존   mow the lawn 잔디를 깎다   security guard 경비원   keep A out A를 못 들어오게 하다   burglar[bə́:rglər] 강도   trespasser[tréspəsər] 불법 침입자   stand-alone[stǽndəlóun] 단독의   separate[séprət] 독립의, 분리의   suburban[səbə́:rbən] 교외의   district[dístrikt] 지역, 지구   amenity[əménəti] 편의 시설   reliable[riláiəbl] 믿을 만한   faulty[fɔ́:lti] 결함이 있는   employ[implɔ́i] 고용하다   doorman[dɔ́:rmən] 수위   screen[skriːn] (적절한지) 확인하다, 거르다   downside[dáunsaid] 단점, 불리한 면   impose[impóuz] 부과하다   permission[pərmíʃn] 허가   administration[ədmìnistréiʃn] 관리부, 경영   hassle[hǽsl] 번거로운 일, 귀찮은 상황   annoying[ənɔ́iiŋ] 성가신   squeeze[skwi:z] 밀어 넣다   commute[kəmjúːt] 통근 거리, 통근

What are Crystal and her husband planning to do?

(a) rent a condominium unit
(b) sell their house
(c) buy their own home
(d) move to a new neighborhood

Crystal과 남편이 계획하고 있는 것은 무엇인가?

(a) 아파트를 임대한다
(b) 주택을 판다
(c) 자가를 구매한다
(d) 새로운 지역으로 이사 간다

해설　Crystal과 남편이 계획하고 있는 것은 무엇인지를 묻는 What 문제이므로, 질문의 키워드 planning to가 plan to로 언급된 주변을 주의 깊게 듣는다. 여자가 'My husband and I have decided to buy our own place.'라며 남편과 자신은 자가를 구매하기로 결정했다고 했다. 따라서 (c)가 정답이다.

Paraphrasing
buy our own place 자가를 구매하다 → buy their own home 자가를 구매하다

어휘　neighborhood [néibərhùd] 지역, 이웃

What will they be able to control if they decide to get a house instead of a condominium unit?

(a) the home improvements to make
(b) the noise the neighbors cause
(c) the people to be neighbors with
(d) the size of the living space

그들이 아파트 대신 주택을 갖기로 결정한다면 무엇을 관리할 수 있을 것인가?

(a) 진행할 주택 개조 공사
(b) 이웃이 내는 소음
(c) 친하게 지낼 사람
(d) 생활 공간의 크기

해설　Crystal 부부가 아파트 대신 주택을 갖기로 결정한다면 무엇을 관리할 수 있을 것인지를 묻는 What 문제이므로, 질문의 키워드 control이 그대로 언급된 주변을 주의 깊게 듣는다. 남자가 'You can decide ~ whether or not to add another room.'이라며 어떤 색으로 대문을 칠할지 혹은 방을 하나 더 추가할지 말지를 결정할 수 있다고 했다. 따라서 (a)가 정답이다.

Paraphrasing
add another room 방을 하나 더 추가하다 → home improvements 주택 개조 공사

어휘　improvement [imprúːvmənt] 개조 공사, 개선　neighbor with ~와 친하게 지내다

Why is it inconvenient to live in a stand-alone house?

(a) because it doesn't have neighbors
(b) because it's usually far from workplaces
(c) because it has more security guards
(d) because it requires more frequent repairs

단독 주택에 사는 것은 왜 불편한가?

(a) 이웃이 없기 때문에
(b) 보통 일터에서 멀기 때문에
(c) 더 많은 경비원이 있기 때문에
(d) 더 잦은 수리를 필요로 하기 때문에

해설　단독 주택에 사는 것이 왜 불편한지를 묻는 Why 문제이므로, 질문의 키워드 stand-alone house가 stand-alone ~ houses로 언급된 주변을 주의 깊게 듣는다. 남자가 'stand-alone or separate houses are usually located in suburban areas'라며 단독 혹은 독

립 주택은 보통 교외 지역에 위치한다고 한 뒤, 'You'll have to travel farther just to get to work and go shopping.'이라며 그저 직장에 가거나 쇼핑하러 가기 위해 멀리 이동해야 할 것이라고 했다. 따라서 (b)가 정답이다.

43 특정세부사항   What   정답 (d)

According to Josh, what could be limiting about living in a condo?

(a) having to share amenities with other unit owners
(b) having to depend on the condo's staff for repairs
(c) having to make one's guests go through security
(d) having to follow the condo's rules

Josh에 따르면, 아파트에 사는 것에 관해 자유롭지 않을 수 있는 것은 무엇인가?

(a) 다른 가구 소유주들과 편의 시설을 공유해야 하는 것
(b) 아파트의 직원들에게 수리를 의존해야 하는 것
(c) 손님이 경비를 거쳐야 하는 것
(d) 아파트의 규칙을 따라야 하는 것

해설   Josh에 따르면 아파트에 사는 것에 관해 자유롭지 않을 수 있는 것은 무엇인지를 묻는 What 문제이므로, 질문의 키워드 limiting이 limit으로 언급된 주변을 주의 깊게 듣는다. 남자가 'A downside to condos is that the management imposes rules that limit your choices and activities.'라며 아파트의 단점은 관리부가 개인의 선택권과 활동을 제한하는 규칙을 부과한다는 것이라고 했다. 따라서 (d)가 정답이다.

어휘   limiting[límitiŋ] 자유롭지 않은   go through ~을 거치다, 겪다

44 추론   특정사실   정답 (c)

Based on the conversation, how do developers most likely design the condo units?

(a) to be as spacious as possible
(b) to have private amenities each
(c) to be as compact as possible
(d) to be maintenance-free

대화에 따르면, 개발업자들은 어떻게 아파트를 설계할 것 같은가?

(a) 가능한 한 공간이 넓도록
(b) 각 가구가 개인 편의 시설을 보유하도록
(c) 가능한 한 공간이 작고 경제적이도록
(d) 유지 보수가 필요 없도록

해설   개발업자들은 어떻게 아파트를 설계할 것 같은지를 추론하는 문제이므로, 질문의 키워드 developers가 그대로 언급된 주변을 주의 깊게 듣는다. 남자가 'condo units ~ squeeze in as many units into a building as possible'이라며 아파트는 보통 가능한 한 많은 가구들을 한 건물에 밀어 넣기를 원하는 개발업자들에 의해 지어진다고 한 것을 통해, 개발업자들은 가능한 한 공간이 작고 경제적이도록 아파트를 설계할 것임을 추론할 수 있다. 따라서 (c)가 정답이다.

어휘   spacious[spéiʃəs] (공간이) 넓은   compact[kəmpǽkt] (공간이) 작고 경제적인, 소형의

45 추론   다음에 할 일   정답 (a)

What will Crystal and her husband most likely do?

(a) They will buy a house.
(b) They will find a house near their workplace.

Crystal과 남편은 무엇을 할 것 같은가?

(a) 주택을 구매할 것이다.
(b) 일터 근방에 있는 주택을 찾을 것이다.

지텔프 기출문제집 Level 2

(c) They will buy a condominium.

(d) They will rent an apartment.

(c) 아파트를 구매할 것이다.

(d) 아파트를 임대할 것이다.

해설 Crystal과 남편이 다음에 할 일을 추론하는 문제이므로, 지문의 후반을 주의 깊게 듣는다. 여자가 'I think I'd like to have enough space for our furniture.'라며 가구를 위한 충분한 공간을 갖고 싶다고 한 뒤, 'Both my husband and I work from home, so the daily commute won't be a problem.'이라며 남편과 자신은 둘 다 집에서 일해서 날마다의 통근 거리는 문제가 안 될 것이라고 한 것을 통해, 공간이 넓고 보통 교외 지역에 위치하는 주택을 구매할 것임을 추론할 수 있다. 따라서 (a)가 정답이다.

PART 4 [46~52] 설명 밴드를 만드는 7단계

인사 + 주제 제시

Hello, music lovers. There are thousands of bands right now that are releasing songs left and right. If you want to start a band that will be part of the ever-growing music industry, I have to tell you that it can be tough out there. But the exciting rewards gained in the pursuit of art will make up for it. So, ⁴⁶I am going to give you a guide on how to establish a successful band.

안녕하세요, 음악 애호가분들. 현재 여기저기에서 노래를 발표하는 수천 개의 밴드가 있습니다. 만약 당신이 계속 성장하는 음악 산업의 일부가 될 밴드를 시작하고 싶다면, 저는 그것이 고될 수 있다고 말씀드려야 하겠네요. 하지만 예술을 추구하는 것에서 얻어지는 흥미로운 보상이 그걸 만회할 겁니다. 그래서, ⁴⁶저는 여러분에게 성공적인 밴드를 만드는 방법에 대해 안내해드리겠습니다.

1단계: 밴드 구성

⁴⁷The first step, obviously, is to find bandmates. Determine what types of musicians you need based on how you want your band to sound. Your best option is to invite your musician friends. You can also meet people with common musical interests by going to band performances, or gigs, and joining music-related clubs. It is also helpful to hold auditions.

⁴⁷첫 번째 단계는, 분명히, 밴드 구성원을 찾는 것이죠. 여러분의 밴드가 어떻게 소리를 내기를 원하는지에 근거하여 필요한 연주자의 유형을 결정하세요. 최고의 선택은 연주자인 친구들을 초대하는 겁니다. 여러분은 또한 밴드 공연, 혹은 연주에 가거나, 음악과 관련된 동아리에 가입해서 공통된 음악적 관심을 지닌 사람들을 만날 수도 있습니다. 오디션을 주최하는 것도 도움이 됩니다.

2단계: 연습

The second step is to start practicing with your bandmates. And never stop. Practice makes perfect. ⁴⁸Since your band still has no original compositions, practice first with songs that all members know. Practices will give you an idea of the musical styles and skills of each member. They will also allow you to learn more about your band members' personalities and establish good working relationships with them. From there, figure out how your individual strengths can work together.

두 번째 단계는 밴드 구성원들과 연습을 시작하는 겁니다. 그리고 절대 멈추지 마세요. 연습이 완벽을 만듭니다. ⁴⁸여러분의 밴드는 아직 독창적인 작품이 없기 때문에, 모든 구성원들이 아는 곡으로 먼저 연습하세요. 연습은 각 구성원의 음악적 스타일과 기술에 대한 아이디어를 줄 겁니다. 연습은 또한 여러분이 밴드 구성원의 성격에 대해 더 잘 알고 그들과 좋은 업무 관계를 구축하도록 해줄 것입니다. 거기서부터, 개인적인 강점들이 어떻게 조화될 수 있는지 알아보세요.

3단계: 정체성 확립

⁴⁹After many rehearsals, your band should have an idea of what type of sound you are going to produce. This is the next step in becoming a successful band — establishing your identity. Start writing your own songs that will showcase what your band is about, be it rock, pop, jazz, and others. This way, people will easily know one of your songs when they hear it.

⁴⁹많은 연습 이후에, 여러분의 밴드는 어떤 유형의 소리를 낼 것인지에 대한 아이디어를 가져야 합니다. 이게 바로 성공적인 밴드가 되는 다음 단계인데, 정체성을 확립하는 것입니다. 여러분의 밴드가 어떤 밴드인지 소개해줄, 록, 팝, 재즈, 기타 등등의, 여러분만의 노래를 쓰기 시작하세요. 이런 식으로, 사람들은 노래를 들으면 그게 여러분의 노래 중 하나라는 것을 쉽게 알 겁니다.

The fourth step is to play at gigs and other events. ⁵⁰Live performances will make your band visible to the

네 번째 단계는 공연이나 다른 행사에서 연주하는 겁니다. ⁵⁰실황 공연은 여러분의 밴드를 대중이 알아

public and help establish a following. You could cover songs of other bands and artists; just make sure to apply your own style to it. But don't forget to also play your original songs because these will best show your band's identity.

Fifth, once you have established a substantial following, [51]it's time to release some songs to attract more followers. Use the Internet to your advantage. Almost everyone has access to it, and [51]you can release your songs for free through many online platforms such as Soundcloud, Bandcamp, and YouTube.

The sixth step is to keep jamming. Like all forms of art, your music will always have room for improvement. Never stay idle, practice more, and play a lot of gigs. Go outside of your comfort zone and listen to other musical genres you may not be familiar with. Just keep loving the music and work your songs to perfection. Continue creating your own original songs, too.

Finally, go for that contract! Join tours to make your fans, and potential fans, more aware of your band. More importantly, [52]a recording company agent searching for the next "big thing" in music might notice you during one of your performances. That could lead to a recording contract. You can also send out demo recordings of your songs to record labels to increase your band's chances of landing a recording contract.

With that said, go out and form a band. And I hope that you will remember me when you have become famous.

볼 수 있게 만들고 팬을 만들게 도와줄 겁니다. 여러분은 다른 밴드와 예술가의 음악을 커버할 수도 있는데, 그것에 여러분의 스타일을 녹여내는 것만 명심하세요. 하지만 여러분의 독창적인 노래를 연주하는 것이 밴드의 정체성을 가장 잘 보여줄 테니 그것도 잊지 마세요.

다섯 번째로, 충분한 팬을 만들고 나면, [51]더 많은 추종자들을 모을 노래 몇 곡을 발표할 때입니다. 인터넷을 여러분에게 유리하게 이용하세요. 거의 모든 사람들은 인터넷을 이용할 수 있고, 여러분은 사운드클라우드, 밴드캠프, 그리고 유튜브와 같은 [51]여러 온라인 유통 채널을 통해 노래를 무료로 발표할 수 있습니다.

여섯 번째 단계는 계속 즉흥적으로 연주하는 것입니다. 다른 모든 예술 형식과 마찬가지로, 여러분의 음악은 항상 개선의 여지가 있을 것입니다. 절대 나태해지지 마시고, 연습을 더 하며, 많은 공연을 하세요. 안락한 곳의 밖으로 나가서 여러분이 아마 익숙하지 않을 수도 있는 다른 음악 장르를 들으세요. 그냥 계속 음악을 사랑하시고 곡이 완벽해질 때까지 작업하세요. 자신만의 독창적인 곡도 계속 창작하세요.

마지막으로, 계약을 따세요! 여러분의 팬, 그리고 당신의 밴드에 대해 더 잘 아는 잠재적인 팬을 만들기 위해 투어에 참가하세요. 더욱 중요하게도, [52]음악 산업에서의 차세대 "거물"을 찾고 있는 음반 회사 담당자가 당신의 공연 중 하나에서 여러분을 알아볼지도 모릅니다. 그게 음반 계약으로 이어질 수 있어요. 또한 여러분의 곡이 담긴 데모 음반을 음반 회사에 보내 밴드가 계약을 따낼 가능성을 높일 수도 있습니다.

말했듯이, 나가서 밴드를 만드세요. 그리고 저는 여러분이 유명해졌을 때 저를 기억하기를 바랍니다.

4단계: 공연

5단계: 노래 발표

6단계: 즉흥 연주

7단계: 계약

끝인사

어휘 release [rilíːs] 발표하다, 출시하다 left and right 여기저기에서 ever-growing [evərgróuiŋ] 계속 성장하는, 점점 커지는 reward [riwɔ́ːrd] 보상 in the pursuit of ~을 추구하는 make up for ~을 만회하다 establish [istǽbliʃ] 만들다, 구축하다, 확립하다 determine [ditə́ːrmin] 결정하다, 알아내다 sound [saund] 소리를 내다; 소리, (특정한 음악 그룹 등의) 연주 스타일 gig [gig] 연주, 공연 original [əríddʒənl] 독창적인 composition [kὰːmpəzíʃn] 작품, 작곡 personality [pə̀ːrsənǽləti] 성격, 개성 strength [streŋθ] 강점, 힘 identity [aidéntəti] 정체성 showcase [ʃóukeis] 소개하다 visible [vízəbl] 알아볼 수 있는 following [fáːlouiŋ] 팬, 추종자 substantial [səbstǽnʃl] 충분한, 상당한 to one's advantage ~에게 유리하게 jam [dʒæm] 즉흥적으로 연주하다 improvement [imprúːvmənt] 개선 idle [áidl] 나태한, 빈둥거리는 comfort zone 안락한 곳 contract [káːntrækt] 계약 potential [pəténʃl] 잠재적인

46 주제/목적 담화의 목적

정답 (a)

Why did the speaker address the audience?

(a) to give tips on forming a band
(b) to talk about the music industry

왜 화자는 청중에게 강연을 했는가?

(a) 밴드를 만드는 것에 대한 조언을 하기 위해서
(b) 음악 산업에 대해 이야기하기 위해서

(c) to discuss the history of bands

(d) to talk about the rewards of forming a band

(c) 밴드의 역사에 대해 논의하기 위해서

(d) 밴드를 만드는 것의 보상에 대해 이야기하기 위해서

해설 담화의 목적을 묻는 문제이므로, 지문의 초반을 주의 깊게 듣는다. 화자가 'I am going to give you a guide on how to establish a successful band'라며 성공적인 밴드를 만드는 방법에 대해 안내하겠다고 한 뒤, 밴드를 만드는 과정에 관한 내용이 이어지고 있다. 따라서 (a)가 정답이다.

Paraphrasing
give ~ a guide on how to establish a ~ band 밴드를 만드는 방법에 대해 안내하다 → give tips on forming a band 밴드를 만드는 것에 대한 조언을 하다

---

47 특정세부사항   순서   정답 (d)

What is the first step in the talk?

(a) determining a preferred sound

(b) joining music-oriented clubs

(c) attending band performances

(d) recruiting band members

담화에서 첫 번째 단계는 무엇인가?

(a) 선호하는 연주 스타일을 결정하는 것

(b) 음악 중심의 동아리에 가입하는 것

(c) 밴드 공연에 참석하는 것

(d) 밴드 구성원을 모집하는 것

해설 순서를 묻는 문제이므로, 순서 표현 first step 주변을 주의 깊게 듣는다. 화자가 'The first step ~ is to find bandmates.'라며 첫 번째 단계는 밴드 구성원을 찾는 것이라고 했다. 따라서 (d)가 정답이다.

Paraphrasing
to find bandmates 밴드 구성원을 찾는 것 → recruiting band members 밴드 구성원을 모집하는 것

오답분석

(a), (b), (c) 밴드 구성원을 모집하기 위한 여러 수단들이므로 오답이다.

어휘 oriented[ɔ́ːrièntid] 중심의 recruit[rikrúːt] 모집하다, 채용하다

---

48 특정세부사항   Why   정답 (d)

Why is it allowable to play familiar songs first during a new band's initial practices?

(a) because it will help combine each member's abilities

(b) because it will show each member's talents

(c) because new members can't learn new songs yet

(d) because the band doesn't have their own songs yet

왜 새로운 밴드의 초기 연습에서 친근한 곡을 먼저 연주하는 것이 적당한가?

(a) 각 구성원의 능력을 결합하도록 도울 것이기 때문에

(b) 각 구성원의 재능을 보여줄 것이기 때문에

(c) 새로운 구성원들이 새로운 곡을 아직 배울 수 없기 때문에

(d) 밴드에게 고유의 곡이 아직 없기 때문에

해설 왜 새로운 밴드의 초기 연습에서 친근한 곡을 먼저 연주하는 것이 적당한지를 묻는 Why 문제이므로, 질문의 키워드 familiar songs가 songs that all members know로 paraphrasing되어 언급된 주변을 주의 깊게 듣는다. 화자가 'Since your band still has no original compositions, practice first with songs that all members know.'라며 밴드는 아직 독창적인 작품이 없기 때문에 모든 구성원들이 아는 곡으로 먼저 연습하라고 했다. 따라서 (d)가 정답이다.

49 특정세부사항   What   정답 (a)

What should the band be able to do after several practices?

(a) create its personality
(b) write original songs
(c) compile songs to play at gigs
(d) play at local events

여러 번의 연습 이후에 밴드는 무엇을 할 수 있어야 하는가?

(a) 개성을 창조한다
(b) 독창적인 곡을 쓴다
(c) 공연에서 연주할 노래를 편집한다
(d) 지역 행사에서 연주한다

해설 여러 번의 연습 이후에 밴드는 무엇을 할 수 있어야 하는지를 묻는 What 문제이므로, 질문의 키워드 after several practices가 after many rehearsals로 paraphrasing되어 언급된 주변을 주의 깊게 듣는다. 화자가 'After many rehearsals, your band should have an idea of what type of sound you are going to produce.'라며 많은 연습 이후에 밴드는 어떤 유형의 소리를 낼 것인지에 대한 아이디어를 가져야 한다고 한 뒤, 'This is the next step in ~ establishing your identity.'라며 이것이 성공적인 밴드가 되는 다음 단계인 정체성을 확립하는 것이라고 했다. 따라서 (a)가 정답이다.

Paraphrasing

establishing your identity 정체성을 확립하는 것 → create its personality 개성을 창조한다

어휘 compile [kəmpáil] 편집하다

50 특정세부사항   How   정답 (b)

According to the speaker, how can a new band start attracting fans?

(a) by playing its original songs
(b) by doing public performances
(c) by covering songs of other bands
(d) by adding their own style to popular songs

화자에 따르면, 새로운 밴드는 어떻게 팬을 모으기 시작할 수 있는가?

(a) 독창적인 곡을 연주함으로써
(b) 대중적인 공연을 함으로써
(c) 다른 밴드의 곡을 커버함으로써
(d) 인기 있는 곡에 그들의 스타일을 더함으로써

해설 새로운 밴드는 어떻게 팬을 모으기 시작할 수 있는지를 묻는 How 문제이므로, 질문의 키워드 attracting fans가 establish a following으로 paraphrasing되어 언급된 주변을 주의 깊게 듣는다. 화자가 'Live performances will make your band visible to the public and help establish a following.'이라며 실황 공연은 밴드를 대중이 알아볼 수 있게 만들고 팬을 만들게 도와줄 것이라고 했다. 따라서 (b)가 정답이다.

Paraphrasing

live performances 실황 공연 → public performances 대중적인 공연

TEST 1
TEST 2
TEST 3
TEST 4
TEST 5
TEST 6

지텔프 기출문제집 Level 2

What is most likely the effect of releasing a song online for free?	온라인에서 노래를 무료로 발표하는 것의 효과는 무엇일 것 같은가?
(a) It will get covered by other bands. (b) It will receive more radio air time. (c) It will be available to more listeners. (d) It will save the band website maintenance costs.	(a) 노래가 다른 밴드에 의해 커버될 것이다. (b) 노래가 더 많은 라디오 전파를 탈 것이다. (c) 노래가 더 많은 청자들에게 이용 가능할 것이다. (d) 밴드 웹사이트 유지 비용을 절약해줄 것이다.

해설 온라인에서 노래를 무료로 발표하는 것의 효과는 무엇일 것 같은지를 추론하는 문제이므로, 질문의 키워드 releasing a song ~ for free가 release your songs for free로 언급된 주변을 주의 깊게 듣는다. 화자가 'it's time to release some songs to attract more followers'라며 더 많은 추종자들을 모을 노래 몇 곡을 발표할 때라고 한 뒤, 'you can release your songs for free through many online platforms'라며 여러 온라인 유통 채널을 통해 노래를 무료로 발표할 수 있다고 한 것을 통해, 온라인에서 노래를 무료로 발표하는 것의 효과는 노래가 더 많은 청자들에게 이용 가능한 것임을 추론할 수 있다. 따라서 (c)가 정답이다.

How can joining tours increase a band's chances of signing a recording contract?	투어에 참가하는 것이 어떻게 밴드가 음반 계약을 체결할 가능성을 높일 수 있는가?
(a) by having the chance to meet a producer during a tour (b) by being endorsed by fans for a contract (c) by being able to make a demo tape during a tour (d) by being discovered by a talent scout during a tour	(a) 투어 중 제작자를 만날 가능성을 가짐으로써 (b) 계약을 위해 팬들의 지지를 받음으로써 (c) 투어 중에 데모 테이프를 만들 수 있게 됨으로써 (d) 투어 중에 신인 발굴 담당자에게 발견됨으로써

해설 투어에 참가하는 것이 어떻게 밴드가 음반 계약을 체결할 가능성을 높일 수 있는지를 묻는 How 문제이므로, 질문의 키워드 contract가 그대로 언급된 주변을 주의 깊게 듣는다. 화자가 'a recording company agent ~ might notice you during one of your performances'라며 음악 산업에서의 차세대 거물을 찾고 있는 음반 회사 담당자가 공연 중 하나에서 밴드를 알아볼지도 모른다고 했다. 따라서 (d)가 정답이다.

Paraphrasing
a recording company agent 음반 회사 담당자 → a talent scout 신인 발굴 담당자
notice you during one of your performances 공연 중 하나에서 밴드를 알아보다 → being discovered ~ during a tour 투어 중에 발견되다

어휘 endorse [indɔ́:rs] 지지하다, 보증하다

READING & VOCABULARY

PART 1 (53~59) 인물의 일대기 세계적인 피겨 스케이팅 선수 미셸 콴

인물 이름

MICHELLE KWAN

인물 소개

Michelle Kwan is an American former professional figure skater. Kwan, a five-time world champion and two-time Olympic medalist, is the most decorated figure skater in U.S. history.

어린 시절 + 경력 시작 계기

Kwan was born on July 7, 1980, in Los Angeles, California, to Chinese immigrants Estella and Danny Kwan. She has two older siblings, Ron and Karen. [53]When they were young, Michelle and Karen would watch their brother play hockey. This inspired the sisters to ask their parents for skating lessons, and [58]the subsequent figure skating classes effectively started Kwan's career.

초기 활동

The Kwan sisters began receiving private lessons and soon won in some local competitions. The lessons cost, though, and to cover the expenses, the Kwans sold their house and moved in with the girls' grandparents. [54]Michelle Kwan's success in local skating competitions, however, led to a scholarship to train at the elite Ice Castle International Training Center. To pursue her promising figure skating career as well as her studies, she was privately homeschooled.

경력 시작 + 주요 활동

[55]The move to Ice Castle helped Kwan's skating career take off. There, she was trained by renowned figure skater, Frank Carroll. The 11-year-old Kwan began competing in junior championships in 1991. She competed in her first senior championship in 1993, which was also the time when she qualified as an alternate on the 1994 U.S. Olympic team.

주요 업적

[59]Kwan started to intently develop her art in the late 1990s. She improved her speed and jumping, performed more elaborate and difficult techniques, and [56(b)]introduced a distinct sense of mature artistic expression in her choreographies. [56(a)]Kwan won five World Championships from 1996 to 2003, and [56(c)]earned two Olympic medals: a silver in 1998 and a bronze in 2002. [56(d)]Her last competitive figure skating event was in 2005.

미셸 콴

미셸 콴은 미국의 전 피겨 스케이팅 프로 선수이다. 콴은 5번의 세계 챔피언이자 2번의 올림픽 메달리스트로, 미국 역사상 가장 상을 많이 받은 피겨 스케이팅 선수이다.

콴은 1980년 7월 7일에 캘리포니아 주의 로스앤젤레스에서, 중국인 이민자 에스텔라 콴과 대니 콴 사이에서 태어났다. 그녀는 론과 카렌이라는 두 명의 손위 형제자매를 두었다. [53]어렸을 때, 미셸과 카렌은 그들의 오빠가 하키를 하는 것을 지켜보고는 했다. 이는 자매가 스케이팅 수업을 받게 해달라고 부모에게 부탁하도록 자극했으며, [58]그 이후의 피겨 스케이팅 수업들이 사실상 콴의 경력이 시작되게 했다.

콴 자매는 개인 수업을 받기 시작했고 곧 몇몇 국내 대회에서 우승했다. 하지만, 수업은 비용이 많이 들었으며, 비용을 대기 위해, 콴 가족은 집을 팔고 자매의 조부모네 집으로 들어갔다. [54]하지만, 미셸 콴의 국내 스케이팅 대회 성적들은 엘리트 아이스 캐슬 국제 훈련 센터에서 훈련할 수 있는 장학금을 가져다주었다. 학업뿐 아니라 유망한 피겨 스케이팅 경력도 추구하기 위해, 그녀는 개인적으로 홈스쿨링을 받았다.

[55]아이스 캐슬로의 이주는 콴의 스케이팅 경력이 도약하는 것을 도왔다. 그곳에서, 그녀는 유명한 피겨 스케이팅 선수인 프랭크 캐롤에게 훈련받았다. 1991년에 11살의 콴은 주니어 대회에 참가하기 시작했다. 1993년에 그녀는 처음으로 시니어 대회에 참가했으며, 이는 그녀가 1994년 미국 올림픽팀의 교체 선수로서의 자격을 얻은 때이기도 하다.

[59]콴은 1990년대 후반에 열심히 그녀의 기술을 개발하기 시작했다. 그녀는 속도와 점프를 개선했고, 더 정교하고 어려운 기술을 수행했으며, [56(b)]그녀의 안무에서 남다른 센스의 성숙한 예술적인 표현을 선보였다. [56(a)]콴은 1996년부터 2003년까지 5개의 세계 선수권 대회에서 우승했으며, [56(c)]2개의 올림픽 메달을 획득했는데, 1998년에는 은메달, 2002년에는 동메달이었다. [56(d)]그녀의 마지막 피겨 스케이팅 경기는 2005년에 있었다.

Despite qualifying for the 2006 Winter Olympics, [57]Kwan withdrew from the national team after suffering a groin injury. She then attended University of Denver to study International Relations while minoring in Political Science. She also went to Tufts University for graduate studies. Upon completing her studies, Kwan pursued a diplomatic career, traveling around the world to meet young people and talk about different issues such as leadership initiatives and health and fitness.

Kwan hasn't competed professionally for over ten years, but she still occasionally performs in skating programs for the public.

2006년 동계 올림픽에 참가할 자격이 되었음에도 불구하고, [57]콴은 사타구니 부상을 당한 이후 국가대표팀에서 물러났다. 그 후 그녀는 덴버 대학교에 다니며 국제관계학을 공부했으며 정치학을 부전공했다. 그녀는 대학원 과정을 위해 터프츠 대학원에 다니기도 했다. 학업을 마치자마자, 콴은 외교 경력을 추구하며, 젊은 사람들을 만나고 리더십 계획과 건강 및 체력과 같은 여러 쟁점에 대해 이야기하기 위해 전 세계를 돌아다녔다.

콴은 10년이 넘도록 프로 경기에 참가하지 않았지만, 그녀는 여전히 대중을 위한 스케이팅 프로그램들에서 가끔 공연한다.

어휘 decorated adj. 상을 많이 받은, 훈장을 받은 immigrant n. 이민자 siblings n. 형제자매 subsequent adj. 그 이후의 scholarship n. 장학금 promising adj. 유망한 privately adv. 개인적으로, 혼자 take off phr. 도약하다 alternate n. 교체 선수 intently adv. 열심히 elaborate adj. 정교한 mature adj. 성숙한 choreography n. 안무, 연출 withdraw v. 물러나다, 철수하다 groin n. 사타구니 injury n. 부상 minor v. 부전공하다 diplomatic adj. 외교의 initiative n. 계획, 진취성 occasionally adv. 가끔

---

53 특정세부사항 What 　　　　　정답 (b)

What made Michelle Kwan engage in skating as a child?	무엇이 어린 시절 미셸 콴을 스케이팅에 사로잡히게 만들었는가?
(a) her parents' insistence	(a) 부모의 강요
(b) watching her brother skate	(b) 오빠가 스케이트를 타는 것을 본 것
(c) a third-party financial sponsorship	(c) 제삼자의 재정 후원
(d) her family's immigration to the U.S.	(d) 가족의 미국으로의 이주

해설 무엇이 어린 시절 미셸 콴을 스케이팅에 사로잡히게 만들었는지를 묻는 What 문제이므로, 질문의 키워드 engage in skating과 관련된 주변 내용을 주의 깊게 읽는다. 2단락의 'When they were young, Michelle and Karen would watch their brother play hockey.'에서 어렸을 때 미셸과 카렌은 오빠가 하키를 하는 것을 지켜보고는 했다고 한 뒤, 'This inspired the sisters to ask their parents for skating lessons'에서 이것은 자매가 스케이팅 레슨을 받게 해달라고 부모에게 부탁하도록 자극했다고 했다. 따라서 (b)가 정답이다.

어휘 engage v. 사로잡다, 끌다 insistence n. 강요 sponsorship n. 후원

---

54 추론 특정사실 　　　　　정답 (b)

Why most likely did Ice Castle give Kwan a scholarship?	왜 아이스 캐슬은 콴에게 장학금을 주었던 것 같은가?
(a) because Ice Castle traditionally helped poor families	(a) 아이스 캐슬은 전통적으로 빈곤 가정을 도왔기 때문에
(b) because they saw potential in her	(b) 그녀의 잠재력을 보았기 때문에
(c) because her parents could no longer pay for her training	(c) 그녀의 부모가 더 이상 훈련을 위한 돈을 지불할 수 없었기 때문에
(d) because it was the prize she won from a contest	(d) 그것이 그녀가 대회에서 따낸 상이었기 때문에

해설 왜 아이스 캐슬은 콴에게 장학금을 주었던 것 같은지를 추론하는 문제이므로, 질문의 키워드 Ice Castle이 그대로 언급된 주변 내용을 주의 깊게 읽는다. 3단락의 'Michelle Kwan's success ~ led to a scholarship to train at the elite Ice Castle International

Training Center.'에서 미셸 콴의 국내 스케이팅 대회 성적들은 엘리트 아이스 캐슬 국제 훈련 센터에서 훈련할 수 있는 장학금을 가져다주었다고 한 것을 통해, 아이스 캐슬은 콴의 잠재력을 보았기 때문에 그녀에게 장학금을 주었던 것임을 추론할 수 있다. 따라서 (b)가 정답이다.

고득점

55	특정세부사항	How		정답 (d)

How did Kwan's skating career get launched?	어떻게 콴의 스케이팅 경력이 성공적으로 되기 시작했는가?
(a) by outperforming Frank Carroll	(a) 프랭크 캐롤을 능가함으로써
(b) by taking private lessons	(b) 개인 수업을 받음으로써
(c) by competing at the Olympics	(c) 올림픽 대회에 참가함으로써
(d) by starting training at Ice Castle	(d) 아이스 캐슬에서 훈련받기 시작함으로써

해설 어떻게 콴의 스케이팅 경력이 성공적으로 되기 시작했는지를 묻는 How 문제이므로, 질문의 키워드 career get launched가 career take off로 paraphrasing되어 언급된 주변 내용을 주의 깊게 읽는다. 4단락의 'The move ~ helped Kwan's skating career take off.'에서 아이스 캐슬로의 이주는 콴의 스케이팅 경력이 도약하는 것을 도왔다고 한 뒤, 'There, she was trained by ~ Frank Carroll.'에서 그곳에서 그녀는 유명한 피겨 스케이팅 선수인 프랭크 캐롤에게 훈련받았다고 했다. 따라서 (d)가 정답이다.

오답분석

(b) 2단락에서 피겨 스케이팅 수업들이 사실상 콴의 경력이 시작되게 했다고는 했지만, 미셸 콴의 선수로서의 경력이 성공적으로 도약하기 시작한 배경으로 볼 수는 없으므로 오답이다.

어휘 launch v. (경력, 사업에서) 성공적으로 되기 시작하다 outperform v. 능가하다

고득점

56	Not/True	Not 문제		정답 (c)

Which did not happen to Kwan from the mid-1990s onwards?	1990년대 중반부터 콴에게 일어난 일이 아닌 것은?
	(a) 다섯 번 세계 챔피언이 되었다.
	(b) 그녀의 연기가 성숙함을 얻었다.
(a) She became a five-time world champion.	(c) 올림픽 시합에서 1위를 했다.
(b) Her performances acquired maturity.	(d) 스케이트 시합에 참가하는 것을 그만두었다.
(c) She won first place in an Olympic event.	
(d) She stopped joining skating contests.	

해설 1990년대 중반부터 콴에게 일어난 일이 아닌 것을 묻는 Not 문제이므로, 보기의 키워드와 지문 내용을 대조하며 언급되는 것을 하나씩 소거한다. (c)는 5단락의 'earned ~ a silver in 1998 and a bronze in 2002'에서 콴은 2개의 올림픽 메달을 획득했는데 1998년에는 은메달이었고 2002년에는 동메달이었다고 언급되었으므로 지문의 내용과 일치하지 않는다. 따라서 (c)가 정답이다.

오답분석

(a) 보기의 키워드 a five-time world champion이 five World Championships로 paraphrasing되어 언급된 5단락에서 1996년부터 2003년까지 5개의 세계 선수권 대회에서 우승했다고 언급되었다.

(b) 보기의 키워드 maturity가 mature ~ expression으로 paraphrasing되어 언급된 5단락에서 안무에서 남다른 센스의 성숙한 예술적인 표현을 선보였다고 언급되었다.

(d) 보기의 키워드 stopped ~ contests가 last competitive ~ event로 paraphrasing되어 언급된 5단락에서 마지막 피겨 스케이팅 경기가 2005년에 있었다고 언급되었다.

어휘 onwards adv. ~부터

Why didn't Michelle Kwan compete in the 2006 Winter Olympics? (a) because she participated in diplomatic talks (b) because she got disqualified (c) because she was hurt (d) because she returned to school	왜 미셸 콴은 2006년 동계 올림픽에 참가하지 않았는가? (a) 외교 회담에 참여했기 때문에 (b) 자격이 되지 않았기 때문에 (c) 다쳤기 때문에 (d) 학교로 돌아갔기 때문에

해설 왜 미셸 콴은 2006년 동계 올림픽에 참가하지 않았는지를 묻는 Why 문제이므로 질문의 키워드 2006 Winter Olympics가 그대로 언급된 주변 내용을 주의 깊게 읽는다. 6단락의 'Kwan withdrew from the national team after suffering a groin injury'에서 콴은 사타구니 부상을 당한 이후 국가대표팀에서 물러났다고 했다. 따라서 (c)가 정답이다.

Paraphrasing
suffering a ~ injury 부상을 당한 → hurt 다친

In the context of the passage, <u>subsequent</u> means _____. (a) resulting (b) helpful (c) preceding (d) motivating	지문의 문맥에서, 'subsequent'는 -을 의미한다. (a) 그 결과로서의 (b) 도움이 되는 (c) 선행하는 (d) 동기 부여가 되는

해설 밑줄 친 어휘의 유의어를 찾는 문제이므로, subsequent가 포함된 구절을 읽는다. 2단락의 'the subsequent figure skating classes effectively started Kwan's career'는 그 이후의 피겨 스케이팅 수업들이 사실상 콴의 경력이 시작되게 했다는 뜻이므로, subsequent가 '그 이후의'라는 의미로 사용된 것을 알 수 있다. 따라서 '그 결과로서의'라는 비슷한 의미의 (a) resulting이 정답이다.

In the context of the passage, <u>intently</u> means _____. (a) reluctantly (b) seriously (c) willingly (d) truthfully	지문의 문맥에서, 'intently'는 -을 의미한다. (a) 마지못해 (b) 진지하게 (c) 기꺼이 (d) 정직하게

해설 밑줄 친 어휘의 유의어를 찾는 문제이므로, intently가 포함된 구절을 읽는다. 5단락의 'Kwan started to intently develop her art in the late 1990s.'는 콴은 1990년대 후반에 열심히 그녀의 기술을 개발하기 시작했다는 뜻이므로, intently가 '열심히'라는 의미로 사용된 것을 알 수 있다. 따라서 '진지하게'라는 비슷한 의미의 (b) seriously가 정답이다.

기사 제목

ELON MUSK HAS LAUNCHED NEURALINK TO MERGE BRAINS WITH COMPUTERS

회사 설립

Elon Musk, the founder of forward-thinking technology companies such as SpaceX and Tesla, recently announced his newest venture. Named NeuraLink, the technology company is attempting to connect the human brain with "intelligent" machines to enhance its performance.

설립 목적

Musk believes that artificial intelligence (AI) is the biggest threat to man's existence, as it might take over our lives in the future. [60]Neuralink was founded to allow man to take advantage of AI and not the other way around. It will focus on devices that can be implanted into a human brain. These implants could potentially improve memory by adding, for example, removable memory storage banks to retrieve thoughts. This will be done through [61]brain-computer interface (BCI), a communication system where a wired brain is connected to an external device.

현재 상황 + 잠재력

The venture is still in its earliest stages and has no public presence yet. However, Musk is hopeful that [64]Neuralink products will one day be used to enhance memory and even allow interaction with devices using only our minds. As of today, [62]the company is still focusing on proving that the technology is viable by attempting to treat epilepsy, Parkinson's disease, and depression with implants. With constant research, Musk is nonetheless certain that [65]the medical application will come to fruition in just four or five years.

향후 과제

Despite the considerable potential of the company, Neuralink faces great challenges. First, the human mind is still largely a mystery. Scientists still have to deal with [66]technical issues such as modernizing today's elementary methods for gathering data from neurons in the brain and determining how to properly read and write neural code. Second, [63]most people are not receptive to the idea of having their minds opened — literally — to have electronics embedded inside. This makes finding test subjects difficult. Also, ethical issues may arise around electronic brain implants because of the possibility of the brain being hacked to access private thoughts.

엘론 머스크가 뇌를 컴퓨터와 융합시키는 뉴럴링크를 설립했다

스페이스X와 테슬라와 같은 진보적인 기술 회사의 설립자인 엘론 머스크는, 최근에 그의 새로운 모험적 사업을 발표했다. 뉴럴링크라는 이름의 이 기술 회사는, "지능을 가진" 기계의 수행 능력을 향상시키기 위해 인간의 뇌와 그것을 연결하고자 시도하고 있다.

머스크는 인공 지능(AI)이 인간 존재에 가장 큰 위협이라고 생각하는데, 이는 미래에 그것이 우리의 삶을 장악할지도 모르기 때문이다. [60]뉴럴링크는 사람이 인공 지능을 이용하도록 하고 그 반대가 아니게 하기 위해 설립되었다. 이 회사는 인간의 뇌에 이식될 수 있는 장치에 초점을 맞출 것이다. 이러한 이식은, 예컨대, 생각을 복구하기 위한 떼어낼 수 있는 기억 저장 장치와 같은 것을 더함으로써 아마도 기억력을 향상시킬 수 있다. 이것은 [61]네트워크에 연결되어 있는 뇌가 외부 장치와 접속되는 통신 체계인 뇌-컴퓨터 인터페이스(BCI)를 통해 행해질 것이다.

모험적 사업은 여전히 초기 단계에 있으며 아직 공개된 것은 없다. 하지만, 머스크는 [64]뉴럴링크 제품이 언젠가 기억력을 향상시키는 데 사용될 것이고 심지어 오직 생각만을 이용해 장치들과의 상호작용을 가능하게 할 것이라고 기대한다. 현재, [62]회사는 이식으로 간질, 파킨슨병, 그리고 우울증을 치료하는 것을 시도함으로써 그 기술이 실행 가능하다는 것을 증명하는 데 여전히 초점을 맞추고 있다. 거듭되는 연구를 통해, 머스크는 그래도 [65]4년에서 5년 내에는 이 의료의 적용이 성과를 맺을 것이라고 확신한다.

회사의 상당한 잠재력에도 불구하고, 뉴럴링크는 큰 과제들을 마주한다. 첫째로, 인간의 사고는 여전히 큰 불가사의이다. 과학자들은 여전히 뇌의 뉴런에서 정보를 수집하는 것과 신경 신호를 올바르게 읽고 쓰는 방법을 결정하는 [66]오늘날의 초보적인 방식을 현대화하는 것과 같은 기술적 문제를 처리해야 한다. 둘째로, [63]대부분의 사람들은 말 그대로 자신들의 머리를 열어 안에 전자 장치를 심는 것을 선뜻 받아들이지 않는다. 이것은 피실험자를 찾는 것을 어렵게 만든다. 또한, 전자 뇌 이식을 둘러싼 윤리적 문제도 발생할 수 있는데 이는 개인의 생각에 접속하기 위해 뇌가 해킹당할 가능성 때문이다.

| 결론 | Although brain-computer interfaces have shown remarkable potential uses, such as moving simple robots by stimulating different areas of the brain, Neuralink has still to overcome the aforementioned challenges before making the technology available to consumers. | 뇌-컴퓨터 인터페이스가 뇌의 여러 부위를 활성화시킴으로써 간단한 로봇을 움직이는 것과 같은 뛰어난 잠재적 용도를 보여주기는 했지만, 뉴럴링크는 소비자들에게 기술이 이용 가능하도록 하기 전에 앞서 언급된 과제들을 여전히 해결해야 한다. |

어휘 merge v. 융합시키다, 합치다 forward-thinking adj. 진보적인 venture n. 모험적 사업, 모험 intelligent adj. 지능을 가진, 영리한 artificial adj. 인공의 threat n. 위협 existence n. 존재 take over phr. 장악하다, 인수하다 the other way around phr. 반대로 implant v. 이식하다; n. 이식, 이식 물질 removable adj. 떼어낼 수 있는 retrieve v. 복구하다, 다시 생각해내다 wired adj. 네트워크에 연결된 external adj. 외부의 enhance v. 향상시키다 viable adj. 실행 가능한 fruition n. 성과 considerable adj. 상당한 modernize v. 현대화하다 elementary adj. 초보적인 receptive adj. 선뜻 받아들이는, 수용적인 embed v. 심다, 끼워 넣다 ethical adj. 윤리적인 arise v. 발생하다 remarkable adj. 뛰어난 stimulate v. 활성화시키다 overcome v. 해결하다, 극복하다 aforementioned adj. 앞서 언급된

고득점

60 특정세부사항   Why   정답 (c)

Why did Elon Musk found Neuralink?	왜 엘론 머스크는 뉴럴링크를 설립했는가?
(a) to eliminate the threat of AI (b) to explore a new business venture (c) to maximize the use of AI (d) to create the world's first brain chip	(a) 인공 지능의 위협을 없애기 위해서 (b) 새로운 모험적 사업을 탐구하기 위해서 (c) 인공 지능의 용도를 최대한 활용하기 위해서 (d) 세계 최초의 뇌 칩을 만들기 위해서

해설 왜 엘론 머스크는 뉴럴링크를 설립했는지를 묻는 Why 문제이므로, 질문의 키워드 found Neuralink가 Neuralink was founded로 paraphrasing되어 언급된 주변 내용을 주의 깊게 읽는다. 2단락의 'Neuralink was founded ~ to take advantage of AI and not the other way around.'에서 뉴럴링크는 사람이 인공 지능을 이용하도록 하고 그 반대가 아니게 하기 위해 설립되었다고 했다. 따라서 (c)가 정답이다.

Paraphrasing
take advantage of AI 인공 지능을 이용하다 → maximize the use of AI 인공 지능의 용도를 최대한 활용하다

오답분석

(a) 2단락에서 머스크는 인공 지능이 인간 존재에 가장 큰 위협이라고 생각한다고는 언급되었지만, 인공 지능의 위협을 없애는 것이 뉴럴링크의 설립 이유라고는 하지 않았으므로 지문의 내용과 일치하지 않는다.

어휘 eliminate v. 없애다, 제거하다 maximize v. 최대한 활용하다

61 특정세부사항   What   정답 (b)

What does the brain-computer interface do?	뇌-컴퓨터 인터페이스는 무엇을 하는가?
(a) insert a computer into the brain (b) link the brain and an outer computer (c) allow an external device to read the mind (d) replace the brain with a computer	(a) 뇌에 컴퓨터를 삽입한다 (b) 뇌와 외부의 컴퓨터를 연결한다 (c) 외부 기기가 생각을 읽을 수 있도록 한다 (d) 뇌를 컴퓨터로 대체한다

해설 뇌-컴퓨터 인터페이스는 무엇을 하는지를 묻는 What 문제이므로, 질문의 키워드 brain-computer interface가 그대로 언급된 주변 내용을 주의 깊게 읽는다. 2단락의 'brain-computer interface ~ is connected to an external device'에서 네트워크에 연결되어 있

는 뇌가 외부 장치와 접속되는 통신 체계인 뇌-컴퓨터 인터페이스라고 했다. 따라서 (b)가 정답이다.

Paraphrasing

a wired brain is connected to an external device 네트워크에 연결되어 있는 뇌가 외부 장치와 접속된다 → link the brain and an outer computer 뇌와 외부의 컴퓨터를 연결한다

어휘   insert v. 삽입하다   link v. 연결하다

---

62 특정세부사항   How   정답 (d)

How is Neuralink trying to prove that its technology will work?

(a) by creating devices that can be controlled by the mind
(b) by speeding up the human brain processes
(c) by trying to enhance memory with artificial storage
(d) by working to treat brain-related disorders with it

어떻게 뉴럴링크는 그것의 기술이 효과가 있을 것임을 증명하고자 하는가?

(a) 생각으로 조종될 수 있는 장치를 만듦으로써
(b) 인간 뇌 처리 과정을 빠르게 함으로써
(c) 인공 저장 장치를 통해 기억력을 향상시키려고 시도함으로써
(d) 뇌와 관련된 장애를 그 기술로 치료하기 위해 노력함으로써

해설   어떻게 뉴럴링크는 그것의 기술이 효과가 있을 것임을 증명하고자 하는지를 묻는 How 문제이므로, 질문의 키워드 trying to prove가 focusing on proving으로 paraphrasing되어 언급된 주변 내용을 주의 깊게 읽는다. 3단락의 'the company is still focusing on proving that the technology is viable by attempting to treat ~ depression with implants'에서 회사는 이식으로 간질, 파킨슨병, 그리고 우울증을 치료하는 것을 시도함으로써 그 기술이 실행 가능하다는 것을 증명하는 데 여전히 초점을 맞추고 있다고 했다. 따라서 (d)가 정답이다.

Paraphrasing

epilepsy, Parkinson's disease, and depression 간질, 파킨슨병, 그리고 우울증 → brain-related disorders 뇌와 관련된 장애

어휘   disorder n. 장애, 무질서

---

63 특정세부사항   Why   정답 (d)

Why is it difficult for Neuralink to find test subjects?

(a) People don't trust artificial intelligence.
(b) People don't want to change their brains' performance.
(c) People don't want their private thoughts to be read.
(d) People don't want their brains to be altered.

왜 뉴럴링크는 피실험자를 찾기 어려운가?

(a) 사람들은 인공 지능을 신뢰하지 않는다.
(b) 사람들은 자신의 뇌 수행 능력을 바꾸고 싶어 하지 않는다.
(c) 사람들은 자신의 개인적인 생각이 읽히는 것을 원하지 않는다.
(d) 사람들은 그들의 뇌가 개조되는 것을 원하지 않는다.

해설   왜 뉴럴링크는 피실험자를 찾기 어려운지를 묻는 Why 문제이므로, 질문의 키워드 test subjects가 그대로 언급된 주변 내용을 주의 깊게 읽는다. 4단락의 'most people are not receptive to ~ have electronics embedded inside.'에서 대부분의 사람들은 자신들의 머리를 열어 안에 전자 장치를 심는 것을 선뜻 받아들이지 않는다고 한 뒤, 'This makes finding test subjects difficult.'에서 이것은 피실험자를 찾는 것을 어렵게 만든다고 했다. 따라서 (d)가 정답이다.

어휘   alter v. 개조하다, 바꾸다

64 **추론** 특정사실 정답 (a)

What could happen when Neuralink surpasses the current challenges?	뉴럴링크가 현재의 과제들을 뛰어넘으면 무슨 일이 생길 수 있는가?
(a) Humans will be able to retain more memories.	(a) 인간이 더 많은 기억을 간직할 수 있을 것이다.
(b) AI will no longer be needed.	(b) 인공 지능이 더 이상 필요하지 않을 것이다.
(c) Humans will be able to communicate mentally.	(c) 인간이 마음속으로 대화할 수 있게 될 것이다.
(d) Brain disorders will be wiped out.	(d) 뇌 장애가 완전히 없어질 것이다.

해설 뉴럴링크가 현재의 과제들을 뛰어넘으면 무슨 일이 생길 수 있는지를 추론하는 문제이므로, 뉴럴링크의 잠재력에 대해 서술한 3단락의 내용을 주의 깊게 읽는다. 3단락의 'Neuralink products will one day be used to enhance memory'에서 뉴럴링크 제품이 언젠가 기억력을 향상시키는 데 사용될 것이라고 한 것을 통해, 현재의 과제들을 뛰어넘으면 인간이 더 많은 기억을 간직할 수 있을 것임을 추론할 수 있다. 따라서 (a)가 정답이다.

Paraphrasing
enhance memory 기억력을 향상시키다 → be able to retain more memories 더 많은 기억을 간직할 수 있다

어휘 surpass v. 뛰어넘다, 능가하다 retain v. 간직하다, 보유하다 mentally adv. 마음속으로, 정신적으로 wipe out phr. 완전히 없애다

65 **어휘** 유의어 정답 (c)

In the context of the passage, fruition means _____.	지문의 문맥에서, 'fruition'은 -을 의미한다.
(a) conclusion	(a) 결론
(b) beginning	(b) 시작
(c) completion	(c) 완성
(d) failure	(d) 실패

해설 밑줄 친 어휘의 유의어를 찾는 문제이므로, fruition이 포함된 구절을 읽는다. 3단락의 'the medical application will come to fruition in just four or five years'는 4년에서 5년 내에 의료의 적용이 성과를 맺을 것이라는 뜻이므로, fruition이 '성과'라는 의미로 사용된 것을 알 수 있다. 따라서 '완성'이라는 비슷한 의미의 (c) completion이 정답이다.

66 **어휘** 유의어 정답 (c)

In the context of the passage, elementary means _____.	지문의 문맥에서, 'elementary'는 -을 의미한다.
(a) advanced	(a) 고급의
(b) minimal	(b) 최소의
(c) undeveloped	(c) 미발달의
(d) ineffective	(d) 효과 없는

해설 밑줄 친 어휘의 유의어를 찾는 문제이므로, elementary가 포함된 구절을 읽는다. 4단락의 'technical issues such as modernizing today's elementary methods'는 오늘날의 초보적인 방식을 현대화하는 것과 같은 기술적 문제라는 뜻이므로, elementary가 '초보적인'이라는 의미로 사용된 것을 알 수 있다. 따라서 '미발달의'라는 비슷한 의미의 (c) undeveloped가 정답이다.

표제어	**FLYING FISH**

FLYING FISH

정의 + 소개

[67]The flying fish is a marine fish that travels above the surface of the water. The fish includes about 40 species of the *Exocoetidae* family found around the world. [67]A flying fish cannot actually fly but only glides through the air for a short period of time.

이동 방법

Flying fish get airborne to travel long distances quickly. They also glide above water to escape predators, which include tuna, mackerel, and swordfish. A flying fish beats its uneven and forked tail to gain enough speed underwater and [72]propel itself up to 4 feet into the air. It then spreads its wing-like fins to glide. A fish has been recorded to travel up to 1,312 feet and remain above water for as long as 45 seconds. [68]Although helpful in avoiding seaborne attackers, gliding makes flying fish prey for fish-eating birds.

종별 특징

Schools of flying fish can be found in tropical and subtropical oceans all over the world. The different species vary in size, but most flying fish grow to between 7 and 12 inches long and never weigh more than two pounds. [69]Several species have an additional pair of wing-like fins that allow them to glide for longer distances.

새끼의 특징

The fish feed on plankton and smaller fish. Their mating season occurs when ocean currents are at their weakest as these allow large groups to gather. [70/73]The fish are most underlined vulnerable when they are young, so females attach their eggs to seaweed and floating objects. Young flying fish have long threadlike appendages sticking out from their lower jaw, which they use to attach themselves to nearby plants and blend in.

현황

Flying fish are heavily fished for food. Despite being consumed by humans, encountering pollution in oceans, and facing dangers early in life, the fish is not considered endangered and has not been placed under environmental protection. The estimated number of flying fish in the wild is unknown, but [71]they are found in large numbers in the majority of the world's oceans and are unlikely to become endangered anytime soon.

날치

[67]날치는 수면 위에서 이동하는 바닷물고기이다. 이 물고기는 전 세계에서 발견되는 약 40종의 날치과를 포함한다. [67]날치는 사실상 날 수 없으며 단지 짧은 시간 동안 공기를 가르며 활강할 뿐이다.

날치는 먼 거리를 빠르게 이동하기 위해 비행한다. 또한 참치, 고등어, 그리고 황새치 등을 포함하는 포식자에게서 도망치기 위해 물 위를 활강하기도 한다. 날치는 물속에서 충분한 속도를 내기 위해 그들의 울퉁불퉁하고 갈라진 꼬리를 휘저어 [72]공중으로 4피트까지 자신을 추진한다. 그러고는 날개 모양의 지느러미를 펼쳐 활강한다. 날치는 1,312피트까지 이동하고 물 위에 45초까지 머무른다고 기록되어 왔다. [68]해상 공격자를 피하는 데 도움이 되기는 하지만, 활강하는 것은 날치가 물고기를 먹는 조류의 먹이가 되게 한다.

날치 떼는 전 세계의 열대와 아열대 대양에서 발견될 수 있다. 여러 종은 크기에서 차이가 나지만, 대부분의 날치는 7인치에서 12인치까지 자라며 절대 2파운드보다 무게가 더 나가지는 않는다. [69]몇몇 종은 더 먼 거리를 활강하게 해주는 날개 모양의 지느러미가 한 쌍 더 있다.

날치는 플랑크톤이나 보다 작은 물고기를 먹고 산다. 그들의 짝짓기 철은 해류가 가장 약할 때 일어나는데 이때 큰 무리들이 모일 수 있게 되기 때문이다. [70/73]날치는 어릴 때 가장 연약하기 때문에, 암컷들은 알을 미역과 떠다니는 물체에 부착한다. 어린 날치들은 그들의 아래턱뼈에서 튀어나온 길고 가느다란 부속 기관을 가지고 있는데, 날치들은 이것을 가까이에 있는 식물에 들러붙어서 섞여 들기 위해 사용한다.

날치는 식량으로 많이 잡힌다. 인간에 의해 소비되고, 대양의 오염에 직면하고, 생애 초기에 위험을 마주함에도 불구하고, 이 물고기는 멸종위기에 처한 것으로 여겨지지 않으며 환경 보호 하에 놓이지 않았다. 야생 날치의 추정치는 알려지지 않았지만, [71]전 세계 대부분의 대양에서 많은 수가 발견되며 곧 멸종 위기에 처할 것 같지는 않다.

어휘 surface n. 수면, 표면 species n. 종 glide v. 활강하다 airborne adj. 비행 중인, 공중에 떠 있는 predator n. 포식자 uneven adj. 울퉁불퉁한 forked adj. 갈라진 propel v. 추진하다 fin n. 지느러미 seaborne adj. 해상의 prey n. 먹이 school n. 떼, 무리 tropical adj. 열대의 mating n. 짝짓기 ocean current phr. 해류 vulnerable adj. 연약한, 취약한 attach v. 부착하다, 들러붙다 threadlike adj. 가느다란 appendage n. 부속 기관, 부속물 stick out phr. 튀어나오다 blend in phr. 섞여 들다, 조화를 이루다 consume v. 소비하다 encounter v. 직면하다, 만나다 endangered adj. 멸종 위기에 처한

Why is the *Exocoetidae* family of fish referred to as "flying fish"?

(a) because they appear to fly
(b) because their fins look like wings
(c) because they have learned how to fly
(d) because they have forked tails

왜 날치과는 "날치"로 불리는가?

(a) 나는 것처럼 보이기 때문에
(b) 지느러미가 날개처럼 생겼기 때문에
(c) 나는 법을 배웠기 때문에
(d) 갈라진 꼬리를 가졌기 때문에

해설　왜 날치과는 날치로 불리는지를 묻는 Why 문제이므로, 질문의 키워드 Exocoetidae family가 그대로 언급된 주변 내용을 주의 깊게 읽는다. 1단락의 'The flying fish ~ travels above the surface of the water.'에서 날치는 수면 위에서 이동하는 바닷물고기라는 정의를 언급한 뒤, 'A flying fish cannot actually fly but only glides through the air for a short period of time.'에서 날치는 사실상 날 수 없으며 단지 짧은 시간 동안 공기를 가르며 활강할 뿐이라고 했다. 따라서 (a)가 정답이다.

What is the drawback of the flying fish escaping attackers by getting airborne?

(a) not being able to catch their own prey
(b) being exposed to another type of predator
(c) staying out of water for too long
(d) getting exhausted by the activity

날치가 비행하여 공격자를 피하는 것의 단점은 무엇인가?

(a) 자신의 먹이를 잡지 못하게 되는 것
(b) 다른 유형의 포식자에게 노출되는 것
(c) 물 밖에 너무 오래 있는 것
(d) 활동으로 인해 탈진하게 되는 것

해설　날치가 비행하여 공격자를 피하는 것의 단점을 묻는 문제이므로, 질문의 키워드 escaping attackers by getting airborne과 관련된 부정적인 흐름을 파악한다. 2단락의 'Although helpful in avoiding seaborne attackers, gliding makes flying fish prey for fish-eating birds.'에서 활강하는 것이 해상 공격자를 피하는 데 도움이 되기는 하지만 날치가 물고기를 먹는 조류의 먹이가 되게 한다고 했다. 따라서 (b)가 정답이다.

Paraphrasing
fish-eating birds 물고기를 먹는 조류 → another type of predator 다른 유형의 포식자

어휘　exhausted　adj. 탈진한, 기진맥진한

How are some flying fish able to glide for longer distances?

(a) by having an extra pair of wings
(b) by beating their tails more quickly
(c) by having a lighter body weight
(d) by having an extra pair of fins

일부 날치는 어떻게 더 먼 거리를 활강할 수 있는가?

(a) 추가 날개 한 쌍을 가지고 있음으로써
(b) 꼬리를 더 빨리 휘저음으로써
(c) 더 가벼운 몸무게를 가지고 있음으로써
(d) 추가 지느러미 한 쌍을 가지고 있음으로써

해설　일부 날치는 어떻게 더 먼 거리를 활강할 수 있는지를 묻는 How 문제이므로, 질문의 키워드 glide for longer distances가 그대로 언급된 주변 내용을 주의 깊게 읽는다. 3단락의 'Several species have an additional pair of wing-like fins ~ to glide for longer distances.'에서 몇몇 종은 더 먼 거리를 활강하게 해주는 날개 모양의 지느러미가 한 쌍 더 있다고 했다. 따라서 (d)가 정답이다.

추론　특정사실　　　　　　　　　　　　　　　　　　　　　정답 (a)

What is most likely the reason why flying fish attach their eggs to underwater plants and objects?

(a) to keep them safe from danger
(b) to allow them easy access to food
(c) to restrict their movement
(d) to give them access to shelter

날치가 수중 식물이나 물체에 알을 부착하는 이유가 무엇일 것 같은가?

(a) 위험으로부터 안전하게 지키기 위해서
(b) 먹이에 더 쉽게 접근하게 하기 위해서
(c) 움직임을 제한하기 위해서
(d) 은신처에 접근할 수 있게 하기 위해서

해설　날치가 수중 식물이나 물체에 알을 부착하는 이유가 무엇일 것 같은지를 추론하는 문제이므로, 질문의 키워드 attach their eggs가 그대로 언급된 주변 내용을 주의 깊게 읽는다. 4단락의 'The fish are most vulnerable when they are young, so females attach their eggs to ~ floating objects.'에서 날치는 어릴 때 가장 연약하기 때문에 암컷들은 알을 미역과 떠다니는 물체에 부착한다고 한 것을 통해, 알을 위험으로부터 안전하게 지키기 위해 날치가 수중 식물이나 물체에 알을 부착하는 것임을 추론할 수 있다. 따라서 (a)가 정답이다.

어휘　restrict v. 제한하다　shelter n. 은신처

71　**특정세부사항**　Why　　　　　　　　　　　　　　　　　　　정답 (a)

Why are flying fish unlikely to become an endangered species?

(a) They still have a large population.
(b) They are unaffected by pollution.
(c) Many of their young survive.
(d) They are not fished for food.

왜 날치는 멸종 위기종이 될 것 같지 않은가?

(a) 아직 많은 개체 수를 가졌다.
(b) 오염에 영향을 받지 않는다.
(c) 새끼가 많이 살아남았다.
(d) 식량으로 잡히지 않는다.

해설　왜 날치는 멸종 위기종이 될 것 같지 않은지를 묻는 Why 문제이므로, 질문의 키워드 unlikely to become ~ endangered가 그대로 언급된 주변 내용을 주의 깊게 읽는다. 5단락의 'they are found in large numbers ~ and are unlikely to become endangered anytime soon'에서 전 세계 대부분의 대양에서 많은 수가 발견되며 곧 멸종 위기에 처할 것 같지는 않다고 했다. 따라서 (a)가 정답이다.

어휘　unaffected adj. 영향을 받지 않는

72　**어휘**　유의어　　　　　　　　　　　　　　　　　　　　　　　정답 (c)

In the context of the passage, underline{propel} means _____.

(a) drag
(b) fix
(c) push
(d) fly

지문의 문맥에서, 'propel'은 -을 의미한다.

(a) 끌다
(b) 고정시키다
(c) 밀다
(d) 날다

해설　밑줄 친 어휘의 유의어를 찾는 문제이므로, propel이 포함된 구절을 읽는다. 2단락의 'propel itself up to 4 feet into the air'는 공중으로 4피트까지 자신을 추진한다는 뜻이므로, propel이 '추진하다'라는 의미로 사용된 것을 알 수 있다. 따라서 '밀다'라는 비슷한 의미의 (c) push가 정답이다.

In the context of the passage, <u>vulnerable</u> means _____.

(a) important
(b) minute
(c) secure
(d) helpless

지문의 문맥에서, 'vulnerable'은 -을 의미한다.

(a) 중요한
(b) 미세한
(c) 안전한
(d) 무력한

해설　밑줄 친 어휘의 유의어를 찾는 문제이므로, vulnerable이 포함된 구절을 읽는다. 4단락의 'The fish are most vulnerable when they are young'은 날치는 어릴 때 가장 연약하다는 뜻이므로, vulnerable이 '연약한'이라는 의미로 사용된 것을 알 수 있다. 따라서 '무력한'이라는 비슷한 의미의 (d) helpless가 정답이다.

PART 4 (74~80) 비즈니스 편지　교육 회의에 초대하는 편지

<table>
<tr><td>수신인
정보</td><td>

June 3, 2017

[77]Mr. Mark Fitzpatrick
Youth Representative
New Orleans Chapter

Dear Mark,

</td><td>

2017년 6월 3일

[77]Mr. Mark Fitzpatrick
청년 대표
뉴올리언스 지부

Mark님께,

</td></tr>
<tr><td>교육
회의
공지</td><td>

Greetings! As discussed during our first quarter meeting, [74]Quality in Progress will be holding a series of educational sessions regarding immigration laws beginning this coming July.

</td><td>

안녕하세요! 우리의 1분기 회의에서 논의된 것처럼, [74]Quality in Progress 사는 다가오는 이번 7월부터 이민법과 관련된 일련의 교육 회의들을 개최할 것입니다.

</td></tr>
<tr><td>교육의
필요성</td><td>

Our first educational session is entitled Citizenship and Immigration Documentation. [75/79]As immigration laws become more <u>intricate</u>, [75]our agents and volunteers need to have a clearer, more simplified understanding of the immigration process and the new procedures that need to be followed.

</td><td>

우리의 첫 교육 회의는 시민권과 입국 심사 서류라는 제목이 붙었습니다. [75/79]이민법이 더욱 복잡해지면서, [75]우리의 관리자들과 봉사자들은 이민 과정과 따라져야 하는 새로운 절차에 대해 더 명확하고, 더 간단한 이해를 할 필요가 있습니다.

</td></tr>
<tr><td>참석자
+
진행
방식</td><td>

We have invited several immigration lawyers and foreign policy specialists to discuss with us important matters. [76]These include explaining to clients what they need to know in order to avoid potential legal troubles when immigrating to a new country. The resource persons will lead a casual roundtable discussion of the topic that we hope will impart useful information to our members.

</td><td>

우리는 여러 이민 변호사들과 외교 정책 전문가들을 초대하여 중요한 문제에 대해 논의하고자 합니다. [76]이는 새로운 나라로 이민을 갈 때의 잠재적 법적 문제를 방지하기 위해 알아야 할 것들을 고객들에게 설명하는 것을 포함합니다. 자료 제공자가 한 주제에 대해 격식을 차리지 않는 원탁 회의를 진행할 것이며 우리는 이것이 우리 구성원들에게 도움이 되는 정보를 주기를 희망합니다.

</td></tr>
<tr><td>초대
대상</td><td>

Due to our organization's limited budget, only a select number of our members have been invited to attend this training. [77]Invitees were chosen based on their participation in our activities over the past year. Upon completion of the training, these members will receive [80]a certificate of participation as a <u>testament</u> to their increased knowledge.

</td><td>

우리 기관의 제한적인 예산으로 인해, 우리 구성원들 중 선정된 인원만 이 교육에 참여하도록 초대되었습니다. [77]초대된 사람들은 지난 한 해 동안의 우리 활동에 대한 참여도에 따라 선정되었습니다. 교육을 마치고 나면, 이 구성원들은 [80]그들의 늘어난 지식에 대한 증거인 참가 수료증을 받을 것입니다.

</td></tr>
</table>

Training will be held at Richford Recreation Hall, Room 193 on July 10, 11, and 12 2017, in New Orleans. As one of the members invited to attend this seminar, kindly complete the attached registration form and e-mail it to crystaldavis@qip.org by June 27th should you want to join the session.

참석 여부 회신 요청

[78]A separate e-mail regarding the event's program will be sent upon your acceptance of this invitation.

Sincerely,

발신인 정보

C. Davis
Crystal Davis
Coordinating Officer
Quality in Progress

교육은 2017년 7월 10일, 11일, 12일에 뉴올리언스 리치포드 레크리에이션 홀 193호실에서 개최될 것입니다. 이 세미나에 참가하도록 초대받으신 구성원의 한 명으로서, 회의에 참석하기를 원하신다면, 첨부된 신청서를 작성하여 6월 27일까지 crystaldavis@qip.org 로 이메일을 보내주시면 감사하겠습니다.

[78]이 초대를 수락하시면 행사 프로그램과 관련된 별도의 이메일이 발송될 것입니다.

C. Davis 드림
Crystal Davis
조정관
Quality in Progress 사

어휘   representative n. 대표   session n. 회의, 회기   immigration n. 이민, 입국 심사   entitle v. 제목을 붙이다   citizenship n. 시민권 documentation n. 서류, 문서   intricate adj. 복잡한   simplified adj. 간단한, 간소화 한   specialist n. 전문가 casual adj. 격식을 차리지 않는   impart v. 주다, 전하다   limited adj. 제한적인   invitee n. 초대된 사람   participation n. 참여도 certificate n. 수료증, 증명서   testament n. 증거   attached adj. 첨부된   registration form phr. 신청서   separate adj. 별도의 acceptance n. 수락, 동의

---

74   특정세부사항   What   정답 (b)

What will be held this coming July?

(a) lectures on how to immigrate to a new country
(b) meetings about immigration policies
(c) talks about a new immigration law
(d) recruitment of youth volunteers

다가오는 7월에 무엇이 개최될 것인가?

(a) 새로운 나라로 이민 가는 방법에 관한 강의
(b) 이민 정책에 관한 회의
(c) 새로운 이민법에 관한 담화
(d) 청년 봉사자들의 채용

해설   다가오는 7월에 무엇이 개최될 것인지를 묻는 What 문제이므로, 질문의 키워드 coming July가 그대로 언급된 주변 내용을 주의 깊게 읽는다. 1단락의 'Quality in Progress will be holding ~ sessions regarding immigration laws beginning this coming July' 에서 다가오는 7월부터 이민법과 관련된 일련의 교육 회의들을 개최할 것이라고 했다. 따라서 (b)가 정답이다.

Paraphrasing
educational sessions regarding immigration laws 이민법과 관련된 일련의 교육 회의들 → meetings about immigration policies 이민 정책에 관한 회의

고득점
75   특정세부사항   How   정답 (a)

According to Crystal Davis, how will the events benefit the attendees?

(a) by making them understand certain laws better
(b) by teaching them how to avoid outdated laws

Crystal Davis에 따르면, 행사는 어떻게 참가자들에게 유익할 것인가?

(a) 특정 법을 더 잘 이해하게 만듦으로써
(b) 시대에 뒤떨어지는 법을 피하는 방법을 가르쳐줌으로써

(c) by introducing simpler laws to them
(d) by helping them move abroad

(c) 더 간단한 법을 안내해줌으로써
(d) 해외로 이사하는 것을 도와줌으로써

해설　행사는 어떻게 참가자들에게 유익할 것인지를 묻는 How 문제이므로, 질문의 키워드 benefit the attendees와 관련된 주변 내용을 주의 깊게 읽는다. 2단락의 'As immigration laws become more intricate, our agents and volunteers need ~ understanding of ~ the new procedures that need to be followed.'에서 이민법이 더욱 복잡해지면서 관리자들과 봉사자들은 이민 과정과 따라져야 하는 새로운 절차에 대해 더 명확하고 더 간단한 이해를 할 필요가 있다고 했다. 따라서 (a)가 정답이다.

어휘　benefit v. 유익하다　outdated adj. 시대에 뒤떨어지는, 구식의　abroad adv. 해외로

고득점
76　특정세부사항　　Why
정답 (b)

Why is Quality in Progress hosting the educational sessions?

(a) to create better foreign policies
(b) to let members help their clients better
(c) to attract more volunteers
(d) to help its members avoid legal problems

왜 Quality in Progress 사는 교육 회의를 주최하는가?

(a) 더 나은 외교 정책을 만들기 위해서
(b) 구성원들이 그들의 고객을 더 잘 도울 수 있게 하기 위해서
(c) 더 많은 봉사자들을 모으기 위해서
(d) 구성원들이 법적 문제를 피할 수 있게 도와주기 위해서

해설　왜 Quality in Progress 사는 교육 회의를 주최하는지를 묻는 Why 문제이므로, 질문의 키워드 hosting ~ educational sessions와 관련된 주변 내용을 주의 깊게 읽는다. 3단락의 'These include explaining to clients what they need to know in order to avoid potential legal troubles when immigrating to a new country.'에서 회의는 새로운 나라로 이민을 갈 때의 잠재적 법적 문제를 방지하기 위해 알아야 할 것들을 고객들에게 설명하는 것을 포함한다고 했으므로, 구성원들이 고객을 더 잘 도울 수 있게 하기 위해서 교육 회의를 주최하는 것임을 추론할 수 있다. 따라서 (b)가 정답이다.

77　추론　　특정사실
정답 (c)

What could be the reason Mark is being invited to the event?

(a) He needs to understand immigration laws better.
(b) He's been a member for a long time.
(c) He joined past organization activities.
(d) His position in the organization is high.

Mark가 이 행사에 초대된 이유가 무엇일 수 있는가?

(a) 이민법에 대해 더 잘 이해할 필요가 있다.
(b) 오랜 기간 동안 구성원이었다.
(c) 기관의 이전 활동들에 참여했다.
(d) 기관에서의 그의 지위가 높다.

해설　Mark가 이 행사에 초대된 이유가 무엇일 수 있는지를 추론하는 문제이므로, 질문의 키워드 invited가 그대로 언급된 주변 내용을 주의 깊게 읽는다. 4단락의 'Invitees were chosen based on their participation in our activities over the past year.'에서 초대된 사람들은 지난 한 해 동안의 기관의 활동에 대한 참여도에 따라 선정되었다고 한 것을 통해, Mark가 기관의 이전 활동들에 참여했기 때문에 행사에 초대되었음을 추론할 수 있다. 따라서 (c)가 정답이다.

어휘　position n. 지위, 위치

78 특정세부사항 What

What will be sent separately to the members participating in the sessions?

(a) copies of laws to be discussed
(b) the contact information
(c) a registration form
(d) the event's detailed line-up

회의에 참여할 구성원들에게 별도로 발송될 것은 무엇인가?

(a) 논의될 법에 관한 자료
(b) 연락처
(c) 신청서
(d) 행사의 자세한 프로그램

해설 회의에 참여할 구성원들에게 별도로 발송될 것이 무엇인지를 묻는 What 문제이므로, 질문의 키워드 sent separately가 separate e-mail ~ sent로 paraphrasing되어 언급된 주변 내용을 주의 깊게 읽는다. 6단락의 'A separate e-mail regarding the event's program will be sent upon your acceptance of this invitation.'에서 초대를 수락하면 행사 프로그램과 관련된 별도의 이메일이 발송될 것이라고 했다. 따라서 (d)가 정답이다.

어휘 line-up n. (행사의) 프로그램, 목록

79 어휘 유의어

In the context of the passage, intricate means _____.

(a) legal
(b) ineffective
(c) simple
(d) complex

지문의 문맥에서, 'intricate'는 -을 의미한다.

(a) 합법적인
(b) 효과 없는
(c) 간단한
(d) 복잡한

해설 밑줄 친 어휘의 유의어를 찾는 문제이므로, intricate가 포함된 구절을 읽는다. 2단락의 'As immigration laws become more intricate' 는 이민법이 더욱 복잡해진다는 뜻이므로, intricate가 '복잡한'이라는 의미로 사용된 것을 알 수 있다. 따라서 '복잡한'이라는 같은 의미의 (d) complex가 정답이다.

80 어휘 유의어

In the context of the passage, testament means _____.

(a) award
(b) sign
(c) proof
(d) support

지문의 문맥에서, 'testament'는 -을 의미한다.

(a) 상
(b) 신호
(c) 증거
(d) 지원

해설 밑줄 친 어휘의 유의어를 찾는 문제이므로, testament가 포함된 구절을 읽는다. 4단락의 'a certificate of participation as a testament to their increased knowledge'는 늘어난 지식에 대한 증거인 참가 수료증이라는 뜻이므로, testament가 '증거'라는 의미로 사용된 것을 알 수 있다. 따라서 '증거'라는 같은 의미의 (c) proof가 정답이다.

G-TELP 기출 음성을 듣고 싶다면?

해커스인강(HackersIngang.com)에서
본 교재 MP3 다운받기

공식기출
TEST 6
해석·해설

GRAMMAR

LISTENING

READING & VOCABULARY

점수 : _____점 (_____ / 80)

GRAMMAR : _____ / 26
LISTENING : _____ / 26
READING & VOCABULARY : _____ / 28

*점수 계산법은 교재 14페이지를 참고하세요.

GRAMMAR

01 연결어   접속부사

정답 (a)

Sexual discrimination against women is a deeply ingrained way of thinking in many cultures. _____, people are inclined towards "benevolent sexism," whereby people think that women need assistance because they're of lesser status.

(a) Similarly
(b) On the contrary
(c) Afterward
(d) In the first place

여성에 대한 성차별은 많은 문화에서 몹시 뿌리 깊은 사고방식이다. <u>마찬가지로,</u> 사람들은 여성이 덜 중요한 지위에 있기 때문에 도움을 필요로 한다고 생각하는, "온정적 성차별주의"로 마음이 기운다.

해설   보기와 빈칸 뒤의 콤마를 통해 접속부사 문제임을 알 수 있으므로, 첫 문장부터 읽으며 문맥을 파악한다. 문맥상 여성에 대한 성차별은 많은 문화에서 몹시 뿌리 깊은 사고방식이며, 마찬가지로 사람들은 여성이 덜 중요한 지위에 있기 때문에 도움을 필요로 한다고 생각하는 온정적 성차별주의로 마음이 기운다는 의미가 되어야 자연스럽다. 따라서 '마찬가지로'라는 의미의 첨언을 나타내는 접속부사 (a) Similarly가 정답이다.

오답분석

(b) On the contrary는 '반면', (c) Afterward는 '후에', (d) In the first place는 '우선'이라는 의미로, 문맥에 적합하지 않아 오답이다.

어휘   **sexual discrimination** phr. 성차별   **ingrained** adj. 뿌리 깊은, 깊이 밴   **be inclined towards** phr. ~로 마음이 기울다
benevolent sexism phr. 온정적 성차별주의   **assistance** n. 도움, 지원   **status** n. (사회적) 지위, 신분

02 조동사   조동사 should 생략

정답 (b)

The workers of an automotive company are staging a protest over the termination of final-salary pensions. They have been camped outside of one of the company's plants since this morning, insisting that the board _____ the current pension scheme.

(a) is retaining
(b) retain
(c) would retain
(d) retains

한 자동차 회사의 근로자들은 퇴직 연금의 폐기에 대한 시위를 벌이고 있다. 그들은 이사회가 현재의 연금 제도를 유지해야 한다고 주장하면서, 오늘 아침부터 회사의 공장들 중 한 곳의 바깥에서 천막을 치고 있다.

해설   보기와 빈칸 문장의 that절을 통해 조동사 should 생략 문제임을 알 수 있으므로, 빈칸 주변에서 단서를 파악한다. that절 앞에 주장을 나타내는 동사 insist가 있으므로 that절에는 '(should +) 동사원형'이 와야 한다. 따라서 동사원형 (b) retain이 정답이다.

어휘   **automotive** adj. 자동차의   **stage a protest** phr. 시위를 벌이다   **termination** n. 폐기, 종료   **final-salary pension** phr. 퇴직 연금
camp v. 천막을 치다, 야영하다   **plant** n. 공장   **insist** v. 주장하다   **board** n. 이사회   **scheme** n. 제도, 계획   **retain** v. 유지하다

03 준동사 to부정사를 목적격 보어로 취하는 동사

정답 (c)

The New York City government has set up a new parking system, which makes use of an online application. Called ParkNYC, the app allows drivers _____ for parking by using their smartphones.

(a) paying
(b) having paid
(c) to pay
(d) to be paying

뉴욕시 정부는 새로운 주차 시스템을 마련했는데, 그것은 온라인 애플리케이션을 이용한다. ParkNYC라고 불리는 그 앱은, 운전자들이 그들의 스마트폰을 이용해 주차비를 지불하도록 허락한다.

해설 보기를 통해 준동사 문제임을 알 수 있으므로, 빈칸 주변에서 단서를 파악한다. 빈칸 앞 동사 allow는 'allow + 목적어 + 목적격 보어'의 형태로 쓰이며, to부정사를 목적격 보어로 취하여 '운전자들이 지불하도록 허락한다'라는 의미를 나타낸다. 따라서 to부정사 (c) to pay가 정답이다.

어휘 set up phr. 마련하다, 설립하다 make use of phr. ~을 이용하다 allow v. 허락하다, 할 수 있게 하다

04 가정법 가정법과거

정답 (c)

Marina Abramović is a performance artist who has worked with many high-profile celebrities. My friend Danny, who is always a fan of the avant-garde, _____ it if he were to be given the opportunity to work with her.

(a) will greatly appreciate
(b) is greatly appreciating
(c) would greatly appreciate
(d) had gladly accepted

Marina Abramović은 세간의 이목을 끄는 많은 유명 인사들과 작업했던 행위 예술가이다. 내 친구 Danny는, 언제나 아방가르드를 좋아하는데, 만약 그에게 그녀와 작업할 기회가 주어진다면 매우 고마워할 것이다.

해설 보기와 빈칸 문장의 if를 통해 가정법 문제임을 알 수 있으므로, 가정법 공식의 동사 부분을 파악한다. if절에 과거 동사(were)가 있으므로, 주절에는 이와 짝을 이루어 가정법과거를 만드는 'would(조동사 과거형) + 동사원형'이 와야 한다. 따라서 (c) would greatly appreciate가 정답이다.

어휘 performance artist phr. 행위 예술가 high-profile adj. 세간의 이목을 끄는 celebrity n. 유명 인사
avant-garde n. 아방가르드 (문학·예술에서 전위적인 사상) opportunity n. 기회 appreciate v. 고마워하다

05 시제 현재진행

정답 (d)

Meteorologists say that the *aurora borealis*, famously known as the "northern lights," will be appearing less frequently soon. As a result, they _____ the public to see the natural lights display while they still have the chance.

(a) will now encourage
(b) now encourage

기상학자들은 "북쪽의 빛"으로 유명하게 알려진 북극광이, 곧 덜 빈번하게 나타날 것이라고 말한다. 결과적으로, 그들은 지금 대중이 아직 기회가 있을 때 그 자연광의 발현을 볼 것을 권장하는 중이다.

(c) have now encouraged

(d) are now encouraging

해설   보기를 통해 시제 문제임을 알 수 있으므로, 시간 표현 관련 단서를 파악한다. 보기에 현재 시간 표현 now가 사용되었고, 문맥상 지금 권장하는 중이라는 의미가 되어야 자연스럽다. 따라서 현재진행시제 (d) are now encouraging이 정답이다. 참고로 보기에 현재 시간 표현 now가 포함된 경우, 문제를 읽지 않고도 현재진행시제를 정답으로 고를 수 있다.

어휘   meteorologist n. 기상학자   northern adj. 북쪽의   frequently adv. 빈번하게   as a result phr. 결과적으로   display n. 발현, 전시

---

06   조동사   조동사 must   정답 (b)

Advocates of Internet censorship argue that children can be psychologically damaged by watching inappropriate web material. Thus, these crusaders demand that a political consensus _____ be reached on the limits of allowable Internet content.

(a) would

(b) must

(c) will

(d) can

인터넷 검열의 지지자들은 아이들이 부적절한 웹 자료를 봄으로써 심리적으로 피해를 입을 수 있다고 주장한다. 따라서, 이러한 운동가들은 허용되는 인터넷 자료의 한계에 대한 정치적 합의가 이루어<u>져야 한다</u>고 요구한다.

해설   보기를 통해 조동사 문제임을 알 수 있으므로, 첫 문장부터 읽으며 문맥을 파악한다. 문맥상 허용되는 인터넷 자료의 한계에 대한 정치적 합의가 이루어져야 한다고 요구한다는 의미가 되어야 자연스러우므로, '~해야 한다'를 뜻하면서 의무를 나타내는 조동사 (b) must가 정답이다.

오답분석

(a) would는 과거의 불규칙한 습관이나 현재 사실의 반대, (c) will은 미래/예정, (d) can은 가능성/능력을 나타내어 문맥에 적합하지 않으므로 오답이다.

어휘   advocate n. 지지자   censorship n. 검열   psychologically adv. 심리적으로   damage v. 피해를 입히다
inappropriate adj. 부적절한   crusader n. 운동가, 개혁가   political adj. 정치적인   consensus n. 합의   allowable adj. 허용되는

---

07   시제   현재완료진행   정답 (d)

Last night, Pia dreamt about winning an "intergalactic" beauty pageant. She _____ weird dreams like this ever since she visited an old and mysterious-looking shopkeeper during her vacation in a deserted town in Mexico.

(a) was having

(b) is having

(c) had

(d) has been having

어젯밤에, Pia는 "은하계 간의" 미인 대회에서 수상하는 꿈을 꾸었다. 그녀는 휴가 동안 멕시코의 사람이 없는 소도시에서 나이 든 신비로운 외모의 상점 주인을 방문했던 이래로 줄곧 이와 같은 기묘한 꿈을 <u>꿔오고 있는 중이다</u>.

해설   보기를 통해 시제 문제임을 알 수 있으므로, 시간 표현 관련 단서를 파악한다. 현재완료진행시제의 단서로 쓰이는 시간 표현 'ever since + 과거 동사'(ever since ~ visited)가 사용되었고, 문맥상 나이 든 신비로운 외모의 상점 주인을 방문했던 이래로 줄곧 기묘한 꿈을 꿔오고

있는 중이라는 의미가 되어야 자연스럽다. 따라서 현재완료진행시제 (d) has been having이 정답이다.

오답분석

(b) 현재진행시제는 특정 현재 시점에 진행 중인 일을 나타내므로, 과거 시점부터 현재 시점까지 지속되는 기간을 나타내는 'ever since + 과거 동사'와 함께 쓰이지 않으므로 오답이다.

어휘 intergalactic adj. 은하계 간의 beauty pageant phr. 미인 대회 weird adj. 기묘한 deserted adj. 사람이 없는, 버려진

---

08 준동사 동명사의 보어 역할 정답 (a)

My neighbor, Mr. Banks, was sentenced to three years in prison for animal cruelty. His offense was _____ his cats poorly, often leaving them without food for several days.

(a) treating
(b) to be treating
(c) having treated
(d) to treat

나의 이웃인 Mr. Banks는 동물 학대로 삼 년의 징역형을 선고받았다. 그의 범죄는 그의 고양이들을 형편없이 다룬 것이었는데, 보통 먹이 없이 그들을 며칠 동안이나 방치했다.

해설 보기를 통해 준동사 문제임을 알 수 있으므로, 빈칸 주변에서 단서를 파악한다. 빈칸 앞에 동사 was가 왔으므로 빈칸은 주격 보어 자리이다. 보기 중 주격 보어 자리에 가장 적합한 것은 동명사이므로 (a) treating이 정답이다.

오답분석

(d) to부정사는 미래적인 의미가 강하므로 문맥에 가장 적합하지는 않아 오답이다.

어휘 be sentenced to prison phr. 징역형을 선고받다 animal cruelty phr. 동물 학대 offense n. 범죄, 공격 poorly adv. 형편없이

---

09 가정법 가정법과거완료 정답 (c)

The Chicago Cubs had been having a World Series Championship drought for over 100 years. Used to seeing the Cubs lose, Mr. Moore _____ his bets if he had known that they would miraculously win in 2016.

(a) changed
(b) is changing
(c) would have changed
(d) had changed

Chicago Cubs 팀은 100년이 넘게 월드 시리즈 대회에서 우승하지 못했었다. Cubs 팀이 지는 것을 보는 것에 익숙했던 Mr. Moore는, 만약 그가 그들이 2016년에 기적적으로 우승할 것을 알았다면 그의 베팅을 바꾸었을 것이다.

해설 보기와 빈칸 문장의 if를 통해 가정법 문제임을 알 수 있으므로, 가정법 공식의 동사 부분을 파악한다. if절에 'had p.p.' 형태의 had known이 있으므로, 주절에는 이와 짝을 이루어 가정법과거완료를 만드는 'would(조동사 과거형) + have p.p.'가 와야 한다. 따라서 (c) would have changed가 정답이다.

어휘 be used to phr. ~에 익숙하다 bet n. 베팅, 내기 miraculously adv. 기적적으로

---

10 관계사   관계부사 when   정답 (d)

The University of Santo Tomas is the oldest Catholic university in Asia. Since 1611, _____, the school has been visited four times by a total of three popes.

(a) where it was established
(b) that it was established
(c) how established it was
(d) when it was established

Santo Tomas 대학은 아시아에서 가장 오래된 가톨릭 대학이다. <u>그것이 설립되었던 때인</u>, 1611년 이래로, 학교는 총 세 명의 교황에 의해 네 차례 방문되었다.

해설   보기를 통해 관계사 문제임을 알 수 있으므로, 선행사 관련 단서를 파악한다. 시간 선행사 1611년을 받으면서, 완전한 절을 이끌 수 있는 관계부사가 필요하므로 (d) when it was established가 정답이다.

어휘   Catholic adj. 가톨릭의 a total of phr. 총, 전부 pope n. 교황 establish v. 설립하다

고득점
11 시제   과거완료진행   정답 (a)

Professional swimmer, Ryan Lochte, lost major endorsement deals after filing a false robbery report over an incident during the 2016 Rio Olympics. Top brands Speedo and Ralph Lauren _____ Lochte prior to the controversy.

(a) had been sponsoring
(b) sponsored
(c) would sponsor
(d) was sponsoring

프로 수영 선수인 Ryan Lochte는 2016년 리우 올림픽 동안의 사건에 대한 거짓 강도 신고를 한 이후 주요 지원 계약을 잃었다. 논란 전에는 세계적인 브랜드인 스피도 사와 랄프 로렌 사가 Lochte를 <u>후원해오고 있던 중이었다</u>.

해설   보기를 통해 시제 문제임을 알 수 있으므로, 시간 표현 관련 단서를 파악한다. 문맥상 지원 계약을 잃은 과거 시점(lost)보다 앞선 대과거에는 세계적인 브랜드가 Lochte를 후원해오고 있던 중이었다는 의미가 되어야 자연스럽다. 따라서 과거완료진행시제 (a) had been sponsoring이 정답이다.

오답분석

(d) 과거진행시제는 특정 과거 시점에 한창 진행 중이었던 일을 나타내므로, 대과거부터 과거 시점까지 지속되었던 일을 표현할 수 없어 오답이다.

어휘   endorsement n. 지원, 보증 file a report phr. 신고하다 robbery n. 강도 incident n. (불쾌한) 사건 controversy n. 논란

---

12 조동사   조동사 should 생략   정답 (b)

Macroeconomics is a difficult concept for the average person to understand because it requires knowledge of technical terms. Experts suggest that untrained people _____ on business news to familiarize themselves with this field of economics.

거시경제학은 일반적인 사람이 이해하기에는 어려운 개념인데 이는 그것이 전문 용어에 대한 지식을 요구하기 때문이다. 전문가들은 훈련되지 않은 사람들이 이 분야의 경제학에 익숙해지기 위해서는 비즈니스 뉴스에 관하여 많이 공부해야 한다고 제안한다.

(a) are reading up
(b) read up
(c) to read up
(d) will read up

해설 보기와 빈칸 문장의 that절을 통해 조동사 should 생략 문제임을 알 수 있으므로, 빈칸 주변에서 단서를 파악한다. 주절에 제안을 나타내는 동사 suggest가 있으므로 that절에는 '(should +) 동사원형'이 와야 한다. 따라서 동사원형 (b) read up이 정답이다.

어휘 technical term phr. 전문 용어 untrained adj. 훈련되지 않은 read up on phr. ~에 관하여 많이 공부하다

13 준동사   to부정사를 목적어로 취하는 동사   정답 (d)

Sharon read somewhere that each cigarette a person smokes takes away around seven minutes of his life. That's why she politely refuses _____ even when her closest peers offer her a cigarette every now and then.

(a) to be smoking
(b) smoking
(c) having smoked
(d) to smoke

Sharon은 사람이 피우는 담배 한 개비가 수명에서 7분을 앗아간다는 것을 어딘가에서 읽었다. 그것이 그녀가 가장 가까운 동료가 때때로 그녀에게 담배를 권할 때 흡연하는 것을 정중히 거절하는 이유이다.

해설 보기를 통해 준동사 문제임을 알 수 있으므로, 빈칸 주변에서 단서를 파악한다. 빈칸 앞 동사 refuse는 to부정사를 목적어로 취하므로, to부정사 (d) to smoke가 정답이다.

어휘 take away phr. 앗아가다, 빼앗다 politely adv. 정중히 refuse v. 거절하다 peer n. 동료 every now and then phr. 때때로

14 시제   미래완료진행   정답 (d)

Vince had his palm read by a fortune teller yesterday. He was told that he would have to wait ten years before he could get promoted. By that time, he _____ as a clerk for 20 years already!

(a) has been working
(b) will be working
(c) is working
(d) will have been working

Vince는 어제 점쟁이에게 손금을 보았다. 그는 그가 승진할 수 있기 전까지 십 년을 기다려야 할 것이라는 말을 들었다. 그 무렵이면, 그는 이미 20년 동안이나 점원으로 일해오고 있는 중일 것이다!

해설 보기를 통해 시제 문제임을 알 수 있으므로, 시간 표현 관련 단서를 파악한다. 미래완료진행시제의 단서로 함께 쓰이는 2가지 시간 표현 'by + 미래 시점'(By that time)과 'for + 기간 표현'(for 20 years)이 사용되었고, 문맥상 승진할 무렵이면 Vince는 20년 동안이나 점원으로 일해오고 있는 중일 것이라는 의미가 되어야 자연스럽다. 따라서 미래완료진행시제 (d) will have been working이 정답이다.

오답분석

(b) 미래진행시제는 특정 미래 시점에 진행 중일 일을 나타내므로, 과거 또는 현재 시점부터 미래 시점까지 지속될 기간을 나타내는 'for + 기간 표현'과 함께 쓰이지 않으므로 오답이다.

어휘 palm read phr. 손금 fortune teller phr. 점쟁이 get promoted phr. 승진하다 clerk n. 점원

⚡
고득점
15 가정법   가정법과거완료   정답 (a)

More than twenty years ago, the Mexican-American celebrity singer, Selena, was murdered by the president of her very own fan club. Critics believe that had she not died, Selena _____ to top music charts.

(a) would have continued
(b) continued
(c) was continuing
(d) continues

20년도 더 전에, 멕시코계 미국인인 유명 가수 Selena는, 바로 그녀 자신의 팬클럽 회장에 의해 살해당했다. 평론가들은 Selena가 죽지 않았다면, 그녀는 음악 차트 정상을 계속해서 차지했을 것이라고 믿는다.

해설   보기와 빈칸 문장의 도치 구문을 통해 가정법 문제임을 알 수 있으므로, 가정법 공식의 동사 부분을 파악한다. if가 생략되어 도치된 절에 'had p.p.' 형태의 had ~ not died가 왔으므로 주절에는 이와 짝을 이루어 가정법과거완료를 만드는 'would(조동사 과거형) + have p.p.'가 와야 한다. 따라서 (a) would have continued가 정답이다. 참고로 'had she not died'는 'if she had not died'로 바꿔쓸 수 있다.

어휘   murder v. 살해하다 critic n. 평론가 continue v. 계속 ~하다

16 가정법   가정법과거   정답 (c)

Toddlers sometimes say the weirdest things. My two-year-old nephew once said that if he were Superman, he _____ Lois Lane because "she writes for a newspaper."

(a) had not married
(b) did not marry
(c) would not marry
(d) will not be marrying

유아들은 가끔 정말 이상한 것들을 말한다. 한번은 내 두 살짜리 조카가 만약 그가 슈퍼맨이라면, 그는 "그녀가 신문 기사를 쓰기" 때문에 Lois Lane과 결혼하지 않을 것이라고 말했다.

해설   보기와 빈칸 문장의 if를 통해 가정법 문제임을 알 수 있으므로, 가정법 공식의 동사 부분을 파악한다. if절에 과거 동사(were)가 있으므로, 주절에는 이와 짝을 이루어 가정법과거를 만드는 'would(조동사 과거형) + 동사원형'이 와야 한다. 따라서 (c) would not marry가 정답이다.

어휘   toddler n. 유아 nephew n. (남자) 조카

17 관계사   주격 관계대명사 which   정답 (b)

Icelandic musician, Björk, arrived at the 73rd Academy Awards with a "swan dress" draped around her neck. The crazy dress, _____, is now considered one of the most infamous red-carpet outfits of the 21st century.

(a) that was designed by Marjan Pejoski

아이슬란드의 음악가인 Björk는, 그녀의 목 주위에 걸쳐진 "백조 드레스"를 입고 73회 아카데미 시상식에 도착했다. 그 말도 안 되는 드레스는, Marjan Pejoski에 의해 디자인된 것이었는데, 현재 21세기의 가장 악명 높은 레드카펫 의상 중의 하나로 여겨진다.

(b) which was designed by Marjan Pejoski
(c) who was designed by Marjan Pejoski
(d) how Marjan Pejoski designed it

해설 보기를 통해 관계사 문제임을 알 수 있으므로, 선행사 관련 단서를 파악한다. 사물 선행사 dress를 받으면서 콤마(,) 뒤에 올 수 있는 주격 관계대명사가 필요하므로, (b) which was designed by Marjan Pejoski가 정답이다.

오답분석
(a) 관계대명사 that도 사물 선행사를 받을 수 있지만, 콤마 뒤에 올 수 없으므로 오답이다.

어휘 swan n. 백조 drape v. (옷·천 등을 느슨하게) 걸치다 infamous adj. 악명 높은 outfit n. 의상, 복장

18 준동사   동명사의 주어 역할   정답 (a)

Aside from the depressing atmosphere, Dorothy hates funerals because of how she feels about eulogies. She believes that _____ highly about a person should be done while the person is still alive and able to hear it.

(a) speaking
(b) to speak
(c) to have spoken
(d) having spoken

우울한 분위기 외에도, Dorothy는 그녀가 추도 연설에 대해 느끼는 감정 때문에 장례식을 몹시 싫어한다. 그녀는 어떤 사람에 대해서 칭찬하는 것은 그 사람이 여전히 살아 있고 그것을 들을 수 있을 때 이루어져야 한다고 믿는다.

해설 보기를 통해 준동사 문제임을 알 수 있으므로, 빈칸 주변에서 단서를 파악한다. 빈칸 문장 동사 should be done의 주체가 되는 주어가 없으므로, 빈칸은 주어 자리이다. 주어 역할을 하는 것은 명사이므로, 보기 중 가장 적합한 동명사 (a) speaking이 정답이다.

오답분석
(b) to부정사와 동명사 둘 다 명사 역할을 할 수 있기 때문에 주어 자리에 올 수 있다. 그러나 주어 역할로 더 일반적으로 사용되어 자연스러운 것은 동명사이므로 to부정사는 오답이다.

어휘 depressing adj. 우울한 atmosphere n. 분위기 funeral n. 장례식 eulogy n. 추도 연설
speak highly about phr. ~에 대해서 칭찬하다 alive adj. 살아 있는

19 가정법   가정법과거   정답 (b)

The owner of DZ Bookstore has already caught several customers shoplifting, but cannot prove it because of his faulty surveillance camera. However, even if the CCTV were functioning, he _____ complaints with the police so as to avoid the inconvenience.

(a) won't file
(b) wouldn't file
(c) isn't filing
(d) didn't file

DZ 서점의 주인은 이미 몇몇 절도를 목격해왔지만, 그의 결함 있는 감시 카메라 때문에 그것을 증명할 수 없다. 하지만, 만약 CCTV가 작동 중이라고 할지라도, 그는 불편을 피하기 위해 경찰에 제소하지 않을 것이다.

해설 보기와 빈칸 문장의 even if를 통해 가정법 문제임을 알 수 있으므로, 가정법 공식의 동사 부분을 파악한다. if절에 과거 동사(were functioning)가 있으므로, 주절에는 이와 짝을 이루어 가정법과거를 만드는 'would(조동사 과거형) + 동사원형'이 와야 한다. 따라서 (b) wouldn't file이 정답이다.

어휘 shoplifting n. (상점에서의) 절도 faulty adj. 결함 있는 surveillance n. 감시 function v. 작동하다, 기능하다
inconvenience n. 불편 file a complaint phr. 제소하다, 고소장을 제출하다

---

20 시제 과거진행

정답 (c)

Laura screamed loudly when one of her brother's classmates, who was visiting him, walked into her bedroom by accident. She _____ clothes when Thomas entered the room thinking it was the bathroom.

(a) changed
(b) will be changing
(c) was changing
(d) is changing

Laura는 남동생의 반 친구들 중 한 명이, 남동생을 방문하고 있던 중, 무심코 그녀의 침실로 걸어 들어왔을 때 크게 비명을 질렀다. Thomas가 욕실이라고 생각하며 방에 들어왔을 때 그녀는 옷을 갈아입던 중이었다.

해설 보기를 통해 시제 문제임을 알 수 있으므로, 시간 표현 관련 단서를 파악한다. 과거진행시제의 단서로 쓰이는 시간 표현 'when + 과거 동사'(when ~ entered)가 사용되었고, 문맥상 Thomas가 욕실이라고 생각하며 Laura의 방에 들어왔을 때 그녀는 옷을 갈아입던 중이었다는 의미가 되어야 자연스럽다. 따라서 과거진행시제 (c) was changing이 정답이다.

오답분석

(a) 과거시제는 특정 과거 시점에 한창 진행되는 중이었던 일을 표현할 수 없으므로 오답이다.

어휘 scream v. 비명을 지르다 by accident phr. 무심코, 우연히

---

21 연결어 부사절 접속사

정답 (a)

Heterochromia is a genetic condition where a person's eyes have two different colors. Many people find this interesting _____ it only occurs in about 1% of the human population.

(a) since
(b) although
(c) therefore
(d) but

홍채 이색증은 한 사람의 눈이 각각 두 가지 다른 색을 가지는 유전적 질병이다. 그것은 오직 인구의 약 1퍼센트에서만 발생하기 때문에 많은 사람들은 그것을 흥미롭게 생각한다.

해설 보기를 통해 연결어 문제임을 알 수 있으므로, 첫 문장부터 읽으며 문맥을 파악한다. 문맥상 '오직 인구의 약 1퍼센트에서만 발생하기 때문에 많은 사람들은 홍채 이색증을 흥미롭게 생각한다'라는 의미가 되어야 자연스럽다. 따라서 '~ 때문에'라는 의미의 이유를 나타내는 부사절 접속사 (a) since가 정답이다.

오답분석

(b) although는 '~이긴 하지만', (c) therefore는 '그러므로', (d) but은 '하지만'이라는 의미로, 문맥에 적합하지 않아 오답이다.

어휘 genetic adj. 유전적인 condition n. 질병, 상태 human population phr. 인구

22   조동사   조동사 would   정답 (b)

Leo has been working as a forensic scientist for 12 years. Although he likes his job, the constant traveling and testifying in court stress him out. If given the chance, he _____ settle down peacefully in the countryside.

(a) can
(b) would
(c) may
(d) should

Leo는 법의학자로 12년 동안 일해오고 있다. 그는 자신의 일을 좋아하기는 하지만, 끊임없는 순회와 법정에서 증언하는 것은 그에게 스트레스를 준다. 만약 기회가 주어진다면, 그는 시골 지역에 평화롭게 정착할 것이다.

해설   보기를 통해 조동사 문제임을 알 수 있으므로, 첫 문장부터 읽으며 문맥을 파악한다. 문맥상 만약 기회가 주어진다면 Leo는 시골 지역에 평화롭게 정착할 것이라는 의미가 되어야 자연스러우므로, 현재 사실의 반대를 나타내는 조동사 (b) would가 정답이다.

    오답분석

    (a) can은 가능성/능력, (c) may는 약한 추측, (d) should는 의무/당위성을 나타내어 문맥에 적합하지 않으므로 오답이다.

어휘   forensic scientist phr. 법의학자   traveling n. 순회   testify v. 증언하다   court n. 법정   stress A out phr. A에게 스트레스를 주다

23   조동사   조동사 should 생략   정답 (c)

Ms. Keller asked her assistant for updates regarding the solicitation letters their foundation had sent out. She said it is imperative that they _____ positive responses from sponsors so they can initiate their pending projects with full support.

(a) are receiving
(b) will receive
(c) receive
(d) have received

Ms. Keller는 그녀의 조수에게 그들의 재단이 발송했던 간청 편지들에 대한 갱신을 요청했다. 그녀는 그들의 임박한 프로젝트를 완전한 지원과 함께 착수시키기 위해 그들이 후원자들로부터 긍정적인 응답을 받아야 하는 것이 필수적이라고 말했다.

해설   보기와 빈칸 문장의 that절을 통해 조동사 should 생략 문제임을 알 수 있으므로, 빈칸 주변에서 단서를 파악한다. 주절에 당위성을 나타내는 형용사 imperative가 있으므로 that절에는 '(should +) 동사원형'이 와야 한다. 따라서 동사원형 (c) receive가 정답이다.

어휘   solicitation n. 간청   imperative adj. 필수적인, 긴요한   response n. 응답   initiate v. 착수시키다   pending adj. 임박한, 곧 있을

24   준동사   동명사를 목적어로 취하는 동사   정답 (d)

Calendars and planners are usually discounted up to 70% in July, when half of the year has already passed. People who don't mind _____ only half of the products' pages take advantage of the low prices.

(a) to be using
(b) having used

달력과 계획표는 보통 일 년의 절반이 이미 지나간 때인 7월에는 70퍼센트까지 할인된다. 그 제품들의 절반의 페이지만 사용하는 것을 꺼리지 않는 사람들은 낮은 가격을 이용한다.

(c) to use

(d) using

해설 　보기를 통해 준동사 문제임을 알 수 있으므로, 빈칸 주변에서 단서를 파악한다. 빈칸 앞 동사 mind는 동명사를 목적어로 취하므로, 동명사 (d) using이 정답이다.

오답분석

(b) having used도 동명사이기는 하지만, 완료동명사(having used)로 쓰일 경우 '꺼린' 시점보다 '사용한' 시점이 앞선다는 것을 나타 내므로 문맥에 적합하지 않아 오답이다.

25　시제　미래진행　정답 (c)

Peterson Chemicals was alarmed at reports that a competitor is copying a breakthrough product that they have yet to release. The company's executives _____ a series of meetings beginning this afternoon to come up with a backup plan.

(a) will have been holding

(b) are holding

(c) will be holding

(d) have held

Peterson 화학 회사는 그들이 아직 출시하지 않은 획기적인 제품을 한 경쟁사가 표절하고 있다는 보고에 깜짝 놀랐다. 회사의 경영진들은 대비 계획을 생각해 내기 위해 오늘 오후부터 일련의 회의들을 하고 있는 중일 것이다.

해설 　보기를 통해 시제 문제임을 알 수 있으므로, 시간 표현 관련 단서를 파악한다. 미래 시간 표현 'beginning this afternoon'이 사용되었고, 문맥상 회사의 경영진들은 대비 계획을 생각해내기 위해 오늘 오후부터 일련의 회의들을 하고 있는 중일 것이라는 의미가 되어야 자연스럽다. 따라서 미래진행시제 (c) will be holding이 정답이다.

어휘 　be alarmed at phr. ~에 깜짝 놀라다　breakthrough adj. 획기적인　executive n. 경영진　backup adj. 대비의, 예비의

26　가정법　가정법과거완료　정답 (d)

Million-dollar competitions are held worldwide for the online game *League of Legends*. If someone had told the game's creators that this would happen back when they were launching the game in 2009, they _____ that it was impossible.

(a) had replied

(b) will have been replying

(c) were replying

(d) would have replied

온라인 게임 League of Legends의 백만 달러 대회가 전 세계적으로 주최된다. 만약 누군가가 그 게임의 제작자들에게 그들이 게임을 출시했던 2009년 당시에 이런 일이 일어날 것이라고 말했었다면, 그들은 그것이 불가능하다고 대답했을 것이다.

해설 　보기와 빈칸 문장의 If를 통해 가정법 문제임을 알 수 있으므로, 가정법 공식의 동사 부분을 파악한다. if절에 'had p.p.' 형태의 had told 가 있으므로, 주절에는 이와 짝을 이루어 가정법과거완료를 만드는 'would(조동사 과거형) + have p.p.'가 와야 한다. 따라서 (d) would have replied가 정답이다.

어휘 　competition n. 대회, 경쟁　creator n. 제작자, 창조자　launch v. 출시하다, 착수하다　reply v. 대답하다

LISTENING

PART 1 [27~33] 일상 대화 성가대 오디션

주제 제시: 성가대 지원	M: Good morning. F: Good morning. You must be Todd. I'm Sister Wilma. Have a seat, please. I see you're applying for the church choir. M: Yes. I came for the interview.
간략한 면접	F: Well, if you're ready, then let's get started. Do you attend church here? M: Yes. I've been coming to this church since I was a kid. ²⁷My parents are religious and insist that I come with them. It's become a family thing. F: That's good. Where do you study? M: I go to Columbia University. Many of my classmates attend this church because it's near the school.
오디션 일자 안내	F: Alright. I guess that's all I need to know for now, Todd. Choose and prepare an audition song, and be here on the audition day. That's two Saturdays from now at nine a.m. M: I'll take note of that.
심사 기준 + 오디션 곡	F: ²⁸The judging committee will be evaluating your voice based on range, pitch, and clarity. Do you know what your voice type is? M: My voice teacher says my voice lies between a tenor and a bass. F: Ah, you're a baritone! ²⁹We only have a few baritones in the choir. I hope you pass the audition. What will be your audition piece? Do you know "The Rugged Old Cross" or "Amazing Grace"? M: Yes, but ³⁰I don't think my voice suits those songs. At the moment, I've yet to choose an audition song. Where will the auditions be held?
오디션 장소 안내	F: We're not sure yet. The church's recreation hall is being renovated, and I don't think it will be finished anytime soon. ³¹Someone suggested Blyth Plaza, but it's a public place, so it might be uncomfortable for the applicants. M: I guess you're right. F: I was thinking of Riverside High School. It's in the same area anyway. But I'll have to talk with the choir members first and see what they think. M: Where are the choir members, by the way? F: They're rehearsing in the loft right now. ³²Many of them will be joining the regional choir contest in New

남: 안녕하세요.

여: 안녕하세요. 학생이 Todd겠군요. 저는 Wilma 수녀예요. 자리에 앉아주세요. 성당 성가대에 지원하시는군요.

남: 네. 저는 면접 때문에 왔어요.

여: 음, 준비가 되셨다면, 그럼 시작해보죠. 이 성당에 다니시나요?

남: 네. 저는 어렸을 때부터 이 성당에 다녔어요. ²⁷저희 부모님은 신앙심이 깊으시고 제가 두 분과 함께 다녀야 한다고 강하게 이야기하시죠. 그건 가족 행사가 되었어요.

여: 그거 좋네요. 어디에서 공부하시나요?

남: 저는 컬럼비아 대학교에 다녀요. 학교에서 가깝기 때문에 제 동기들 중 다수가 이 성당에 다녀요.

여: 좋아요. 현재로서는 그게 제가 알아야 할 전부인 것 같네요, Todd. 오디션 곡을 고르고 연습하신 후, 오디션 날에 여기로 오세요. 그건 지금으로부터 두 번째 토요일의 오전 9시예요.

남: 그걸 기록할게요.

여: ²⁸심사위원단은 당신의 목소리를 음역대, 음의 높이, 그리고 명료성에 기반해서 평가할 거예요. 본인의 성역이 무엇인지 아시나요?

남: 저의 성악 선생님은 제 목소리가 테너와 베이스의 중간이라고 말씀하세요.

여: 아, 바리톤이시군요! ²⁹저희 성가대에는 바리톤이 별로 없어요. 학생이 오디션에 합격하면 좋겠네요. 오디션 곡은 무엇일까요? "낡은 십자가"나 "나 같은 죄인 살리신"을 아시나요?

남: 네, 하지만 ³⁰저는 제 목소리가 그러한 곡들에 어울린다고 생각하지 않아요. 현재, 저는 아직 오디션 곡을 고르지 못했어요. 오디션은 어디에서 개최될 예정인가요?

여: 아직 확실하지 않아요. 성당의 강당은 개조되는 중이고, 그게 조만간 완료될 거라고 생각하지 않아요. ³¹누군가가 Blyth 회관을 제안했지만, 거긴 공공장소라서, 참가자들에게 불편할지도 몰라요.

남: 수녀님 말이 맞는 것 같아요.

여: 저는 Riverside 고등학교를 생각하고 있었어요. 그곳은 어쨌든 같은 지역에 있으니까요. 하지만 저는 성가대원들과 먼저 이야기를 해서 그들이 어떻게 생각하는지 확인해야 할 거예요.

남: 그나저나, 성가대원들은 어디에 있나요?

여: 그들은 지금 다락방에서 연습 중이에요. ³²그들 중 다수는 뉴욕의 지역 성가 대회에 참가할 예정이라

성가대
선발
이유

York, so we will be down to five members when they're gone.

M: That's why you need new members.

F: You're right.

M: Is there anything else I should prepare aside from my audition song, like equipment maybe?

오디션
준비
조언

F: You won't have to bring a microphone because the church has plenty of mics here. Just come in smart casual attire. And [33]make sure you arrive at least thirty minutes early to give your voice a chance to rest before the actual audition.

M: Thanks for the tip. I'm afraid I'll get nervous when it's my turn to sing.

F: Oh, a little nervousness is normal. Don't worry. The judges will help you feel at ease. They're really accommodating.

M: That's good to know.

여자의
부탁

F: Hmmm . . . do you know other people who might be interested in joining the choir? We posted some flyers, but only received a few applicants.

M: Is that so? I'll ask my friends.

F: I appreciate that, Todd. Well, I guess I will see you at the auditions?

끝인사

M: Yes, I'll see you then, Sister Wilma.

서, 그들이 가고 나면 저희는 5명밖에 남지 않게 될 거예요.

남: 그게 새로운 인원이 필요한 이유군요.

여: 학생 말이 맞아요.

남: 제 오디션 곡 말고, 혹시 장비와 같이, 준비해야 할 다른 것이 있을까요?

여: 여기 성당에 많은 마이크가 있기 때문에 마이크를 가지고 올 필요는 없을 거예요. 그냥 깔끔한 캐주얼 복장으로 오세요. 그리고 [33]반드시 적어도 30분 일찍 와서 실제 오디션 전에 목소리가 쉴 기회를 주도록 하세요.

남: 조언 감사해요. 제가 노래할 차례가 되면 긴장하게 될까 봐 무서워요.

여: 오, 약간의 긴장감은 정상이에요. 걱정하지 마세요. 심사위원들은 당신이 편안하게 느끼도록 도울 거예요. 그들은 정말 친절하답니다.

남: 알게 되니 좋네요.

여: 흠… 성가대에 가입하는 것에 관심이 있을지도 모르는 다른 사람들을 아시나요? 저희는 전단을 좀 게시했지만, 소수의 지원자만을 받았어요.

남: 그래요? 친구들에게 물어볼게요.

여: 감사해요, Todd. 그럼, 오디션에서 보겠네요?

남: 네, 그때 봐요, Wilma 수녀님.

어휘 church[tʃəːrtʃ] 성당, 교회, 신자들 choir[kwáiər] 성가대, 합창단 attend[əténd] ~에 다니다 religious[rilídʒəs] 신앙심이 깊은, 종교적인 take note of ~을 기록하다, 적다 judge[dʒʌdʒ] 심사하다; 심사위원 evaluate[ivǽljueit] 평가하다 range[reindʒ] 음역대, 범위 pitch[pitʃ] 음의 높이, 최고조 voice type 성역(성악에서 소프라노, 메조, 알토 따위를 구별하는 음역대) piece[piːs] 곡, 작품 suit[suːt] 어울리다, 맞다 renovate[rénəveit] 개조하다 applicant[ǽplikənt] 참가자 loft[lɔːft] 다락방 be down to ~밖에 남지 않다 equipment[ikwípmənt] 장비 attire[ətáiər] 복장, 의류 nervous[nə́ːrvəs] 긴장한 at ease 편안하게 accommodating[əkáːmədeitiŋ] 친절한

---

27 특정세부사항 Why 정답 (b)

Why does Todd go to church regularly?

(a) because he wants to join the church choir
(b) because he was raised in a religious family
(c) because the church is close to where he is studying
(d) because his schoolmates go to the same church

왜 Todd는 성당에 정기적으로 다니는가?

(a) 성당 성가대에 가입하고 싶어하기 때문에
(b) 신앙심이 깊은 가정에서 길러졌기 때문에
(c) 성당은 그가 공부하는 곳에서 가깝기 때문에
(d) 학교 친구들이 같은 성당에 다니기 때문에

해설 왜 Todd는 성당에 정기적으로 다니는지를 묻는 Why 문제이므로, 질문의 키워드 go to church가 attend church로 paraphrasing되어 언급된 주변을 주의 깊게 듣는다. 남자가 'My parents are religious and insist that I come with them.'이라며 부모님이 신앙심이 깊고 Todd가 함께 다녀야 한다고 강하게 이야기한다고 했다. 따라서 (b)가 정답이다.

어휘 raise[reiz] 기르다, 양육하다

28 추론 특정사실 정답 (d)

Based on the conversation, what will he likely do during the audition?

(a) He will pick an audition piece.
(b) He will judge those who will audition.
(c) He will sing before the whole church.
(d) He will sing in front of the judges.

대화에 따르면, 그는 오디션에서 무엇을 할 것 같은가?

(a) 오디션 곡을 고를 것이다.
(b) 오디션을 보는 사람들을 심사할 것이다.
(c) 모든 신자들 앞에서 노래할 것이다.
(d) 심사위원들 앞에서 노래할 것이다.

해설 Todd가 오디션에서 무엇을 할 것 같은지를 추론하는 문제이므로, 질문의 키워드 during the audition이 on the audition day로 paraphrasing되어 언급된 주변을 주의 깊게 듣는다. 여자가 'The judging committee will be evaluating your voice based on range, pitch, and clarity.'라며 심사위원단은 Todd의 목소리를 음역대, 음의 높이, 그리고 명료성에 기반해서 평가할 것이라고 한 것을 통해, 그는 오디션에서 심사위원들 앞에서 노래할 것임을 추론할 수 있다. 따라서 (d)가 정답이다.

29 특정세부사항 Why 정답 (c)

Why is Sister Wilma pleased about Todd's voice type?

(a) because it's the best voice type
(b) because there are so many like it in the choir
(c) because there are only a few like it in the choir
(d) because she likes baritone voices

왜 Wilma 수녀는 Todd의 성역에 대해 기뻐하는가?

(a) 최고의 성역이기 때문에
(b) 성가대에 성역이 비슷한 사람들이 아주 많기 때문에
(c) 성가대에 성역이 비슷한 사람들이 별로 없기 때문에
(d) 바리톤의 목소리를 좋아하기 때문에

해설 왜 Wilma 수녀는 Todd의 성역에 대해 기뻐하는지를 묻는 Why 문제이므로, 질문의 키워드 voice type이 그대로 언급된 주변을 주의 깊게 듣는다. 여자가 'We only have a few baritones in the choir.'라며 성가대에 바리톤이 별로 없다고 한 뒤, 'I hope you pass the audition.'이라며 Todd가 오디션에 합격하면 좋겠다고 했다. 따라서 (c)가 정답이다.

어휘 pleased[pliːzd] 기뻐하는

30 특정세부사항 Why 정답 (d)

Why will he not choose "Amazing Grace" as his audition piece?

(a) because he doesn't know the song
(b) because it's a difficult song
(c) because it's not popular enough
(d) because it's not right for his voice range

왜 그는 "나 같은 죄인 살리신"을 그의 오디션 곡으로 고르지 않을 것인가?

(a) 그 노래를 모르기 때문에
(b) 어려운 노래이기 때문에
(c) 충분히 유명하지 않기 때문에
(d) 그의 음역대에 맞지 않기 때문에

해설 왜 Todd는 "나 같은 죄인 살리신"을 그의 오디션 곡으로 고르지 않을 것인지를 묻는 Why 문제이므로, 질문의 키워드 Amazing Grace가 그대로 언급된 주변을 주의 깊게 듣는다. 남자가 'I don't think my voice suits those songs'라며 자신의 목소리가 "나 같은 죄인 살리신" 같은 곡들에 어울린다고 생각하지 않는다고 했다. 따라서 (d)가 정답이다.

Paraphrasing
my voice suits those songs 목소리가 곡에 어울리다 → right for his voice range 음역대에 맞다

Which venue might make those who will audition uneasy?	어떤 장소가 오디션을 볼 사람들을 불편하게 만들지도 모르는가?
(a) Riverside Church	(a) Riverside 성당
(b) Columbia University	(b) 컬럼비아 대학
(c) Blyth Plaza	(c) Blyth 회관
(d) Riverside High School	(d) Riverside 고등학교

해설 어떤 장소가 오디션을 보는 사람들을 불편하게 만들지도 모르는지를 묻는 Which 문제이므로, 질문의 키워드 uneasy가 uncomfortable 로 paraphrasing되어 언급된 주변을 주의 깊게 듣는다. 여자가 'Someone suggested Blyth Plaza, but ~ it might be uncomfortable for the applicants.'라며 누군가는 Blyth 회관을 제안했지만 거긴 공공장소라서 참가자들에게 불편할지도 모른다고 했다. 따라서 (c)가 정답이다.

Paraphrasing
those who will audition 오디션을 볼 사람들 → applicants 참가자들

어휘 venue[vénjuː] 장소 uneasy[ʌníːzi] 불편한

Why does the Riverside Church Choir currently need more members?	왜 Riverside 성당의 성가대는 현재 추가 인원이 필요한가?
(a) so they can qualify for a contest in New York	(a) 뉴욕 대회에 참가할 자격을 얻을 수 있기 위해서
(b) to substitute for members who will be away	(b) 부재중일 대원들을 대신하기 위해서
(c) because they need help during rehearsals	(c) 연습 중에 도움이 필요하기 때문에
(d) to replace members who are quitting the choir	(d) 성가대를 그만두는 대원들의 뒤를 잇기 위해서

해설 왜 Riverside 성당의 성가대는 현재 추가 인원이 필요한지를 묻는 Why 문제이므로, 질문의 키워드 need more members가 need new members로 paraphrasing되어 언급된 주변을 주의 깊게 듣는다. 여자가 'Many of them will be joining the regional choir contest ~ so we will be down to five members when they're gone.'이라며 성가대원들 중 다수는 뉴욕의 지역 성가 대회에 참가할 예정이라서 그들이 가고 나면 성가대에는 5명밖에 남지 않게 될 것이라고 했다. 따라서 (b)가 정답이다.

어휘 substitute for ~를 대신하다 away[əwéi] 부재중인, 멀리 떨어진 replace[ripléis] ~의 뒤를 잇다, 후임이 되다

According to Sister Wilma, how can Todd be better prepared on the audition day?	Wilma 수녀에 따르면, 오디션 날에 Todd는 어떻게 더 잘 준비될 수 있는가?
(a) by being at the audition venue early	(a) 오디션 장소에 일찍 와 있음으로써
(b) by bringing his own microphone	(b) 자신의 마이크를 가져옴으로써
(c) by not being nervous when singing	(c) 노래할 때 긴장하지 않음으로써
(d) by bringing other people who'd like to audition	(d) 오디션을 보고 싶어 하는 다른 사람들을 데려옴으로써

해설 Wilma 수녀에 따르면 오디션 날에 Todd는 어떻게 더 잘 준비될 수 있는지를 묻는 How 문제이므로, 질문의 키워드 prepared가 prepare

로 언급된 주변을 주의 깊게 듣는다. 여자가 'make sure you arrive at least thirty minutes early ~ before the actual audition' 이라며 반드시 적어도 30분 일찍 와서 실제 오디션 전에 목소리가 쉴 기회를 주도록 하라고 했다. 따라서 (a)가 정답이다.

Paraphrasing

arrive ~ early 일찍 오다 → being at ~ early 일찍 와 있다

TEST 1
TEST 2
TEST 3
TEST 4
TEST 5
TEST 6
지텔프 기출문제집 Level 2

PART 2^(34~39) 발표 혁신적인 휴대용 인쇄기 홍보

주제 제시: 제품 출시

Greetings, ladies and gentlemen! Welcome to this year's Claremont Innovative Technology Fair. On behalf of E-Portal, the country's pioneer in portable electronics, I am here to present to you our newest product: Ink-2-Go. Ink-2-Go is the most innovative portable printer that will soon hit computer shops and department stores near you.

필요성

Portable printers allow you to print your files from any gadget you like: whether a computer, a laptop, or even a smartphone. The popularity of portable printers is increasing nowadays because [34]traditional heavy printers don't meet the current demands of our constantly-moving society. As jobs now require us to move from one place to another, printing documents on the way is becoming a necessity. So, if you often travel for work, you need a portable printer.

개발 배경

To build the Ink-2-Go, [35]we surveyed professionals from different fields who always bring their office work on the road and asked what they needed in a printer. We also consulted with salespeople, lawyers, photographers, and the like, and from their responses, we developed the technology for Ink-2-Go.

특장점

So, why is Ink-2-Go the most ideal portable printer for you? Well, it promises a stress-free way of printing your digital documents with [36]a slim and compact unit weighing only two pounds. It's so easy to fit in your bag and use anywhere!

기능

The unit features a small LCD touch screen that controls the printer's functions and settings. Ink-2-Go uses the three primary ink colors: yellow, magenta, and cyan. These colors are mixed for plain printing in order to produce your typical black-and-white prints.

용도

With its compact size and light weight, it's amazing that Ink-2-Go can print up to eight pages per minute in black and white, and five pages per minute for color printing. It can also print high-resolution and

안녕하세요, 여러분! 올해의 Claremont 혁신 기술 박람회에 오신 것을 환영합니다. 우리나라 휴대용 전자기기의 선구자인 E-Portal을 대표하여, 저는 여러분에게 우리의 최신 제품인 Ink-2-Go를 소개하기 위해 여기에 섰습니다. Ink-2-Go는 가장 혁신적인 휴대용 인쇄기로서 곧 근처 컴퓨터 매장과 백화점에 출시될 겁니다.

휴대용 인쇄기는 여러분의 서류를 원하는 어떤 기기에서든 인쇄하도록 허용해줄 겁니다. 컴퓨터든, 노트북이든, 혹은 심지어 스마트폰이든지 간에요. [34]전통적인 무거운 인쇄기는 끊임없이 움직이는 사회의 당면한 수요를 충족시키지 못하기 때문에 요즘 휴대용 인쇄기의 인기가 높아지고 있습니다. [34]오늘날의 직무는 우리에게 여기저기로 이동하기를 요구하기 때문에, 이동 중에 문서를 인쇄하는 것은 불가피해지고 있습니다. 그러니, 업무상 자주 이동한다면, 여러분은 휴대용 인쇄기가 필요합니다.

Ink-2-Go를 만들기 위해서, [35]우리는 항상 회사 업무를 이동 중에 가지고 다니는 여러 분야의 직업인들을 대상으로 설문 조사를 진행하여 인쇄기에서 무엇이 필요한지 물어봤습니다. 우리는 또한 영업 사원, 변호사, 사진 작가, 기타 여러 사람들의 자문도 구했고, 그들의 응답으로부터 Ink-2-Go의 기술을 개발했습니다.

그래서, 왜 Ink-2-Go는 여러분에게 가장 이상적인 휴대용 인쇄기일까요? 음, 그것은 여러분의 디지털 문서를 [36]무게가 단 2파운드인 얇은 소형 기계로 스트레스 없이 인쇄하는 방법을 약속합니다. [36]그것은 여러분의 가방에 넣고 어디에서나 사용하기 매우 쉽습니다!

이 장치는 인쇄기의 기능과 설정을 제어하는 작은 LCD 터치 화면을 특징으로 삼습니다. Ink-2-Go는 3개의 주요 잉크 색깔을 사용하는데, 그것은 노란색, 마젠타색, 그리고 청록색입니다. 이러한 색들은 일반적인 흑백 인쇄물을 출력하기 위한 단순 인쇄용으로 혼합됩니다.

작은 크기와 가벼운 무게로, Ink-2-Go가 흑백 분당 8장까지, 그리고 컬러는 분당 5장까지 인쇄할 수 있다는 것이 놀랍습니다. 또한 고해상도에 경계선이 없는 면까지 인쇄할 수 있으며, 그건 사진을 출력하기에

borderless pages, and that's perfect for printing photos.

Aside from producing superb printing quality that's comparable to that of large desktop printers, ³⁷Ink-2-Go is also unbelievably quiet unlike most portable printers.

With Ink-2-Go, you can print your documents using various methods. The easiest is to ^{38(d)}print using Bluetooth, which has a range of five meters. You can also print over Wi-Fi from any Wi-Fi-enabled device. If the signal is poor, ^{38(b)}use the adapter cable that's compatible with every device in the market right now. Lastly, you can print files directly from a flash drive. No device needed! Just ^{38(c)}connect the flash drive to the printer's USB port and access the documents using the touch screen.

Because E-Portal supports environment-friendly lifestyles, Ink-2-Go uses a built-in solar-powered battery. You can check the battery's remaining power on the printer's LCD screen. Just charging the battery in the sun for two hours will provide enough energy to print up to 400 pages of documents. And you won't run out of paper either. That's because ³⁹Ink-2-Go's paper input feeder holds up to 45 pages of paper: one of the largest capacities offered by any portable printer.

Ink-2-Go will hit stores on June 19th. So make your work life easier! Act fast to be eligible for our special introductory price of $199. The price includes a one-year replacement warranty and troubleshooting guides. If you have any questions, contact us at 559-16-00. And visit our website at e-portal.com for the latest in your portable device needs.

Thank you very much for listening.

완벽합니다.

큰 컴퓨터용 인쇄기에 필적하는 최고의 출력 품질을 낳는 것 외에도, ³⁷Ink-2-Go는 또한 대부분의 휴대용 인쇄기와는 다르게 믿을 수 없을 만큼 조용합니다.

Ink-2-Go와 함께, 여러분은 다양한 방법을 이용해서 문서를 인쇄할 수 있습니다. 가장 쉬운 것은 5m의 대역을 가진 ^{38(d)}블루투스를 이용해 출력하는 것입니다. 여러분은 또한 와이파이가 가능한 어떤 기기든 이용해 와이파이로도 출력할 수 있습니다. 만약 신호가 약하면, 지금 시장에서 모든 기기와 호환이 가능한 ^{38(b)}어댑터 케이블을 이용하세요. 마지막으로, 여러분은 플래시 드라이브에서 직접 파일을 출력할 수 있습니다. 기기가 필요 없습니다! 그냥 ^{38(c)}플래시 드라이브를 인쇄기의 USB 단자에 꽂으시고 터치 화면을 이용해서 문서에 접근하세요.

E-Portal은 환경 친화적인 생활 방식을 지지하기 때문에, Ink-2-Go는 내장된 태양열 배터리를 사용합니다. 여러분은 배터리의 남은 전력을 인쇄기의 LCD 화면에서 확인할 수 있습니다. 그저 햇볕에서 배터리를 두 시간 동안 충전하는 것이 400장의 문서까지 인쇄하기에 충분한 전력을 제공할 것입니다. 그리고 종이가 떨어지지도 않을 것입니다. 그건 ³⁹Ink-2-Go의 종이 투입 장치가 45장의 종이까지 담을 수 있기 때문인데, 이건 모든 휴대용 인쇄기에서 제공되는 것 중에 ³⁹가장 대용량 중 하나입니다.

Ink-2-Go는 6월 19일에 상점들에 출시될 겁니다. 그러니 직장 생활을 더 쉽게 만드세요! 특별 출시가인 199달러의 자격을 받도록 빨리 움직이세요. 이 가격은 1년의 교환 보장과 고장 수리 안내를 포함합니다. 어떤 질문이라도 있으시다면, 559-16-00으로 우리에게 연락주세요. 그리고 우리 웹사이트 e-portal.com에 방문하셔서 여러분의 최신 휴대용 기기 수요를 충족해보세요.

들어주셔서 정말 감사합니다.

어휘 innovative[ínəveitiv] 혁신적인 on behalf of ~를 대표하여 pioneer[pàiənír] 선구자 portable[pɔ́:rtəbl] 휴대용의 electronics[ilèktrá:niks] 전자기기 gadget[gǽdʒit] 기기 popularity[pà:pjulǽrəti] 인기, 대중성 current[kə́:rənt] 당면한, 현재의 on the way 이동 중에 necessity[nəsésəti] 불가피, 필수품 on the road 이동 중에 consult with ~의 자문을 구하다 compact[kəmpǽkt] 소형의, 작은 weigh[wei] 무게가 ~이다 cyan[sáiən] 청록색 high-resolution[hàirézəlu:ʃn] 고해상도의 borderless[bɔ́:rdərlis] 경계선이 없는 superb[su:pə́:rb] 최고의 comparable to ~에 필적하는, 상응하는 unbelievably[ʌ̀nbilí:vəbli] 믿을 수 없을 만큼 compatible[kəmpǽtəbl] 호환 가능한 solar[sóulər] 태양의 charge[tʃɑ:rdʒ] 충전하다 run out of ~가 떨어지다, 바닥나다 input[ínput] 투입 feeder[fí:dər] (공급) 장치, 급유기 capacity[kəpǽsəti] 용량 be eligible for ~의 자격을 받다 replacement[ripléismənt] 교환 warranty[wɔ́:rənti] 보장, 보증 troubleshooting[trʌ́blʃù:tiŋ] 고장 수리

34 특정세부사항 Why

정답 (b)

Why is there a greater need for portable printers nowadays?

(a) because printers have become heavier
(b) because how people work is changing
(c) because people are traveling farther
(d) because there's a need for fast printers

왜 요즘에 휴대용 인쇄기에 대한 더 많은 수요가 있는가?

(a) 인쇄기가 더 무거워졌기 때문에
(b) 사람들이 일하는 방식이 바뀌고 있기 때문에
(c) 사람들이 더 멀리 이동하고 있기 때문에
(d) 빠른 인쇄기에 대한 수요가 있기 때문에

해설 왜 요즘에 휴대용 인쇄기에 대한 더 많은 수요가 있는지를 묻는 Why 문제이므로, 질문의 키워드 greater need ~ nowadays가 popularity ~ increasing nowadays로 paraphrasing되어 언급된 주변을 주의 깊게 듣는다. 화자가 'traditional heavy printers don't meet the current demands of our constantly-moving society'라며 전통적인 무거운 인쇄기는 끊임없이 움직이는 사회의 당면한 수요를 충족시키지 못한다고 한 뒤, 'As jobs now require us ~ printing documents on the way is becoming a necessity.'라며 오늘날의 직무는 우리에게 여기저기로 이동하기를 요구하기 때문에 이동 중에 문서를 인쇄하는 것은 불가피해지고 있다고 했다. 따라서 (b)가 정답이다.

오답분석

(c) 지문에서 오늘날의 직무가 사람들에게 여기저기로 이동하기를 요구한다고는 했지만, 더 멀리 이동하고 있다고 한 것은 아니므로 지문의 내용과 일치하지 않는다.

35 특정세부사항 How

정답 (b)

How was the technology for Ink-2-Go developed?

(a) by observing different workers in their offices
(b) by doing a survey of what kind of printer people need
(c) by studying the best portable printer on the market
(d) by upgrading an existing device

Ink-2-Go의 기술은 어떻게 개발되었는가?

(a) 사무실에 있는 여러 직원들을 관찰함으로써
(b) 사람들에게 어떤 인쇄기 종류가 필요한지 설문 조사를 함으로써
(c) 시장의 최고 휴대용 인쇄기를 연구함으로써
(d) 기존의 기기를 업그레이드함으로써

해설 Ink-2-Go의 기술은 어떻게 개발되었는지를 묻는 How 문제이므로, 질문의 키워드 developed가 build로 paraphrasing되어 언급된 주변을 주의 깊게 듣는다. 화자가 'we surveyed professionals ~ and asked what they needed in a printer'라며 항상 회사 업무를 이동 중에 가지고 다니는 여러 분야의 직업인들을 대상으로 설문 조사를 진행하여 인쇄기에서 무엇이 필요한지 물어봤다고 했다. 따라서 (b)가 정답이다.

Paraphrasing
asked what they needed in a printer 인쇄기에서 무엇이 필요한지 물어봤다 → doing a survey of what kind of printer people need 사람들에게 어떤 인쇄기 종류가 필요한지 설문 조사를 함

어휘 observe [əbzə́ːrv] 관찰하다

36 특정세부사항 장·단점

정답 (d)

What is the advantage of the printer's size?

(a) Its big size can hold many ink colors.

인쇄기의 크기상 장점은 무엇인가?

(a) 큰 크기가 많은 컬러 잉크를 담을 수 있게 한다.

(b) It has a wide screen that's perfect for browsing.
(c) It is small enough to fit in one's pocket.
(d) It is not bothersome to bring anywhere.

(b) 인터넷 검색을 하기에 완벽한 큰 화면을 가지고 있다.
(c) 주머니에 들어갈 정도로 작다.
(d) 어디에나 가지고 다니기에 귀찮지 않다.

해설 인쇄기의 크기상 장점을 묻는 문제이므로, 질문의 키워드 size와 관련된 긍정적인 흐름을 파악한다. 화자가 'a slim and compact unit weighing only two pounds'라며 인쇄기는 무게가 단 2파운드인 얇은 소형 기계라고 한 뒤, 'It's so easy to fit in your bag and use anywhere'라며 가방에 넣고 어디에서나 사용하기 매우 쉽다고 했다. 따라서 (d)가 정답이다.

Paraphrasing

so easy 매우 쉽다 → not bothersome 귀찮지 않다

어휘 browse[brauz] 인터넷 검색을 하다 bothersome[bá:ðərsəm] 귀찮은, 성가신

---

37 추론   특정사실   정답 (d)

Why most likely is Ink-2-Go's noise level impressive?

(a) because all portable printers are quiet
(b) because it prints documents quickly
(c) because it's even louder than desktop printers
(d) because most portable printers are noisy

왜 Ink-2-Go의 소음 수준이 인상적인 것 같은가?

(a) 모든 휴대용 인쇄기가 조용하기 때문에
(b) 문서를 빠르게 출력하기 때문에
(c) 심지어 컴퓨터용 인쇄기보다도 시끄럽기 때문에
(d) 대부분의 휴대용 인쇄기는 시끄럽기 때문에

해설 왜 Ink-2-Go의 소음 수준이 인상적인 것 같은지를 추론하는 문제이므로, 질문의 키워드 noise level과 관련된 내용을 주의 깊게 듣는다. 화자가 'Ink-2-Go is also unbelievably quiet unlike most portable printers'라며 Ink-2-Go는 대부분의 휴대용 인쇄기와는 다르게 믿을 수 없을 만큼 조용하다고 한 것을 통해, 대부분의 휴대용 인쇄기는 시끄럽다는 것을 추론할 수 있다. 따라서 (d)가 정답이다.

Paraphrasing

impressive 인상적인 → unbelievably 믿을 수 없을 만큼

---

38 Not/True   Not 문제   정답 (a)

Which of the following options is not a way to connect to Ink-2-Go?

(a) through a remote control
(b) through an adapter cable
(c) through a flash drive
(d) through Bluetooth connection

아래 방법 중 Ink-2-Go에 연결할 수 있는 방법이 아닌 것은?

(a) 리모컨을 통해
(b) 어댑터 케이블을 통해
(c) 플래시 드라이브를 통해
(d) 블루투스 연결을 통해

해설 Ink-2-Go에 연결할 수 있는 방법이 아닌 것을 묻는 Not 문제이므로, 질문의 키워드 connect와 관련된 내용을 들으며 언급되는 것을 하나씩 소거한다. (a)는 지문에 언급되지 않았으므로, (a)가 정답이다.

오답분석

(b) 지문에서 어댑터 케이블을 이용하라고 언급되었다.
(c) 지문에서 플래시 드라이브를 인쇄기의 USB 단자에 꽂으라고 언급되었다.
(d) 지문에서 블루투스를 이용해 출력하라고 언급되었다.

What is good about the input feeder's capacity?

(a) It can be charged in sunlight.
(b) It can print on many pages at once.
(c) It can contain many pieces of paper.
(d) It doesn't need to be replaced.

종이 투입 장치의 용량에 관해 좋은 것은 무엇인가?

(a) 햇볕에서 충전될 수 있다.
(b) 한 번에 많은 장 수를 인쇄할 수 있다.
(c) 많은 양의 종이를 담을 수 있다.
(d) 교체될 필요가 없다.

해설 종이 투입 장치의 용량에 관해 좋은 것은 무엇인지를 묻는 What 문제이므로, 질문의 키워드 input feeder가 그대로 언급된 주변을 주의 깊게 듣는다. 화자가 'Ink-2-Go's paper input feeder holds up to 45 pages of paper'라며 Ink-2-Go의 종이 투입 장치가 45장의 종이까지 담을 수 있다고 한 뒤, 'one of the largest capacities'라며 가장 대용량 중 하나라고 했다. 따라서 (c)가 정답이다.

Paraphrasing
holds up to 45 pages of paper 45장의 종이까지 담을 수 있다 → contain many pieces of paper 많은 양의 종이를 담다

어휘 at once 한 번에

PART 3 [40~45] 장단점 논의 왁싱 제모 vs. 레이저 제모

안부 인사	F: Good morning, Dr. Carter. M: Giselle! It's been a long time. How can I help you? F: Well, I finally landed a modeling contract with Fiorenza Models. I have a series of photo shoots coming up, so I need to groom up. M: Congratulations! So, what treatment would you want to have?
주제 제시: 장단점 비교	F: Well, [40]I was wondering if I could undergo laser hair removal instead of the usual waxing. M: How about we discuss the differences between the two procedures? That might help you decide. F: That's a good idea. M: [41]With laser treatment, intense heat is applied to the hair follicles. This destroys them, making re-growth almost impossible. With waxing, hot wax is applied to the skin and then removed when it has cooled, pulling the hair out in the process.
왁싱 장점	F: I've been using waxing strips on my legs for about seven years now. M: That's one advantage of waxing. It's a very accessible option. You can go to salons for professional waxing, or just buy those ready-to-use waxing strips and do it yourself at home. F: Right. Another good thing about waxing is that the process is stress-free. It's quick and painless, and the results last at least two weeks. M: If it's been working for you, why are you thinking about undergoing laser hair treatment now?

여: 안녕하세요, Dr. Carter.
남: Giselle! 오랜만이에요. 어떻게 도와드릴까요?
여: 음, 저는 Fiorenza 모델 에이전시와의 모델 계약을 최종적으로 성사시켰어요. 저는 앞으로 여러 사진 촬영이 있어서, 털을 깨끗하게 손질해야 해요.
남: 축하드려요! 그래서, 어떤 치료를 받고 싶으신가요?
여: 음, [40]저는 일반적인 왁싱 대신 레이저 제모를 할 수 있을지 궁금해하고 있었어요.
남: 두 가지 방식 간의 차이점에 대해 의논해보는 건 어떤가요? 그게 당신이 결정하는 것을 도울지도 모르죠.
여: 좋은 생각이네요.
남: [41]레이저 치료는, 모낭에 강한 열이 가해져요. 이건 모낭을 파괴해서, 털이 다시 자라는 것을 거의 불가능하게 만들죠. 왁싱은, 뜨거운 왁스가 피부에 발라진 후에 식으면 제거되는데, 이 과정에서 털을 뽑게 되죠.
여: 저는 현재까지 약 7년간 다리에 왁싱 스트립을 이용해 왔어요.
남: 그건 왁싱의 한 가지 장점이죠. 굉장히 이용이 쉬운 선택권이거든요. 당신은 전문적인 왁싱을 위해 뷰티숍에 가거나, 그냥 그러한 바로 사용할 수 있는 왁싱 스트립을 구매해서 집에서 스스로 할 수도 있으니까요.
여: 맞아요. 왁싱의 또 다른 좋은 점은 그 과정에 스트레스가 없다는 거죠. 빠르고 고통이 없으며, 결과가 최소 2주 지속되죠.
남: 만약 그게 당신에게 괜찮다면, 왜 지금 레이저 제모 치료를 하는 걸 생각하고 계신 건가요?

왁싱 단점

F: Well, waxing has its disadvantages. No matter how hard I try, [42]my skin always gets irritated and turns red, and it itches sometimes.

M: You're lucky you haven't had an infection. Infections are a common side effect for people who wax on their own.

F: That sounds scary. Another disadvantage of waxing is it can be inconvenient to do regularly, especially with my upcoming schedule. You know how busy magazine photo shoots can be.

M: That's right. Waxing may provide quick results like you said, but it really requires a lot of effort and resources. In fact, waxing takes up around 75 days of the average person's lifetime.

F: I can imagine that.

레이저 장점

M: With laser treatment, however, you won't have to be concerned about that hassle anymore. [43]It's a permanent solution to your hair problems.

F: You mean the hair really won't grow back anymore?

M: The chances of re-growth are very minimal. Laser is the better choice if you think about long-term costs. Why spend $24,000 for a lifetime of waxing when you can spend less than $18,000 for six laser treatments?

레이저 단점

F: I agree, but are there any drawbacks to laser treatment?

M: One disadvantage is the upfront cost. It's expensive. One session usually costs $200.

F: How many sessions would I need?

M: It depends on your hair color and skin type, but we recommend at least six sessions for best results.

F: Wow. That means $1200, at the very least.

M: That's right. [44]Another disadvantage of laser treatment is its riskier side effects. It can be painful. Some of my patients also had changes in their skin color. The worst case is getting skin burns from the intense heat.

F: Oh no.

M: So, if ever you decide to push through with laser treatment, [44]we will carefully assess the results of each session and proceed accordingly. So, which procedure will you choose?

여자의 결정

F: [45]Laser seems a worthwhile investment in my career, so I'm inclined to take up your offer, Dr. Carter. [45]I'd like to have a consultation for the treatment.

M: Sure, Giselle.

여: 음, 왁싱은 단점이 있어요. 제가 아무리 노력해도, [42]제 피부는 항상 염증을 일으키고 붉어져서, 가끔 가려워요.

남: 감염은 없어서 다행이네요. 감염은 스스로 왁싱을 하는 사람들의 일반적인 부작용이에요.

여: 무섭게 들리네요. 왁싱의 또 다른 단점은, 특히 다가오는 저의 일정에 있어서는, 그게 정기적으로 하기에 불편할 수 있다는 거예요. 잡지 사진 촬영이 얼마나 바쁠 수 있는지 아시잖아요.

남: 맞아요. 왁싱은 말씀하신 것처럼 빠른 결과를 제공해줄지는 몰라도, 정말 많은 노력과 자원을 필요로 하죠. 사실, 왁싱은 평균적인 사람의 일생에서 75일가량을 차지해요.

여: 상상이 가네요.

남: 하지만, 레이저 치료로는, 귀찮은 상황에 대해서 더 이상 걱정하지 않아도 될 거예요. [43]그건 털 문제에 대한 영구적인 해결책이거든요.

여: 털이 정말 더 이상 다시 자라지 않을 거라는 말씀이신가요?

남: 다시 자랄 가능성은 매우 희박해요. 장기적인 비용을 생각한다면 레이저가 더 나은 선택이에요. 6회의 레이저 치료에 18,000달러 이하를 쓸 수 있는데 왜 왁싱으로 평생 24,000달러를 쓰나요?

여: 동의하지만, 레이저 치료의 단점도 있나요?

남: 한 가지 단점은 선금이에요. 비싸죠. 1회 치료에 보통 200달러가 들어요.

여: 몇 회의 치료가 필요한가요?

남: 당신의 모발 색깔과 피부 유형에 달려 있지만, 저희는 최고의 결과를 위해 최소 6회의 치료를 권장해요.

여: 와. 그건 적어도, 1200달러라는 말이네요.

남: 맞아요. [44]레이저 치료의 또 다른 단점은 더 위험한 부작용이에요. 고통스러울 수 있죠. 몇몇 환자는 피부색도 바뀌었어요. 최악의 사례는 강한 열로 인해 화상을 입는 거죠.

여: 안 돼요.

남: 그래서, 설사 레이저 치료를 강행하기로 결정하시더라도, [44]저희는 각 치료의 결과를 주의 깊게 평가하고 그에 따라서 진행할 거예요. 자, 어떤 시술을 선택하실 건가요?

여: [45]레이저는 저의 경력을 위해 가치 있는 투자 같아서, 제안을 받아들일 의향이 있어요, Dr. Carter. [45]치료를 위한 상담을 하고 싶네요.

남: 물론이죠, Giselle.

어휘 groom[gruːm] 털을 깨끗하게 손질하다 treatment[tríːtmənt] 치료, 관리 procedure[prəsíːdʒər] 방식, 절차, 시술
apply[əplái] 가하다, 바르다 hair follicle 모낭 pull out 뽑다, 빼다 accessible[əksésəbl] 이용이 쉬운, 이용 가능한
painless[péinləs] 고통이 없는 irritated[íriteitid] 염증을 일으키는, 벌겋게 된 itch[itʃ] 가렵다, 긁다 infection[infékʃn] 감염
side effect 부작용 inconvenient[ìnkənvíːniənt] 불편한 resource[ríːsɔːrs] 자원, 재료 take up 차지하다, 받아들이다
lifetime[láiftaim] 일생, 평생 hassle[hǽsl] 귀찮은 상황, 성가신 것 minimal[míniməl] 희박한, 최소의 upfront[ʌpfrʌ́nt] 선금의
skin burn 화상 push through 강행하다, 해내다 assess[əsés] 평가하다 proceed[prousíːd] 진행하다, 계속하다
accordingly[əkɔ́ːrdiŋli] 그에 따라서 worthwhile[wə̀ːrθwáil] 가치 있는 investment[invéstmənt] 투자
be inclined to ~할 의향이 있다 consultation[kàːnsltéiʃn] 상담

40 특정세부사항 Why   정답 (d)

Why did Giselle visit Dr. Carter's office?

(a) to tell him about her new modeling job
(b) to invite him to a photo shoot
(c) to hire him for a waxing treatment
(d) to inquire about a medical procedure

왜 Giselle은 Dr. Carter의 사무실에 방문했는가?

(a) 자신의 새로운 모델 일에 대해 알려주기 위해서
(b) 사진 촬영에 그를 초대하기 위해서
(c) 왁싱 치료를 위해 그를 고용하기 위해서
(d) 의료 시술에 대해 문의하기 위해서

해설 왜 Giselle이 Dr. Carter의 사무실에 방문했는지를 묻는 Why 문제이므로, 대화의 목적이 드러나는 지문의 초반을 주의 깊게 듣는다. 여자가 'I was wondering if I could undergo ~ the usual waxing'이라며 일반적인 왁싱 대신 레이저 제모를 할 수 있을지 궁금해하고 있었다고 했다. 따라서 (d)가 정답이다.

어휘 medical procedure 의료 시술

41 특정세부사항 How   정답 (c)

According to Dr. Carter, how is hair removed in a laser treatment?

(a) by slowing down the hair's re-growth
(b) by pulling out the hair with a heated tool
(c) by exposing the hair to very high temperatures
(d) by applying wax onto bare skin

Dr. Carter에 따르면, 레이저 치료에서는 털이 어떻게 제거되는가?

(a) 털이 다시 자라는 속도를 늦춤으로써
(b) 열을 가한 도구로 털을 뽑음으로써
(c) 털을 매우 높은 온도에 노출시킴으로써
(d) 맨 피부에 왁스를 바름으로써

해설 Dr. Carter에 따르면 레이저 치료에서는 털이 어떻게 제거되는지를 묻는 How 문제이므로, 질문의 키워드 laser treatment가 그대로 언급된 주변을 주의 깊게 듣는다. 남자가 'With laser treatment, intense heat is applied to the hair follicles.'라며 레이저 치료는 모낭에 강한 열이 가해진다고 한 뒤, 'This destroys them'이라며 그것이 모낭을 파괴한다고 했다. 따라서 (c)가 정답이다.

Paraphrasing
intense heat 강한 열 → very high temperatures 매우 높은 온도

어휘 bare[ber] 맨, 벌거벗은

What made Giselle suddenly rethink her waxing routine?	무엇이 Giselle로 하여금 그녀의 왁싱 일과를 갑자기 재고하게 만들었는가?
(a) Her skin reacts badly to the treatment.	(a) 피부가 치료에 나쁘게 반응한다.
(b) She couldn't find waxing kits in stores anymore.	(b) 더 이상 상점에서 왁싱 세트를 찾을 수 없다.
(c) She finds waxing too painful.	(c) 왁싱이 너무 고통스럽다고 느낀다.
(d) She is scared of getting an infection.	(d) 감염되는 것이 두렵다.

해설   무엇이 Giselle로 하여금 그녀의 왁싱 일과를 갑자기 재고하게 만들었는지를 묻는 What 문제이므로, 질문의 키워드 rethink ~ waxing 과 관련된 내용을 주의 깊게 듣는다. 여자가 'my skin always gets irritated and turns red, and it itches sometimes'라며 자신의 피부는 항상 염증을 일으키고 붉어져서 가끔 가렵다고 했다. 따라서 (a)가 정답이다.

Paraphrasing
gets irritated and turns red 염증을 일으키고 붉어진다 → reacts badly 나쁘게 반응한다

어휘   rethink [rìːθíŋk] 재고하다, 다시 생각하다

Why most likely won't Giselle be inconvenienced again after finishing the laser procedures?	왜 Giselle은 레이저 시술을 마친 후 다시 불편을 겪지 않을 것 같은가?
(a) because each session lasts shorter than waxing	(a) 각 치료가 왁싱보다 더 짧게 걸리기 때문에
(b) because she won't have to return for treatments	(b) 치료를 위해 다시 오지 않아도 될 것이기 때문에
(c) because laser treatment is cheaper than waxing	(c) 레이저 치료는 왁싱보다 더 싸기 때문에
(d) because it only takes one session to be effective	(d) 효과가 있기 위해서 오직 1회의 치료만 필요하기 때문에

해설   왜 Giselle은 레이저 시술을 마친 후 다시 불편을 겪지 않을 것 같은지를 추론하는 문제이므로, 질문의 키워드 won't ~ be inconvenienced 가 won't ~ be concerned로 paraphrasing되어 언급된 주변을 주의 깊게 듣는다. 남자가 'It's a permanent solution to your hair problems.'라며 레이저 치료는 털 문제에 대한 영구적인 해결책이라고 한 것을 통해, 레이저 시술을 마친 후에는 치료를 위해 다시 오지 않아도 될 것이기 때문에 불편을 겪지 않을 것임을 추론할 수 있다. 따라서 (b)가 정답이다.

어휘   effective [iféktiv] 효과가 있는, 효과적인

Why most likely should each session of laser treatment be evaluated?	왜 각 레이저 치료는 평가되어야 할 것 같은가?
(a) to know how much one still needs to pay for future sessions	(a) 미래의 치료를 위해 돈을 얼마나 더 지불해야 할 지 알기 위해서
(b) to check if the treatment is effective	(b) 치료가 효과적인지 확인하기 위해서
(c) to prevent any serious side effects	(c) 어떤 심각한 부작용이라도 막기 위해서
(d) to ensure that one's skin color has changed	(d) 피부색이 변한 것을 확실히 하기 위해서

해설   왜 각 레이저 치료는 평가되어야 할 것 같은지를 추론하는 문제이므로, 질문의 키워드 evaluated가 assess로 paraphrasing되어 언급

된 주변을 주의 깊게 듣는다. 남자가 'Another disadvantage of laser treatment is its riskier side effects.'라며 레이저 치료의 또 다른 단점은 더 위험한 부작용이라고 한 뒤, 'we will carefully assess the results of each session and proceed accordingly' 라며 각 치료의 결과를 주의 깊게 평가하고 그에 따라서 진행할 것이라고 한 것을 통해, 어떤 심각한 부작용이라도 막기 위해서 각 레이저 치료가 평가되어야 할 것임을 추론할 수 있다. 따라서 (c)가 정답이다.

어휘 evaluate[ivǽljueit] 평가하다

---

45 추론　　다음에 할 일　　　　　　　　　　　　　　　　　　　　　　　정답 (a)

What will Giselle do after her conversation with Dr. Carter?	Giselle이 Dr. Carter와의 대화 후에 할 일은 무엇이겠는가?

(a) schedule a consultation for laser treatment
(b) continue using waxing strips on her legs
(c) switch to a job that has no physical requirements
(d) go to a professional waxing studio

(a) 레이저 치료를 위한 상담 일정을 잡는다
(b) 다리에 왁싱 스트립을 계속 사용한다
(c) 신체적 필요 조건이 없는 직업으로 바꾼다
(d) 전문 왁싱숍에 간다

해설 Giselle이 다음에 할 일을 추론하는 문제이므로, 지문의 후반을 주의 깊게 듣는다. 여자가 'Laser seems a worthwhile investment in my career'라며 레이저는 자신의 경력을 위한 가치 있는 투자 같다고 한 뒤, 'I'd like to have a consultation for the treatment.'라며 치료를 위한 상담을 하고 싶다고 한 것을 통해, Giselle이 대화 후에 레이저 치료를 위한 상담 일정을 잡을 것임을 추론할 수 있다. 따라서 (a)가 정답이다.

어휘 requirement[rikwáiərmənt] 필요 조건

PART 4 [46~52]　설명　허위 기사를 유포하는 사이트를 식별하는 5단계

도입:
문제점

　The Internet has become a gold mine of information. However, unlike newspapers, journals, or other respected publications, most articles found on the Internet are not peer-reviewed. This means the sources of such articles aren't properly cited, and the information cannot be entirely verified.

주제
제시:
사이트
식별법

　Some authors of these questionable articles intentionally post false information, while others spread ill-intentioned twisted truths. Some use misinformation as their main selling point, and [46]they post false content to reach as many curious readers as possible. Because of this, readers everywhere should know how to identify the websites that post and circulate these fake articles. I'm here to tell you about just that.

1단계:
제목
관찰

　The first step in spotting a suspicious article is to examine its headline. Articles that have sensational or exaggerated titles are called "clickbait" articles. [47]Clickbait titles are meant to attract your attention and make you want to click the link. Take note that

인터넷은 정보의 금광이 되고 있습니다. 하지만, 신문, 잡지, 혹은 다른 권위 있는 간행물들과 달리, 인터넷에서 발견되는 대부분의 기사들은 상호 검토를 받지 않죠. 이건 그러한 기사들의 출처가 적절하게 언급되지 않고, 정보가 완전히 사실로 입증될 수는 없음을 뜻합니다.

이러한 의심스러운 기사들의 몇몇 작성자들이 의도적으로 거짓 정보를 게시하는 사이, 다른 작성자들은 악의가 있는 뒤틀린 진실을 퍼뜨립니다. 어떤 사람들은 오보를 그들의 주요 판매 강조점으로 삼고, [46]가능한 한 많은 호기심 왕성한 독자들에게 닿기 위해 거짓의 내용을 게시하죠. 이것 때문에, 도처의 독자들은 이러한 허위 기사를 게시하고 유포하는 웹사이트를 식별하는 방법을 알아야 합니다. 바로 그것에 대해 알려드리려고 이 자리에 섰습니다.

의심스러운 기사를 알아채는 첫 번째 단계는 제목을 살펴보는 겁니다. 선정적이거나 과장된 제목을 가진 기사는 "클릭 낚시" 기사라고 불립니다. [47]클릭 낚시 제목은 여러분의 주의를 끌어 링크를 클릭하게 만들 의도입니다. 이러한 클릭 낚시 기사는 때때로 상당히

these clickbait articles can sometimes have substantial and factual information. However, most clickbaits compromise accuracy and truth for the number of clicks they can get.

Second, examine the website that published the news. Is it a website you've never heard of? Look for uncommon words at the end of the site's URL. For example, be cautious of sites that use ".co." Most reputable sites use ".com" or ".org" for their domain names. Is the website's layout professional and not filled with pop-up advertisements? You should also inspect the post's publishing date and the authors or editors. Do they have enough credentials to write about the topics they covered? Did they cite their sources properly? [48]Each aspect of the article, from the website's name to the author, has to do one thing: build credibility.

But there are also times when a false article will cite official sources or official-sounding sources. Once you look into the sources, however, you'll see that they don't support the article's claim at all.

Third, check the photos and videos in the article. Credible websites usually obtain material directly from the source. So, [49]if you can find many copies of a photo online, it's a clue that the writer of the article in question just lifted it from somewhere else. Try to open a video on the original platform where it was uploaded, and check who posted it and when it was posted. If anything seems suspicious, like if it's an outdated video, the article is most likely fake.

Fourth, if you're still in doubt, conduct your own research about the topic. When you do an online search, and only a few links about the issue come up, it's already a red flag. [50]A sufficient number of articles should come up such that you can cross-check questionable content with credible sources that discuss the same subject.

Lastly, if you do discover that an article is fake, then [51]do nothing. [52]Some of these websites earn money through ad revenue, which is based on the number of clicks that they receive for each post. This means that the more likes, shares, and comments their posts get, the more money they earn. These websites probably don't care that they are feeding people misleading content. [51]We should therefore stop giving these websites attention so they can stop receiving the resources to continue posting fake articles.

많은 사실인 정보를 담고 있을 수 있음을 알아차리세요. 하지만, 대부분의 클릭 낚시는 그들이 얻을 수 있는 클릭 수를 위해 정확성과 진실을 손상시킵니다.

두 번째로, 그 뉴스를 게재한 웹사이트를 살펴보세요. 단 한 번도 들어보지 못한 웹사이트입니까? 사이트의 URL의 끝에 일반적이지 않은 단어가 있는지 찾아보세요. 예를 들어, ".co."를 사용하는 사이트를 주의하세요. 대부분의 평판이 좋은 사이트들은 ".com"이나 ".org"를 그들의 도메인명으로 사용합니다. 웹사이트의 배치가 전문적이고 팝업 광고로 가득 차 있지 않나요? 게시물의 게재 날짜와 작성자 혹은 편집자 또한 면밀하게 살펴봐야 합니다. 그들이 다룬 주제에 대해 쓰기 위해 충분한 신용을 가지고 있나요? 그들이 출처를 적절하게 언급했나요? [48]웹사이트의 이름에서부터 작성자까지, 기사의 각 측면은, 한 가지를 반드시 해야 하는데, 그건 신용을 구축하는 거죠.

하지만 허위 기사가 공식적인 출처나 공식적으로 들리는 출처를 언급할 때도 있습니다. 그러나, 출처를 면밀하게 보고 나면, 여러분은 그게 기사의 주장을 전혀 뒷받침하지 못한다는 것을 알게 될 겁니다.

세 번째로, 기사의 사진과 영상을 확인하세요. 믿을 만한 웹사이트는 보통 자료를 출처로부터 직접 얻습니다. 그래서, [49]온라인에서 사진의 많은 복사본을 찾을 수 있다면, 그것은 문제의 기사 작성자가 그것을 어딘가에서 단순 도용했다는 단서입니다. 그것이 업로드되었던 원래 플랫폼에서 영상을 열어보고, 그것을 누가 게시했고 언제 게시되었는지 확인하세요. 이를테면 만약 그것이 기한이 지난 영상이라든지, 무엇이든지 의심스러워 보인다면, 그 기사는 아마 허위입니다.

네 번째로, 여전히 의심이 간다면, 그 주제에 대해서 직접 조사를 해보세요. 온라인 검색을 할 때, 그 안건에 대한 적은 수의 링크만이 뜬다면, 그건 이미 위험 신호입니다. [50]같은 주제를 논의하는 믿을 만한 출처에서 의심스러운 내용을 갖가지 자료에 비추어 조사할 수 있는 정도의 충분한 수의 기사가 떠야 합니다.

마지막으로, 기사가 허위임을 발견한다면, 그 다음에는 [51]아무것도 하지 마세요. [52]이러한 웹사이트 중 일부는 각 게시물이 얻는 클릭 수에 기반한 광고 수입을 통해 수익을 올립니다. 이것은 게시물이 더 많은 좋아요, 공유, 그리고 댓글을 얻을 수록, 그들이 더 많은 수익을 올린다는 걸 뜻하죠. 이러한 웹사이트들은 아마 그들이 사람들에게 오해의 소지가 있는 내용을 공급한다는 것을 신경 쓰지 않을 거예요. [51]우리는 그러므로 이러한 웹사이트에 관심을 주는 것을 멈춰 그들이 허위 기사를 게시하는 것을 계속할 수 있는 자원을 얻는 것을 멈출 수 있도록 해야 합니다.

2단계: 사이트 관찰

3단계: 자료 확인

4단계: 주제 조사

5단계: 관심 주지 않기

어휘　gold mine 금광　respected[rispéktid] 권위 있는, 평판 높은　publication[pÀblikéiʃn] 간행물　peer-review[píərivjú:] 상호 검토하다
cite[sait] 언급하다　verify[vérifai] 사실임을 입증하다　questionable[kwéstʃənəbl] 의심스러운, 수상한
intentionally[inténʃənli] 의도적으로　false[fɔːls] 거짓의, 허위의　spread[spred] 퍼뜨리다　ill-intentioned[ìlinténʃənd] 악의가 있는
twisted[twístid] 뒤틀린　misinformation[misinfərméiʃn] 오보　selling point (판매) 강조점, 장점　identify[aidéntifai] 식별하다
circulate[sə́ːrkjəleit] 유포하다, 퍼뜨리다　suspicious[səspíʃəs] 의심스러운, 수상한　examine[igzǽmin] 살펴보다, 검토하다
sensational[senséiʃənl] 선정적인　exaggerated[igzǽdʒəreitid] 과장된　clickbait[klíkbeit] 클릭 낚시, 낚시 기사
take note ~을 알아차리다, 주목하다　substantial[səbstǽnʃl] 상당히 많은, 충분한　compromise[káːmprəmaiz] 손상시키다, 더럽히다
accuracy[ǽkjərəsi] 정확성　cautious[kɔ́ːʃəs] 주의하는, 조심하는　reputable[répjətəbl] 평판이 좋은, 유명한
advertisement[ædvərtáizmənt] 광고　inspect[inspékt] 면밀하게 살펴보다, 조사하다　credential[krədénʃl] 신용, 업적, 경력
credibility[krèdəbíləti] 신용, 진실성　in question 문제의, 논의가 되고 있는　lift[lift] 도용하다, 표절하다　red flag 위험 신호, 붉은 깃발
cross-check[krɑ̀stʃék] 갖가지 자료에 비추어 조사하다　misleading[mìslíːdiŋ] 오해의 소지가 있는

46　특정세부사항　Why　　　　　　　　　　　　　　　　　　　정답 (d)

Why do some websites post inaccurate reports?

(a)　so they can tell the truth creatively
(b)　to destroy the publisher's name
(c)　because they don't know the facts
(d)　to mislead their audience

왜 몇몇 웹사이트들은 확실하지 않은 기사를 게시하는가?

(a)　진실을 창의적으로 알릴 수 있기 위해서
(b)　출판사의 명성을 무너뜨리기 위해서
(c)　사실을 모르기 때문에
(d)　독자를 호도하기 위해서

해설　왜 몇몇 웹사이트들은 확실하지 않은 기사를 게시하는지를 묻는 Why 문제이므로, 질문의 키워드 post inaccurate reports가 post false information으로 paraphrasing되어 언급된 주변을 주의 깊게 듣는다. 화자가 'they post false content to reach as many curious readers as possible'이라며 몇몇 웹사이트들은 가능한 한 많은 호기심 왕성한 독자들에게 닿기 위해 거짓의 내용을 게시한다고 했다. 따라서 (d)가 정답이다.

어휘　inaccurate[inǽkjərət] 확실하지 않은, 틀린　creatively[kriéitivli] 창의적으로　mislead[mìslíːd] 호도하다, 속이다

47　특정세부사항　What　　　　　　　　　　　　　　　　　　　정답 (a)

What is the purpose of a clickbait headline?

(a)　to tempt someone to access a link
(b)　to show that a website is desperate
(c)　to persuade people to read truthful articles
(d)　to sensationalize a news topic

클릭 낚시 제목의 목적은 무엇인가?

(a)　링크에 접속하도록 유혹하기 위해서
(b)　웹사이트가 필사적이라는 것을 보여주기 위해서
(c)　사람들이 진실한 기사를 읽도록 설득하기 위해서
(d)　뉴스 화제를 선정적으로 표현하기 위해서

해설　클릭 낚시 제목의 목적이 무엇인지를 묻는 What 문제이므로, 질문의 키워드 clickbait headline이 clickbait titles로 paraphrasing되어 언급된 주변을 주의 깊게 듣는다. 화자가 'Clickbait titles are meant to attract your attention and make you want to click the link.'라며 클릭 낚시 제목은 주의를 끌어 링크를 클릭하게 만들 의도라고 했다. 따라서 (a)가 정답이다.

Paraphrasing
click the link 링크를 클릭하다 → access a link 링크에 접속하다

어휘　tempt[tempt] 유혹하다　desperate[déspərət] 필사적인, 절실한　sensationalize[senséiʃənəlaiz] 선정적으로 표현하다

What does a website need to develop in order to make readers trust its content? (a) the advertisements (b) its credibility (c) a catchy name (d) its publicity	웹사이트는 구독자들이 내용을 신뢰하게 만들기 위해서 무엇을 구축해야 하는가? (a) 광고 (b) 신용 (c) 기억하기 쉬운 이름 (d) 홍보

해설 웹사이트는 구독자들이 내용을 신뢰하게 만들기 위해서 무엇을 구축해야 하는지를 묻는 What 문제이므로, 질문의 키워드 need to develop이 has to ~ build로 paraphrasing되어 언급된 주변을 주의 깊게 듣는다. 화자가 'Each aspect of the article ~ has to do one thing: build credibility.'라며 웹사이트의 이름에서부터 작성자까지 기사의 각 측면은 한 가지를 반드시 해야 하는데 그것은 신용을 구축하는 것이라고 했다. 따라서 (b)가 정답이다.

어휘 catchy[kǽtʃi] 기억하기 쉬운, 재치 있는 publicity[pʌblísəti] 홍보

When is a photo in an article probably stolen? (a) if it is posted alongside videos (b) if it doesn't support the article's content (c) if it is widespread on the Internet (d) if it is of low quality	어떤 경우에 기사에 있는 사진은 아마 도용된 것인가? (a) 영상과 함께 게시된 경우 (b) 기사의 내용을 뒷받침하지 못하는 경우 (c) 인터넷에 널리 퍼진 경우 (d) 낮은 품질의 것인 경우

해설 어떤 경우에 기사에 있는 사진은 아마 도용된 것인지를 묻는 When 문제이므로, 질문의 키워드 stolen이 lifted로 paraphrasing되어 언급된 주변을 주의 깊게 듣는다. 화자가 'if you can find many copies of a photo online, it's a clue that the writer of the article in question just lifted it from somewhere else'라며 온라인에서 사진의 많은 복사본을 찾을 수 있다면 그것은 문제의 기사 작성자가 그것을 어딘가에서 단순 도용했다는 단서라고 했다. 따라서 (c)가 정답이다.

Paraphrasing
probably 아마 → clue 단서

어휘 alongside[əlɔ́ːŋsaid] ~와 함께, 나란히 widespread[wáidspred] 널리 퍼진

Why most likely should a reader doubt an article if its contents cannot be seen in many other sources? (a) because the news isn't worth reading after all (b) because the reports are yet to be posted online (c) because it has conflicting information with other articles (d) because the information can't be verified	왜 독자는 만약 다른 많은 출처에서 내용을 찾을 수 없다면 기사를 의심해야 할 것 같은가? (a) 그 뉴스는 결국 읽을 가치가 없기 때문에 (b) 기사가 아직 온라인에 게시되지 않았기 때문에 (c) 다른 기사와 상충되는 정보를 담고 있기 때문에 (d) 정보가 사실임이 입증될 수 없기 때문에

해설 왜 독자는 만약 다른 많은 출처에서 내용을 찾을 수 없다면 기사를 의심해야 할 것 같은지를 추론하는 문제이므로, 질문의 키워드 cannot be seen이 only a few links로 paraphrasing되어 언급된 주변을 주의 깊게 듣는다. 화자가 'A sufficient number of articles ~ with credible sources that discuss the same subject.'라며 같은 주제를 논의하는 믿을 만한 출처에서 의심스러운 내용을 갖가지 자료에 비추어 조사할 수 있는 정도의 충분한 수의 기사가 떠야 한다고 한 것을 통해, 다른 많은 출처에서 내용을 찾을 수 없다면 정보가 사실임이 입증될 수 없기 때문에 기사를 의심해야 할 것임을 추론할 수 있다. 따라서 (d)가 정답이다.

Paraphrasing
cross-check 갖가지 자료에 비추어 조사하다 → verified 입증되다

어휘   conflicting [kənflíktiŋ] 상충되는

---

51 특정세부사항   What   정답 (c)

What should a reader do upon coming across a fake article?

(a) watch the ads on the website instead
(b) comment on how inaccurate the post is
(c) stop sharing the link to the fake article
(d) share the fake article to notify one's friends

독자는 거짓 기사를 우연히 찾아내면 무엇을 해야 하는가?

(a) 기사 대신 웹사이트의 광고를 본다
(b) 게시물이 얼마나 부정확한지 댓글을 남긴다
(c) 거짓 기사의 링크를 공유하는 것을 멈춘다
(d) 친구에게 알려주기 위해 거짓 기사를 공유한다

해설   독자는 거짓 기사를 우연히 찾아내면 무엇을 해야 하는지를 묻는 What 문제이므로, 질문의 키워드 coming across ~ fake article이 discover ~ article is fake로 paraphrasing되어 언급된 주변을 주의 깊게 듣는다. 화자가 'do nothing'이라며 아무것도 하지 말라고 한 뒤, 'We should therefore stop giving these websites attention'이라며 거짓 기사를 올리는 웹사이트에 관심을 주는 것을 멈춰야 한다고 했다. 따라서 (c)가 정답이다.

어휘   come across 우연히 찾아내다

---

52 추론   특정사실   정답 (b)

How most likely do some of the websites that produce fake articles earn money?

(a) by coming up with more articles than other websites
(b) by getting more readers to click their web pages
(c) by not having to spend major resources on research
(d) by attracting more paid subscriptions to their websites

거짓 기사를 생산하는 일부 웹사이트들은 어떻게 돈을 벌 것 같은가?

(a) 다른 웹사이트보다 더 많은 기사를 내놓음으로써
(b) 그들의 웹페이지를 클릭해줄 더 많은 독자를 모음으로써
(c) 조사를 하는 데 큰 자원을 쓰지 않아도 됨으로써
(d) 웹사이트 유료 구독자를 더 모음으로써

해설   거짓 기사를 생산하는 일부 웹사이트들은 어떻게 돈을 벌 것 같은지를 추론하는 문제이므로, 질문의 키워드 earn money가 그대로 언급된 주변을 주의 깊게 듣는다. 화자가 'Some of these websites earn money through ~ clicks that they receive for each post.'라며 웹사이트 중 일부는 각 게시물이 얻는 클릭 수에 기반한 광고 수입을 통해 수익을 올린다고 한 것을 통해, 웹페이지를 클릭해줄 더 많은 독자를 모음으로써 일부 웹사이트들이 돈을 벌 수 있음을 추론할 수 있다. 따라서 (b)가 정답이다.

어휘   come up with ~을 내놓다

READING & VOCABULARY

인물
이름

CARAVAGGIO

인물
소개

Caravaggio, or Michelangelo Merisi, was an Italian painter who was active during the late 16th and early 17th centuries. [53]He is famous for his realism and use of intense contrasts of light and dark. Caravaggio influenced the development of the Baroque art style, and is considered one of the fathers of modern painting.

어린
시절

Caravaggio was born Michelangelo Merisi on September 29, 1571 in Caravaggio, Lombardy in Milan. Orphaned at the age of 11 with no money and no relatives, he was adopted by painter Simone Peterzano. He then underwent a four-year apprenticeship, and afterwards worked as an assistant to other painters while studying the regional art styles.

경력
시작
계기

Quick-tempered and violent, Caravaggio was forced to move to Rome in 1592 because of frequent fights. There, [54]he worked for the famous painter Giuseppe Cesari painting about plant life and food. His early works during that time included *Boy Peeling Fruit* and *Young Sick Bacchus*.

초기
활동

In 1594, [55]Caravaggio left Cesari, determined to establish himself as a painter. He formed friendships with artists, including Prospero Orsi and Mario Minniti, who introduced him to major art collectors and patrons. Caravaggio worked quickly, and already had 40 paintings to his name by 1595.

주요
업적

Two artworks from this time would be representative of his pioneering style. [56]*The Cardsharps* depicts a card game where a boy is being cheated by his opponent and an assistant, while *The Fortune Teller* shows the subject reading the palm of someone while secretly stealing his ring. In contrast with classical idealism, [58]the malicious themes of the paintings were completely new at that time, but would later become common with Baroque artworks.

Caravaggio became famous in Rome and was commissioned to produce religious paintings. However, his realism in portraying Biblical characters in inappropriate manners (e.g. as wearing ragged clothes

카라바조

카라바조, 즉 미켈란젤로 메리시는 16세기 후반부터 17세기 초반까지 활발히 활동했던 이탈리아의 화가였다. [53]그는 사실주의와 강렬한 명암 대비의 사용으로 유명하다. 카라바조는 바로크 미술 양식의 발전에 영향을 미쳤으며, 현대 회화의 아버지 중 한 명으로 여겨진다.

카라바조는 미켈란젤로 메리시라는 이름으로 1571년 9월 29일에 밀라노의 롬바디 카라바조에서 태어났다. 11살의 나이에 돈도 없고 친척도 없는 고아가 되어, 그는 화가인 시모네 페테르차노에게 입양되었다. 그 후 4년의 견습 수업을 받은 뒤, 다른 화가들의 조수로 일하며 지역 미술 양식을 공부했다.

화를 잘 내고 폭력적이었던 카라바조는, 잦은 싸움으로 인해 1592년에 어쩔 수 없이 로마로 이주하게 되었다. 그곳에서, [54]그는 식물과 음식을 그리던 유명한 화가인 주세페 케자리를 위해 일했다. 그 당시 그의 초기 작품에는 「과일을 깎는 소년」과 「젊고 아픈 바쿠스」가 있다.

1594년에, [55]스스로 화가가 되기로 결심하고, 카라바조는 케자리를 떠났다. 그는 프로스페로 오르시와 마리오 미니티를 포함한 화가들과 친목을 맺었고, 그들은 주요 미술품 수집가들과 후원자들에게 그를 소개해주었다. 카라바조는 빠르게 작업했으며, 1595년까지 벌써 그의 이름으로 40개나 되는 그림을 갖고 있었다.

이 시기의 두 개 작품은 그의 선구적인 화풍의 대표작일 것이다. [56]「카드 사기꾼」은 남자 아이가 카드 게임 중에 그의 상대와 보조에게 사기당하는 것을 묘사하고, 「손금 보는 사람」은 그림 속 대상이 누군가의 손금을 보던 중 반지를 몰래 훔치는 것을 보여준다. 고전적 이상주의와는 대조적인, [58]그 그림들의 악의적인 주제는 그 당시에는 완전히 새로웠지만, 이후 바로크 작품에서 보편화된다.

카라바조는 로마에서 유명해졌고 종교적인 그림을 창작하도록 임명되었다. 하지만, 성서 속 인물들을 부적절한 방식으로 그린 그의 사실주의(예를 들어, 다 해진 옷을 입고 있거나 맨 다리를 보여주는 등)는 일

평가 + 위기

or showing bare legs) was regarded by some people as offensive. At the same time, [59]his inclination for fighting often landed him in trouble. On May 29, 1606, Caravaggio killed a young man in a fight. [57]He fled to Malta and later to Naples, where he thought he could get away with the murder, but even his high-profile contacts could not protect him.

죽음

Although he continued to produce excellent artworks, troubles frequented the rest of Caravaggio's life. He died in 1610 while trying to seek a pardon using all the connections he could exhaust.

부 사람들에게는 불쾌하게 여겨졌다. 그와 동시에, [59]그의 호전적인 성향은 스스로를 자주 곤란에 빠뜨렸다. 1606년 5월 29일, 카라바조는 싸움에서 젊은 남자를 죽였다. [57]그는 몰타섬으로, 그 후에는 나폴리로 달아났고, 그곳에서는 살인죄를 모면할 수 있을 것이라고 생각했지만, 그의 고위급 연줄도 그를 보호할 수는 없었다.

그는 계속해서 훌륭한 작품을 그려냈지만, 문제들이 카라바조의 남은 일생에 늘 함께했다. 그는 사용할 수 있는 모든 연줄을 이용하여 사면을 받으려고 애쓰던 중인 1610년에 죽었다.

어휘 intense adj. 강렬한 contrast n. 대비, 차이 orphan v. 고아로 만들다; n. 고아 relative n. 친척 adopt v. 입양하다, 받아들이다 undergo v. 받다, 견디다 apprenticeship n. 견습 수업 quick-tempered adj. 화를 잘 내는 violent adj. 폭력적인, 격렬한 frequent adj. 잦은; v. 늘 함께하다 pioneering adj. 선구적인 cheat v. 사기 치다, 속이다 steal v. 훔치다 classical adj. 고전적인 malicious adj. 악의적인 commission v. 임명하다 portray v. 그리다, 나타내다 inappropriate adj. 부적절한 manner n. 방식, 태도 ragged adj. 다 해진 offensive adj. 불쾌한, 모욕적인 flee v. 달아나다, 도망치다 get away with phr. ~을 모면하다 high-profile adj. 고위급의 pardon n. 사면 exhaust v. 다 사용하다, 고갈시키다

고득점

53 특정세부사항   유명한 이유   정답 (b)

What was Caravaggio most famous for?

(a) his Baroque artworks
(b) his truthful representation of subjects
(c) his similarity with another famous painter
(d) his habit of painting in the dark

카라바조는 무엇으로 가장 유명했는가?

(a) 바로크 작품들
(b) 대상에 대한 현실 그대로의 묘사
(c) 다른 유명한 화가와의 유사점
(d) 어둠 속에서 그림을 그리는 습관

해설 카라바조가 유명한 이유를 묻는 문제이므로, 질문의 키워드 famous for가 그대로 언급된 주변 내용을 주의 깊게 읽는다. 1단락의 'He is famous for his realism and use of intense contrasts of light and dark.'에서 카라바조는 사실주의와 강렬한 명암 대비의 사용으로 유명하다고 했다. 따라서 (b)가 정답이다.

Paraphrasing

realism 사실주의 → truthful representation 현실 그대로의 묘사

오답분석

(a) 지문에서 인물에 대해 언급된 내용이기는 하지만, 인물이 가장 유명한 이유라고 하지는 않았으므로 오답이다.

어휘 truthful adj. 현실 그대로의, 진실의 similarity n. 유사점 habit n. 습관

---

54 추론   특정사실   정답 (a)

What most likely inspired Caravaggio to paint his early works?

(a) his assistance to a prominent painter
(b) the unfortunate events during his childhood

무엇이 카라바조가 그의 초기 작품을 그리도록 영감을 주었던 것 같은가?

(a) 유명한 화가를 보조한 것
(b) 어린 시절의 불행한 사건들

(c) his training in regional art techniques

(d) the violent fights he had with people

(c) 지역 미술 기법의 훈련

(d) 사람들과 했던 폭력적인 싸움

해설　무엇이 카라바조가 그의 초기 작품을 그리도록 영감을 주었던 것 같은지를 추론하는 문제이므로, 질문의 키워드 early works가 그대로 언급된 주변 내용을 주의 깊게 읽는다. 3단락의 'he worked for the famous painter Giuseppe Cesari painting about plant life and food.'에서 카라바조는 식물과 음식을 그리던 유명한 화가인 주세페 케자리를 위해 일했다고 한 뒤, 'His early works during that time'에서 그 당시 그의 초기 작품을 언급한 것을 통해, 카라바조가 유명한 화가를 보조한 것이 그의 초기 작품을 그리도록 영감을 주었던 것임을 추론할 수 있다. 따라서 (a)가 정답이다.

Paraphrasing

worked for the famous painter 유명한 화가를 위해 일했다 → assistance to a prominent painter 유명한 화가를 보조한 것

어휘　assistance n. 보조, 도움　prominent adj. 유명한　unfortunate adj. 불행한

55　특정세부사항　Why

정답 (d)

Why did he quit working for Cesari?

(a) because the two of them often quarreled

(b) because he wanted to paint about other subjects

(c) to meet up-and-coming painters

(d) to make a name for himself

왜 그는 케자리를 위해 일하는 것을 그만두었는가?

(a) 둘이 자주 싸웠기 때문에

(b) 다른 대상을 그리고 싶었기 때문에

(c) 전도가 유망한 화가들을 만나기 위해서

(d) 스스로 이름을 떨치기 위해서

해설　왜 카라바조가 케자리를 위해 일하는 것을 그만두었는지를 묻는 Why 문제이므로, 질문의 키워드 quit working for Cesari가 left Cesari로 paraphrasing되어 언급된 주변 내용을 주의 깊게 읽는다. 4단락의 'Caravaggio left Cesari, determined to establish himself as a painter'에서 카라바조는 스스로 화가가 되기로 결심하고 케자리를 떠났다고 했다. 따라서 (d)가 정답이다.

Paraphrasing

establish himself as a painter 스스로 화가가 되다 → make a name for himself 스스로 이름을 떨치다

어휘　quarrel v. 싸우다　up-and-coming adj. 전도가 유망한　make a name phr. 이름을 떨치다, 유명해지다

56　특정세부사항　Which

정답 (d)

Which characterizes Caravaggio's *The Cardsharps* and *The Fortune Teller* paintings?

(a) They promote classical ideals.

(b) They are about the saints.

(c) They show ignorance.

(d) They depict dishonesty.

무엇이 카라바조의 그림 「카드 사기꾼」과 「손금 보는 사람」을 묘사하는가?

(a) 고전적인 이상을 고취한다.

(b) 성자에 관한 것이다.

(c) 무지를 보여준다.

(d) 부정행위를 묘사한다.

해설　무엇이 카라바조의 그림 「카드 사기꾼」과 「손금 보는 사람」을 묘사하는지를 묻는 Which 문제이므로, 질문의 키워드 The Cardsharps and The Fortune Teller가 그대로 언급된 주변 내용을 주의 깊게 읽는다. 5단락에서 'The Cardsharps depicts a card game where a boy is being cheated ~ while The Fortune Teller shows the subject ~ stealing his ring.'에서 「카드 사기꾼」은 남자 아이가 카드 게임 중에 사기당하는 것을 그려내고 「손금 보는 사람」은 그림 속 대상이 손금을 보던 중 반지를 몰래 훔치는 것을 보여준다고 했다. 따라서 (d)가 정답이다.

Paraphrasing

cheated 사기당한 → dishonesty 부정행위

stealing 훔치는 → dishonesty 부정행위

어휘 characterize v. 묘사하다 saint n. 성자, 성인 ignorance n. 무지 dishonesty n. 부정행위, 부정직

---

57 추론 특정사실 정답 (c)

Based on the article, how did Caravaggio's murder case most likely end up?

(a) with him being cleared of the charges
(b) with his contacts helping him to settle the case
(c) with him being declared as guilty
(d) with him never being brought to trial

기사에 따르면, 카라바조의 살인 사건은 결국 어떻게 끝났던 것 같은가?

(a) 혐의를 벗는 것으로
(b) 연줄이 사건을 해결하도록 돕는 것으로
(c) 유죄를 선고받는 것으로
(d) 단 한번도 재판에 불려가지 않는 것으로

해설 카라바조의 살인 사건이 결국 어떻게 끝났던 것 같은지를 추론하는 문제이므로, 질문의 키워드 murder가 그대로 언급된 주변 내용을 깊게 읽는다. 6단락의 'He fled to Malta and later to Naples ~ but even his high-profile contacts could not protect him.'에서 카라바조는 몰타섬으로, 그 후에는 나폴리로 달아났고 그곳에서는 살인죄를 모면할 수 있을 것이라고 생각했지만 그의 고위급 연줄도 그를 보호할 수는 없었다고 한 것을 통해, 카라바조의 살인 사건이 결국 유죄를 선고받는 것으로 끝났음을 추론할 수 있다. 따라서 (c)가 정답이다.

어휘 be cleared of phr. ~을 벗다 charge n. 혐의, 기소 settle v. 해결하다 declare v. 선고하다 guilty adj. 유죄의 trial n. 재판

---

58 어휘 유의어 정답 (a)

In the context of the passage, malicious means _____.

(a) immoral
(b) beneficial
(c) complex
(d) scary

지문의 문맥에서, 'malicious'는 -을 의미한다.

(a) 부도덕한
(b) 유익한
(c) 복잡한
(d) 무서운

해설 밑줄 친 어휘의 유의어를 찾는 문제이므로, malicious가 포함된 구절을 읽는다. 5단락의 'the malicious themes of the paintings'는 그 그림들의 악의적인 주제라는 뜻이므로, malicious가 '악의적인'이라는 의미로 사용된 것을 알 수 있다. 따라서 '부도덕한'이라는 비슷한 의미의 (a) immoral이 정답이다.

---

59 어휘 유의어 정답 (c)

In the context of the passage, inclination means _____.

(a) ability
(b) reputation
(c) liking
(d) distaste

지문의 문맥에서, 'inclination'은 -을 의미한다.

(a) 능력
(b) 명성
(c) 기호
(d) 혐오감

PART 2[60~66] 잡지 기사 식용 물병 출시

기사 제목	[60]**EDIBLE WATER BOTTLES ARE SOON TO BE INTRODUCED IN THE MARKET**
출시 제품 소개	[60]Edible water bottles will soon be launched into the market as a possible alternative to plastic bottles. The new invention, called [61(b)]"Ooho," is a colorless and tasteless product that's merely five centimeters in diameter. It looks like a big bubble with a jelly-like consistency. Ooho's first working model was developed in 2014 by a team of engineers from the London-based startup company, Skipping Rocks Lab.
제품 특징	Ooho is 100% eco-friendly, decomposes in four to six weeks, and expires within a few days. In addition, [61(a)]once the membrane (outer layer) is popped, it should be consumed immediately. [61(c)]The whole item can be eaten, including the membrane, [61(d)]which is made from a natural seaweed extract. [62]It can be consumed either by fully swallowing the water-filled "bubble," or by tearing its membrane open and then sipping the water. The membrane looks thin but is as strong as the skin of a fruit.
생산 방법	Ooho is produced through a process called "spherification." The sphere is formed by dipping a block of round-shaped ice in a mixture of calcium chloride and brown algae extract. After it forms, the melted water is kept in place.
상품화 과정	Within just a week of public fundraising, the inventors were able to raise twice their [63]target budget of $500,000 for mass marketing their product. With the money, Ooho was further developed for commercial retail. It was then launched at major outdoor events in the U.K.
시장 내 제품의 위치	Designed to be as convenient as a regular plastic bottle, but without the harmful environmental effects, Ooho is marketed as an innovative product that will replace plastic bottles entirely. Aside from having the potential to eliminate the millions of plastic bottles that are trashed in the U.K. every day, Ooho is also cheaper to produce than plastic.

[60]식용 물병이 곧 시장에 소개될 것이다

[60]식용 물병이 플라스틱 병의 가능한 대안으로 곧 시장에 출시될 것이다. 이 새로운 발명품은 [61(b)]"오호"라고 불리는 무색 무미의 제품으로 지름이 고작 5cm이다. 그것은 큰 물방울처럼 생겼으며 젤리 같은 농도를 가졌다. 오호의 첫 실용 모델은 런던에 기반을 둔 신규 기업인 스키핑 록스 연구소의 엔지니어 팀에 의해 2014년에 개발되었다.

오호는 100퍼센트 환경친화적이고, 4주에서 6주 후에 부패하며 며칠 내로 사라진다. 게다가, [61(a)]막(껍질)이 터지고 나면, 즉시 섭취되어야 한다. [61(c)]전체 제품은 막을 포함해서 전부 섭취될 수 있는데, [61(d)]막은 천연 해초 추출물로 만들어진다. [62]그것은 물이 담긴 "방울"을 통째로 삼키거나, 막을 찢어 연 다음 물을 한 모금씩 마심으로써 섭취될 수 있다. 막은 얇아 보이지만 과일의 껍질만큼 단단하다.

오호는 "구체화"라는 공정을 통해 생산된다. 구는 염화 칼슘과 갈조 추출물의 혼합물에 둥근 모양의 얼음 블록을 담가 만들어진다. 그것이 형태를 갖춘 후, 녹은 물이 안에 보관된다.

단 일주일 이내의 공공 모금으로, 개발자들은 [63]그들의 제품을 대량 판매하기 위한 목표 예산인 500,000달러의 두 배를 모금할 수 있었다. 그 자본으로, 오호는 시판 소매업을 위해 추가 개발되었다. 이후 영국의 주요 야외 행사들에서 출시되었다.

일반 플라스틱 병만큼 편리하면서도, 해로운 환경적인 영향은 없도록 디자인된 오호는, 플라스틱 병을 완전히 대체할 획기적인 제품으로 광고되고 있다. 영국에서 매일 버려지는 수백만 개의 플라스틱 병을 없앨 잠재력을 가지고 있는 것뿐만 아니라, 오호를 생산하는 것은 플라스틱보다 저렴하기도 하다.

Critics argue that since [65]Ooho has a <u>fragile</u> membrane that can break easily, [64]it still needs to be placed in regular containers for efficient transport. The inventors must also face the giant plastics industry in their mission to make packaging waste disappear. [66]Despite these <u>drawbacks</u>, Ooho spheres will be distributed at the Glastonbury music festival before the year ends and at upcoming major marathons.

한계 + 현황

비평가들은 [65]오호가 쉽게 깨질 수 있는 약한 막을 가지고 있어서, [64]효율적인 운반을 위해서는 여전히 일반 용기에 담겨야 한다고 주장한다. 또한 개발자들은 포장 폐기물을 사라지게 하는 그들의 사명을 위해 거대한 플라스틱 업계에 맞서야 한다. [66]이러한 약점들에도 불구하고, 오호는 연말 전에 글래스턴베리 음악 축제와 다가오는 주요 마라톤 경기에서 배부될 것이다.

어휘 **edible** adj. 식용의 **alternative** n. 대안 **invention** n. 발명품 **merely** adv. 고작, 단지 **diameter** n. 지름 **consistency** n. 농도, 일관성 **eco-friendly** adj. 환경친화적인 **decompose** v. 부패하다, 분해하다 **expire** v. 사라지다, 만료되다 **membrane** n. 막, 세포막 **extract** n. 추출물; v. 추출하다 **swallow** v. 삼키다 **tear** v. 찢다, 구멍을 내다 **sip** v. (물 등의 음료를) 한 모금씩 마시다 **sphere** n. 구 **dip** v. 담그다 **melted** adj. 녹은 **fundraising** n. 모금 **commercial** adj. 시판의, 상업의 **retail** n. 소매업 **harmful** adj. 해로운 **eliminate** v. 없애다 **trash** v. 버리다 **fragile** adj. 약한 **drawback** n. 약점 **distribute** v. 배부하다

60 주제/목적   기사의 주제   정답 (d)

What is the article all about?

(a) a fundraising campaign
(b) how to create edible water bottles
(c) a new kind of plastic bottle
(d) a new container for drinking water

기사의 주제는 무엇인가?

(a) 모금 운동
(b) 식용 물병을 만드는 방법
(c) 새로운 종류의 플라스틱 병
(d) 새로운 식수용 용기

해설 기사의 주제를 묻는 문제이므로, 제목과 지문의 초반을 주의 깊게 읽고 전체 맥락을 파악한다. 제목의 'Edible water bottles are soon to be introduced in the market'에서 식용 물병이 곧 시장에 소개될 것이라고 하고, 1단락의 'Edible water bottles will soon be launched into the market as a possible alternative to plastic bottles.'에서 식용 물병이 플라스틱 병의 가능한 대안으로 곧 시장에 출시될 것이라고 한 뒤, 새로운 식수용 용기에 관한 내용이 이어지고 있다. 따라서 (d)가 정답이다.

어휘 **container** n. 용기

61 Not/True   Not 문제   정답 (a)

Which of the following is not true about Ooho?

(a) It can be used for long-term storage of water.
(b) It has no taste.
(c) Its membrane can be eaten.
(d) It is made out of natural ingredients.

다음 중 오호에 대해 사실이 아닌 것은?

(a) 물을 장기 보관하는 데 사용될 수 있다.
(b) 아무 맛도 없다.
(c) 그것의 막은 섭취될 수 있다.
(d) 천연 재료로 만들어진다.

해설 오호에 대해 사실이 아닌 것을 묻는 Not 문제이므로, 보기의 키워드와 지문 내용을 대조하며 언급되는 것을 하나씩 소거한다. (a)는 2단락의 'once the membrane ~ is popped, it should be consumed immediately'에서 막이 터지고 나면 즉시 섭취되어야 한다고 언급되었으므로 지문의 내용과 일치하지 않는다. 따라서 (a)가 정답이다.

오답분석

(b) 보기의 키워드 no taste가 tasteless로 paraphrasing되어 언급된 1단락에서 오호는 무색 무미의 제품이라고 언급되었다.

지텔프 기출문제집 Level 2

(c) 보기의 키워드 can be eaten이 그대로 언급된 2단락에서 전체 제품은 막을 포함해서 전부 섭취될 수 있다고 언급되었다.

(d) 보기의 키워드 natural ingredients가 natural ~ extract로 paraphrasing되어 언급된 2단락에서 막은 천연 해초 추출물로 만들어진다고 언급되었다.

어휘 ingredient n. 재료, 성분

고득점
62 특정세부사항   How

정답 (c)

How is the product consumed?	제품은 어떻게 섭취될 수 있는가?
(a) by swallowing it while still frozen	(a) 아직 얼어 있을 때 삼킴으로써
(b) by peeling its skin like a fruit	(b) 과일처럼 껍질을 벗김으로써
(c) by making a hole in its membrane	(c) 막에 구멍을 냄으로써
(d) by punching a straw into the membrane to sip the water	(d) 물을 한 모금씩 마시기 위해 막에 빨대를 꽂음으로써

해설 제품은 어떻게 섭취될 수 있는지를 묻는 How 문제이므로, 질문의 키워드 consumed가 그대로 언급된 주변 내용을 주의 깊게 읽는다. 2단락의 'It can be consumed ~ by tearing its membrane open and then sipping the water.'에서 제품은 물이 담긴 방울을 통째로 삼키거나 막을 찢어 연 다음 물을 한 모금씩 마심으로써 섭취될 수 있다고 했다. 따라서 (c)가 정답이다.

Paraphrasing
tearing its membrane open 막을 찢어 열기 → making a hole in its membrane 막에 구멍을 냄

오답분석

(b) 2단락에서 막이 과일의 껍질만큼 단단하다고는 했지만 껍질을 벗겨 먹는다는 내용은 언급되지 않았으므로 오답이다.

어휘 frozen adj. 얼어 있는 peel v. 껍질을 벗기다, 깎다

63 특정세부사항   Why

정답 (b)

Why was a fundraising campaign held for Ooho?	왜 오호를 위한 모금 운동이 개최되었는가?
(a) to complete its first working model	(a) 첫 실용 모델을 완성하기 위해서
(b) to be able to sell it to as many people as possible	(b) 가능한 한 많은 사람들에게 판매할 수 있게 하기 위해서
(c) to find an alternative to seaweed packaging	(c) 해초 포장의 대안을 찾기 위해서
(d) to double the sphere's size	(d) 구의 크기를 두 배로 키우기 위해서

해설 왜 오호를 위한 모금 운동이 개최되었는지를 묻는 Why 문제이므로, 질문의 키워드 fundraising campaign이 public fundraising으로 paraphrasing되어 언급된 주변 내용을 주의 깊게 읽는다. 4단락의 'target budget of $500,000 for mass marketing their product'에서 제품을 대량 판매하기 위한 목표 예산인 500,000달러라고 했다. 따라서 (b)가 정답이다.

Paraphrasing
mass marketing 대량 판매하기 → sell it to as many people as possible 가능한 한 많은 사람들에게 판매하다

Why most likely can't Ooho eliminate packaging waste entirely?

(a) because consumers won't really be buying it
(b) because it still produces waste ingredients
(c) because it is more wasteful to produce than plastic
(d) because it still needs some form of wasteful packaging

왜 오호가 포장 폐기물을 완전히 없앨 수 없는 것 같은가?

(a) 소비자가 실제로는 구매하지 않을 것이기 때문에
(b) 여전히 폐기물 성분을 만들어 내기 때문에
(c) 플라스틱을 만드는 것보다 낭비가 많기 때문에
(d) 여전히 약간의 낭비성 포장이 필요하기 때문에

해설 왜 오호가 포장 폐기물을 완전히 없앨 수 없는 것 같은지를 추론하는 문제이므로, 질문의 키워드 packaging waste가 그대로 언급된 주변 내용을 주의 깊게 읽는다. 6단락의 'it still needs to be placed in regular containers for efficient transport'에서 효율적인 운반을 위해서는 여전히 일반 용기에 담겨야 한다고 한 것을 통해, 오호는 여전히 약간의 낭비성 포장이 필요하기 때문에 포장 폐기물을 완전히 없앨 수 없는 것임을 추론할 수 있다. 따라서 (d)가 정답이다.

In the context of the passage, fragile means _____.

(a) clear
(b) thick
(c) delicate
(d) hard

지문의 문맥에서, 'fragile'은 -을 의미한다.

(a) 투명한
(b) 두꺼운
(c) 깨지기 쉬운
(d) 단단한

해설 밑줄 친 어휘의 유의어를 찾는 문제이므로, fragile이 포함된 구절을 읽는다. 6단락의 'Ooho has a fragile membrane that can break easily'는 오호가 쉽게 깨질 수 있는 약한 막을 가지고 있다는 뜻이므로, fragile이 '약한'이라는 의미로 사용된 것을 알 수 있다. 따라서 '깨지기 쉬운'이라는 비슷한 의미의 (c) delicate이 정답이다.

In the context of the passage, drawbacks means _____.

(a) difficulties
(b) accidents
(c) advantages
(d) confusions

지문의 문맥에서, 'drawbacks'는 -을 의미한다.

(a) 어려움
(b) 사고
(c) 장점
(d) 혼란

해설 밑줄 친 어휘의 유의어를 찾는 문제이므로, drawbacks가 포함된 구절을 읽는다. 6단락의 'Despite these drawbacks'는 이러한 약점들에도 불구한다는 뜻이므로, drawbacks가 '약점'이라는 의미로 사용된 것을 알 수 있다. 따라서 '어려움'이라는 비슷한 의미의 (a) difficulties가 정답이다.

표제어	**FENCING**

정의 + 기원

Fencing is a sport where two competitors fight each other with thin, flexible swords. One of the oldest sports in history, [67]fencing originated from swordfights that have existed since wars began. The word derives from the [72]Old French "defens" (to surround with a fence), denoting protection. Fencing is also regarded as an art form.

초기 형태

In ancient times, conflicts were sometimes settled through one-on-one sword combats that followed an unwritten scoring system. The ancient Persians, Babylonians, Greeks, and Romans all practiced some form of fencing. The earliest evidence of fencing as a sport is an Egyptian carving dating back to around 1190 B.C. It shows opponents with covered sword points and masks, spectators, and judges.

발달 과정

[68]Fencing saw its birth as a scientific art with the publication of the first fencing manual, *Treatise on Arms* (around 1458-1471) by Spanish historian Diego de Valera. When Spain became the leading superpower in Europe, the sport spread to Italy and France, where it evolved and was taught in universities. The three major schools of fencing — Spanish, Italian, and French — remain the most influential today.

경기 방식

Modern fencing is played on a marked strip called a *piste*. [69]A bout consists of two fencers trying to score a set number of hits with their swords in order to win. Each player aims to hit the opponent without being hit themselves.

종류 + 특징

Three kinds of weapons are used: the foil, sabre, and épée. Each weapon has its own characteristics and strategies for use. For example, the maximum weight for foils and sabres is 500 grams, while épées can weigh up to 775 grams. Foil and épée matches are scored by striking the opponent with only the tip of the sword, while [70]sabre matches also allow scores for striking with either side of the blade. Fencers wear protective gear that includes a mask and a metallic vest.

기타 특징

[73]Fencing is among the five original sports (along with athletics, cycling, gymnastics, and swimming) that have been played in all Olympic Games since the first modern Olympics were held in 1896. [71]Side judges had been used to score fencing bouts until electric equipment began replacing them in 1933.

펜싱

펜싱은 두 명의 경쟁자가 가늘고, 유연한 검으로 서로 겨루는 스포츠이다. 역사상 가장 오래된 스포츠 중 하나로, [67]펜싱은 전쟁이 시작한 이래로 존재해온 검투에서부터 유래했다. 용어는 [72]보호를 뜻하는 고대 프랑스어 "defens"(울타리로 둘러싸다)에서 유래된다. 펜싱은 예술 형태로 여겨지기도 한다.

고대에는, 불문율의 점수 체계를 따르는 일대일 검투를 통해 가끔 분쟁이 해결되기도 했었다. 고대 페르시아, 바빌로니아, 그리스, 그리고 로마 모두 어떤 형태의 펜싱을 실제로 행했다. 스포츠로서의 펜싱의 초기 흔적은 기원전 1190년까지 거슬러 올라가는 이집트의 조각이다. 그것은 덮개를 씌운 칼을 들고 마스크를 쓴 적수들, 관중들, 그리고 심판들을 보여준다.

스페인 역사학자 디에고 데 발레라에 의해 (1458년에서 1471년경) 쓰인 [68]「무기에 관한 논문」이라는 첫 펜싱 매뉴얼의 공개로 펜싱은 과학적인 예술로 태어났다. 스페인이 유럽에서 선두적인 초강대국이 되었을 때, 이 스포츠는 이탈리아와 프랑스로 퍼져 나갔고, 그곳에서 발달하여 대학에서 교육되었다. 펜싱의 3대 주요 장소인, 스페인, 이탈리아, 프랑스는 오늘날까지도 여전히 가장 영향력 있는 곳으로 남아있다.

현대의 펜싱은 피스트라고 불리는 지정된 좁고 긴 바닥에서 진행된다. [69]한 시합은 자신의 검으로 정해진 횟수의 타격 점수를 내려고 시도하는 2명의 펜싱 선수로 구성된다. 각 선수는 자신이 맞지 않으면서 상대를 맞히는 것을 목표로 한다.

세 종류의 무기가 사용되는데, 플뢰레, 사브레, 그리고 에페가 그것이다. 각 무기는 그것만의 특징과 사용 전략을 가지고 있다. 예를 들어, 플뢰레와 사브레의 최대 무게는 500그램인 데 반해, 에페는 775그램까지 무게가 나갈 수 있다. 플뢰레와 에페 경기는 오직 검의 끝부분만으로 상대를 침으로써 점수가 나는 데 반해, [70]사브레 경기는 칼날의 양면으로 치는 것으로 나는 점수도 허용한다. 펜싱 선수들은 마스크와 금속 조끼를 포함한 보호 장구를 착용한다.

[73]펜싱은 다섯 가지 최초의 스포츠 중 하나인데 (육상, 사이클링, 체조, 수영과 함께) 이것들은 첫 현대 올림픽이 개최된 1896년 이래로 모든 올림픽에서 진행되어 왔다. [71]부심은 1933년에 전자 기기가 그들을 대체하기 시작하기 전까지 펜싱 시합의 점수를 매기곤 했었다.

어휘 flexible adj. 유연한 sword n. 검 originate v. 유래하다 derive v. 유래되다, 비롯되다 surround v. 둘러싸다
denote v. 뜻하다, 보여주다 conflict n. 분쟁, 갈등 combat n. 전투 unwritten adj. 불문율의 evidence n. 흔적, 증거
carving n. 조각 date back to phr. ~까지 거슬러 올라가다 covered adj. 덮개를 씌운 spectator n. 관중 publication n. 공개, 출판물
superpower n. 초강대국 school n. 장소 bout n. 한 시합, 한바탕 weapon n. 무기 characteristic n. 특징 strategy n. 전략
strike v. 치다 tip n. 끝부분 blade n. 칼날 protective adj. 보호의 gear n. 장구, 장비 original adj. 최초의, 고유의

---

67 특정세부사항 　When
정답 (d)

When were the first forms of fencing practiced?

(a) when swordfights were first regarded as an art form
(b) after the rules for it were written
(c) when the first protective fence was put up in France
(d) since people began using swords in wars

펜싱의 첫 형태는 언제 실제로 행해졌는가?

(a) 검투가 처음 예술 형태로 여겨졌을 때
(b) 펜싱을 위한 규칙이 작성된 후에
(c) 프랑스에 첫 보호 울타리가 세워졌을 때
(d) 전쟁에서 사람들이 검을 사용하기 시작한 이래

해설 펜싱의 첫 형태는 언제 실제로 행해졌는지를 묻는 When 문제이므로, 질문의 키워드 first forms of fencing과 관련된 주변 내용을 주의 깊게 읽는다. 1단락의 'fencing originated from swordfights that have existed since wars began'에서 펜싱은 전쟁이 시작한 이래로 존재해온 검투에서부터 유래했다고 했다. 따라서 (d)가 정답이다.

---

68 특정세부사항 　What
정답 (a)

What is the significance of the *Treatise on Arms*?

(a) It marked the emergence of fencing as a scientific skill.
(b) It contained the first ever scoring system for fencing.
(c) It is proof that fencing was an ancient sport.
(d) It brought fencing to Italy and France.

「무기에 관한 논문」의 의의는 무엇인가?

(a) 과학적 기술로서의 펜싱의 출현을 기록했다.
(b) 사상 최초로 펜싱의 점수 체계를 포함했다.
(c) 펜싱이 고대 스포츠였다는 것의 증거이다.
(d) 펜싱을 이탈리아와 프랑스에 들여왔다.

해설 「무기에 관한 논문」의 의의는 무엇인지를 묻는 What 문제이므로, 질문의 키워드 Treatise on Arms가 그대로 언급된 주변 내용을 주의 깊게 읽는다. 3단락의 'Fencing saw its birth as a scientific art with the publication of the first fencing manual, Treatise on Arms'에서 「무기에 관한 논문」이라는 첫 펜싱 매뉴얼의 공개로 펜싱은 과학적인 예술로 태어났다고 했다. 따라서 (a)가 정답이다.

Paraphrasing
saw its birth 태어났다 → marked the emergence 출현을 기록했다

---

69 추론 　특정사실
정답 (c)

Based on the article, who most likely wins in a game of fencing?

(a) the first to hit the opponent
(b) the player with the heavier sword
(c) the first to reach the target score
(d) the player who strikes the opponent harder

기사에 따르면, 누가 펜싱 시합에서 이길 것 같은가?

(a) 상대를 먼저 치는 사람
(b) 더 무거운 검을 가진 선수
(c) 목표 점수에 먼저 도달하는 사람
(d) 상대를 더 세게 치는 선수

해설   누가 펜싱 시합을 이길 것 같은지를 추론하는 문제이므로, 질문의 키워드 wins in a game과 관련된 주변 내용을 주의 깊게 읽는다. 4단락의 'A bout consists of two fencers trying to score a set number of hits with their swords in order to win.'에서 한 시합은 자신의 검으로 정해진 횟수의 타격 점수를 내려고 시도하는 2명의 펜싱 선수로 구성된다고 한 것을 통해, 목표 점수에 먼저 도달하는 사람이 펜싱 시합에서 이길 것임을 추론할 수 있다. 따라서 (c)가 정답이다.

70   추론   특정사실   정답 (b)

Why is gaining a score most likely easier during a sabre match?	왜 사브레 경기 중에 점수를 얻기 더 쉬울 것 같은가?
(a) because it restricts the rules for scoring (b) because it allows more ways to earn a point (c) because the sabre is heavier (d) because the sabre is more accurate	(a) 득점 규칙을 제한하기 때문에 (b) 점수를 얻는 더 많은 방법을 허용하기 때문에 (c) 사브레가 더 무겁기 때문에 (d) 사브레가 더 정밀하기 때문에

해설   왜 사브레 경기 중에 점수를 얻기 더 쉬울 것 같은지를 추론하는 문제이므로, 질문의 키워드 sabre match가 sabre matches로 언급된 주변 내용을 주의 깊게 읽는다. 5단락의 'sabre matches also allow scores for striking with either side of the blade'에서 사브레 경기는 칼날의 양면으로 치는 것으로 나는 점수도 허용한다고 한 것을 통해, 사브레는 점수를 얻는 더 많은 방법을 허용하기 때문에 점수를 얻기 더 쉬울 것임을 추론할 수 있다. 따라서 (b)가 정답이다.

어휘   restrict v. 제한하다   accurate adj. 정밀한, 정확한

71   특정세부사항   When   정답 (b)

When did fencing stop using judges for scoring fights?	펜싱은 언제 경기 점수를 매기기 위해 심판을 기용하는 것을 중단했는가?
(a) after fencing became a modern sport (b) when scoring became automated (c) after the first Olympic Games were held (d) when the judges were proven undependable	(a) 펜싱이 현대 스포츠가 된 후에 (b) 점수를 매기는 것이 자동화되었을 때 (c) 최초의 올림픽 대회가 개최된 후에 (d) 심판들을 신뢰할 수 없다는 것이 증명되었을 때

해설   펜싱은 언제 경기 점수를 매기기 위해 심판을 기용하는 것을 중단했는지를 묻는 When 문제이므로, 질문의 키워드 judges가 그대로 언급된 주변 내용을 주의 깊게 읽는다. 6단락의 'Side judges had been used to score fencing bouts until electric equipment began replacing them in 1933.'에서 부심은 1933년에 전자 기기가 그들을 대체하기 시작하기 전까지 펜싱 시합의 점수를 매기곤 했었다고 했다. 따라서 (b)가 정답이다.

어휘   automated adj. 자동화된, 자동의   undependable adj. 신뢰할 수 없는

72   어휘   유의어   정답 (d)

In the context of the passage, denoting means _____.	지문의 문맥에서, 'denoting'은 -을 의미한다.
(a) opposing	(a) 대립하는

(b) making
(c) saying
(d) meaning

(b) 만드는
(c) 말하는
(d) 뜻하는

해설 밑줄 친 어휘의 유의어를 찾는 문제이므로, denoting이 포함된 구절을 읽는다. 1단락의 'Old French defens ~ denoting protection'
은 보호를 뜻하는 고대 프랑스어 defens라는 뜻이므로, denoting이 '뜻하는'이라는 의미로 사용된 것을 알 수 있다. 따라서 '뜻하는'이라는
같은 의미의 (d) meaning이 정답이다.

---

73 어휘 유의어   정답 (a)

In the context of the passage, <u>original</u> means _____.

(a) earliest
(b) newest
(c) unique
(d) regular

지문의 문맥에서, 'original'은 -을 의미한다.

(a) 최초의
(b) 가장 새로운
(c) 특별한
(d) 규칙적인

해설 밑줄 친 어휘의 유의어를 찾는 문제이므로, original이 포함된 구절을 읽는다. 6단락의 'Fencing is among the five original sports'
는 펜싱은 다섯 가지 최초의 스포츠 중 하나라는 뜻이므로, original이 '최초의'라는 의미로 사용된 것을 알 수 있다. 따라서 '최초의'라는 같
은 의미의 (a) earliest가 정답이다.

PART 4 (74~80) 비즈니스 편지 행사의 후원을 요청하는 편지

November 27, 2016

Ms. Michelle Hunt
Sales and Planning Manager
Montemarde Marketing Corporation
3221 West Edgewood Drive
Jefferson City, MO 65109

Dear Ms. Hunt:

Greetings! Youth for Unity (YFU) will be hosting United
Christmas on December 18, 2016, at the Diamond
Sports Complex. [74]United Christmas, an outreach party
for the underprivileged kids of Jefferson City, is a
half-day event that aims to bring joy to children from
selected local communities by engaging them in
interactive, fun-filled activities. The event will hopefully
draw 500 guests consisting of [75(b)]200 street children and
out-of-school youth, 200 parents or guardians, and 100
[75(c)]volunteers, [75(d)]partners, and guests.

YFU is a global organization of young people dedicated
to supporting human development. [76/79]We also aim

2016년 11월 27일

Ms. Michelle Hunt
영업 관리 팀장
몬테마르데 마케팅 사
65109 미주리 주 제퍼슨시티
웨스트 에지우드 가 3221번지

Ms. Hunt께:

안녕하세요! 청년 연합(YFU)에서는 2016년 12월 18
일에 다이아몬드 스포츠 종합운동장에서 화합의 크
리스마스를 주최할 것입니다. [74]화합의 크리스마스는
제퍼슨시티의 불우한 아이들을 위한 봉사 파티이며,
선정된 지역 공동체의 어린이들을 상호작용하는, 즐
거움이 가득한 활동들에 참여시킴으로써 기쁨을 주
는 것을 목적으로 하는 반나절의 행사입니다. 이 행사
는 [75(b)]200명의 거리 아이들과 중퇴한 청소년들, 200
명의 부모 혹은 보호자, 그리고 100명의 [75(c)]자원봉사
자들, [75(d)]협력 단체들, 손님으로 구성된 500명의 손님
들을 모을 것으로 기대됩니다.

YFU는 인간 발전을 지원하기 위해 헌신하는 청년들로
구성된 국제 기구입니다. [76/79]저희는 또한 개발도상국

to foster solidarity among the youth in developing nations by giving them opportunities to work together on meaningful projects. Moreover, we provide various services for children and families around the world, helping the youth realize that they are valuable members of society. Our past projects have included meal programs, skills training and workshops, and holiday celebrations such as United Christmas.

In this regard, [77/78]we are gladly inviting Montemarde Marketing Corporation to become our [75(d)]partner in this event by providing financial support. [80]We would be grateful if you decide to sponsor us in this noble cause.

For any questions, please contact us via email at changethenation@yfu.org. We hope to receive your reply by December 2. Your contribution will surely instill love and happiness in the youth this holiday season. Thank you.

Sincerely,
Mark Little
Regional Director
Youth for Unity

의 청년들에게 의미 있는 프로젝트에서 함께 작업할 수 있는 기회를 제공함으로써 청년 간 연대를 조성하는 것을 목표로 합니다. 게다가, 저희는 전 세계 어린이들과 가족들을 위한 다양한 서비스를 제공하여, 청년들이 사회의 소중한 구성원임을 깨닫게 합니다. 저희의 지난 프로젝트들은 급식 프로그램, 기술 훈련 및 워크샵, 그리고 화합의 크리스마스와 같은 연휴 기념 행사를 포함했습니다.

이것과 관련하여, [77/78]저희는 몬테마르데 마케팅 사가 이 행사에서 [75(d)]경제적 후원의 제공을 통한 저희의 협력 단체가 되어줄 것을 기쁘게 요청합니다. [80]이 숭고한 목적에 저희를 후원하고자 결정하신다면 정말 감사하겠습니다.

질문이 있으시다면, changethenation@yfu.org를 통해 연락주십시오. 12월 2일까지는 답신을 받기를 바랍니다. 귀하의 기여는 분명히 이번 연휴 기간에 청년들에게 사랑과 행복을 가르쳐줄 것입니다. 감사합니다.

Mark Little 드림
지역 대표
청년 연합

어휘 outreach adj. 봉사의; n. 봉사 활동 underprivileged adj. 불우한, 혜택받지 못한 selected adj. 선정된 engage v. 참여시키다, 채우다 interactive adj. 상호작용하는 out-of-school adj. 중퇴한 guardian n. 보호자 dedicate v. 헌신하다 foster v. 조성하다 solidarity n. 연대, 결속 meaningful adj. 의미 있는 grateful adj. 감사하는 noble adj. 숭고한 cause n. 목적, 대의명분 contribution n. 기여 instill v. 가르치다, 스며들게 하다

---

74 특정세부사항   What   정답 (c)

What is United Christmas?	화합의 크리스마스는 무엇인가?
(a) a sports league for kids	(a) 어린이들을 위한 운동 리그
(b) a fundraiser for an orphanage	(b) 고아원을 위한 모금 행사
(c) a charity event for children	(c) 어린이들을 위한 자선 행사
(d) a children's birthday party	(d) 어린이들의 생일 파티

해설 화합의 크리스마스는 무엇인지를 묻는 What 문제이므로, 행사를 소개하는 지문의 초반을 주의 깊게 읽는다. 1단락의 'United Christmas, an outreach party for the underprivileged kids of Jefferson City'에서 화합의 크리스마스는 제퍼슨시티의 불우한 아이들을 위한 봉사 파티라고 했다. 따라서 (c)가 정답이다.

어휘 orphanage n. 고아원

75 Not/True — Not 문제

정답 (a)

Who among the following is not part of the guest list for the event?

(a) elementary school teachers
(b) homeless children
(c) youth volunteers
(d) sponsoring organizations

다음 중 행사 손님 명단의 일부가 아닌 사람은?

(a) 초등학교 선생님
(b) 노숙하는 아이들
(c) 청년 자원봉사자들
(d) 후원하는 기관

해설 행사 손님 명단의 일부가 아닌 사람을 묻는 Not 문제이므로, 보기의 키워드와 지문 내용을 대조하며 언급되는 것을 하나씩 소거한다. (a)는 지문에 언급되지 않았으므로, (a)가 정답이다.

오답분석

(b) 보기의 키워드 homeless children이 street children으로 paraphrasing되어 언급된 1단락에서 거리 아이들이라고 언급되었다.
(c) 보기의 키워드 volunteers가 그대로 언급된 1단락에서 자원봉사자들이라고 언급되었다.
(d) 보기의 키워드 sponsoring organizations가 partner(s)로 언급된 1단락과 3단락에서 경제적 후원을 하는 기관이라고 언급되었다.

76 특정세부사항 — How

정답 (b)

How does Youth for Unity accomplish its vision for the youth?

(a) by giving them different kinds of workshops
(b) by creating projects that require them to cooperate
(c) by arranging holiday celebrations for them
(d) by requiring them to attain formal education

청년 연합은 어떻게 그들의 청년 미래상을 성취하는가?

(a) 여러 종류의 워크숍을 제공함으로써
(b) 협력하는 것을 요구하는 프로젝트를 만듦으로써
(c) 그들을 위한 연휴 기념 행사를 준비함으로써
(d) 정규 교육을 받도록 요구함으로써

해설 청년 연합은 어떻게 그들의 청년 미래상을 성취하는지를 묻는 How 문제이므로, 질문의 키워드 accomplish ~ youth가 foster ~ youth로 paraphrasing되어 언급된 주변 내용을 주의 깊게 읽는다. 2단락의 'We also aim to foster solidarity among the youth in developing nations by giving them opportunities to work together on meaningful projects.'에서 청년 연합은 개발도상국의 청년들에게 의미 있는 프로젝트에서 함께 작업할 수 있는 기회를 제공함으로써 청년 간 연대를 조성하는 것을 목표로 한다고 했다. 따라서 (b)가 정답이다.

Paraphrasing
work together 함께 작업하다 → cooperate 협력하다

오답분석

(a) 2단락에서 지난 프로젝트에 워크숍이 포함되어 있다고는 했지만, 그것이 청년 연합의 목표는 아니므로 오답이다.

어휘 arrange v. 준비하다 attain v. 받다, 이루다 formal education phr. 정규 교육

77 추론 — 특정사실

정답 (b)

Why most likely did Mark Little mention YFU's past projects in his letter?

(a) to persuade Hunt to join the organization

Mark Little은 왜 그의 편지에 YFU의 지난 프로젝트들을 언급한 것 같은가?

(a) Hunt가 기관에 가입하도록 설득하기 위해서

TEST 6 READING & VOCABULARY **311**

(b) to build the organization's credibility
(c) because Hunt might benefit from their projects
(d) to show that they have many members

(b) 기관의 신뢰도를 쌓기 위해서
(c) Hunt가 프로젝트로 이득을 볼지도 모르기 때문에
(d) 많은 멤버가 있다는 것을 보여주기 위해서

해설 Mark Little은 왜 그의 편지에 YFU의 지난 프로젝트들을 언급한 것 같은지를 추론하는 문제이므로, 질문의 키워드 past projects가 그대로 언급된 주변 내용을 주의 깊게 읽는다. 3단락의 'we are gladly inviting Montemarde Marketing Corporation to become our partner in this event'에서 몬테마르데 마케팅 사가 이 행사에서 협력 단체가 되어줄 것을 기쁘게 요청한다고 한 것을 통해, Mark Little이 기관의 신뢰도를 쌓기 위해 편지에 지난 프로젝트들을 언급한 것임을 추론할 수 있다. 따라서 (b)가 정답이다.

---

78 추론　특정사실　　　　　　　　　　　　　　　　　정답 (a)

What should Montemarde Corporation probably do to be part of the event?	몬테마르데 사는 행사의 일원이 되기 위해 무엇을 해야 하는 것 같은가?
(a) contribute money	(a) 돈을 기부한다
(b) reply to the email	(b) 이메일에 회신한다
(c) ask Michelle Hunt to attend the party	(c) Michelle Hunt에게 파티에 참석하라고 요청한다
(d) create promotions for the event	(d) 행사를 위한 판촉물을 제작한다

해설 몬테마르데 사는 행사의 일원이 되기 위해 무엇을 해야 하는 것 같은지를 추론하는 문제이므로, 질문의 키워드 be part of the event와 관련된 주변 내용을 주의 깊게 읽는다. 3단락의 'we are gladly inviting Montemarde Marketing Corporation to become our partner in this event by providing financial support'에서 몬테마르데 마케팅 사가 이 행사에서 경제적 후원의 제공을 통한 협력 단체가 되어줄 것을 기쁘게 요청한다고 한 것을 통해, 행사의 일원이 되기 위해 돈을 기부해야 한다는 것을 추론할 수 있다. 따라서 (a)가 정답이다.

어휘 contribute　v. 기부하다

---

79 어휘　유의어　　　　　　　　　　　　　　　　　　정답 (d)

In the context of the passage, solidarity means _____.	지문의 문맥에서, 'solidarity'는 -을 의미한다.
(a) division	(a) 분열
(b) wealth	(b) 부
(c) industry	(c) 산업
(d) unity	(d) 통합

해설 밑줄 친 어휘의 유의어를 찾는 문제이므로, solidarity가 포함된 구절을 읽는다. 2단락의 'We also aim to foster solidarity among the youth'는 청년 간 연대를 조성하는 것을 목표로 한다는 뜻이므로, solidarity가 '연대'라는 의미로 사용된 것을 알 수 있다. 따라서 '통합'이라는 비슷한 의미의 (d) unity가 정답이다.

In the context of the passage, <u>cause</u> means _____.	지문의 문맥에서, 'cause'는 -을 의미한다.
(a) effect	(a) 효과
(b) reason	(b) 이유
(c) purpose	(c) 목적
(d) source	(d) 근원

해설 밑줄 친 어휘의 유의어를 찾는 문제이므로, cause가 포함된 구절을 읽는다. 3단락의 'We would be grateful if you decide to sponsor us in this noble cause.'는 이 숭고한 목적에 기관을 후원하고자 결정한다면 정말 감사하겠다는 뜻이므로, cause가 '목적'이라는 의미로 사용된 것을 알 수 있다. 따라서 '목적'이라는 같은 의미의 (c) purpose가 정답이다.

G-TELP KOREA 공식 기출 6회분 제공

지텔프 LEVEL 2 기출문제집

초판 11쇄 발행 2024년 9월 19일

초판 1쇄 발행 2019년 6월 14일

지은이	G-TELP KOREA 문제 제공 ｜ 해커스 지텔프연구소 해설
펴낸곳	(주)챔프스터디
펴낸이	챔프스터디 출판팀

주소	서울특별시 서초구 강남대로 61길 23 (주)챔프스터디
고객센터	02-537-5000
교재 관련 문의	publishing@hackers.com
동영상강의	HackersIngang.com

ISBN	978-89-6965-135-8 (13740)
Serial Number	01-11-01

외국어인강 1위,
해커스인강 HackersIngang.com

해커스인강

- G-TELP 스타강사의 고득점 전략이 담긴 **본 교재 동영상강의**
- 정기시험 기출 음성이 담긴 **본 교재 무료 MP3**

영어 전문 포털,
해커스영어 Hackers.co.kr

해커스영어

- 무료 G-TELP 단기 고득점 비법 강의
- 무료 G-TELP/공무원/세무사/회계사 **시험정보 및 학습자료**

헤럴드 선정 2018 대학생 선호브랜드 대상 '대학생이 선정한 외국어인강' 부문 1위

지텔프 LEVEL 2
기출문제집

문제집

실제 시험과 동일한 구성

공식 기출 6회분

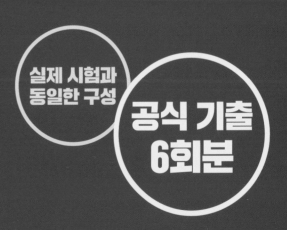

ⓗ해커스

G-TELP KOREA 공식 기출 6회분 제공

지텔프
기출문제집

LEVEL 2

문제집

해커스

지텔프 기출문제집 Level 2

CONTENTS

공식기출

TEST 1

GRAMMAR

LISTENING

READING & VOCABULARY

시험시간: 90분

테스트 전 확인사항

1. 휴대전화의 전원을 끄셨나요? ☐
2. Answer Sheet, 컴퓨터용 사인펜, 수정 테이프를 준비하셨나요? ☐
3. 아날로그시계를 준비하셨나요? ☐

무료MP3 바로 듣기

🎧 TEST 1.mp3
실전용·복습용 문제풀이 MP3 무료 다운로드 및 스트리밍 바로 듣기
(HackersIngang.com)

* G-TELP 기출 음성을 통해 실전에 더욱 완벽하게 대비할 수 있습니다.

목표 점수 : _____점
시작 시간 : _____시 _____분 ~ 종료 시간 : _____시 _____분

General Tests of English Language Proficiency
G-TELP

Level 2

GRAMMAR SECTION

DIRECTIONS:

The following items need a word or words to complete the sentence. From the four choices for each item, choose the best answer. Then blacken in the correct circle on your answer sheet.

Example:

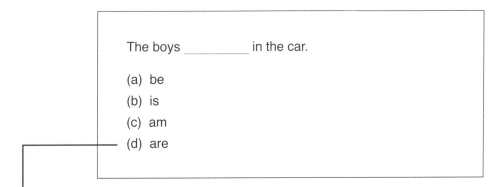

The boys _____ in the car.

(a) be
(b) is
(c) am
(d) are

The correct answer is (d), so the circle with the letter (d) has been blackened.

NOW TURN THE PAGE AND BEGIN

1. Marvin is staying up late studying for his final exam on Quantitative Methods in Economics. By twelve o'clock, he _____ statistical decision theory and multivariable calculus for four hours!

   (a) will have been studying
   (b) would have studied
   (c) will be studying
   (d) had been studying

2. Rita was scheduled to meet with a client in Hawaii, but she arrived late at the airport and missed her flight. If she hadn't missed the plane, she _____ in Honolulu this morning.

   (a) would arrive
   (b) will be arriving
   (c) would have arrived
   (d) had arrived

3. A giant panda's diet is composed almost entirely of bamboo. Bamboo is low in nutrition, so a giant panda has to consume at least 27 pounds of it daily. This need requires _____ half of the bear's day eating the plant.

   (a) to have spent
   (b) to spend
   (c) having spent
   (d) spending

4. Boxers work out to increase their strength, speed, and endurance. A typical workout includes jumping rope, weight training, and shadow boxing. It is important that a boxer _____ regularly to stay fit and remain in fighting form.

   (a) trains
   (b) to train
   (c) train
   (d) will train

5. Determined to reach the top of Mt. Everest, Peter even hired a *Sherpa* to guide him. They plan to start climbing tomorrow, but it's beginning to snow. The guide is suggesting postponing the hike because it _____ be dangerous.

   (a) could
   (b) should
   (c) would
   (d) shall

6. A Brazilian author hired a professional to translate his book into English. However, he's worried that it might contain grammatical and style errors. If he _____ it, he would pay a proofreader to review the translated manuscript.

   (a) could still afford
   (b) can still afford
   (c) had still afforded
   (d) still affords

7. My mother bought a Nerf Blaster as a gift for my little brother whose birthday is tomorrow. The surprise got ruined when my brother suddenly burst into the room while my mom _____ the gift.

   (a) would wrap
   (b) wrapped
   (c) wraps
   (d) was wrapping

8. A massage spa just opened in our neighborhood. Since its opening day, many of my friends have been visiting the spa and raving about its Swedish massage. I'm now heading there _____ the massage myself.

   (a) experiencing
   (b) to experience
   (c) to have experienced
   (d) having experienced

9. HCM's steady growth has made it necessary to move to a bigger office. The company's over 300 employees have been crowding into two floors of a small building in Brighton. The new place, _____, is in Soho West.

   (a) which is a six-story building
   (b) when it is a six-story building
   (c) where is a six-story building
   (d) that building has six stories

10. Meridian Airlines bought four new planes for domestic flights in North America and Europe. Due to urgent demands, management is recommending _____ their best pilots on flying the new planes as soon as possible.

    (a) to be training
    (b) having trained
    (c) training
    (d) to train

11. In 1520, the Aztecs lost 25% of their population to smallpox. The disease killed their emperor and many leaders of their army. If the epidemic had been controlled, the empire _____ to Spanish rule a year later.

    (a) did not fall
    (b) will not be falling
    (c) would not fall
    (d) would not have fallen

12. Tom is pleased with his new emergency radio. It has a hand crank to produce power, _____ he can charge it by just turning the crank. This way, he doesn't have to worry about power outages.

    (a) although
    (b) so
    (c) because
    (d) yet

TEST 1
TEST 2
TEST 3
TEST 4
TEST 5
TEST 6

지텔프 기출문제집 Level 2

13. Adrianna will be guiding her German friend around the Art Institute this afternoon. She says it will be easy for him to find her there. She _____ for him at Café Moderno near the contemporary art exhibit when he arrives.

(a) will be waiting
(b) waits
(c) is waiting
(d) will wait

14. American singer, Neil Sedaka, was famous during the 1960s, and is still active in the music scene today. When asked about his staying power, Sedaka says that it is essential that he _____ live performances.

(a) does
(b) will do
(c) do
(d) did

15. The highly anticipated merger between Cameo Textiles and the larger A&T International might not materialize after all. But if the two companies _____ their differences now, the merger would be the biggest in the manufacturing industry.

(a) are to settle
(b) will settle
(c) will be settling
(d) could settle

16. Wilma is quite annoyed with her husband for being so forgetful. Just the other day, he forgot _____ the vacuum cleaner back into the closet. He had also left all the dirt inside the vacuum bag.

(a) putting
(b) to put
(c) having put
(d) to have put

17. Mrs. Richards is upset with her son for not helping around the house and being a total "couch potato." He _____ television since this morning and hasn't left his room!

(a) is watching
(b) watched
(c) has been watching
(d) watches

18. Andre Drummond of the Detroit Pistons is a great center, but is terrible at shooting free throws. Critics say that instead of hopelessly practicing his free throws, Drummond _____ focus on perfecting his mid-range and three-point jumpers.

(a) should
(b) will
(c) might
(d) can

19. A travel firm will employ three additional programmers to add an online booking system to their website. If the company had a bigger budget, they _____ a fourth programmer to optimize the website's speed.

(a) are hiring
(b) hired
(c) would hire
(d) will hire

20. Our sales director couldn't attend a networking event, so he asked me to fill in for him. He insisted that I _____ with brand executives during dinner later at the Trophy Room on West Ontario Street.

(a) will rub elbows
(b) rubbed elbows
(c) am rubbing elbows
(d) rub elbows

21. The workers at a manufacturing factory were required to work overtime yesterday due to a flood of recent job orders. They _____ for 12 straight hours by the time they clocked out last night.

(a) had been working
(b) will have been working
(c) would have worked
(d) worked

22. Jack is new to Japan and is not yet familiar with the train schedules. Because of this, he missed his ride to Osaka. The bullet train _____ had already left when he arrived at the station.

(a) whom he was supposed to take
(b) that he was supposed to take
(c) when he was supposed to take it
(d) who he was supposed to take

23. A movie actress accused a radio show of spreading malicious rumors about her alleged dying career. She said that, on the contrary, she still receives plenty of movie offers. The radio commentator denied _____ the rumors.

(a) spreading
(b) to spread
(c) to have spread
(d) to be spreading

24. RMS *Titanic* was claimed to be unsinkable, and many of the world's wealthiest people were aboard and died when it sank on its first and only voyage. If the ship had lived up to the claim, the tragedy _____.

(a) was being averted
(b) was averted
(c) would have been averted
(d) had been averted

지텔프 기출문제집 Level 2

25. Carl won a 2017 Ford Mustang in a raffle contest, but a friend had to drive the car home because Carl's yet to learn how to drive. He _____ for a good driving school to enroll in.

   (a) now looks
   (b) will now look
   (c) had now looked
   (d) is now looking

26. Studies show that drinking coffee offers some health benefits, including protecting the heart, preventing Parkinson's disease, and fighting depression. _____, the studies also revealed that drinking too much coffee can also be harmful.

   (a) In fact
   (b) Nevertheless
   (c) Therefore
   (d) At length

THIS IS THE END OF THE GRAMMAR SECTION
DO NOT GO ON UNTIL TOLD TO DO SO

LISTENING SECTION

TEST 1

TEST 2

TEST 3

TEST 4

TEST 5

TEST 6

지텔프 기출문제집 Level 2

DIRECTIONS:

The Listening Section has four parts. In each part you will hear a spoken passage and a number of questions about the passage. First you will hear the questions. Then you will hear the passage. From the four choices for each question, choose the best answer. Then blacken in the correct circle on your answer sheet.

Now you will hear an example question. Then you will hear an example passage.

Now listen to the example question.

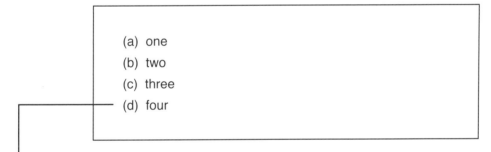

(a) one
(b) two
(c) three
(d) four

Bill Johnson has four brothers, so the best answer is (d). The circle with the letter (d) has been blackened.

NOW TURN THE PAGE AND BEGIN

27. (a) that she got a scholarship to a Japanese university
    (b) that she qualified to be an exchange student
    (c) that she found a list of good exchange programs
    (d) that she has enrolled in Japanese studies

28. (a) Her parents do not allow it.
    (b) It was a condition in the confirmation e-mail.
    (c) The application had not started yet.
    (d) She wanted to make sure it was successful first.

29. (a) because only a few applicants applied to the program
    (b) because she was the first to apply to the program
    (c) because she was familiar with Japanese culture
    (d) because she applied to a Europe-based program

30. (a) talking about personal things only
    (b) lacking fluency in Japanese
    (c) forgetting some Japanese words
    (d) knowing conversational Japanese only

31. (a) by assuming the student's tuition
    (b) by providing the student with a place to stay
    (c) by paying for the student's plane ticket
    (d) by supplying the student's daily allowance

32. (a) finish all her school projects two weeks early
    (b) improve her Japanese speaking skills
    (c) inform her parents about her plans
    (d) enlist in courses for the following term

33. (a) contacting all of her professors
    (b) writing an authorization letter
    (c) finalizing her application
    (d) finishing all her enrolment documents

PART 2. *You will hear a presentation by one person to a group of people. First you will hear questions 34 through 39. Then you will hear the talk. Choose the best answer to each question in the time provided.*

34. (a) the launch of a new store
    (b) manufacturing novelty products
    (c) the products of a new store
    (d) choosing gift items

35. (a) Her salary wasn't big enough.
    (b) She wanted to pursue her interests.
    (c) She didn't want to create designs anymore.
    (d) She wasn't good at her earlier jobs.

36. (a) because of the material their products are made of
    (b) because their workshop is in the forest
    (c) because they sell different kinds of wood
    (d) because all of their products look like wood

37. (a) look for a purely handcrafted piece
    (b) buy from the anniversary collection
    (c) ask the salespeople to choose the gift
    (d) have the item personalized

38. (a) when they want the friend to buy them a gift
    (b) when they want the friend to buy his own gift
    (c) when they want to buy the friend several gifts
    (d) when they have a tight budget for the gift

39. (a) so more people will know about the store
    (b) to get rid of their old stock
    (c) because the items are damaged
    (d) to encourage customers to buy products in bulk

40. (a) choosing between two types of schools for her son
    (b) whether she should teach at a private or public school
    (c) looking for a nearby school for her son
    (d) whether to enroll her son this school year

41. (a) to attract a diverse group of students
    (b) to compete with private school curriculums
    (c) to support the different interests of their students
    (d) to discourage enrollment of too many students

42. (a) because they don't want to spend tax money well
    (b) because there are too many students in one class
    (c) because the student's needs are too varied
    (d) because the students are too tired from taking long tests

43. (a) by receiving more funding from the state
    (b) by hiring fewer teachers
    (c) by requiring their students to pay tuition
    (d) by keeping the class size small

44. (a) They appreciate traditional values.
    (b) They have learning difficulties.
    (c) They are from religious families.
    (d) They are from rich families.

45. (a) enroll her son in a public school
    (b) look for the school with the best teachers
    (c) hire a private tutor for her son
    (d) enroll her son in a private school

TEST 1
TEST 2
TEST 3
TEST 4
TEST 5
TEST 6

지텔프 기출문제집 Level 2

PART 4. *You will hear an explanation of a process. First you will hear questions 46 through 52. Then you will hear the explanation. Choose the best answer to each question in the time provided.*

46. (a) choosing the right bank
    (b) setting up a bank account
    (c) the different kinds of bank accounts
    (d) how to transact with a bank

47. (a) how much money he has
    (b) where he will open the account
    (c) what he will be doing with the money
    (d) what the bank's financial goals are

48. (a) by withdrawing funds from an ATM account
    (b) by converting checks into cash first
    (c) by using the interests from a savings account
    (d) by issuing checks for the purchases

49. (a) having more branches available
    (b) having lower service fees
    (c) providing a more friendly service
    (d) offering higher interest rates

50. (a) so he can see what the bank looks like himself
    (b) so he can deliver the required documents himself
    (c) so he can negotiate the interest rate
    (d) so he can ask the bank officer questions

51. (a) when an initial deposit is needed
    (b) when the account owner's identity cannot be verified
    (c) when the account owner is under 18
    (d) when the required documents are incomplete

52. (a) to convince the students to start banking with them
    (b) to help students in managing their finances
    (c) to recruit students for banking agent positions
    (d) to encourage account owners to safeguard their accounts

THIS IS THE END OF THE LISTENING SECTION
DO NOT GO ON UNTIL TOLD TO DO SO

READING AND VOCABULARY SECTION

TEST 1
TEST 2
TEST 3
TEST 4
TEST 5
TEST 6

지텔프 기출문제집 Level 2

DIRECTIONS:

You will now read four different passages. Each passage is followed by comprehension and vocabulary questions. From the four choices for each item, choose the best answer. Then blacken in the correct circle on your answer sheet.

Read the following example passage and example question.

Example:

> Bill Johnson lives in New York. He is 25 years old. He has four brothers and two sisters.
>
> How many brothers does Bill Johnson have?
>
> (a) one
> (b) two
> (c) three
> (d) four

The correct answer is (d), so the circle with the letter (d) has been blackened.

NOW TURN THE PAGE AND BEGIN

PART 1. Read the following biography article and answer the questions. The underlined words in the article are for vocabulary questions.

SAMUEL MORSE

Samuel Morse was an American painter and inventor best remembered for inventing the electric telegraph and co-inventing the Morse code.

Samuel Finley Breese Morse was born on April 27, 1791, in Charlestown, Massachusetts, to Jedidiah Morse and Elizabeth Anne Finley Breese. The young Morse was an average student who nonetheless showed an interest in art and the then new subject of electricity. He graduated from Yale College and wanted to become a painter, but his father demanded that he work at a publishing house instead. However, his persistent interest in art later persuaded his father to let him study art in England.

Morse attended the Royal Academy of Arts in England, where he developed a distinct style of painting that uses large canvases to depict historic events in bright colors. He returned to America in 1815 and set up a studio in Boston. His paintings interested many people, but were rarely sold. He was forced to earn a living by painting portraits, which were popular at the time. However, he had to become a traveling painter just to find enough clients. Morse produced some of his finest works during this period, including the portraits of the aristocrat Lafayette.

Several deaths in his family, including that of his wife, prompted Morse to travel to Europe to recover from his grief. It was while sailing back to America in 1832 that he conceived his idea of the electric telegraph. This happened during a discussion with inventor Charles Jackson about how electronic impulses can travel along a wire over long distances. Morse started developing ideas for a device and a code system of dots and dashes for sending signals, which later became known as the "Morse code."

He partnered with inventor Alfred Vail, who funded his telegraph device and helped develop the code. After successfully demonstrating his telegraph, Morse received a $30,000 government grant to construct an experimental telegraph line between Washington, D.C. and Baltimore, Maryland. The 38-mile line was completed in 1844.

Morse got involved in legal disagreements with rival inventors who also claimed to have invented the telegraph. A Supreme Court ruling finally established his patent rights in 1854. As telegraph lines were installed across America, Morse's wealth and fame also increased. By 1848, he devoted his time to family and charity. He died of pneumonia in April 1872.

53. Which is true about Samuel Morse's childhood?

   (a) He showed a fascination for the arts.
   (b) He was more intelligent than his peers.
   (c) He wanted to be an inventor.
   (d) He did experiments on electricity.

54. Why most likely did Morse have to become a traveling painter?

   (a) to become famous as a painter
   (b) because he was painting different landscapes
   (c) because his earnings weren't enough
   (d) to find opportunities to practice his painting style

55. When did Morse first get the idea for his telegraph?

   (a) when he returned to his studio in Boston
   (b) while talking to a fellow ship passenger
   (c) when touring around Europe
   (d) while grieving over the death of his wife

56. What did he accomplish in 1844?

   (a) inventing a series of codes for sending signals
   (b) securing financial support to develop his invention
   (c) making the first prototype of the electric telegraph
   (d) building America's first telegraph line

57. How did Samuel Morse spend his last days?

   (a) by improving the efficiency of the telegraph
   (b) by giving help to the poor and needy
   (c) by selling his device across the country
   (d) by fighting over the rights to his invention

58. In the context of the passage, persuaded means _____.

   (a) convinced
   (b) obliged
   (c) inspired
   (d) prevented

59. In the context of the passage, rival means _____.

   (a) partner
   (b) equal
   (c) envious
   (d) competing

TEST 1

TEST 2

TEST 3

TEST 4

TEST 5

TEST 6

지텔프 기출문제집 Level 2

PART 2. Read the following magazine article and answer the questions. The underlined words in the article are for vocabulary questions.

ASTRONOMERS DISCOVER SEVEN EARTHLIKE PLANETS ORBITING A STAR

Astronomers have discovered seven Earthlike planets orbiting a star in the constellation of Aquarius. The planets closely orbit a dwarf star called Trappist-1, which was named after the telescope that was used when it was first spotted, called TRAPPIST (Transiting Planets and Planetesimals Small Telescope). The planets resemble the Earth's size, are neither too hot nor too cold, and could have water — all suggesting that they could hold life.

This is the first time that so many planets resembling Earth have been found circling around the same star. The existence of the seven planets, which are 39 light-years away from Earth, suggests that the Milky Way Galaxy may hold many other planets that support life.

Michael Gillion, the study's lead author and an astrophysicist at the University of Liège in Belgium, states that while the planets have similar measurements as Earth (with sizes ranging from 20 percent smaller to 10 percent bigger), their features are different. The most noticeable difference is how smaller their orbits are. While the orbit of the planet farthest away from Trappist-1 is still unknown, the planets go around the star much more quickly. A complete orbit takes as few as 1.5 to about 13 Earth days, compared to Earth's 365-day orbit around the sun. This is because the planets are all within a much shorter distance from Trappist-1 than our sun's distance from Mercury (the closest planet to the sun).

The planets also receive less light from their star, which gives off light about two thousand times weaker than our sun. Scientists also speculate that since the Trappist-1 planets are relatively close to each other, each might appear fairly big when seen from each other, just as how the moon looks like when viewed from Earth. The dwarf star, aside from also appearing big, would look pinkish-orange because it is red.

Astronomers have yet to study each planet's surface in search for signs of life. Scientists are awaiting the launch of NASA's newly-built James Webb Space Telescope, which could further help them see and analyze the planets more closely.

60. Why do astronomers believe that the newly discovered planets may have life?

(a) because of their Earthlike life-forming features
(b) because they also orbit around a star
(c) because they contain water
(d) because they are close enough to Earth

61. Which is not true about the Trappist-1 planets?

(a) They are orbiting faster than Earth.
(b) They could serve as another home for humans.
(c) They have smaller orbits than Earth.
(d) They are orbiting the same star as Earth.

62. Why most likely do the planets orbit Trappist-1 faster than Earth orbits the sun?

(a) because their star is much smaller than the sun
(b) because they are closer to their star than Earth is to the sun
(c) because they have longer days than Earth
(d) because they are closer to our sun than Earth is

63. What probably determines the perceived size of a planet when seen from another planet?

(a) their relative distances from their star
(b) how big they are compared to our moon
(c) how far they are from each other
(d) the amount of light that they receive

64. What are the scientists now attempting to do?

(a) learn more about the planets' surfaces
(b) launch a manned landing on a Trappist-1 planet
(c) build a better telescope
(d) study the life forms on the planets' surfaces

65. In the context of the passage, spotted means _____.

(a) caught
(b) located
(c) overlooked
(d) displayed

66. In the context of the passage, speculate means _____.

(a) learn
(b) assert
(c) observe
(d) guess

GALAPAGOS ISLANDS

The Galapagos Islands is a group of islands in the Pacific Ocean about 1,000 kilometers to the west of Ecuador. The Galapagos has a total land area of 8,010 square kilometers spread out over 59,569 square kilometers of ocean. It is made up of 6 smaller islands and 13 major islands, with the island of Isabela constituting over half of the archipelago's total land area. The group of islands has a dry landscape that's highlighted by volcanic mountains and cliffs. Famous for its unique species of marine life and plants, the Galapagos Islands is home to many species found nowhere else on Earth.

Three factors led to the development of the distinctively diverse animal and plant species in the Galapagos: being located where three ocean currents meet; the ongoing volcanic activities; and being extremely isolated. Some of the marine life endemic to the islands includes the marine iguana, giant tortoise, flightless cormorant, Galapagos fur seal, and 13 different species of finch.

The islands were accidentally discovered by Tomas de Berlanga, a bishop from Panama whose ship drifted off course while sailing to Peru in 1535. He described the islands as *Las Encantadas* (The Enchanted Islands) because they appeared and disappeared in the mist. Later on, the islands became associated with the many giant tortoises ("galopegos") found there, and the name caught on. In 1835, the English naturalist Charles Darwin spent a month in the islands making observations about its abundant wildlife. These studies later inspired his theory of natural selection.

The climate in the Galapagos is characterized by low humidity and low temperatures. It has little vegetation or fertile soil except on the very high volcanic mountains which receive heavy rain. Human settlements of mostly Ecuadorians live on Isabela, Santa Cruz, and Santa Maria islands.

The Galapagos Islands was chosen as a UNESCO World Heritage site in 1978. The Galapagos Marine Resources Reserve was also created in 1986 to protect the waters within the islands from human population growth, increased tourism, and illegal fishing.

67. How can the Galapagos be described?

   (a) It has more small islands than big ones.
   (b) One island consists almost fifty percent of its land area.
   (c) Its major islands are uniform in size.
   (d) The smaller islands consist half of its total land area.

68. What has led to the development of so many kinds of marine life in the Galapagos?

   (a) its close proximity to other land masses
   (b) the calm ocean currents
   (c) its continuous volcanic activity
   (d) the existence of strange land animals

69. Where did the group of islands get its name?

   (a) from a unique kind of animal present there
   (b) from the name of the ship its discoverer sailed on
   (c) from a renowned scientist who recorded observations of it
   (d) from its mysterious appearance

70. Why most likely does the Galapagos have little vegetation?

   (a) because it has high temperatures
   (b) because it has high humidity
   (c) because it receives inadequate sunshine
   (d) because it receives little rainfall

71. What is probably true about the island group today?

   (a) It is facing environmental threats.
   (b) It is now closed to tourists.
   (c) It remains uninhabited.
   (d) It is no longer as popular as it used to be.

72. In the context of the passage, endemic means _____.

   (a) missing
   (b) introduced
   (c) common
   (d) exclusive

73. In the context of the passage, settlements means _____.

   (a) towns
   (b) communities
   (c) arrangements
   (d) colonies

October 18, 2016

Ms. Elizabeth Rivers
CEO
Sunshine Industries, Inc.
542 Dearborn Park Road
Chicago, IL 60610

Dear Ms. Rivers:

It was a pleasure meeting you at last week's trade fair. It really is a small world, considering that we both earned our degrees at the University of Chicago.

I particularly enjoyed listening to your inspiring presentation on the history of Sunshine Industries. I didn't realize that your company has already been in business for almost 50 years. I believe visionary leaders such as yourself are what's keeping Sunshine Industries ahead of its competitors.

As I mentioned during our brief talk, I own a publishing firm called Talking Heads Publications. We focus on making corporate publications that include corporate profiles, corporate histories, and annual reports. We have been in business for over ten years, growing from a modest three-person start-up into a full-scale publishing company with nearly a hundred productive employees. We are contracted by both big and small companies to produce publications on their behalf.

With your company's 50th anniversary approaching, what better way for you to celebrate it than with a corporate history book? It is a wonderful means of documenting your company's successes from its humble beginnings and makes for a perfect corporate anniversary gift for your employees. We offer both a hardcover and paperback edition starting from $5 per copy upwards, depending on the number of pages you want.

I would very much like to meet with you to discuss our offer and how we can help you publish your corporate history book. Please feel free to call me at 754-3289.

Yours truly,

Gregory White
CEO
Talking Heads Publications

74. How did Gregory White meet Elizabeth Rivers?

(a) He listened to her talk at an event.
(b) They were both speakers at an event.
(c) They are working in the same company.
(d) They were classmates in college.

75. What does Talking Heads Publications do?

(a) They publish news reports about successful companies.
(b) They organize corporate celebrations.
(c) They provide companies with marketing strategies.
(d) They create printed materials for businesses.

76. What could the number of its workers be saying about the publishing company?

(a) that it has many competitors
(b) that it is profitable
(c) that it has loyal employees
(d) that it is new

77. According to White, why is it good for Sunshine Industries to have a corporate history book?

(a) because it started out as a small company
(b) because it has existed for many years
(c) because a company milestone is coming up
(d) because other companies already have theirs

78. How most likely can Rivers save money if she chooses to get a company history book?

(a) by giving the book to selected employees only
(b) by skipping the beginnings of the company's history
(c) by scheduling a meeting with White
(d) by having the books printed with fewer pages

79. In the context of the passage, contracted means _____.

(a) ordered
(b) hired
(c) rejected
(d) called

80. In the context of the passage, documenting means _____.

(a) recording
(b) drawing
(c) certifying
(d) registering

[본책] 정답 p.35 / 스크립트·해석·해설 p.39

TEST 1

TEST 2

TEST 3

TEST 4

TEST 5

TEST 6

지텔프 기출문제집 Level 2

공식기출
TEST 2

GRAMMAR

LISTENING

READING & VOCABULARY

시험시간: 90분

테스트 전 확인사항

1. 휴대전화의 전원을 끄셨나요? ☐
2. Answer Sheet, 컴퓨터용 사인펜, 수정 테이프를 준비하셨나요? ☐
3. 아날로그시계를 준비하셨나요? ☐

무료MP3 바로 듣기

🎧 TEST 2.mp3
실전용·복습용 문제풀이 MP3 무료 다운로드 및 스트리밍 바로 듣기
(HackersIngang.com)

* G-TELP 기출 음성을 통해 실전에 더욱 완벽하게 대비할 수 있습니다.

목표 점수 : _____점
시작 시간 : _____시 _____분 ~ 종료 시간 : _____시 _____분

General Tests of English Language Proficiency
G-TELP

Level 2

GRAMMAR SECTION

DIRECTIONS:

The following items need a word or words to complete the sentence. From the four choices for each item, choose the best answer. Then blacken in the correct circle on your answer sheet.

Example:

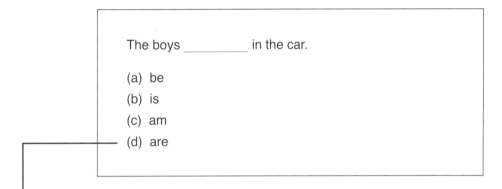

The boys _____ in the car.

(a) be

(b) is

(c) am

(d) are

The correct answer is (d), so the circle with the letter (d) has been blackened.

NOW TURN THE PAGE AND BEGIN

1. Jenny is under a lot of pressure. She needs to work overtime so she can finish the report her manager will present to the board. He _____ Jenny to give him the completed work since Monday.

   (a) was pushing
   (b) pushed
   (c) has been pushing
   (d) would have pushed

2. Because of his busy work schedule, Paul forgot all about his sister's birthday yesterday. If he had noted down the date on his calendar, he _____ her birthday and bought her a gift.

   (a) would have remembered
   (b) had remembered
   (c) would remember
   (d) will be remembering

3. Researchers are suggesting switching to daylight saving time to prevent nighttime koala roadkill. DST (Daylight Saving Time) _____ save the koalas from being hit while crossing highways, because it will still be daylight when motorists are driving home.

   (a) must
   (b) may
   (c) shall
   (d) would

4. A batch of Hank's Oatmeal Cookies is being recalled after a consumer found a piece of foreign material in a box. The state's food authority is now prohibiting _____ the snack until the case is resolved.

   (a) having sold
   (b) to sell
   (c) to be selling
   (d) selling

5. It's amazing how energetic Dr. Fraser looks all day despite working long hours. By the time he ends his shift tonight at the hospital, the doctor _____ for 18 hours straight, yet he won't look a bit tired!

   (a) will have been working
   (b) will work
   (c) has been working
   (d) has worked

6. Driving while drowsy can be as dangerous as drunk-driving. A study shows that it's similar to driving at the legal limit of intoxication of 0.08% blood alcohol level. It's therefore important that one _____ sufficient sleep before driving.

   (a) gets
   (b) will get
   (c) get
   (d) is getting

7. Danny wants his 70-year-old mother to learn how to use a computer and chat online. If she knew how to do those things, they _____ through email or instant messenger apps instead of expensive long-distance calls.

(a) could communicate
(b) communicates
(c) had communicated
(d) are communicating

8. Giselle always declines invitations to a movie. She doesn't like going to the movies, and her reason is a little strange: it's _____ she doesn't like the smell of popcorn in theaters!

(a) whenever
(b) because
(c) although
(d) since

9. When treating a wound, our scout master advises that we cover the affected area with a bandage to keep it clear of dirt. A first-aid antibiotic can also be applied _____ infection.

(a) to have prevented
(b) preventing
(c) having prevented
(d) to prevent

10. Patrick and his friends had to cut their picnic short and immediately run to a nearby shelter to avoid getting drenched. They _____ a very nice picnic when a heavy rain started to pour.

(a) are having
(b) had
(c) were having
(d) would have

11. WhaleWatch, a new system designed to prevent ships from striking blue whales, has been developed. It _____ predict the-whale-frequented areas, so ships can avoid them. This way, collisions with the giant mammals will be prevented.

(a) can
(b) may
(c) must
(d) would

12. Maria dreams of living in the Maldives because she loves its beaches and weather so much. She always tells her friends that if she had a million dollars, she _____ her job and move there.

(a) had quit
(b) is quitting
(c) will quit
(d) would quit

13. Before renewing their contracts, the HR manager requires all members of the staff to undergo a job performance review. He is therefore advising that the workers _____ their evaluation next Monday.

    (a) are not missing
    (b) not miss
    (c) will not miss
    (d) have not missed

14. Food containing fiber helps one maintain a healthy weight and lowers the risk of diabetes and heart disease. Hence, dieticians recommend _____ fruits, vegetables, whole grains, and legumes, which are all rich in fiber.

    (a) to eat
    (b) to be eating
    (c) having eaten
    (d) eating

15. If someone looks for Mr. Martin, kindly ask the person to come back later. Mr. Martin _____ a very important project with a client right now. He doesn't want to be disturbed during the meeting.

    (a) discusses
    (b) will discuss
    (c) is discussing
    (d) discussed

16. Claire wasn't able to get a copy of Michael Langdon's latest book. It was already out of stock by last week. If she had known it would sell out so quickly, she _____ the book earlier.

    (a) would have bought
    (b) would buy
    (c) bought
    (d) was buying

17. Not all people who dream during the day are wasting their time. A study shows that people _____ are more motivated to work to accomplish their goals. They also tend to be more creative.

    (a) which are fond of daydreaming
    (b) who are fond of daydreaming
    (c) when are fond of daydreaming
    (d) whom daydreaming are fond of

18. Optometrists say that proper eyecare can prevent the development of poor eyesight and vision loss that usually come with age. They encourage people _____ under adequate lighting and give the eyes enough time to rest.

    (a) working
    (b) to be working
    (c) to work
    (d) will work

19. Sally will meet you at Rafael's Café next Saturday. You'll recognize her when you get there. She _____ faded blue jeans and a t-shirt with a heart print when you see her.

(a) will wear
(b) will be wearing
(c) wears
(d) was wearing

20. If you really want that sales supervisor position, you need to put more effort into your work. _____, you won't get a high score on your performance evaluation and will miss your chance to get promoted this year.

(a) Therefore
(b) Instead
(c) Otherwise
(d) Additionally

21. Kent is disappointed that the Blue Foxes lost the championship game last night. If his favorite basketball team had beaten the White Stallions, he _____ a lot of money by winning a $200 bet with his cousin.

(a) had made
(b) would make
(c) is making
(d) would have made

22. Insomnia is a disorder in which a person is consistently having trouble sleeping. Experts recommend that one _____ good sleep habits and a healthy diet as a way to remedy this problem.

(a) develops
(b) will develop
(c) develop
(d) to develop

23. Every winter, Christian tries one of the snow activities he has on his checklist. He has already done skiing, ice skating, and sledding. Next winter, he will go _____ with his friends.

(a) to be snowboarding
(b) snowboarding
(c) to snowboard
(d) having snowboarded

24. It's really difficult to get a taxi at this time of the day. In fact, that old lady, _____, has been waiting for more than an hour, and she still can't get a ride.

(a) who is carrying a lot of bags
(b) which is carrying a lot of bags
(c) that is carrying a lot of bags
(d) why she is carrying a lot of bags

지텔프 기출문제집 Level 2

25. Peter wants to personally see Harold Baker play at the Rider Golf Tournament, but he can only watch him on TV today. If he weren't sick, he _____ to the Willow Golf Course to watch the tournament live.

(a) is going
(b) would go
(c) had gone
(d) will go

26. The Save the Children orphanage is very grateful to Mr. Ford for donating 100 beds. Before the donations were delivered, the children _____ about the crowded beds where three occupants shared a single bed.

(a) would complain
(b) were complaining
(c) had been complaining
(d) complained

THIS IS THE END OF THE GRAMMAR SECTION
DO NOT GO ON UNTIL TOLD TO DO SO

LISTENING SECTION

DIRECTIONS:

The Listening Section has four parts. In each part you will hear a spoken passage and a number of questions about the passage. First you will hear the questions. Then you will hear the passage. From the four choices for each question, choose the best answer. Then blacken in the correct circle on your answer sheet.

Now you will hear an example question. Then you will hear an example passage.

Now listen to the example question.

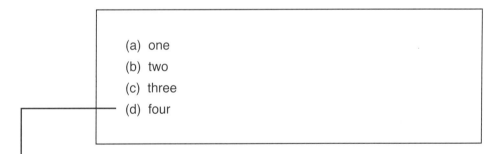

> (a) one
> (b) two
> (c) three
> (d) four

Bill Johnson has four brothers, so the best answer is (d). The circle with the letter (d) has been blackened.

NOW TURN THE PAGE AND BEGIN

27. (a) what she served at her party
    (b) where she had her party
    (c) how her party went
    (d) who went to her party

28. (a) a Chinese princess
    (b) an English duchess
    (c) tea makers from England
    (d) Indian royalty

29. (a) to ease the hunger felt between meals
    (b) to pass the time after lunch
    (c) to have a reason to invite friends over
    (d) to substitute for a heavy dinner

30. (a) They were stylish social gatherings.
    (b) The guests wore elegant clothes.
    (c) Expensive teas were served.
    (d) Ordinary people attended them.

31. (a) so the host can attend to all the guests personally
    (b) so the host won't have to prepare too much
    (c) so there'll be enough imported tea for everyone
    (d) so all the guests can fit in the host's home

32. (a) their high school reunion
    (b) where to buy the best tea
    (c) their high school experiences
    (d) how to organize a tea party

33. (a) He and his friends will join Abby's next tea party.
    (b) He will invite his male friends to a barbecue party.
    (c) He will ask Abby to help him organize a tea party.
    (d) He will attend a friend's barbecue party.

PART 2. *You will hear a woman talking about a product. First you will hear questions 34 through 39. Then you will hear the talk. Choose the best answer to each question in the time provided.*

34. (a) to introduce a new product
    (b) to provide company information
    (c) to discuss a company's different products
    (d) to inform people about wireless headphones

35. (a) They can't be used with smartphones.
    (b) They are too expensive.
    (c) The wires become twisted easily.
    (d) They can't play music.

36. (a) adjusting the volume
    (b) receiving calls from the phone
    (c) changing the music
    (d) recording music

37. (a) Its padded ear cups block the noise.
    (b) It can offset the noise with an opposing sound.
    (c) Its headband can be adjusted to keep the noise out.
    (d) Its plastic casing cancels out the noise.

38. (a) It can last for up to two years.
    (b) It won't need to be replaced.
    (c) It is designed for people with physically demanding jobs.
    (d) It is strong enough to use for tough activities.

39. (a) to encourage more people to buy the product
    (b) to highlight the quality of the product
    (c) to be able to put a high price on the product
    (d) to help the buyers save money

지텔프 기출문제집 Level 2

40. (a) being a full-time mother
    (b) getting a part-time job
    (c) working full-time again
    (d) starting a home business

41. (a) A nanny can provide her child a more focused care.
    (b) A nanny will allow her to bring her child anywhere.
    (c) A nanny can look after her child at the daycare center.
    (d) A nanny's services cost less than a daycare center.

42. (a) whether the nanny will demand a high salary
    (b) how well the nanny will do her job when unsupervised
    (c) if she can find a replacement if the nanny quits
    (d) if the nanny knows how to take care of kids

43. (a) by being cared for by state-licensed caregivers
    (b) by playing in a safe and clean environment
    (c) by getting a caregiver's full attention
    (d) by playing together with other kids

44. (a) because they have to travel to the daycare every day
    (b) because they're not being properly cared for
    (c) because germs get passed around by the kids
    (d) because they get too tired from playing with many toys

45. (a) She will bring her child to a daycare facility.
    (b) She will postpone working full-time.
    (c) She will ask John to look after her child.
    (d) She will hire a nanny for her child.

PART 4. *You will hear an explanation of a process. First you will hear questions 46 through 52. Then you will hear the explanation. Choose the best answer to each question in the time provided.*

46. (a) getting along with others
    (b) how to have a successful career
    (c) how to make a sale
    (d) keeping one's body clean

47. (a) It allows one to choose the right career.
    (b) It lets one make a good impression.
    (c) It makes a daily cleaning routine unnecessary.
    (d) It lets one close a deal without really trying.

48. (a) visiting a dentist regularly
    (b) brushing one's teeth after meals
    (c) flossing one's teeth every day
    (d) using a mouthwash after brushing

49. (a) to look presentable
    (b) so one's shoes would fit
    (c) to prevent smelly feet
    (d) so the toes would be healthy

50. (a) use a deodorant
    (b) wash his hands
    (c) refuse handshakes
    (d) cancel the meeting

51. (a) designer labels
    (b) clean clothes
    (c) trendy outfits
    (d) dirty clothes

52. (a) because it helps him gain more clients
    (b) because it makes him an expert in sales
    (c) because it makes his teammates like him
    (d) because it allows him to take care of himself

THIS IS THE END OF THE LISTENING SECTION
DO NOT GO ON UNTIL TOLD TO DO SO

READING AND VOCABULARY SECTION

TEST 1
TEST 2
TEST 3
TEST 4
TEST 5
TEST 6

DIRECTIONS:

You will now read four different passages. Each passage is followed by comprehension and vocabulary questions. From the four choices for each item, choose the best answer. Then blacken in the correct circle on your answer sheet.

Read the following example passage and example question.

Example:

Bill Johnson lives in New York. He is 25 years old. He has four brothers and two sisters.

How many brothers does Bill Johnson have?

(a) one
(b) two
(c) three
(d) four

The correct answer is (d), so the circle with the letter (d) has been blackened.

NOW TURN THE PAGE AND BEGIN

MALCOM MCLEAN

Malcom McLean was an American businessman and entrepreneur famous for inventing the modern shipping container. Recognized as the "Father of Containerization," McLean greatly improved transportation and transformed the shipping industry. His invention is widely used today and essential to modern international trade.

Malcom Purcell McLean was born on November 14, 1913 in North Carolina. His father was a farmer. As a child, he earned a small <u>commission</u> from helping his mother sell eggs. He also worked at a gasoline station after high school. His family lost their farm during the Great Depression, but McLean was able to buy a secondhand truck out of his savings. In 1934, he started the McLean Trucking Company. Soon, his transport business had five trucks.

One day in 1937, McLean was watching dockworkers unload goods from trucks and transfer them to ships, when he realized how the process wasted a lot of time and money. He envisioned the truck being lifted onto the ship without any of its cargo being moved. This way, cargo could be transferred flawlessly from trucks to ships, and then to trains, without loss or delay. He did not immediately pursue his idea, however, and waited until he had enough capital to implement it.

In 1955, when he already had over 1,700 trucks, he sold McLean Trucking for $6 million. He then entered the shipping business by buying a small steamship company, the Pan-Atlantic Steamship, and renamed it Sea-Land. He developed a steel shipping container that could be stacked, was easy to load and unload, and was lockable. He then borrowed $57 million to buy docking and shipbuilding facilities. He also had an old tanker, the *Ideal X*, <u>renovated</u> so it could carry his containers. On April 26, 1956, the *Ideal X* left Port Newark, New Jersey, transporting 56 containers to Houston, Texas.

McLean's containers shortened both loading and unloading time and decreased the need for manpower. The sealed cargo also reduced damage and theft. As a result, McLean provided a faster, cheaper, and more efficient service. His cargo business prospered even more when American ports began adopting containerization. By the time he sold Sea-Land for $160 million in 1969, it was already the largest cargo-shipping business in the world. For his innovation, McLean was described by *Forbes Magazine* as one of the few men who truly changed the world.

53. What is Malcom McLean best known for?

(a) being the inventor of container shipping
(b) being the father of international transportation
(c) being an international tycoon
(d) being the owner of a trucking company

54. When did McLean start his trucking business?

(a) after he had observed workers loading ships
(b) after he had acquired five trucks
(c) after he had bought an old truck
(d) while he was working at a gasoline station

55. What did McLean notice about the old way of transferring goods?

(a) It delivered large volumes of products.
(b) It was highly inefficient.
(c) It could give more people work.
(d) It didn't take a lot of work.

56. Which does not describe McLean's cargo containers?

(a) They were easy to deliver.
(b) They could be arranged neatly.
(c) They could be locked.
(d) They were lightweight.

57. Based on the article, what could be McLean's greatest contribution to international trade?

(a) He stopped the theft of cargo.
(b) He created a lot of jobs.
(c) He started the interstate shipment of goods.
(d) He made the shipment of goods easier.

58. In the context of the passage, commission means _____.

(a) payment
(b) discount
(c) order
(d) expense

59. In the context of the passage, renovated means _____.

(a) revised
(b) remodeled
(c) destroyed
(d) fixed

지털프 기출문제집 Level 2

STUDY SHOWS WOMEN SUFFER WORSE COLD AND FLU SYMPTOMS THAN MEN

A study presented at IDWeek 2016, a meeting of several organizations dealing with infectious diseases, showed that cold and flu symptoms lasted longer in women than in men. Moreover, the report showed that women were more likely to report cold and flu symptoms than men.

In the study, the researchers compared the self-reports of cold and flu symptoms of 777 men and women who were seen by doctors between 2009 and 2014 at five US military treatment facilities. The patients were either active military personnel or members of their family.

When the patients came for treatment, a health worker took a nasal swab to find out what type of infection they had and asked them what symptoms they had experienced since becoming sick. They were also told to keep a diary of their symptoms and rate them on a scale of 0 to 3, with zero indicating no symptoms, 1 for mild, 2 for moderate, and 3 for severe. The symptoms studied were lower-respiratory (coughing, difficulty in breathing, and chest pain), upper-respiratory (earaches, runny nose, sore throat, and sneezing), and systemic (fatigue, headache, and muscle aches).

The researchers learned that the patients commonly suffered from *enterovirus*, *coronavirus*, and *influenza* virus infections. The three viruses seemed to infect men and women at about the same rates. However, women were more likely to report symptoms such as headache, fatigue, and reduced appetite when they first went to see a doctor. Both men and women had the same level of symptoms during the first few days of their illnesses. It was only on the third day that the women were recorded to be more likely to continue complaining of disturbing symptoms than men.

Scientists believe that the results could be explained by hormonal differences and how they affect the body's reaction to viruses. However, the study was only based on self-reports, and some patients could have either downplayed or overemphasized their symptoms. Thus, the study was only able to conclude the difference in how men and women report their symptoms. The researchers hope to do future studies about the biological differences in cold and flu symptoms in both sexes.

60. What did the study find out?

   (a) that women get sick more often than men
   (b) that patients aren't likely to report viral symptoms
   (c) that men are stronger in fighting viruses than women
   (d) that women report longer-lasting viral symptoms

61. How did the researchers come up with their data for the study?

   (a) by interviewing doctors of viral diseases
   (b) by examining patients at a military camp
   (c) by observing participants in a laboratory
   (d) by looking at hospital records of patients

62. Which is true about the diseases that the patients experienced?

   (a) Men and women had similar levels of infection.
   (b) The men had less serious diseases.
   (c) The diseases were more noticeable in women.
   (d) The women's illnesses had more symptoms.

63. What probably happened to the male patients on the third day of their sickness?

   (a) They discontinued getting treatment.
   (b) They recovered from their diseases.
   (c) They only experienced mild symptoms.
   (d) They experienced worse symptoms.

64. Based on the passage, what is most likely the limitation of the study?

   (a) It had a small study population.
   (b) The patients' reports might not be accurate.
   (c) There are no other studies to support the findings.
   (d) Some patients did not feel any symptoms.

65. In the context of the passage, seen means _____.

   (a) examined
   (b) noticed
   (c) ignored
   (d) found

66. In the context of the passage, severe means _____.

   (a) minor
   (b) strict
   (c) serious
   (d) solemn

지텔프 기출문제집 Level 2

STONEHENGE

The Stonehenge is a massive stone monument located on Salisbury Plain in Wiltshire, England. It is composed of over 160 huge stones placed upright in circular formations. It was built between 1,500 and 3,000 B.C. during the New Stone Age and the early Bronze Age. Stonehenge is the best-known prehistoric monument in Europe, and is one of the world's most mysterious places.

Stonehenge has intrigued historians and archaeologists for centuries. Built before people kept written records, no one knows exactly who built it, how it was built, and what it was built for. Through radiocarbon dating and fossil records, it is now believed that Stonehenge was constructed by several different groups of people in four separate <u>phases</u>.

The oldest part of Stonehenge, a large circular ditch ("henge"), was built around 3,000 B.C. A thousand years later, about 80 bluestones, each weighing around four tons, were placed inside the ditch, forming an "inner circle." Next, gigantic 30-foot tall "sarsen" stones, which weighed as much as 50 tons each, were added, forming an "outer circle." Finally, another ring of smaller stones was placed to encircle the whole structure.

Considering the technology available at the time, how the stones even reached the site is a <u>riddle</u>. The sarsen stones came from 19 miles away, and it would have taken 200 people at least 12 days to transfer each stone. The smaller bluestones came from even farther — over 100 miles away. Historians speculate that the builders dragged the stones by roller and sledge from the inland mountains, loaded them onto rafts or boats, and crossed several rivers before reaching the site. How the stones were placed upright on the site is another engineering wonder, because many of the stones were balanced horizontally on top of two standing stones.

Archeological evidence shows that Stonehenge was a burial site, but it also could have served other functions such as a ceremonial site or a memorial to connect spiritually with dead ancestors. Stonehenge became a UNESCO World Heritage Site in 1986, and draws nearly one million tourists per year.

67. What is Stonehenge?

(a) a prehistoric city
(b) an ancient structure
(c) a big stone statue
(d) a natural rock formation

68. What is one way used to estimate the age of Stonehenge?

(a) by referring to early written texts
(b) by interviewing the builders' descendants
(c) by analyzing its architectural design
(d) by examining fossils from the site

69. When were the giant stones set up in the site?

(a) about 5,000 years ago
(b) when the outer circle was formed
(c) after the inner circle was formed
(d) before the ditch was dug

70. Why most likely is Stonehenge considered to be an engineering wonder?

(a) because it would've been built using only simple tools
(b) because the stones were difficult to make
(c) because many people would've taken part in its construction
(d) because the builders developed high-technology tools

71. Based on the article, what purpose does Stonehenge most likely serve today?

(a) It is a place for holding religious rites.
(b) It boosts tourism in Wiltshire.
(c) It educates people about the Stone Age era.
(d) It is a spacious burial ground.

72. In the context of the passage, phases means _____.

(a) stages
(b) years
(c) chapters
(d) features

73. In the context of the passage, riddle means _____.

(a) fact
(b) puzzle
(c) challenge
(d) secret

Ms. Jenny Miller
34 West Main Street
Caldwell, New Jersey 07007

Dear Ms. Miller:

Good day! I am pleased to inform you that starting October 1, you may visit us at the newest branch of Reliable Home Appliance Center in Caldwell, New Jersey. While we have always been happy to serve you in our Newark branch, we think that you will find our new service center more convenient.

We will be receiving repairs of household appliances and electric products at 816 Harbor Street in Caldwell. You can now send your defective appliances and other products there. We are hoping that this <u>expansion</u> will allow us to address the repair needs of more clients in the Caldwell area.

Please also allow me to remind you about our repair policy: For every repair order, we send an estimate of the cost of repair for the customer's approval before beginning the work. Now, to save you time, we suggest that you send us the defective product along with a pre-approval letter <u>authorizing</u> us to repair the product as soon as we receive it. Again, we will not repair products that require parts that are no longer available. In case we receive a product that we are unable to fix due to a lack of parts, we will promptly return it to you unrepaired at no charge.

Should you have any concerns, don't hesitate to contact us at 890-14567 or at caldwellnj@reliablehome.com. Thank you for your continued support of our services.

Sincerely,

Gerry Simmons

Gerry Simmons
Director of Operations
Reliable Home Appliances Center, Inc.

74. Why did Gerry Simmons write Jenny Miller a letter?

(a) to invite her to shop at their newest store
(b) to inform her that their business will transfer to Caldwell
(c) to tell her about their new service center
(d) to inform her that their Newark branch is closing

75. What is Reliable Home Appliance Center hoping to do with the new branch?

(a) accommodate more clients in a bigger store
(b) sell more appliances and electric gadgets
(c) provide repair services to more customers
(d) compete with a competitor in the Caldwell area

76. What will most likely happen when a customer sends a product with a pre-approval?

(a) He will be informed that the product was received.
(b) The product will be repaired immediately.
(c) He will receive an estimate of the repair cost.
(d) The product will not be repaired.

77. Which products will not be fixed?

(a) those that only lack one part
(b) those with unavailable parts
(c) those that are hard to repair
(d) those that weren't bought from Reliable Home

78. What should Miller do if she has concerns about the new branch?

(a) see Gerry Simmons
(b) use the other branches
(c) visit the service center
(d) call the appliance store

79. In the context of the passage, expansion means _____.

(a) lengthening
(b) extension
(c) renovation
(d) decrease

80. In the context of the passage, authorizing means _____.

(a) allowing
(b) writing
(c) stopping
(d) demanding

TEST 1 TEST 2 TEST 3 TEST 4 TEST 5 TEST 6

지텔프 기출문제집 Level 2

공식기출

TEST 3

GRAMMAR

LISTENING

READING & VOCABULARY

시험시간: 90분

테스트 전 확인사항

1. 휴대전화의 전원을 끄셨나요? ☐
2. Answer Sheet, 컴퓨터용 사인펜, 수정 테이프를 준비하셨나요? ☐
3. 아날로그시계를 준비하셨나요? ☐

무료MP3 바로 듣기

🎧 TEST 3.mp3
실전용·복습용 문제풀이 MP3 무료 다운로드 및 스트리밍 바로 듣기
(HackersIngang.com)

* G-TELP 기출 음성을 통해 실전에 더욱 완벽하게 대비할 수 있습니다.

목표 점수 : _____점
시작 시간 : _____시 _____분 ~ 종료 시간 : _____시 _____분

General Tests of English Language Proficiency
G-TELP

Level 2

GRAMMAR SECTION

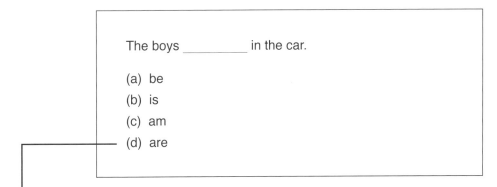

The boys _____ in the car.

(a) be
(b) is
(c) am
(d) are

The correct answer is (d), so the circle with the letter (d) has been blackened.

NOW TURN THE PAGE AND BEGIN

1. The iconic Walt Disney Concert Hall in Los Angeles is widely acclaimed for its magnificent architecture. The building was designed by the American architect, Frank Gehry, _____ for the famous Guggenheim Museum in Bilbao, Spain.

(a) where he also drew up the plans
(b) who also drew up the plans
(c) how the plan was also drawn up
(d) that he also drew up the plans

2. Though not yet finished with her doctorate in parasitology, Leila has already made great progress in the field. In addition to having a number of her journal articles published, she _____ on a project to control *schistosomiasis* in sub-Saharan Africa.

(a) will now work
(b) now worked
(c) has now worked
(d) is now working

3. The price of goods is increasing in the UK as the pound continues to decline to a six-year low. Analysts believe that if the British had not voted to leave the European Union last year, inflation _____.

(a) would have been controlled
(b) had been controlled
(c) was controlled
(d) will be controlled

4. Ben Adler, the owner of a home-brew beer shop, grew up in Milwaukee where beer is part of the local culture. He remembers _____ his father cap fermenting beer in their kitchen when he was eight years old.

(a) to help
(b) to be helping
(c) to have helped
(d) helping

5. GDM Network announced a new show called *Star Records*. Based on the true stories of young musicians in 1950s Memphis, the show tells of the birth of rock-and-roll. It _____ premiere on May 4 during prime time.

(a) can
(b) might
(c) will
(d) would

6. The roads in Kathmandu are so narrow that accidents are very common in the city. While the Nepalese clamor for wider two-way roads, the government advises that the public _____ bicycles and public transportation in the meantime.

(a) will just use
(b) just use
(c) are just using
(d) just uses

7. BYG, Inc. will be hosting a thank-you dinner for their clients next month. However, they can only afford to entertain about twenty of them. If they had a bigger budget, they _____ all forty-four of their active clients.

   (a) will invite
   (b) invited
   (c) would invite
   (d) are inviting

8. Greg has become more careful about what he eats ever since being diagnosed with hypertension. Before switching to his new diet, he _____ himself with sodium-loaded junk food such as fries, burgers, and tacos every day.

   (a) had been stuffing
   (b) is stuffing
   (c) would have stuffed
   (d) stuffed

9. The Pirates lost to the Hawks last Saturday, leaving them eight games away from the playoffs. With only seven more games remaining in the season, they need _____ all of their games to advance to the postseason.

   (a) winning
   (b) to win
   (c) to have won
   (d) having won

10. "Smellwalkers" are volunteers who go around cities identifying odors to map olfactory landscapes. Their reports can show how cities have evolved. _____, today's Americans probably don't know that New York City used to smell of horse manure and factory fumes.

    (a) That is
    (b) In addition
    (c) Nevertheless
    (d) For instance

11. Devastated after divorcing his wife, Peter was hesitant about seeing a therapist until his mother convinced him to go. If he _____ all his pain to himself, his depression would have gotten worse.

    (a) is keeping
    (b) would keep
    (c) kept
    (d) had kept

12. These days, consumers are bombarded with much more product information than they actually need. In order to choose a product more wisely, it is important that customers _____ by all the choices they are exposed to.

    (a) have not been overwhelmed
    (b) will not be overwhelmed
    (c) not be overwhelmed
    (d) are not overwhelmed

13. We might not see you after the concert because we're all going straight to Tommy's apartment on Belford Avenue for an after-party. We could just meet up there. We _____ at Tommy's until midnight if you'd like to join us.

    (a) are hanging out
    (b) will be hanging out
    (c) hung out
    (d) will hang out

14. A former chef at the royal palace revealed that the queen is a big fan of chocolate biscuit cake. Being a staple of her afternoon teas, the cake is the only sweet _____ until none is left in the kitchen.

    (a) that gets refilled on the royal table
    (b) when the royal table gets refilled
    (c) which it gets refilled on the royal table
    (d) where the royal table gets refilled

15. Our CEO is not a fan of formal meetings or boardroom discussions. Instead, he enjoys _____ ideas over a meal. Other company executives have followed suit and are now favoring walking meetings.

    (a) to be exchanging
    (b) having exchanged
    (c) to exchange
    (d) exchanging

16. Although she can afford to stay at hotels, Mia chooses to stay at couch surfers' houses for free on her out-of-country trips. If she were a more cautious traveler, she _____ stay in strangers' homes while abroad.

    (a) wouldn't dare
    (b) doesn't dare
    (c) won't dare
    (d) wasn't daring

17. Fred Allen, the famous drummer of the group *Sub Calling*, was actually a bass guitarist during his high school years. In fact, he _____ the drums for only four years now.

    (a) will have been playing
    (b) is playing
    (c) has been playing
    (d) played

18. Arguing with other people is difficult because they most likely have different values and beliefs from yours. In order to make a compelling argument, it's best that you _____ adequate proof to back it up.

    (a) will present
    (b) are presenting
    (c) presented
    (d) present

19. A public health report by Boston University says that the richest 1% of Americans live ten years longer than their poorest counterparts. This may be _____ poor people have less access to affordable health care.

   (a) although
   (b) because
   (c) so that
   (d) unless

20. The Rockaway Beach and Boardwalk in Queens attracts families from all over New York. The beach's waves are perfect for taking beginner surfing lessons, while the boardwalk is a good place _____ the sunset.

   (a) to enjoy
   (b) will enjoy
   (c) enjoying
   (d) to have enjoyed

21. Mandy is having a hard time finishing her assignment on inverse trigonometry functions. By the time she finishes answering all the questions about the unknown angles of a triangle, she _____ to solve the problems for over two hours.

   (a) would have tried
   (b) will have been trying
   (c) was trying
   (d) had been trying

22. Professor Williams thinks highly of students who ask intelligent questions. He believes that if a student really understood a lesson, he or she _____ curious enough to investigate more.

   (a) are
   (b) will be
   (c) would be
   (d) were

23. Researchers have found that bed bugs have developed a resistance to common insecticides. Most bed bug infestations _____ no longer be treated with chemicals alone. To solve the problem, experts now advise using non-chemical measures such as regular vacuuming.

   (a) may
   (b) should
   (c) will
   (d) can

24. John has bad memories of his high school biology teacher, Ms. Lewis. Aside from giving difficult exams, she _____ discouraging comments about students who couldn't answer her questions in class.

   (a) had always made
   (b) always makes
   (c) was always making
   (d) would always have made

25. Contrary to popular belief, the world's oldest mummies are Peruvian and Chilean. South Americans started _____ their dead around 5,050 BC, thousands of years before the Egyptians mummified their first corpse.

    (a) preserving
    (b) will preserve
    (c) to have preserved
    (d) having preserved

26. At a family reunion, Jake found out that the girl he had a crush on is actually his distant cousin. If he _____ that they were related, he wouldn't have become interested in her.

    (a) knows
    (b) had known
    (c) would know
    (d) knew

THIS IS THE END OF THE GRAMMAR SECTION
DO NOT GO ON UNTIL TOLD TO DO SO

LISTENING SECTION

TEST 1
TEST 2
TEST 3
TEST 4
TEST 5
TEST 6

지텔프 기출문제집 Level 2

DIRECTIONS:

The Listening Section has four parts. In each part you will hear a spoken passage and a number of questions about the passage. First you will hear the questions. Then you will hear the passage. From the four choices for each question, choose the best answer. Then blacken in the correct circle on your answer sheet.

Now you will hear an example question. Then you will hear an example passage.

Now listen to the example question.

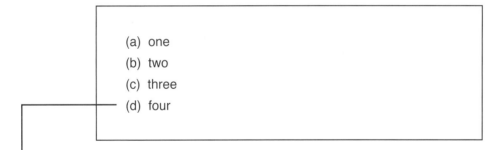

(a) one
(b) two
(c) three
(d) four

Bill Johnson has four brothers, so the best answer is (d). The circle with the letter (d) has been blackened.

NOW TURN THE PAGE AND BEGIN

27. (a) sandy beaches
    (b) beaches with lots of people
    (c) out-of-the-way beaches
    (d) beaches that are easy to access

28. (a) They're perfect for surfing.
    (b) They're not as busy.
    (c) The waters there are muddy.
    (d) There isn't any food there.

29. (a) that it is exciting
    (b) that it is ugly
    (c) that it is boring
    (d) that it is lonely

30. (a) to sleep under the night sky
    (b) to visit a must-see beach
    (c) to relax on the sand
    (d) to visit a deserted island

31. (a) because it wouldn't be allowed
    (b) because it wouldn't get dark enough
    (c) because stars wouldn't be visible
        from there
    (d) because it would be dangerous

32. (a) to show their respect for tourists
    (b) to follow what the law requires of
        them
    (c) to be able to attract more tourists
    (d) to preserve their environment

33. (a) He'll be thinking about where to go
        for summer vacation.
    (b) He'll be booking a flight to Cape
        Island.
    (c) He'll be flying to Cape Island with
        Nikki.
    (d) He'll be buying Nikki a plane ticket.

You will hear a woman talking about a service. First you will hear questions 34 through 39. Then you will hear the talk. Choose the best answer to each question in the time provided.

34. (a) because they always eat at the same place
    (b) because they don't have access to world-class meals
    (c) because they don't know how to cook
    (d) because they lack time to plan and shop for their meals

35. (a) a box of ready-to-eat meals
    (b) a menu made for weight loss
    (c) a food delivery service
    (d) fine dining takeout

36. (a) by knowing where to shop for ingredients
    (b) by learning how to cook different dishes
    (c) by eating food that's been cooked by famous chefs
    (d) by learning how to prepare interesting menus

37. (a) indicate the kinds of food he likes when signing up
    (b) post a preferred ingredients list on the website
    (c) pick his desired time and dates for delivery
    (d) choose how many servings he needs

38. (a) inform the Eats! office in advance
    (b) leave a note on his doorstep
    (c) cancel his subscription
    (d) stay away from home on delivery day

39. (a) to promote the one-month subscription
    (b) to introduce the Eats! cookware line
    (c) to encourage people to cook
    (d) to promote the one-year subscription

40. (a) He couldn't pick overseas accommodations.
    (b) Hc couldn't decide which airline to take for his team's trip.
    (c) He couldn't choose where to go for a vacation.
    (d) He couldn't decide on a date for his team's trip.

41. (a) because it's the one that's in Siem Reap
    (b) because the bike rentals are cheaper there
    (c) because it's near the popular attractions
    (d) because they can view the ancient ruins from there

42. (a) its being too far from the hotels
    (b) its limited transportation
    (c) its being too big to explore
    (d) its being closed for most of the day

43. (a) the cheaper cost of hiring a *tuktuk*
    (b) being unable to endure a long bike ride
    (c) wanting to get to the sites quickly
    (d) not knowing how to ride a bike

44. (a) It has luxurious amenities.
    (b) It has much larger rooms.
    (c) Its restaurant has a happy hour.
    (d) It doesn't charge extra for added services.

45. (a) book rooms at the Silver Hotel
    (b) book rooms at the Residence Inn
    (c) find a more affordable hotel
    (d) ask his employees what they prefer

PART 4. *You will hear an explanation of a process. First you will hear questions 46 through 52. Then you will hear the explanation. Choose the best answer to each question in the time provided.*

46. (a) how to spend money wisely
    (b) how to keep away from fake products
    (c) how to identify genuine products
    (d) buying designer items

47. (a) a designer label's store
    (b) the trade regulatory office
    (c) classified ads websites
    (d) a retailer's website

48. (a) by inspecting the item from afar
    (b) by seeking advice from the brand's followers
    (c) by actually comparing the item with a fake product
    (d) by looking up the item on the brand's official website

49. (a) thick stitching
    (b) improperly spelled words
    (c) unevenly-textured leather
    (d) logo-stamped buttons

50. (a) when it is his original creation
    (b) when it is not selling well
    (c) when it is actually an imitation
    (d) when it is indeed genuine

51. (a) Its box has a packaging number.
    (b) Its packaging is of high quality.
    (c) Its bag carries the company's logo.
    (d) Its packaging can have a low-quality picture.

52. (a) because it's too cheap to be a Prada bag
    (b) because Prada doesn't discount their products
    (c) because fake items are usually sold at $200
    (d) because it's too expensive to be a Prada bag

THIS IS THE END OF THE LISTENING SECTION

DO NOT GO ON UNTIL TOLD TO DO SO

READING AND VOCABULARY SECTION

DIRECTIONS:

You will now read four different passages. Each passage is followed by comprehension and vocabulary questions. From the four choices for each item, choose the best answer. Then blacken in the correct circle on your answer sheet.

Read the following example passage and example question.

Example:

Bill Johnson lives in New York. He is 25 years old. He has four brothers and two sisters.

How many brothers does Bill Johnson have?

(a) one
(b) two
(c) three
(d) four

The correct answer is (d), so the circle with the letter (d) has been blackened.

NOW TURN THE PAGE AND BEGIN

PART 1. *Read the following biography article and answer the questions. The underlined words in the article are for vocabulary questions.*

LIONEL MESSI

Lionel Messi is an Argentinean football player who plays forward for both the Spanish football club, FC Barcelona, and Argentina's national team. Widely regarded as the greatest football player in the world, Messi has led his teams to numerous championships and has been named the FIFA World Player of the Year five times.

Lionel Andres Messi was born in Rosario, Argentina, on June 24, 1987, to Jorge, a factory worker, and Celia, a part-time office cleaner. Messi started playing football at the age of five, and was playing for the junior team of a top-division club by age eight. Although very talented, Messi's lack of height due to a growth hormone <u>deficiency</u> (he was just over 4 feet tall at age 11) almost prevented him from playing professional football. To give him the costly treatments, his parents accepted a contract with FC Barcelona, which provided payment for his hormone injections and housing in Spain.

Messi trained at FC Barcelona's youth academy in Spain, where he would often stay behind after training to practice his penalty kicks. He made his official debut in 2004 at age 16. In 2005, he became the youngest player to ever score a goal in La Liga, Spanish football's highest division. That year, he also led Argentina's junior national team to the FIFA Under-20 World Cup title.

Messi went on to become one of the world's best players, leading FC Barcelona to numerous championships. The Spanish media nicknamed him "The Flea," a name <u>aptly</u> used to describe not only his height (5'7") but also his speed and superior ball control through tough defense.

In 2009, Messi received his first Ballon d'Or ("World Player of the Year") award—a title he would receive four more times. He has set many records, including making the most goals in one season and being the all-time top scorer in two different leagues. He also plays for Argentina's national team and led it to the 2014 World Cup Final, its first in 24 years.

Almost universally regarded as the world's best football player, Messi is also the second highest-paid athlete. He has become the commercial face of football and has endorsements for different companies. When not on the field, he devotes his time to charity with the Leo Messi Foundation. In 2011, he was appointed a UNICEF Goodwill Ambassador.

53. What did Lionel Messi struggle with as a child?

   (a) suffering from an incurable disease
   (b) being bad at playing football
   (c) being too short for his age
   (d) getting rejected by junior football clubs

54. Why most likely was FC Barcelona willing to pay for Messi's treatment?

   (a) because the club was into charity work
   (b) because they saw him as a future asset
   (c) because his parents forced the club owners
   (d) because they were concerned about his welfare

55. What happened to Messi in 2004?

   (a) He relocated to Spain.
   (b) He broke a La Liga record by scoring a goal.
   (c) He played for Argentina in the FIFA Under-20 World Cup.
   (d) He made his first appearance with FC Barcelona.

56. Why was he called "The Flea"?

   (a) because he cannot easily be seen due to his height
   (b) because he dribbles so skillfully against opponents
   (c) because of the way he jumps over opponents
   (d) because he is a "pest" to opponents

57. Which has Messi done for his country's team?

   (a) help it reach the World Cup championship game
   (b) achieve the World Player of the Year award
   (c) help it win the 2014 World Cup title
   (d) become the all-time top scorer in the 2014 World Cup

58. In the context of the passage, deficiency means _____.

   (a) condition
   (b) absence
   (c) excess
   (d) shortage

59. In the context of the passage, aptly means _____.

   (a) unsuitably
   (b) uniquely
   (c) fittingly
   (d) jokingly

지텔프 기출문제집 Level 2

STUDIES FIND THAT CLOTHES AFFECT WEARER'S THINKING

Recent studies have found that what a person wears affects his thinking and behavior. The findings show that clothes influence people's thought patterns and impact how they perceive themselves and the people, objects, and events around them.

In a study published in the journal *Social Psychological and Personality Science*, researchers from Columbia University and California State University found that wearing formal clothes, such as a suit, improves a person's abstract thought processing. People in formal attire think more holistically instead of narrowly, focusing on details.

To conduct the study, the researchers did an experiment involving two groups of students. The first group's participants were instructed to show up at the lab in "clothing they would wear to class." They were then asked to self-rate the formality of their clothes and then to take some cognitive tests that determined their mental processing styles. The second group was asked to come in "clothing they would wear to a job interview" and to perform the same tasks. The results showed that the second group's self-ratings on clothing formality were strongly linked with abstract, or general, thought processes. The first group, on the other hand, thought in more concrete, or specific, terms.

An earlier study demonstrated the effects of other types of clothes on the wearer. Researchers from Northwestern University found that wearing a lab coat increased a person's performance on tasks that require selective attention. Succeeding experiments further showed that when participants wore a lab coat described as a "doctor's coat," their attention to detail increased compared to when they wore a "painter's coat." For example, differences between pictures were more apparent to those who wore the doctor's coat.

The studies shed light on the growth of the athletic wear market in recent years. Adam Galinsky, co-author of the formalwear study, believes that wearing expensive sportswear makes a person work out more intensely and become more active.

The studies support established literature that says people's perceptions influence their thinking and behavior. While a formal dress code has its advantages, it might be a better idea to encourage workers to be more aware of their clothing's effects on how they see themselves.

60. What did the researchers from the two universities find out?

(a) that wearing different clothes makes people think differently
(b) that people who prefer to wear suits are more intelligent
(c) that wearing different clothes changes people
(d) that formal clothes are better than casual clothes

61. How could the group who wore formal clothes be described?

(a) They think in more detail.
(b) They pass more interviews.
(c) They think in general terms.
(d) They rated themselves more favorably.

62. During the lab coat experiments, when did the participants' attention to detail increase?

(a) before wearing their lab coats
(b) when the coats were associated with a painter
(c) after removing their lab coats
(d) when the coats were associated with a doctor

63. How could the findings explain the recent growth of the sportswear industry?

(a) They prove that sportswear doesn't need to be expensive.
(b) They show that more and more people want to appear athletic.
(c) They prove that people need exercise clothes to work out.
(d) They show why people prefer exercising in sportswear.

64. What does the article suggest that employers tell their employees?

(a) that they should wear formal clothes at work
(b) that their choice of clothing can affect their self-perception
(c) that they should be conscious of people's perception of them
(d) that they should feel comfortable whatever they wear

65. In the context of the passage, holistically means _____.

(a) specifically
(b) internationally
(c) broadly
(d) popularly

66. In the context of the passage, determined means _____.

(a) identified
(b) learned
(c) completed
(d) concealed

PART 3. *Read the following encyclopedia article and answer the questions. The underlined words in the article are for vocabulary questions.*

CALIFORNIA GOLD RUSH

The California Gold Rush was the largest single migration of people to the United States. Taking place from 1848 to 1855, the movement was the result of the discovery of gold near present-day Sacramento. The Gold Rush brought around 300,000 people to California, making it one of the most significant events in American history.

The Gold Rush began on January 24, 1848, when a carpenter named James W. Marshall found gold in the American River while building a sawmill. When the discovery was reported in San Francisco's newspapers, most people were skeptical of the story. The "rush" was actually triggered when a storekeeper paraded around San Francisco shouting, "Gold! Gold!" while holding a bottle filled with gold dust obtained in the area. The news quickly spread, and people from places such as Oregon, present-day Hawaii, and Mexico began arriving in California in May.

In December, President James Polk announced that the gold reports were true, resulting in people from as far away as Australia and China moving to San Francisco in 1849. Dubbed as the "forty-niners," many of the migrants sold their property, spent their entire life's savings, or took loans to try their luck in California.

The forty-niners ushered in the development of new towns in California. Roads, churches, shops, schools, and other establishments were built for the miners. By the end of 1849, California's population had grown to over 100,000 people, way up from only 800 people before 1848. This population growth was so quick that California was proclaimed a U.S. state only two years after it had earned its independence from Mexico.

The Gold Rush peaked in 1852, when around $81 million worth of precious metals were mined in a single year. Afterward, gold became scarce and more difficult to find. By 1857, the yearly total of gold mined was only around $45 million. Nevertheless, people from all over the world continued to flock to the area, increasing California's population to 380,000 by 1860. Their descendants continue to make California among the most racially diverse states in America today.

67. What was the California Gold Rush?

(a) the largest joint gold mining effort in history
(b) the first discovery of gold in California
(c) a migration of people out of California
(d) a mass movement of gold-seekers to California

68. When did people first start arriving in San Francisco?

(a) after a local announced the discovery of gold
(b) when gold was found near a sawmill construction site
(c) when the U.S. President confirmed the gold reports
(d) after reports of finding gold were published

69. Why most likely were people willing to use up their entire assets to go to California?

(a) They were certain to discover gold.
(b) The U.S. government would pay them back.
(c) They were taking risks to earn fortunes in gold.
(d) They could easily get jobs in their new settlement.

70. How did the forty-niners help California obtain statehood?

(a) by fighting for its independence
(b) by establishing institutions
(c) by bringing in a lot of revenue from gold
(d) by increasing its population

71. According to the article, how did the Gold Rush affect California in the long term?

(a) It turned California into a place for earning a fortune.
(b) It made California's population ethnically varied.
(c) It depleted the region's gold reserves entirely.
(d) It made California the most-populated state in the U.S.

72. In the context of the passage, skeptical means _____.

(a) certain
(b) doubtful
(c) jealous
(d) fearful

73. In the context of the passage, scarce means _____.

(a) limited
(b) imperfect
(c) valuable
(d) plentiful

PART 4. *Read the following business letter and answer the questions. The underlined words in the letter are for vocabulary questions.*

April 10, 2017

Debra Perry
Vice President for Sales
RealTech Staffers

Dear Ms. Perry:

Please accept this letter as my formal resignation. In accordance with our company policy, my last day of employment will be on May 9, 2017.

While I have enjoyed my job as a sales manager, the company has still not given me the benefits that were included in the contract I signed when I joined the company. My contract specifically states that along with the annual salary of $78,000, I will receive complete insurance coverage, fifteen (15) days of paid time off, and quarterly performance bonuses. In addition, all-expense-paid monthly business trips to RealTech's recruitment hubs in Oregon and Iowa were included in the written job offer I accepted.

It has been seven months since I joined RealTech, but I have yet to receive the January-to-March and April-to-June bonuses despite exceeding the monthly quotas by 20% to 30%. In addition, I have only gone on one business trip, and had to shoulder the cost of my accommodation, which the company reimbursed just thirty (30) days after the trip.

The HR department is well aware of my case and has received my concerns in writing twice. Nonetheless, I was merely told to wait for their resolution of the matter. While I have enjoyed fulfilling my responsibilities as a sales manager, and even worked outside my job description to further boost our sales, I can no longer continue due to the circumstances described above.

As I tender my resignation, I likewise expect to be given all the legal compensation due me. Thank you and I wish the company success.

Sincerely,

Peter Roberts

74. Why did Peter Roberts write Debra Perry a letter?

(a) to terminate her employment
(b) to tell her that he is leaving the company
(c) to negotiate his benefits package
(d) to express his dissatisfaction with the company

75. Which of the following was not included in RealTech's job offer to Roberts?

(a) an all-expense-paid vacation
(b) a total-coverage insurance policy
(c) a base salary
(d) regular performance incentives

76. Based on the letter, what does Roberts most likely believe about the bonuses?

(a) that he should receive higher bonuses
(b) that he deserved the bonuses
(c) that he should be getting monthly bonuses instead
(d) that he shouldn't receive any bonuses

77. How did the HR department respond to his complaints?

(a) by solving them immediately
(b) by assuring him that they were aware of them
(c) by telling him to wait for an unspecified time
(d) by claiming not to know about them

78. Which additional pay does Roberts probably expect to receive upon his resignation?

(a) his travel expenses
(b) his one-year salary
(c) his quarterly incentives
(d) his insurance benefits

79. In the context of the passage, shoulder means _____.

(a) accept
(b) produce
(c) submit
(d) bear

80. In the context of the passage, case means _____.

(a) situation
(b) lawsuit
(c) event
(d) argument

지텔프 기출문제집 Level 2

공식기출
TEST 4

GRAMMAR

LISTENING

READING & VOCABULARY

시험시간: 90분

테스트 전 확인사항

1. 휴대전화의 전원을 끄셨나요? □
2. Answer Sheet, 컴퓨터용 사인펜, 수정 테이프를 준비하셨나요? □
3. 아날로그시계를 준비하셨나요? □

무료MP3 바로 듣기

🎧 TEST 4.mp3
실전용·복습용 문제풀이 MP3 무료 다운로드 및 스트리밍 바로 듣기
(HackersIngang.com)

* G-TELP 기출 음성을 통해 실전에 더욱 완벽하게 대비할 수 있습니다.

목표 점수 : _____점
시작 시간 : _____시 _____분 ~ 종료 시간 : _____시 _____분

General Tests of English Language Proficiency
G-TELP

Level 2

GRAMMAR SECTION

DIRECTIONS:

The following items need a word or words to complete the sentence. From the four choices for each item, choose the best answer. Then blacken in the correct circle on your answer sheet.

Example:

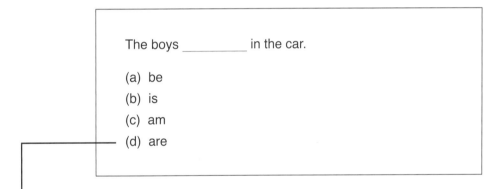

The boys _____ in the car.

(a) be
(b) is
(c) am
(d) are

The correct answer is (d), so the circle with the letter (d) has been blackened.

NOW TURN THE PAGE AND BEGIN

1. To help expand their restaurant's menu, Nate is teaching his mother how to search for new recipes on the Internet. If she knew how to perform online searches herself, she _____ him with questions while he's at work.

   (a) is not bothering
   (b) will not bother
   (c) does not bother
   (d) would not bother

2. Due to last week's Internet security breaches, Tango's IT team is now having an extended meeting on improving the company's cybersecurity. By the time it is finished, they _____ the matter for an entire day.

   (a) discussed
   (b) will have been discussing
   (c) have been discussing
   (d) are discussing

3. Giraffes prefer eating twigs and leaves from the acacia tree because they are tasty and rich in water. The giraffe's long tongue allows it to reach the highest and tastiest leaves _____ the acacia's large thorns.

   (a) despite
   (b) instead of
   (c) although
   (d) because of

4. A new smartphone model was recently recalled from the market for having a faulty battery design. _____ the product was banned, and affected customers were offered either new phones or refunds.

   (a) Having sold
   (b) Selling
   (c) To be selling
   (d) To sell

5. Jeff wasn't able to get a ticket for the new Batman movie because the tickets were already sold out. If he had known that many people would watch the movie today, he _____ for a ticket much earlier.

   (a) was lining up
   (b) lined up
   (c) would line up
   (d) would have lined up

6. Tesla is currently developing a new electric train that can shorten travel time between cities. Right now, the technology company _____ the train's speed capability. They plan to start selling the train by 2019.

   (a) still tests
   (b) still tested
   (c) is still testing
   (d) will still test

7. My brother wants to replace his old laptop because it is too slow for his engineering projects. I told him _____ the spring electronics expo, where a huge selection of laptops will be available.

(a) to visit
(b) visit
(c) to have visited
(d) visiting

8. "Bulimia nervosa" is an eating disorder characterized as overeating followed by forced vomiting. Experts recommend that a bulimia patient _____ group therapy sessions with other bulimics to cope with the problem.

(a) attends
(b) will attend
(c) to attend
(d) attend

9. You'd better hurry if you really want to talk to Susan tonight. Her shift at the restaurant starts at 7:00 p.m. She _____ if you arrive there later than that.

(a) will already work
(b) is already working
(c) will already be working
(d) already worked

10. Four of the Blue Tigers' key players are injured, and the team has only won three games so far. They won't qualify for the national tournament. If their players were all in good shape, they _____ more games.

(a) would win
(b) are winning
(c) had won
(d) will win

11. Kim recently bought a new house near her office. However, she thinks that its interior is outdated, so she wants to have it renovated. I advised her to call Shirley, the interior designer _____.

(a) when my brother's condominium was designed
(b) who designed my brother's condominium
(c) whom designed my brother's condominium
(d) which designed my brother's condominium

12. With Nico Rosberg's recent win, the Mercedes AMG Petronas racing team adds another championship to this year's tally. They _____ a lot of races lately, and they hope to continue their success in the upcoming races.

(a) were winning
(b) would have won
(c) will have been winning
(d) have been winning

지텔프 기출문제집 Level 2

13. John stepped on his brother's foot while playing basketball. His ankle is now swollen, so he cannot walk properly. His father placed an ice pack on his foot and told him to rest _____ the swelling.

(a) to have reduced
(b) to reduce
(c) having reduced
(d) reducing

14. Many rivers dry up in Africa during the dry season. In order to survive, elephants _____ travel long distances in search of water to drink. Sometimes, they walk for more than 100 kilometers just to find water.

(a) can
(b) shall
(c) must
(d) might

15. The concert was cut short due to an electrical problem on stage. The Supernova _____ when a small fire started near the speaker system. The band stopped performing, and everyone was quickly evacuated from the club.

(a) was playing
(b) played
(c) would play
(d) is playing

16. Gina was recently diagnosed as having arthritis. Her doctor told her to avoid _____ greasy food. This is very hard for her as it means giving up her favorite food: steak!

(a) to eat
(b) eating
(c) having eaten
(d) to be eating

17. As part of their film history lecture, the Laguna Film Circle is going to have a screening of the movie *The Godfather*. The club president recommended that all its members _____ the screening.

(a) are not missing
(b) have not missed
(c) not miss
(d) will not miss

18. Several workers at a shoe factory are staging a protest today because they have not received the wage increase that was promised last year. If management were to give the pay raise now, the workers _____ protesting.

(a) stopped
(b) stop
(c) will stop
(d) would stop

19. Despite trailing by 19 points in the fourth quarter, the Patriots tied the championship game into forced overtime. Led by Tom Brady, _____ today, they eventually won. It was Brady's fifth championship with the Patriots.

   (a) that is considered as one of the best football players
   (b) when he is considered as one of the best football players
   (c) who is considered as one of the best football players
   (d) what football players consider as one of the best

20. Kat recently decided to reward herself by travelling around the world. She _____ nonstop for twenty years before she quit her job last month. She's now on her way to Cape Town in South Africa.

   (a) had been working
   (b) works
   (c) worked
   (d) was working

21. Taking college entrance exams is very stressful. One needs to be thoroughly prepared in order to pass them. It is best that an applicant _____ all of his/her past lessons, particularly in science, mathematics, and English before taking the exams.

   (a) reviews
   (b) reviewed
   (c) will review
   (d) review

22. Bull sharks live primarily in the ocean but are also able to swim in freshwater. They favor _____ in predator-free rivers when giving birth. This allows their young to live safely for the next five years.

   (a) to swim
   (b) swam
   (c) swimming
   (d) will swim

23. Teachers have warned us not to eat street food. They say that food sold at street stands is exposed to pollution and not safe for human consumption. _____, we still eat street food because it tastes good.

   (a) Moreover
   (b) Nevertheless
   (c) Otherwise
   (d) Eventually

24. Last week, Rick reached the final round of the *Million Dollar Quest*. He had already picked the right answer but changed his mind at the last minute. If he hadn't second-guessed himself, he _____ a million dollars!

   (a) would have won
   (b) would win
   (c) had won
   (d) is winning

25. Mike skipped work today because he has an important appointment. His mother has been having joint pains, and he _____ accompany her to the doctor this morning.

(a) can
(b) should
(c) may
(d) will

26. A sports car and a motorcycle collided at the intersection of 2nd Avenue and East 5th Street because both traffic lights were flashing green. If the traffic lights had been functioning properly, the accident _____.

(a) would be prevented
(b) would have been prevented
(c) be prevented
(d) was being prevented

THIS IS THE END OF THE GRAMMAR SECTION
DO NOT GO ON UNTIL TOLD TO DO SO

LISTENING SECTION

DIRECTIONS:

The Listening Section has four parts. In each part you will hear a spoken passage and a number of questions about the passage. First you will hear the questions. Then you will hear the passage. From the four choices for each question, choose the best answer. Then blacken in the correct circle on your answer sheet.

Now you will hear an example question. Then you will hear an example passage.

Now listen to the example question.

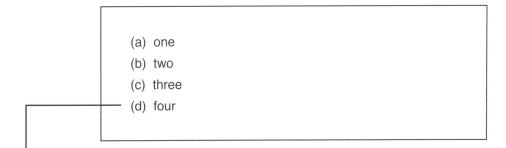

(a) one
(b) two
(c) three
(d) four

Bill Johnson has four brothers, so the best answer is (d). The circle with the letter (d) has been blackened.

NOW TURN THE PAGE AND BEGIN

27. (a) working out with the varsity
    (b) attending basketball training
    (c) managing basketball training
    (d) playing basketball after class

28. (a) because he trains strictly
    (b) because he is also a famous basketball player
    (c) because he has led many championships
    (d) because he is a very hard-driving trainer

29. (a) by improving dribbling with his right hand
    (b) by practicing dribbling with his left hand
    (c) by not dribbling with his right hand altogether
    (d) by practicing dribbling on his own

30. (a) teach Steve to practice balance while shooting
    (b) train Steve to take close-range shots only
    (c) ask Steve to play against him
    (d) require Steve to shoot the ball after dribbling

31. (a) He no longer gets off-balance when shooting.
    (b) He can now shoot even while guarding an opponent.
    (c) He no longer misses any shot.
    (d) He can now score from longer distances.

32. (a) because he is tall enough
    (b) because he regularly practices jumping
    (c) because he can jump well
    (d) because he can already make some dunk shots

33. (a) joining the national team
    (b) qualifying for the school's team
    (c) perfecting the slam dunk
    (d) making it to the state team

You will hear a woman talking about a product. First you will hear questions 34 through 39. Then you will hear the talk. Choose the best answer to each question in the time provided.

34. (a) a manufacturer of watches
    (b) a center for fitness research
    (c) a designer of health programs
    (d) a maker of fitness devices

35. (a) They are no longer exciting.
    (b) They don't serve a practical purpose.
    (c) They need to be recharged often.
    (d) They are too difficult to operate.

36. (a) keep the watch from breaking
    (b) pair the watch with another device
    (c) read the screen even under the sun
    (d) change the watch's face easily

37. (a) by powering just one function
    (b) by not having to power a paired device
    (c) by getting power from a paired device
    (d) by limiting the functioning features

38. (a) those who want to track their location
    (b) those who want accurate time
    (c) those who are having trouble sleeping
    (d) those who are physically active

39. (a) He can buy it after the talk.
    (b) He can purchase it online.
    (c) He can order it in advance.
    (d) He has to order all three colors.

40. (a) what route to take to the office daily
    (b) what transportation system to ride to work
    (c) how to adjust to a new job
    (d) how to apply for the ideal job

41. (a) They move at a faster pace.
    (b) They are kept in good condition.
    (c) They never need repair.
    (d) They stop at fewer stations.

42. (a) It makes the trains dirty.
    (b) It makes the train stations difficult to light.
    (c) More passengers make the stations unsafe.
    (d) The train gets crowded and uncomfortable.

43. (a) because bus tickets are cheaper
    (b) because there are more bus ticket outlets available
    (c) because there is only one type of bus ticket
    (d) because there are more ways to buy bus tickets

44. (a) because buses use public roads
    (b) because buses are poorly maintained
    (c) because many buses run too fast
    (d) because buses don't stay on their tracks

45. (a) whenever he goes to work
    (b) when the train tickets become expensive
    (c) when a train station seems unsafe
    (d) when it is not rush hour

PART 4. *You will hear an explanation of a process. First you will hear questions 46 through 52. Then you will hear the explanation. Choose the best answer to each question in the time provided.*

46. (a) how to avoid customer complaints
    (b) how to deal with problem customers
    (c) how to identify a demanding customer
    (d) how to attract good customers

47. (a) by defending himself
    (b) by asking the customer to stay calm
    (c) by ignoring the complaint
    (d) by staying calm and under control

48. (a) to let him feel that his complaint is being heard
    (b) to understand his complaint more clearly
    (c) to be able to take the complaint professionally
    (d) to be able to maintain eye contact

49. (a) It will prove that the service has been inadequate.
    (b) It will show that the customer is always right.
    (c) It will prove that the problem can be solved.
    (d) It will show that the customer is understood.

50. (a) because it is shameful to give a wrong answer
    (b) because customers like honest representatives
    (c) because a wrong answer may lead to more complaints
    (d) because customers appreciate team work

51. (a) It may lead to poor service.
    (b) It can cause more stress.
    (c) It may result in first-rate service.
    (d) It can test one's ability to work under stress.

52. (a) solving a difficult complaint on one's own
    (b) facing a new customer without relaxing first
    (c) solving a difficult customer's problem first
    (d) fixing a difficult problem right away

THIS IS THE END OF THE LISTENING SECTION
DO NOT GO ON UNTIL TOLD TO DO SO

지텔프 기출문제집 Level 2

READING AND VOCABULARY SECTION

DIRECTIONS:

You will now read four different passages. Each passage is followed by comprehension and vocabulary questions. From the four choices for each item, choose the best answer. Then blacken in the correct circle on your answer sheet.

Read the following example passage and example question.

Example:

Bill Johnson lives in New York. He is 25 years old. He has four brothers and two sisters.

How many brothers does Bill Johnson have?

(a) one
(b) two
(c) three
(d) four

The correct answer is (d), so the circle with the letter (d) has been blackened.

NOW TURN THE PAGE AND BEGIN

PART 1. Read the following biography article and answer the questions. The underlined words in the article are for vocabulary questions.

ENZO FERRARI

Enzo Ferrari was an Italian car racer, car builder, and race team owner. He is best known as the creator of the Ferrari sports car and founder of the car manufacturer, the Ferrari N.V. His cars are now symbols of speed and wealth throughout the world.

Enzo Anselmo Ferrari was born on February 18, 1898 in Modena, Italy to Alfredo and Adalgisa Ferrari. He grew up with little formal education and spent his childhood working for his father's metal parts business. Ferrari was ten years old when his father took him to the car race Circuit di Bologna: an event that inspired him to become a race car driver. When his father died during the First World War, Ferrari stopped his studies and worked as an instructor at a lathing school. He then joined the Italian army but was released due to a serious illness.

Ferrari became a test driver for the carmaker, CMN. Soon, he was promoted to racing driver and made his debut at the 1919 Parma-Poggio di Berceto race. The Italian carmaker, Alfa Romeo, was impressed by his outstanding performance at CMN and asked him to be their sponsored racing driver. After winning numerous races, he began managing a racing team that soon became Alfa Romeo's official racing team. He raced for the last time in 1931, and then focused on developing Alfa cars.

Ferrari left Alfa Romeo in 1939 to start his own race team, the Scuderia Ferrari. He also founded a car parts company in Modena, the Auto Avio Costruzioni (ACC), which was transferred to Maranello during the Second World War. In Maranello, he built the ACC Tipo 815, his first race car, but without the Ferrari name. He then started designing a "Ferrari car," and released the Ferrari 125 S in 1947. It won several prestigious car racing championships, and with his team's success, a Ferrari came to be preferred by the rich and the famous.

Ferrari's cars with the "prancing horse" emblem continued dominating the races and the sports car market for years, until strong competitors emerged. He eventually sold half of his stake in the company to Fiat in 1969, and then formally resigned as president in 1977. The company was renamed Ferrari S.p.A. and then Ferrari N.V. recently. Ferrari died in August 1988 in Maranello.

53. What is Enzo Ferrari best known for?

   (a) as a car maker
   (b) as a race car driver
   (c) as a racing team manager
   (d) as a car seller

54. When did Ferrari decide that he wanted to be a race car driver?

   (a) when he became a test driver
   (b) when he joined the army
   (c) when he was teaching in Modena
   (d) when he saw a race in Bologna

55. What prompted Alfa Romeo to hire Ferrari as its racing driver?

   (a) his racing successes at CMN
   (b) his wins at the Circuit di Bologna
   (c) his management of a race team
   (d) his handling of an Alfa Romeo car

56. Based on the article, why most likely did the wealthy patrons prefer the Ferrari car?

   (a) because of its design
   (b) because of its high price
   (c) because of its speed
   (d) because of its durability

57. What happened after competitors for the sports car market arrived?

   (a) Ferrari resigned as head of the company.
   (b) ACC was renamed as Ferrari.
   (c) Ferrari turned over company shares to Fiat.
   (d) The first Ferrari car was released.

58. In the context of the passage, inspired means _____.

   (a) prevented
   (b) encouraged
   (c) provoked
   (d) informed

59. In the context of the passage, promoted means _____.

   (a) presented
   (b) offered
   (c) downgraded
   (d) raised

FOSSIL PROVIDES EVIDENCE OF POSSIBLE REPTILIAN LIVE BIRTH

Scientists have unearthed the fossil of a prehistoric animal with another creature inside it. The specimen, which was found in southwestern China, was a *Dinocephalosaurus*, a member of an extinct group of dinosaurs and an ancestor of modern crocodiles and birds. The scientists initially thought that the animal ate the small creature. Upon further inspection, they realized that the 245-million-year-old fossil was actually pregnant.

The *Dinocephalosaurus* was a water-dwelling reptile that grew up to 13 feet long. It had sharp teeth and a long neck that made up half of its length. The researchers came to conclude that the smaller animal was the reptile's embryo when they studied its position and saw that it was facing forward. The dinosaur would swallow its prey headfirst to avoid limbs from getting stuck along the dinosaur's neck until it reached the stomach. If the animal inside had been eaten, it should have been facing the other direction.

The lack of eggshells around the area further suggested that the *Dinocephalosaurus* did not eat someone else's eggs. Another proof that the smaller animal was an unborn *Dinocephalosaurus* was its appearance: it had the long neck joints that are typical of the species. The curled shape of the small animal also indicated that it was lying in a fetal position. If it had been eaten by the dinosaur, it wouldn't have <u>attained</u> that shape.

According to Jun Liu, the study head and associate professor at the Hefei University of Technology, the finding is significant as the *Dinocephalosaurus* is a member of *archosauromorpha*, a group of ancient egg-laying reptiles. The discovery strongly suggests that the *Dinocephalosaurus* was the first of its kind to give birth to live young.

The finding could also shed light on how animals evolve to <u>cope</u> with environmental stress. With predators waiting, the *Dinocephalosaurus'* long, burdensome neck could have made it increasingly risky to lay eggs on land, and it couldn't have laid eggs underwater because reptile embryos need to breathe oxygen through the shell. To survive, the ancient reptile could have evolved to give live birth in the water.

60. What did the scientists first think about the animal inside the *Dinocephalosaurus* fossil?

(a) that it was the dinosaur's young
(b) that it was an ancestor of the crocodile
(c) that it was a meal for the dinosaur
(d) that it was an offspring of another dinosaur

61. How does the orientation of the animal inside the fossil suggest that it was not eaten?

(a) It is facing backward.
(b) It is positioned like an embryo.
(c) It is inside an egg shell.
(d) Its remains showed all of its limbs intact.

62. What do the long neck joints of the animal in the dinosaur suggest?

(a) that the dinosaur is a reptile
(b) that the dinosaur ate its prey whole
(c) that it was not digested by the dinosaur
(d) that it is the same species as the dinosaur

63. What makes the dinosaur unique among the *archosauromorpha*?

(a) being the first to lay eggs
(b) having developed into modern-day birds
(c) having lived exclusively in water
(d) being the first to give live birth

64. Why most likely did the long neck of the *Dinocephalosaurus* make it risky to lay eggs on land?

(a) It made them easy targets for predators.
(b) It made it difficult to breathe oxygen.
(c) It made the eggs hard to hatch.
(d) No oxygen was available for the eggs on land.

65. In the context of the passage, attained means _____.

(a) realized
(b) assumed
(c) earned
(d) rejected

66. In the context of the passage, cope means _____.

(a) deal
(b) avoid
(c) prevent
(d) direct

PART 3. Read the following encyclopedia article and answer the questions. The underlined words in the article are for vocabulary questions.

CASU MARZU

"Casu marzu" is a soft cheese that is made in Sardinia, Italy. Literally translated from Sardinian as "rotten cheese," casu marzu is often called the world's most dangerous cheese, because it is filled with live maggots or fly larvae. Due to the health risks associated with maggots, the European Union <u>prohibited</u> the sale of the cheese. It is still available, however, in the black market.

Casu marzu has been made by Sardinians for centuries. The process of making it starts with the traditional "pecorino," or sheep's milk, cheese being left to sit and cure for three weeks. The crust is then removed to invite cheese flies to lay their eggs on the cheese, with some people adding olive oil to attract more flies. The cheese is then left in a dark hut for two to three months, during which the eggs hatch into larvae and eat the cheese. The acid in the maggots' digestive system processes the fats in the cheese. The digested matter is then <u>excreted</u> on the cheese, giving casu marzu its distinct soft texture and strong flavor.

Casu marzu is typically eaten while the maggots are still alive. Oddly enough, the larvae are actually an indicator of the cheese's condition: if the maggots are already dead, the cheese is already rotten and unsafe. Eating casu marzu must be done with care. The maggots can jump up to six inches, thus, some people cover their eyes to prevent the maggots from getting into them and causing damage. In addition, maggots should be chewed thoroughly to kill them, as they can reach the digestive tract alive and rip holes in it.

People describe casu marzu's taste as a mixture of Italian blue cheese with black pepper. It is also described as having an unusually sharp and strong smell. Eating the cheese provides a stinging sensation since it is filled with ammonia. Casu marzu is usually eaten with moistened flatbread and red wine. It is traditionally exchanged among family and friends and served on weddings, birthday parties, and other celebrations.

67. What is the article mainly about?

(a) the Sardinian pecorino cheese
(b) the unsafe cheeses of the world
(c) a cheese filled with live larvae
(d) a cheese full of cheese flies

68. Why most likely is casu marzu banned in the European Union?

(a) because it is sold rotten
(b) because the maggots in it can cause diseases
(c) because the maggots in it can hatch in the stomach
(d) because flies in it can spread diseases

69. When do the eggs on the cheese hatch?

(a) when the cheese is left in the dark
(b) when the cheese is left to cure
(c) after the cheese is exposed to flies
(d) after the cheese fat has been digested

70. Which probably shows that casu marzu can still be eaten?

(a) The flies are still laying eggs on it.
(b) The maggots are all dead.
(c) The maggots are no longer jumping high.
(d) The maggots are still alive.

71. How does the cheese get its stinging sensation?

(a) by adding black pepper to it
(b) by developing an ammonia content
(c) by chewing the live maggots well
(d) by combining it with red wine

72. In the context of the passage, prohibited means _____.

(a) disallowed
(b) permitted
(c) managed
(d) limited

73. In the context of the passage, excreted means _____.

(a) leaked
(b) produced
(c) absorbed
(d) released

지텔프 기출문제집 Level 2

January 27, 2017

Mr. Eric Seymour
181 Columbia Heights
Brooklyn, NY 11201

Dear Mr. Seymour:

Good day! In celebration of the Build-Well Construction Supplies' 15th anniversary, we are opening our second store in Columbia Heights this coming February 1, 2017. The new store is located near the Clark Street train station in Brooklyn.

We decided to open the new store in Columbia Heights because we have many customers in Brooklyn. The store will be bigger than the Manhattan branch. It will also have more personnel to guarantee better customer service. A big addition to our new branch is the section set up exclusively for plumbing and gardening materials.

To thank our loyal customers like you, we are offering discounts of up to 50% on many products for the entire month of February. Our loyal customers are the main reason for our expansion, and it is our pleasure to return the favor by giving you great deals.

Please take note of the following advice regarding our items to be on sale. While all brands are participating in our sale, not all items will be discounted. Clearance sales will be held at 20% discount for products that will be phased out but still in good condition. Discounts will also apply to items with minor damage, such as chipped paints, slight discolorations, minor scratches, and other negligible damage. These are the only products that will have a 50% discount.

Should you have any concerns, don't hesitate to contact us at (917)-960-1884 or at jtaylor@build-well.com. Thank you for your continued support of our business.

Respectfully,

Jenny Taylor
Marketing Director
Build-Well Construction Supplies

74. What is Jenny Taylor's letter to Eric Seymour about?

    (a) a new section in their store
    (b) the launch of a new store
    (c) the move of their store to Brooklyn
    (d) the extension of their old store

75. Which is not a characteristic of the store in Columbia Heights?

    (a) It will open on the company's anniversary.
    (b) It is bigger than the first store.
    (c) It is located near a train station.
    (d) It is located in Manhattan.

76. What can be expected during the anniversary sale?

    (a) that only damaged items will be discounted
    (b) that 50% of the products will be discounted
    (c) that all brands will have some items discounted
    (d) that all items will have reduced prices

77. Which is most likely true about a product with a 50% discount?

    (a) It will be phased out soon.
    (b) It is not very serviceable.
    (c) Its damage won't affect its function.
    (d) It is a new product in the market.

78. How will the new store most likely affect its first branch?

    (a) Its customers will shop at the new store instead.
    (b) Brooklyn customers won't have to shop there anymore.
    (c) Brooklyn customers will go on shopping there.
    (d) It will be forced to hold its own discount sales.

79. In the context of the passage, guarantee means _____.

    (a) ensure
    (b) suggest
    (c) prevent
    (d) deserve

80. In the context of the passage, negligible means _____.

    (a) unimportant
    (b) intentional
    (c) critical
    (d) careless

[본책] 정답 p.35 / 스크립트·해석·해설 p.177

공식기출
TEST 5

GRAMMAR

LISTENING

READING & VOCABULARY

시험시간: 90분

테스트 전 확인사항

1. 휴대전화의 전원을 끄셨나요? ☐
2. Answer Sheet, 컴퓨터용 사인펜, 수정 테이프를 준비하셨나요? ☐
3. 아날로그시계를 준비하셨나요? ☐

무료MP3 바로 듣기

🎧 TEST 5.mp3
실전용·복습용 문제풀이 MP3 무료 다운로드 및 스트리밍 바로 듣기
(HackersIngang.com)

* G-TELP 기출 음성을 통해 실전에 더욱 완벽하게 대비할 수 있습니다.

목표 점수 : _____점
시작 시간 : _____시 _____분 ~ 종료 시간 : _____시 _____분

General Tests of English Language Proficiency
G-TELP

Level 2

GRAMMAR SECTION

TEST 1

TEST 2

TEST 3

TEST 4

TEST 5

TEST 6

지텔프 기출문제집 Level 2

DIRECTIONS:

The following items need a word or words to complete the sentence. From the four choices for each item, choose the best answer. Then blacken in the correct circle on your answer sheet.

Example:

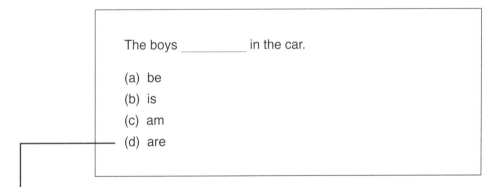

The boys _____ in the car.

(a) be
(b) is
(c) am
(d) are

The correct answer is (d), so the circle with the letter (d) has been blackened.

NOW TURN THE PAGE AND BEGIN

1. Melissa saw on the news about someone winning the $750,000 lottery jackpot. She felt envious for a moment but changed her mind. If she had that amount of money, she _____ what to do with it anyway.

   (a) would not know
   (b) does not know
   (c) would not have known
   (d) hasn't known

2. *Buffy the Vampire Slayer*'s witty dialogue and progressive characters continue to inspire many of today's TV shows. That's why pop culture _____ the series with references, tributes, and parodies long after it has stopped airing.

   (a) is honoring
   (b) honors
   (c) has been honoring
   (d) will honor

3. Karen wants to watch the upcoming World Judo Championships to see Georgia Firova compete in the middleweight division. Her brother told her that the seats _____ are in the section right behind the judges' table.

   (a) where she could watch her idol best
   (b) that she could watch her idol best
   (c) whose idol she could best watch
   (d) which she could watch her idol best

4. Modern technology can be amazing. Saroo Brierley was separated from his family at age five. Using Google Earth to search for landmarks that he remembered from his childhood, he was able _____ with them 25 years later.

   (a) to be reuniting
   (b) to reunite
   (c) having reunited
   (d) reuniting

5. The Norimitsu Odachi is a Japanese sword that's 3.77 meters long. Legend has it that the sword was used by a giant. However, some experts think that the Odachi _____ have been used for ornamental purposes only.

   (a) should
   (b) would
   (c) might
   (d) will

6. The majority of Earth's coral reefs are dead due to pollution and rising water temperatures. That is why scientists are urging that the public _____ together in preventing the destruction of the remaining coral reefs.

   (a) will come
   (b) are coming
   (c) to come
   (d) come

7. Saul moved his plant away from the window to give it some shade. He was surprised to see that the plant's leaves _____ towards the sunlight when he checked them a few days later.

(a) grew
(b) were growing
(c) would grow
(d) has grown

8. Angelica wonders how her friends can always take such great photographs. In comparison, the photos she takes are often blurry and crooked. Something always seems to go wrong _____ she tries to photograph even naturally beautiful subjects.

(a) because
(b) until
(c) whenever
(d) but

9. Some people are afraid to make risky decisions because they always require something safe and certain. However, psychologists recommend that a person _____ risks once in a while because doing so can actually benefit his/her mental health.

(a) to take
(b) takes
(c) is taking
(d) take

10. Kyle suffered a second-degree burn on his forearm because of a defective thermos. He wanted to sue the product's manufacturer, but found the legal fees to be too expensive. If he could afford it, he _____ that lawsuit.

(a) had filed
(b) would file
(c) would have filed
(d) is filing

11. A recent survey showed that nightclubbing is decreasing in popularity among the youth. The respondents consider _____ their time in more spontaneous and less expensive outdoor activities as a better choice for a night out.

(a) to spend
(b) having spent
(c) to be spending
(d) spending

12. A special burial was held for Maria to honor her contributions to the tribal community. She _____ for the rights of indigenous people since a forest fire razed her village until the time she died.

(a) had been advocating
(b) was advocating
(c) advocated
(d) would advocate

13. Mrs. Moore separated from her husband 12 years ago due to their lack of intimacy. Today, she constantly reminds herself that if she had endured that frustrating relationship, she _____ to live a miserable life.

    (a) was continuing
    (b) would continue
    (c) would have continued
    (d) continued

14. Harper Lee's first novel, *To Kill a Mockingbird*, was published in 1960. Since then, her fans had been insisting that she _____ a follow-up. She then released *Go Set a Watchman* in 2015 to mixed reviews.

    (a) releases
    (b) will release
    (c) is releasing
    (d) release

15. The Boy Scouts of America is suspending Manuel for bullying a younger scout. _____, the bullying should never have happened because he knew that it was against the principles of the Scout Law and Scout Oath.

    (a) In the first place
    (b) Therefore
    (c) At the same time
    (d) Afterwards

16. Apotropaic observances are rituals that are intended to ward off evil. An example is an ancient ritual where food is placed and eaten on top of a recently deceased person. This was believed _____ the dead person's soul.

    (a) cleansing
    (b) to be cleansing
    (c) to cleanse
    (d) to having cleansed

17. Carly converted $500 to different European currencies yesterday so she would be ready for her 14-day vacation next month. She is thrilled about the trip because she _____ six different European countries for three months.

    (a) will visit
    (b) will be visiting
    (c) visits
    (d) would have visited

18. Scarlett received some bruises during the last Black Friday sale. She tried to break up a fight between customers over a pair of shoes. If she had been warned that this would happen, she _____ to work that day.

    (a) did not choose
    (b) was not choosing
    (c) has not chosen
    (d) would not have chosen

19. Mango is one of the world's most versatile fruits. It can be enjoyed by people in rather extreme ways. The fruit, _____ depending on its state of ripeness, can be very sour or very sweet.

(a) which is either green or yellow-orange
(b) that is either green or yellow-orange
(c) why is it either green or yellow-orange
(d) how either green or yellow-orange it is

20. Plastic waste is a major environmental problem because it decays very slowly. By the time a person dies, 90% of the plastic he/she disposed of during his/her lifetime _____.

(a) will still decompose
(b) still decomposes
(c) is still decomposing
(d) will still be decomposing

21. Martha sent all of her friends a chain letter she received. She believes that if she ignored forwarding the letter to other people, she _____ bad luck.

(a) would have experienced
(b) is experiencing
(c) would experience
(d) experiences

22. Major examinations, such as licensing and certification exams, can make test-takers feel uneasy. Some people scan their notes on the day of the exams, but _____ at that point may only add to a person's anxiety.

(a) to review
(b) reviewing
(c) to be reviewing
(d) having reviewed

23. Jimmy had a serious car accident last night. Luckily, despite hitting a lamp post and wrecking his car, he survived. The accident report stated that if he had not been wearing a seatbelt, he _____ instantly.

(a) would have died
(b) would die
(c) died
(d) was dying

24. Steve is working very hard on his forensic anthropology project to avoid taking the final exam. His professor has announced that students who score a B+ or above on their project _____ be exempted from the exam.

(a) could
(b) should
(c) will
(d) might

지텔프 기출문제집 Level 2

25. The principal knocked on Mr. Blake's door and asked him if she could have a word with him. He replied, "My students _____ their calculus exams right now, ma'am. I will have to get back to you later."

(a) have been taking
(b) will take
(c) take
(d) are taking

26. On her way to the art gallery, Stephanie saw Maria Brammer, a renowned painter who has been an inspiration for her artworks since she was 13 years old. She couldn't resist _____ a conversation with her.

(a) to strike up
(b) having struck up
(c) to be striking up
(d) striking up

THIS IS THE END OF THE GRAMMAR SECTION
DO NOT GO ON UNTIL TOLD TO DO SO

LISTENING SECTION

TEST 1
TEST 2
TEST 3
TEST 4
TEST 5
TEST 6

지텔프 기출문제집 Level 2

DIRECTIONS:

The Listening Section has four parts. In each part you will hear a spoken passage and a number of questions about the passage. First you will hear the questions. Then you will hear the passage. From the four choices for each question, choose the best answer. Then blacken in the correct circle on your answer sheet.

Now you will hear an example question. Then you will hear an example passage.

Now listen to the example question.

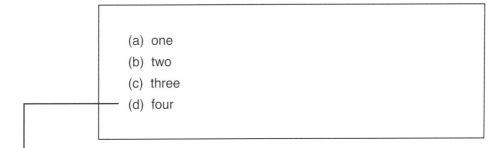

(a) one
(b) two
(c) three
(d) four

Bill Johnson has four brothers, so the best answer is (d). The circle with the letter (d) has been blackened.

NOW TURN THE PAGE AND BEGIN

27. (a) her recent trip to another country
    (b) being fascinated by another stamp collection
    (c) her interest in world history
    (d) wanting to find an inexpensive hobby

28. (a) one whose picture is off the center
    (b) one with many old marks
    (c) one with a faded printing
    (d) one with a well-placed bright picture

29. (a) to remove it from the envelope
    (b) to preserve its design better
    (c) to determine whether it is genuine
    (d) to avoid damaging the envelope

30. (a) so they will dry more quickly
    (b) so they won't be completely flat
    (c) to prevent them from curling towards the face
    (d) to remove any ink stains from soaking

31. (a) to make sure that they are truly identical
    (b) to verify their real value
    (c) to avoid collecting non-historic stamps
    (d) to ensure that their value will be the same

32. (a) They're unique for each stamp.
    (b) They're the same as the number of gaps.
    (c) They decrease a stamp's value.
    (d) They show that a stamp is genuine.

33. (a) start his own stamp collection
    (b) use Cybil's stamps to mail his letters
    (c) show Cybil his stamp album
    (d) give Cybil some of his stamps

34. (a) a text reader
    (b) a story-writing app
    (c) an e-book reader
    (d) a party game

35. (a) They have complex topics.
    (b) They are topics for children.
    (c) They are easy to identify with.
    (d) They follow a pattern.

36. (a) because one only needs to be online
        to use it
    (b) because it doesn't need to be
        installed
    (c) because its controls are easy to use
    (d) because the stories used are
        popular

37. (a) to test the users' ability to think
        quickly
    (b) to prevent the story prompt from
        changing automatically
    (c) to avoid the free app's expiring
    (d) to allow the user to refresh the app

38. (a) the option to create a story prompt
    (b) instant messaging with other users
    (c) a higher character limit
    (d) offline access and saving options

39. (a) libraries
    (b) publications
    (c) writing clubs
    (d) schools

40. (a) rent a condominium unit
    (b) sell their house
    (c) buy their own home
    (d) move to a new neighborhood

41. (a) the home improvements to make
    (b) the noise the neighbors cause
    (c) the people to be neighbors with
    (d) the size of the living space

42. (a) because it doesn't have neighbors
    (b) because it's usually far from workplaces
    (c) because it has more security guards
    (d) because it requires more frequent repairs

43. (a) having to share amenities with other unit owners
    (b) having to depend on the condo's staff for repairs
    (c) having to make one's guests go through security
    (d) having to follow the condo's rules

44. (a) to be as spacious as possible
    (b) to have private amenities each
    (c) to be as compact as possible
    (d) to be maintenance-free

45. (a) They will buy a house.
    (b) They will find a house near their workplace.
    (c) They will buy a condominium.
    (d) They will rent an apartment.

46. (a) to give tips on forming a band
    (b) to talk about the music industry
    (c) to discuss the history of bands
    (d) to talk about the rewards of forming a band

47. (a) determining a preferred sound
    (b) joining music-oriented clubs
    (c) attending band performances
    (d) recruiting band members

48. (a) because it will help combine each member's abilities
    (b) because it will show each member's talents
    (c) because new members can't learn new songs yet
    (d) because the band doesn't have their own songs yet

49. (a) create its personality
    (b) write original songs
    (c) compile songs to play at gigs
    (d) play at local events

50. (a) by playing its original songs
    (b) by doing public performances
    (c) by covering songs of other bands
    (d) by adding their own style to popular songs

51. (a) It will get covered by other bands.
    (b) It will receive more radio air time.
    (c) It will be available to more listeners.
    (d) It will save the band website maintenance costs.

52. (a) by having the chance to meet a producer during a tour
    (b) by being endorsed by fans for a contract
    (c) by being able to make a demo tape during a tour
    (d) by being discovered by a talent scout during a tour

THIS IS THE END OF THE LISTENING SECTION
DO NOT GO ON UNTIL TOLD TO DO SO

READING AND VOCABULARY SECTION

TEST 1
TEST 2
TEST 3
TEST 4
TEST 5
TEST 6

DIRECTIONS:

You will now read four different passages. Each passage is followed by comprehension and vocabulary questions. From the four choices for each item, choose the best answer. Then blacken in the correct circle on your answer sheet.

Read the following example passage and example question.

Example:

Bill Johnson lives in New York. He is 25 years old. He has four brothers and two sisters.

How many brothers does Bill Johnson have?

(a) one
(b) two
(c) three
(d) four

The correct answer is (d), so the circle with the letter (d) has been blackened.

ⓐ ⓑ ⓒ ●

NOW TURN THE PAGE AND BEGIN

MICHELLE KWAN

Michelle Kwan is an American former professional figure skater. Kwan, a five-time world champion and two-time Olympic medalist, is the most decorated figure skater in U.S. history.

Kwan was born on July 7, 1980, in Los Angeles, California, to Chinese immigrants Estella and Danny Kwan. She has two older siblings, Ron and Karen. When they were young, Michelle and Karen would watch their brother play hockey. This inspired the sisters to ask their parents for skating lessons, and the subsequent figure skating classes effectively started Kwan's career.

The Kwan sisters began receiving private lessons and soon won in some local competitions. The lessons cost, though, and to cover the expenses, the Kwans sold their house and moved in with the girls' grandparents. Michelle Kwan's success in local skating competitions, however, led to a scholarship to train at the elite Ice Castle International Training Center. To pursue her promising figure skating career as well as her studies, she was privately homeschooled.

The move to Ice Castle helped Kwan's skating career take off. There, she was trained by renowned figure skater, Frank Carroll. The 11-year-old Kwan began competing in junior championships in 1991. She competed in her first senior championship in 1993, which was also the time when she qualified as an alternate on the 1994 U.S. Olympic team.

Kwan started to intently develop her art in the late 1990s. She improved her speed and jumping, performed more elaborate and difficult techniques, and introduced a distinct sense of mature artistic expression in her choreographies. Kwan won five World Championships from 1996 to 2003, and earned two Olympic medals: a silver in 1998 and a bronze in 2002. Her last competitive figure skating event was in 2005.

Despite qualifying for the 2006 Winter Olympics, Kwan withdrew from the national team after suffering a groin injury. She then attended University of Denver to study International Relations while minoring in Political Science. She also went to Tufts University for graduate studies. Upon completing her studies, Kwan pursued a diplomatic career, traveling around the world to meet young people and talk about different issues such as leadership initiatives and health and fitness.

Kwan hasn't competed professionally for over ten years, but she still occasionally performs in skating programs for the public.

53. What made Michelle Kwan engage in skating as a child?

   (a) her parents' insistence
   (b) watching her brother skate
   (c) a third-party financial sponsorship
   (d) her family's immigration to the U.S.

54. Why most likely did Ice Castle give Kwan a scholarship?

   (a) because Ice Castle traditionally helped poor families
   (b) because they saw potential in her
   (c) because her parents could no longer pay for her training
   (d) because it was the prize she won from a contest

55. How did Kwan's skating career get launched?

   (a) by outperforming Frank Carroll
   (b) by taking private lessons
   (c) by competing at the Olympics
   (d) by starting training at Ice Castle

56. Which did not happen to Kwan from the mid-1990s onwards?

   (a) She became a five-time world champion.
   (b) Her performances acquired maturity.
   (c) She won first place in an Olympic event.
   (d) She stopped joining skating contests.

57. Why didn't Michelle Kwan compete in the 2006 Winter Olympics?

   (a) because she participated in diplomatic talks
   (b) because she got disqualified
   (c) because she was hurt
   (d) because she returned to school

58. In the context of the passage, subsequent means _____.

   (a) resulting
   (b) helpful
   (c) preceding
   (d) motivating

59. In the context of the passage, intently means _____.

   (a) reluctantly
   (b) seriously
   (c) willingly
   (d) truthfully

ELON MUSK HAS LAUNCHED NEURALINK TO MERGE BRAINS WITH COMPUTERS

Elon Musk, the founder of forward-thinking technology companies such as SpaceX and Tesla, recently announced his newest venture. Named NeuraLink, the technology company is attempting to connect the human brain with "intelligent" machines to enhance its performance.

Musk believes that artificial intelligence (AI) is the biggest threat to man's existence, as it might take over our lives in the future. Neuralink was founded to allow man to take advantage of AI and not the other way around. It will focus on devices that can be implanted into a human brain. These implants could potentially improve memory by adding, for example, removable memory storage banks to retrieve thoughts. This will be done through brain-computer interface (BCI), a communication system where a wired brain is connected to an external device.

The venture is still in its earliest stages and has no public presence yet. However, Musk is hopeful that Neuralink products will one day be used to enhance memory and even allow interaction with devices using only our minds. As of today, the company is still focusing on proving that the technology is viable by attempting to treat epilepsy, Parkinson's disease, and depression with implants. With constant research, Musk is nonetheless certain that the medical application will come to fruition in just four or five years.

Despite the considerable potential of the company, Neuralink faces great challenges. First, the human mind is still largely a mystery. Scientists still have to deal with technical issues such as modernizing today's elementary methods for gathering data from neurons in the brain and determining how to properly read and write neural code. Second, most people are not receptive to the idea of having their minds opened — literally — to have electronics embedded inside. This makes finding test subjects difficult. Also, ethical issues may arise around electronic brain implants because of the possibility of the brain being hacked to access private thoughts.

Although brain-computer interfaces have shown remarkable potential uses, such as moving simple robots by stimulating different areas of the brain, Neuralink has still to overcome the aforementioned challenges before making the technology available to consumers.

60. Why did Elon Musk found Neuralink?

(a) to eliminate the threat of AI
(b) to explore a new business venture
(c) to maximize the use of AI
(d) to create the world's first brain chip

61. What does the brain-computer interface do?

(a) insert a computer into the brain
(b) link the brain and an outer computer
(c) allow an external device to read the mind
(d) replace the brain with a computer

62. How is Neuralink trying to prove that its technology will work?

(a) by creating devices that can be controlled by the mind
(b) by speeding up the human brain processes
(c) by trying to enhance memory with artificial storage
(d) by working to treat brain-related disorders with it

63. Why is it difficult for Neuralink to find test subjects?

(a) People don't trust artificial intelligence.
(b) People don't want to change their brains' performance.
(c) People don't want their private thoughts to be read.
(d) People don't want their brains to be altered.

64. What could happen when Neuralink surpasses the current challenges?

(a) Humans will be able to retain more memories.
(b) AI will no longer be needed.
(c) Humans will be able to communicate mentally.
(d) Brain disorders will be wiped out.

65. In the context of the passage, fruition means _____.

(a) conclusion
(b) beginning
(c) completion
(d) failure

66. In the context of the passage, elementary means _____.

(a) advanced
(b) minimal
(c) undeveloped
(d) ineffective

FLYING FISH

The flying fish is a marine fish that travels above the surface of the water. The fish includes about 40 species of the *Exocoetidae* family found around the world. A flying fish cannot actually fly but only glides through the air for a short period of time.

Flying fish get airborne to travel long distances quickly. They also glide above water to escape predators, which include tuna, mackerel, and swordfish. A flying fish beats its uneven and forked tail to gain enough speed underwater and <u>propel</u> itself up to 4 feet into the air. It then spreads its wing-like fins to glide. A fish has been recorded to travel up to 1,312 feet and remain above water for as long as 45 seconds. Although helpful in avoiding seaborne attackers, gliding makes flying fish prey for fish-eating birds.

Schools of flying fish can be found in tropical and subtropical oceans all over the world. The different species vary in size, but most flying fish grow to between 7 and 12 inches long and never weigh more than two pounds. Several species have an additional pair of wing-like fins that allow them to glide for longer distances.

The fish feed on plankton and smaller fish. Their mating season occurs when ocean currents are at their weakest as these allow large groups to gather. The fish are most <u>vulnerable</u> when they are young, so females attach their eggs to seaweed and floating objects. Young flying fish have long threadlike appendages sticking out from their lower jaw, which they use to attach themselves to nearby plants and blend in.

Flying fish are heavily fished for food. Despite being consumed by humans, encountering pollution in oceans, and facing dangers early in life, the fish is not considered endangered and has not been placed under environmental protection. The estimated number of flying fish in the wild is unknown, but they are found in large numbers in the majority of the world's oceans and are unlikely to become endangered anytime soon.

67. Why is the *Exocoetidae* family of fish referred to as "flying fish"?

(a) because they appear to fly
(b) because their fins look like wings
(c) because they have learned how to fly
(d) because they have forked tails

68. What is the drawback of the flying fish escaping attackers by getting airborne?

(a) not being able to catch their own prey
(b) being exposed to another type of predator
(c) staying out of water for too long
(d) getting exhausted by the activity

69. How are some flying fish able to glide for longer distances?

(a) by having an extra pair of wings
(b) by beating their tails more quickly
(c) by having a lighter body weight
(d) by having an extra pair of fins

70. What is most likely the reason why flying fish attach their eggs to underwater plants and objects?

(a) to keep them safe from danger
(b) to allow them easy access to food
(c) to restrict their movement
(d) to give them access to shelter

71. Why are flying fish unlikely to become an endangered species?

(a) They still have a large population.
(b) They are unaffected by pollution.
(c) Many of their young survive.
(d) They are not fished for food.

72. In the context of the passage, propel means _____.

(a) drag
(b) fix
(c) push
(d) fly

73. In the context of the passage, vulnerable means _____.

(a) important
(b) minute
(c) secure
(d) helpless

June 3, 2017

Mr. Mark Fitzpatrick
Youth Representative
New Orleans Chapter

Dear Mark,

Greetings! As discussed during our first quarter meeting, Quality in Progress will be holding a series of educational sessions regarding immigration laws beginning this coming July.

Our first educational session is entitled Citizenship and Immigration Documentation. As immigration laws become more intricate, our agents and volunteers need to have a clearer, more simplified understanding of the immigration process and the new procedures that need to be followed.

We have invited several immigration lawyers and foreign policy specialists to discuss with us important matters. These include explaining to clients what they need to know in order to avoid potential legal troubles when immigrating to a new country. The resource persons will lead a casual roundtable discussion of the topic that we hope will impart useful information to our members.

Due to our organization's limited budget, only a select number of our members have been invited to attend this training. Invitees were chosen based on their participation in our activities over the past year. Upon completion of the training, these members will receive a certificate of participation as a testament to their increased knowledge.

Training will be held at Richford Recreation Hall, Room 193 on July 10, 11, and 12 2017, in New Orleans. As one of the members invited to attend this seminar, kindly complete the attached registration form and e-mail it to crystaldavis@qip.org by June 27th should you want to join the session.

A separate e-mail regarding the event's program will be sent upon your acceptance of this invitation.

Sincerely,

C. Davis

Crystal Davis
Coordinating Officer
Quality in Progress

74. What will be held this coming July?

(a) lectures on how to immigrate to a new country
(b) meetings about immigration policies
(c) talks about a new immigration law
(d) recruitment of youth volunteers

75. According to Crystal Davis, how will the events benefit the attendees?

(a) by making them understand certain laws better
(b) by teaching them how to avoid outdated laws
(c) by introducing simpler laws to them
(d) by helping them move abroad

76. Why is Quality in Progress hosting the educational sessions?

(a) to create better foreign policies
(b) to let members help their clients better
(c) to attract more volunteers
(d) to help its members avoid legal problems

77. What could be the reason Mark is being invited to the event?

(a) He needs to understand immigration laws better.
(b) He's been a member for a long time.
(c) He joined past organization activities.
(d) His position in the organization is high.

78. What will be sent separately to the members participating in the sessions?

(a) copies of laws to be discussed
(b) the contact information
(c) a registration form
(d) the event's detailed line-up

79. In the context of the passage, intricate means _____.

(a) legal
(b) ineffective
(c) simple
(d) complex

80. In the context of the passage, testament means _____.

(a) award
(b) sign
(c) proof
(d) support

[본책] 정답 p.35 / 스크립트·해석·해설 p.223

공식기출
TEST 6

GRAMMAR

LISTENING

READING & VOCABULARY

시험시간: 90분

테스트 전 확인사항

1. 휴대전화의 전원을 끄셨나요? ☐
2. Answer Sheet, 컴퓨터용 사인펜, 수정 테이프를 준비하셨나요? ☐
3. 아날로그시계를 준비하셨나요? ☐

무료MP3 바로 듣기

🎧 TEST 6.mp3
실전용·복습용 문제풀이 MP3 무료 다운로드 및 스트리밍 바로 듣기
(HackersIngang.com)

* G-TELP 기출 음성을 통해 실전에 더욱 완벽하게 대비할 수 있습니다.

목표 점수 : _____점
시작 시간 : _____시 _____분 ~ 종료 시간 : _____시 _____분

General Tests of English Language Proficiency
G-TELP

Level 2

GRAMMAR SECTION

TEST 1
TEST 2
TEST 3
TEST 4
TEST 5
TEST 6
지텔프 기출문제집 Level 2

DIRECTIONS:

The following items need a word or words to complete the sentence. From the four choices for each item, choose the best answer. Then blacken in the correct circle on your answer sheet.

Example:

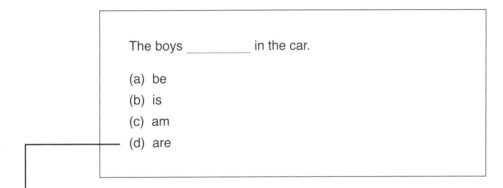

The boys _____ in the car.

(a) be
(b) is
(c) am
(d) are

The correct answer is (d), so the circle with the letter (d) has been blackened.

NOW TURN THE PAGE AND BEGIN

1. Sexual discrimination against women is a deeply ingrained way of thinking in many cultures. _____, people are inclined towards "benevolent sexism," whereby people think that women need assistance because they're of lesser status.

   (a) Similarly
   (b) On the contrary
   (c) Afterward
   (d) In the first place

2. The workers of an automotive company are staging a protest over the termination of final-salary pensions. They have been camped outside of one of the company's plants since this morning, insisting that the board _____ the current pension scheme.

   (a) is retaining
   (b) retain
   (c) would retain
   (d) retains

3. The New York City government has set up a new parking system, which makes use of an online application. Called ParkNYC, the app allows drivers _____ for parking by using their smartphones.

   (a) paying
   (b) having paid
   (c) to pay
   (d) to be paying

4. Marina Abramović is a performance artist who has worked with many high-profile celebrities. My friend Danny, who is always a fan of the avant-garde, _____ it if he were to be given the opportunity to work with her.

   (a) will greatly appreciate
   (b) is greatly appreciating
   (c) would greatly appreciate
   (d) had gladly accepted

5. Meteorologists say that the *aurora borealis*, famously known as the "northern lights," will be appearing less frequently soon. As a result, they _____ the public to see the natural lights display while they still have the chance.

   (a) will now encourage
   (b) now encourage
   (c) have now encouraged
   (d) are now encouraging

6. Advocates of Internet censorship argue that children can be psychologically damaged by watching inappropriate web material. Thus, these crusaders demand that a political consensus _____ be reached on the limits of allowable Internet content.

   (a) would
   (b) must
   (c) will
   (d) can

7. Last night, Pia dreamt about winning an "intergalactic" beauty pageant. She _____ weird dreams like this ever since she visited an old and mysterious-looking shopkeeper during her vacation in a deserted town in Mexico.

(a) was having
(b) is having
(c) had
(d) has been having

8. My neighbor, Mr. Banks, was sentenced to three years in prison for animal cruelty. His offense was _____ his cats poorly, often leaving them without food for several days.

(a) treating
(b) to be treating
(c) having treated
(d) to treat

9. The Chicago Cubs had been having a World Series Championship drought for over 100 years. Used to seeing the Cubs lose, Mr. Moore _____ his bets if he had known that they would miraculously win in 2016.

(a) changed
(b) is changing
(c) would have changed
(d) had changed

10. The University of Santo Tomas is the oldest Catholic university in Asia. Since 1611, _____, the school has been visited four times by a total of three popes.

(a) where it was established
(b) that it was established
(c) how established it was
(d) when it was established

11. Professional swimmer, Ryan Lochte, lost major endorsement deals after filing a false robbery report over an incident during the 2016 Rio Olympics. Top brands Speedo and Ralph Lauren _____ Lochte prior to the controversy.

(a) had been sponsoring
(b) sponsored
(c) would sponsor
(d) was sponsoring

12. Macroeconomics is a difficult concept for the average person to understand because it requires knowledge of technical terms. Experts suggest that untrained people _____ on business news to familiarize themselves with this field of economics.

(a) are reading up
(b) read up
(c) to read up
(d) will read up

13. Sharon read somewhere that each cigarette a person smokes takes away around seven minutes of his life. That's why she politely refuses _____ even when her closest peers offer her a cigarette every now and then.

(a) to be smoking
(b) smoking
(c) having smoked
(d) to smoke

14. Vince had his palm read by a fortune teller yesterday. He was told that he would have to wait ten years before he could get promoted. By that time, he _____ as a clerk for 20 years already!

(a) has been working
(b) will be working
(c) is working
(d) will have been working

15. More than twenty years ago, the Mexican-American celebrity singer, Selena, was murdered by the president of her very own fan club. Critics believe that had she not died, Selena _____ to top music charts.

(a) would have continued
(b) continued
(c) was continuing
(d) continues

16. Toddlers sometimes say the weirdest things. My two-year-old nephew once said that if he were Superman, he _____ Lois Lane because "she writes for a newspaper."

(a) had not married
(b) did not marry
(c) would not marry
(d) will not be marrying

17. Icelandic musician, Björk, arrived at the 73rd Academy Awards with a "swan dress" draped around her neck. The crazy dress, _____, is now considered one of the most infamous red-carpet outfits of the 21st century.

(a) that was designed by Marjan Pejoski
(b) which was designed by Marjan Pejoski
(c) who was designed by Marjan Pejoski
(d) how Marjan Pejoski designed it

18. Aside from the depressing atmosphere, Dorothy hates funerals because of how she feels about eulogies. She believes that _____ highly about a person should be done while the person is still alive and able to hear it.

(a) speaking
(b) to speak
(c) to have spoken
(d) having spoken

19. The owner of DZ Bookstore has already caught several customers shoplifting, but cannot prove it because of his faulty surveillance camera. However, even if the CCTV were functioning, he _____ complaints with the police so as to avoid the inconvenience.

(a) won't file
(b) wouldn't file
(c) isn't filing
(d) didn't file

20. Laura screamed loudly when one of her brother's classmates, who was visiting him, walked into her bedroom by accident. She _____ clothes when Thomas entered the room thinking it was the bathroom.

(a) changed
(b) will be changing
(c) was changing
(d) is changing

21. *Heterochromia* is a genetic condition where a person's eyes have two different colors. Many people find this interesting _____ it only occurs in about 1% of the human population.

(a) since
(b) although
(c) therefore
(d) but

22. Leo has been working as a forensic scientist for 12 years. Although he likes his job, the constant traveling and testifying in court stress him out. If given the chance, he _____ settle down peacefully in the countryside.

(a) can
(b) would
(c) may
(d) should

23. Ms. Keller asked her assistant for updates regarding the solicitation letters their foundation had sent out. She said it is imperative that they _____ positive responses from sponsors so they can initiate their pending projects with full support.

(a) are receiving
(b) will receive
(c) receive
(d) have received

24. Calendars and planners are usually discounted up to 70% in July, when half of the year has already passed. People who don't mind _____ only half of the products' pages take advantage of the low prices.

(a) to be using
(b) having used
(c) to use
(d) using

25. Peterson Chemicals was alarmed at reports that a competitor is copying a breakthrough product that they have yet to release. The company's executives _____ a series of meetings beginning this afternoon to come up with a backup plan.

(a) will have been holding
(b) are holding
(c) will be holding
(d) have held

26. Million-dollar competitions are held worldwide for the online game *League of Legends*. If someone had told the game's creators that this would happen back when they were launching the game in 2009, they _____ that it was impossible.

(a) had replied
(b) will have been replying
(c) were replying
(d) would have replied

THIS IS THE END OF THE GRAMMAR SECTION

DO NOT GO ON UNTIL TOLD TO DO SO

LISTENING SECTION

TEST 1
TEST 2
TEST 3
TEST 4
TEST 5
TEST 6

지텔프 기출문제집 Level 2

DIRECTIONS:

The Listening Section has four parts. In each part you will hear a spoken passage and a number of questions about the passage. First you will hear the questions. Then you will hear the passage. From the four choices for each question, choose the best answer. Then blacken in the correct circle on your answer sheet.

Now you will hear an example question. Then you will hear an example passage.

Now listen to the example question.

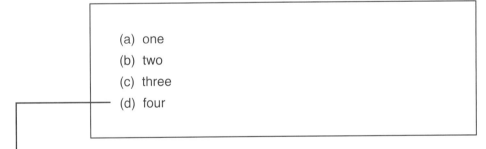

(a) one
(b) two
(c) three
(d) four

Bill Johnson has four brothers, so the best answer is (d). The circle with the letter (d) has been blackened.

NOW TURN THE PAGE AND BEGIN

27. (a) because he wants to join the church choir
    (b) because he was raised in a religious family
    (c) because the church is close to where he is studying
    (d) because his schoolmates go to the same church

28. (a) He will pick an audition piece.
    (b) He will judge those who will audition.
    (c) He will sing before the whole church.
    (d) He will sing in front of the judges.

29. (a) because it's the best voice type
    (b) because there are so many like it in the choir
    (c) because there are only a few like it in the choir
    (d) because she likes baritone voices

30. (a) because he doesn't know the song
    (b) because it's a difficult song
    (c) because it's not popular enough
    (d) because it's not right for his voice range

31. (a) Riverside Church
    (b) Columbia University
    (c) Blyth Plaza
    (d) Riverside High School

32. (a) so they can qualify for a contest in New York
    (b) to substitute for members who will be away
    (c) because they need help during rehearsals
    (d) to replace members who are quitting the choir

33. (a) by being at the audition venue early
    (b) by bringing his own microphone
    (c) by not being nervous when singing
    (d) by bringing other people who'd like to audition

34. (a) because printers have become heavier
    (b) because how people work is changing
    (c) because people are traveling farther
    (d) because there's a need for fast printers

35. (a) by observing different workers in their offices
    (b) by doing a survey of what kind of printer people need
    (c) by studying the best portable printer on the market
    (d) by upgrading an existing device

36. (a) Its big size can hold many ink colors.
    (b) It has a wide screen that's perfect for browsing.
    (c) It is small enough to fit in one's pocket.
    (d) It is not bothersome to bring anywhere.

37. (a) because all portable printers are quiet
    (b) because it prints documents quickly
    (c) because it's even louder than desktop printers
    (d) because most portable printers are noisy

38. (a) through a remote control
    (b) through an adapter cable
    (c) through a flash drive
    (d) through Bluetooth connection

39. (a) It can be charged in sunlight.
    (b) It can print on many pages at once.
    (c) It can contain many pieces of paper.
    (d) It doesn't need to be replaced.

40. (a) to tell him about her new modeling job
    (b) to invite him to a photo shoot
    (c) to hire him for a waxing treatment
    (d) to inquire about a medical procedure

41. (a) by slowing down the hair's re-growth
    (b) by pulling out the hair with a heated tool
    (c) by exposing the hair to very high temperatures
    (d) by applying wax onto bare skin

42. (a) Her skin reacts badly to the treatment.
    (b) She couldn't find waxing kits in stores anymore.
    (c) She finds waxing too painful.
    (d) She is scared of getting an infection.

43. (a) because each session lasts shorter than waxing
    (b) because she won't have to return for treatments
    (c) because laser treatment is cheaper than waxing
    (d) because it only takes one session to be effective

44. (a) to know how much one still needs to pay for future sessions
    (b) to check if the treatment is effective
    (c) to prevent any serious side effects
    (d) to ensure that one's skin color has changed

45. (a) schedule a consultation for laser treatment
    (b) continue using waxing strips on her legs
    (c) switch to a job that has no physical requirements
    (d) go to a professional waxing studio

PART 4. *You will hear an explanation of a process. First you will hear questions 46 through 52. Then you will hear the explanation. Choose the best answer to each question in the time provided.*

46. (a) so they can tell the truth creatively
    (b) to destroy the publisher's name
    (c) because they don't know the facts
    (d) to mislead their audience

47. (a) to tempt someone to access a link
    (b) to show that a website is desperate
    (c) to persuade people to read truthful articles
    (d) to sensationalize a news topic

48. (a) the advertisements
    (b) its credibility
    (c) a catchy name
    (d) its publicity

49. (a) if it is posted alongside videos
    (b) if it doesn't support the article's content
    (c) if it is widespread on the Internet
    (d) if it is of low quality

50. (a) because the news isn't worth reading after all
    (b) because the reports are yet to be posted online
    (c) because it has conflicting information with other articles
    (d) because the information can't be verified

51. (a) watch the ads on the website instead
    (b) comment on how inaccurate the post is
    (c) stop sharing the link to the fake article
    (d) share the fake article to notify one's friends

52. (a) by coming up with more articles than other websites
    (b) by getting more readers to click their web pages
    (c) by not having to spend major resources on research
    (d) by attracting more paid subscriptions to their websites

THIS IS THE END OF THE LISTENING SECTION
DO NOT GO ON UNTIL TOLD TO DO SO

READING AND VOCABULARY SECTION

DIRECTIONS:

You will now read four different passages. Each passage is followed by comprehension and vocabulary questions. From the four choices for each item, choose the best answer. Then blacken in the correct circle on your answer sheet.

Read the following example passage and example question.

Example:

Bill Johnson lives in New York. He is 25 years old. He has four brothers and two sisters.

How many brothers does Bill Johnson have?

(a) one
(b) two
(c) three
(d) four

The correct answer is (d), so the circle with the letter (d) has been blackened.

NOW TURN THE PAGE AND BEGIN

PART 1. *Read the following biography article and answer the questions. The underlined words in the article are for vocabulary questions.*

CARAVAGGIO

Caravaggio, or Michelangelo Merisi, was an Italian painter who was active during the late 16th and early 17th centuries. He is famous for his realism and use of intense contrasts of light and dark. Caravaggio influenced the development of the Baroque art style, and is considered one of the fathers of modern painting.

Caravaggio was born Michelangelo Merisi on September 29, 1571 in Caravaggio, Lombardy in Milan. Orphaned at the age of 11 with no money and no relatives, he was adopted by painter Simone Peterzano. He then underwent a four-year apprenticeship, and afterwards worked as an assistant to other painters while studying the regional art styles.

Quick-tempered and violent, Caravaggio was forced to move to Rome in 1592 because of frequent fights. There, he worked for the famous painter Giuseppe Cesari painting about plant life and food. His early works during that time included *Boy Peeling Fruit* and *Young Sick Bacchus*.

In 1594, Caravaggio left Cesari, determined to establish himself as a painter. He formed friendships with artists, including Prospero Orsi and Mario Minniti, who introduced him to major art collectors and patrons. Caravaggio worked quickly, and already had 40 paintings to his name by 1595.

Two artworks from this time would be representative of his pioneering style. *The Cardsharps* depicts a card game where a boy is being cheated by his opponent and an assistant, while *The Fortune Teller* shows the subject reading the palm of someone while secretly stealing his ring. In contrast with classical idealism, the malicious themes of the paintings were completely new at that time, but would later become common with Baroque artworks.

Caravaggio became famous in Rome and was commissioned to produce religious paintings. However, his realism in portraying Biblical characters in inappropriate manners (e.g. as wearing ragged clothes or showing bare legs) was regarded by some people as offensive. At the same time, his inclination for fighting often landed him in trouble. On May 29, 1606, Caravaggio killed a young man in a fight. He fled to Malta and later to Naples, where he thought he could get away with the murder, but even his high-profile contacts could not protect him.

Although he continued to produce excellent artworks, troubles frequented the rest of Caravaggio's life. He died in 1610 while trying to seek a pardon using all the connections he could exhaust.

53. What was Caravaggio most famous for?

   (a) his Baroque artworks
   (b) his truthful representation of subjects
   (c) his similarity with another famous painter
   (d) his habit of painting in the dark

54. What most likely inspired Caravaggio to paint his early works?

   (a) his assistance to a prominent painter
   (b) the unfortunate events during his childhood
   (c) his training in regional art techniques
   (d) the violent fights he had with people

55. Why did he quit working for Cesari?

   (a) because the two of them often quarreled
   (b) because he wanted to paint about other subjects
   (c) to meet up-and-coming painters
   (d) to make a name for himself

56. Which characterizes Caravaggio's *The Cardsharps* and *The Fortune Teller* paintings?

   (a) They promote classical ideals.
   (b) They are about the saints.
   (c) They show ignorance.
   (d) They depict dishonesty.

57. Based on the article, how did Caravaggio's murder case most likely end up?

   (a) with him being cleared of the charges
   (b) with his contacts helping him to settle the case
   (c) with him being declared as guilty
   (d) with him never being brought to trial

58. In the context of the passage, malicious means _____.

   (a) immoral
   (b) beneficial
   (c) complex
   (d) scary

59. In the context of the passage, inclination means _____.

   (a) ability
   (b) reputation
   (c) liking
   (d) distaste

EDIBLE WATER BOTTLES ARE SOON TO BE INTRODUCED IN THE MARKET

Edible water bottles will soon be launched into the market as a possible alternative to plastic bottles. The new invention, called "Ooho," is a colorless and tasteless product that's merely five centimeters in diameter. It looks like a big bubble with a jelly-like consistency. Ooho's first working model was developed in 2014 by a team of engineers from the London-based startup company, Skipping Rocks Lab.

Ooho is 100% eco-friendly, decomposes in four to six weeks, and expires within a few days. In addition, once the membrane (outer layer) is popped, it should be consumed immediately. The whole item can be eaten, including the membrane, which is made from a natural seaweed extract. It can be consumed either by fully swallowing the water-filled "bubble," or by tearing its membrane open and then sipping the water. The membrane looks thin but is as strong as the skin of a fruit.

Ooho is produced through a process called "spherification." The sphere is formed by dipping a block of round-shaped ice in a mixture of calcium chloride and brown algae extract. After it forms, the melted water is kept in place.

Within just a week of public fundraising, the inventors were able to raise twice their target budget of $500,000 for mass marketing their product. With the money, Ooho was further developed for commercial retail. It was then launched at major outdoor events in the U.K.

Designed to be as convenient as a regular plastic bottle, but without the harmful environmental effects, Ooho is marketed as an innovative product that will replace plastic bottles entirely. Aside from having the potential to eliminate the millions of plastic bottles that are trashed in the U.K. every day, Ooho is also cheaper to produce than plastic.

Critics argue that since Ooho has a fragile membrane that can break easily, it still needs to be placed in regular containers for efficient transport. The inventors must also face the giant plastics industry in their mission to make packaging waste disappear. Despite these drawbacks, Ooho spheres will be distributed at the Glastonbury music festival before the year ends and at upcoming major marathons.

60. What is the article all about?

    (a) a fundraising campaign
    (b) how to create edible water bottles
    (c) a new kind of plastic bottle
    (d) a new container for drinking water

61. Which of the following is not true about Ooho?

    (a) It can be used for long-term storage of water.
    (b) It has no taste.
    (c) Its membrane can be eaten.
    (d) It is made out of natural ingredients.

62. How is the product consumed?

    (a) by swallowing it while still frozen
    (b) by peeling its skin like a fruit
    (c) by making a hole in its membrane
    (d) by punching a straw into the membrane to sip the water

63. Why was a fundraising campaign held for Ooho?

    (a) to complete its first working model
    (b) to be able to sell it to as many people as possible
    (c) to find an alternative to seaweed packaging
    (d) to double the sphere's size

64. Why most likely can't Ooho eliminate packaging waste entirely?

    (a) because consumers won't really be buying it
    (b) because it still produces waste ingredients
    (c) because it is more wasteful to produce than plastic
    (d) because it still needs some form of wasteful packaging

65. In the context of the passage, fragile means _____.

    (a) clear
    (b) thick
    (c) delicate
    (d) hard

66. In the context of the passage, drawbacks means _____.

    (a) difficulties
    (b) accidents
    (c) advantages
    (d) confusions

지텔프 기출문제집 Level 2

FENCING

Fencing is a sport where two competitors fight each other with thin, flexible swords. One of the oldest sports in history, fencing originated from swordfights that have existed since wars began. The word derives from the Old French "defens" (to surround with a fence), denoting protection. Fencing is also regarded as an art form.

In ancient times, conflicts were sometimes settled through one-on-one sword combats that followed an unwritten scoring system. The ancient Persians, Babylonians, Greeks, and Romans all practiced some form of fencing. The earliest evidence of fencing as a sport is an Egyptian carving dating back to around 1190 B.C. It shows opponents with covered sword points and masks, spectators, and judges.

Fencing saw its birth as a scientific art with the publication of the first fencing manual, *Treatise on Arms* (around 1458-1471) by Spanish historian Diego de Valera. When Spain became the leading superpower in Europe, the sport spread to Italy and France, where it evolved and was taught in universities. The three major schools of fencing—Spanish, Italian, and French—remain the most influential today.

Modern fencing is played on a marked strip called a *piste*. A bout consists of two fencers trying to score a set number of hits with their swords in order to win. Each player aims to hit the opponent without being hit themselves.

Three kinds of weapons are used: the foil, sabre, and épée. Each weapon has its own characteristics and strategies for use. For example, the maximum weight for foils and sabres is 500 grams, while épées can weigh up to 775 grams. Foil and épée matches are scored by striking the opponent with only the tip of the sword, while sabre matches also allow scores for striking with either side of the blade. Fencers wear protective gear that includes a mask and a metallic vest.

Fencing is among the five original sports (along with athletics, cycling, gymnastics, and swimming) that have been played in all Olympic Games since the first modern Olympics were held in 1896. Side judges had been used to score fencing bouts until electric equipment began replacing them in 1933.

67. When were the first forms of fencing practiced?

    (a) when swordfights were first regarded as an art form
    (b) after the rules for it were written
    (c) when the first protective fence was put up in France
    (d) since people began using swords in wars

68. What is the significance of the *Treatise on Arms*?

    (a) It marked the emergence of fencing as a scientific skill.
    (b) It contained the first ever scoring system for fencing.
    (c) It is proof that fencing was an ancient sport.
    (d) It brought fencing to Italy and France.

69. Based on the article, who most likely wins in a game of fencing?

    (a) the first to hit the opponent
    (b) the player with the heavier sword
    (c) the first to reach the target score
    (d) the player who strikes the opponent harder

70. Why is gaining a score most likely easier during a sabre match?

    (a) because it restricts the rules for scoring
    (b) because it allows more ways to earn a point
    (c) because the sabre is heavier
    (d) because the sabre is more accurate

71. When did fencing stop using judges for scoring fights?

    (a) after fencing became a modern sport
    (b) when scoring became automated
    (c) after the first Olympic Games were held
    (d) when the judges were proven undependable

72. In the context of the passage, denoting means _____.

    (a) opposing
    (b) making
    (c) saying
    (d) meaning

73. In the context of the passage, original means _____.

    (a) earliest
    (b) newest
    (c) unique
    (d) regular

November 27, 2016

Ms. Michelle Hunt
Sales and Planning Manager
Montemarde Marketing Corporation
3221 West Edgewood Drive
Jefferson City, MO 65109

Dear Ms. Hunt:

Greetings! Youth for Unity (YFU) will be hosting United Christmas on December 18, 2016, at the Diamond Sports Complex. United Christmas, an outreach party for the underprivileged kids of Jefferson City, is a half-day event that aims to bring joy to children from selected local communities by engaging them in interactive, fun-filled activities. The event will hopefully draw 500 guests consisting of 200 street children and out-of-school youth, 200 parents or guardians, and 100 volunteers, partners, and guests.

YFU is a global organization of young people dedicated to supporting human development. We also aim to foster solidarity among the youth in developing nations by giving them opportunities to work together on meaningful projects. Moreover, we provide various services for children and families around the world, helping the youth realize that they are valuable members of society. Our past projects have included meal programs, skills training and workshops, and holiday celebrations such as United Christmas.

In this regard, we are gladly inviting Montemarde Marketing Corporation to become our partner in this event by providing financial support. We would be grateful if you decide to sponsor us in this noble cause.

For any questions, please contact us via email at changethenation@yfu.org. We hope to receive your reply by December 2. Your contribution will surely instill love and happiness in the youth this holiday season. Thank you.

Sincerely,

Mark Little

Mark Little
Regional Director
Youth for Unity

74. What is United Christmas?

    (a) a sports league for kids
    (b) a fundraiser for an orphanage
    (c) a charity event for children
    (d) a children's birthday party

75. Who among the following is not part of the guest list for the event?

    (a) elementary school teachers
    (b) homeless children
    (c) youth volunteers
    (d) sponsoring organizations

76. How does Youth for Unity accomplish its vision for the youth?

    (a) by giving them different kinds of workshops
    (b) by creating projects that require them to cooperate
    (c) by arranging holiday celebrations for them
    (d) by requiring them to attain formal education

77. Why most likely did Mark Little mention YFU's past projects in his letter?

    (a) to persuade Hunt to join the organization
    (b) to build the organization's credibility
    (c) because Hunt might benefit from their projects
    (d) to show that they have many members

78. What should Montemarde Corporation probably do to be part of the event?

    (a) contribute money
    (b) reply to the email
    (c) ask Michelle Hunt to attend the party
    (d) create promotions for the event

79. In the context of the passage, solidarity means _____.

    (a) division
    (b) wealth
    (c) industry
    (d) unity

80. In the context of the passage, cause means _____.

    (a) effect
    (b) reason
    (c) purpose
    (d) source

지텔프 기출문제집 Level 2

[본책] 정답 p.35 / 스크립트·해석·해설 p.269

G-TELP 기출 음성을 듣고 싶다면?

해커스인강(HackersIngang.com)에서
본 교재 **MP3 다운받기**

ANSWER
SHEET

G-TELP 기출 음성을 듣고 싶다면?

해커스인강(HackersIngang.com)에서
본 교재 MP3 다운받기

G-TELP

※ TEST DATE

MO.	DAY	YEAR

감독관인

성 명	

등급 ① ② ③ ④ ⑤

성명란

	초 성	ㄱ ㄴ ㄷ ㄹ ㅁ ㅂ ㅅ ㅇ ㅈ ㅊ ㅋ ㅌ ㅍ ㅎ
성	중 성	ㅏ ㅑ ㅓ ㅕ ㅗ ㅛ ㅜ ㅠ ㅡ ㅣ ㅐ ㅒ ㅔ ㅖ ㅘ ㅝ ㅢ ㅚ ㅟ ㅙ
	종 성	ㄱ ㄴ ㄷ ㄹ ㅁ ㅂ ㅅ ㅇ ㅈ ㅊ ㅋ ㅌ ㅍ ㅎ ㄲ ㄸ ㅃ ㅆ ㅉ

수 험 번 호

1) Code 1.

2) Code 2.

3) Code 3.

주민등록번호 앞자리 | 고 유 번 호

문항	답 란	문항	답 란	문항	답 란	문항	답 란	문항	답 란	문항	답 란
1	ⓐⓑⓒⓓ	21	ⓐⓑⓒⓓ	41	ⓐⓑⓒⓓ	61	ⓐⓑⓒⓓ	81	ⓐⓑⓒⓓ		
2	ⓐⓑⓒⓓ	22	ⓐⓑⓒⓓ	42	ⓐⓑⓒⓓ	62	ⓐⓑⓒⓓ	82	ⓐⓑⓒⓓ		
3	ⓐⓑⓒⓓ	23	ⓐⓑⓒⓓ	43	ⓐⓑⓒⓓ	63	ⓐⓑⓒⓓ	83	ⓐⓑⓒⓓ		
4	ⓐⓑⓒⓓ	24	ⓐⓑⓒⓓ	44	ⓐⓑⓒⓓ	64	ⓐⓑⓒⓓ	84	ⓐⓑⓒⓓ		
5	ⓐⓑⓒⓓ	25	ⓐⓑⓒⓓ	45	ⓐⓑⓒⓓ	65	ⓐⓑⓒⓓ	85	ⓐⓑⓒⓓ		
6	ⓐⓑⓒⓓ	26	ⓐⓑⓒⓓ	46	ⓐⓑⓒⓓ	66	ⓐⓑⓒⓓ	86	ⓐⓑⓒⓓ		
7	ⓐⓑⓒⓓ	27	ⓐⓑⓒⓓ	47	ⓐⓑⓒⓓ	67	ⓐⓑⓒⓓ	87	ⓐⓑⓒⓓ		
8	ⓐⓑⓒⓓ	28	ⓐⓑⓒⓓ	48	ⓐⓑⓒⓓ	68	ⓐⓑⓒⓓ	88	ⓐⓑⓒⓓ		
9	ⓐⓑⓒⓓ	29	ⓐⓑⓒⓓ	49	ⓐⓑⓒⓓ	69	ⓐⓑⓒⓓ	89	ⓐⓑⓒⓓ		
10	ⓐⓑⓒⓓ	30	ⓐⓑⓒⓓ	50	ⓐⓑⓒⓓ	70	ⓐⓑⓒⓓ	90	ⓐⓑⓒⓓ		
11	ⓐⓑⓒⓓ	31	ⓐⓑⓒⓓ	51	ⓐⓑⓒⓓ	71	ⓐⓑⓒⓓ				
12	ⓐⓑⓒⓓ	32	ⓐⓑⓒⓓ	52	ⓐⓑⓒⓓ	72	ⓐⓑⓒⓓ	password			
13	ⓐⓑⓒⓓ	33	ⓐⓑⓒⓓ	53	ⓐⓑⓒⓓ	73	ⓐⓑⓒⓓ				
14	ⓐⓑⓒⓓ	34	ⓐⓑⓒⓓ	54	ⓐⓑⓒⓓ	74	ⓐⓑⓒⓓ				
15	ⓐⓑⓒⓓ	35	ⓐⓑⓒⓓ	55	ⓐⓑⓒⓓ	75	ⓐⓑⓒⓓ				
16	ⓐⓑⓒⓓ	36	ⓐⓑⓒⓓ	56	ⓐⓑⓒⓓ	76	ⓐⓑⓒⓓ				
17	ⓐⓑⓒⓓ	37	ⓐⓑⓒⓓ	57	ⓐⓑⓒⓓ	77	ⓐⓑⓒⓓ				
18	ⓐⓑⓒⓓ	38	ⓐⓑⓒⓓ	58	ⓐⓑⓒⓓ	78	ⓐⓑⓒⓓ				
19	ⓐⓑⓒⓓ	39	ⓐⓑⓒⓓ	59	ⓐⓑⓒⓓ	79	ⓐⓑⓒⓓ				
20	ⓐⓑⓒⓓ	40	ⓐⓑⓒⓓ	60	ⓐⓑⓒⓓ	80	ⓐⓑⓒⓓ				

G-TELP 기출 음성을 듣고 싶다면?

해커스인강(HackersIngang.com)에서
본 교재 MP3 다운받기

G-TELP

MO.	DAY	YEAR

감독관인

등급 ① ② ③ ④ ⑤

성 명

성 명 란	초 성	ㄱ ㄴ ㄷ ㄹ ㅁ ㅂ ㅅ ㅇ ㅈ ㅊ ㅋ ㅌ ㅍ ㅎ
	중 성	ㅏ ㅑ ㅓ ㅕ ㅗ ㅛ ㅜ ㅠ ㅡ ㅣ ㅐ ㅒ ㅔ ㅖ ㅘ ㅝ ㅚ ㅟ ㅙ
	종 성	ㄱ ㄴ ㄷ ㄹ ㅁ ㅂ ㅅ ㅇ ㅈ ㅊ ㅋ ㅌ ㅍ ㅎ ㄲ ㄲ ㅆ ㅆ ㅉ

수 험 번 호

0 0	0 0 0 0	0 0 0 0 0 0 0
1 1	1 1 1 1	1 1 1 1 1 1 1
2 2	2 2 2 2	2 2 2 2 2 2 2
3 3	3 3 3 3	3 3 3 3 3 3 3
4 4	4 4 4 4	4 4 4 4 4 4 4
5 5	5 5 5 5	5 5 5 5 5 5 5
6 6	6 6 6 6	6 6 6 6 6 6 6
7 7	7 7 7 7	7 7 7 7 7 7 7
8 8	8 8 8 8	8 8 8 8 8 8 8
9 9	9 9 9 9	9 9 9 9 9 9 9

1) Code 1.

0 1 2 3 4 5 6 7 8 9
0 1 2 3 4 5 6 7 8 9
0 1 2 3 4 5 6 7 8 9

2) Code 2.

0 1 2 3 4 5 6 7 8 9
0 1 2 3 4 5 6 7 8 9
0 1 2 3 4 5 6 7 8 9

3) Code 3.

0 1 2 3 4 5 6 7 8 9
0 1 2 3 4 5 6 7 8 9
0 1 2 3 4 5 6 7 8 9

주민등록번호 앞자리 / 고 유 번 호

0 0 0 0 0 0	0 0 0 0 0 0 0
1 1 1 1 1 1	1 1 1 1 1 1 1
2 2 2 2 2 2	2 2 2 2 2 2 2
3 3 3 3 3 3	3 3 3 3 3 3 3
4 4 4 4 4 4	4 4 4 4 4 4 4
5 5 5 5 5 5	5 5 5 5 5 5 5
6 6 6 6 6 6	6 6 6 6 6 6 6
7 7 7 7 7 7	7 7 7 7 7 7 7
8 8 8 8 8 8	8 8 8 8 8 8 8
9 9 9 9 9 9	9 9 9 9 9 9 9

문항	답 란	문항	답 란	문항	답 란	문항	답 란	문항	답 란	문항	답 란
1	ⓐ ⓑ ⓒ ⓓ	21	ⓐ ⓑ ⓒ ⓓ	41	ⓐ ⓑ ⓒ ⓓ	61	ⓐ ⓑ ⓒ ⓓ	81	ⓐ ⓑ ⓒ ⓓ		
2	ⓐ ⓑ ⓒ ⓓ	22	ⓐ ⓑ ⓒ ⓓ	42	ⓐ ⓑ ⓒ ⓓ	62	ⓐ ⓑ ⓒ ⓓ	82	ⓐ ⓑ ⓒ ⓓ		
3	ⓐ ⓑ ⓒ ⓓ	23	ⓐ ⓑ ⓒ ⓓ	43	ⓐ ⓑ ⓒ ⓓ	63	ⓐ ⓑ ⓒ ⓓ	83	ⓐ ⓑ ⓒ ⓓ		
4	ⓐ ⓑ ⓒ ⓓ	24	ⓐ ⓑ ⓒ ⓓ	44	ⓐ ⓑ ⓒ ⓓ	64	ⓐ ⓑ ⓒ ⓓ	84	ⓐ ⓑ ⓒ ⓓ		
5	ⓐ ⓑ ⓒ ⓓ	25	ⓐ ⓑ ⓒ ⓓ	45	ⓐ ⓑ ⓒ ⓓ	65	ⓐ ⓑ ⓒ ⓓ	85	ⓐ ⓑ ⓒ ⓓ		
6	ⓐ ⓑ ⓒ ⓓ	26	ⓐ ⓑ ⓒ ⓓ	46	ⓐ ⓑ ⓒ ⓓ	66	ⓐ ⓑ ⓒ ⓓ	86	ⓐ ⓑ ⓒ ⓓ		
7	ⓐ ⓑ ⓒ ⓓ	27	ⓐ ⓑ ⓒ ⓓ	47	ⓐ ⓑ ⓒ ⓓ	67	ⓐ ⓑ ⓒ ⓓ	87	ⓐ ⓑ ⓒ ⓓ		
8	ⓐ ⓑ ⓒ ⓓ	28	ⓐ ⓑ ⓒ ⓓ	48	ⓐ ⓑ ⓒ ⓓ	68	ⓐ ⓑ ⓒ ⓓ	88	ⓐ ⓑ ⓒ ⓓ		
9	ⓐ ⓑ ⓒ ⓓ	29	ⓐ ⓑ ⓒ ⓓ	49	ⓐ ⓑ ⓒ ⓓ	69	ⓐ ⓑ ⓒ ⓓ	89	ⓐ ⓑ ⓒ ⓓ		
10	ⓐ ⓑ ⓒ ⓓ	30	ⓐ ⓑ ⓒ ⓓ	50	ⓐ ⓑ ⓒ ⓓ	70	ⓐ ⓑ ⓒ ⓓ	90	ⓐ ⓑ ⓒ ⓓ		
11	ⓐ ⓑ ⓒ ⓓ	31	ⓐ ⓑ ⓒ ⓓ	51	ⓐ ⓑ ⓒ ⓓ	71	ⓐ ⓑ ⓒ ⓓ				
12	ⓐ ⓑ ⓒ ⓓ	32	ⓐ ⓑ ⓒ ⓓ	52	ⓐ ⓑ ⓒ ⓓ	72	ⓐ ⓑ ⓒ ⓓ				
13	ⓐ ⓑ ⓒ ⓓ	33	ⓐ ⓑ ⓒ ⓓ	53	ⓐ ⓑ ⓒ ⓓ	73	ⓐ ⓑ ⓒ ⓓ	password			
14	ⓐ ⓑ ⓒ ⓓ	34	ⓐ ⓑ ⓒ ⓓ	54	ⓐ ⓑ ⓒ ⓓ	74	ⓐ ⓑ ⓒ ⓓ				
15	ⓐ ⓑ ⓒ ⓓ	35	ⓐ ⓑ ⓒ ⓓ	55	ⓐ ⓑ ⓒ ⓓ	75	ⓐ ⓑ ⓒ ⓓ	0 0 0 0			
16	ⓐ ⓑ ⓒ ⓓ	36	ⓐ ⓑ ⓒ ⓓ	56	ⓐ ⓑ ⓒ ⓓ	76	ⓐ ⓑ ⓒ ⓓ	1 1 1 1			
17	ⓐ ⓑ ⓒ ⓓ	37	ⓐ ⓑ ⓒ ⓓ	57	ⓐ ⓑ ⓒ ⓓ	77	ⓐ ⓑ ⓒ ⓓ	2 2 2 2 / 3 3 3 3			
18	ⓐ ⓑ ⓒ ⓓ	38	ⓐ ⓑ ⓒ ⓓ	58	ⓐ ⓑ ⓒ ⓓ	78	ⓐ ⓑ ⓒ ⓓ	4 4 4 4 / 5 5 5 5			
19	ⓐ ⓑ ⓒ ⓓ	39	ⓐ ⓑ ⓒ ⓓ	59	ⓐ ⓑ ⓒ ⓓ	79	ⓐ ⓑ ⓒ ⓓ	6 6 6 6 / 7 7 7 7			
20	ⓐ ⓑ ⓒ ⓓ	40	ⓐ ⓑ ⓒ ⓓ	60	ⓐ ⓑ ⓒ ⓓ	80	ⓐ ⓑ ⓒ ⓓ	8 8 8 8 / 9 9 9 9			

G-TELP 기출 음성을 듣고 싶다면?

해커스인강(HackersIngang.com)에서
본 교재 MP3 다운받기

G-TELP

※ TEST DATE

MO.	DAY	YEAR

감독 확인 관인

성 명	

등급 ① ② ③ ④ ⑤

성명란		초 성	ㄱ ㄴ ㄷ ㄹ ㅁ ㅂ ㅅ ㅇ ㅈ ㅊ ㅋ ㅌ ㅍ ㅎ
성		중 성	ㅏ ㅑ ㅓ ㅕ ㅗ ㅛ ㅜ ㅠ ㅡ ㅣ ㅐ ㅒ ㅔ ㅖ ㅘ ㅝ ㅢ ㅚ ㅟ ㅙ
		종 성	ㄱ ㄴ ㄷ ㄹ ㅁ ㅂ ㅅ ㅇ ㅈ ㅊ ㅋ ㅌ ㅍ ㅎ ㄲ ㄸ ㅃ ㅆ ㅉ
명		초 성	ㄱ ㄴ ㄷ ㄹ ㅁ ㅂ ㅅ ㅇ ㅈ ㅊ ㅋ ㅌ ㅍ ㅎ
		중 성	ㅏ ㅑ ㅓ ㅕ ㅗ ㅛ ㅜ ㅠ ㅡ ㅣ ㅐ ㅒ ㅔ ㅖ ㅘ ㅝ ㅢ ㅚ ㅟ ㅙ
		종 성	ㄱ ㄴ ㄷ ㄹ ㅁ ㅂ ㅅ ㅇ ㅈ ㅊ ㅋ ㅌ ㅍ ㅎ ㄲ ㄸ ㅃ ㅆ ㅉ
란		초 성	ㄱ ㄴ ㄷ ㄹ ㅁ ㅂ ㅅ ㅇ ㅈ ㅊ ㅋ ㅌ ㅍ ㅎ
		중 성	ㅏ ㅑ ㅓ ㅕ ㅗ ㅛ ㅜ ㅠ ㅡ ㅣ ㅐ ㅒ ㅔ ㅖ ㅘ ㅝ ㅢ ㅚ ㅟ ㅙ
		종 성	ㄱ ㄴ ㄷ ㄹ ㅁ ㅂ ㅅ ㅇ ㅈ ㅊ ㅋ ㅌ ㅍ ㅎ ㄲ ㄸ ㅃ ㅆ ㅉ
		초 성	ㄱ ㄴ ㄷ ㄹ ㅁ ㅂ ㅅ ㅇ ㅈ ㅊ ㅋ ㅌ ㅍ ㅎ
		중 성	ㅏ ㅑ ㅓ ㅕ ㅗ ㅛ ㅜ ㅠ ㅡ ㅣ ㅐ ㅒ ㅔ ㅖ ㅘ ㅝ ㅢ ㅚ ㅟ ㅙ
		종 성	ㄱ ㄴ ㄷ ㄹ ㅁ ㅂ ㅅ ㅇ ㅈ ㅊ ㅋ ㅌ ㅍ ㅎ ㄲ ㄸ ㅃ ㅆ ㅉ

수 험 번 호

(digits 0–9 grid)

1) Code 1.
0 1 2 3 4 5 6 7 8 9
0 1 2 3 4 5 6 7 8 9
0 1 2 3 4 5 6 7 8 9

2) Code 2.
0 1 2 3 4 5 6 7 8 9
0 1 2 3 4 5 6 7 8 9
0 1 2 3 4 5 6 7 8 9

3) Code 3.
0 1 2 3 4 5 6 7 8 9
0 1 2 3 4 5 6 7 8 9
0 1 2 3 4 5 6 7 8 9

주민등록번호 앞자리	고 유 번 호

(digits 0–9 grid)

문항	답 란	문항	답 란	문항	답 란	문항	답 란	문항	답 란	문항	답 란
1	ⓐ ⓑ ⓒ ⓓ	21	ⓐ ⓑ ⓒ ⓓ	41	ⓐ ⓑ ⓒ ⓓ	61	ⓐ ⓑ ⓒ ⓓ	81	ⓐ ⓑ ⓒ ⓓ
2	ⓐ ⓑ ⓒ ⓓ	22	ⓐ ⓑ ⓒ ⓓ	42	ⓐ ⓑ ⓒ ⓓ	62	ⓐ ⓑ ⓒ ⓓ	82	ⓐ ⓑ ⓒ ⓓ
3	ⓐ ⓑ ⓒ ⓓ	23	ⓐ ⓑ ⓒ ⓓ	43	ⓐ ⓑ ⓒ ⓓ	63	ⓐ ⓑ ⓒ ⓓ	83	ⓐ ⓑ ⓒ ⓓ
4	ⓐ ⓑ ⓒ ⓓ	24	ⓐ ⓑ ⓒ ⓓ	44	ⓐ ⓑ ⓒ ⓓ	64	ⓐ ⓑ ⓒ ⓓ	84	ⓐ ⓑ ⓒ ⓓ
5	ⓐ ⓑ ⓒ ⓓ	25	ⓐ ⓑ ⓒ ⓓ	45	ⓐ ⓑ ⓒ ⓓ	65	ⓐ ⓑ ⓒ ⓓ	85	ⓐ ⓑ ⓒ ⓓ
6	ⓐ ⓑ ⓒ ⓓ	26	ⓐ ⓑ ⓒ ⓓ	46	ⓐ ⓑ ⓒ ⓓ	66	ⓐ ⓑ ⓒ ⓓ	86	ⓐ ⓑ ⓒ ⓓ
7	ⓐ ⓑ ⓒ ⓓ	27	ⓐ ⓑ ⓒ ⓓ	47	ⓐ ⓑ ⓒ ⓓ	67	ⓐ ⓑ ⓒ ⓓ	87	ⓐ ⓑ ⓒ ⓓ
8	ⓐ ⓑ ⓒ ⓓ	28	ⓐ ⓑ ⓒ ⓓ	48	ⓐ ⓑ ⓒ ⓓ	68	ⓐ ⓑ ⓒ ⓓ	88	ⓐ ⓑ ⓒ ⓓ
9	ⓐ ⓑ ⓒ ⓓ	29	ⓐ ⓑ ⓒ ⓓ	49	ⓐ ⓑ ⓒ ⓓ	69	ⓐ ⓑ ⓒ ⓓ	89	ⓐ ⓑ ⓒ ⓓ
10	ⓐ ⓑ ⓒ ⓓ	30	ⓐ ⓑ ⓒ ⓓ	50	ⓐ ⓑ ⓒ ⓓ	70	ⓐ ⓑ ⓒ ⓓ	90	ⓐ ⓑ ⓒ ⓓ
11	ⓐ ⓑ ⓒ ⓓ	31	ⓐ ⓑ ⓒ ⓓ	51	ⓐ ⓑ ⓒ ⓓ	71	ⓐ ⓑ ⓒ ⓓ		
12	ⓐ ⓑ ⓒ ⓓ	32	ⓐ ⓑ ⓒ ⓓ	52	ⓐ ⓑ ⓒ ⓓ	72	ⓐ ⓑ ⓒ ⓓ		
13	ⓐ ⓑ ⓒ ⓓ	33	ⓐ ⓑ ⓒ ⓓ	53	ⓐ ⓑ ⓒ ⓓ	73	ⓐ ⓑ ⓒ ⓓ		
14	ⓐ ⓑ ⓒ ⓓ	34	ⓐ ⓑ ⓒ ⓓ	54	ⓐ ⓑ ⓒ ⓓ	74	ⓐ ⓑ ⓒ ⓓ		
15	ⓐ ⓑ ⓒ ⓓ	35	ⓐ ⓑ ⓒ ⓓ	55	ⓐ ⓑ ⓒ ⓓ	75	ⓐ ⓑ ⓒ ⓓ		
16	ⓐ ⓑ ⓒ ⓓ	36	ⓐ ⓑ ⓒ ⓓ	56	ⓐ ⓑ ⓒ ⓓ	76	ⓐ ⓑ ⓒ ⓓ		
17	ⓐ ⓑ ⓒ ⓓ	37	ⓐ ⓑ ⓒ ⓓ	57	ⓐ ⓑ ⓒ ⓓ	77	ⓐ ⓑ ⓒ ⓓ		
18	ⓐ ⓑ ⓒ ⓓ	38	ⓐ ⓑ ⓒ ⓓ	58	ⓐ ⓑ ⓒ ⓓ	78	ⓐ ⓑ ⓒ ⓓ		
19	ⓐ ⓑ ⓒ ⓓ	39	ⓐ ⓑ ⓒ ⓓ	59	ⓐ ⓑ ⓒ ⓓ	79	ⓐ ⓑ ⓒ ⓓ		
20	ⓐ ⓑ ⓒ ⓓ	40	ⓐ ⓑ ⓒ ⓓ	60	ⓐ ⓑ ⓒ ⓓ	80	ⓐ ⓑ ⓒ ⓓ		

password

(digits 0–9 grid)

G-TELP 기출 음성을 듣고 싶다면?

해커스인강(HackersIngang.com)에서
본 교재 MP3 다운받기

G-TELP

MO.	DAY	YEAR

감독확인관인

성 명	

등급　①　②　③　④　⑤

성명란

성	초성	ㄱ ㄴ ㄷ ㄹ ㅁ ㅂ ㅅ ㅇ ㅈ ㅊ ㅋ ㅌ ㅍ ㅎ
	중성	ㅏ ㅑ ㅓ ㅕ ㅗ ㅛ ㅜ ㅠ ㅡ ㅣ ㅐ ㅒ ㅔ ㅖ ㅘ ㅝ ㅚ ㅟ ㅢ ㅙ
	종성	ㄱ ㄴ ㄷ ㄹ ㅁ ㅂ ㅅ ㅇ ㅈ ㅊ ㅋ ㅌ ㅍ ㅎ ㄲ ㄳ ㅄ ㅆ ㅉ
명	초성	ㄱ ㄴ ㄷ ㄹ ㅁ ㅂ ㅅ ㅇ ㅈ ㅊ ㅋ ㅌ ㅍ ㅎ
	중성	ㅏ ㅑ ㅓ ㅕ ㅗ ㅛ ㅜ ㅠ ㅡ ㅣ ㅐ ㅒ ㅔ ㅖ ㅘ ㅝ ㅚ ㅟ ㅢ ㅙ
	종성	ㄱ ㄴ ㄷ ㄹ ㅁ ㅂ ㅅ ㅇ ㅈ ㅊ ㅋ ㅌ ㅍ ㅎ ㄲ ㄳ ㅄ ㅆ ㅉ
	초성	ㄱ ㄴ ㄷ ㄹ ㅁ ㅂ ㅅ ㅇ ㅈ ㅊ ㅋ ㅌ ㅍ ㅎ
	중성	ㅏ ㅑ ㅓ ㅕ ㅗ ㅛ ㅜ ㅠ ㅡ ㅣ ㅐ ㅒ ㅔ ㅖ ㅘ ㅝ ㅚ ㅟ ㅢ ㅙ
	종성	ㄱ ㄴ ㄷ ㄹ ㅁ ㅂ ㅅ ㅇ ㅈ ㅊ ㅋ ㅌ ㅍ ㅎ ㄲ ㄳ ㅄ ㅆ ㅉ
란	초성	ㄱ ㄴ ㄷ ㄹ ㅁ ㅂ ㅅ ㅇ ㅈ ㅊ ㅋ ㅌ ㅍ ㅎ
	중성	ㅏ ㅑ ㅓ ㅕ ㅗ ㅛ ㅜ ㅠ ㅡ ㅣ ㅐ ㅒ ㅔ ㅖ ㅘ ㅝ ㅚ ㅟ ㅢ ㅙ
	종성	ㄱ ㄴ ㄷ ㄹ ㅁ ㅂ ㅅ ㅇ ㅈ ㅊ ㅋ ㅌ ㅍ ㅎ ㄲ ㄳ ㅄ ㅆ ㅉ

수 험 번 호

(0~9 digit grid)

1) Code 1.
2) Code 2.
3) Code 3.

주민등록번호 앞자리 / 고 유 번 호

(0~9 digit grids)

답란

문항	답 란	문항	답 란	문항	답 란	문항	답 란	문항	답 란
1	ⓐⓑⓒⓓ	21	ⓐⓑⓒⓓ	41	ⓐⓑⓒⓓ	61	ⓐⓑⓒⓓ	81	ⓐⓑⓒⓓ
2	ⓐⓑⓒⓓ	22	ⓐⓑⓒⓓ	42	ⓐⓑⓒⓓ	62	ⓐⓑⓒⓓ	82	ⓐⓑⓒⓓ
3	ⓐⓑⓒⓓ	23	ⓐⓑⓒⓓ	43	ⓐⓑⓒⓓ	63	ⓐⓑⓒⓓ	83	ⓐⓑⓒⓓ
4	ⓐⓑⓒⓓ	24	ⓐⓑⓒⓓ	44	ⓐⓑⓒⓓ	64	ⓐⓑⓒⓓ	84	ⓐⓑⓒⓓ
5	ⓐⓑⓒⓓ	25	ⓐⓑⓒⓓ	45	ⓐⓑⓒⓓ	65	ⓐⓑⓒⓓ	85	ⓐⓑⓒⓓ
6	ⓐⓑⓒⓓ	26	ⓐⓑⓒⓓ	46	ⓐⓑⓒⓓ	66	ⓐⓑⓒⓓ	86	ⓐⓑⓒⓓ
7	ⓐⓑⓒⓓ	27	ⓐⓑⓒⓓ	47	ⓐⓑⓒⓓ	67	ⓐⓑⓒⓓ	87	ⓐⓑⓒⓓ
8	ⓐⓑⓒⓓ	28	ⓐⓑⓒⓓ	48	ⓐⓑⓒⓓ	68	ⓐⓑⓒⓓ	88	ⓐⓑⓒⓓ
9	ⓐⓑⓒⓓ	29	ⓐⓑⓒⓓ	49	ⓐⓑⓒⓓ	69	ⓐⓑⓒⓓ	89	ⓐⓑⓒⓓ
10	ⓐⓑⓒⓓ	30	ⓐⓑⓒⓓ	50	ⓐⓑⓒⓓ	70	ⓐⓑⓒⓓ	90	ⓐⓑⓒⓓ
11	ⓐⓑⓒⓓ	31	ⓐⓑⓒⓓ	51	ⓐⓑⓒⓓ	71	ⓐⓑⓒⓓ		
12	ⓐⓑⓒⓓ	32	ⓐⓑⓒⓓ	52	ⓐⓑⓒⓓ	72	ⓐⓑⓒⓓ		
13	ⓐⓑⓒⓓ	33	ⓐⓑⓒⓓ	53	ⓐⓑⓒⓓ	73	ⓐⓑⓒⓓ		password
14	ⓐⓑⓒⓓ	34	ⓐⓑⓒⓓ	54	ⓐⓑⓒⓓ	74	ⓐⓑⓒⓓ		
15	ⓐⓑⓒⓓ	35	ⓐⓑⓒⓓ	55	ⓐⓑⓒⓓ	75	ⓐⓑⓒⓓ		
16	ⓐⓑⓒⓓ	36	ⓐⓑⓒⓓ	56	ⓐⓑⓒⓓ	76	ⓐⓑⓒⓓ		
17	ⓐⓑⓒⓓ	37	ⓐⓑⓒⓓ	57	ⓐⓑⓒⓓ	77	ⓐⓑⓒⓓ		
18	ⓐⓑⓒⓓ	38	ⓐⓑⓒⓓ	58	ⓐⓑⓒⓓ	78	ⓐⓑⓒⓓ		
19	ⓐⓑⓒⓓ	39	ⓐⓑⓒⓓ	59	ⓐⓑⓒⓓ	79	ⓐⓑⓒⓓ		
20	ⓐⓑⓒⓓ	40	ⓐⓑⓒⓓ	60	ⓐⓑⓒⓓ	80	ⓐⓑⓒⓓ		

G-TELP 기출 음성을 듣고 싶다면?

해커스인강(HackersIngang.com)에서
본 교재 MP3 다운받기

G-TELP

※ TEST DATE

MO.	DAY	YEAR

등급 ① ② ③ ④ ⑤

감독관확인

성 명

| 성 명 란 | 초 성 중 성 종 성 | |

수 험 번 호

1) Code 1.

2) Code 2.

3) Code 3.

주민등록번호 앞자리 | 고 유 번 호

문항	답 란	문항	답 란	문항	답 란	문항	답 란	문항	답 란
1	ⓐⓑⓒⓓ	21	ⓐⓑⓒⓓ	41	ⓐⓑⓒⓓ	61	ⓐⓑⓒⓓ	81	ⓐⓑⓒⓓ
2	ⓐⓑⓒⓓ	22	ⓐⓑⓒⓓ	42	ⓐⓑⓒⓓ	62	ⓐⓑⓒⓓ	82	ⓐⓑⓒⓓ
3	ⓐⓑⓒⓓ	23	ⓐⓑⓒⓓ	43	ⓐⓑⓒⓓ	63	ⓐⓑⓒⓓ	83	ⓐⓑⓒⓓ
4	ⓐⓑⓒⓓ	24	ⓐⓑⓒⓓ	44	ⓐⓑⓒⓓ	64	ⓐⓑⓒⓓ	84	ⓐⓑⓒⓓ
5	ⓐⓑⓒⓓ	25	ⓐⓑⓒⓓ	45	ⓐⓑⓒⓓ	65	ⓐⓑⓒⓓ	85	ⓐⓑⓒⓓ
6	ⓐⓑⓒⓓ	26	ⓐⓑⓒⓓ	46	ⓐⓑⓒⓓ	66	ⓐⓑⓒⓓ	86	ⓐⓑⓒⓓ
7	ⓐⓑⓒⓓ	27	ⓐⓑⓒⓓ	47	ⓐⓑⓒⓓ	67	ⓐⓑⓒⓓ	87	ⓐⓑⓒⓓ
8	ⓐⓑⓒⓓ	28	ⓐⓑⓒⓓ	48	ⓐⓑⓒⓓ	68	ⓐⓑⓒⓓ	88	ⓐⓑⓒⓓ
9	ⓐⓑⓒⓓ	29	ⓐⓑⓒⓓ	49	ⓐⓑⓒⓓ	69	ⓐⓑⓒⓓ	89	ⓐⓑⓒⓓ
10	ⓐⓑⓒⓓ	30	ⓐⓑⓒⓓ	50	ⓐⓑⓒⓓ	70	ⓐⓑⓒⓓ	90	ⓐⓑⓒⓓ
11	ⓐⓑⓒⓓ	31	ⓐⓑⓒⓓ	51	ⓐⓑⓒⓓ	71	ⓐⓑⓒⓓ		
12	ⓐⓑⓒⓓ	32	ⓐⓑⓒⓓ	52	ⓐⓑⓒⓓ	72	ⓐⓑⓒⓓ		
13	ⓐⓑⓒⓓ	33	ⓐⓑⓒⓓ	53	ⓐⓑⓒⓓ	73	ⓐⓑⓒⓓ		
14	ⓐⓑⓒⓓ	34	ⓐⓑⓒⓓ	54	ⓐⓑⓒⓓ	74	ⓐⓑⓒⓓ		
15	ⓐⓑⓒⓓ	35	ⓐⓑⓒⓓ	55	ⓐⓑⓒⓓ	75	ⓐⓑⓒⓓ		
16	ⓐⓑⓒⓓ	36	ⓐⓑⓒⓓ	56	ⓐⓑⓒⓓ	76	ⓐⓑⓒⓓ		
17	ⓐⓑⓒⓓ	37	ⓐⓑⓒⓓ	57	ⓐⓑⓒⓓ	77	ⓐⓑⓒⓓ		
18	ⓐⓑⓒⓓ	38	ⓐⓑⓒⓓ	58	ⓐⓑⓒⓓ	78	ⓐⓑⓒⓓ		
19	ⓐⓑⓒⓓ	39	ⓐⓑⓒⓓ	59	ⓐⓑⓒⓓ	79	ⓐⓑⓒⓓ		
20	ⓐⓑⓒⓓ	40	ⓐⓑⓒⓓ	60	ⓐⓑⓒⓓ	80	ⓐⓑⓒⓓ		

password

G-TELP 기출 음성을 듣고 싶다면?

해커스인강(HackersIngang.com)에서
본 교재 MP3 다운받기

G-TELP

MO.	DAY	YEAR

등급　①　②　③　④　⑤

감 확
독
관 인

성　명				

성명란

성
초 성　ㄱ ㄴ ㄷ ㄹ ㅁ ㅂ ㅅ ㅇ ㅈ ㅊ ㅋ ㅌ ㅍ ㅎ
중 성　ㅏ ㅑ ㅓ ㅕ ㅗ ㅛ ㅜ ㅠ ㅡ ㅣ ㅐ ㅒ ㅔ ㅖ ㅘ ㅚ ㅝ ㅟ ㅢ ㅞ
종 성　ㄱ ㄴ ㄷ ㄹ ㅁ ㅂ ㅅ ㅇ ㅈ ㅊ ㅋ ㅌ ㅍ ㅎ ㄲ ㄳ ㄵ ㄶ ㄺ ㄻ ㄼ ㅄ ㅆ ㄿ

명
초 성　ㄱ ㄴ ㄷ ㄹ ㅁ ㅂ ㅅ ㅇ ㅈ ㅊ ㅋ ㅌ ㅍ ㅎ
중 성　ㅏ ㅑ ㅓ ㅕ ㅗ ㅛ ㅜ ㅠ ㅡ ㅣ ㅐ ㅒ ㅔ ㅖ ㅘ ㅚ ㅝ ㅟ ㅢ ㅞ
종 성　ㄱ ㄴ ㄷ ㄹ ㅁ ㅂ ㅅ ㅇ ㅈ ㅊ ㅋ ㅌ ㅍ ㅎ ㄲ ㄳ ㄵ ㄶ ㄺ ㄻ ㄼ ㅄ ㅆ ㄿ

란
초 성　ㄱ ㄴ ㄷ ㄹ ㅁ ㅂ ㅅ ㅇ ㅈ ㅊ ㅋ ㅌ ㅍ ㅎ
중 성　ㅏ ㅑ ㅓ ㅕ ㅗ ㅛ ㅜ ㅠ ㅡ ㅣ ㅐ ㅒ ㅔ ㅖ ㅘ ㅚ ㅝ ㅟ ㅢ ㅞ
종 성　ㄱ ㄴ ㄷ ㄹ ㅁ ㅂ ㅅ ㅇ ㅈ ㅊ ㅋ ㅌ ㅍ ㅎ ㄲ ㄳ ㄵ ㄶ ㄺ ㄻ ㄼ ㅄ ㅆ ㄿ

（초성/중성/종성 반복）

수 험 번 호

（0～9 마킹란）

1) Code 1.
① ② ③ ④ ⑤ ⑥ ⑦ ⑧ ⑨ ⓪

2) Code 2.
① ② ③ ④ ⑤ ⑥ ⑦ ⑧ ⑨ ⓪

3) Code 3.
① ② ③ ④ ⑤ ⑥ ⑦ ⑧ ⑨ ⓪

주민등록번호 앞자리 / 고 유 번 호
（0～9 마킹란）

문항	답란	문항	답란	문항	답란	문항	답란	문항	답란	문항	답란
1	ⓐⓑⓒⓓ	21	ⓐⓑⓒⓓ	41	ⓐⓑⓒⓓ	61	ⓐⓑⓒⓓ	81	ⓐⓑⓒⓓ		
2	ⓐⓑⓒⓓ	22	ⓐⓑⓒⓓ	42	ⓐⓑⓒⓓ	62	ⓐⓑⓒⓓ	82	ⓐⓑⓒⓓ		
3	ⓐⓑⓒⓓ	23	ⓐⓑⓒⓓ	43	ⓐⓑⓒⓓ	63	ⓐⓑⓒⓓ	83	ⓐⓑⓒⓓ		
4	ⓐⓑⓒⓓ	24	ⓐⓑⓒⓓ	44	ⓐⓑⓒⓓ	64	ⓐⓑⓒⓓ	84	ⓐⓑⓒⓓ		
5	ⓐⓑⓒⓓ	25	ⓐⓑⓒⓓ	45	ⓐⓑⓒⓓ	65	ⓐⓑⓒⓓ	85	ⓐⓑⓒⓓ		
6	ⓐⓑⓒⓓ	26	ⓐⓑⓒⓓ	46	ⓐⓑⓒⓓ	66	ⓐⓑⓒⓓ	86	ⓐⓑⓒⓓ		
7	ⓐⓑⓒⓓ	27	ⓐⓑⓒⓓ	47	ⓐⓑⓒⓓ	67	ⓐⓑⓒⓓ	87	ⓐⓑⓒⓓ		
8	ⓐⓑⓒⓓ	28	ⓐⓑⓒⓓ	48	ⓐⓑⓒⓓ	68	ⓐⓑⓒⓓ	88	ⓐⓑⓒⓓ		
9	ⓐⓑⓒⓓ	29	ⓐⓑⓒⓓ	49	ⓐⓑⓒⓓ	69	ⓐⓑⓒⓓ	89	ⓐⓑⓒⓓ		
10	ⓐⓑⓒⓓ	30	ⓐⓑⓒⓓ	50	ⓐⓑⓒⓓ	70	ⓐⓑⓒⓓ	90	ⓐⓑⓒⓓ		
11	ⓐⓑⓒⓓ	31	ⓐⓑⓒⓓ	51	ⓐⓑⓒⓓ	71	ⓐⓑⓒⓓ				
12	ⓐⓑⓒⓓ	32	ⓐⓑⓒⓓ	52	ⓐⓑⓒⓓ	72	ⓐⓑⓒⓓ				
13	ⓐⓑⓒⓓ	33	ⓐⓑⓒⓓ	53	ⓐⓑⓒⓓ	73	ⓐⓑⓒⓓ	password			
14	ⓐⓑⓒⓓ	34	ⓐⓑⓒⓓ	54	ⓐⓑⓒⓓ	74	ⓐⓑⓒⓓ				
15	ⓐⓑⓒⓓ	35	ⓐⓑⓒⓓ	55	ⓐⓑⓒⓓ	75	ⓐⓑⓒⓓ				
16	ⓐⓑⓒⓓ	36	ⓐⓑⓒⓓ	56	ⓐⓑⓒⓓ	76	ⓐⓑⓒⓓ				
17	ⓐⓑⓒⓓ	37	ⓐⓑⓒⓓ	57	ⓐⓑⓒⓓ	77	ⓐⓑⓒⓓ				
18	ⓐⓑⓒⓓ	38	ⓐⓑⓒⓓ	58	ⓐⓑⓒⓓ	78	ⓐⓑⓒⓓ				
19	ⓐⓑⓒⓓ	39	ⓐⓑⓒⓓ	59	ⓐⓑⓒⓓ	79	ⓐⓑⓒⓓ				
20	ⓐⓑⓒⓓ	40	ⓐⓑⓒⓓ	60	ⓐⓑⓒⓓ	80	ⓐⓑⓒⓓ				

password (0～9 마킹란)

G-TELP 기출 음성을 듣고 싶다면?

해커스인강(HackersIngang.com)에서
본 교재 MP3 다운받기